NOMOSSTUDIUM

Prof. Dr. Reiner Schulze | Prof. Dr. Fryderyk Zoll

Europäisches Vertragsrecht

Die Deutsche Nationalbibliothek verzeichnet diese Publikation in
der Deutschen Nationalbibliografie; detaillierte bibliografische
Daten sind im Internet über http://dnb.d-nb.de abrufbar.

ISBN 978-3-8329-5954-8

1. Auflage 2015
© Nomos Verlagsgesellschaft, Baden-Baden 2015. Printed in Germany. Alle
Rechte, auch die des Nachdrucks von Auszügen, der fotomechanischen Wiedergabe und der Übersetzung, vorbehalten.

Vorwort

Das europäische Vertragsrecht steht im Mittelpunkt der Entwicklung des Europäischen Privatrechts. Seit drei Jahrzehnten ist durch die europäischen Richtlinien und die Rechtsprechung des EuGH ein umfangreicher *Acquis communautaire* auf diesem Gebiet entstanden, dessen innovative Ansätze auch das Recht der Mitgliedstaaten mehr und mehr beeinflussen. Private Entwürfe wie die „Grundregeln des Europäischen Vertragsrechts" und legislatorische Entwürfe wie der Vorschlag der Europäischen Kommission für ein Gemeinsames Europäisches Kaufrecht haben zur begrifflichen Fortentwicklung und Systematisierung des neuen Rechtsgebiets beigetragen. Das vorliegende Buch möchte Juristen aus Praxis, Studium und Wissenschaft an dieser Entwicklung teilhaben lassen. Es vermittelt grundlegende Informationen über die Inhalte, Methoden und Ziele der europäischen Gesetzgebung im Bereich des Vertragsrechts und erläutert das Zusammenspiel dieser Gesetzgebung mit der Rechtsprechung und Rechtswissenschaft im Entstehungsprozess des europäischen Vertragsrechts. Dabei versucht es insbesondere, dessen Eigenheiten als supranationales Recht und dessen innovative Züge gegenüber herkömmlichen Konzepten des Vertragsrechts aufzuzeigen. Sein Anliegen ist es daher vor allem, Orientierung auf einem vielen Juristen wenig vertrauten Gebiet zu bieten und Verständnis für die Charakteristika einer neuen Rechtsentwicklung zu fördern.

Die Beschäftigung mit den Charakteristika dieser Entwicklung und den daraus hervorgehenden neuen Strukturen ist umso wichtiger, als dieses Lehrbuch zu einem Zeitpunkt der Ungewissheit über die nächsten gesetzgeberischen Schritte auf dem Feld des Europäischen Privatrechts erscheint. Die Europäische Kommission hat mitgeteilt, dass ihr Vorschlag für das Gemeinsame Europäische Kaufrecht zurückgezogen werde und an dessen Stelle ein Instrument treten solle, dessen Form und Anwendungsbereich noch unklar sind. Wahrscheinlich wird der künftige Rechtsakt insbesondere die „digitalen Verträge" erfassen. In diesem Lehrbuch spielt der Vorschlag für das Gemeinsame Europäische Kaufrecht eine wichtige Rolle. Der Leser mag sich fragen, ob das Lehrbuch angesichts dieser Ankündigung nicht bald veraltet ist. Wenngleich sich die Verfasser dieses Lehrbuchs eine andere Entwicklung des Vorschlags für das Gemeinsame Europäische Kaufrecht gewünscht hätten, ist diese Befürchtung aber unbegründet. Das vorliegende Buch ist nicht lediglich mit der Absicht konzipiert, das geltende europäische Privatrecht in dogmatischen Einzelheiten darzustellen. Es ist vielmehr ein Lehrbuch über die Systembildung im Rahmen einer sich entwickelnden Rechtsordnung. Für das Rechtsquellensystem dieser Rechtsordnung ist ein Dialog der Quellen unterschiedlicher Art kennzeichnend. Der entstehende *Acquis communautaire* steht in einem Spannungsverhältnis zwischen dem Recht der Mitgliedstaaten, der Rechtsetzung der Union selbst, der Rechtsprechung ihrer Gerichte sowie den Beiträgen der Wissenschaft, vor allem in der Form der umfassenden Entwürfe, die auf eine größere Kohärenz des europäischen Vertragsrechts zielen. Das Gemeinsame Europäische Kaufrecht, auch wenn es nicht zur Geltung gelangen sollte, reflektiert eine Stufe dieser Entwicklung des Europäischen Privatrechts, ebenso wie „private" Entwürfe wie der Draft Common Frame of Reference, die „Acquis Principles" (ACQP) und andere mehr.

Das vorliegende Buch versucht in diesem Rahmen zu zeigen, wie aus dem Dialog der Quellen ein System entsteht, und beschränkt sich insofern nicht auf das geltende Recht. Ihm liegt auf spezifische Weise die Methode zugrunde, derer sich bereits vor einiger Zeit die „Acquis-Group" für ihre Forschungen bedient hat. Sie kann dazu beitragen, aus den zersplitterten europäischen Quellen ein System zu formen. Dieses System unterscheidet sich erheblich von den Rechtsordnungen der Mitgliedstaaten, die aber ihrerseits auf die Entwicklung des Systems des gemeinsamen europäischen Rechts Einfluss haben. In diesem Lehrbuch spiegelt sich damit auch die Entwicklung eines Systems wider, die dynamisch aber nicht stets linear verläuft. Ein zurückgenommenes Gemeinsames Europäisches Kaufrecht wird nicht spurenlos verschwinden. Es wird noch lange die entstehenden Institutionen des europäischen Rechts mitprägen und die künftige Entwicklung des Europäischen Privatrechts als eine „Referenz" mitbestimmen.

Das Buch ist aus vorangegangenen gemeinsamen Arbeiten und ständigem Gedankenaustausch der beiden Autoren hervorgegangen. Auf dieser Grundlage hat Reiner Schulze die §§ 1; 3 I.; 3 IV.; 5; 6 I.; 6 IV. und Fryderyk Zoll die §§ 2; 3 II.; 3 III.; 4; 6 II.; 6 III.; 7 verfasst. Die Kapitel von Fryderyk Zoll entstanden im Rahmen des Projekts „Made in Europe – europäische Rechtsstandards für die Qualität von Dienstleistungen, die unter unterschiedlichen Anforderungen des globalen Marktes erbracht werden. Beispielhafte Lösungsansätze des an den Dienstleistungen orientierten Schuldrechts". Das Projekt wurde finanziert aus Mitteln des Narodowy Centrum Nauki (Nationales Zentrum für Bildung), zuerkannt auf Grundlage der Entscheidung Nr. DEC-2012/04/A/HS5/00709. Besonderen Dank schulden die Autoren darüber hinaus den wissenschaftlichen und studentischen Mitarbeitern, ohne deren verantwortungsbewusste und engagierte Unterstützung dieses Buch nicht zustande gekommen wäre. Namentlich zu nennen sind hier Darja Bäßler, Benedikt Beierle, Johannes Fiukowski, Benjamin Hassing, Julia Henning, Monika Kubela, Claudia Switenko, Jana Schulte und Jonathon Watson.

Im Februar 2015 *Reiner Schulze*
Fryderyk Zoll

Inhalt

Abkürzungsverzeichnis 13

§ 1 Grundlagen 19
   I. Einführung 19
      1. Ausgangslage 19
      2. Anliegen und Aufbau des Buchs 20
      3. Quellen und Literatur 21
         a) Quellen 21
         b) Literatur 22
   II. Vertragsrecht als Teil des Europäischen Privatrechts 23
      1. Begriff des Europäischen Privatrechts 23
         a) Übersicht 23
         b) Begriffsvarianten 24
      2. Dualismus von nationalem und supranationalem Recht 27
         a) Entstehen 27
         b) Eigenständigkeit der supranationalen Rechtsordnung 28
         c) Wechselbeziehungen zwischen nationalem und supranationalem Recht 29
   III. Vertragsrechtlicher Acquis communautaire 30
      1. Regelungsformen 30
      2. Primärrecht 30
      3. Richtlinien 32
         a) Entwicklung 32
         b) Fragmentarischer Charakter 32
         c) Mindest- und Vollharmonisierung 33
      4. Übersicht: Wichtige Richtlinien 35
         a) Verbraucherschutz 35
         b) Kleine und mittlere Unternehmen 36
         c) Elektronischer Geschäftsverkehr 37
         d) Zahlungsdienste 37
         e) Diskriminierungsschutz 38
         f) Versicherungsverträge 38
         g) Weitere Regelungsbereiche 38
   IV. Kohärenz des europäischen Vertragsrechts 39
      1. Wissenschaftliche Ansätze 39
         a) Principles of European Contract Law 39
         b) Vorentwurf der Akademie Europäischer Privatrechtswissenschaftler 40
         c) Acquis Principles 40
      2. Der Aktionsplan der Europäischen Kommission und Gemeinsamer Referenzrahmen 42
         a) „Basisquellen" eines kohärenteren europäischen Vertragsrechts 42
         b) Entwurf für einen Gemeinsamen Referenzrahmen 42
   V. Kodifikationsvorschlag für das GEK 44
      1. Projekt eines Optionalen Instruments 44
         a) Konzept 44

	b) Vorbereitung	44
2.	Kommissionsvorschlag für das GEK	45
	a) Übersicht: Anwendungsbereich	45
	b) Struktur	46
3.	Rechtsgrundlage und Gesetzgebungsverfahren	48

§ 2 Strukturelemente 50

- I. Vertragsbegriff 50
  - 1. Vertrag und Rechtsgeschäft 50
  - 2. Vertrag als eine Willensübereinstimmung? 52
    - a) Vertrag und unbestellte Leistung 53
    - b) Zustandekommen des Vertrages als komplexer Prozess 55
  - 3. Vertrag und Mitteilung 58
- II. Vertragstypisierung im Acquis communautaire 62
  - 1. Situationsabhängige Normenanknüpfung 62
    - a) Situation des Handelsvertreters 62
    - b) Teilzeitnutzungsvertrag 63
    - c) Verbrauchsgüterkauf 64
    - d) Verbraucherkreditvertrag 66
  - 2. Zuwachs an Vertragstypen im Acquis communautaire 67
- III. Gemischte Verträge und Vertragsgruppen 78
- IV. Vertragsfreiheit 86
  - 1. Dispositives und zwingendes Recht 86
  - 2. Klauselkontrolle als Grenze der Gestaltungsfreiheit 90
  - 3. Vertragsfreiheit bei der Wahl des GEK 92
    - a) Räumlicher Anwendungsbereich des GEK 94
    - b) Sachlicher Anwendungsbereich des GEK 95
    - c) Persönlicher Anwendungsbereich des GEK 95
  - 4. Treu und Glauben 104
- V. Vertragsparteien 111
  - 1. Übersicht 111
  - 2. Verbraucherbegriff im Acquis communautaire 113
  - 3. Andere schutzbedürftige Parteien 117
  - 4. Diskriminierungsschutz 118
  - 5. Status der Parteien und Bürgerliches Recht 120

§ 3 Vertragsschluss und Vertragsinhalt 121

- I. Vertragsschluss 121
  - 1. Übersicht 121
    - a) Einführung 121
    - b) Acquis communautaire 121
    - c) Wissenschaftliche Entwürfe 123
    - d) Gemeinsames Europäisches Kaufrecht 124
  - 2. Einigung 125
    - a) Grundsatz der Einigung 125
    - b) Erfordernisse im Einzelnen 125
    - c) Zusätzliche Erfordernisse? 127
  - 3. Einzelne Arten des Vertragsschlusses 128
    - a) Vertragsschluss durch Angebot und Annahme 128

		b) Vertragsschluss ohne Aufgliederung in Angebot und Annahme	132
		c) Vertragsschluss durch besondere Medien	134
	4.	Vorvertragliche öffentliche Erklärungen	136
		a) Erklärungen einer Vertragspartei	136
		b) Erklärungen Dritter	139
	5.	Einseitiges Versprechen	141
		a) Bindende Wirkung	141
		b) Schutz des einseitig Versprechenden	143
	6.	Unbestellte Waren und Dienstleistungen	143
		a) Grundsatz	143
		b) Funktionen	144
		c) Voraussetzungen	145
		d) Rechtswirkungen	145
II.	Vorvertragliche Pflichten		147
	1.	Übersicht	147
	2.	Vorvertragliche Pflichten aus rechtsvergleichender Perspektive	153
	3.	Vorvertragliche Pflichten und Treu und Glauben im Acquis communautaire	154
	4.	Vorvertragliche Pflichten und Treu und Glauben im GEK	155
	5.	Vorvertragliche Pflichten und Treu und Glauben im DCFR	159
	6.	Vorvertragliche Haftung für die Verletzung von Pflichten aus dem Grundsatz von Treu und Glauben nach den Acquis Principles	161
	7.	Vorvertragliche Informationspflichten im Recht der Mitgliedstaaten	162
	8.	Informationspflichten im Acquis communautaire	162
	9.	Zwischen vorvertraglichen Informationspflichten und dem Lauterkeitsrecht	164
	10.	Standardisierung der Erfüllung von Informationspflichten	165
	11.	Vorvertragliche Informationspflichten im GEK	165
	12.	Vorvertraglichen Informationspflichten in den Acquis Principles und im DCFR	166
	13.	Folgen der Verletzung von Informationspflichten	167
III.	Einigungsmängel		168
	1.	Alternatives Konzept des Schutzes der fehlerfreien Entscheidung?	168
	2.	Einigungsmängel im Acquis communautaire – die Korrektur von Eingabefehlern	170
	3.	Irrtum und Schutz gegen unlautere Geschäftspraktiken	172
	4.	Einigungsmängel im GEK	174
		a) Übersicht	174
		b) Irrtum	178
		c) Arglistige Täuschung	179
		d) Durch einen Dritten veranlasster Irrtum	181
		e) Drohung	182
		f) Unfaire Ausnutzung	182
IV.	Widerruf		183
	1.	Übersicht	183
		a) Einführung	183
		b) Funktionen	184
		c) Entstehen eines Allgemeinen Teils	185

2.	Rechtsnatur und systematische Einordnung	186
3.	Schutzsituationen	188
4.	Ausübung des Widerrufs	190
	a) Mitteilung innerhalb der Widerrufsfrist	190
	b) Absendungsprinzip	191
	c) Information über das Widerrufsrecht	191
5.	Wirkungen des Widerrufs	193
	a) Rückabwicklungsregimes	193
	b) Erlöschen der ursprünglichen Leistungspflichten	194
	c) Verpflichtungen der Parteien nach Ausübung des Widerrufs	194
	d) Dienstleistungsverträge	196
	e) Akzessorische Verträge	196

§ 4 Missbräuchliche Vertragsklauseln 198
  I. Übersicht 198
    1. Missbräuchliche Klauseln nach der Klausel-RL 198
    2. Missbräuchliche Klauseln in den Acquis Principles und dem DCFR 201
    3. Missbräuchliche Klauseln im GEK 201
  II. Rechtsvergleichende Grundlagen 203
    1. Entwicklung der Klauselkontrolle im deutschen Recht 203
    2. Französisches System der Klauselkontrolle 205
    3. Klauselkontrolle im angelsächsischen und skandinavischen System 205
  III. Klausel-RL als Kompromisslösung 206
  IV. Generalklausel der Richtlinie und ihre Konkretisierung durch die Liste der verbotenen Klauseln 206
  V. Klauselkontrolle in der Zahlungsverzugs-RL 211
  VI. Konzept der Klauselkontrolle in den Acquis Principles 212
  VII. Konzept der Klauselkontrolle im DCFR 216
  VIII. Streben nach einer Reform 218
  IX. Scheitern der Klauselkontrolle in der Verbraucherrechte-RL 219
  X. Klauselkontrolle im GEK 219

§ 5 Leistungspflichten 224
  I. Leistungspflichten 224
    1. Verpflichtung zur Leistung 224
      a) Acquis communautaire 224
      b) Gemeinsames Europäisches Kaufrecht 226
    2. Leistungsmodalitäten 229
      a) Übersicht 229
      b) Ort und Art der Leistung 229
      c) Zeit der Leistung 232
  II. Gefahrtragung 233

§ 6 Rechtsfolgen der Nichterfüllung 236
  I. Einführung 236
    1. Innovative Ansätze des Acquis communautaire 236
    2. System 238
      a) Ausgangspunkte im Acquis communautaire 238
      b) Gemeinsames Europäisches Kaufrecht 239

Inhalt

- II. Nichterfüllung — 241
    1. Übersicht — 241
    2. Einheitlicher Tatbestand der Leistungsstörung im Acquis communautaire — 242
    3. Typisierung der Leistungsstörungsarten im Acquis communautaire — 244
    4. Einheitlicher Tatbestand der Leistungsstörung im GEK — 245
- III. Recht der zweiten Andienung — 249
    1. Schutz vor vorzeitiger Vertragsaufhebung im Acquis communautaire — 249
    2. Recht der zweiten Andienung im DCFR — 250
    3. Recht der zweiten Andienung im GEK — 251
- IV. Rechtsbehelfe des Gläubigers — 254
    1. Erfüllung — 254
        a) Übersicht — 254
        b) Voraussetzungen und Ausschlussgründe — 257
        c) Nacherfüllung — 259
    2. Zurückbehaltung — 264
        a) Übersicht — 264
        b) Tatbestände — 264
        c) Rechtsfolge — 265
    3. Vertragsbeendigung — 265
        a) Übersicht — 265
        b) Beendigungsgründe — 267
        c) Mitteilung über die Vertragsbeendigung — 271
        d) Prüfungs- und Mitteilungspflichten — 271
        e) Rechtsfolgen — 272
    4. Preisminderung — 273
        a) Übersicht — 273
        b) Voraussetzungen und Ausschlussgründe — 274
        c) Rechtsfolgen — 275
    5. Schadensersatz und Zinsen — 275
        a) Übersicht — 275
        b) Voraussetzungen — 276
        c) Erstattungsfähiger Verlust — 277
        d) Art und Umfang des Ersatzes — 279
        e) Zinsen — 281
    6. Rückabwicklung — 284

§ 7 Verjährung und Präklusion — 287
- I. Fragmentarische Regeln im Acquis communautaire — 287
- II. Entwurf einer umfassenden europäischen Regelung — 289
- III. Schlussfolgerungen — 297

Verzeichnis der abgekürzten Literatur — 298

Entscheidungsregister — 299

Stichwortverzeichnis — 303

Abkürzungsverzeichnis

aA	anderer Ansicht
aaO	am angegebenen Ort
ABl.	Amtsblatt der Europäischen Gemeinschaften
Abs.	Absatz
AcP	Archiv für die civilistische Praxis
ACQP	Acquis Principles
AEUV	Vertrag über die Arbeitsweise der Europäischen Union
aF	alte Fassung
Anm.	Anmerkung
Art.	Artikel
Aufl.	Auflage
Az	Aktenzeichen
Bd.	Band
BGB	Bürgerliches Gesetzbuch
BGBl.	Bundesgesetzblatt
BT-Drucks.	Bundestagsdrucksache
bzw	beziehungsweise
CFR	Common Frame of Reference
CISG	United Nations Convention on Contracts for the International Sale of Goods
CMLR	Common Market Law Review
Code Civil	Französisches Zivilgesetzbuch
Codice Civile	Italienisches Zivilgesetzbuch
DCFR	Draft Common Frame of Reference
ders.	derselbe
dh	das heißt
Dienstleistungs-RL	Richtlinie 2006/123/EG des Europäischen Parlaments und des Rates vom 12. Dezember 2006 über Dienstleistungen im Binnenmarkt
Dig.	Digesten
Drucks.	Drucksache
ebd	ebenda
E-Commerce-RL	Richtlinie 2000/31/EG des Europäischen Parlaments und des Rates vom 8. Juni 2000 über bestimmte rechtliche Aspekte der Dienste der Informationsgesellschaft, insbesondere des elektronischen Geschäftsverkehrs, im Binnenmarkt
EGMR	Europäischer Gerichtshof für Menschenrechte
Einf.	Einführung
Einl.	Einleitung
endg.	endgültig
ERCL	European Review of Contract Law
ERPL	European Review of Private Law
EU	Europäische Union
EuG	Europäisches Gericht
EuGH	Europäischer Gerichtshof
EUV	Vertrag über die Europäische Union
EuZW	Europäische Zeitschrift für Wirtschaftsrecht
EWS	Europäisches Wirtschafts- und Steuerrecht
EZB	Europäische Zentralbank
f, ff	folgende, fortfolgende

Abkürzungsverzeichnis

Fernabsatz-Finanzdienst-leistungs-RL	Richtlinie 2002/65/EG des Europäischen Parlaments und des Rates vom 23. September 2002 über den Fernabsatz von Finanzdienstleistungen an Verbraucher und zur Änderung der Richtlinie 90/619 EWG des Rates und der Richtlinien 97/7 EG und 98/27 EG
Fernabsatz-RL	Richtlinie 97/7/EG des Europäischen Parlaments und des Rates vom 20. Mai 1997 über den Verbraucherschutz bei Vertragsabschlüssen im Fernabsatz
Fluggastrechte-VO	VO (EG) Nr. 261/2004 des Europäischen Parlaments und des Rates vom 11. Februar 2004 über eine gemeinsame Regelung für Ausgleichs- und Unterstützungsleistungen für Fluggäste im Fall der Nichtbeförderung und bei Annullierung oder großer Verspätung von Flügen und zur Aufhebung der Verordnung (EWG) Nr. 295/91
Fn	Fußnote
GA	Generalanwalt (EuGH)
GEK, GEK-E	Anhang I Gemeinsames Europäisches Kaufrecht zum Vorschlag der Kommission für eine Verordnung des Europäischen Parlaments und des Rates über ein Gemeinsames Europäisches Kaufrecht
GEK-VO-E	Vorschlag für eine Verordnung des Europäischen Parlaments und des Rates über ein Gemeinsames Europäisches Kaufrecht
gem.	gemäß
ggf	gegebenenfalls
GPR	Zeitschrift für das Privatrecht der Europäischen Union
Grundrechtecharta	Charta der Grundrechte der Europäischen Union (2000/C 364/01)
Handelsvertreter-RL	Richtlinie 86/653/EWG des Rates vom 18. Dezember 1986 zur Koordinierung der Rechtsvorschriften der Mitgliedstaaten betreffend die selbstständigen Handelsvertreter
Haustür-RL	Richtlinie 85/577/EWG des Rates vom 20. Dezember 1985 betreffend den Verbraucherschutz im Falle von außerhalb von Geschäftsräumen geschlossenen Verträgen
hL	herrschende Lehre
Hrsg.	Herausgeber
Hs	Halbsatz
HZ	Historische Zeitschrift
iSd	im Sinne des
iVm	in Verbindung mit
JR	Juristische Rundschau
JURI Änderungsvorschlag	PE505.998 v 02-00: Entwurf eines Berichts über den Vorschlag für eine Verordnung des Europäischen Parlaments und des Rates über ein Gemeinsames Europäisches Kaufrecht (COM(2011)0635 – C7-0329/2011 – 2011/0284(COD))
JZ	JuristenZeitung
Kap.	Kapitel
Klausel-RL	Richtlinie 93/13/EWG des Rates vom 5. April 1993 über mißbräuchliche Klauseln in Verbraucherverträgen
KMU	kleinere und mittlere Unternehmen

Abkürzungsverzeichnis

Kulturgüter-RL	Richtlinie 93/7/EWG des Rates vom 15. März 1993 über die Rückgabe von unrechtmäßig aus dem Hoheitsgebiet eines Mitgliedstaats verbrachten Kulturgütern
Lebensversicherungs-RL	Richtlinie 2002/83/EG des Europäischen Parlaments und des Rates vom 5. November 2002 über Lebensversicherungen
lit.	littera
mwN	mit weiteren Nachweisen
NJW	Neue Juristische Wochenschrift
Nr.	Nummer
OR	Schweizerisches Obligationenrecht
Pauschalreise-RL	Richtlinie 90/314/EWG des Rates vom 13. Juni 1990 über Pauschalreisen
PECL	The Principles of European Contract Law
RabelsZ	Rabels Zeitschrift für ausländisches und internationales Privatrecht
Rahmen-RL zur Gleichbehandlung in Beschäftigung und Beruf	Richtlinie 2000/78/EG des Rates vom 27. November 2000 zur Festlegung eines allgemeinen Rahmens für die Verwirklichung der Gleichbehandlung in Beschäftigung und Beruf
RIDC	Revue internationale de droit comparé
Riv.Dir.Civ.	Rivista di Dirritto Civile
RL	Richtlinie
RL gegen Diskriminierungen aus Gründen der Rasse oder der ethnischen Herkunft	Richtlinie 2000/43/EG des Rates vom 29. Juni 2000 zur Anwendung des Gleichbehandlungsgrundsatzes ohne Unterschied der Rasse oder der ethnischen Herkunft
RL gegen Diskriminierungen aus Gründen des Geschlechts	Richtlinie 2004/113/EG des Rates vom 13. Dezember 2004 zur Verwirklichung des Grundsatzes der Gleichbehandlung von Männern und Frauen beim Zugang zu und bei der Versorgung mit Gütern und Dienstleistungen
RL über die alternative Streitbeilegung in Verbraucherangelegenheiten	Richtlinie 2013/11/EU des Europäischen Parlaments und des Rates vom 21. Mai 2013 über die alternative Beilegung verbraucherrechtlicher Streitigkeiten und zur Änderung der Verordnung (EG) Nr. 2006/2004 und der Richtlinie 2009/22/EG.
RL über unlautere Geschäftspraktiken	Richtlinie 2005/29/EG des europäischen Parlaments und des Rates vom 11. Mai 2005 über unlautere Geschäftspraktiken im binnenmarktinternen Geschäftsverkehr zwischen Unternehmen und Verbrauchern und zur Änderung der Richtlinie 84/450/EWG des Rates, der Richtlinien 97/7/EG, 98/27/EG und 2002/65/EG des Europäischen Parlaments und des Rates sowie der Verordnung (EG) Nr. 2006/2004 des Europäischen Parlaments und des Rates
RL zur Gleichbehandlung von Männern und Frauen im Beruf	Richtlinie 2006/54/EG des Europäischen Parlaments und des Rates vom 5. Juli 2006 zur Verwirklichung des Grundsatzes der Chancengleichheit und Gleichbehandlung von Männern und Frauen in Arbeits- und Beschäftigungsfragen
Rn	Randnummer
S.	Seite

Abkürzungsverzeichnis

Signatur-RL	Richtlinie 1999/93/EG des Europäischen Parlaments und des Rates vom 13. Dezember 1999 über gemeinschaftliche Rahmenbedingungen für elektronische Signaturen
Slg	Sammlung
sog.	sogenannt/so genannt
Spiegelstr.	Spiegelstrich
Stellungnahme EP	Die am 26. Februar 2014 durch das Europäische Parlament angenommene Fassung des Vorschlags der Kommission für ein gemeinsames Europäisches Kaufrecht KOM(2011) 635 endg., P7_TA-PROV(2014)02-26 (vorläufige Ausgabe)
Teilzeitnutzungs-RL	Richtlinie 2008/122/EG des Europäischen Parlaments und des Rates vom 14. Januar 2009 über den Schutz der Verbraucher im Hinblick auf bestimmte Aspekte von Teilzeitnutzungsverträgen, Verträgen über langfristige Urlaubsprodukte sowie Wiederverkaufs- und Tauschverträgen zur Aufhebung der RL 94/47/EG
u.a.	unter anderem
UN	United Nations (Vereinte Nationen)
UNIDROIT Prinzipien	UNIDROIT Principles of international commercial contracts
Unterabs.	Unterabsatz
usw	und so weiter
v.	von/vom
Verbraucherkredit-RL	Richtlinie 2008/48/EG des Europäischen Parlaments und des Rates vom 23. April 2008 über Verbraucherkreditverträge und zur Aufhebung der Richtlinie 87/102/EWG des Rates
Verbraucherrechte-RL	Richtlinie 2011/83/EU des Europäischen Parlaments und des Rates vom 25. Oktober 2011 über die Rechte der Verbraucher
Verbrauchsgüterkauf-RL	Richtlinie 1999/44/EG des Europäischen Parlaments und des Rates vom 25. Mai 1999 zu bestimmten Aspekten des Verbrauchsgüterkaufs und der Garantien für Verbrauchsgüter
Versicherungsvertrags-RL	Richtlinie 2002/92/EG des Europäischen Parlaments und des Rates vom 9. Dezember 2002 über Versicherungsvermittlung
vgl	vergleiche
VO	Verordnung
VO über Online-Streitbeilegung	Verordnung (EU) Nr. 524/2013 des Europäischen Parlaments und des Rates vom 21. Mai 2013 über die Online-Beilegung verbraucherrechtlicher Streitigkeiten und zur Änderung der Verordnung (EG) Nr. 2006/2004 und der Richtlinie 2009/22/EG (VO über Online-Streitbeilegung).
Verordnung über elektronische Identifizierung und Vertrauensdienste	VO (EU) Nr. 910/2014 des Europäischen Parlaments und des Rates vom 23. Juli 2014 über elektronische Identifizierung und Vertrauensdienste für elektronische Transaktionen im Binnenmarkt und zur Aufhebung der Richtlinie 1999/93/EG
Vorb.	Vorbemerkung
VUWLR	Victoria University of Wellington Law Review

Abkürzungsverzeichnis

Wohnimmobilienkredit-RL	Richtlinie 2014/17/EU des Europäischen Parlaments und des Rates vom 4. Februar 2014 über Wohnimmobilienkreditverträge für Verbraucher und zur Änderung der Richtlinien 2008/48/EG und 2013/36/EU und der Verordnung (EU) Nr. 1093/2010.
Zahlungsdienste-RL	Richtlinie 2007/64/EG des Europäischen Parlaments und des Rates vom 13. November 2007 über Zahlungsdienste im Binnenmarkt, zur Änderung der Richtlinie 97/7/EG, 2002/65/EG, 2005/60/EG und 2006/48/EG sowie zur Aufhebung der Richtlinie 97/5/EG
Zahlungsverzugs-RL	Richtlinie 2011/7/EU des Europäischen Parlaments und des Rates vom 16. Februar 2011 zur Bekämpfung des Zahlungsverzugs im Geschäftsverkehr
Zahlungsverzugs-RL 2000	Richtlinie 2000/35/EG des Europäischen Parlaments und des Rates vom 29. Juni 2000 zur Bekämpfung von Zahlungsverzug im Geschäftsverkehr
zB	zum Beispiel
ZEuP	Zeitschrift für Europäisches Privatrecht
Ziff.	Ziffer
ZIP	Zeitschrift für Wirtschaftsrecht
ZJS	Zeitschrift für das Juristische Studium
ZRP	Zeitschrift für Rechtspolitik

§ 1 Grundlagen

Literatur: Basedow/Hopt/Zimmermann, Handwörterbuch des Europäischen Privatrechts, 2009; Heiderhoff, Europäisches Privatrecht, 3. Aufl. 2012; Riesenhuber, EU-Vertragsrecht, 2013; Schulze/Zuleeg/Kadelbach, Europarecht – Handbuch für die deutsche Rechtspraxis, 3. Aufl. 2014; Schulze/Schulte-Nölke, European Private Law – Current Status and Perspectives, 2011; Twigg-Flesner, The Cambridge Companion to European Union Private Law, 2010; v. Bar/Clive (Hrsg.), DCFR Full Edition, 2009.

I. Einführung

1. Ausgangslage

Das Vertragsrecht ist das zentrale rechtliche Instrument für die Organisation von Märkten und damit für die Versorgung mit Gütern und Dienstleistungen aller Art in Marktgesellschaften. In Europa hat die wirtschaftliche und politische Integration seit der Mitte des 20. Jahrhunderts zum Entstehen eines Binnenmarktes geführt, der zu den größten der Welt gehört. Handelsgüter im Wert von 2800 Milliarden Euro werden jährlich auf diesem Markt umgeschlagen.[1] Etwa 57 % des gesamten deutschen Exports gehen in andere EU-Mitgliedstaaten.[2] Nahezu 500 Millionen Verbrauchern bietet dieser Binnenmarkt die Möglichkeit, Waren und Dienstleistungen aus 28 Mitgliedstaaten der EU ohne Zölle oder ähnliche Belastungen zu beziehen. In anderen Teilen der Welt von China bis zu den USA steht für gemeinsame Märkte von vergleichbarer Größe längst zumindest ein gemeinsames Handelsrecht (wie der Uniform Commercial Code in den USA) oder ein gemeinsames Vertragsrecht zur Verfügung. Für den europäischen Binnenmarkt fehlt es dagegen bislang an einer vergleichbaren rechtlichen Antwort auf die wirtschaftlichen Möglichkeiten, die der Wegfall der Binnengrenzen bietet.

1

Zwar hat sich das Vertragsrecht in Europa mehr verändert als es auf den ersten Blick scheinen mag. Überall in der Europäischen Union kann beispielsweise ein Verbraucher Fernabsatzverträge unter den gleichen Voraussetzungen widerrufen oder bei Mängeln einer Kaufsache das gleiche Mindestmaß an Rechten geltend machen. Ein Unternehmer kann von einem anderen grundsätzlich in allen Mitgliedstaaten der EU spätestens dreißig Tage nach Rechnungstellung Verzugszinsen verlangen; Verträge über Zahlungsvorgänge bei Banken sind ebenso wie die Bestimmungen über elektronische Signaturen nach einheitlichem Muster ausgestaltet. Für Verbraucherkredite sind die gleichen Kernbestimmungen maßgeblich; und Fluggäste haben bei Nichtbeförderung oder Verspätung die gleichen Rechte. Dieses und vieles mehr ist durch Rechtsakte der EU auf vertragsrechtlichem Gebiet festgelegt. Bestimmend für das Gesamtbild des Vertragsrechts in Europa sind aber weiterhin die vielfältigen Unterschiede zwischen den nationalen Rechten. Insbesondere fehlt in Hinblick auf die grenzüberschreitenden Geschäfte ein umfassendes Regelwerk, das den Vertrieb von Waren und Dienstleistungen im Binnenmarkt entscheidend erleichtern könnte. Nach Schätzungen der Europäischen Kommission müsste ein Unternehmer durchschnittlich jeweils 10.000 Euro aufwenden, um seine Vertragsbedingungen an das Vertragsrecht eines anderen Mitgliedstaates

2

---

1 Europäische Kommission (Hrsg.), 20 Jahre Europäischer Binnenmarkt, 2012, S. 8.
2 Bundesministerium für Wirtschaft und Technologie, Fakten zum deutschen Außenhandel 2013, abrufbar unter: http://www.bmwi.de/BMWi/Redaktion/PDF/F/fakten-zum-deutschen-aussenhandel-2013,property=pdf,bereich=bmwi2012,sprache=de,rwb=true.pdf (abgerufen am 18.12.2014).

anzupassen.³ Derartig hohe Transaktionskosten halten vor allem kleine und mittlere Unternehmen (KMU) davon ab, grenzüberschreitend im gesamten Binnenmarkt tätig zu werden. Soweit Verbraucherverträge in Betracht stehen, vermag auch eine Rechtswahl nach Maßgabe des Internationalen Privatrechts keine Abhilfe zu schaffen, da nach Art. 6 Abs. 2 Rom-I-VO⁴ der Verbraucherschutz des jeweiligen Heimatlandes des Verbrauchers zu berücksichtigen ist. Die Defizite des europäischen Vertragsrechts in Hinblick auf grenzüberschreitende Verträge führen deshalb dazu, dass das Potential des Binnenmarktes bei weitem nicht ausgeschöpft wird.⁵

3   Die Gesetzgebung und Rechtsprechung der EU stehen daher ebenso wie die Rechtswissenschaft auf dem Gebiet des Vertragsrechts vor großen Herausforderungen. Sie betreffen sowohl die unzulängliche Kohärenz der zahlreichen einzelnen bereits bestehenden Bestimmungen als auch das Erfordernis, über diese Bestimmungen hinaus zu einem vollständigen, in der Praxis funktionsfähigen Regelwerk für grenzüberschreitende Verträge zu gelangen. In der einen Hinsicht haben wissenschaftliche Entwürfe wie die Acquis Principles und der Entwurf eines Gemeinsamen Referenzrahmens⁶ mögliche Konturen eines kohärenteren europäischen Vertragsrechts vorgezeichnet. Auch von diesen Entwürfen inspiriert hat in der zweitgenannten Hinsicht die Europäische Kommission mit dem Vorschlag eines Gemeinsamen Europäischen Kaufrechts⁷ einen Entwurf für eine Kodifikation, die nach Wahl der Parteien bei grenzüberschreitenden Kaufverträgen zur Verfügung stehen soll, vorgelegt. Die Entwicklung auf diesem Gebiet ist somit nicht abgeschlossen; das europäische Vertragsrecht dürfte vielmehr auch in absehbarer Zukunft sowohl in wissenschaftlicher als auch in legislativer Hinsicht ein Recht im Werden bleiben.

2. Anliegen und Aufbau des Buchs

4   Dieses Buch will Juristen in Wissenschaft, Praxis und Studium an der Entwicklung des europäischen Vertragsrechts teilhaben lassen. In erster Linie richtet es sich auf das Verständnis der Strukturen, Funktionen und Entwicklungsbedingungen des europäischen Rechts auf diesem Gebiet einschließlich seiner Unzulänglichkeiten und Defizite und der daraus erwachsenden Herausforderungen für die Rechtslehre. Es stellt dazu die maßgeblichen Bestimmungen im Recht der EU, die Rechtsprechung der europäischen Gerichte und die zugrundeliegenden Leitgedanken und Ziele dar. Das internationale Einheitsrecht (insbesondere die Europäische Menschenrechtskonvention (EMRK) und das UN-Kaufrecht) sowie vergleichende Untersuchungen zu den Gemeinsamkeiten und Unterschieden nationaler Rechte werden berücksichtigt, soweit es zum Verständnis des EU-Rechts und seiner Entwicklung erforderlich ist.

5   Vertieft dargestellt werden vor allem Begriffe, Bestimmungen und Lehren von übergreifender Bedeutung für das Vertragsrecht. Einen Schwerpunkt bildet daneben das Kaufrecht wegen seiner herausragenden Rolle für den Binnenmarkt und für das Pro-

---

3 Vgl Pressemitteilung der Europäischen Kommission vom 11.10.2011, abrufbar unter: http://europa.eu/rapid/press-release_IP-11-1175_de.htm (abgerufen am 18.12.2014); Rede der Justizkommissarin Viviane Reding vom 24.5.2012, abrufbar unter: http://europa.eu/rapid/press-release_SPEECH-12-385_de.htm?locale=en (abgerufen am 18.12.2014).
4 VO (EG) Nr. 593/2008 des Europäischen Parlaments und des Rates vom 17. Juni 2008 über das auf vertragliche Schuldverhältnisse anzuwendende Recht (Rom I), ABl. 2008 L 177/12.
5 KOM(2011) 635 endg., S. 2–5.
6 Zu beiden siehe Rn 46–48, 50.
7 Dazu unten Rn 51–58.

jekt eines Gemeinsamen Europäischen Kaufrechts (GEK) als bislang bedeutendstem Gesetzgebungsvorhaben auf dem Gebiet des europäischen Vertragsrechts. Entsprechend der bisherigen Entwicklung des EU-Vertragsrechts und der Struktur dieses Entwurfs werden die europäischen Rechtsgrundlagen sowohl für Verbraucherverträge („Business-to-Consumer"; B–C) als auch für Verträge zwischen Unternehmern („Business-to-Business"; B–B) eingehend behandelt.

Nach der Einführung in Grundlagen und Strukturelemente des europäischen Vertragsrechts wenden sich die folgenden Hauptteile dieses Buches den einzelnen Materien in der Abfolge des „Lebenszyklus" eines Vertrages zu: vom Vertragsschluss, der damit verbundenen Festlegung des Vertragsinhalts und den Bestimmungen hinsichtlich missbräuchlicher Klauseln über die Leistungspflichten, die aus dem Vertrag erwachsen, die Nichterfüllung und ihre Folgen bis hin zur Verjährung der Rechte aus dem Vertrag. In jedem Teil sind neben dem geltenden Recht der EU und den ihm zugrundeliegenden Prinzipien und Leitgedanken auch der Entwurf für das GEK und seine möglichen Konsequenzen für die Entwicklung des europäischen Vertragsrechts einbezogen. Eine Auswahl grundlegender Literatur ist jeweils am Anfang des Kapitels angegeben; Hinweise auf weiterführende Literatur enthalten die Fußnoten. Tabellarische Zusammenstellungen geben zudem Übersichten über wichtige Dokumente und Abläufe in der Entwicklung des europäischen Vertragsrechts.

3. Quellen und Literatur

a) Quellen

aa) Bei der Beschäftigung mit dem europäischen Vertragsrecht sind die folgenden drei Arten von Rechtstexten, die in den jeweils angegebenen Sammlungen abgedruckt sind, die wichtigsten Quellen:

- die grundlegenden Verträge für die EU, also der Vertrag über die Europäische Union (EUV), der Vertrag über die Arbeitsweise der Europäischen Union (AEUV) und die Grundrechte-Charta der EU (Grundrechtecharta); alle abgedruckt beispielsweise in Beck-Texte im dtv, Europarecht, 25. Aufl. 2013; Glaesner, Europarecht, 23. Aufl. 2015; Schwartmann, Völker- und Europarecht: Mit WTO-Recht und Zusatztexten im Internet, 9. Aufl. 2013;
- die Verordnungen und insbesondere die Richtlinien der EU mit Bezug zum Vertragsrecht; die wichtigsten von ihnen abgedruckt in Schulze/Zimmermann, Basistexte Europäisches Privatrecht, 4. Aufl. 2012 (dort sind auch weitere wichtige Regelwerke für das europäische Vertragsrecht abgedruckt[8]). Wichtige Richtlinientexte enthält auch Artz/Staudinger, Europäisches Verfahrens-, Kollisions- und Privatrecht, 2010. Die amtliche Veröffentlichung der EU-Rechtsakte ist im Amtsblatt der Europäischen Union zu finden. Akte der Legislative werden dabei unter der Reihe L, Mitteilungen und Bekanntmachung unter Reihe C veröffentlicht. Diese Veröffentlichung ist im Internet zugänglich unter http://eur-lex.europa.eu;
- die Entscheidungen des Europäischen Gerichtshofs; abgedruckt in der Sammlung der Rechtsprechung des Gerichtshofes und des Gerichts Erster Instanz (abgekürzt: Slg). Das Zitat einer Fundstelle beginnt mit Slg und erfolgt unter Angabe des Jahres, des Bandes (ab 1990) und der Seite. Der Band wird mit einer römischen Ziffer be-

---

[8] Dazu sogleich Rn 37–43.

zeichnet. Die Veröffentlichung der Entscheidungen ist im Internet zugänglich unter http://eur-lex.europa.eu und http://curia.europa.eu.

8 bb) Der Kommissionsvorschlag für das *Gemeinsame Europäische Kaufrecht* ist in KOM(2011) 635 endg. veröffentlicht und u.a. abgedruckt in Schulze/Zimmermann, Basistexte, I.5, und Staudenmayer, Vorschlag für eine Verordnung des Europäischen Parlaments und des Rates über ein Gemeinsames Europäisches Kaufrecht, München 2012. Ausführlich erläutert sind die Bestimmungen des Kommissionsvorschlags in Schulze (Hrsg.), Common European Sales Law (CESL) – Commentary, 2012 und Schmidt-Kessel (Hrsg.), Der Entwurf für ein Gemeinsames Europäisches Kaufrecht – Kommentar, 2014. Drei Beispiele aus der umfangreichen Literatur zum GEK sind: Sondertagung der Zivilrechtslehrervereinigung, AcP 212 (2012), S. 467–852; Dannemann/Vogenauer, The Common European Sales Law in Context, 2013 und Deshayes, Le droit commun européen de la vente – Examen de la proposition de règlement du 11 octobre 2011, 2012.

9 cc) Weitere *Regelwerke*, die nicht geltendes Recht sind, aber für das europäische Vertragsrecht besondere Bedeutung haben, sind enthalten in Schulze/Zimmermann, Basistexte. Abgedruckt sind dort u.a. die Grundregeln des Europäischen Vertragsrechts der Kommission für Europäisches Vertragsrecht (Principles of European Contract Law)[9], die Principes du Droit Européen du Contrat[10], die Grundregeln des bestehenden Vertragsrechts der Europäischen Gemeinschaft (Acquis-Grundregeln)[11], und der Entwurf des Gemeinsamen Referenzrahmens (Draft Common Frame of Reference)[12].

b) Literatur

10 aa) Folgende *Lehrbücher* sind neben dem vorliegenden zum Vertragsrecht der EU erschienen:

- Heiderhoff, Europäisches Privatrecht, 3. Aufl. 2012 (das europäische Vertragsrecht bildet hier den Schwerpunkt einer Gesamtdarstellung des Europäischen Privatrechts);
- Riesenhuber, EU-Vertragsrecht, 2013;
- Riesenhuber, Europäisches Vertragsrecht, 2. Aufl. 2006.

Erläuterungen der wichtigen Richtlinien auf vertragsrechtlichem Gebiet in Hinblick auf die Umsetzung in deutsches Recht enthält das Werk von Gebauer/Wiedmann, Zivilrecht unter europäischem Einfluss, 2. Aufl. 2010.

11 bb) Aus *rechtsvergleichender Sicht* befassen sich mit dem europäischen Vertragsrecht (zum Teil im Rahmen breiter angelegter Darstellungen) folgende Lehrbücher:

- Alpa/Andenas, Grundlagen des Europäischen Privatrechts, 2010;
- Kötz, Europäisches Vertragsrecht, Bd. I, 1996;
- Ranieri, Europäisches Obligationenrecht, 3. Aufl. 2009.

---

9 Lando/Beale (Hrsg.), Principles of European Contract Law, Parts I and II, 2000 und Lando/Clive/Prüm/Zimmermann (Hrsg.), Principles of European Contract Law, Parts III, 2003.
10 Association Henri Capitant des Amis de la Culture Juridique Française, Société de Législation Comparée (Hrsg.), Projet de Cadre Commun de Référence, Principes Contractuels Communs, 2008.
11 European Research Group on Existing EC Private Law (Acquis Group) (Hrsg.), Principles of the Existing EC Contract Law (Acquis Principles) Contract I, 2007 und Contract II, 2009.
12 V. Bar/Clive (Hrsg.), DCFR Full Edition.

II. Vertragsrecht als Teil des Europäischen Privatrechts

Im Internet bietet http://www.eu-consumer-law.org/ Informationen zum Vergleich der Umsetzung des Verbrauchervertragsrechts in den Mitgliedstaaten. Zusätzliche Informationen zum Recht der einzelnen Mitgliedstaaten finden sich unter http://eur-lex.eur opa.eu/.

cc) Als *Nachschlagewerk* hilfreich ist das von Basedow/Hopt/Zimmermann herausgegebene Handwörterbuch des Europäischen Privatrechts (in 2 Bänden), 2009.

II. Vertragsrecht als Teil des Europäischen Privatrechts

1. Begriff des Europäischen Privatrechts

a) Übersicht

Rechtswissenschaft und europäische Institutionen[13] befassen sich seit den achtziger Jahren des 20. Jahrhunderts in wachsendem Maße mit dem europäischen Vertragsrecht. Durch die Arbeiten der „Kommission für Europäisches Vertragsrecht"[14] und frühe programmatische Veröffentlichungen[15] stand dieses Gebiet von Anfang an im Mittelpunkt der Diskussionen über Begriff, Methoden und Inhalte des Europäischen Privatrechts.[16] Forschungen aus mehreren rechtswissenschaftlichen Teildisziplinen begegnen und ergänzen sich dabei.[17] Dazu gehören insbesondere die Lehre des Bürgerlichen Rechts, die sich zunehmend neben dem jeweiligen nationalen Recht dem Europäischen Privatrecht und seinem Einfluss auf das nationale Recht widmet,[18] und das Europarecht, dessen anfängliche einseitige Ausrichtung auf das öffentliche Recht Walter

---

13 Zunächst das Europäische Parlament mit der Entschließung zu den Bemühungen um eine Angleichung des Privatrechts der Mitgliedstaaten vom 26.5.1989, ABl. EG 1989 C 158/400.
14 Unter der Leitung des Rechtsvergleichers Ole Lando; zum Entstehen und Arbeiten der Kommission: Lando/Beale (Hrsg.), PECL, Parts I and II, S. xi; später kam hinzu Lando/Clive/Prüm/Zimmermann (Hrsg.), PECL, Part III, 2003.
15 Gandolfi, Pour un code européen des contrats, RTD Civ. 1992, S. 707–720; Müller-Graff, Gemeinsames Privatrecht in der Europäischen Gemeinschaft, 1993; Schulze, Allgemeine Grundsätze und europäisches Privatrecht, ZEuP 1993, S. 442–474; Tunc, L'unification du droit des contrats en Europe: avec ou sans loi?, RIDC 1993, S. 877–879; Zeno-Zencovich, Il diritto europeo dei contratti, Giurisprudenza italiana 1993, S. 57–73.
16 Zum heutigen Stand und zu [den] Perspektiven Schulze/Schulte-Nölke, European Private Law.
17 Zu diesem Zusammenwirken bereits Basedow/Blaurock/Flessner/Schulze/Zimmermann, Editorial, ZEuP 1993, S. 1–3.
18 Schon früh zur „Europäisierung" des nationalen Privatrechts Aubry, L'influence du droit communautaire sur le droit français des contrats, 2000; Beale, The "Europeanisation" of Contract Law, in: Halson, Exploring the Boundaries of Contract, 1994, S. 23 f; Coing, Europäisches Privatrecht, Band II, 1985; Lewis, A Common law fortress under attack: is English law being Europanized?, Columbia Journal of European Law 1995, S. 1 f; Markesinis, Learning from Europe and Learning in Europe, in: Markesinis, The Gradual Convergence, 1994, S. 1 f; Mengoni, L'Europa dei codici o un codice per l'Europa?, in: Accademia Nazionale dei Lincei, Il codice civile. Convegno del cinquantenario dedicato a Francesco Santoro Passarelli, 1994, S. 87 f; Schulze, Le droit privé commun européen, RIDC 1995, S. 7; ders., A century of the Bürgerliches Gesetzbuch: German Legal Uniformity and European Private Law, The Columbia Journal of European Law 1999, S. 461 f; Ulmer, Vom deutschen zum europäischen Privatrecht?, JZ 1992, S. 1–8; Vareilles-Sommières, Le droit privé européen, 1998; Trabucchi, Il codice civile di fronte alla normativa comunitaria, Riv.Dir.Civ. 1993, S. 703 f.

Hallstein bereits 1964 kritisiert hatte,[19] die Rechtsvergleichung[20] und das Internationale Privatrecht[21] sowie die Rechtsgeschichte[22].

b) Begriffsvarianten

14 Dem neuen Forschungsfeld liegt allerdings kein einheitlicher Begriff des Europäischen Privatrechts zugrunde. Im Wesentlichen sind vielmehr vier Bedeutungen dieses Begriffs und entsprechend des Begriffs des europäischen Vertragsrechts zu unterscheiden.

15 aa) *Erstens* lässt sich das Europäische Privatrecht als das *Privatrecht der Europäischen Gemeinschaften* und der aus ihnen hervorgegangenen Europäischen Union verstehen. Das gemeinschaftsrechtliche Verständnis des Europäischen Privatrechts geht zurück auf die erwähnten frühen Arbeiten seit Walter Hallstein.[23] Es fand zunächst Ausdruck in der Bezeichnung „Gemeinschaftsprivatrecht".[24] Nachdem die Europäische Gemeinschaft mit dem Lissaboner Vertrag in der Europäischen Union aufgegangen ist,[25] sind die Bezeichnungen „EU-Privatrecht" oder „Unionsprivatrecht" und entsprechend „EU-Vertragsrecht" und „Unionsvertragsrecht" gebräuchlich geworden. In dieser Bedeutung werden die Begriffe Europäisches Privatrecht und europäisches Vertragsrecht in diesem Buch verwandt, soweit nichts anderes angegeben ist.

16 Das europäische Vertragsrecht in diesem Verständnis umfasst den vertragsrechtlichen *Acquis communautaire*.[26] Die maßgeblichen Normen gehören teils zum Primär- und teils zum Sekundärrecht der Union. Als Primärrecht werden insbesondere die grundlegenden Verträge der Mitgliedstaaten über die EU bezeichnet, also seit dem Inkrafttreten der Vereinbarungen von Lissabon 2009 der Vertrag über die EU (EUV), der Vertrag über die Arbeitsweise der EU (AEUV) und die Charta der Grundrechte der

---

19 Hallstein, Angleichung des Privat- und Prozessrechts in der Europäischen Wirtschaftsgemeinschaft, RabelsZ 1964, S. 211–231.
20 ZB Gorla, Diritto comparato e diritto comune europeo, 1981; Kötz, Europäisches Vertragsrecht, Bd. I, 1996; Lipari, Diritto privato europeo, 1997; Publications de l'Institut suisse de droit comparé, Le rôle du droit comparé dans l'avènement du droit européen, 2002.
21 Vgl Dicey, Morris and Collins on The Conflict of Laws, 2012, S. 11 f; Rogerson, Collier's Conflict of Laws, 2013, S. 8 f; von Hoffmann/Thorn, Internationales Privatrecht, 9. Aufl. 2007, Rn 63–64a; Rauscher, Internationales Privatrecht, 4. Aufl. 2012, Rn 89–92.
22 Schon früh beispielsweise Cavanna, Storia del diritto moderno in Europa, 1982; Coing, Das Recht als Element der europäischen Kultur, HZ 1984, S. 1–15; ders., Europäisches Privatrecht, 2 Bände, 1985/1989; Delmas-Marty/Muir Watt/Ruiz Fabri, Variations autour d'un droit commun. Premières rencontres de l'UMR de droit comparé de Paris, 2002; Padoa-Schioppa, Italia ed Europa nella storia del diritto, 2003; Robinson/Fergus/Gordon, European Legal History, 2. Aufl. 1994; Schulze, Europäische Rechts- und Verfassungsgeschichte, Ergebnisse und Perspektiven der Forschung, 1991; Schulze, La renaissance de l'idée de Jus commune, in: Delmas-Marty/Muir Watt/Ruiz Fabri, Variations autour d'un droit commun. Premières rencontres de l'UMR de droit comparé de Paris, 2002, S. 181–193; Watkin, The Europeanisation of Law, 1998; Wieacker, Privatrechtsgeschichte der Neuzeit, 2. Aufl. 1967 (englische Fassung: A History of Private Law in Europe, 1996).
23 Siehe soeben Fn 19.
24 Müller-Graff, Gemeinsames Privatrecht in der Europäischen Gemeinschaft, 2. Aufl. 1999; Schulze, Allgemeine Rechtsgrundsätze und europäisches Privatrecht, ZEuP 1993, S. 442–474; Smits, A European Private Law as a Mixed Legal System, Maastricht Journal of European and Comparative Law 1998, S. 328–340.
25 Vertrag von Lissabon zur Änderung des Vertrags über die Europäische Union und des Vertrags zur Gründung der Europäischen Gemeinschaft, veröffentlicht im ABl. 2007 C 306/01, zuletzt bekanntgemacht durch Abdruck der konsolidierten Textfassungen im ABl. 2012 C 326/01.
26 Zum Begriff des Acquis communautaire Benacchio/Pasa, A Common Law for Europe, 2005, S. 20–22; Craig/de Búrca, EU Law, 5. Aufl. 2011, S. 14 f; Herdegen, Europarecht, 16. Aufl. 2014, § 6 Rn 6 f, § 8 Rn 3; Streinz, Europarecht, 9. Aufl. 2012, Rn 100.

II. Vertragsrecht als Teil des Europäischen Privatrechts

Europäischen Union (Grundrechtecharta).[27] Ebenfalls dem Primärrecht zugerechnet wird die Rechtsprechung des Europäischen Gerichtshofs (EuGH) zur Auslegung der Bestimmungen dieser grundlegenden Verträge, einschließlich der von dieser Rechtsprechung anerkannten allgemeinen Rechtsgrundsätze.[28] Als Sekundärrecht wird das Recht verstanden, das die EU aufgrund des Primärrechts insbesondere in Form von Verordnungen, Richtlinien und Beschlüssen gem. Art. 288 AEUV geschaffen hat.

Verordnungen sind – ähnlich wie auf nationaler Ebene Gesetze – in allen ihren Teilen verbindliche Rechtsnormen und gelten unmittelbar in jedem Mitgliedstaat (Art. 288 Abs. 2 AEUV). Dagegen sind die Adressaten von Richtlinien nicht die einzelnen Bürger und sonstigen privaten Teilnehmer am Rechtsverkehr, sondern die Mitgliedstaaten. Richtlinien sind daher grundsätzlich nicht unmittelbar anwendbar, sondern bedürfen der Umsetzung in das nationale Recht durch die Gesetzgebung der Mitgliedstaaten. Diesen verbleibt dabei Gestaltungsraum hinsichtlich der Form und der Mittel, mit denen sie die Vorgabe der Richtlinie verwirklichen wollen (vgl Art. 288 Abs. 3 AEUV).[29] Diese Gestaltungsmöglichkeiten können die Mitgliedstaaten dazu nutzen, die europäischen Vorgaben mit möglichst geringen Friktionen in das nationale Rechtssystem einzubeziehen, so dass gerade auf privatrechtlichem Gebiet die Richtlinie die bevorzugte Regelungsform der europäischen Gesetzgebung geworden ist.

17

bb) *Zweitens* werden dem Europäischen Privatrecht in einem weiteren Sinn neben dem Recht der EU auch Bestimmungen zugerechnet, die in zahlreichen europäischen Staaten aufgrund *internationaler Übereinkommen* einheitlich gelten, aber in keinem institutionellen Bezug zur EU stehen.[30] Dies gilt insbesondere für die Europäische Menschenrechtskonvention mit ihren Wirkungen auf privatrechtlichem Gebiet, beispielsweise in Hinblick auf den Persönlichkeitsschutz, die Freiheitsrechte und das Familienrecht.[31] Dieses weiter gefasste Verständnis des Europäischen Privatrechts entspricht insofern dem Begriff des Europarechts bzw des europäischen Rechts im weiteren Sinne, der neben der Verwendung dieses Begriffs für EU-Recht gebräuchlich ist.[32]

18

Darüber hinaus wird dem Europäischen Privatrecht zuweilen auch internationales Einheitsrecht zugerechnet, das in einem großen Teil Europas, aber auch in anderen Teilen der Welt gilt. Dies betrifft insbesondere das UN-Kaufrecht[33], das für die meisten Staaten Europas zum einheitlichen Kaufrecht für grenzüberschreitende Verträge geworden

19

---

27 Dazu Nowak, Europarecht nach Lissabon, 2011, I Rn 3; Streinz, Europarecht, 9. Aufl. 2012, Rn 63; Steiner/Woods, EU Law, 11. Aufl. 2012, S. 18.
28 Näher zum Begriff des Primärrechts und zur Funktionen der EuGH-Rechtsprechung in seinem Rahmen Haratsch/Koenig/Pechstein, Europarecht, 9. Aufl. 2014, Rn 367–375; Herdegen, Europarecht, 16. Aufl. 2014, § 8 Rn 4–32.
29 Näher zur Wirkungsweise von Richtlinien und zu deren ausnahmsweiser unmittelbarer Anwendbarkeit Haratsch/Koenig/Pechstein, Europarecht, 9. Aufl. 2014, Rn 384–403; Horspool/Humphreys, European Union Law, 7. Aufl. 2012, S. 1–606, 166–168; König, Gesetzgebungsakte, in: Schulze/Zuleeg/Kadelbach, Europarecht, Rn 44–71.
30 ZB Müller-Graff, Gemeinsames Privatrecht in der Europäischen Gemeinschaft, 1993; Schulze, Allgemeine Rechtsgrundsätze und europäisches Privatrecht, ZEuP 1993, S. 442–474; Schulze, Le Droit Privé Commun Européen, RIDC 1995, S. 7–32.
31 Van Dam, European Tort Law, in: Twigg-Flesner: European Union Private Law, S. 161 f; Meyer-Ladewig/Meyer-Ladewig, Europäische Menschenrechtskonvention, 3. Aufl. 2011, Art. 8 Rn 1 f; Windel, Die Bedeutung der Europäischen Menschenrechtskonvention für das Privatrecht, JR 2011, S. 323–327; beispielsweise EGMR 3.12.2009, Az 22028/04 zum Sorgerecht für nichteheliche Kinder.
32 Herdegen, Europarecht, 16. Aufl. 2014, § 1 Rn 6–11; Schulze/Kadelbach, Zur Einführung, in: Schulze/Zuleeg/Kadelbach, Europarecht, S. 37.
33 Übereinkommen der Vereinten Nationen über Verträge über den internationalen Warenkauf vom 11. April 1980; BGBl. 1989 II S. 586, ber. 1990 II S. 1699; BGBl. 1990 II S. 1477.

ist.[34] Zudem hat sich eine Reihe von europäischen Staaten auch bei Reformen der nationalen Gesetzbücher an diesem einheitlichen Kaufrecht orientiert;[35] und sowohl die Arbeiten der „Kommission für Europäisches Vertragsrecht" unter Leitung von Ole Lando[36] als auch die wichtigste europäische Richtlinie auf dem Gebiet des Kaufrechts, die Verbrauchsgüterkauf-Richtlinie, sowie der Kommissionsvorschlag für das GEK, sind in einigen grundlegenden Fragen dem Vorbild des UN-Kaufrechts gefolgt. Insofern ist dieses dem europäischen Vertragsrecht im weiteren Sinne zumindest als erstrangige Inspirationsquelle zuzurechnen.

20 cc) *Drittens* führen rechtsvergleichende Ansätze zu einem Verständnis des Europäischen Privatrechts, das nicht oder zumindest nicht ausschließlich auf das Recht der EU bezogen ist und geographisch über die Mitgliedstaaten der EU hinausgreift. *Gemeineuropäisches Privatrecht*[37] kann in diesem Sinne die gemeinsamen Grundsätze und Rechtsüberzeugungen der nationalen Rechtstraditionen in Europa beschreiben. Die Auseinandersetzung mit „gemeinsamen Prinzipien" des europäischen Vertragsrechts aus einer derartigen rechtsvergleichenden Perspektive war seit den achtziger Jahren des 20. Jahrhunderts Gegenstand der „Kommission für Europäisches Vertragsrecht"[38] und war beispielsweise auch Inhalt des Lehrbuchs von Hein Kötz zum europäischen Vertragsrecht[39].

21 Die vergleichenden Forschungen zum Europäischen Privatrecht unterscheiden sich allerdings erheblich in Hinblick auf die Beschreibung ihres Gegenstandes, die Begrifflichkeit und die Methode. Zu den Leitbegriffen gehört dabei neben den „gemeinsamen Prinzipien" beispielsweise das Konzept des „common core".[40] Neben dem Bemühen um „wertende" Feststellung gemeinsamer Rechtsinhalte[41] stehen eher deskriptive Darstellungen der Vielfalt verschiedener Rechte in Europa auf der Grundlage eines Verständnisses des europäischen Vertragsrechts in einem eher geographischen Sinn.[42] Ein Teil der Literatur verbindet zudem den vergleichenden Ansatz mit einer historischen Perspektive, teils spezifisch mit Bezug auf das *ius commune* des Mittelalters und der

---

34 Seit der Unterzeichnung des Übereinkommens über das UN-Kaufrecht im Jahr 1980 haben bis jetzt 36 Staaten Europas dieses Kaufrecht in Kraft gesetzt, allerdings u.a. nicht Portugal und das Vereinigte Königreich, abrufbar unter: http://www.uncitral.org/uncitral/en/uncitral_texts/sale_goods/1980CISG_status.html (abgerufen am 21.7.2014).

35 So die Niederlande bei der Schaffung des Nieuw Burgerlijk Wetboek, Deutschland bei der Schuldrechtsmodernisierung 2002 und mehrere osteuropäische Länder beim Übergang zur Marktwirtschaft; Ferrari (Hrsg.), The CISG and its Impact on National Legal Systems, 2008; Hartkamp/Tillema/Ter Heide, Contract Law in the Netherlands, 2011; Meyer, UN-Kaufrecht in der deutschen Anwaltspraxis, RabelsZ 2005, S. 457–486; zu Rumänien Bojin, The Law of Obligations in Romania, in: Schulze/Zoll, The Law of Obligations in Europe, 2013, S. 377; Schwenzer/Hachem, The CISG – A Story of Worldwide Success, in: Kleinemann (Hrsg.), CISG Part II Conference, 2009, S. 119, 125.

36 Siehe Fn 9.

37 Müller-Graff, Gemeinsames Privatrecht in der Europäischen Gemeinschaft, 2. Aufl. 1999, S. 130.

38 Siehe Fn 9.

39 Kötz, Europäisches Vertragsrecht, Bd. I, 1996.

40 So „The Trento Common Core Project". Das Forschungsnetzwerk wurde 1993 an der Universität Trient wurde unter der Leitung von Rudolf B. Schlesing geschaffen; veröffentlicht wurde beispielsweise Cartwright/Hesselink, Precontractual Liability in European Private Law, 2009; Zimmermann/Whittaker, Good Faith in European Contract Law, 2000.

41 Zu dieser „wertenden" Vorgehensweise Lando, Some Features of the Law of Contract in the Third Millenium, Scandinavian Studies in Law 2000, S. 343, 364; Vogenauer, Gemeineuropäische Methodenlehre, ZEuP 2005, S. 234, 253.

42 In diese Richtung geht beispielsweise das reichhaltige Handbuch von Ranieri, Europäisches Obligationenrecht, 3. Aufl. 2009; dazu Riesenhuber, EU-Vertragsrecht, § 1 Rn 2.

frühen Neuzeit,[43] teils unter Einschluss weiterer historisch begründeter Charakteristika des Europäischen Privatrechts.[44] In der neueren Literatur wird daneben der Begriff des „Acquis commun"[45] verwandt, um in Entsprechung zum *Acquis communautaire* der EU den gemeinsamen Bestand an Rechtsprinzipien und -auffassungen in Europa zu bezeichnen und dabei Regelwerke, die Wissenschaftler auf vergleichend-historischer Grundlage erstellt haben, einzuschließen.

dd) *Viertens* dient schließlich das Konzept des Europäischen Privatrechts *in einem übergreifenden Verständnis* dazu, die drei vorgenannten Bedeutungen als unterschiedliche, aber sich ergänzende Quellenbereiche oder Entwicklungskomponenten dieses Rechtsgebiets zu beschreiben.[46]

22

2. Dualismus von nationalem und supranationalem Recht

a) Entstehen

Das Entstehen des Privatrechts der EU – und in seinem Rahmen des europäischen Vertragsrechts – hat zu einem tiefgreifenden Wandel des Privatrechts in Europa geführt. Mit der Gründung supranationaler Gemeinschaften hat in der zweiten Hälfte des 20. Jahrhunderts ein Dualismus von nationalem und supranationalem Privatrecht das monistische Konzept des nationalen Rechts abgelöst, das sich zuvor seinerseits – verbunden mit der Idee des Nationalstaats – in vielen Ländern Europas während des 18. und 19. Jahrhunderts gegen die Vielfalt unterschiedlicher Rechte und Jurisdiktionen durchgesetzt hatte.[47] Besonders signifikanten Ausdruck fand dieses monistische Konzept in der Idee der nationalen Kodifikationen, die vollständig, ausschließlich, dauerhaft und systematisch das nationale Recht vereinheitlichen sollten. Mit dem Schuman-Plan vom Mai 1950[48] eröffnete sich demgegenüber die Perspektive einer supranationalen Gemeinschaft, der die Staaten einen Teil ihrer Souveränität übertragen und die daher ihr eigenes Recht generieren kann. Die Gründung der Europäischen Gemeinschaft für Kohle und Stahl[49] ließ dieses supranationale gemeinsame Recht wenig später erstmals neben die unterschiedlichen Rechte der (damals sechs) Mitgliedstaaten treten. Der Dualismus von nationalem und europäischem Recht ist seitdem zu einem Kennzeichen der europäischen Integration geworden. Auch nach der Fortentwicklung der Europäischen Gemeinschaften zur Europäischen Union[50] steht ein neuer Monismus

23

---

43 So Zimmermann, Law of Obligations, 1990.
44 Dazu Grossi, Das Recht in der europäischen Geschichte, 2010; Schulze, Vom Ius commune bis zum Gemeinschaftsrecht, in: Schulze, Europäische Rechts- und Verfassungsgeschichte, 1991, S. 3–36; Schulze, Allgemeine Rechtsgrundsätze und europäisches Privatrecht, ZEuP 1993, S. 442, 447–457.
45 Jansen/Zimmermann, Grundregeln des bestehenden Gemeinschaftsprivatrechts?, JZ 2007, S. 1113–1126; Zoll, Die Grundregeln der Acquis-Gruppe im Spannungsverhältnis zwischen Acquis commun und Acquis communautaire, GPR 2008, S. 106–117.
46 Müller-Graff, Gemeinsames Privatrecht in der Europäischen Gemeinschaft, 2. Aufl. 1999, S. 14–17; Schulze, Allgemeine Grundsätze und europäisches Privatrecht, ZEuP 1993, S. 442–474.
47 Schulze, Contours of European Private Law, in: Schulze/Schulte-Nölke, European Private Law, S. 3–8; Schulze, Nuevos rasgos del Derecho privado en Europa, Publicación Centenario Revista de Derecho Privado, 2015, S. 139–166.
48 Schuman-Erklärung – 9.5.1950, abrufbar unter: http://europa.eu/about-eu/basic-information/symbols/europe-day/schuman-declaration/index_de.htm (abgerufen am 6.1.2015); vgl Fontaine, Eine neue Ordnung für Europa, 1990.
49 Vertrag über die Gründung der Europäischen Gemeinschaft für Kohle und Stahl, 18.4.1951, abrufbar unter: http://eur-lex.europa.eu/LexUriServ/LexUriServ.do?uri=CELEX:11951K/TXT:DE:PDF (abgerufen am 6.1.2015).
50 Überblick über diese Entwicklung bei Brasche, Europäische Integration: Wirtschaft, Erweiterung und regionale Effekte, 3. Aufl. 2013; Clemens/Reinfeldt/Wille, Geschichte der europäischen Integration: Ein Lehr-

weder in der einen noch in der anderen Richtung ernsthaft in Betracht – weder als Rückkehr zur Absolutheit des nationalen Rechts noch als Verdrängung des nationalen Rechts durch einen europäischen Rechtsmonismus.

24 Allerdings schien diese Entwicklung eines supranationalen Rechts zunächst eine Angelegenheit zu sein, die ausschließlich das öffentliche Recht betraf. Erst in den sechziger Jahren des letzten Jahrhunderts trat in den Blick, dass sich Hindernisse für die Verwirklichung des freien Warenverkehrs und der anderen Verkehrsfreiheiten auch aus privatrechtlichen Vorschriften ergeben können und sich daher die europäische Rechtsangleichung und Rechtsvereinheitlichung auch auf das Feld des Privatrechts erstrecken muss.[51] In dieser Zeit hatte die europäische Gesetzgebung mit dem Wettbewerbsrecht und dem Gesellschaftsrecht bereits wichtige Teilgebiete des Privatrechts berührt. In der Folgezeit dehnte sie sich auf diesen und weiteren Gebieten des Privatrechts mehr und mehr aus:[52] vom Arbeitsrecht bis zum Verbraucherrecht; vom Handelsrecht bis zum Versicherungsrecht; vom Kapitalmarktrecht bis zum Recht des geistigen Eigentums; vom Vertragsrecht bis zur außervertraglichen Haftung im Umweltschutz; im Diskriminierungsschutz und in weiteren Bereichen. Auf einigen dieser Gebiete hat die europäische Gesetzgebung neben dem materiellen Recht auch das Verfahrensrecht und neben dem Sachrecht auch das Kollisionsrecht einbezogen. Für weitere Bereiche des Privatrechts (insbesondere das Familien- und Erbrecht) liegt der Schwerpunkt der europäischen Gesetzgebung im Verfahrens- und Kollisionsrecht.

b) Eigenständigkeit der supranationalen Rechtsordnung

25 Ebenso wie für das öffentliche Recht ist damit für weite Teile des Privatrechts das Recht der EU als eine eigene Rechtsordnung[53] hervorgetreten.[54] Im Verhältnis zum nationalen Recht kommt ihm Anwendungsvorrang zu.[55] Die Bestimmungen des EU-Rechts einschließlich ihrer Auslegung durch den EuGH sind daher auch im Privatrecht vorrangig anzuwenden, so dass eine dem Unionsrecht widersprechende nationale Norm nicht angewandt werden darf (obwohl sie wegen der Eigenständigkeit beider Rechtsordnungen ihre Geltung nicht verliert). Dem Charakter einer eigenständigen, supranationalen Rechtsordnung entspricht es, dass das EU-Recht auch auf dem Gebiet des Privatrechts eine eigene Begrifflichkeit entwickelt hat und ständig weiterentwickelt wird. Würde man Begriffe wie „Wettbewerb", „Dienstleistung" oder „Kaufvertrag"[56] in den Verträgen über die EU und in deren Rechtsakten im jeweiligen nationalen Ver-

---

buch, 2008; Gilbert, European Integration: A Concise History, 2012; Wagener/Eger, Europäische Integration, 3. Aufl. 2014.
51 Hallstein, Angleichung des Privat- und Prozessrechts in der Europäischen Wirtschaftsgemeinschaft, RabelsZ 1964, S. 211–231.
52 Übersichten zu allen diesen Gebieten in Schulze/Zuleeg/Kadelbach, Europarecht; Schulze/Schulte-Nölke, European Private Law; Twigg-Flesner, European Union Private Law.
53 EuGH 15.7.1964, Rs. C-6/64 (Costa/E.N.E.L.), Slg 1964, I-1251, 1269; EuGH 9.3.1978, Rs. C-106/77 (Simmenthal II), Slg 1978, I-629.
54 Näher dazu Borchardt, Die rechtlichen Grundlagen der Europäischen Union, 5. Aufl. 2012, S. 81–86; Ehlers, Verhältnis des Unionsrechts zu dem Recht der Mitgliedstaaten, in: Schulze/Zuleeg/Kadelbach, Europarecht, Rn 6–8; Heiderhoff, Europäisches Privatrecht, Rn 8; Oppermann/Classen/Nettesheim, Europarecht, 6. Aufl. 2014, S. 20–23; Streinz/Pechstein, EUV/AEUV, 2. Aufl. 2012, Art. 1 Rn 7 f.
55 EuGH 15.7.1964, Rs. C-6/64 (Costa/E.N.E.L.), Slg 1964, I-1251; EuGH 17.12.1970, Rs. C-11/70 (Internationale Handelsgesellschaften), Slg 1970, I-1125; EuGH 9.3.1978, Rs. C-106/77 (Simmenthal II), Slg 1978, I-629. Dazu Craig/de Búrca, EU Law, 5. Aufl. 2011, S. 256–301; Ehlers, Verhältnis des Unionsrechts zu dem Recht der Mitgliedstaaten, in: Schulze/Zuleeg/Kadelbach, Europarecht, Rn 9 f.
56 Vgl dazu EuGH 29.4.1982, Rs. C-66/81 (Pommerehnke), Slg 1982, 1363 Rn 19 f.

II. Vertragsrecht als Teil des Europäischen Privatrechts

ständnis interpretieren, gäbe es kein einheitliches europäisches Recht. Die Begriffe und Normen des EU-Rechts sind daher grundsätzlich autonom auszulegen, also unabhängig von den nationalen Sichtweisen als Bestandteile einer eigenständigen supranationalen Rechtsordnung.[57] Die Einheitlichkeit der Auslegung des EU-Rechts wird auch für das Privatrecht durch den EuGH gewährleistet (Art. 267 AEUV). Seine Entscheidungen sind insoweit für die Gerichte und Behörden der Mitgliedstaaten verbindlich.[58]

c) Wechselbeziehungen zwischen nationalem und supranationalem Recht

Trotz dieser Eigenständigkeit entwickelt sich das Recht der EU wie auf anderen Gebieten auch im Privatrecht allerdings keineswegs völlig isoliert von den nationalen Rechten. Vielmehr kennzeichnet es die EU als eine „Rechtsgemeinschaft"[59], dass sich die eigenständigen Rechte in ihrer Entwicklung wechselseitig beeinflussen. Auf der einen Seite können so Gesetzgebung und Rechtsprechung der Union aus dem Vergleich der nationalen Rechte Anregungen und Maßstäbe für die Entwicklung des supranationalen Privatrechts ziehen. Für die außervertragliche Haftung der Union ist der Rückgriff auf die gemeinsamen Rechtsprinzipien der Mitgliedstaaten sogar ausdrücklich in Art. 340 Abs. 2 AEUV vorgesehen. 26

Auf der anderen Seite beeinflusst das EU-Recht die Entwicklung der nationalen Privatrechte in erheblichem Maße. Das Unionsrecht bedient sich dazu vor allem des Instruments der Richtlinie. Auf vielen Gebieten des Privatrechts hat die Umsetzung von Richtlinien in das nationale Recht zur Rechtsangleichung in Europa nach Maßgabe der Vorgaben des EU-Rechts geführt.[60] Der Einfluss des EU-Rechts reicht aber weit über die Verpflichtung der Mitgliedstaaten hinaus, europäische Richtlinien in ihr nationales Recht umzusetzen. Vielmehr verwenden die Mitgliedstaaten nicht selten Regeln oder Prinzipien europäischer Richtlinien, um auch außerhalb des Anwendungsbereichs der Richtlinie ähnliche Sachlagen auf entsprechende Weise zu regeln und dadurch widersprüchliche Wertungen im nationalen Recht zu vermeiden.[61] Eine Reihe von Mitgliedstaaten haben zudem beispielsweise ihre nationalen Kartellrechte ohne europarechtliche Verpflichtung nach dem Muster des europäischen Kartellrechts reformiert, weil sie es in wirtschaftlicher Hinsicht für zweckmäßig hielten.[62] Das EU-Recht ist insofern zu einer wichtigen Inspirationsquelle für die nationalen Gesetzgebungen 27

---

57 Ehlers, Verhältnis des Unionsrechts zu dem Recht der Mitgliedstaaten, in: Schulze/Zuleeg/Kadelbach, Europarecht, Rn 5; Heiderhoff, Europäisches Privatrecht, Rn 104; Reich, Understanding EU Law, 2. Aufl. 2005, S. 49 f; Schulte-Nölke/Schulze, Europäische Rechtsangleichung und nationale Privatrechte, 1999.
58 Basedow, Der Europäische Gerichtshof und das Privatrecht, AcP 210 (2010), S. 157; Borchardt, Auslegung, Rechtsfortbildung und Rechtsschöpfung, in: Schulze/Zuleeg/Kadelbach, Europarecht, Rn 19–22; Stuyck, The ECJ as a motor of private law, in: Twigg-Flesner, European Union Private Law, S. 101, 110–114.
59 Rodriguez Iglesias, Gedanken zum Entstehen einer Europäischen Rechtsordnung, NJW 1999, S. 1.
60 Siehe Rn 32.
61 So haben beispielsweise einige Mitgliedstaaten (darunter Deutschland) die Bestimmungen der Richtlinie 85/577/EWG des Rates vom 20. Dezember 1985 betreffend den Verbraucherschutz im Falle von außerhalb von Geschäftsräumen geschlossenen Verträgen ausgedehnt auf den Abschluss von Verträgen auf Straßen, Plätzen und in öffentlichen Verkehrsmitteln (in Deutschland § 312 BGB), obwohl die Haustür-RL dies nicht vorgesehen hat (erst die Verbraucherrechte-RL schreibt dies neuerdings vor; siehe Erwägungsgrund 22 Verbraucherrechte-RL).
62 ZB für die Niederlande Wesseling, The Netherlands, in: Cahill, The Modernisation of EU Competition Law Enforcement, 2004, S. 408; Zippro, Privaatrechtelijke handhaving van mededingingsrecht, 2009, S. 15 f.

geworden und kann auch ohne Pflicht zur Umsetzung von Richtlinien hinaus zur Annäherung der Privatrechte beitragen.[63]

III. Vertragsrechtlicher Acquis communautaire

1. Regelungsformen

28 Innerhalb des Europäischen Privatrechts hat sich entsprechend der zentralen Bedeutung des Vertragsrechts für den Binnenmarkt gerade auf diesem Gebiet ein umfangreicher vertragsrechtlicher *Acquis communautaire* im Primär- und im Sekundärrecht herausgebildet. Er umfasst im Sekundärrecht vor allem zahlreiche Richtlinien, die die EU bzw zuvor die Europäischen Gemeinschaften zur Rechtsangleichung im Rahmen unterschiedlicher „Politiken" erlassen haben. Dagegen spielen Verordnungen im Vertragsrecht der EU bislang eine geringere Rolle. Für das Internationale Privat- und Verfahrensrecht sind sie zwar die bevorzugte Regelungsform. Insbesondere die Rom-I-VO[64] hat zentrale Bedeutung für das Kollisionsrecht in Hinblick auf Schuldverträge. Für das materielle Sachrecht kommt Verordnungen jedoch größere Relevanz nur in Einzelbereichen des Vertragsrechts zu (beispielsweise den Verordnungen über Passagierrechte im Flug- und Bahnverkehr[65] und den wettbewerbsrechtlichen Freistellungsverordnungen[66] in Hinblick auf Distributionsverträge). Allerdings würde ein Optionales Instrument auf dem Gebiet des Vertragsrechts, wie es die Europäische Kommission zunächst mit dem Gemeinsamen Europäischen Kaufrecht vorgeschlagen hat, künftig der Verordnung als Instrument der EU-Gesetzgebung und damit der Rechtsvereinheitlichung neben der Rechtsangleichung durch Richtlinien größere Bedeutung für das europäische Vertragsrecht geben können.[67]

2. Primärrecht

29 Das Primärrecht bildet nicht nur wegen seiner Vorschriften über die Kompetenzen der EU (insbesondere Art. 114 Abs. 1 AEUV als allgemeine Kompetenznorm für Maßnahmen zur Rechtsangleichung, die der Entwicklung des Binnenmarktes dienen) die Grundlage für das Vertragsrecht der EU. Es enthält vielmehr darüber hinaus auch Vor-

---

63 Schulze, Nuevos rasgos del Derecho privado en Europa, Publicación Centenario Revista de Derecho Privado, 2015, S. 139–166.
64 VO (EG) Nr. 593/2008 des Europäischen Parlaments und des Rates vom 17. Juni 2008 über das auf vertragliche Schuldverhältnisse anzuwendende Recht (Rom I), ABl. 2008 L 177/6; vgl Ferrari/Leible, Rome I Regulation, 2009; Staudinger, Sekundärrecht als Quelle des Internationalen Privatrechts, in: Schulze/Zuleeg/Kadelbach, Europarecht, Rn 6–35.
65 VO (EG) Nr. 261/2004, des Europäischen Parlaments und des Rates vom 11. Februar 2004 über eine gemeinsame Regelung für Ausgleichs und Unterstützungsleistungen für Fluggäste im Fall der Nichtbeförderung und bei Annullierung oder großer Verspätung von Flügen und zur Aufhebung der VO (EWG) Nr. 295/91; VO (EG) Nr. 1371/2007 des Europäischen Parlaments und des Rates vom 23.10.2007 über Rechte und Pflichten der Fahrgäste im Eisenbahnverkehr, ABl. 2007 L 315/14.
66 ZB VO (EU) Nr. 316/2014 der Kommission vom 21. März 2014 (Technologietransfer); VO (EU) Nr. 1218/2010 der Kommission vom 14. Dezember 2010 (Spezialisierungsvereinbarungen); VO (EU) Nr. 1217/2010 der Kommission vom 14. Dezember 2010 (Forschungs- und Entwicklungsvereinbarungen); VO (EU) Nr. 461/2010 vom 27. Mai 2010 (Kraftfahrzeug-Branche) und Bekanntmachung mit Erläuterung im ABl. der EU; VO (EU) Nr. 330/2010 vom 20. April 2010 (vertikale Vereinbarungen); dazu Immenga/Mestmäcker/Ellger, EU-Wettbewerbsrecht, 5. Aufl. 2012, Art. 2 Rn 3; Mäger, Kartellrecht, in: Schulze/Zuleeg/Kadelbach, Europarecht, Rn 120–165; Martinek, Franchising: Grundlagen der zivil- und wettbewerbsrechtlichen Behandlung der vertikalen Gruppenkooperation beim Absatz von Waren und Dienstleistungen, 1987; Wijckmans/Tuytschaever, Vertical Agreements in EU Competition Law, 2. Aufl. 2011, S. 87, 197–243.
67 Dazu unten Rn 51.

III. Vertragsrechtlicher Acquis communautaire

schriften, die unmittelbar die Wirksamkeit von Verträgen betreffen und dadurch das Verhältnis der Vertragsparteien gestalten (insbesondere Art. 101 Abs. 2 AEUV im Rahmen des Wettbewerbsrechts). Vor allem aber ist im Primärrecht eine Reihe von zentralen Prinzipien des Vertragsrechts verankert, die auch bei der Auslegung und Systematisierung des Sekundärrechts zu berücksichtigen sind und im jeweiligen Sachzusammenhang in den folgenden Kapiteln behandelt werden.

Zu diesen Prinzipien mit primärrechtlicher Grundlage gehört insbesondere die Vertragsfreiheit. Dieses Prinzip ist von zentraler Bedeutung für das Europäische Privatrecht insgesamt.[68] Es beruht auf den Verkehrsfreiheiten der Art. 28 ff AEUV – also der Warenverkehrsfreiheit (Art. 28 ff, 34 ff AEUV), der Dienstleistungsfreiheit (Art. 56 ff AEUV), der Niederlassungsfreiheit (Art. 49 ff AEUV), der Personenfreizügigkeit (Art. 45 Abs. 3, 52 Abs. 1 AEUV) und der Kapital- und Zahlungsverkehrsfreiheit (Art. 63 ff AEUV) – und ist untrennbar mit dem „Grundsatz einer offenen Marktwirtschaft mit freiem Wettbewerb" (vgl. Art. 119 Abs. 1 AEUV) verbunden. Auch die Rechtsprechung der Europäischen Gerichte hat dieses Prinzip anerkannt.[69] In der Lehre wird es als eine notwendige Voraussetzung zur Verwirklichung der Verkehrsfreiheiten angesehen und zudem auf weitere primärrechtliche Bestimmungen gestützt (insbesondere auf Art. 2 und 3 Abs. 2 EUV sowie Art. 6 ff Grundrechtecharta).[70]

30

Unter den weiteren Prinzipien mit großer Bedeutung für das Vertragsrecht hat auch der Schutz vor Diskriminierungen hinsichtlich des Abschlusses und des Inhalts von Verträgen seine Grundlage im Primärrecht der EU. Zwar bedarf der Grundsatz der Nichtdiskriminierung nach der (recht komplizierten und umstrittenen) Rechtsprechung des EuGH[71] gegenüber entgegenstehendem mitgliedstaatlichen Recht der Konkretisierung durch eine Richtlinie.[72] Seine Grundlage bilden aber mehrere Vorschriften des Primärrechts, insbesondere Art. 19 AEUV und für die Entgeltgleichheit Art. 157 AEUV, sowie die Wertungen des Art. 10 AEUV und der Art. 21 und 23 Grundrechtecharta. Sofern man den Verbraucherschutz als ein Prinzip des EU-Rechts anerkennt,[73] beruht dieses Prinzip ebenfalls auf dem Primärrecht (Art. 12, 169 AEUV und Art. 38 Grundrechtecharta). Die Europäische Grundrechtecharta, die erst mit dem Lissaboner Vertragswerk verbindlich geworden ist, dürfte künftig auch über die soeben genannten Beispiele hinaus große Bedeutung erlangen, um die vertragsrechtsrelevanten Prinzipien und Leitgedanken des EU-Rechts zu bestimmen. Dies betrifft vor allem den grundrechtlichen Schutz der Würde des Menschen (Art. 1 Grundrechtecharta), den Schutz personenbezogener Daten (Art. 8 Grundrechtecharta), die Berufsfreiheit (Art. 15 Grundrechtecharta), die unternehmerische Freiheit (Art. 16 Grundrechtecharta) und

31

---

68 Heiderhoff, Europäisches Privatrecht, Rn 223.
69 EuGH 17.6.1992, Rs. C-26/91 (Handte/TMCS), Slg 1992, I-3967, Rn 15; EuGH 27.10.1998, Rs. C-51/97 (Réunion européenne u.a.), Slg 1998, I-6511, Rn 17; siehe auch Schlussanträge des GA Geelhoed 31.1.2002, Rs. C-334/00 (Tacconi), Slg 2002, I-7357, Rn 55; EuGH 20.5.2010, Rs. C 434/07 (Harms), Slg 2010, I-4431; EuGH 22.1.2013, Rs. C-283/11 (Sky Österreich), Rn 42.
70 Acquis Group/Schulze, Contract II, S. 182 Rn 3; Lorenz, Der Schutz vor dem unerwünschten Vertrag, 1997, S. 22; Müller-Graff, Gemeinsames Privatrecht in der Europäischen Gemeinschaft — Ansatzpunkte, Ausgangsfragen, Ausfaltungen, in: Müller-Graff, Gemeinsames Privatrecht in der Europäischen Gemeinschaft, 2. Aufl. 1999, S. 7, 9, 28–34; Reich, Zur Theorie des Europäischen Verbraucherrechts, ZEuP 1994, S. 381–400.
71 EuGH 22.11.2005, Rs. C-144/04 (Mangold), Slg 2005, I-9981; EuGH 23.9.2008, Rs. C-427/06 (Bartsch), Slg 2008, I-7245; EuGH v 19.1.2010, Rs. C-555/07 (Kücükdeveci), Slg 2010, I-365; EuGH 10.5.2011, Rs. C-147/08 (Römer), Slg 2011, I-3591.
72 § 2 Rn 145–149.
73 So EuGH 10.3.2005, Rs. C-336/03 (easyCar), Slg 2005, I-1947, Rn 21; aA Heiderhoff, Europäisches Privatrecht, Rn 258.

das Eigentumsrecht (Art. 17 Grundrechtecharta), aber auch die Freiheitsrechte der Art. 10 ff Grundrechtecharta.

3. Richtlinien

a) Entwicklung

32 Das Sekundärrecht hat sich auf vertragsrechtlichem Gebiet vornehmlich durch Richtlinien entwickelt, die der Verwirklichung unterschiedlicher „Politiken" im Rahmen des EU-Vertrages dienen. Einen wichtigen Platz nimmt dabei der Verbraucherschutz ein, dem sich die europäische Gesetzgebung seit den achtziger Jahren des 20. Jahrhunderts zugewandt hatte.[74] Schon bald erstreckte sich die Gesetzgebung in diesem Bereich auf Gegenstände, die zu den Kernmaterien des Vertragsrechts gehören (wie die Inhaltskontrolle von Verträgen bei missbräuchlichen Klauseln[75] und das Gewährleistungsrecht bei Kaufverträgen;[76] allerdings jeweils mit einem auf Verbraucherverträge begrenzten Anwendungsbereich). Für eine Reihe von Mitgliedstaaten brachten diese Richtlinien tiefgreifende Neuerungen wie etwa die weitreichenden Informationspflichten, die Rechte zum Widerruf von Verträgen, die Inhaltskontrolle standardisierter Verträge oder den Vorrang der Nacherfüllung vor anderen Rechtsbehelfen im (Verbraucher-)Kaufrecht. Ebenfalls zum Teil mit bemerkenswerten innovativen Zügen[77] erfasst die Richtlinien-Gesetzgebung auf vertragsrechtlichem Feld aber neben dem Verbraucherschutz auch zahlreiche weitere Politikbereiche der EU, die jeweils regelmäßig mit dem übergreifenden Ziel der Binnenmarktförderung verbunden sind. Dazu gehören insbesondere der Schutz und die Förderung kleinerer und mittlerer Unternehmen, die Förderung der Dienste der Informationsgesellschaft und insbesondere des elektronischen Geschäftsverkehrs, die Gewährleistung eines funktionierenden Binnenmarktes für Zahlungsdienste und der Diskriminierungsschutz.[78]

b) Fragmentarischer Charakter

33 Der vertragsrechtliche *Acquis communautaire* beruht damit weithin auf einer Gesetzgebung, die im Verlaufe mehrerer Jahrzehnte im Rahmen verschiedener Sachbereiche und mit unterschiedlichen Zielen entstanden ist. Sie hat häufig auf aktuelle Herausforderungen für den Binnenmarkt im jeweiligen Politikbereich reagiert und wurde von wechselnden politischen Prioritäten geleitet, ohne dass ihr ein Gesamtplan zugrunde lag. Entsprechend dieser Ausrichtung an „Politiken" und Sektoren war diese Gesetzgebung insbesondere nicht darauf angelegt, den Binnenmarkt auch durch die Schaffung eines kohärenten, die Einzelbereiche übergreifenden Vertragsrechts zu fördern. Daher

---

74 Grundlegend dafür die Entschließung des Rates vom 14. April 1975 betreffend ein Erstes Programm der Europäischen Wirtschaftsgemeinschaft für eine Politik zum Schutz und zur Unterrichtung der Verbraucher, ABl. 1975 C 92/1; zu den ersten gesetzgeberischen Maßnahmen auf vertragsrechtlichem Gebiet gehörten der Erlass der Richtlinie 85/577/EWG des Rates vom 20. Dezember 1985 betreffend den Verbraucherschutz im Falle von außerhalb von Geschäftsräumen geschlossenen Verträgen – mittlerweile durch die Verbraucherrechte-RL (RL 2011/83/EU vom 25.10.2011) abgelöst – sowie die Richtlinie 90/314/EWG des Rates vom 13. Juni 1990 über Pauschalreisen.
75 Richtlinie 93/13/EWG des Rates vom 5. April 1993 über mißbräuchliche Klauseln in Verbraucherverträgen (Klausel-RL).
76 Richtlinie 1999/44/EG des Europäischen Parlaments und des Rates vom 25. Mai 1999 zu bestimmten Aspekten des Verbrauchsgüterkaufs und der Garantien für Verbrauchsgüter (Verbrauchsgüterkauf-RL).
77 Schulze, Contours of European Private Law, in: Schulze/Schulte-Nölke, European Private Law, S. 3–26; Schulze, The CESL's Innovative Features – A Brief Overview, Contratto e impresa/Europa 2013, S. 485–511.
78 Näher dazu sogleich Rn 38–43.

III. Vertragsrechtlicher Acquis communautaire

ist sie oft als „fragmentarisch", „pointilistisch" und zum Teil auch widersprüchlich in ihren Wertungen beschrieben worden.[79] Selbst Bemühungen um eine Zusammenfassung und Systematisierung von Richtlinien im Rahmen einzelner Politikbereiche haben erst spät eingesetzt und hatten bisher nur geringen Erfolg. So war vorgesehen, acht Richtlinien auf dem Gebiet des Verbrauchervertragsrechts in einer einzigen, neu strukturierten Verbraucherrechte-RL zu vereinigen.[80] Tatsächlich gelang es jedoch nur, mit der Verbraucherrechte-RL in der Fassung, in der sie schließlich in Kraft trat, zwei frühere Richtlinien zusammenzufassen.[81]

c) Mindest- und Vollharmonisierung

Zudem ist der Grad der Harmonisierung auf vertragsrechtlichem Gebiet nicht einheitlich. Vielmehr sehen insbesondere die Richtlinien, die dem Verbraucherschutz dienen, zwei unterschiedliche Stufen der Harmonisierung vor. Ursprünglich legten sie lediglich Mindeststandards zum Schutz der Verbraucher vor und beließen den Mitgliedstaaten die Möglichkeit, ein höheres Verbraucherschutzniveau im nationalen Recht festzulegen (Mindestharmonisierung). Diese Vorgehensweise ist vor allem auf das Ziel ausgerichtet, ein hohes Verbraucherschutzniveau zu gewährleisten (Art. 169 AEUV). Sie verbindet die Festlegung eines gemeinsamen hohen (Mindest-)Standards für die EU insgesamt mit der Möglichkeit, dass einzelne Mitgliedstaaten ein noch höheres Verbraucherschutzniveau beibehalten oder einführen können, wenn sie dies anstreben. Dem Ziel der Entwicklung des Binnenmarktes (Art. 114 AEUV) dient die Mindestharmonisierung jedoch nur wenig, weil sie nicht die Hindernisse zu überwinden vermag, die sich aus der Verschiedenheit der nationalen Rechte für den grenzüberschreitenden Verkehr ergeben. Ein Unternehmer muss weiterhin seine Vertragsbedingungen, seine Preiskalkulationen und seine Vertriebsmodalitäten auf die einzelnen mitgliedstaatlichen Rechtsordnungen mit jeweils unterschiedlichem Verbraucherschutzniveau einstellen, um Waren oder Dienstleistungen im gesamten Binnenmarkt zu vertreiben. Insofern begegnet die Wirksamkeit der Mindestharmonisierung in Hinblick auf das Binnenmarktziel Zweifeln.

34

Bei einer Reihe neuerer Richtlinien zum Verbraucherschutz ist die EU-Gesetzgebung daher zu einer Vollharmonisierung übergegangen (so bei der Fernabsatz-Finanzdienstleistungen-RL[82], der Neufassung der Verbraucherkredit-RL[83] sowie der Teilzeitnut-

35

---

[79] Eidenmüller/Faust/Grigoleit/Jansen/Wagner/Zimmermann, Der Gemeinsame Referenzrahmen für das Europäische Privatrecht, JZ 2008, S. 529 f; Honsell, Die Erosion des Privatrechts durch das Europarecht, ZIP 2008, S. 621, 630; Schulze, European Private Law and Existing EU Law, ERPL 2005, S. 3, 4; Twigg-Flesner, Introduction, in: Twigg-Flesner, European Union Private Law, S. 1, 8.
[80] Grünbuch: Die Überprüfung des gemeinschaftlichen Besitzstandes im Verbraucherschutz (Vorlage der Europäischen Kommission) v. 8.2.2007, KOM(2006) 744 endg., S. 10.
[81] Richtlinie 2011/83/EU des Europäischen Parlaments und des Rates vom 25. Oktober 2011 über die Rechte der Verbraucher (Verbraucherrechte-RL). Dazu Hilbig-Lugani, Neuerungen im Außengeschäftsraum- und Fernabsatzwiderrufsrecht Teil 1, ZJS 2013, S. 441 f; Hondius, The Proposal for a Directive on Consumer Rights, ERPL 2011, S. 163–166.
[82] Richtlinie 2002/65/EG des Europäischen Parlaments und des Rates vom 23. September 2002 über den Fernabsatz von Finanzdienstleistungen an Verbraucher und zur Änderung der Richtlinie 90/619 EWG des Rates und der Richtlinien 97/7 EG und 98/27 EG).
[83] Richtlinie 2008/48/EG des Europäischen Parlaments und des Rates vom 23. April 2008 über Verbraucherkreditverträge und zur Aufhebung der Richtlinie 87/102/EWG des Rates.

zungs-RL[84] und bei der Verbraucherrechte-RL[85]).[86] Den Mitgliedstaaten verbleibt damit zwar gem. Art. 288 Abs. 3 AEUV ein Gestaltungsraum bei der Art der Umsetzung, beispielsweise hinsichtlich der legislativen Technik (Regelung durch Spezialgesetz, in einem Verbrauchergesetzbuch oder im Bürgerlichen Gesetzbuche).[87] Hinsichtlich des Niveaus des Verbraucherschutzes dürfen sie jedoch die Festlegungen der Richtlinie weder unter- noch überschreiten. Durch diese weitgehende Angleichung des Regelungsgehalts der nationalen Rechte kann die Vollharmonisierung grenzüberschreitende Transaktionen eher als die Mindestharmonisierung erleichtern. Was das Verbraucherschutzniveau betrifft, schließt sie aber verbraucherfreundlichere Festlegungen von Mitgliedstaaten in ihrem Regelungsbereich aus und kann damit in einzelnen Staaten zu einer Absenkung des Schutzniveaus unter den vorherigen Stand führen.

36   Problematisch erscheint zudem, dass die Vollharmonisierung den Mitgliedstaaten wenig Gestaltungsraum bei der Abstimmung des nationalen Rechts mit den europäischen Vorgaben belässt. Dies kann sich gerade in Hinblick auf die freiwillige „überschießende" Umsetzung von Richtlinien als hinderlich erweisen, wie die Diskussion um die Verbraucherrechte-RL gezeigt hat.[88] Nach verbreiteter Kritik wurde der Regelungsbereich dieser Richtlinie auf Gegenstände beschränkt, die verhältnismäßig eng, scharf umgrenzbar und im mitgliedstaatlichen Recht wenig mit anderen Materien verwoben sind (insbesondere auf Bestimmungen über Informationspflichten und Widerrufsrechte, die sich in den Rechten vieler Mitgliedstaaten vor allem aufgrund unionsrechtlicher Vorgaben etabliert haben und weniger aus der nationalen Rechtstradition erwachsen sind). Demgegenüber erschien es als ein zu weitgehender Eingriff in die nationalen Rechtssysteme, wenn darüber hinaus die weiteren zunächst vorgesehenen Materien (insbesondere die Inhaltskontrolle gegenüber missbräuchlichen Klauseln und die Kaufgewährleistung) durch diese Richtlinie in die Vollharmonisierung einbezogen worden wären. Es bleibt daher zweifelhaft, ob sich der Übergang von der Mindest- zur Vollharmonisierung künftig in großer Breite fortsetzen wird. Eher dürfte sich die Richtlinien-Gesetzgebung auf dem Gebiet des Vertragsrechts weiterhin aus den beiden Komponenten zusammensetzen: zum einen der Mindestharmonisierung mit ihren Vorteilen für den Verbraucherschutz und Nachteilen hinsichtlich des Binnenmarktzieles; und zum anderen der Vollharmonisierung auf einzelnen Teilbereichen mit ihren Vorteilen für den Binnenmarkt und ihren möglichen Nachteilen in Hinblick auf Verbraucherschutzniveau und Rechtssystem einzelner Mitgliedstaaten.

---

84   Richtlinie 2008/122/EG des Europäischen Parlaments und des Rates vom 14. Januar 2009 über den Schutz der Verbraucher im Hinblick auf bestimmte Aspekte von Teilzeitnutzungsverträgen, Verträgen über langfristige Urlaubsprodukte sowie Wiederverkaufs- und Tauschverträgen.
85   KOM(2008) 614 endg., S. 7; Heiderhoff, Europäisches Privatrecht, Rn 20.
86   Nicht aber bei der Wohnimmobilienkredit-RL.
87   Kritisch zur Einengung des Gestaltungsspielraums bei der Vollharmonisierung Micklitz/Reich, Crónica de una muerta anunciada: The Commission Proposal for a "Directive on Consumer Rights", CMLR 2009, S. 471, 477f; Twigg-Flesner/Metcalfe, The Proposed Consumer Rights Directive – Less Haste, More Thought?, ERCL 2009, S. 368, 373.
88   Howells/Schulze, Overview of the Proposed Consumer Rights Directive, in: Howells/Schulze (Hrsg.), Modernising and Harmonising Consumer Contract Law, 2009, S. 3–25; Loos, Full harmonization as a regulatory concept and its consequences for the national legal orders. The example of the Consumer rights directive, in: Stürner, Vollharmonisierung im Europäischen Verbraucherrecht?, 2010, S. 47–98; Zoll, The Remedies for Non-Performance in the Proposed Consumer Rights Directive and the Europeanisation of Private Law, in: Howells/Schulze (Hrsg.), Modernising and Harmonising Consumer Contract Law, 2009, S. 279–286.

III. Vertragsrechtlicher Acquis communautaire

4. Übersicht: Wichtige Richtlinien
a) Verbraucherschutz

Im Verbraucherschutz hat sich der vertragsrechtliche *Acquis communautaire* verhältnismäßig früh und in der Folge besonders umfangreich entwickelt. Den Ausgangspunkt bildete im Jahr 1985 die Haustür-RL (Richtlinie 85/577/EWG des Rates vom 20. Dezember 1985 betreffend den Verbraucherschutz im Falle von außerhalb von Geschäftsräumen geschlossenen Verträgen) an deren Stelle aber inzwischen die Verbraucherrechte-RL getreten ist. Die folgende Übersicht enthält eine Auswahl wichtiger derzeit geltender Richtlinien und zu ihnen ergangener Entscheidungen des EuGH.

37

- Pauschalreise-RL (Richtlinie 90/314/EWG des Rates vom 13. Juni 1990 über Pauschalreisen), abgedruckt in: Schulze/Zimmermann, Basistexte, I.40.
EuGH-Entscheidungen:
    EuGH, Urteil v. 12.3.2002, Rs. C-168/00, Slg 2002, I-2631 („Leitner")
    EuGH, Urteil v. 30.4.2002, Rs. C-400/00, Slg 2002, I-4051 („Club-Tour")
    EuGH, Urteil v. 7.12.2010, Rs. C-585/08 verbunden mit C-1441/09, Slg 2010, I-2527 („Pammer/Hotel Alpenhof")
    EuGH, Urteil v. 16.2.2012, Rs. C-134/11 („Blödel-Pawlik")
Die Pauschalreise-RL verwendet noch einen anderen Verbraucherbegriff als denjenigen, der sich später in der europäischen Gesetzgebung und Rechtsprechung durchgesetzt hat.[89] „Verbraucher" im Sinne dieser Richtlinie kann auch ein Unternehmer sein, der eine Reiseleistung bucht.

- Klausel-RL (Richtlinie 93/13/EWG des Rates vom 5. April 1993 über mißbräuchliche Klauseln in Verbraucherverträgen), abgedruckt in: Schulze/Zimmermann, Basistexte, I.15. Der weite Anwendungsbereich für die Inhaltskontrolle von Verträgen (einschließlich der Transparenzkontrolle aller Klauseln) hat der Klausel-RL besondere Bedeutung für die Entwicklung des europäischen (Verbraucher-)Vertragsrechts gegeben.
EuGH-Entscheidungen:
    EuGH, Urteil v. 21.11.2002, Rs. C-473/00, Slg 2002, I-10875 („Cofidis")
    EuGH, Urteil v. 1.4.2004, Rs. C-237/02, Slg 2004, I-3403 („Freiburger Kommunalbauten")
    EuGH, Urteil v. 4.6.2009, Rs. C-243/08, Slg 2009, I-4713 („Pannon")
    EuGH, Urteil v. 9.11.2010, Rs. C-137/08, Slg 2010, I-10847 („VB Pénzügyi Lízing")
    EuGH, Urteil v. 16.11.2010, Rs. C-76/10, Slg 2010, I-11557 („Pohotovost´")
    EuGH, Urteil v. 26.4.2012, Rs. C-472/10 („Invitel")
    EuGH, Urteil v. 14.6.2012, Rs. C-618/10 („Banco Español de Crédito")

- Verbrauchsgüterkauf-RL (Richtlinie 1999/44/EG des Europäischen Parlaments und des Rates vom 25. Mai 1999 zu bestimmten Aspekten des Verbrauchsgüterkaufs und der Garantien für Verbrauchsgüter), abgedruckt in: Schulze/Zimmermann, Basistexte, I.30. Mit der Verbrauchsgüterkauf-RL erfasste die europäische Gesetzgebung einen zentralen Bereich des Leistungsstörungsrechts, so dass diese Richtlinie zentrale Bedeutung für die Lehre und die juristische Praxis auf dem Gebiet des europäischen Vertragsrechts erlangt hat.

---

89 Siehe § 2 Rn 140.

EuGH-Entscheidungen:
    EuGH, Urteil v. 17.4.2008, Rs. C-404/06, Slg 2008, I-2685 („Quelle")
    EuGH, Urteil v. 16.6.2011, Rs. C-65/09 verbunden mit C-87/09, Slg 2011, I-5257 („Weber/Putz")
    EuGH, Urteil v. 3.10.2013, Rs. C-32/12 („Duarte Hueros")
- Verbraucherkredit-RL (Richtlinie 2008/48/EG des Europäischen Parlaments und des Rates vom 23. April 2008 über Verbraucherkreditverträge und zur Aufhebung der Richtlinie 87/102/EWG des Rates vom 22.12.1986 zur Angleichung der Rechts- und Verwaltungsvorschriften der Mitgliedsstaaten über den Verbraucherkredit),[90] abgedruckt in: Schulze/Zimmermann, Basistexte, I.50.
    EuGH-Entscheidungen:
        EuGH, Urteil v. 23.3.2000, Rs. C-208/98, Slg 2000, I-1741 („Berliner Kindl")
        EuGH, Urteil v. 4.3.2004, Rs. C-264/02, Slg 2004, I-2157 („Cofinoga")
        EuGH, Urteil v. 16.11.2010, Rs. C-76/10, Slg 2010, I-11557 („Pohotovost'")
        EuGH, Urteil v. 12.7.2012, Rs. C-602/10 („SC Volksbank România")
- Fernabsatz-Finanzdienstleistungs-RL (Richtlinie 2002/65/EG des Europäischen Parlaments und des Rates vom 23. September 2002 über den Fernabsatz von Finanzdienstleistungen an Verbraucher und zur Änderung der Richtlinie 90/619 EWG des Rates und der Richtlinien 97/7 EG und 98/27 EG), abgedruckt in: Schulze/Zimmermann, Basistexte, I.45.
- Teilzeitnutzungs-RL (Richtlinie 2008/122/EG des Europäischen Parlaments und des Rates vom 14. Januar 2009 über den Schutz der Verbraucher im Hinblick auf bestimmte Aspekte von Teilzeitnutzungsverträgen, Verträgen über langfristige Urlaubsprodukte sowie Wiederverkaufs- und Tauschverträgen), abgedruckt in: Schulze/Zimmermann, Basistexte, I.35. Diese Richtlinie ersetzt die aufgehobene Richtlinie 94/47/EG des Europäischen Parlaments und des Rates vom 26.10.1994 zum Schutz der Erwerber im Hinblick auf bestimmte Aspekte von Verträgen über den Erwerb von Teilnutzungsrechten an Immobilien.
- Verbraucherrechte-RL (Richtlinie 2011/83/EU des Europäischen Parlaments und des Rates vom 25. Oktober 2011 über die Rechte der Verbraucher), abgedruckt in: Schulze/Zimmermann, Basistexte, I.25. Die Verbraucherrechte-RL ist an die Stelle der Haustür-RL (Richtlinie 85/577/EWG des Rates vom 20. Dezember 1985 betreffend den Verbraucherschutz im Falle von außerhalb von Geschäftsräumen geschlossenen Verträgen) und der Fernabsatz-RL (Richtlinie 97/7/EG des Europäischen Parlaments und des Rates vom 20. Mai 1997 über den Verbraucherschutz bei Vertragsabschlüssen im Fernabsatz) getreten.

b) Kleine und mittlere Unternehmen

38 Die Förderung und der Schutz kleiner und mittlerer Unternehmen (KMU) gehört zu den Zielen folgender Richtlinien auf vertragsrechtlichem Gebiet:

- Handelsvertreter-RL (Richtlinie 86/653/EWG des Rates vom 18. Dezember 1986 zur Koordinierung der Rechtsvorschriften der Mitgliedstaaten betreffend die selbstständigen Handelsvertreter), abgedruckt in: Schulze/Zimmermann, Basistexte, I.65.

---

90 Ergänzt durch die Richtlinie 2014/17/EU des Europäischen Parlaments und des Rates vom 4. Februar 2014 über Wohnimmobilienkreditverträge für Verbraucher und zur Änderung der Richtlinien 2008/48/EG und 2013/36/EU und der Verordnung (EU) Nr. 1093/2010 (Wohnimmobilienkredit-RL).

III. Vertragsrechtlicher Acquis communautaire

EuGH-Entscheidungen:
EuGH, Urteil v. 28.10.2010, Rs. C-203/09, Slg 2010, I-10721 („Volvo Car Germany")
EuGH, Urteil v. 17.10.2013, Rs. C-184/12 („Unamar")

- Zahlungsverzugs-RL (Richtlinie 2011/7/EU des Europäischen Parlaments und des Rates vom 16. Februar 2011 zur Bekämpfung des Zahlungsverzugs im Geschäftsverkehr), abgedruckt in: Schulze/Zimmermann, Basistexte, I.20. Die Richtlinie ersetzt die RL 2000/35/EG des Europäischen Parlaments und des Rates vom 29.6.2000 zur Bekämpfung von Zahlungsverzug im Geschäftsverkehr.
EuGH-Entscheidung:
EuGH, Beschluss v. 12.4.2007, Rs. C-453/06, („01051 Telecom"), noch zur RL 2000/35/EG

- Versicherungsvermittler-RL (Richtlinie 2002/92/EG des Europäischen Parlaments und des Rates vom 9. Dezember 2002 über Versicherungsvermittlung).
EuGH-Entscheidungen:
EuGH, Urteil v. 14.12.2006, Rs. C-252/06, Slg 2006, I-140 („Kommission/Deutschland")
EuGH, Urteil v. 17.10.2013, Rs. C-555/11 („EEAE u.a.")

c) Elektronischer Geschäftsverkehr

Der Förderung der Dienste der Informationsgesellschaft und insbesondere des elektronischen Geschäftsverkehrs dienen insbesondere zwei Richtlinien:

- Signatur-RL (Richtlinie 1999/93/EG des Europäischen Parlaments und des Rates vom 13. Dezember 1999 über gemeinschaftliche Rahmenbedingungen für elektronische Signaturen), ersetzt durch VO (EU) Nr. 910/2014 des Europäischen Parlaments und des Rates vom 23. Juli 2014 über elektronische Identifizierung und Vertrauensdienste für elektronische Transaktionen im Binnenmarkt
- E-Commerce-RL (Richtlinie 2000/31/EG des Europäischen Parlaments und des Rates vom 8. Juni 2000 über bestimmte rechtliche Aspekte der Dienste der Informationsgesellschaft, insbesondere des elektronischen Geschäftsverkehrs, im Binnenmarkt), abgedruckt in: Schulze/Zimmermann, Basistexte, I.10.
EuGH-Entscheidungen:
EuGH, Urteil v. 16.10.2008, Rs. C-298/07, Slg 2008, I-7841 („deutsche internet versicherung")
EuGH, Urteil v. 15.3.2012, Rs. C-292/10 („G")

d) Zahlungsdienste

Der Entwicklung des Binnenmarktes in Hinblick auf verschiedene wichtige Dienstleistungen von Banken, die übergreifend als Zahlungsdienste bezeichnet werden, dienen mehrere Rechtsakte, die nunmehr im Wesentlichen in einer Richtlinie zusammengefasst sind:

- Zahlungsdienste-RL (Richtlinie 2007/64/EG des Europäischen Parlaments und des Rates vom 13. November 2007 über Zahlungsdienste im Binnenmarkt, zur Änderung der Richtlinie 97/7/EG, 2002/65/EG, 2005/60/EG und 2006/48/EG sowie zur

Aufhebung der Richtlinie 97/5/EG), abgedruckt in: Schulze/Zimmermann, Basistexte, I.60.

e) Diskriminierungsschutz

41 Dem Schutz vor Diskriminierungen dienen mehrere Richtlinien. Die beiden erstgenannten Richtlinien haben den Diskriminierungsschutz über den Bereich von Beschäftigung und Beruf auf den Zugang zu und die Versorgung mit Gütern und Dienstleistungen ausgedehnt und damit seine Relevanz für das allgemeine Vertragsrecht begründet.

- RL gegen Diskriminierungen aus Gründen der Rasse oder ethnischen Herkunft (Richtlinie 2000/43/EG des Rates vom 29. Juni 2000 zur Anwendung des Gleichbehandlungsgrundsatzes ohne Unterschied der Rasse oder der ethnischen Herkunft).
- RL gegen Diskriminierungen aus Gründen des Geschlechts (Richtlinie 2004/113/EG des Rates vom 13. Dezember 2004 zur Verwirklichung des Grundsatzes der Gleichbehandlung von Männern und Frauen beim Zugang zu und bei der Versorgung mit Gütern und Dienstleistungen).
- Rahmen-RL zur Gleichbehandlung in Beschäftigung und Beruf (Richtlinie 2000/78/EG des Rates vom 27. November 2000 zur Festlegung eines allgemeinen Rahmens für die Verwirklichung der Gleichbehandlung in Beschäftigung und Beruf).
- RL zur Gleichbehandlung von Männern und Frauen im Beruf (Richtlinie 2006/54/EG des Europäischen Parlaments und des Rates vom 5. Juli 2006 zur Verwirklichung des Grundsatzes der Chancengleichheit und Gleichbehandlung von Männern und Frauen in Arbeits- und Beschäftigungsfragen), abgedruckt in: Schulze/Zimmermann, Basistexte, I.55–I.58.
EuGH-Entscheidungen:
    EuGH, Urteil v. 1.3.2011, Rs. C-236/09, Slg 2011, I-773 („Association Belge des Consommateurs Test-Achats u.a.")
    EuGH, Urteil v. 19.4.2012, Rs. C-415/10 („Meister")
    EuGH, Urteil v. 11.4.2013, Rs. C-335/11 („HK Danmark")
    EuGH, Urteil v. 12.12.2013, Rs. C-361/12 („Carratù")

f) Versicherungsverträge

42 Der Entwicklung des Binnenmarktes für einige Arten von Versicherungen und zum Teil auch dem Schutz der Kunden dient u.a. folgende Richtlinie mit Relevanz für das Vertragsrecht:

- Richtlinie 2002/83/EG des Europäischen Parlaments und des Rates vom 5. November 2002 über Lebensversicherungen.

g) Weitere Regelungsbereiche

43 Darüber hinaus sind Richtlinien, die das Vertragsrecht betreffen können, unter verschiedenen weiteren Zielstellungen erlassen wurden. Der Bogen spannt sich dabei von sehr spezifischen Zwecken wie der Rückgabe unrechtmäßig verbrachter Kulturgüter bis zu breit angelegten Regelungen etwa zur Dienstleistungsfreiheit, die punktuell auch das Vertragsrecht betreffen können.

- Kulturgüter-RL (Richtlinie 93/7/EWG des Rates vom 15. März 1993 über die Rückgabe von unrechtmäßig aus dem Hoheitsgebiet eines Mitgliedstaats verbrachten Kulturgütern).
- Dienstleistungs-RL (Richtlinie 2006/123/EG des Europäischen Parlaments und des Rates vom 12. Dezember 2006 über Dienstleistungen im Binnenmarkt).
  EuGH-Entscheidung:
  EuGH, Urteil v. 11.7.2013, Rs. C-57/12 („Femarbel")

IV. Kohärenz des europäischen Vertragsrechts

1. Wissenschaftliche Ansätze

a) Principles of European Contract Law

Vor dem Hintergrund fortschreitender Entwicklung des Binnenmarktes und zunehmender Einbeziehung privatrechtlicher Materien in die europäische Gesetzgebung hat sich die Rechtswissenschaft der Aufgabe zugewandt, ein übergreifendes System des europäischen Vertragsrechts zu entwickeln. Wegweisend waren dabei die Arbeiten der internationalen Gruppe von Rechtswissenschaftlern um den dänischen Rechtsvergleicher Ole Lando, die sich die Bezeichnung „Kommission für Europäisches Vertragsrecht" gegeben hat. Sie erarbeitete einen Entwurf unter der Bezeichnung „Principles of European Contract Law" (PECL)[91]. Dieser Entwurf ist vor allem insofern zum Muster folgender Arbeiten am europäischen Vertragsrecht geworden, als er die wichtigsten Materien des allgemeinen Vertragsrechts umfasst und nach dem potenziellen Geschehensablauf bei der Vorbereitung und Durchführung eines Vertrages ordnet (also dem „Lebenszyklus des Vertrages" vom Abschluss und der Gültigkeit über die Auslegung, den Inhalt und die Wirkungen bis hin zur Erfüllung und den Rechtsbehelfen bei Nichterfüllung folgt). Er beschränkt sich in seinen ursprünglichen Teilen[92] auf das Vertragsrecht, verzichtet weitgehend auf die Verwendung darüber hinausreichender Begriffe (wie etwa „Rechtsgeschäft") und vermeidet dadurch die Anlehnung an die Systematik einer einzelnen nationalen Rechtstradition. Als Grundlage dieses Entwurfs betrachtete die Lando-Kommission den Vergleich der nationalen Rechte, der die Erarbeitung „gemeinsamer Prinzipien", übereinstimmender Tendenzen oder, soweit diese nicht feststellbar waren, „bester Lösungen" ermöglichen sollte.[93] Dabei konnte sie sich im weiten Maße auf die Ergebnisse der vergleichenden Studien zum internationalen Kaufrecht von Ernst Rabel[94] seit den dreißiger Jahren und auf das – letztlich daraus hervorgegangene – UN-Kaufrecht stützen. In Abstimmung mit den parallel verlaufenden Arbeiten an den UNIDROIT-Prinzipien des internationalen Handelsrechts[95] entwickelte die Lando-Kommission jedoch das Vorbild des UN-Kaufrechts zum Modell eines allgemeinen Vertragsrechts fort, das grundsätzlich auf alle Typen von Verträgen anwendbar ist, ohne einen von ihnen spezifisch zu regeln.

44

---

91 Siehe Fn 9; zur Arbeitsweise dieser Gruppe Beale, Towards a Law of Contract for Europe: the work of the Commission of European Contract Law, in: Weick, National and European Law on the Threshold to the Single Market, 1993, S. 177–196.; Lando, My life as a lawyer, ZEuP 2002, S. 508, 519–522.
92 Anders der (nicht mehr unter Landos Leitung erarbeitete) Teil III der PECL, siehe Fn 9.
93 Dazu Lando, My life as a lawyer, ZEuP 2002, S. 507, 519 f; Smits, European private law and the comparative method, in: Twigg-Flesner, European Union Private Law, S. 33–43; Vogenauer, Gemeineuropäische Methodenlehre, ZEuP 2005, S. 234, 253.
94 Rabel, Das Recht des Warenkaufs. Eine rechtsvergleichende Darstellung, 2 Bände, 1936/1957.
95 Abgedruckt in: Schulze/Zimmermann, Basistexte, III.35; Bonnell, An International Restatement of Contract Law, 3. Aufl. 2004; Zimmermann, Konturen eines Europäischen Vertragsrechts, JZ 1995, S. 477, 479.

b) Vorentwurf der Akademie Europäischer Privatrechtswissenschaftler

45 Ein weiteres Pionierprojekt des europäischen Vertragsrechts entstand mit dem „Vorentwurf des Europäischen Vertragsrechts"[96] unter der Leitung von Giuseppe Gandolfi im Rahmen der Akademie Europäischer Privatrechtswissenschaftler in Pavia. Im Unterschied zu den PECL der Lando-Kommission bezieht dieser „Vorentwurf" bereits einige (kurz zuvor entstandene) Bestimmungen des europäischen Verbraucherrechts in das allgemeine Vertragsrecht ein und ist auf eine Ergänzung durch besondere Bestimmungen für einzelne Vertragstypen angelegt. Eine erhebliche Schwäche besteht allerdings darin, dass sich dieses Projekt weit weniger als die PECL an dem – in weiten Teilen Europas bereits geltenden – UN-Kaufrecht orientiert und trotz der internationalen Zusammensetzung der Akademie Europäischer Rechtswissenschaftler eher vom italienischen Recht als von einer weitgespannten Vergleichung inspiriert ist.

c) Acquis Principles

46 Zur Verbesserung der Kohärenz des EU-Vertragsrechts konnten diese genannten Entwürfe allerdings zunächst wenig beitragen, weil sie den in der Zeit ihres Entstehens anwachsenden *Acquis communautaire* auf diesem Gebiet nicht oder nur punktuell berücksichtigen. Sie entstanden vielmehr auf der Grundlage des Vergleichs nationaler Rechte (und im Fall des „Vorentwurfs des Europäischen Vertragsrechts" sogar in engem Bezug zu einem nationalen Recht) und nicht auf der Grundlage einer Analyse des Rechts der EU und unter Berücksichtigung seiner spezifischen Erfordernisse. Ebenfalls primär oder ausschließlich auf den Vergleich nationaler Rechte stützten sich Arbeiten, die auf wissenschaftliche Darstellungen des europäischen Vertragsrechts etwa im Rahmen eines Lehrbuchs zielten, ohne sich aber mit den Eigenheiten des neuen supranationalen Rechts in Europa vertieft auseinanderzusetzen.[97] Es schienen sich insofern zwei Parallelwelten des europäischen Vertragsrechts zu entwickeln: zum einen ein expandierender, aber wenig kohärenter *Acquis communautaire*; zum anderen verschiedene systematische Entwürfe eines idealen europäischen Vertragsrechts fernab von der Realität des supranationalen Rechts.

47 Diese Kluft zwischen Rechtswissenschaft und geltendem Recht versuchten seit dem Ende der neunziger Jahre des letzten Jahrhunderts rechtswissenschaftliche Arbeiten dadurch zu überbrücken, dass sie das Primärrecht und die Gesetzgebung der EU selbst auf vertragsrechtlichem Gebiet (also dem vertragsrechtlichen *Acquis communautaire*) zur Grundlage nahmen, um nach leitenden Prinzipien und übergreifenden Begriffen zu fragen.[98] Bei diesen Forschungen, die maßgeblich von der „Acquis Group"[99] vorangetrieben worden sind,[100] stehen die vertragsrechtlichen Bestimmungen der EU nicht lediglich isoliert jeweils als singuläre Akte in Betracht, sondern als Ausdruck von Leitge-

---

96 Vorentwurf der Akademie Europäischer Privatrechtswissenschaftler (Pavia) für ein Europäisches Gesetzbuch; abgedruckt in: Schulze/Zimmermann, Basistexte, 3. Aufl. 2005, III.18.
97 Beispielhaft für diese Literaturrichtung Kötz, Europäisches Vertragsrecht, Bd. I, 1996.
98 Grundmann, Europäisches Schuldvertragsrecht – Struktur und Bestand, NJW 2000, S. 14–23; Riesenhuber, System und Prinzipien des Europäischen Vertragsrechts, 2003; Schulze/Schulte-Nölke, Europäisches Vertragsrecht im Gemeinschaftsrecht, in: Schulte-Nölke/Schulze, Europäisches Vertragsrecht und Gemeinschaftsrecht, 2002, S. 229; Schulze/Ajani, Gemeinsame Prinzipien des Europäischen Privatrechts, 2003; Schulze/Ebers/Grigoleit (Hrsg.), Informationspflichten und Vertragsschluss im Acquis communautaire, 2003.
99 Research Group on the Existing EC Private Law.
100 Heiderhoff, Europäisches Privatrecht, Rn 20.

IV. Kohärenz des europäischen Vertragsrechts

danken und Prinzipien, die möglicherweise für Rechtsakte aus unterschiedlichen Politikbereichen maßgeblich sein können.[101] Beispielsweise können mehrere Richtlinien aus unterschiedlichen Sachbereichen das Prinzip zum Ausdruck bringen, dass die Einigung der Parteien eine Voraussetzung für den Vertragsschluss ist,[102] so dass das Einigungsprinzip beim Vertragsschluss als ein übergreifend im Unionsrecht anerkanntes Prinzip gelten kann. Ebenso können die Bestimmungen mehrerer Richtlinien aus unterschiedlichen Politikbereichen über das Verhalten nach Treu und Glauben[103] als Ausdruck eines nicht nur sektorspezifischen Prinzips im EU-Vertragsrecht verstanden werden.[104]

Von diesem Ansatz her hat die „Acquis Group" einen Entwurf von Prinzipien des bestehenden EG- bzw EU-Vertragsrechts (Acquis Principles) vorgelegt.[105] Zum Großteil sind sie so allgemein gefasst, dass sie sich auf verschiedene Arten von Verträgen beziehen können, und enthalten insofern ebenso wie die PECL allgemeines Vertragsrecht. Allerdings berücksichtigen sie auch, dass das EU-Recht bestimmten Kategorien von Vertragsparteien spezifische Rechte und Pflichten zuspricht und beschränken dementsprechend die Reichweite einiger Prinzipien etwa auf das Verhältnis von Unternehmern und Verbrauchern oder auf das Verhältnis von Unternehmern zueinander.[106] Die allgemeinen Regeln werden zudem durch besondere Bestimmungen ergänzt, die Eigenheiten einzelner Vertragstypen und Schutzsituationen im bestehenden EU-Recht berücksichtigen.[107] Diese besonderen Bestimmungen folgen in den Acquis Principles jeweils innerhalb der einzelnen Kapitel den allgemeinen Bestimmungen über die vorvertraglichen Pflichten, den Vertragsschluss usw. In der Abfolge orientieren sich diese Kapitel ähnlich wie die PECL am „Lebenszyklus des Vertrags". Sie befassen sich dabei aber mit denjenigen Materien, die im EU-Vertragsrecht große Bedeutung haben, von den PECL hingegen zum großen Teil nicht oder kaum berücksichtigt wurden, wie den vorvertraglichen Pflichten, den Diskriminierungsverboten, den Widerrufsrechten und den nicht im Einzelnen ausgehandelten Vertragsklauseln.[108] Allerdings weisen die Acquis Principles auf anderen Gebieten erhebliche Lücken im Vergleich zu den PECL auf, weil sich für einige Materien fast kein EU-Recht herausgebildet hat – etwa für die Anfechtung von Verträgen wegen Irrtums oder anderer Einigungsmängel[109] oder für die Störung der Geschäftsgrundlage.[110] Auch innerhalb einiger behandelter Materien ist das EU-Recht so lückenhaft, dass die Kohärenz der Acquis Principles nur durch den

48

---

101 Zu den Methoden dieser „Acquis-Forschung" Dannemann, Consolidating EC Contract Law: An Introduction to the Work of the Acquis Group, Contract II, S. xxvi-xxviii; Schulze/Schulte-Nölke, Europäisches Vertragsrecht im Gemeinschaftsrecht, in: Schulte-Nölke/Schulze, Europäisches Vertragsrecht im Gemeinschaftsrecht, 2002, S. 11; Schulze, European Private Law and Existing EC Law, ERPL 2005, S. 3.
102 Ebenso in der Rechtsprechung EuGH 11.7.2002, Rs. C-96/00 (Rudolf Gabriel), Slg 2002, I-6367; EuGH 3.7.1997, Rs. C-269/95 (Benincasa), Slg 1997, I-3767.
103 So im Verbraucherschutz Art. 3 I Klausel-RL; im Hinblick auf kleinere und mittlere Unternehmen Art. 3 I Handelsvertreter-RL.
104 Näher zu diesem Prinzip und seinen Grenzen im EU-Vertragsrecht siehe unten § 2 Rn 122–135.
105 Acquis Group, Contract II; ein Überblick bei Schulze, I Principi Acquis. Situazione attuale e prospettive future della ricerca, in: De Cristofaro, I « Principi » del diritto comunitario dei contratti, Acquis communautaire e diritto privato europeo, 2009, S. 1–21.
106 Dazu näher § 2 Rn 136 f.
107 Zum Beispiel in Hinblick auf außerhalb von Geschäftsräumen geschlossene Verträge, Verträge über Warenlieferungen, Pauschalreiseverträge oder Handelsvertreterverträge; außerdem Verträge über Teilzeitnutzungsrechte, Dienstleistungsverträge, Verbraucherkreditverträge und Zahlungsdiensteverträge.
108 Kap. 2, 3, 5 und 6 ACQP.
109 Art. 4:103 ff PECL.
110 Art. 6:111 PECL.

Rückgriff auf ergänzende Prinzipien auf rechtsvergleichender Grundlage gewährleistet werden kann (etwa hinsichtlich der Anforderungen an ein Angebot als Voraussetzung des Vertragsschlusses).[111] Die Acquis Principles sind daher eine notwendige, aber keine hinreichende Grundlage, um einen für die Praxis geeigneten Gesamtentwurf des europäischen Vertragsrechts zu erstellen.

2. Der Aktionsplan der Europäischen Kommission und Gemeinsamer Referenzrahmen

a) „Basisquellen" eines kohärenteren europäischen Vertragsrechts

49 Mit dem „Aktionsplan für ein kohärenteres europäisches Vertragsrecht"[112] folgte der Zuwendung der Rechtswissenschaft zum Vertragsrecht der EU eine bemerkenswerte Zuwendung der Europäischen Kommission zu den wissenschaftlichen Arbeiten über das europäische Vertragsrecht. Die Kommission setzte sich das Ziel, die europäische Gesetzgebung auf dem Gebiet des Vertragsrechts nicht nur isoliert auf einzelne „Politiken" oder „Sektoren" auszurichten, sondern auf übergreifende Prinzipien, Definitionen und Modellregeln zu stützen.[113] Sie übernahm damit anstelle einer ausschließlich politik- oder sektorspezifischen Betrachtungsweise das Konzept eines allgemeinen Vertragsrechts, wie es die erwähnten wissenschaftlichen Entwürfe vorgezeichnet hatte. Darüber hinaus betrachtete sie die Ansätze, die diesen Entwürfen zugrunde lagen, als zwei „Basisquellen"[114] für die künftige Entwicklung eines kohärenteren europäischen Vertragsrechts: Die Vergleichung der nationalen Rechte einerseits und die Analyse des bestehenden Gemeinschaftsrechts andererseits sollte dazu dienen, einen „Gemeinsamen Referenzrahmen"[115] mit übergreifenden Prinzipien, Definitionen und Modellregeln als eine „toolbox"[116] zur Verbesserung der europäischen Gesetzgebung zu erstellen.

b) Entwurf für einen Gemeinsamen Referenzrahmen

50 Der Aktionsplan der Kommission hat sich damit für eine Synthese der rechtsvergleichenden Forschungen und des „Acquis-Ansatzes" entschieden. Innerhalb eines internationalen Netzwerks (CoPECL-Netzwerk)[117] führten in der Folge zwei Wissenschaftlergruppen[118] rechtsvergleichende Studien und Forschungen über das bestehende Vertragsrecht der EU zu einem akademischen Entwurf für einen Gemeinsamen Referenz-

---

111 Art. 4:103 ACQP mit Rückgriff auf Art. II-4:201 DCFR; vgl auch Art. 2:201 PECL.
112 Mitteilung der Kommission an das Europäische Parlament und den Rat: ein kohärenteres Europäisches Vertragsrecht – Ein Aktionsplan, KOM(2003) 68 endg.
113 Mitteilung der Kommission an das Europäische Parlament und den Rat: ein kohärenteres Europäisches Vertragsrecht – Ein Aktionsplan, KOM(2003) 68 endg., S. 10.
114 Mitteilung der Kommission an das Europäische Parlament und den Rat: ein kohärenteres Europäisches Vertragsrecht – Ein Aktionsplan, KOM(2003) 68 endg., S. 20.
115 Mitteilung der Kommission an das Europäische Parlament und den Rat: ein kohärenteres Europäisches Vertragsrecht – Ein Aktionsplan, KOM(2003) 68 endg., S. 11; Staudenmayer, Der Aktionsplan der EG-Kommission zum Europäischen Vertragsrecht, EuZW 2003, S. 165–171.
116 Mitteilung der Kommission an das Europäische Parlament und den Rat, Europäisches Vertragsrecht und Überarbeitung des gemeinschaftlichen Besitzstands – weiteres Vorgehen, KOM(2004) 651 endg., S. 2, siehe auch Pasa/Morra, Translating the DCFR and Drafting the CESL, S. 12 f.
117 CoPECL, vgl http://www.copecl.org/ (abgerufen am 14.7.2014); v. Bar/Schulte-Nölke, Gemeinsamer Referenzrahmen für europäisches Schuld- und Sachenrecht, ZRP 2005, S. 165–168.
118 Die rechtsvergleichend arbeitende Study Group on a European Civil Code und die „Acquis group" (Fn 91); dazu v. Bar/Clive, DCFR, Outline Edition, 2009, S. 1.

IV. Kohärenz des europäischen Vertragsrechts

rahmen (Draft Common Frame of Reference; DCFR)[119] zusammen.[120] Allerdings bettet dieser Entwurf das Vertragsrecht in ein weit darüber hinausreichendes Regelwerk ein, das neben weiteren Gebieten des Schuldrechts (wie der Geschäftsführung ohne Auftrag und dem Deliktsrecht[121]) auch das Sachenrecht umfasst.[122] Innerhalb dieses umfangreichen Werkes verzahnt insbesondere Buch II DCFR die Acquis Principles und die weithin den PECL entnommenen Prinzipien auf rechtsvergleichender Grundlage, um Regeln für die Vorbereitung, das Zustandekommen und den Inhalt des Vertrages aufzustellen. Dabei stützt es sich für die Regeln über die Nichtdiskriminierung, die Vermarktung und die vorvertraglichen Pflichten sowie über das Widerrufsrecht[123] überwiegend auf die Acquis-Forschungen, während die Kapitel über die Stellvertretung und die Unwirksamkeitsgründe[124] im Wesentlichen auf rechtsvergleichenden Arbeiten beruhen. Die Teile über den Vertragsschluss sowie über die Auslegung, den Inhalt und die Wirkungen von Verträgen[125] stützen sich ebenfalls vornehmlich auf den Vergleich nationaler Rechte, beziehen aber in stärkerem Maße Prinzipien des bestehenden EU-Rechts ein. Ähnlich wie die zuletzt genannten Kapitel verfährt Buch III DCFR hinsichtlich der Verpflichtungen und der entsprechenden Rechte (allerdings nicht nur aus Verträgen, sondern grundsätzlich aus allen Schuldverhältnissen). Das Kaufrecht in Buch IV A DCFR lehnt sich zu einem großen Teil an das bestehende EU-Recht an (insbesondere an die Verbrauchsgüterkauf-RL).[126] Dagegen beruhen beispielsweise die Teile des Buchs IV DCFR über einzelne Dienstleistungsverträge und über die Schenkung[127] ganz überwiegend oder ausschließlich auf rechtsvergleichenden Überlegungen ohne Bezug zum bestehenden EU-Recht. Unbeschadet der Kritik an der Ausgestaltung im Einzelnen[128] bietet der DCFR damit für einige Kernbereiche des Vertragsrechts ein Modell für eine mögliche Zusammenfassung von Acquis Principles und rechtsvergleichend ermittelten Prinzipien.

---

119 V. Bar/Clive/Schulte-Nölke, DCFR, Outline Edition, 2009; v. Bar/Clive, DCFR Full Edition, Bd. I-VI.
120 Vaquer Aloy/Bosch Capdevila/Paz Sánchez González, Derecho Europeo de Contratos, Libros II y IV del Marco Común de Referencia, 2012.
121 Buch V DCFR Benevolent intervention in another's affairs; Buch VI DCFR Non-contractual liability arising out of damage caused to another.
122 Kritisch dazu Eidenmüller/Faust/Grigoleit/Jansen/Wagner/Zimmermann, Der Gemeinsame Referenzrahmen für das Europäische Privatrecht, JZ 2008, 529–584; Schulze, The Academic Draft of the CFR and the EC Contract Law, in: Schulze, CFR and Existing EC Contract Law, S. 11 f.
123 Buch II Kap. 2, 3 und 5 DCFR.
124 Buch II Kap. 6 und 7 DCFR; zur Unwirksamkeit von Verträgen ein Überblick bei Luchetti/Petrucci, Fondamenti di diritto contrattuale europeo, Dalle radici romane al Draft Common Frame of Reference, 2010, S. 31–107.
125 Buch II Kap. 4, 8 und 9 DCFR.
126 Ebenfalls stark auf das bestehende EU-Recht bezogen ist auch Buch IV Teil E DCFR (insbesondere dessen Kap. 3 über Handelsvertreterverträge).
127 Buch IV C und H DCFR.
128 Beispielsweise Eidenmüller/Faust/Grigoleit/Jansen/Wagner/Zimmermann, Der Gemeinsame Referenzrahmen für das Europäische Privatrecht, JZ 2008, S. 529–584; Schulze, CFR and Existing EC Contract Law, S. 12; Schulze, Gemeinsamer Referenzrahmen und Acquis communautaire, ZEuP 2007, S. 130, 137–141.

> *Entwürfe für das europäische Vertragsrecht*
> **PECL:** Principles of European Contract Law 2000
> **Acquis Principles:** Grundregeln des bestehenden Vertragsrechts der Europäischen Gemeinschaft 2007
> **DCFR:** Draft Common Frame of Reference 2009
> Alle abgedruckt in Schulze/Zimmermann, Basistexte Europäisches Privatrecht, 4. Auflage 2012.

V. Kodifikationsvorschlag für das GEK

1. Projekt eines Optionalen Instruments

a) Konzept

51 Die Europäische Kommission hat den DCFR allerdings nicht dazu verwandt, um entsprechend der Ankündigung im Aktionsplan von 2003 ihrerseits auf politischer Ebene einen Referenzrahmen für die künftige Gesetzgebung auszuarbeiten. Vielmehr wandte sie sich nach den europäischen Parlaments- und Kommissionswahlen 2009 unmittelbar einem Projekt zu, das nach dem Aktionsplan erst als ein möglicher zweiter Schritt nach Erstellung eines Gemeinsamen Referenzrahmens in Aussicht gestanden hatte: dem Erlass eines Optionalen Instruments. In Form einer Verordnung sollte ein Regelwerk auf dem Gebiet des europäischen Vertragsrechts geschaffen werden, das als eine zusätzliche Wahlmöglichkeit für die Parteien eines Vertrags neben die bestehenden nationalen Vertragsrechte tritt. Dieser Kurswechsel der Europäischen Kommission vom Projekt eines Gemeinsamen Referenzrahmens hin zu einer optionalen vertragsrechtlichen Regelung kann nicht unabhängig von der Diskussion über die Möglichkeiten und Grenzen der Rechtsangleichung im Wege der Mindest- oder Vollharmonisierung gesehen werden.[129] Die Mindestharmonisierung hatte aus Sicht der Kommission die Hindernisse, die sich für den Binnenmarkt aus der Verschiedenheit der nationalen Vertragsrechte ergeben, nicht hinreichend überwinden können. Die Kritik an der ursprünglichen Spannweite der Verbraucherrechte-RL zeigte aber, dass eine breit angelegte Vollharmonisierung zu größerer Kohärenz des EU-Rechts nur um den Preis einer erheblichen Beeinträchtigung der bestehenden Strukturen der nationalen Rechte und damit ihrer Kohärenz führen konnte und dass die Mitgliedstaaten diesen Weg nicht zu gehen bereit waren. Als Ausweg bot sich das Konzept des Optionalen Instruments an, das sich zuvor – wenn auch in anderer Form – im Gesellschaftsrecht mit der Europäischen Aktiengesellschaft[130] bereits bewährt hatte. Es eröffnet die Möglichkeit grenzüberschreitenden Handelns im Binnenmarkt auf Grundlage eines einheitlichen Rechts, das als ein kohärentes Regelwerk die betreffende Materie im Ganzen erfassen kann, aber nicht in den Bestand der nationalen Rechte und deren eigenen Systematik eingreift.

b) Vorbereitung

52 Zur Vorbereitung dieses optionalen Vertragsrechts erstellte eine Gruppe von Experten aus Rechtswissenschaft und juristischer Praxis innerhalb eines Jahres eine „Machbar-

---

129 Weatherill, EU Consumer Law and Policy, 2. Aufl. 2013, S. 197–199.
130 VO Nr. 2157/2001 des Rates vom 8.10.2001 über das Statut der Europäischen Gesellschaft (SE). ABl. 2001 L 294/1.

keitsstudie für ein künftiges Instrument auf dem Gebiet des europäischen Vertragsrechts"[131], die sich weithin auf die entsprechenden Teile des DCFR und andere vorangegangene wissenschaftliche Arbeiten stützte, aber auch eigene Akzente setze.[132] Im Unterschied zu diesen vorangegangenen Regelwerken zeichnete die Studie zwar eine Anwendbarkeit des geplanten Vertragsrechts nur auf Kaufverträge und mit ihnen verbundene Dienstleistungsverträge vor. Insbesondere legte sie die Erfüllung und die Folgen der Nichterfüllung spezifisch für diese Vertragstypen fest. Gleichwohl sind aber weite Teile der „Machbarkeitsstudie" nach dem Vorbild der PECL, der Acquis Principles und des DCFR so gefasst, dass sie als allgemeines Vertragsrecht auch auf andere Vertragstypen angewandt werden könnten (insbesondere hinsichtlich der vorvertraglichen Pflichten, des Vertragsschlusses, der Einigungsmängel und der Bestimmung des Vertragsinhaltes). Die „Machbarkeitsstudie" stellte damit einerseits die Weichen für die Ausrichtung der geplanten Verordnung primär auf das Kaufrecht, hielt aber andererseits in der Tradition der vorangegangenen wissenschaftlichen Arbeiten in weitem Maße am Modell des allgemeinen Vertragsrechts als Basis einer eventuellen künftigen Einbeziehung auch anderer Vertragstypen in das europäische Vertragsrecht fest.

2. Kommissionsvorschlag für das GEK

a) Übersicht: Anwendungsbereich

Auf Grundlage dieser Studie hat die Europäische Kommission im November 2011 mit einem Verordnungsvorschlag das Gesetzgebungsverfahren für ein Gemeinsames Europäisches Kaufrecht[133] eingeleitet. Die Sachregelungen des GEK sind ganz überwiegend in einem Anhang der geplanten Verordnung enthalten. Der Verordnungstext selbst beschränkt sich auf Definitionen, Bestimmungen über den Anwendungsbereich und den optionalen Charakter sowie wenige weitere Gegenstände.

53

Der sachliche Anwendungsbereich umfasst neben den Kaufverträgen über Waren und den darauf bezogenen Dienstleistungen auch den Vertrieb digitaler Produkte (Art. 5 GEK-VO-E). In persönlicher Hinsicht soll das GEK Verträge zwischen Unternehmern und Verbrauchern („Business-to-Consumer"; B–C) und Verträge zwischen zwei oder mehr Unternehmern („Business-to-Business"; B–B) erfassen; letztere sind aber nur einbezogen, wenn mindestens eine dieser Parteien ein KMU ist (Art. 7 GEK-VO-E).[134] Der räumliche Anwendungsbereich ist grundsätzlich auf grenzübergreifende Verträge nach Maßgabe des Art. 4 GEK-VO-E beschränkt. Jedem Mitgliedstaat soll es allerdings freistehen, die Möglichkeit zur Wahl des GEK auch auf nicht grenzüberschreitende Verträge und auf Verträge zwischen Unternehmern ohne Beteiligung eines KMU auszudehnen (Art. 13 GEK-VO-E). Unter diesen Voraussetzungen können die Parteien gem. Art. 3 GEK-VO-E bei Abschluss eines Vertrages die Verwendung des GEK anstelle der nationalen Bestimmungen nach näherer Maßgabe der Art. 8 ff GEK-VO-E ver-

54

---

131 Abrufbar unter http://ec.europa.eu/justice/contract/files/feasibility_study_final.pdf (abgerufen am 14.7.2014) oder abgedruckt in Schulze/Zimmermann, Basistexte, III.30; Pfeiffer, Unfaire Vertragsbestimmungen, ERPL 2011, S. 835–837; Reich, EU Strategies in Finding the Optimal Consumer Law Instrument, ERCL 2012, S. 1, 6; Staudenmayer, Der Kommissionsvorschlag für eine Verordnung zum Gemeinsamen Europäischen Kaufrecht, NJW 2011, S. 3491, 3493.
132 Zu dieser Studie Schulze/Stuyck, Towards a European Contract Law, 2011.
133 Der Vorschlag der Europäischen Kommission für ein Gemeinsames Europäisches Kaufrecht, KOM(2011) 635 endg.
134 Näher dazu sowie zur (wohl nicht beabsichtigten) Einbeziehung weiterer Vertragsparteien und sonstigen Abgrenzungsfragen § 2 Rn 99–101.

einbaren.¹³⁵ Das GEK soll damit – anders als das UN-Kaufrecht – nicht *ipso iure* anwendbar sein, sofern die Parteien nicht etwas anders vereinbaren. Statt einer derartigen *opt out*-Lösung sieht der Kommissionsvorschlag vielmehr einen *opt in*-Ansatz vor. Die Parteien eines geplanten Vertrages müssen also jeweils eine Vereinbarung über die Verwendung des GEK treffen, wenn dieses auf ihren Vertrag angewandt werden soll.¹³⁶

b) Struktur

55 Die Sachregelungen des Gemeinsamen Europäischen Kaufrechts im Anhang der Verordnung gliedern sich in 18 Kapitel mit 186 Artikeln. Sie erfassen alle Phasen im „Lebenszyklus"¹³⁷ des Vertrages – von dessen Zustandekommen über die Bestimmung seines Inhalts bis hin zu den Verpflichtungen der Parteien und den Abhilfen bei Nichterfüllung, der Nichterfüllung, der Rückabwicklung und der Verjährung.

Gliederung des GEK-E

Teil I	Einleitende Bestimmungen
	Kapitel 1 Allgemeine Grundsätze und Anwendung
Teil II	Zustandekommen eines bindenden Vertrags
	Kapitel 2 Vorvertragliche Informationen
	Kapitel 3 Vertragsschluss
	Kapitel 4 Widerrufsrecht bei im Fernabsatz und außerhalb von Geschäftsräumen geschlossenen Verträgen zwischen Unternehmern und Verbrauchern
	Kapitel 5 Einigungsmängel
Teil III	Bestimmung des Vertragsinhalts
	Kapitel 6 Auslegung
	Kapitel 7 Inhalt und Wirkungen
	Kapitel 8 Unfaire Vertragsbestimmungen

---

135 Kritisch zu den erhöhten Anforderungen an diese Vereinbarung bei Verbraucherverträgen gem. Art. 8 Abs. 2, 9 GEK-VO-E Schmidt-Kessel/Schmidt-Kessel, GEK-E Kommentar, Art. 8, 9 GEK-VO-E Rn 19–27; Schulze/Wenderhorst, CESL-Commentary, Art. 3 CESL Rn 2 f; Wagner, Transaktionskostensenkung durch Europäisches Kaufrecht?, ZEuP 2012, S. 455–460; im Einzelnen zum Anwendungsbereich unten § 2 Rn 96–121.
136 Kritisch dazu Lando, CESL or CISG? in: Remien/Herrler/Limmer, Gemeinsames Europäisches Kaufrecht für die EU?, 2012, S. 15, 18 f; Schulze/Wenderhorst, CESL-Commentary, Art. 3 CESL Rn 2 f.
137 Dazu Begründung für den GEK-Vorschlag KOM(2011) 635 endg., S. 4 sowie Erwägungsgrunde 6 und 26 GEK-VO-E.

V. Kodifikationsvorschlag für das GEK

Gliederung des GEK-E

Teil IV	Verpflichtungen und Abhilfen der Parteien eines Kaufvertrags oder eines Vertrags über die Bereitstellung digitaler Inhalte
	Kapitel 9 Allgemeine Bestimmungen
	Kapitel 10 Verpflichtungen des Verkäufers
	Kapitel 11 Abhilfen des Käufers
	Kapitel 12 Verpflichtungen des Käufers
	Kapitel 13 Abhilfen des Verkäufers
	Kapitel 14 Gefahrübergang
Teil V	Verpflichtungen und Abhilfen der Parteien bei einem Vertrag über verbundene Dienstleistungen
	Kapitel 15 Verpflichtungen und Abhilfen der Parteien
Teil VI	Schadensersatz und Zinsen
	Kapitel 16 Schadensersatz und Zinsen
Teil VII	Rückabwicklung
	Kapitel 17 Rückabwicklung
Teil VIII	Verjährung
	Kapitel 18 Verjährung

Die legislativen Arbeiten am europäischen Vertragsrecht erreichen damit eine neue Stufe: Ihr Gegenstand ist nicht mehr nur eine Vielzahl einzelner Rechtsakte aus unterschiedlichen „Sektoren" und „Politiken", sondern ein Regelwerk mit eigener Systematik und weithin kohärenter Begrifflichkeit für große Teile des Vertragsrechts. Erstmals befassen sich die Legislativorgane der EU somit mit einer Kodifikation des Vertragsrechts. Im Vergleich zum UN-Kaufrecht, das seit seiner Unterzeichnung 1980 im internationalen Rahmen Maßstäbe für das moderne Kaufrecht gesetzt hat, bezieht diese Kodifikation nicht nur neue Materien ein wie die Einigungsmängel (insbesondere die Anfechtung wegen Irrtums, Drohung, arglistiger Täuschung und unfairer Ausnutzung[138], die Leistungsstörungen bei Verträgen über (mit dem Kaufvertrag verbundene) Dienstleistungen[139].) und die Verjährung[140]. Vielmehr hat das GEK auch eine Reihe innovativer Ansätze, die sich im *Acquis communautaire* herausgebildet haben, aufgenommen und fortentwickelt.[141] Dazu gehören insbesondere die Einbeziehung des Verbrauchers in das einheitliche Recht für den grenzüberschreitenden Warenverkehr, der Perspektivenwechsel von der herkömmlichen Ausrichtung auf individuell ausgehandelte Verträge zu den standardisierten Verträgen (etwa durch die Vorschriften über unfaire Vertragsbestimmungen in nicht individuell ausgehandelten Verträgen[142] oder durch die Einbeziehung von Musterformularen[143]), die Berücksichtigung moderner Fernkom-

56

---

138 Art. 48 ff GEK-E.
139 Teil V GEK-E (Art. 147 ff GEK-E).
140 Teil VIII GEK-E (Art. 178 ff GEK-E).
141 Schulze, The CESL's Innovative Features – A Brief Overview, Contratto e impresa/Europa 2013, S. 485, 495–497.
142 Kap. 8 GEK-E (Art. 79 ff GEK-E).
143 Anlage 1 und GEK-E.

munikationsmittel, insbesondere des elektronischen Geschäftsverkehrs, sowie die Einbeziehung der vorvertraglichen Phase sowohl hinsichtlich der Informationspflichten[144] als auch der Bestimmung des Vertragsinhalts[145]. Darüber hinaus setzt das GEK eigene neue Akzente, indem es – als eines der ersten Regelwerke weltweit – spezifische Bestimmungen über den Vertrieb digitaler Produkte in das System des Kaufrechts integriert.

3. Rechtsgrundlage und Gesetzgebungsverfahren

57 Das Gesetzgebungsverfahren für das GEK ist von Anfang an von einer lebhaften wissenschaftlichen und politischen Diskussion über die Konzeption und einzelne Bestimmungen des Kommissionvorschlages begleitet worden. Gegenstand der Auseinandersetzung sind nicht nur der Anwendungsbereich und die Sachregelungen des geplanten Kaufrechts.[146] Umstritten sind vielmehr insbesondere die Rechtsgrundlage, die die Kommission und das Europäische Parlament mit guten Gründen in Art. 114 AEUV sehen,[147] und im Zusammenhang damit die hinreichende Berücksichtigung des Subsidiaritätsgrundsatzes und des Verhältnismäßigkeitsgrundsatzes.[148] Bedenkenswert scheinen vor allem die kritischen Hinweise zu der problematischen Charakterisierung des GEK als ein „zweites nationales Vertragsrechtsregime"[149] mit Rücksicht auf die Rom-I-VO.[150]

58 Das Europäische Parlament hat sich den grundsätzlichen Einwänden seines Binnenmarktausschusses gegen das GEK[151] nicht angeschlossen, sondern im Einklang mit der

---

144 Kap. 2 GEK-E (Art. 13 ff GEK-E).
145 Insbesondere Art. 69 GEK-E.
146 Dazu in den folgenden Kapiteln im jeweiligen Sachzusammenhang.
147 KOM(2011) 635 endg., S. 9; Stellungnahme EP, S. 86; auch Gutachten des Juristischen Dienstes des Rates der Europäischen Union, Interinstitutionelles Dossier 2011/0284 (COD); im Ergebnis ebenso u.a. Moser, Der Kommissionsvorschlag für eine Verordnung über ein Gemeinsames Europäisches Kaufrecht, in: Remien/Herrler/Limmer, Gemeinsames Europäisches Kaufrecht für die EU?, 2012; Micklitz/Reich, The Commission Proposal for a "Regulation on a Common European Sales Law (CESL)" – Too Broad or Not Broad Enough?, EUI LAW Working Paper, 2012, S. 4–11; Micklitz/Reich, Wie „optional" ist ein „optionales" EU-Vertragsrecht, EWS 2011, S. 113–115; Staudenmayer, Der Kommissionsvorschlag für eine Verordnung zum Gemeinsamen Europäischen Kaufrecht, NJW 2011, S. 3491, 3495; dagegen beispielsweise Basedow, Art. 114 AEUV als Rechtsgrundlage eines optionalen EU-Kaufrechts: Eine List der Kommission?, EuZW 2012, S. 1 f; Max Planck Institute for Comparative and International Private Law, Policy Options for Progress Towards a European Contract Law: Comments on the issues raised in the Green Paper from the Commission of 1 July 2010, COM(2010) 348 final, RabelsZ 2011, S. 371–394.
148 Dafür beispielsweise Schulte-Nölke, How to realise the "Blue Button"? Reflections on an optional instrument in the area of contract law, in: Schulze/Schulte-Nölke, European Private Law, S. 89, 92; dagegen vgl BT-Drucks. 17/8000 vom 30.11.2011; Riesenhuber, Der Vorschlag für ein „Gemeinsames Europäisches Kaufrecht" – Kompetenz, Subsidiarität, Verhältnismäßigkeit, EWS 2012, S. 7–12.
149 Wohl in diesem Sinne, wenn auch nicht ganz eindeutig etwa die Beschreibung als eine „Vertragsrechtsregelung in jedem Mitgliedsstaat" in KOM(2011) 635 endg., Erwägungsgrund 9.
150 Vgl KOM(2011) 635 endg., S. 19; dazu Fornasier, »28.« versus »2. Regime« – Kollisionsrechtliche Aspekte eines optionalen europäischen Vertragsrechts, RabelsZ 2012, S. 401–442; Staudenmayer, Vorschlag für eine Verordnung des Europäischen Parlaments und des Rates über ein Gemeinsames Europäisches Kaufrecht, 2012, S. 18 f.; zu Recht kritisch Corneloup, Der Anwendungsbereich des Optionalen Instruments, die Voraussetzungen seiner Wahl und das Verhältnis zur Rom I-VO, ZEuP 2012, S. 705, 712–723; Stadler, Anwendungsvoraussetzungen und Anwendungsbereich des Common European Sales Law, AcP 212 (2012), S. 473, 475–484.
151 AD\942302DE: Stellungnahme des Ausschusses für Binnenmarkt und Verbraucherschutz für den Rechtsausschuss zu dem Vorschlag für eine Verordnung des Europäischen Parlaments und des Rates über ein Gemeinsames Europäisches Kaufrecht (COM(2011) 0635 – C7-0329/2011–2011/0284(COD)), 2011/0284(COD)).

V. Kodifikationsvorschlag für das GEK

Auffassung des Rechtsausschusses[152] das Vorhaben grundsätzlich gebilligt.[153] Zu den Änderungen, für die sich das Parlament ausspricht, gehört insbesondere eine Beschränkung des Anwendungsbereichs auf Fernabsatzverträge während einer ersten Phase.[154] Mit einer Reihe weiterer Veränderungen des Kommissionsvorschlages hat das Europäische Parlament in erheblichem Umfang Anregungen aus der Rechtswissenschaft und der juristischen Praxis berücksichtigt (beispielsweise hinsichtlich des Anwendungsbereichs, der Anfechtung bei Einigungsmängeln, den Rechtsbehelfen und der Rückabwicklung von Verträgen).[155] Die 2014 neu gewählte Kommission hat aber nunmehr eine Überarbeitung angekündigt, die sie anstelle der bisherigen Fassung des GEK vorlegen will. Diese Überarbeitung soll vor allem auf das Ziel ausgerichtet sein, das Potenzial des Online-Handels im „digitalen Binnenmarkt" auszuschöpfen.[156] Es ist somit noch nicht absehbar, ob und ggf zu welchem Zeitpunkt und mit welchem Inhalt im Einzelnen eine europäische Kodifikation des Kaufrechts in Kraft treten wird. Sollte diese in Form einer Verordnung über ein Optionales Instrument geltendes Recht werden, würde neben die Richtlinien-Bestimmungen über die Rechtsangleichung optionales einheitliches europäisches Recht als ein zweiter Kernbereich des *Acquis communautaire* treten. Unabhängig vom weiteren Verlauf des Gesetzgebungsverfahrens spiegelt das GEK somit den Stand des europäischen Vertragsrechts erstmals als ein Kodifikationsentwurf auf der Ebene der Gesetzgebung wider. Ihm kommt insofern jedenfalls als Inspirationsquelle für die künftige europäische und nationale Gesetzgebung und Rechtsprechung und als gemeinsamer Bezugsrahmen für die wissenschaftliche Diskussion eine herausragende Rolle in der Entwicklung des europäischen Vertragsrechts zu.

---

152 JURI Änderungsvorschlag.
153 Stellungnahme EP.
154 Stellungnahme EP, Abänderung 2, Erwägung 9, S. 89.
155 Vgl Art. 4, Art. 5, Art. 7, Art. 48, Art. 50 a, Art. 106, Art. 107, Art. 172, Art. 172 a; Stellungnahme EP; insbesondere zum Letzteren vgl von rechtswissenschaftlicher Seite den Vorschlag des European Law Institute, Statement of the European Law Institute on the Proposal for a Regulation on a Common European Sales Law, COM(2011) 635 final, https://www.europeanlawinstitute.eu/fileadmin/user_upload/p_eli/Publicati ons/S-2-2012_Statement_on_the_Proposal_for_a_Regulation_on__a_Common_European_Sales_Law.pdf, S. 27–29, 112–114, 308–320 (abgerufen am 5.1.2015).
156 COM(2014) 910 final, S. 6; COM(2014) 910 final, Annex 2, S. 12.

§ 2 Strukturelemente

Literatur: Adams, Ökonomische Theorie des Rechts – Konzepte und Anwendungen, 2. Aufl. 2004; Jansen/Zimmermann, Grundregeln des bestehenden Gemeinschaftsprivatrechts?, JZ 2007, S. 1113–1126; Riesenhuber, EU-Vertragsrecht, 2013; ders., System und Prinzipien des Europäischen Vertragsrechts, 2003; Schmidt-Kessel, Der Entwurf für ein Gemeinsames europäisches Kaufrecht, Kommentar 2014; Schulte-Nölke/Zoll/Jansen/Schulze, Der Entwurf für ein optionales gemeinsamen Kaufrecht, 2012; Schulze/Wilhelmsson, From the Draft Common Frame of Reference towards European Contract Law Rules, ERCL 2008; Research Group on the Existing EC Private Law (Acquis Group), Contract II – General Provisions, Delivery of Goods, Package Travel and Payment Service (Contract II), 2009; v. Bar/Clive, Principles, Definitions and Model Rules of European Private Law, DCFR (Full Edition), 2009.

I. Vertragsbegriff

1. Vertrag und Rechtsgeschäft

1 Im Zentrum des europäischen Vertragsrechts steht naturgemäß der Begriff des Vertrages.[1] Diese zentrale Kategorie ermöglicht es den privaten Personen, ihre eigenen Angelegenheiten und ihre Verhältnisse zu anderen verbindlich zu regeln. Für einen Gesetzgeber, der die aus einem Rechtsgeschäft hervorgehenden Schuldverhältnisse regeln will, stellt sich stets die Frage, auf welcher Ebene der Abstraktheit er die Regelungen zusammenführen will: auf Ebene des Vertrages oder bereits auf der des Rechtsgeschäfts.[2] Er steht vor der Wahl, (1) alle Regeln auf abstrakte Rechtsgeschäftskonstruktionen zu beziehen und den Vertrag als einen Sonderfall des Rechtsgeschäftes zu behandeln oder (2) vornehmlich den Vertrag zu regeln und die den Vertrag regelnden Normen eventuell auf andere Rechtsgeschäfte entsprechend anzuwenden.

2 Der europäische Gesetzgeber hat sich für das zweite Modell entschieden. Im Zentrum der Richtlinien und Verordnungen, die das europäische rechtsgeschäftliche Schuldrecht regeln, steht der Vertrag.[3] Das hat durchaus praktische Gründe. Das Konzept des Rechtsgeschäfts ist eine theoretische Kategorie, die von vielen Rechtsordnungen nicht verwendet wird.[4] Der Begriff des Vertrages aber ist allgemein verständlich und ermöglicht eine einfache und eindeutige Anknüpfung der europäischen Regeln an diese Kategorie. In der Praxis ist der Vertrag die am häufigsten vorkommende Art des Rechtsgeschäfts. Das Europäische Privatrecht wurde nicht als umfassendes System entworfen. Das Konzept des Rechtsgeschäfts, das der deutschen Pandektistik entsprungen ist,[5] hat

---

1 Kähler, Zum Vertragsbegriff in Europarecht, in: Arnold, Grundlagen eines europäischen Vertragsrechts, S. 79; Paricio, Der Vertrag – Eine Begriffsbildung, in: Andrés Santos/Baldus/Dedek, Vertragstypen in Europa, Historische Entwicklung und europäische Perspektiven, 2011, S. 11–40; Schulze/Wilhelmsson, From the Draft Common Frame of Reference towards European Contract Law Rules, ERCL 2008, S. 154.
2 Zu den beiden Begriffen das deutsche und das englische Konzept vergleichend Whittaker/Riesenhuber, Conceptions of Contract, in: Dannemann/Vogenauer, The Common European Sales Law in Context, 2013, S. 120, 120–126.
3 Siehe eine Auflistung von europäischen Rechtsakten mit dem im Zentrum stehenden Vertrag in Riesenhuber, EU-Vertragsrecht, § 1 Rn 26–38.
4 Dazu J. P. Schmidt, Der „juridical act" im DCFR: Ein (nützlicher) Grundbegriff des europäischen Privatrechts, ZEuP 2010, S. 307–309, der auf die unterschiedlich intensive Verbreitung dieses Begriffes in verschiedenen europäischen Rechtsordnungen hinweist.
5 Hierzu siehe Fröde, Willenserklärung, Rechtsgeschäft und Geschäftsfähigkeit, 2012, S. 127; Hattenhauer, Einseitige private Rechtsgestaltung: Geschichte und Dogmatik, 2011, S. 78, 85 f; Ranieri, Europäisches Obligationenrecht, 3. Aufl. 2009, S. 128–150, insb. 135.

I. Vertragsbegriff

aber vor allem systembildende Funktion.[6] Die europäischen Richtlinien haben allerdings bisher keine europäische Systembildung bezweckt,[7] sondern sollten das Vertragsrecht der Mitgliedstaaten nur ergänzen.[8]

Der Entwurf des DCFR hat aber nunmehr den Versuch unternommen, den Begriff des Rechtsgeschäfts auch für das europäische Vertragsrecht zu nutzen.[9] Dies führte zur Aufnahme einer Definition sowohl des Vertrages als auch des Rechtsgeschäfts in Art. II.-101 DCFR:

▶ *Artikel II.-1:101 DCFR*[10]
Bedeutung von „Vertrag" und „Rechtsgeschäft"
(1) Ein Vertrag ist eine Vereinbarung, die darauf abzielt, ein verbindliches Rechtsverhältnis zu begründen oder eine andere rechtliche Wirkung herbeizuführen. Er ist ein zweiseitiges oder mehrseitiges Rechtsgeschäft.
(2) Ein Rechtsgeschäft ist jede Erklärung oder Vereinbarung, gleich ob ausdrücklich oder konkludent, die darauf abzielt, als solche Rechtswirkungen zu haben. Es kann ein-, zwei- oder mehrseitig sein. ◀

Diese Definition zeigt jedoch eine Unsicherheit des DCFR hinsichtlich der Stellung des Rechtsgeschäfts in seinem System. Der DCFR stellt nämlich die Definition des Vertrags und nicht den Begriff des Rechtsgeschäfts an den Anfang, obwohl dies aufgrund des höheren Abstraktionsgrades des Begriffs des Rechtsgeschäfts[11] angebracht wäre. Gerechtfertigt ist die Reihenfolge der Begriffserläuterungen dadurch, dass der Begriff des Rechtsgeschäfts im System des DCFR kaum selbständig verwendet wird, da der Vertragsbegriff hier die zentrale Rolle einnimmt.[12] Der Begriff des Rechtsgeschäfts wird verschiedentlich verwendet, wenn es sich um die Anwendung der Regeln über den Vertrag auf andere Rechtsgeschäfte handelt (wie zum Beispiel in Art. II.-4:301 DCFR).[13] Abgesehen von dieser Ausweitung der Regelungen des Vertrages allgemein auf Rechtsgeschäfte, ist aber der „Vertrag" der zentrale Bezugspunkt für nahezu alle für den Vertrag relevanten Regeln. Für die Regelungstechnik des DCFR ist die Verwendung des Begriffs des Rechtsgeschäfts daher eher entbehrlich. Im Grunde erfüllt bereits das weniger abstrakte Konzept des Vertrages diese Funktion.

---

6 Staudinger/Schiemann, BGB, Neubearbeitung 2012, C. Das Rechtsgeschäft Rn 1.
7 Kähler, Zum Vertragsbegriff in Europarecht, in: Arnold, Grundlagen eines europäischen Vertragsrechts, S. 79, 80; Limmer, Europäisierung des Vertragsrechts, DNotZ-Sonderheft 2012, S. 59, 60.
8 Acquis Principles/Schulte-Nölke/Zoll, Contract II, Introductory Part, S. xxiii, xxv; Riesenhuber, System und Prinzipien des Europäischen Vertragsrechts, 2003, S. 55–58; Zoll, A Need for a New Structure for European Private Law, in: Brownsword/Micklitz a.o., The Foundations of European Private Law, 2011, S. 555, 556; Zoll, Die Vertragstypen im Vorschlag für das Gemeinsame Europäische Kaufrecht – die Bestimmung des Anwendungsbereichs eines Optionalen Instruments durch die Typisierung von Verträgen, FS Müller-Graff, in Bearbeitung.
9 Hierzu J. P. Schmidt, Der „juridical act" im DCFR: Ein (nützlicher) Grundbegriff des europäischen Privatrechts, ZEuP 2010, S. 304–305; Whittaker/Riesenhuber, Conceptions of Contract, in: Dannemann/Vogenauer, The Common European Sales Law in Context, 2013, S. 120, 137–159.
10 Übersetzung aus dem Englischen auch im Folgenden nach DCFR Translation Project, English-German, Proofreader: Hans Schulte-Nölke, Version vom 15.5.2012, abrufbar unter: http://ec.europa.eu/justice/contract/files/european-private-law_de.pdf. (abgerufen am 9.3.2015)
11 V. Bar/Clive (Hrsg.), DCFR Full Edition, S. 125; Staudinger/Schiemann, BGB, Neubearbeitung 2012, C. Rechtsgeschäfte Rn 2.
12 J. P. Schmidt, Der „juridical act" im DCFR: Ein (nützlicher) Grundbegriff des europäischen Privatrechts, ZEuP 2010, S. 317.
13 V. Bar/Clive (Hrsg.), DCFR Full Edition, S. 339 f.

5   Im System des Kommissionsvorschlags für das GEK ist der Begriff des Rechtsgeschäfts dagegen nicht mehr zu finden.[14] Trotz des nicht unwesentlichen Einflusses des DCFR auf den Vorschlag für das GEK, wurde der aktuelle Text des DCFR durch den Entwurf für das Gemeinsame Europäische Kaufrecht „rekontraktualisiert".[15] Art. 12 GEK-E betrifft zwar die einseitigen Erklärungen bzw das einseitige Verhalten, befasst sich mit diesen aber nur als eine Ergänzung der Regelungen über Vertrag.

2. Vertrag als eine Willensübereinstimmung?[16]

6   Im Vorschlag für das Gemeinsame Europäische Kaufrecht wird der Vertrag wie folgend definiert:

▶ *Artikel 2 GEK-VO-E*

Begriffsbestimmungen

Für die Zwecke dieser Verordnung bezeichnet der Ausdruck
(a) „Vertrag" eine Vereinbarung, die darauf abzielt, Verpflichtungen oder andere rechtliche Wirkungen herbeizuführen;
(...) ◀

7   Diese Definition des Vertrages[17] entspricht dem Verständnis im *Acquis communautaire*,[18] das zahlreichen Richtlinien zu entnehmen ist, obwohl in keiner dieser Richtlinien eine Definition des Vertrages zu finden ist, die mit der aus dem Vorschlag für das GEK vergleichbar wäre.[19] Aus den Formulierungen vieler Richtlinien ist das Erfordernis einer Willensübereinstimmung der Parteien bei Abschluss des Vertrages zu entnehmen.[20] Dieses Verständnis des Vertrages liegt den Definitionen des Fernabsatzvertrages (Art. 2 Nr. 7 Verbraucherrechte-RL) und des außerhalb von Geschäftsräumen geschlossenen Vertrages (Art. 2 Nr. 8 Verbraucherrechte-RL) zugrunde. In den beiden erwähnten Definitionen wird auf den Abschluss des Vertrages hingewiesen. Diese Richtlinie enthält auch weitere Vorschriften, welche von der Willensübereinstimmung als der Grundvoraussetzung für das Zustandekommen eines Vertrages ausgehen.

---

14 Riesenhuber, EU-Vertragsrecht, 2013, § 1 Rn 50, der als Regelungsbereich des GEK-E „vertragliche Sachverhalte" nennt und § 4 Rn 59, in der das GEK als „fakultative zweite Vertragsrechtsregelung ..." bezeichnet wird.
15 Schulze, Europäisches Vertragsrecht – die Zeit ist reif für die Gesetzgebung, EuZW 2011, S. 569, 570; Schulze/Wilhelmsson, From the Draft Common Frame of Reference towards European Contract Law Rules, ERCL 2008, S. 154, 165.
16 Siehe eine Beleuchtung des Vertragsbegriffs aus verschiedenen Zeit- und Rechtskreisperspektiven von Paricio, Der Vertrag – Eine Begriffsbildung, in: Andrés Santos/Baldus/Dedek, Vertragstypen in Europa, Historische Entwicklung und europäische Perspektiven, 2011, S. 11–40.
17 Näher zum Begriff des Vertrages im GEK siehe Schmidt-Kessel/Schmidt-Kessel, GEK-E Kommentar, Art. 2 GEK-VO-E Rn 10.
18 KOM(2011) 636 endg., 2.3., S. 12; Schmidt-Kessel/Schmidt-Kessel, GEK Kommentar, Einl. GEK-VO-E Rn 37.
19 Schmidt-Kessel/Schmidt-Kessel, GEK-E Kommentar, Art. 2 GEK-VO-E Rn 10; Schulze/Wendehorst, CESL Commentary, Art. 2 CESL Regulation Rn 4.
20 § 3 Rn 10.

I. Vertragsbegriff

a) Vertrag und unbestellte Leistung

Deutlich wird dies etwa in der in Art. 27 Verbraucherrechte-RL enthaltenen Regelung der unbestellten Leistungen:

▶ **ARTIKEL 27 VERBRAUCHERRECHTE-RL**
Unbestellte Waren und Dienstleistungen

Werden unter Verstoß gegen Artikel 5 Absatz 5 und Anhang 1 Nummer 29 der Richtlinie 2005/29/EG unbestellte Waren, Wasser, Gas, Strom, Fernwärme oder digitaler Inhalt geliefert oder unbestellte Dienstleistungen erbracht, so ist der Verbraucher von der Pflicht zur Erbringung der Gegenleistung befreit. In diesen Fällen gilt das Ausbleiben einer Antwort des Verbrauchers auf eine solche unbestellte Lieferung oder Erbringung nicht als Zustimmung. ◀

Der Verweis in der zitierten Vorschrift bezieht sich auf die RL über unlautere Geschäftspraktiken,[21] in der die Lieferung von unbestellten Waren oder Dienstleistungen mit dem Ziel eines Vertragsschlusses durch den Verbraucher als eine unlautere Geschäftspraxis eingestuft wird. Diese Norm bringt dabei das Verständnis des Vertrags als Erklärung der Zustimmung beider Parteien zum Ausdruck.[22]

In Art. 27 Verbraucherrechte-RL wird dieser Gedanke noch weiterentwickelt. Die ausdrückliche Regelung der unbestellten Leistungen fand sich zum ersten Mal in Art. 9, 2. Hs. Fernabsatz-RL. In der Verbraucherrechte-RL, die diese Richtlinie ersetzt hat, ist zudem die Sanktion für den Fall des Zuwiderhandelns ausdrücklich festgelegt. Im Falle der Zusendung unbestellter Leistungen wird der Verbraucher im Einklang mit Art. 27 Verbraucherrechte-RL von der Pflicht zur Erbringung der Gegenleistung befreit.[23] Dadurch entsteht gleichwohl keine Rechtsklarheit hinsichtlich der Sanktion.[24] Bereits aufgrund der alten Rechtslage wurde vielfach vertreten, dass für den Verbraucher bei Erhalt unbestellter Leistungen überhaupt keine Pflichten entstehen können. Überwiegend wurde sogar der Ausschluss der Herausgabe der gelieferten Sache sowohl aufgrund eigentumsrechtlicher Herausgabeansprüche als auch aufgrund von Bereicherungsansprüchen befürwortet.[25] Die Acquis Principles (die eine wissenschaftliche Wiedergabe des Sinngehalts der im *Acquis communautaire* verstreuten Normen anstreben) stellen diese Regel folgendermaßen dar:

---

21 Richtlinie 2005/29/EG des europäischen Parlaments und des Rates vom 11. Mai 2005 über unlautere Geschäftspraktiken im binnenmarktinternen Geschäftsverkehr zwischen Unternehmen und Verbrauchern und zur Änderung der RL 84/450/EWG des Rates, der Richtlinien 97/7/EG, 98/27/EG und 2002/65/EG des Europäischen Parlaments und des Rates sowie der Verordnung (EG) Nr. 2006/2004 des Europäischen Parlaments und des Rates, ABl. Nr. L 149, S. 22, ber. ABl. 2009 Nr. L 253, S. 18.
22 Näher dazu unten § 3 Rn 49.
23 Staudinger/Olzen, BGB, Neubearbeitung 2014, § 241 a Rn 53.
24 Bamberger/Roth/Sutchet, Online-Kommentar BGB, Stand 1.11.14, § 241 a Rn 9.
25 Altmeppen, Unbestellte Leistungen: Die Kampfansage eines „Verbraucherschutzes" an die Grundlagen der Privatautonomie, in: Grenzow/Grunewald,/Schulte-Nölke, Festschrift für Friedrich Graf von Westphalen, 2010, S. 1, 8 f; Baur/Stürner, Sachenrecht, 18. Aufl. 2009, § 11 Rn 26 b; Flume, Vom Beruf unserer Zeit für die Gesetzgebung, ZIP 2000, S. 1427–1429; MünchKommBGB/Finkenauer, 6. Aufl. 2012, § 241 a Rn 29–33, insbesondere Rn 33; Staudinger/Olzen, BGB, Neubearbeitung 2014, § 241 a Rn 53.

> **ARTIKEL 4:106 ACQP**[26]
> **Unbestellte Waren und Dienstleistungen**
> Wenn ein Unternehmer einem Verbraucher unbestellte Waren liefert oder unbestellte Dienstleistungen erbringt, ergibt sich keine Verpflichtung aus dem Umstand, dass der Verbraucher darauf nicht reagiert. ◄

11 Noch deutlicher bringt der Entwurf des DCFR zum Ausdruck, dass durch das Zusenden unbestellter Leistungen keine Verpflichtungen für den Verbraucher entstehen:[27]

> **ARTIKEL II.-3:401 DCFR**
> **Keine Pflicht aufgrund unterbliebener Reaktion**
> (1) Liefert ein Unternehmer unverlangte Waren an oder erbringt unverlangte Dienstleistungen für einen Verbraucher:
> (a) entsteht kein Vertrag aufgrund dessen, dass der Verbraucher nicht reagiert oder aufgrund jeglichen weiteren Handelns oder Unterlassens durch den Verbraucher in Bezug auf die Waren oder Dienstleistungen; und
> (b) entsteht keine außervertragliche Verpflichtung durch den Erwerb, das Behalten, die Ablehnung oder die Verwendung der Waren oder die Entgegennahme der Dienstleistungen.
> (...) ◄

12 Der Text des DCFR stützt sich auf den *Acquis communautaire* wie auf die nationalen Umsetzungen.[28] Der Umfang des Schutzsystems des Verbrauchers wird dadurch präzisiert. Abgesehen davon, dass kein Vertrag und damit auch keine aus dem Vertrag resultierenden Pflichten des Verbrauchers entstehen,[29] ist damit ausdrücklich klargestellt, dass der Verbraucher die gelieferte Sache vernichten kann, ohne dass er dafür haftet.

13 Die Formulierung der Richtlinie beschränkt diese Privilegierung dagegen zumindest nach ihrem Wortlaut auf den Ausschluss der Gegenleistung.[30] Ob der Unternehmer sonstige Rechte geltend machen kann, ist offen gelassen.[31] Die Unterschiede hinsichtlich der Rechte, die dem Unternehmer in dieser Situation möglicherweise zustehen, werden in den verschiedenen früheren Stufen der Textentwicklung deutlicher. Der europäische Gesetzgeber wollte hier offensichtlich nicht so weit gehen, alle Details zu regeln, um dem nationalen Gesetzgeber mehr Spielraum bei der Gestaltung der Folgen einer unbestellten Leistung zu lassen. Für die Formulierung des Vertragsbegriffs sind diese Unterschiede aber unbeachtlich. In allen bisher genannten Vorschriften wird deutlich, dass das Konzept des Vertrages im Recht der Europäischen Union eine Willensübereinstimmung der Parteien als Grundlage dieser Konstruktion voraussetzt.[32]

---

26 Alle folgenden Normen der ACQP in der deutschen Fassung entnommen aus Schulze/Zimmermann, Basistexte, Ordnungsnummer III.20.
27 Hierzu siehe Staudinger/Olzen, BGB, Neubearbeitung 2014, § 241 a Rn 54.
28 Jansen/Zimmermann, Was ist und wozu der DCFR?, NJW 2009, S. 3401, 3402; Schulte-Nölke, Arbeiten an einem europäischen Vertragsrecht – Fakten und populäre Irrtümer, NJW 2009, S. 2161; Staudinger/Martinek, BGB, Neubearbeitung 2014, A. BGB aktuell 2014/2015 Rn 196.
29 V. Bar/Clive (Hrsg.), DCFR Full Edition, S. 260.
30 Für die Auslegung des Begriffs der Gegenleistung in der Richtlinie ist Art. II.-3:401 DCFR heranzuziehen siehe Staudinger/Olzen, BGB, Neubearbeitung 2014, § 241 a Rn 54.
31 Dazu näher unten § 3 Rn 50.
32 V. Bar/Clive (Hrsg.), DCFR Full Edition, S. 259.

I. Vertragsbegriff

b) Zustandekommen des Vertrages als komplexer Prozess

Die Acquis Principles gelangen mit folgender Formulierung auf der Grundlage des *Acquis communautaire* zu einer Präzisierung des Vertragsbegriffs:[33]

▶ ARTIKEL 4:101 ACQP
Einigung der Parteien

Ein Vertrag wird geschlossen, wenn die Parteien sich rechtlich binden wollen und eine ausreichende Einigung erzielen. ◀

Diese Formel der Acquis Principles stützt sich auf verschiedene Quellen im *Acquis communautaire*.[34] Neben der genannten Vorschrift der Fernabsatz- und Haustür-RL (die Verbraucherrechte-RL wurde erst später nach der Veröffentlichung der Acquis Principles verabschiedet) gehören Art. 9 Hs. 2 Fernabsatz-Finanzdienstleistungs-RL; Art. 7 Abs. 2 S. 2 Verbrauchsgüterkauf-RL sowie Erwägungsgrund 10 Klausel-RL zu ihren Grundlagen. Im Vorschlag für das Gemeinsame Europäische Kaufrecht kommt der Konsens als grundlegender Baustein des Vertrages noch deutlicher zum Ausdruck.[35] Art. 30 GEK-E[36] betont ebenso wie die Acquis Principles die Notwendigkeit der Erzielung einer Einigung (Art. 30 Abs. 1 lit. a GEK-E). Dieser Artikel bestimmt aber auch die inhaltlichen Anforderungen an eine solche Einigung, namentlich den Willen zur Herbeiführung der Rechtswirkung (Art. 30 Abs. 1 lit. b GEK-E) und den ausreichend bestimmten Inhalt (Art. 30 Abs. 1 lit. c GEK-E).[37]

Dem Juristen aus dem kontinentaleuropäischen Rechtskreis ist dieses Modell des Vertrages vertraut. Jedoch hat ihm der *Acquis communautaire* eigene innovative Elemente hinzugefügt, die das Konzept des Vertrages deutlich verändern. In den *Acquis communautaire* wurden insbesondere Instrumente bzw Rechtsinstitute aufgenommen, die auf der einen Seite die Entscheidungsfreiheit der strukturell schwächeren Parteien zu schützen suchen, durch die andererseits aber auch die legitimen Erwartungen der Parteien berücksichtigt werden sollen.

Unter die erstgenannte Zielsetzung fallen die umfangreichen, den Unternehmer belastenden vorvertraglichen Pflichten,[38] die dem Verbraucher zustehenden Widerrufsrechte[39] und schließlich die Transparenzgebote und Einbeziehungsvoraussetzungen auf dem Gebiet der Allgemeinen Geschäftsbedingungen.[40] Der Ausrichtung auf die legitimen Erwartungen der Parteien dienen die Vorschriften, die die öffentlichen Äußerungen des Unternehmers bzw anderer Personen aus der Lieferantenkette in den Inhalt des Vertrages einbeziehen (oder andere „externe" Erklärungen, zum Beispiel die Werbematerialien, zum Inhalt des Vertrages machen). Diese Rechtsinstitute und Vorschriften werden in den folgenden Kapiteln im Einzelnen behandelt. Bereits hier ist aber hervorzuheben, dass sie das herkömmliche Konzept des Vertrages tiefgreifend verändern. Das Zustandekommen des Vertrages kann nicht mehr lediglich dadurch charakterisiert

---

33 § 3 Rn 10
34 Acquis Group/Schulze, Contract II, Art. 4:101 Rn 1–3.
35 Schmidt-Kessel/Gebauer, GEK-E Kommentar, Art. 30 GEK-E Rn 1–7.
36 Näher dazu § 3 Rn 10–17.
37 Schmidt-Kessel/Gebauer, GEK-E Kommentar, Art. 30 GEK-E Rn 8, 13; v. Bar/Zimmermann, Grundregeln des Europäischen Vertragsrechts, Teil I und II, 2002, Kommentar B. zu Art. 2:102 PECL, 152.
38 Faust, Generalklauselartige Aufklärungspflicht, in: Eidenmüller/Faust u.a., Revision des Verbraucher-*acquis*, 2011, S. 201–221; Grigoleit, Die Aufklärungspflichten des *acquis*, aaO, S. 224–265.
39 Eidenmüller, Widerrufsrecht, aaO, S. 109–165.
40 Jansen, Klauselkontrolle, in: Eidenmüller/Faust u.a., Revision des Verbraucher-*acquis*, 2011, S. 53, 60 f.

werden, dass eine Willensübereinstimmung zwischen Parteien erreicht wird. Vielmehr handelt es sich um einen komplexeren Prozess. Kennzeichnend für ihn ist die weitaus stärkere Verbindung zwischen der vorvertraglichen Phase, dem formellen Vertragsschluss und der Erfüllung bzw der Leistungsstörung als bisher in den nationalen Rechtsordnungen ausgeprägt. Diesem prozessualen Charakter liegt eine besondere Eigenschaft des Unionsrecht zugrunde, die es von der Mehrzahl der nationalen Rechtsordnungen unterscheidet: Das Vertragsrecht der Union stellt die Massenverträge ins Zentrum der Betrachtung,[41] da diese in der Vertragspraxis die Regel darstellen, und sieht die individuellen Verträge als Ausnahme. Darin liegt eine sehr weit reichende Wandlung im Konzept des Vertrages. Die Bedeutung der Willenserklärung als fundamentaler Bestandteil eines Vertrages vermindert sich. Der Grund hierfür liegt nicht etwa in einer antiliberalen Einstellung des EU-Vertragsrechts, sondern in dessen marktorientierter Ausrichtung. Der europäische Gesetzgeber gestaltet das Recht hauptsächlich aus der Perspektive der ordentlich funktionierenden Märkte, die verbraucherfreundlich organisiert werden sollen.[42] Geschützt wird die legitime Erwartung des Verbrauchers auf eine entsprechende Leistung. Das Konzept der legitimen Erwartung wird durch unterschiedliche Faktoren gestaltet, wie zum Beispiel die erteilten und ebenso die nicht erteilten Informationen, Äußerungen bestimmter Dritter sowie bestimmte erwartete Eigenschaften der Ware oder der Dienstleistung. Der Verbraucher sollte die Möglichkeit haben, die eigene Entscheidung zu überdenken und zu überprüfen (Widerrufsrecht), und der Unternehmer darf nicht durch unlautere Geschäftspraktiken auf die Willensbildung des Verbrauchers einwirken. In diesem System geht es weniger um ein zum Vertragsschluss führendes individuelles Verhalten der Parteien als um die typisierten Verhaltensweisen der Marktteilnehmer.

18 Im Gemeinsamen Europäischen Kaufrecht stoßen die traditionellen Konzepte des Vertragsrechts und diese neuen Tendenzen aufeinander. In Kapitel 5 GEK-E werden die Einigungsmängel geregelt, die aus einem individualisierten Verständnis des Vertrages hervorgehen.[43] Das System der vorvertraglichen Pflichten,[44] des verbraucherrechtlichen Widerrufrechts,[45] der Wirkungen der öffentlichen Äußerungen einer Vertragspartei und der Äußerungen Dritter auf den Inhalt des Vertrages sowie die Regeln über missbräuchliche Klauseln bilden das Modell eines marktorientierten Vertrages. Die Entwicklung des Vertragsrechts weist aber deutlich in die Richtung, dass es vor allem das typisierte Verhalten der Markteilnehmer regeln wird.

19 Dass der Vertrag als Willensübereinstimmung beschrieben wird, bedeutet noch nicht, dass der entstehende *Acquis communautaire* eine Spiegelbildtheorie voraussetzt. Die bisher geltenden Quellen des europäischen Vertragsrechts regeln das zum Vertragsschluss führende Verfahren grundsätzlich nicht. Dies lässt sich daraus erklären, dass die bisherigen Richtlinien das geltende nationale Recht nur punktuell ergänzen und die Klärung der Fragen des Vertragsschlusses dem Recht der Mitgliedstaaten überlassen. Anders verhält es sich im Fall des Vorschlags für das Gemeinsame Europäische Kauf-

---

41 Andrés Santos, Einleitung, in: Andrés Santos/Baldus/Dedek, Vertragstypen in Europa, Historische Entwicklung und europäische Perspektiven, 2011, S. 1–9.
42 Herresthal, Zur Dogmatik und Methodik des Gemeinsamen Europäischen Kaufrechts, in: Schulte-Nölke u.a., Der Entwurf für ein optionales europäisches Kaufrecht, S. 85, 86 f, 88 f.
43 Schmidt-Kessel/Martens, GEK-E Kommentar, Art. 47 GEK-E.
44 Schmidt-Kessel/Wichmann, GEK-E Kommentar, Art. 13–17 GEK-E.
45 Siehe hierzu Schulze, Die Widerrufsrechte im Vorschlag für ein Gemeinsames Europäisches Kaufrecht, in: Schulte-Nölke u.a., Der Entwurf für ein optionales europäisches Kaufrecht, S. 151–168.

recht, das im Rahmen seines Anwendungsbereichs eine möglichst vollständige Regelung des Vertragsrechts bezweckt und deshalb auch die Regeln über den Vertragsschluss im vollen Umfang beinhaltet.[46] Nach dem Vorbild des UN-Kaufrechts wird auch die sogenannte geänderte Annahme – also eine Annahme mit zusätzlichen oder abweichenden Vertragsbestimmungen unter den besonderen, in Art. 38 Abs. 3 und 4 GEK-E genannten Voraussetzungen – nicht als neue Offerte (so die Grundregel des Art. 38 Abs. 1 GEK-E), sondern als eine Annahme angesehen. Diese Konstellation legt die Annahme (die jedoch das Angebot nur unerheblich abändern kann) abweichend vom Inhalt der Offerte fest.[47] Das Zustandekommen des Vertrages ist in diesem Fall nicht durch einen Konsens zwischen Parteien zu erklären. Der normative Begriff der Einigung setzt daher nicht zwingend voraus, dass die Parteien eine vollständige Übereinstimmung erreicht haben. In diesem Verfahren lässt sich nur gekünstelt eine stillschweigende Annahme der abgeänderten Erklärung, die der Adressat der ursprünglichen Offerte abgegeben hat, sehen; dies wird aber der tatsächlichen Sachlage häufig nicht entsprechen. Dieser Ansatz im Vorschlag für das Europäische Kaufrecht begegnet allerdings Bedenken, gerade in Hinblick auf Fernabsatzverträge, für die dieser Vorschlag primär entworfen wurde (und auf die er wahrscheinlich in seiner endgültigen Fassung auch beschränkt wird).[48] In derartigen Verträgen, die im Regelfall standardisierte Massenverträge sind, bleibt für die Konstruktion der modifizierten Annahme wenig Raum. Bei Online-Geschäften ist die Möglichkeit einer abändernden Annahme schon aus technischen Gründen kaum vorstellbar.

In Art. 39 GEK-E befasst sich der Kommissionsvorschlag mit einem weiteren Problem, das wesentliche Bedeutung für das Konzept des Vertrages hat und das ebenfalls verdeutlicht, wie weit sich dieses Konzept von der ursprünglichen Vorstellung gelöst hat: den sich widersprechenden Standardvertragsbestimmungen.[49] Trotz der Verwendung nicht übereinstimmender AGB durch beide Parteien wird danach der Vertrag als geschlossen und nicht als an einem Dissens gescheitert angesehen (es sei denn, dass die sich aus Art. 39 Abs. 2 GEK-E ergebenden Einschränkungen greifen). Dieses Lösungsmodell für den Konflikt der sich widersprechenden AGB (sogenannte *knock-out*-Regel) versucht, die vorformulierten Vertragsklauseln, die nur theoretisch als vom Willen der Gegenpartei im Prozess des Vertragsschlusses erfasst und gebilligt betrachtet werden können, zu berücksichtigen und dieses Phänomen mit der Figur des Konsenses als Grundvoraussetzung für den Vertragsschluss in Einklang zu bringen. Der Vertrag kommt danach zustande, ohne dass die sich widersprechenden Bestimmungen der Allgemeinen Geschäftsbedingungen Vertragsbestandteil werden. Ein Konsens wird also dadurch erzielt, dass diejenigen Teile der Erklärungen, die nicht den Äußerungen der anderen Partei entsprechen, vom Vertragsinhalt abgespalten werden. Auf diesem Wege wird dem Erfordernis der „Einigung" mit unkonventionellen Mitteln genügt.

Im *Acquis communautaire* findet sich dagegen dieser Lösungsansatz nicht. Die Klausel-RL enthält schon deshalb keine vergleichbare Bestimmung, weil die Verwendung

---

46 Herresthal, Zur Dogmatik und Methodik des Gemeinsamen Europäischen Kaufrechts, in: Schulte-Nölke u.a., Der Entwurf für ein optionales europäisches Kaufrecht, S. 85, 90 f; Riesenhuber, EU-Vertragsrecht, § 4 Rn 59.
47 Näher dazu § 3 Rn 23.
48 Stellungnahme EP, S. 87 f, 91 f.
49 Hierzu siehe Schmidt-Kessel/Weller, GEK-E Kommentar, Art. 39 GEK-E Rn 1–2; vgl auch Schlechtriem/Schwenzer/Schroeter, Kommentar zum Einheitlichen UN-Kaufrecht, 6. Aufl. 2013, Art. 19 Rn 19–36, mwN.

eigener AGB durch einen Verbraucher kaum vorstellbar ist. Im Anschluss an Art. II.-4:209 DCFR) enthält erst das GEK-E diese Regel.

3. Vertrag und Mitteilung

22 Zum pandektistischen Konzept des Rechtsgeschäfts gehört wesentlich die Rechtsfigur der Willenserklärung.[50] Im System des GEK wird hingegen die Willenserklärung durch den Begriff der Mitteilung ersetzt.[51]

▶ *ARTIKEL 10 GEK-E*
Mitteilung
(1) Dieser Artikel gilt für alle Mitteilungen für die Zwecke des Gemeinsamen Europäischen Kaufrechts und des Vertrags. Der Begriff „Mitteilung" umfasst die Übermittlung jeder Erklärung, die darauf abzielt, Rechtswirkungen zu haben oder einen rechtlichen Zweck dienende Informationen weiterzugeben.
(2) Eine Mitteilung kann auf jede nach den Umständen geeignete Weise abgegeben werden.
(3) Eine Mitteilung wird wirksam, wenn sie dem Empfänger zugeht, es sei denn, sie bestimmt einen späteren Eintritt der Wirkung.
(4) Eine Mitteilung geht dem Empfänger zu,
(a) wenn sie dem Empfänger übermittelt wird,
(b) wenn sie an seinen Geschäftssitz oder, falls er keinen Geschäftssitz hat oder die Mitteilung an einen Verbraucher gerichtet ist, an den Ort des gewöhnlichen Aufenthalts des Empfängers übermittelt wird,
(c) wenn sie im Falle einer Mitteilung, die durch E-Mail oder eine sonstige individuelle elektronische Nachricht übermittelt wird, vom Empfänger abgerufen werden kann oder
(d) wenn sie dem Empfänger anderweitig an einem Ort und in einer Weise zugänglich gemacht wird, dass ihr unverzüglicher Abruf durch den Empfänger erwartet werden kann.
Die Mitteilung ist dem Empfänger zugegangen, wenn eine der unter den Buchstaben a, b, c und d genannten Voraussetzungen erfüllt ist, je nachdem, welcher Zeitpunkt der früheste ist.
(5) Eine Mitteilung ist unwirksam, wenn ihre Rücknahme dem Empfänger vor oder gleichzeitig mit der Mitteilung zugeht.
(6) Im Verhältnis zwischen einem Unternehmer und einem Verbraucher dürfen die Parteien die Anwendung der Absätze 3 und 4 nicht zum Nachteil des Verbrauchers ausschließen, davon abweichen oder dessen Wirkung abändern. ◀

23 Im *Acquis communautaire* fehlt es an einem derartigen umfassenden Konzept des Wirksamwerdens einer Erklärung. Eine Regelung dieser Frage ist zwar in der E-Commerce-RL in Bezug auf die elektronischen Erklärungen zu finden.

---

50 Ranieri, Europäisches Obligationenrecht, 3. Aufl. 2009, S. 128–150; Staudinger/Schiemann, BGB, Neubearbeitung 2012, C. Das Rechtsgeschäft Rn 6; J. Schmidt, Der Vertragsschluss, 2013, S. 24–26.
51 Schmidt-Kessel/Müller-Graff, GEK-E Kommentar, Art. 10 GEK-E Rn 1.

I. Vertragsbegriff

▶ *Artikel 11 E-Commerce-RL*
Abgabe einer Bestellung
(1) (...)
– Bestellung und Empfangsbestätigung gelten als eingegangen, wenn die Parteien, für die sie bestimmt sind, sie abrufen können.
– (...) ◀

Diese Vorschrift der Richtlinie befasst sich aber lediglich mit der Frage, unter welchen Voraussetzungen zwei Arten von Erklärungen (Bestellung und Empfangsbestätigung) als „zur Perfektion gelangt" gelten, so dass die Verpflichtung des Dienstanbieters zur Bestätigung des Empfangs einer Bestellung entsteht. Die Regel erfasst also nur einen Aspekt einer Erklärung und eignet sich daher kaum als Grundlage für weiterreichende Generalisierungen.[52] Aus diesem Grund hat man es vermieden, im Rahmen der Acquis Principles aus der Vorschrift eine generalisierte Regel über Erklärungen zu entwickeln, so dass die Acquis Principles sich auf folgende Formulierung beschränken:

▶ *Artikel 1:303 ACQP*
Elektronische Mitteilung
Eine auf elektronischem Wege übermittelte Mitteilung geht dem Empfänger zu, wenn dieser sie abrufen kann. Diese Regel ist im Verhältnis zwischen Unternehmern und Verbrauchern zwingend im Sinne des Art. 1:203. ◀

Die Acquis Principles enthalten darüber hinaus zwar zwei weitere Regeln über Mitteilungen, die alle Erklärungen erfassen:

▶ *Artikel 1:301 ACQP*
Art und Weise der Mitteilung
Eine Mitteilung kann auf jede nach den Umständen geeignete Weise abgegeben werden. ◀

▶ *Artikel 1:302 ACQP*
Wirksamkeit einer Mitteilung
(1) Sofern die Mitteilung nicht ein späteres Wirksamwerden vorsieht, wird diese mit Zugang beim Empfänger wirksam.
(2) Die Mitteilung geht dem Empfänger zu:
(a) wenn sie an den Empfänger überbracht wird;
(b) wenn sie an den Geschäftssitz des Empfängers, oder, falls es einen solchen nicht gibt oder die Mitteilung keinen geschäftlichen Inhalt hat, an den gewöhnlichen Aufenthalt des Empfängers überbracht wird;
(c) wenn sie dem Empfänger sonst an einem Ort und auf eine Weise zugänglich gemacht wird, dass davon ausgegangen werden kann, dass der Empfänger unverzüglich Zugang erhalten konnte. ◀

Diese Regeln sind jedoch „grau" markiert zur Klarstellung, dass die Redaktoren der Acquis Principles die Vorschrift aus der E-Commerce-RL allein nicht als ausreichend erachtet haben, um eine Generalisierung vorzuschlagen. Sie waren also der Meinung, dass die Entscheidung über die Interessenlage der Parteien, wie sie in der E-Commerce-RL festgelegt wurde, keiner allgemeinen Überzeugung des europäischen Gesetzgebers der Mitteilung über den engen Anwendungsbereiches der E-Commerce-RL hinaus

---

52 Acquis Group/Leible/Pisuliński/Zoll, Contract II, Art. 1:303 Rn 2.

Ausdruck gibt.⁵³ Allerdings hat danach Art. 10 GEK-E die Vorschrift der E-Commerce-RL zum Muster einer allgemeinen Regel über die Voraussetzungen der Wirksamkeit einer Mitteilung auf Grundlage der Zugangstheorie genommen,⁵⁴ die auch in vielen nationalen Rechtsordnungen anerkannt ist.⁵⁵

26 Das Konzept der Mitteilung bringt aber auch eine revolutionäre Veränderung mit sich. Völlig zurecht ist nämlich das englische Wort *notice* mit dem Begriff der „Mitteilung" und nicht der „Willenserklärung" ins Deutsche übersetzt worden. Der Begriff der „Mitteilung" erfasst neben Wissenserklärungen insbesondere auch die Informationen, die eine Partei der anderen erteilt.⁵⁶ Allerdings sind eben diese erteilten Informationen auch mitgestaltend für den Inhalt des Rechtsverhältnisses. Der Übergang vom Begriff der „Willenserklärung" zum Begriff der „Mitteilung" kennzeichnet damit auch eine Verschiebung der Akzente in einem modernen Vertragsrecht weg von einem individuellen Vertragsrecht und hin zu einem Vertragsrecht der standardisierten Massengeschäfte. Das Konzept der Mitteilung relativiert die strengen Grenzen der Unterscheidung zwischen einer Willens- und einer Wissenserklärung und schmälert die Rolle der Willenserklärung bei der Gestaltung eines schuldrechtlichen Rechtsverhältnisses, weil es deutlich werden lässt, dass bestimmte vertragsbezogene Erklärungen der Parteien unabhängig davon gleich zu behandeln sind, ob sie in der Absicht abgegeben wurden, die „gewollten" Rechtsfolgen zu bewirken, oder ob sie nur die für die andere Partei relevanten Tatsachen darlegen sollten.

27 Bei allen Mitteilungen stellt sich unabhängig von einer Unterscheidung in dieser Hinsicht jeweils in ähnlicher Weise die Frage des Wirksamwerdens, die in der Diskussion des 19. Jahrhunderts zwischen zwei Polen schwankte: einerseits der Absendungstheorie,⁵⁷ nach welcher das bloße Abschicken einer Erklärung für ihre Wirksamkeit genügte, und andererseits der Zugangstheorie, die die Möglichkeit der Kenntnisnahme durch den Adressaten als Erfordernis für das Wirksamwerden der Erklärung ansah.⁵⁸ Zuweilen werden einzelne Elemente aus beiden Theorien kombiniert.

▶ **Artikel 11 Verbraucherrechte-RL**
Ausübung des Widerrufsrechts
(...)
(2) Die in Artikel 9 Absatz 2 und in Artikel 10 genannte Widerrufsfrist ist gewährt, wenn der Verbraucher die Mitteilung über die Ausübung des Widerrufsrechts vor Ablauf der Widerrufsfrist absendet. ◀

28 Die angeführte Vorschrift geht zwar vom Ansatz der Absendungstheorie aus. Allerdings legt sie den Fokus ausschließlich auf einen Aspekt der Absendungstheorie – nämlich auf die Fristwahrung. Das bloße Absenden einer Widerrufserklärung genügt, um die Frist einzuhalten. Die Vorschrift beschränkt sich jedoch auf diese Festlegung. Sie

---

53 Acquis Group/Leible/Pisuliński/Zoll, Contract II, Art. 1:303 Rn 2.
54 Schmidt-Kessel/Schmidt-Kessel, GEK-E Kommentar, Art. 2 GEK-VO-E Rn 7; Schulze/Schulte-Nölke, CESL Commentary, Art. 10 CESL Rn 5.
55 Statt vieler Brinkmann, Der Zugang von Willenserklärungen, 1984, mwN; Staudinger/Singer, BGB, Neubearbeitung 2011, § 130 Rn 39.
56 Schmidt-Kessel/Müller-Graff, GEK-E Kommentar, Art. 10 GEK-E Rn 1; Schulze/Schulte-Nölke, CESL Commentary, Art. 10 CESL Rn 3.
57 Zur Übermittlungstheorie (Entäußerungtheorie) siehe MünchKommBGB/Einsele, 6. Aufl. 2012, § 130 Rn 8; Staudinger/Singer, BGB, Neubearbeitung 2011, § 130 Rn 2.
58 Zur Empfangstheorie siehe Einsele, aaO, § 130 Rn 8; Spindler/Schuster/Anton, Recht der elektronischen Medien, 2. Aufl. 2011, § 130 Rn 1.

I. Vertragsbegriff

besagt nichts darüber, zu welchem Zeitpunkt diese Erklärung ihre Wirkung entfaltet und wer das Risiko ihres Verlustes trägt. Diese Fragen werden in der Richtlinie nicht geregelt und damit dem nationalen Gesetzgeber überlassen.

Die Entwicklung der modernen Kommunikationstechnik lässt aber in wachsendem Maße Fragen dieser Art aufkommen. Vor allem in der digitalen Welt wird der Bedarf nach einer einheitlichen Regelung dieser Fragen immer deutlicher erkennbar. Im Fall der elektronischen Mitteilungen muss daneben geklärt werden, wie die herkömmlichen Erfordernisse im Rahmen der zeitgenössischen Technologien zu befriedigen sind. Diese Frage stellte sich auch in dem Fall *Content Services*, den der EuGH zu entscheiden hatte. 29

▶ *Urteil des EuGH vom 5.7.2012 – C-49/11 (Content Services)*
[...] Art. 5 Abs. 1 der Richtlinie 97/7/EG des Europäischen Parlaments und des Rates vom 20. Mai 1997 über den Verbraucherschutz bei Vertragsabschlüssen im Fernabsatz ist dahin auszulegen, dass eine Geschäftspraxis, nach der die in dieser Bestimmung vorgesehenen Informationen nur über einen Hyperlink auf einer Website des betreffenden Unternehmens zugänglich gemacht werden, nicht den Anforderungen der genannten Bestimmung entspricht, da diese Informationen weder im Sinne von Art. 5 Abs. 1 der Richtlinie 97/7 von dem Unternehmen "erteilt" noch im Sinne derselben Bestimmung vom Verbraucher "erhalten" werden, und dass eine Website wie die im Ausgangsverfahren fragliche nicht als "dauerhafter Datenträger" im Sinne von Art. 5 Abs. 1 der Richtlinie 97/7 anzusehen ist. ◀

Diese Entscheidung setzt sich mit der wichtigen Frage auseinander, ob die Zusendung allein eines Links zu einer Website, auf der die Belehrung über das Widerrufsrecht (und hier über einen in diesem konkreten Fall zulässigen Ausschluss dieses Rechts) zu finden ist, den Formanforderungen an die Widerrufsbelehrung genügt.[59] Wäre der Verbraucher in dieser Weise nicht wirksam belehrt worden und den Anforderungen an die Widerrufsbelehrung damit nicht genüge getan, könnte er den Vertrag noch wirksam widerrufen. Den Anforderungen an die Belehrung könnte dadurch entsprochen worden sein, dass der Verbraucher durch das bloße Anklicken eines Links die Möglichkeit hat, die Belehrung herunterzuladen und sie zur Kenntnis zu nehmen. Der Inhalt dieser Belehrung kann aber vom Dienstleistungsanbieter leicht modifiziert werden. Zugleich kann diese Information den Verbraucher nur dann erreichen, wenn er dem Link tatsächlich folgt. Ein passiver Verbraucher wird von der Information ausgeschlossen. Damit stellt sich aber die Frage, ob ein „passiver" Verbraucher für diesen Fall einen angemessenen Maßstab bildet. Dafür könnte sprechen, dass die Kunden von *Content Services* eher als aktive Verbraucher zu qualifizieren sind, von denen die Vornahme der erforderlichen einfachen Handlungen zur Erlangung dieser Information erwartet werden kann. Der EuGH hat sich indes gegen diese liberale Auslegung entschieden. Die Information wird seiner Auffassung nach erst dann den Anforderungen der Belehrung entsprechend erteilt, wenn die Kenntnisnahme seitens des Verbrauchers keine zusätzlichen Aktivitäten erfordert. Die Entscheidung im Fall von *Content Services* erging zwar unter der alten Fernabsatz-RL, behält ihre Aktualität aber auch unter Geltung der Verbraucherrechte-RL (auf die in dieser Entscheidung ausdrücklich verwiesen wird,[60] was als Ausdruck einer Vorwirkung der Richtlinie gesehen werden kann). 30

---

[59] Dagegen Bamberger/Roth/Maume, Online-Kommentar BGB, Stand 1.11.14, § 312 j Rn 14; HK-BGB/Schulte-Nölke, 8. Aufl. 2014, § 312 j Rn 2.
[60] EuGH 5.7.2012, Rs. C-49/11 (Content Services), Rn 11.

II. Vertragstypisierung im Acquis communautaire

1. Situationsabhängige Normenanknüpfung

31 Das europäische Vertragsrecht verzichtet weithin auf die Festlegung von Vertragstypen. Da die Richtlinien die nationalen Rechte der Mitgliedstaaten grundsätzlich nur ergänzen,[61] brauchen sie keine Bestimmung über die Vertragstypen und insbesondere keine Regelungen der Hauptleistungspflichten, die für einen Vertragstypus charakteristisch sind, zu enthalten. Die Zurückhaltung des europäischen Gesetzgebers[62] beruht vor allem darauf, dass das europäische Vertragsrecht zum großen Teil an definierte Tatbestände anknüpft, welche die schwächere Partei (in vielen Fällen den Verbraucher[63]) schützen. Nur in seltenen Fällen nähert sich der *Acquis communautaire* einer Typisierung von Verträgen an.

a) Situation des Handelsvertreters

▶ ARTIKEL 1 HANDELSVERTRETER-RL

[Anwendungsbereich]

(...)
(2) Handelsvertreter im Sinne dieser Richtlinie ist, wer als selbständiger Gewerbetreibender ständig damit betraut ist, für eine andere Person (im folgenden Unternehmer genannt) den Verkauf oder den Ankauf von Waren zu vermitteln oder diese Geschäfte im Namen und für Rechnung des Unternehmers abzuschließen.
(...) ◀

▶ ARTIKEL 3 HANDELSVERTRETER-RL

[Handelsvertreterpflichten]

(1) Bei der Ausübung seiner Tätigkeit hat der Handelsvertreter die Interessen des Unternehmers wahrzunehmen und sich nach den Geboten von Treu und Glauben zu verhalten.
(2) Im besonderen muß der Handelsvertreter
(a) sich in angemessener Weise für die Vermittlung und gegebenenfalls den Abschluß der ihm anvertrauten Geschäfte einsetzen;
(b) dem Unternehmer die erforderlichen ihm zur Verfügung stehenden Informationen übermitteln;
(c) den von Unternehmer erteilten angemessenen Weisungen nachkommen. ◀

▶ ARTIKEL 6 HANDELSVERTRETER-RL

[Vergütungsberechnung]

(1) Bei Fehlen einer diesbezüglichen Vereinbarung zwischen den Parteien und unbeschadet der Anwendung der verbindlichen Vorschriften der Mitgliedstaaten über die Höhe der Vergütungen hat der Handelsvertreter Anspruch auf eine Vergütung
(...) ◀

---

61 Acquis Group/Schulte-Nölke/Zoll, Contract II, Introductory Part, S. xxiii, xxv; Riesenhuber, System und Prinzipien des Europäischen Vertragsrechts, 2003, S. 55–58; Zoll, A Need for a New Structure for European Private Law, in: Brownsword/Micklitz a.o., The Foundations of European Private Law, 2011, S. 555, 556.
62 Zur Zurückhaltung des Europäischen Gesetzgebers bei der Typisierung von Verträgen siehe Zoll, Die Vertragstypen im Vorschlag für das Gemeinsame Europäische Kaufrecht – die Bestimmung des Anwendungsbereichs eines Optionalen Instruments durch die Typisierung von Verträgen, FS Müller-Graff, in Bearbeitung.
63 Staudinger/Schiemann, BGB, Neubearbeitung 2012, C. Das Rechtsgeschäft Rn 240.

II. Vertragstypisierung im Acquis communautaire

Bei der Handelsvertreter-RL handelt es sich um einen der seltenen Fälle, in denen eine Richtlinie den Mitgliedstaaten einen vollständigen Vertragstypus vorgibt. Diese Richtlinie legt die Pflichten und Rechte aus dem definierten Vertragstyp fest[64] und stellt den nationalen Gesetzgeber vor die Notwendigkeit, nicht nur bestimmte Schutznormen für den Handelsvertreter zu erlassen, sondern die nahezu vollständige Regelung des Vertrages zu übernehmen. Dabei darf aber nicht verkannt werden, dass es der europäische Gesetzgeber letztlich ein anderes Anliegen verfolgt als der nationale Gesetzgeber, wenn er einen Vertragstypus in einem Gesetzbuch normiert. Der nationale Gesetzgeber hat regelmäßig vornehmlich die Intention, den Parteien ein Regelungsmodell vorzugeben, an dem diese sich orientieren können.[65] Dadurch sollen die Transaktionskosten gesenkt werden, die durch die Vorbereitung eines Vertrages entstehen. Die Regelung in der Richtlinie versucht darüber hinaus, den Bezugspunkt für ein Schutzinstrumentarium zugunsten des Handelsvertreters zu schaffen, um möglichen Nachteilen für ihn durch missbräuchliches Verhalten des Prinzipals entgegenzuwirken. Da in der Richtlinie aber die Rechte und Pflichten beider Parteien festgelegt werden, kann man gleichwohl mit gewissen Vorbehalten doch von einem echten Vertragstypus des europäischen Rechts sprechen.[66]

32

b) Teilzeitnutzungsvertrag

Der erste Eindruck von anderen Richtlinien, die ebenfalls Regelungswerke gewisser Vertragstypen zu sein scheinen, erweist sich bei näherer Betrachtung jedoch als unzutreffend. Als Beispiel kann die Richtlinie über den Schutz der Verbraucher in Hinblick auf bestimmte Aspekte von Teilnutzungsverträgen, Verträgen über langfristige Urlaubsprodukte sowie Wiederverkaufs- und Tauschverträgen (Teilzeitnutzungs-RL) dienen.

33

▶ *Artikel 2 Teilzeitnutzungs-RL*

Begriffsbestimmungen

(1) Im Sinne dieser Richtlinie bezeichnet der Ausdruck
(a) „Teilnutzungsvertrag" einen Vertrag mit einer Laufzeit von mehr als einem Jahr, mit dem der Verbraucher gegen Entgelt das Recht erwirbt, eine oder mehrere Übernachtungseinkünfte für mehr als einen Nutzungszeitraum zu nutzen.
(...) ◀

Diese Definition des Teilnutzungsvertrages dient nicht der Typisierung eines bestimmten Vertrages. Ein „Teilnutzungsvertrag" kann ganz unterschiedliche Arten von Verträgen erfassen, die die in der Richtlinie genannten Voraussetzungen erfüllen. In Hinblick auf die Voraussetzungen dieser Definition spielt es keine Rolle, ob der Vertrag rein schuldrechtlich zu qualifizieren ist oder ob die Parteien sich sachenrechtlicher Konstruktionen (wie zum Beispiel eines Nießbrauchrechts) bedienen. Der Gesetzgeber bezweckt mit der Richtlinie also nicht, den Parteien ein fertiges Muster zur Erleichte-

---

64 Flohr/Pohl, in: Martinek/Semler u.a., Handbuch des Vertriebsrechts, Kap. 4, Der Handelsvertretervertrag.
65 Müller-Graff, Ein fakultatives Kaufrecht als Instrument der Marktordnung?, in: Schulte-Nölke u.a., Der Entwurf für ein optionales europäisches Kaufrecht, S. 21, 38; Zoll, Die Vertragstypen im Vorschlag für das Gemeinsame Europäische Kaufrecht – die Bestimmung des Anwendungsbereiches eines Optionalen Instruments durch die Typisierung von Verträgen, FS Müller-Graff, in Bearbeitung.
66 Flohr/Pohl, in: Martinek/Semler u.a., Handbuch des Vertriebsrechts, Kap. 4, Der Handelsvertretervertrag; Zoll, Die Vertragstypen im Vorschlag für das Gemeinsame Europäische Kaufrecht – die Bestimmung des Anwendungsbereichs eines Optionalen Instruments durch die Typisierung von Verträgen, FS Müller-Graff, in Bearbeitung.

rung des Abschlusses von Verträgen dieser Art zur Verfügung zu stellen.[67] Der Eintritt einer besonderen, aus Sicht der Richtlinie rechtlich relevanten, Situation soll vielmehr bestimmte Schutzmechanismen aktivieren.[68]

34 Die gleiche Funktion erfüllen auch andere in der Teilzeitnutzungs-RL enthaltene Definitionen von Vertragsarten: „Vertrag über ein langfristiges Urlaubsprodukt" (Art. 2 Abs. 1 lit. b), „Wiederkaufsvertrag" (Art. 2 Abs. 1 lit. c) sowie „Tauschvertrag" (Art. 2 Abs. 1 lit. d). Es mag zwar scheinen, dass die Kennzeichnung dieser Verträge eher einer traditionellen Art und Weise der gesetzgeberischen Typisierung entspricht. Dies täuscht aber. Die Nennung von bestimmten Bestandteilen dieser Verträge dient wiederum lediglich dazu, Bezugspunkte für die Aktivierung von Schutzmechanismen der Richtlinie festzulegen, unabhängig davon, welche dogmatischen Konstruktion, der nationale Gesetzgeber gewählt hat um diese Verträge zu erfassen.

c) Verbrauchsgüterkauf

35 Etwas komplexer gestaltet sich die Lage hinsichtlich der verschiedenen unionsrechtlichen Arten der Erfassung des Kaufvertrages, die sich vor allem aus zwei zeitlich voneinander entfernten Richtlinien ergeben. Es ist charakteristisch, dass die erste dieser Richtlinien – die Verbrauchsgüterkauf-RL – keine Definition des Kaufvertrages enthält. Es werden lediglich die „Verbrauchsgüter" (Art. 1 Abs. 2 lit. b) näher bestimmt (und auch dies nur zur Festlegung des Anwendungsbereichs der Richtlinie). Eine wichtige Erweiterung des Begriffs des Kaufvertrages, die unmittelbar auch die Typisierung von Verträgen aus nationaler Sicht beeinflussen kann und muss, ist in Art. 2 Abs. 4 Verbrauchsgüterkauf-RL genannt:

▶ *Artikel 1 Verbrauchsgüterkauf-RL*

Geltungsbereich

(...)
(4) Als Kaufverträge im Sinne dieser Richtlinie gelten auch Verträge über die Lieferung herzustellender oder zu erzeugender Verbrauchsgüter.
(...) ◀

36 Der europäische Gesetzgeber hat sich entschieden, den Anwendungsbereich der kaufrechtlichen Haftungsregeln auf Verträge zu erweitern, in denen werkspezifische Leistungen vereinbart werden. Die technischen Details der Umsetzung bleiben den nationalen Gesetzgebern überlassen. Dies hat etwa den deutschen Gesetzgeber dazu veranlasst, eine den kaufrechtlichen Vorschriften unterliegende Variante des Werkvertrags auszugestalten: den Werklieferungsvertrag gem. § 651 BGB.[69] Unabhängig von den Details der Umsetzungsvarianten hat sich der europäische Gesetzgeber jedenfalls für eine „Verkaufrechtlichung" der in Art. 2 Abs. 4 Verbrauchsgüterkauf-RL bestimmten, auf eine Dienstleistung (im weitesten Sinne) gerichteten Verträge entschieden. Daneben

---

67 Zoll, Die Vertragstypen im Vorschlag für das Gemeinsame Europäische Kaufrecht – die Bestimmung des Anwendungsbereichs eines Optionalen Instruments durch die Typisierung von Verträgen, FS Müller-Graff, in Bearbeitung.
68 Acquis Group/Schulte-Nölke/Zoll, Contract II, Introductory Part, S. xxiii, xxv; Limmer, Europäisierung des Vertragsrechts, in: DNotZ-Sonderheft 2012, S. 59, 60 f; Riesenhuber, EU-Vertragsrecht, § 1 Rn 28; Zoll, Die Vertragstypen im Vorschlag für das Gemeinsame Europäische Kaufrecht – die Bestimmung des Anwendungsbereichs eines Optionalen Instruments durch die Typisierung von Verträgen, FS Müller-Graff, in Bearbeitung.
69 Bülow/Artz, Verbraucherprivatrecht, 4. Aufl. 2014, Rn 494.

enthält diese Richtlinie aber keine nähere Spezifizierung des Kaufvertrags, da der europäische Gesetzgeber davon ausgeht, dass dieser Begriff in Europa einheitlich verstanden wird.[70] Er nimmt an, dass die Einschränkung des Vertragsgegenstands auf die in der Richtlinie genannten Güter[71] zur Beseitigung der größten Unterschiede zwischen den verschiedenen Systemen des Kaufvertrags führen wird. Diese Unterschiede finden sich vor allem in den abweichenden Antworten auf die Frage, was neben einer körperlichen Sache zum Gegenstand des Kaufvertrags werden kann. Deswegen lässt sich zumindest davon ausgehen, dass der Richtlinie über den Verbrauchsgüterkauf eine aus den rechtsvergleichenden Befunden gewonnene Vorstellung eines gemeineuropäischen Kaufvertrages zugrunde liegt.

Eine europäische Synthese des Begriffes des Kaufvertrages, die auf Grundlage rechtsvergleichender Befunde formuliert worden ist, versucht der DCFR vorzulegen:[72]

▶ *Artikel IV. A.-1:202 DCFR*
Kaufvertrag
Ein Vertrag über den Kauf von Waren oder anderen Vermögenswerten ist ein Vertrag, in dem sich eine Partei, der Verkäufer, gegenüber einer anderen Partei, dem Käufer, verpflichtet, das Eigentum an den Waren oder Vermögenswerten an den Käufer oder an einen Dritten entweder sofort bei Vertragsschluss oder zu einem späteren Zeitpunkt zu übertragen und der Käufer sich zur Zahlung des Preises verpflichtet. ◀

In der Verbraucherrechte-RL hat sich nunmehr auch der europäische Gesetzgeber entschieden, eine Definition des Kaufvertrags (für die Zwecke dieser Richtlinie) zu formulieren.[73]

▶ *Artikel 2 Verbraucherrechte-RL*
Begriffsbestimmungen
Im Sinne dieser Richtlinie bezeichnen die Ausdrücke
(...)
(5) „Kaufvertrag" jeden Vertrag, durch den der Unternehmer das Eigentum an Waren an den Verbraucher überträgt oder deren Übertragung zusagt und der Verbraucher hierfür den Preis zahlt oder dessen Zahlung zusagt, einschließlich von Verträgen, die sowohl Waren als auch Dienstleistungen zum Gegenstand haben.
(...) ◀

Diese Definition wiederholt aber nicht nur die wohlbekannte und verbreitete Begriffsbestimmung des Kaufvertrages. Sie enthält zudem eine weitgehende Ausdehnung des Anwendungsbereiches dadurch, dass sie die gemischten Verträge ebenfalls erfasst.[74] Der europäische Gesetzgeber ordnet damit unabhängig davon, in welchem Verhältnis die kauf- und dienstleistungsrechtlichen Elemente zueinander stehen, die Anwendung der Absorptionstheorie[75] an. Nach dem Wortlaut der zitierten Vorschrift sind die

---

70 Grundmann/Bianca/Serrano, EU-Kaufrechts-Richtlinie Kommentar, 2002, Art. 1 Rn 9.
71 Zum Begriff der Verbrauchsgüter siehe Grundmann/Bianca/Serrano, EU-Kaufrechts-Richtlinie Kommentar, 2002, Art. 1 Rn 28–40; Micklitz, Die Verbrauchsgüterkauf-Richtlinie, EuZW 1999, S. 485, 486.
72 V. Bar/Clive (Hrsg.), DCFR Full Edition, S. 1234.
73 Bülow/Artz, Verbraucherprivatrecht, 4. Aufl. 2014, Rn 221.
74 Zoll, Problem z pojęciem sprzedaży w nowej ustawie o prawach konsumenta – zagadnienie umów mieszanych z obowiązkiem świadczenia usługi, Internetowy Kwartalnik Antymonopolowy i Regulacyjny, 2014, S. 8, 11.
75 Zum Begriff der Absorptionstheorie siehe BGHZ 63, S. 306, 307, 309; 2, S. 94; RGZ 161, S. 323–325; Bamberger/Roth/Gehrlein/Sutschet, BGB Kommentar, 32. Ed. 1.8.2014, § 311 Rn 20 f; Gawlik, Umowy mieszane.

kaufrechtlichen Regeln auch dann anzuwenden, wenn die dienstleistungsrechtliche Komponente den gesamten Vertrag dominiert und die Verpflichtung zu der für den Kaufvertrag charakteristischen Leistung somit nur eine untergeordnete Rolle spielt. Bei der Auseinandersetzung mit der genannten Definition darf jedoch nicht vergessen werden, dass der europäische Gesetzgeber damit keine einheitliche Definition des Kaufvertrages für das europäische Recht vorgeschlagen hat. Die Definition soll ausschließlich für die Vorschriften der Verbraucherrechte-RL gelten, die Regelungen zum Kaufvertrag enthalten. Dies sind vor allem Art. 18 und 20 der Richtlinie, die Fragen der Lieferung und des Gefahrübergangs bei einem Versendungskauf regeln. Die in Art. 2 Nr. 5 Verbraucherrechte-RL enthaltene Definition führt also nur dazu, dass die dienstleistungsrechtliche Komponente bei einem gemischten Vertrag der Anwendung der beiden Artikel nicht im Wege steht. Hiermit wird aber keinesfalls die Frage entschieden, welche weiteren Regeln für diesen Vertrag anzuwenden sind. Es kann also sein, dass ein nationales Recht, der Absorptionstheorie folgend, den gesamten Vertrag den für die Dienstleistungsverträge maßgeblichen Normen unterordnet und nur diesen zwei Artikeln der Verbraucherrechte-RL nicht ausweichen kann. Die Definition der Verbraucherrechte-RL findet dann auch keine Anwendung auf die Begriffsbestimmung des Kaufvertrages auf dem Gebiet der Verbrauchsgüterkauf-RL. Diese Tatsache zeigt deutlich, dass trotz der präzisen Definition einer Vertragsart in einer Richtlinie aus dieser Definition noch keine Typisierung des Vertrags zu entnehmen ist. Diese Definition dient lediglich der Bestimmung des Anwendungsbereichs von bestimmten Normen und beansprucht nicht, den Parteien ein vollständiges Muster für einen vollständigen Kaufvertrag vorzulegen.

d) Verbraucherkreditvertrag

40 Eine derartige, nur den Anwendungsbereich einer Richtlinie bestimmende Definition ist ebenfalls der Verbraucherkredit-RL zu entnehmen.

▶ *Artikel 3 Verbraucherkredit-RL*

Begriffsbestimmungen

Für die Zwecke dieser Richtlinie bezeichnet der Ausdruck
(...)
(c) „Kreditvertrag" einen Vertrag, bei dem ein Kreditgeber einem Verbraucher einen Kredit in Form eines Zahlungsaufschubs, eines Darlehens oder einer sonstigen ähnlichen Finanzierungshilfe gewährt oder zu gewähren verspricht; ausgenommen sind Verträge über die wiederkehrende Erbringung von Dienstleistungen oder über die Lieferung von Waren gleicher Art, bei denen der Verbraucher für die Dauer der Erbringung oder Lieferung Teilzahlungen für diese Dienstleistungen oder Waren leistet;
(...) ◀

41 Durch diese Definition versucht der europäische Gesetzgeber, alle Fallkonstellationen zu erfassen, bei denen nach seiner Überzeugung die Schutzmechanismen für Verbraucher zur Anwendung kommen sollten. Unter diese Definition fallen ganz verschiedene Arten von Verträgen – entscheidend ist nur, dass ein Zahlungsaufschub oder eine sons-

---

Konstrukcja i ocena prawna, in: Pojęcie umowy nienazwanej, studia cywilistyczne, 1971, Band XVIII, Palestra 1974, Nr. 5, S. 25, 30; MüchKommBGB/Emmerich, 6. Aufl. 2012, § 311 Rn 29; Stoffels, Gesetzlich nicht geregelte Schuldverträge: Rechtsfindung und Inhaltskontrolle, 2001, 154 f.

tige Finanzierungshilfe gewährt wird. Auch Kaufverträge mit einem Zahlungsaufschub können also die Voraussetzungen dieser Definition erfüllen.

2. Zuwachs an Vertragstypen im Acquis communautaire

Diese Methode der Regelung von verschiedenen rechtlich relevanten Situationen im *Acquis communautaire* stellt die nationalen Gesetzgeber vor die schwierige Frage der Integration dieser nach einem völlig anderen Muster systematisierten Verträge in ein nach Typen strukturiertes System. Bei dem Versuch, die europäischen Regelungen in die alte Struktur einzubinden, können Tatbestandselemente der europäischen Bestimmungen leicht unberücksichtigt bleiben. Der *Acquis communautaire* weitet sich allerdings kontinuierlich aus. Der europäische Gesetzgeber verabschiedet neue Richtlinien, die nicht nur eine Materie punktuell ergänzen, sondern auch ein Sachgebiet insgesamt zu regeln bestimmt sind. Beispiel hierfür ist die Zahlungsdienste-RL, die etwa einen Rahmenvertrag nicht nur definiert, sondern beinahe vollständig regelt.

42

▶ *Artikel 4 Zahlungsdienste-RL*
Begriffsbestimmungen
Für die Zwecke dieser Richtlinie bezeichnet der Begriff:
(...)
(12) „Rahmenvertrag" einen Zahlungsdienstvertrag, der die zukünftige Ausführung einzelner und aufeinander folgender Zahlungsvorgänge regelt und die Verpflichtung zur Einrichtung eines Zahlungskontos und die entsprechenden Bedingungen enthalten kann.
(...) ◀

Kap. 3 der Richtlinie normiert die Rahmenverträge umfassend. Die Regelung über diese Verträge enthält aber nicht nur Ausgangspunkte eines Schutzsystems für den Kunden, sondern schließt auch wichtige Bestimmungen ein, die das Rechtsverhältnis aus der Sicht beider Parteien betreffen (zum Beispiel über die Kündigung in Art. 45 Zahlungsdienste-RL). Die Regelung des Rahmenvertrags hat daher ein nahezu vollständiges System entstehen lassen, auch wenn die Entwicklung dieses System auf den Schutzgedanken zurückzuführen ist.

Das Ansteigen europarechtlicher Normen, die bestimmte Arten von Verträgen regeln, zeigt beispielsweise die Wohnimmobilienkredit-RL, die den spezifischen Vertragstyp eines Beratungsdienstleistungsvertrags regelt.

43

▶ *Artikel 4 Wohnimmobilienkredit-RL*
Begriffsbestimmungen
Für die Zwecke dieser Richtlinie bezeichnet der Ausdruck
(21) „Beratungsdienstleistungen" die Erteilung individueller Empfehlungen an einen Verbraucher in Bezug auf ein oder mehrere Geschäfte im Zusammenhang mit Kreditverträgen, die eine von der Gewährung eines Kredits und von der in Nummer 5 genannten Kreditvermittlungstätigkeit getrennte Tätigkeit darstellt; ◀

Kap. 8 dieser Richtlinie liefert eine umfassende Regelung der Beratungsdienstleistungen. Dieser Regelung kommt hier in erster Linie die bemerkenswerte Funktion zu, die Stellung der Partien in ihrer rechtlichen Beziehung zueinander festzulegen. Wenn Finanzdienstleistungen angeboten werden, ist es häufig problematisch, abzugrenzen, in welcher Rolle der Unternehmer auftritt. Es stellt sich die Frage, ob er allein den Abschluss eines Finanzdienstleistungsvertrages anstrebt und lediglich versucht, neben der

Angabe der erforderlichen vorvertraglichen Informationen für sein Produkt zu werben, oder ob darüber hinaus ein zusätzlicher Beratungsvertrag abgeschlossen werden soll. Das Anliegen des europäischen Gesetzgebers ist es, eine klare Information des Kunden darüber zu gewährleisten, in welcher Rolle der Unternehmer seine Dienste leistet und welche Pflichten durch den Abschluss eines Vertrages in der jeweiligen Rolle (zum Beispiel als Kundenberater) entstehen können.

44 Der europäische Gesetzgeber verwendet auch in zahlreichen weiteren Richtlinien den Begriff der Dienstleistungen.[76] Wirtschaftlich betrachtet spielen die Dienstleistungen eine immer größere Rolle,[77] und die entsprechende Verlagerung des Schwerpunkts schuldrechtlicher Regelungen in Richtung der Dienstleistungsverträge wird häufig als eine wichtige Aufgabe für die modernen Rechtsordnungen gesehen.[78] Der Begriff der Dienstleistung ist daher im Unionsrecht auch an zahlreichen anderen Stellen anzutreffen. Er wird jedoch sehr heterogen verwandt, so dass er viele unterschiedliche Arten von Rechtsbeziehungen erfassen kann und soll. Selbst, wenn der europäische Gesetzgeber von einem Dienstleistungsvertrag bzw von den Dienstleistungen spricht, ist deshalb nicht davon auszugehen, dass es einen europäischen Dienstleistungsvertrag mit einem festen Rahmen gibt. Es ließe sich sogar bezweifeln, ob in dieser Hinsicht überhaupt von einem Vertragstypus die Rede sein kann.

45 Der Begriff der Dienstleistung wird im Primärrecht definiert:

▶ *Artikel 57 AEUV*

Dienstleistungen im Sinne der Verträge sind Leistungen, die in der Regel gegen Entgelt erbracht werden, soweit sie nicht den Vorschriften über den freien Waren- und Kapitalverkehr und über die Freizügigkeit der Personen unterliegen.
Als Dienstleistungen gelten insbesondere:
(a) gewerbliche Tätigkeiten,
(b) kaufmännische Tätigkeiten,
(c) handwerkliche Tätigkeiten,
(d) freiberufliche Tätigkeiten.
Unbeschadet des Kapitels über die Niederlassungsfreiheit kann der Leistende zwecks Erbringung seiner Leistungen seine Tätigkeit vorübergehend in dem Mitgliedstaat ausüben, in dem die Leistung erbracht wird, und zwar unter den Voraussetzungen, welche dieser Mitgliedstaat für seine eigenen Angehörigen vorschreibt. ◀

Diese Vorschrift soll nicht in erster Linie privatrechtlichen Zwecken dienen, sondern bezieht sich auf die Ausgestaltung der Dienstleistungsfreiheit im Rahmen der Europäischen Union. Die Bedeutung dieser Definition greift allerdings über die Grenzen des öffentlichen Rechts hinaus. Von ihr ausgehend wird das europäische Dienstleistungsrecht insgesamt fortentwickelt. So verweist zum Beispiel die Dienstleistungs-RL auf die Definition der Dienstleitung im Primärrecht:

---

[76] ZB Art. 4 Nr. 1 Dienstleistungs-RL; Art. 2 lit a E-Commerce-RL; Art. 1 Nr. 2 RL 1998/48/EG über ein Informationsverfahren auf dem Gebiet der Normen und technischen Vorschriften ; Erwägungsgründe 2, 4, 5, 11, Art. 2 Nr. 1 Fernabsatz-RL; Art. 1 Haustür-RL, Art. 4 und Anhang, Klauseln gem. Art. 3 Abs. 3 Klausel-RL; Art. 2 Pauschalreise-RL; Art. 3 lit c Verbraucherrechte-RL; Art. 1 Abs. 2 lit c Versicherungsvertrags-RL.
[77] Zu der Bedeutung des Dienstleistungsrechts der EU siehe Streinz, Rezension zu Calliess/Korte, Dienstleistungsrecht in der EU, NVwZ 2013, S. 346; Hatzopoulos, Regulating Services in the European Union, 2012, Preface, S. vii, vii–viii.
[78] Vgl Zimmermann, Service Contracts, 2010.

II. Vertragstypisierung im Acquis communautaire

▶ *Artikel 4 Dienstleistungs-RL*
Begriffsbestimmungen
Für die Zwecke dieser Richtlinie bezeichnet der Ausdruck:
(1) „Dienstleistung" jede von Artikel 50 des Vertrags erfasste selbstständige Tätigkeit, die in der Regel gegen Entgelt erbracht wird;
(...) ◀

Der oben wiedergegebene Art. 57 AEUV hat den Art. 50 EGV ohne inhaltliche Änderungen ersetzt. Die Dienstleistungs-RL enthält zwar überwiegend öffentlich-rechtliche Vorschriften, darüber hinaus jedoch auch Regeln, die für das Vertragsrecht von Bedeutung sind. So bestimmt sie, welche Informationen der Dienstleister vor dem Vertragsschluss zur Verfügung zu stellen (Art. 22 Abs. 1 Dienstleistungs-RL) und mitzuteilen (Art. 22 Abs. 2 Dienstleistungs-RL) hat und enthält Diskriminierungsverbote (Art. 20 Dienstleistungs-RL). Die vertragsrechtliche Relevanz der Richtlinie erschöpft sich jedoch nicht in den genannten Vorschriften, sondern folgt zum Beispiel auch aus den sonstigen Bestimmungen des Kapitels V über die Qualitätssicherung der Dienstleistungen. Durch den Verweis auf die im Primärrecht enthaltene Definition wird zum Ausdruck gebracht, dass vor allem die Verträge, die Waren sowie Kapital zum Gegenstand haben, vom Begriff der Dienstleistungen nicht umfasst sind. Diese negative Definition führt dazu, dass als Dienstleistungsverträge alle Verträge anzusehen sind, es sei denn, es handelt sich um Warenhandel oder Kapitalverkehr. Nach Ansicht der Europäischen Kommission sind aber auch die Online-Kaufgeschäfte als *retailing services* zu betrachten, um in den Anwendungsbereich der Dienstleistungs-RL (zum Beispiel die aus Art. 20 resultierenden Diskriminierungsverbote) zu fallen. Die Versuche, die Definition des Dienstleistungsvertrags noch mehr auszudehnen, dürften in diesem Fall zu weit gehen. Allerdings sind sie charakteristisch für das generelle Problem, den Begriff der Dienstleistung zu definieren, und zeigen, dass sich dies allgemein als schwierig erweist. Es handelt sich zwar anscheinend um eine Kategorie, die autonom definiert werden müsste. Jedoch entwickelt sich diese Kategorie zu einem uferlosen Sammelbegriff, der beinahe alle Verträge außer dem Kaufvertrag erfasst.

Dieses Problem wird deutlich bei der Auslegung einer in vielen Richtlinien gebrauchten Formulierung: „Verträge, die zwischen einem Gewerbetreibenden, der Waren liefert oder Dienstleistungen erbringt, und einem Verbraucher geschlossen werden".[79] Hat diese Formulierung eine einschränkende Funktion oder stellt sie ein Synonym für „alle Verträge" dar? Mit dieser Frage hat sich der EuGH im Fall *Dietzinger*[80] beschäftigt.[81] Das Gericht musste u.a. die Frage beantworten, ob ein Bürgschaftsvertrag, der von einer Privatperson (in der Rolle des Bürgen) geschlossen wurde, aus dem Anwendungsbereich der Haustür-RL[82] herausfällt, weil die Richtlinie für Warenlieferungs- und Dienstleistungsverträge galt.

▶ **Urteil des EuGH v. 17.3.1998, Rs. C-45/96 (Dietzinger), Slg 1998, I–1199**

17. Die Richtlinie 85/577/EWG gilt gem. ihrem Art. 1 für „Verträge, die zwischen einem Gewerbetreibenden, der Waren liefert oder Dienstleistungen erbringt, und einem Ver-

46

---

79 So schon Art. 1 Abs. 1 Haustür-RL.
80 EuGH 17.3.1998, Rs. C-45/96 (Dietzinger), Slg 1998, I-1199; vgl auch Lorenz, Richtlinienkonforme Auslegung, Mindestharmonisierung und der „Krieg der Senate", NJW 1998, S. 2937–2940.
81 Hierzu Kümmerle, „Güter und Dienstleistungen" – Vertragstypenbildung durch den EuGH, in: Andrés Santos/Baldus/Dedek, Vertragstypen in Europa, 2011, S. 295, 305–307.
82 U.a. die Haustür-RL wurde durch die Verbraucherrechte-RL ersetzt.

braucher" außerhalb der Geschäftsräume des Gewerbetreibenden „geschlossen werden", sofern sich der Gewerbetreibende nicht auf ausdrücklichen Wunsch des Verbrauchers im Hinblick auf den Vertragsschluß oder den betreffenden Ort begeben hat.
18. Für die Frage, ob ein Bürgschaftsvertrag zur Absicherung der Erfüllung eines Kreditvertrags durch den Hauptschuldner unter die Richtlinie 85/577/EWG fallen kann, ist von Belang, daß der Geltungsbereich der Richtlinie, von den Ausnahmen in Art. 3 II abgesehen, nicht nach der Art der Waren oder Dienstleistungen beschränkt ist, die Gegenstand des Vertrages sind, sofern diese Waren oder Dienstleistungen zum privaten Verbrauch bestimmt sind. Die Gewährung eines Kredits stellt eine Dienstleistung dar; der Bürgschaftsvertrag ist nur akzessorisch und in der Praxis sehr oft Voraussetzung des Hauptvertrags.
19. Überdies findet sich im Wortlaut der Richtlinie kein Hinweis darauf, daß derjenige, der den Vertrag geschlossen hat, aufgrund dessen Waren zu liefern oder Dienstleistungen zu erbringen sind, der Empfänger dieser Waren oder Dienstleistungen sein müßte. Die Richtlinie 85/577/EWG soll nämlich die Verbraucher schützen, indem sie es ihnen ermöglicht, einen Vertrag zu widerrufen, der nicht auf Initiative des Kunden, sondern auf die des Gewerbetreibenden geschlossen wurde, so daß der Kunde möglicherweise nicht alle Folgen seines Handelns überblicken konnte. Daher kann ein Vertrag, der einem Dritten zugute kommt, nicht allein deshalb vom Geltungsbereich der Richtlinie ausgeschlossen werden, weil die erworbenen Waren oder Dienstleistungen für diesen Dritten bestimmt wird, der nicht Partei des betreffenden Vertragsverhältnisses ist.
20. Zwischen dem Kreditvertrag und der seine Erfüllung absichernden Bürgschaft besteht ein enger Zusammenhang, wobei derjenige, der sich verpflichtet, für die Rückzahlung einer Schuld einzustehen, Selbstschuldner oder Ausfallbürge sein kann. Daher kann die Bürgschaft grundsätzlich unter die Richtlinie fallen. ◄

47 In dieser Entscheidung bringt der EuGH zum Ausdruck, dass die Formulierung „Waren und Dienstleistungen" keine einschränkende Funktion hat. Damit seien nicht Vertragstypen oder Vertragsgruppen gemeint, sondern der europäische Gesetzgeber hat nach Ansicht des EuGH den Anwendungsbereich möglichst weit bestimmen und klarstellen wollen, dass nicht nur Kaufverträge gemeint sind.[83]

48 Dies bedeutet jedoch nicht, dass der europäische Gesetzgeber den Begriff der Dienstleistungsverträge nur in dieser nicht spezifischen Bedeutung verwendet. In einigen Richtlinien wird der Begriff der Dienstleistungen in der Absicht, eine konkrete Kategorie von Verträgen zu erfassen, präziser definiert. Eine in dieser Hinsicht typische Definition findet sich in der Verbraucherrechte-RL:

▶ *Artikel 2 Verbraucherrechte-RL*
Begriffsbestimmungen
Im Sinne dieser Richtlinie bezeichnen die Ausdrücke
(...)
(6) „Dienstleistungsvertrag" jeden Vertrag, der kein Kaufvertrag ist und nach dem der Unternehmer eine Dienstleistung für den Verbraucher erbringt oder deren Erbringung zusagt und der Verbraucher hierfür den Preis zahlt oder dessen Zahlung zusagt.
(...) ◄

49 Diese Definition spiegelt alle Probleme der Begriffsbestimmung des Dienstleistungsvertrags wider. Charakteristisch ist, dass sie einen negativen Teil enthält – nämlich, dass

---

[83] Kümmerle, „Güter und Dienstleistungen" – Vertragstypenbildung durch den EuGH, in: Andrés Santos/Baldus/Dedek, Vertragstypen in Europa, 2011, S. 295, 305–307; Zoll, Consumer Notion: Suretyship, in: Terryn/Straetmans/Colaert, Landmark Cases of EU Consumer Law, 2013, S. 73–82.

II. Vertragstypisierung im Acquis communautaire

es sich um einen Vertrag handelt, der nicht als Kaufvertrag qualifiziert werden kann. Dem Gesetzgeber ist bewusst, dass diese negative Definition nicht ausreichen kann. Deswegen versucht er, die Negativdefinition um einen positiven Aspekt zu erweitern. Dieser Versuch gelingt jedoch kaum. Als konstitutives Element wird die Erbringung einer Dienstleistung genannt. Dies zeigt, dass die Definition mit einem logischen Fehler des Zirkelschlusses behaftet ist – *idem per idem*. Eine Typisierung dieses Vertrags ist also nicht erreicht worden; vielmehr fehlt es an Kriterien, die diesen Vertrag näher bestimmen könnten. Wissenschaftlichen Regelwerken wie dem DCFR[84] ist es allerdings ebenfalls nicht gelungen, eine bessere und inhaltsreichere Definition des Dienstleistungsvertrages vorzuschlagen:

▶ *Artikel IV. C.-1:101 DCFR*
Anwendungsbereich
(1) Dieser Teil des Buches IV:
(a) ist anwendbar auf Verträge, durch die sich die eine Partei, der Dienstleister, dazu verpflichtet, der anderen Partei, dem Kunden, eine Dienstleistung für einen Preis zu erbringen;
(...) ◀

Der DCFR enthält zwar eine komplexe Regelung der Dienstleistungsverträge und verwandter Verträge, wie des Auftrags und der Vertriebsverträge. Dieses System ist aber kein geltendes europäisches Recht. Es ist auch kaum möglich, das System auf rechtsvergleichende Befunde aus den Mitgliedstaaten zurückzuführen – nur im neuen niederländischen Zivilrecht lässt sich eine Stütze finden.[85] Der DCFR bietet in dieser Hinsicht somit lediglich ein attraktives Zukunftsmodell. 50

Einen wichtigen Schritt hin zur vollständigen Regelung von Vertragstypen hat die Europäische Union durch den Vorschlag für das GEK gemacht. Diesem Rechtsakt liegt eine völlig andere Regelungstechnik zugrunde als den Richtlinien, weil er nicht die Ergänzung der nationalen Rechtsinstitutionen bezweckt, sondern die Bereitstellung einer vollständigen, unmittelbar geltenden Regelung für die Rechtsbeziehungen zwischen den Parteien.[86] Die „Typisierung" der Verträge im Vorschlag für das GEK[87] soll nicht nur als Regelwerk für die Parteien[88] fungieren, sondern darüber hinaus auch die Grenzen der zulässigen Einwahl in das Optionale Instrument setzen. 51

Art. 5 GEK-VO-E regelt den Anwendungsbereich des GEK: 52

▶ *Artikel 5 GEK-VO-E*
Verträge, für die das Gemeinsame Europäische Kaufrecht verwendet werden kann
Das Gemeinsame Europäische Kaufrecht kann verwendet werden für:
(a) Kaufverträge,
(b) Verträge über die Bereitstellung digitaler Inhalte gleich, ob auf einem materiellen Datenträger oder nicht, die der Nutzer speichern, verarbeiten oder wiederverwenden kann

---

84 Vgl Unberath, Der Dienstleistungsvertrag im Entwurf des Gemeinsamen Referenzrahmens, ZEuP 2008, S. 745–774.
85 De overeenkomst van *opdracht* in Art. 7:400 Burgerlijk Wetboek.
86 KOM(2011) 636 endg., 2.1., S. 8.
87 Schmidt-Kessel/Schmidt-Kessel, GEK-E Kommentar, Art. 5 GEK-VO-E Rn 1–6.
88 Zoll, Die Vertragstypen im Vorschlag für das Gemeinsame Europäische Kaufrecht – die Bestimmung des Anwendungsbereichs eines Optionalen Instruments durch die Typisierung von Verträgen, FS Müller-Graff, in Bearbeitung.

oder zu denen er Zugang erhält, unabhängig davon, ob die Bereitstellung gegen Zahlung eines Preises erfolgt oder nicht,
(c) Verträge über verbundene Dienstleistungen, gleich, ob hierfür ein gesonderter Preis vereinbart wurde oder nicht. ◄

53 In dieser Vorschrift kommt der Typisierung der Verträge eine besondere Funktion zu. Die Kriterien für die Bestimmung und Abgrenzung eines Vertragstyps sollen zugleich über die Zulässigkeit der Einwahl in das Optionale Instrument entscheiden. Dies stellt für die Methode der Typisierung der Verträge eine große Herausforderung dar. Gewöhnlich definiert ein Vertragstypus nicht den Anwendungsbereich von Rechtsakten, sondern bietet eine Leitlinie, von der sich in der Praxis abgeschlossene Verträge regelmäßig entfernen.[89] Die Typisierung des Vertrages ist geeignet, um eine Gruppe von Normen zu identifizieren, die für eine bestimmte Rechtsbeziehung angewendet werden sollen. Im Vorschlag für das GEK wird aber versucht, eine strenge Grenze zu ziehen, um so die meisten Mischverträge vom Anwendungsbereich des Optionalen Instruments auszuschließen.

54 Der Vorschlag für das GEK definiert die Vertragstypen oder Vertragsgruppen, für welche das Instrument anwendbar ist wie folgt:

▶ *Artikel 2 GEK-VO-E*

Begriffsbestimmungen

Für die Zwecke dieser Verordnung bezeichnet der Ausdruck
(...)
(k) „Kaufvertrag" einen Vertrag, nach dem der Unternehmer (der „Verkäufer") das Eigentum an einer Ware auf eine andere Person (den „Käufer") überträgt oder sich zur Übertragung des Eigentums an einer Ware auf den Käufer verpflichtet und der Käufer den Preis zahlt oder sich zur Zahlung des Preises verpflichtet, einschließlich Verträgen über die Lieferung von Waren, die noch hergestellt oder erzeugt werden müssen, und ausgenommen Verträge, die den Kauf zwangsversteigerter Waren betreffen oder auf sonstige Weise mit der Ausübung öffentlicher Gewalt verbunden sind;
(...)
(m) „verbundene Dienstleistung" jede Dienstleistung im Zusammenhang mit Waren oder digitalen Inhalten wie Montage, Installierung, Instandhaltung, Reparatur oder sonstige Handreichungen, die vom Verkäufer der Waren oder vom Lieferanten der digitalen Inhalte auf der Grundlage des Kaufvertrags, des Vertrags über die Bereitstellung digitaler Inhalte oder auf der Grundlage eines gesonderten Vertrags über verbundene Dienstleistungen erbracht werden, der zeitgleich mit dem Kaufvertrag oder dem Vertrag über die Bereitstellung digitaler Inhalte geschlossen wurde, jedoch ausgenommen
(i) Transportleistungen,
(ii) Schulungen,
(iii) Unterstützungsleistungen im Telekommunikationsbereich und
(iv) Finanzdienstleistungen;
(...) ◄

---

89 Andrés Santos, Einleitung, in: Andrés Santos/Baldus/Dedek, Vertragstypen in Europa, 2011, S. 1, 4 f; Staudinger/Feldmann/Löwisch BGB, Neubearbeitung 2012, § 311 Rn 30–32; Stoffels, Gesetzlich nicht geregelte Schuldverträge: Rechtsfindung und Inhaltskontrolle, 2001, S. 103.

II. Vertragstypisierung im Acquis communautaire

In Art. 2 GEK-VO-E werden Verträge über die Bereitstellung digitaler Inhalte in inkohärenter Weise nicht näher definiert. Art. 2 lit. j GEK-VO-E definiert nur die digitalen Inhalte: 55

▶ *Artikel 2 GEK-VO-E*
Begriffsbestimmungen
Für die Zwecke dieser Verordnung bezeichnet der Ausdruck
(...)
(j) „digitale Inhalte" Daten, die – gegebenenfalls auch nach Kundenspezifikationen – in digitaler Form hergestellt und bereitgestellt werden, darunter Video-, Audio-, Bild oder schriftliche Inhalte, digitale Spiele, Software und digitale Inhalte, die eine Personalisierung bestehender Hardware oder Software ermöglichen, jedoch ausgenommen:
(i) elektronische Finanzdienstleistungen, einschließlich Online-Banking,
(ii) Rechts- oder Finanzberatungsleistungen, die in elektronischer Form erbracht werden,
(iii) elektronische Gesundheitsdienstleistungen,
(iv) elektronische Kommunikationsdienste und -netze mit den dazugehörigen Einrichtungen und Diensten,
(v) Glücksspiele,
(vi) die Erstellung neuer digitaler Inhalte oder die Veränderung vorhandener digitaler Inhalte durch den Verbraucher oder jede sonstige Interaktion mit den Schöpfungen anderer Nutzer;
(...) ◀

Die vollständige Definition des Vertrags über die Bereitstellung der digitalen Inhalte kann erst durch eine Zusammenstellung der in Art. 5 lit. b GEK-VO-E enthaltenen Bestimmungen über den sachlichen Anwendungsbereich[90] und der Definition des Begriffs des „digitalen Inhalts"[91] erreicht werden.[92] Berücksichtigt werden muss auch hier die doppelte Funktion dieser Definitionen. Es handelt sich einerseits um die Bestimmung des Anwendungsbereichs des Optionalen Instruments, andererseits wird den Parteien die Möglichkeit einer vollständigen Regelung der vertraglichen Rechtsbeziehung zur Verfügung gestellt. 56

Die Grenzen der verschiedenen Vertragstypen wurden unterschiedlich intensiv gezogen. Beim Kaufvertrag sind sie am deutlichsten zu sehen. Die etwas umständliche Formulierung bezüglich der Eigentumsübertragung[93] sollte deutlich aufzeigen, dass es für die Qualifizierung als Kaufvertrag keine Rolle spielen sollte, ob der schuldrechtliche Vertrag lediglich eine Verpflichtung zur Übertragung des Eigentums enthält oder ob die dingliche Wirkung bereits durch den Abschluss des Kaufvertrages veranlasst wird. Die dingliche Wirkung des Kaufvertrages wird durch das GEK allein nicht bestimmt, weil die Frage der Eigentumsübertragung dem nationalen Recht überlassen wird.[94] Die Klärung dieser Frage verbleibt in der ausschließlichen Kompetenz der Mitgliedsstaaten und die Regelung des Kaufvertrages muss dementsprechend an die Vielfalt der nationalen Rechtsordnungen angepasst werden. Die Definition des Art. 2 lit. k GEK-VO-E lässt einige Fragen bezüglich ihres Anwendungsbereiches offen. Es ist zum Beispiel un- 57

---

90 Zum sachlichen Anwendungsbereich siehe KOM(2011) 636 endg., 2.1., S. 9.
91 Zu den Schwierigkeiten der Abgrenzung der digitalen Inhalte von reinen Dienstleistungen siehe Schmidt-Kessel/Schmidt-Kessel, GEK-E Kommentar, Art. 2 GEK-VO-E Rn 46.
92 Schmidt-Kessel/Schmidt-Kessel, GEK-E Kommentar, Art. 2 GEK-VO-E Rn 63–67.
93 Dazu Rn 54.
94 Erwägungsgrund 27 GEK.

klar, ob ein Vorvertrag zum Kaufvertrag (der in der Praxis vieler Rechtsordnungen sehr gebräuchlich ist[95]) unter die Definition des Kaufvertrages im Sinne des GEK subsumiert werden kann. Diese Frage ist möglicherweise zu bejahen.[96] Allerdings zeigt dieses Problem genau die Schwierigkeiten, die der Bestimmung des Anwendungsbereichs eines Instruments unter Anwendung der Methode der Typisierung innewohnen.

58 Der Umfang der Definition des Kaufvertrages wird durch die Definition des Preises ergänzt.

▶ *Artikel 2 GEK-VO-E*

Begriffsbestimmungen

Für die Zwecke dieser Verordnung bezeichnet der Ausdruck
(...)
(i) „Preis" Geld, das im Austausch für eine gekaufte Ware, für bereitgestellte digitale Inhalte oder eine erbrachte verbundene Dienstleistung geschuldet ist;
(...) ◀

59 Es entspricht dem allgemeinen Vorverständnis, dass die Verpflichtung des Käufers u.a. in der Pflicht zur Kaufpreiszahlung besteht. Entsprechend der im GEK verwandten Regelungsmethode bedeutet diese Verpflichtung zur Preiszahlung aber auch eine Bestimmung des Anwendungsbereiches des Optionalen Instruments. Hat eine Partei für die nicht in Geld bestimmte Leistung durch eine andere Partei eine auch nicht in Geld bestimmte Leistung zu entrichten, kann ein solcher Vertrag (ein Tausch im Sinne vieler nationaler Rechtsordnungen) grundsätzlich nicht unter die Regelung des GEK fallen (abgesehen von der Sonderfrage der Verträge über die Bereitstellung digitaler Inhalte, Art. 5 lit. a GEK-VO-E). Erfüllt ein Tauschvertrag die Voraussetzungen der Definition eines Kaufvertrages im Sinne des Vorschlags für die Verordnung nicht, führt dies zum Ausschluss der Anwendungsmöglichkeit des Optionalen Instruments für diesen Vertrag.[97] Die Vorschriften des Optionalen Instruments können dann keinesfalls, auch nicht in Analogie, Anwendung finden, selbst wenn sie für die Regelung des gegebenen Sachverhalts geeignet wären.

60 Im Fall des Vertrages über verbundene Dienstleistungen ändert der Gesetzgeber jedoch seine Regelungsmethode. Die *essentialia negotii* dieses Vertrags werden nicht präzise beschrieben. Es handelt sich hier auch eher um eine Gruppe von Verträgen und nicht um einen eng verstandenen Vertragstypus. Wie in vielen anderen unionsrechtlichen Definitionen[98] wird zunächst zirkulär auf die Dienstleistung als Definitionskriterium verwiesen. Die Verfasser des GEK versuchen, diesen abstrakt inhaltslosen Begriff aber näher zu bestimmen, indem sie Beispiele von Tätigkeiten nennen, die unter diese Kategorie fallen. Die Zahl der normierten Tätigkeiten wird dadurch beschränkt, dass es sich nur um mit dem Kaufvertrag oder mit dem Vertrag über die Bereitstellung digitaler Inhalte verbundene Dienstleistung handelt, die den Kaufgegenstand oder den digitalen Inhalt betreffen muss. Die Verfasser des GEK verbergen unter dieser Definition einen Vertrag mit einer starken werkvertragsrechtlichen Komponente. Da aber nicht nur die genannten Tätigkeiten von dieser Definition erfasst werden, sondern auch wei-

---

95 Krajewski, in: Łętowska, System Prawa Prywatnego, Band 5, 2. Aufl. 2013, § 44 I. 1; Malaurie/Aynès/Stoffel-Munck, Les obligations, 3. Aufl. 2007, S. 229–231.
96 So wie von Schlechtriem bei der ähnlichen Rechtslage im UN-Kaufrecht befürwortet, Schlechtriem/Schwenzer, Kommentar zum Einheitlichen UN-Kaufrecht, 6. Aufl. 2013, Vor Art. 14–24 Rn 41.
97 Schulze/Wendehorst, CESL Commentary, Art. 5 CESL Regulation Rn 14.
98 Siehe dazu oben Rn 44–50.

II. Vertragstypisierung im Acquis communautaire

tere Tätigkeiten, schließt die Negativliste am Ende des Art. 2 lit. m GEK-VO-E besondere Tätigkeiten aus, weil sie sonst unter den Anwendungsbereich der Definition fallen würden. Die Vorschrift nennt zum Beispiel Schulungen, denen eine werkvertragsrechtliche Natur sicherlich fehlt. Diese Ausnahme zeigt aber deutlich, dass der europäische Gesetzgeber an ein weites Spektrum der möglichen Verträge gedacht hat. Das System ist im Falle der Dienstleistungsverträge also nicht geschlossen. Es gilt potenziell für eine uneingeschränkte Zahl verschiedener Vertragskonstellationen. Art. 5 GEK-VO-E ist zu entnehmen, dass das GEK sowohl für verbundene Dienstleistungsverträge Anwendung findet, bei welchen der Preis separat zu entrichten ist, als auch für Verträge, bei denen kein zusätzlicher Preis vereinbart wird. Die Formulierung ist die Folge einer Unklarheit über die eigentliche Positionierung des Vertrages über die verbundene Dienstleistung. Formell ist dieser Vertrag als eigener Vertragstypus ausgestaltet. Tatsächlich handelt es sich hier aber zusammen mit dem Kaufvertrag oder dem Vertrag über die Bereitstellung digitaler Inhalte um einen ausschließlich gemischten Vertrag. Daraus ergibt sich, dass das GEK grundsätzlich keinen eigenständigen Dienstleistungsvertrag enthält, sondern die Dienstleistungselemente nur eine Ergänzung von zwei anderen Hauptverträgen sein können.

Ein dritter Vertrag, der Vertrag über die Bereitstellung digitaler Inhalte, kann nur mit Mühe als Vertragstypus bezeichnet werden. Es ist eine sehr heterogene Kategorie, die durch den spezifischen Gegenstand – den der digitalen Inhalte – bestimmt wird. Das GEK beschreibt die Rechte und Pflichten, die sich aus diesem Vertrag ergeben, sehr generell und verwendet dabei den Terminus der „Bereitstellung". Die Bereitstellung kann ganz verschiedene Arten der Leistungen erfassen. Sie kann den „Zugang" zu Daten bedeuten oder eine solche „Übertragung" der Daten, die ihre Speicherung und erneute Abrufbarkeit ermöglicht. Aufgrund von nicht identischen Sprachversionen des GEK in den Mitgliedstaaten entstehen Probleme in Bezug auf die Frage, welche Art der Zugangsverschaffung zu den Daten außerhalb des Anwendungsbereichs dieser Regelung bleibt.

61

▶ Article 5 CESL Regulation
Contracts for which the Common European Sales Law can be used
(...)
(b) contracts for the supply of digital content whether or not supplied on a tangible medium which can be stored, processed or accessed, and re-used by the user, irrespective of whether the digital content is supplied in exchange for the payment of a price.
(...) ◀

▶ Artikel 5 GEK-VO-E
Verträge, für die das Gemeinsame Europäische Kaufrecht verwendet werden kann
(...)
(b) Verträge über die Bereitstellung digitaler Inhalte gleich, ob auf einem materiellen Datenträger oder nicht, die der Nutzer speichern, verarbeiten oder wiederverwenden kann oder zu denen er Zugang erhält, unabhängig davon, ob die Bereitstellung gegen Zahlung eines Preises erfolgt oder nicht.
(...) ◀

In der englischen Version steht die Formulierung der Wiederverwendbarkeit in Verbindung mit der Speicherung und Verarbeitung. In der deutschen Fassung ist die Wiederverwendbarkeit nur eine Alternative. Das könnte in Streaming-Fällen zu unterschiedlichen Ergebnissen führen.

62 Das Problem des Anwendungsbereichs dieser Vorschriften hat auch das Europäische Parlament gesehen und die Sonderfrage von *cloud computing* in seinen Revisionsvorschlägen aufgegriffen.

▶ *Abänderung 8*[99]

Vorschlag für eine Verordnung

Erwägung 17 a (neu)

Vorschlag der Kommission	Geänderter Text
	(17 a) Cloud Computing entwickelt sich rasch und birgt ein großes Potenzial für Wachstum. Das Gemeinsame Europäische Kaufrecht stellt ein kohärentes Regelwerk für den Fernabsatz und insbesondere die Online-Bereitstellung digitaler Inhalte und die Erbringung damit verbundener Dienstleistungen zur Verfügung. Es sollte möglich sein, diese Regelungen auch dann anzuwenden, wenn digitale Inhalte oder damit verbundene Dienstleistungen unter Verwendung der Cloud-Technologie bereitgestellt werden, insbesondere wenn digitale Inhalte von der Cloud des Verkäufers heruntergeladen oder vorübergehend in der Cloud des Dienstleisters gespeichert werden können. ◀

63 Auf Grundlage der aktuellen Formulierung des Kommissionsvorschlags kann die Grenze des „Typus" des Vertrags über Bereitstellung digitaler Inhalte nicht festgelegt werden. Erwägenswert ist aber die These, dass die Kategorie der Bereitstellung der digitalen Inhalte eine so breite Klasse der verschiedenen Vertragsbeziehungen erfasst, dass nicht mehr über einen „Typus" des Vertrages gesprochen werden kann. Es kann sogar behauptet werden, dass es sich im Fall der digitalen Inhalte um eine allgemeine, nicht auf konkrete Typen der Vertragsbeziehungen gerichtete Regelung handelt. Noch darüber hinaus ist die Auffassung vertretbar, dass im Fall der digitalen Inhalte der Vorschlag der Kommission das allgemeine Vertragsrecht regelt. Die Definition des Vertrages über die Bereitstellung digitaler Inhalte verliert (vielleicht glücklicherweise) ihre Funktion, den Anwendungsbereich einzuschränken. Dies aber zeigt eine völlig neue Dimension des GEK – seine Regeln müssen nicht nur für die kaufähnlichen Verträge geeignet sein, sondern darüber hinaus auch die Überlassungsverträge bzw. tätigkeitsbezogenen Verträge erfassen können. Das ist deswegen etwas problematisch, weil all diese Verträge der primär kaufrechtlich orientierten Regelung unterworfen werden sollen. Andererseits könnte es sich hierbei auch um ein Argument für eine engere Interpretation des Vertrages über die Bereitstellung digitaler Inhalte handeln, was somit für eine Einschränkung des Anwendungsbereiches des GEK spräche. Dies ist eine Folge gewisser Meinungsschwankungen der Verfasser des GEK über die Rolle, Zukunft und die politischen Chancen des Entwurfs.

64 Die digitalen Inhalte werden nicht nur im Vorschlag für das GEK geregelt. Auch die Verbraucherrechte-RL erfasst die digitalen Inhalte. Sie werden wie folgt definiert:

---

[99] Alle folgenden Änderungsanträge sind solche aus der Stellungnahme EP, soweit sie nicht anders gekennzeichnet sind.

II. Vertragstypisierung im Acquis communautaire

▶ *Artikel 2 Verbraucherrechte-RL*
Begriffsbestimmungen
Im Sinne dieser Richtlinie bezeichnen die Ausdrücke
(...)
(11) „digitale Inhalte" Daten, die in digitaler Form hergestellt und bereitgestellt werden;
(...) ◀

Die Verbraucherrechte-RL enthält aber keine Regelung des Vertrages über die Bereitstellung von digitalen Inhalten. Diese Kategorie wird im Rahmen der Richtlinie nur verwendet, wenn der Gesetzgeber meint, dass ein solcher Gegenstand des Vertrages Abweichungen von den allgemeinen Regeln der Richtlinie begründet (siehe zum Beispiel Art. 5 lit. g Verbraucherrechte-RL).

Im Unionsrecht ist die deutliche Tendenz zu sehen, dass der Vertrieb digitaler Inhalte rechtlich dem Kaufrecht zu unterstellen ist. Im Rahmen dieser Entwicklung ist eine weitgehende Veränderung erkennbar, die nicht nur das Vertragsrecht der Mitgliedsstaaten verändert, sondern auch tief in die bestehenden Strukturen des herkömmlichen Urheberrechts eingreift. Letztlich hat sich der EuGH[100] in der viel diskutierten Entscheidung *UsedSoft* hierzu geäußert:

65

▶ *Urteil des EuGH v. 3.7.2012, Rs. C-128/11 (UsedSoft)*
1. Art. 4 Abs. 2 der Richtlinie 2009/24/EG des Europäischen Parlaments und des Rates vom 23. April 2009 über den Rechtsschutz von Computerprogrammen ist dahin auszulegen, dass das Recht auf die Verbreitung der Kopie eines Computerprogramms erschöpft ist, wenn der Inhaber des Urheberrechts, der dem möglicherweise auch gebührenfreien Herunterladen dieser Kopie aus dem Internet auf einen Datenträger zugestimmt hat, gegen Zahlung eines Entgelts, das es ihm ermöglichen soll, eine dem wirtschaftlichen Wert der Kopie des ihm gehörenden Werkes entsprechende Vergütung zu erzielen, auch ein Recht, diese Kopie ohne zeitliche Begrenzung zu nutzen, eingeräumt hat.
2. Die Art. 4 Abs. 2 und 5 Abs. 1 der Richtlinie 2009/24 sind dahin auszulegen, dass sich der zweite und jeder weitere Erwerber einer Nutzungslizenz auf die Erschöpfung des Verbreitungsrechts nach Art. 4 Abs. 2 der Richtlinie berufen können und somit im Sinne von Art. 5 Abs. 1 der Richtlinie als rechtmäßige Erwerber einer Programmkopie anzusehen sind, die vom Vervielfältigungsrecht nach dieser Vorschrift Gebrauch machen dürfen, wenn der Weiterverkauf dieser Lizenz mit dem Weiterverkauf einer von der Internetseite des Urheberrechtsinhabers heruntergeladenen Programmkopie verbunden ist und die Lizenz dem Ersterwerber ursprünglich vom Rechtsinhaber ohne zeitliche Begrenzung und gegen Zahlung eines Entgelts überlassen wurde, das es diesem ermöglichen soll, eine dem wirtschaftlichen Wert der Kopie seines Werkes entsprechende Vergütung zu erzielen. ◀

In dieser Entscheidung hat der EuGH einen Vertrag über die Bereitstellung eines Computerprogramms zwingend den kaufrechtlichen Regeln untergeordnet. Das Urteil gelangt also nicht nur zur Typisierung einer vertraglichen Beziehung. Es sieht eine kaufvertragliche Einordnung als zwingend an. Die Parteien verlieren damit die Möglichkeit der freien Gestaltung ihrer Rechtsbeziehungen, um eine möglichst vollständige Mobilität der digitalen Inhalte zu gewährleisten.

66

---

100 EuGH 3.7.2012, Rs. C-128/11 (UsedSoft).

III. Gemischte Verträge und Vertragsgruppen

67 Da das europäische Vertragsrecht bisher eine Typisierung von Verträgen eher gemieden hat, stellte sich kaum die Frage, wie die gemischten Verträge zu behandeln sind. Der europäische Gesetzgeber versuchte, im Bereich des Vertragsrechts besondere Situationen zu umschreiben, wie zum Beispiel die des Fernabsatzes[101] oder des Haustürgeschäfts[102], die aus der Fernabsatz-RL und der Haustür-RL in die diese Richtlinien ablösende Verbraucherrechte-RL übernommen wurden.

▶ *Artikel 2 Fernabsatz-RL*

Definitionen

Im Sinne dieser Richtlinie bezeichnet der Ausdruck
(1) „Vertragsabschluß im Fernabsatz" jeden zwischen einem Lieferer und einem Verbraucher geschlossenen, eine Ware oder eine Dienstleistung betreffenden Vertrag, der im Rahmen eines für den Fernabsatz organisierten Vertriebs- bzw. Dienstleistungssystems des Lieferers geschlossen wird, wobei dieser für den Vertrag bis zu dessen Abschluß einschließlich des Vertragsabschlusses selbst ausschließlich eine oder mehrere Fernkommunikationstechniken verwendet;
(...) ◀

▶ *Artikel 1 Haustür-RL*

(1) Diese Richtlinie gilt für Verträge, die zwischen einem Gewerbetreibenden, der Waren liefert oder Dienstleistungen erbringt, und einem Verbraucher geschlossen werden:- während eines vom Gewerbetreibenden ausserhalb von dessen Geschäftsräumen organisierten Ausflugs, oder -anläßlich eines Besuchs des Gewerbetreibenden
(i) beim Verbraucher in seiner oder in der Wohnung eines anderen Verbrauchers,
(ii) beim Verbraucher an seinem Arbeitsplatz, sofern der Besuch nicht auf ausdrücklichen Wunsch des Verbrauchers erfolgt.
(2) Diese Richtlinie gilt auch für Verträge über andere Warenlieferungen oder Dienstleistungen als diejenigen, für die der Verbraucher den Gewerbetreibenden um einen Besuch gebeten hat, sofern der Verbraucher zum Zeitpunkt seiner Bitte nicht gewusst hat oder aus vertretbaren Gründen nicht wissen konnte, daß die Lieferung bzw. Erbringung dieser anderen Ware oder Dienstleistung zu den gewerblichen oder beruflichen Tätigkeiten des Gewerbetreibenden gehört.
(3) Diese Richtlinie gilt auch für Verträge, bei denen der Verbraucher unter ähnlichen wie in Absatz 1 oder Absatz 2 genannten Bedingungen ein Angebot gemacht hat, obwohl der Verbraucher durch sein Angebot vor dessen Annahme durch den Gewerbetreibenden nicht gebunden war.
(4) Diese Richtlinie gilt auch für vertragliche Angebote, die ein Verbraucher unter ähnlichen wie in Absatz 1 oder Absatz 2 genannten Bedingungen macht, sofern der Verbraucher durch sein Angebot gebunden ist. ◀

68 Für die Aktivierung des Verbraucherschutzes in diesen Fällen ist also grundsätzlich unbeachtlich, ob der Verbraucher durch eine besondere typisierte Rechtsbeziehung ge-

---

101 Definition des „Fernabsatzvertrages" in der Verbraucherrechte-RL siehe Art. 2 Abs. 7.
102 Definition des „außerhalb von Geschäftsräumen geschlossenen Vertrages" in der Verbraucherrechte-RL siehe Art. 2 Abs. 8.

III. Gemischte Verträge und Vertragsgruppen

bunden ist.[103] Mit der immer größer werdenden Regelungsdichte des europäischen Vertragsrechts[104] haben sich auch die vorher genannten Vertragstypen, wenngleich mit ihren spezifischen Funktionen, verbreitet. Damit ist das Problem der Betrachtung von gemischten Verträgen auch im Bereich des *Acquis communautaire* entstanden. Im geltenden Unionsrecht enthält erstmals die Verbraucherrechte-RL eine Regelung, die dieses Problem betrifft. In dem schon zitierten Art. 2 Nr. 5 Verbraucherrechte-RL ist eine Regel zum gemischten Vertrag aufgenommen.[105]

Diese Vorschrift regelt, wie ein gemischter Vertrag behandelt werden soll, der sowohl kaufrechtliche als auch dienstleistungsrechtliche Komponenten enthält. Art. 2 Abs. 5 Verbraucherrechte-RL scheint aufgrund seiner Konstruktion auf den ersten Blick die Absorptionstheorie[106] anzuordnen. Ein gemischter Vertrag im Sinne dieser Vorschrift ist hiernach unabhängig von der gegenseitigen Beziehung beider Leistungen als ein Kaufvertrag zu behandeln. Es ist aber zweifelhaft, ob eine solche Auslegung der Norm tatsächlich angezeigt ist. Dagegen sprechen zwei Gründe. Der erste ergibt sich aus einer ganz pragmatischen Beobachtung: Im Fall von Verträgen, in denen der dienstleistungsrechtliche Teil die Natur der Rechtsbeziehung dominiert und die Verpflichtung zur Übertragung des Eigentums nur eine untergeordnete Rolle spielt (zum Beispiel Beschränkung auf die Dokumentation), würde eine generelle Anwendung der kaufrechtlichen Regeln zu unbilligen Ergebnissen führen. Der zweite Grund betrifft die Funktion des Art. 2 Abs. 5 Verbraucherrechte-RL. Die Vorschrift sollte nicht als eine vollständige Regelung des gemischten Vertrages gesehen werden, sondern nur als eine Norm, die im Rahmen der Verbraucherrechte-RL den Anwendungsbereich derjenigen Normen der Richtlinie bestimmt, die sich indirekt auf den Kaufvertrag beziehen. Es handelt sich vor allem um die in Kapitel IV der Verbraucherrechte-RL enthaltenen kaufspezifischen Vorschriften, aber auch um die in den übrigen Kapiteln der Verbraucherrechte-RL vereinzelt zu findenden Vorschriften, wie zum Beispiel in Art. 9 Abs. 2 lit. b Verbraucherrechte-RL, der den Beginn der Widerrufsfrist bestimmt. Die Richtlinie in ihrer endgültigen Fassung strebte nicht nach einer umfassenden Regelung des Kaufvertrages, die auch Verträge mit zu den verschiedenen Vertragstypen gehörenden Leistungen erfasst, sondern versuchte auf diese vereinfachte Art und Weise den punktuellen Anwendungsbereich der einzelnen Normen der Richtlinie zu bestimmen. Das heißt also, dass die Richtlinie keine allgemeine Norm zur Regelung von gemischten Verträgen enthält, sondern nur den punktuellen Anwendungsbereich der einzelnen Normen in diesem Fall bestimmt.[107]

69

---

103 Vgl Acquis Group/Schulte-Nölke/Zoll, Contract II, Introductory Part, S. xxiii, xxv; Zoll, Die Vertragstypen im Vorschlag für das Gemeinsame Europäische Kaufrecht – die Bestimmung des Anwendungsbereichs eines Optionalen Instruments durch die Typisierung von Verträgen, FS Müller-Graff, in Bearbeitung.
104 Alpa, Towards a European Contract Law, in: Schulze/Stuyck, Towards an European Contract Law, 2011, S. 23, 23–33; Howells/Schulze (Hrsg.), Modernising and Harmonising Consumer Contract Law, 2009; Müller-Graff, Der Introitus des optionalen Europäischen Kaufrechts: Das erste Kapitel im Kontext von Kodifikationskonzept und Primärrecht, in: Schmidt-Kessel, Ein einheitliches europäisches Kaufrecht?, 2012, S. 51, 54 und Fn 14 zu zahlreichen tragenden Projekten der Vereinheitlichung des Europäischen Privatrechts; MünchKommBGB/Busche, 6. Aufl. 2012, Vorbem. Rn 47 f; Reding, The Next Step Towards a European Contract Law for Businesses and Consumers, in: Schulze/Stuyck, Towards an European Contract Law, 2011., 9, 9–20; Riesenhuber, EU-Vertragsrecht, Rn 24–43, Introduction, S. 3, 3–4; Schulze/Stuyck, An Introduction, in: Schulze/Stuyck, Towards an European Contract Law, 2011, S. 3, 3–8.
105 Siehe oben Rn 38.
106 Zu dem Begriff der Absorptionstheorie siehe oben Rn 39.
107 Vgl Zoll, Die Vertragstypen im Vorschlag für das Gemeinsame Europäische Kaufrecht – die Bestimmung des Anwendungsbereichs eines Optionalen Instruments durch die Typisierung von Verträgen, FS Müller-Graff, in Bearbeitung.

70 Eine traditionellere Aufgabe für die Regelung der gemischten Verträge enthält der DCFR. Die gemischten Verträge werden im Art. II.-1:107 erfasst.

▶ **ARTIKEL II.-1:107 DCFR**
Gemischte Verträge
(1) Für die Zwecke dieses Artikels ist ein gemischter Vertrag ein Vertrag, der Folgendes enthält:
(a) Teile, die zwei oder mehr der in diesen Regeln besonders geregelten Vertragstypen unterfallen; oder
(...)
(2) Liegt ein gemischter Vertrag vor, finden die Vorschriften des jeweiligen Vertragstyps auf den jeweiligen Teil des Vertrages und die sich aus diesem ergebenden Rechte und Verpflichtungen entsprechende Anwendung, es sei denn, dass sich aus Natur und Zweck des Vertrags etwas anderes ergibt.
(3) Absatz (2) findet keine Anwendung, soweit:
(a) eine Vorschrift bestimmt, dass ein gemischter Vertrag als hauptsächlich unter einen Vertragstyp fallend zu behandeln ist; oder
(b) ein Vertrag, der nicht dem vorhergehenden Unterabsatz unterfällt, einen derart vorherrschenden Teil enthält, dass es unangemessen wäre, den Vertrag nicht als hauptsächlich unter einen Vertragstyp fallend zu betrachten.
(4) In Fällen des Absatzes (3) finden die Vorschriften des Vertragstyps, unter den der Vertrag hauptsächlich fällt (Hauptvertragstyp), auf den Vertrag und die daraus entstehenden Rechte und Verpflichtungen Anwendung. Jedoch finden auf Vertragsteile, die einem anderen Vertragstyp unterfallen, die einschlägigen Vorschriften entsprechende Anwendung, soweit dies nötig ist um diese Teile zu regeln und vorausgesetzt, dass diese Vorschriften nicht im Widerspruch zu denen des Hauptvertragstyps stehen.
(5) Dieser Artikel lässt die Anwendbarkeit zwingender Vorschriften unberührt. ◀

71 Der DCFR bietet eine nahezu umfassende Regelung der vertragsrechtlichen Beziehungen an. In diesem Fall hat also eine sich auf gemischte Verträge beziehende Norm die Aufgabe, den gesamten, auf den jeweiligen Vertrag anwendbaren Rechtsstoff zu bestimmen. Art. II.-1:107 DCFR bringt den Grundsatz der Kombinationstheorie[108] zum Ausdruck, die durch die Absorptionstheorie ergänzt wird. Das ist, zumindest für den germanischen Rechtskreis, eine typische Herangehensweise. Es darf aber nicht aus den Augen verloren werden, dass die Typisierung von Verträgen aufgrund des DCFR nicht traditionell erfolgt. Der DCFR regelt in seinem vierten Buch die besonderen Verträge. In diesem Buch kommt der Regelung von Dienstleistungsverträgen eine charakteristische Rolle zu. Die Verfasser des DCFR haben hier die Methode der Gruppierung von Verträgen gewählt. Der DCFR enthält drei Kapitel, die sich mit den Dienstleistungsverträgen befassen. In Teil C des vierten Buches werden die Dienstleistungsverträge im engeren Sinne (*services*) geregelt, weiter der Auftrag (*mandate*) in Teil D und in Teil E die Vertriebsverträge (*commercial agancy, franchise and distributorship*). Im Rahmen dieser Gruppen werden weitere Verträge erfasst, wie der Herstellungsvertrag (*construction*), der Bearbeitungsvertrag (*processing*), die Verwahrung (*storage*) usw. Jeder Teil enthält aber auch allgemeine Vorschriften und Teil C dient als eine Art Allgemeiner Teil für die sonstigen Teile (Art. IV. C. – 1:103 DCRF). Auch sind die Vorschriften über den Auftrag grundsätzlich subsidiär anwendbar auf die Vertriebsverträge

---

[108] Gawlik, Umowy mieszane. Konstrukcja i ocena prawna, in: Pojęcie umowy nienazwanej, studia cywilistyczne 1971, Band XVIII, Palestra 1974, Nr. 5, S. 25, 30.

III. Gemischte Verträge und Vertragsgruppen

(Art. IV. E.-1:201 DCFR). Der Anwendungsbereich einer Vertragsgruppe wird mit einer Methode definiert, die mit den konzentrischen Kreisen verglichen werden kann. Als Beispiel für diese Methode kann Art. IV. C.-1:101 DCFR genannt werden.

▶ **Artikel IV. C-1:101 DCFR**

Anwendungsbereich

(1) Dieser Teil des Buches IV:
(a) ist anwendbar auf Verträge, durch die sich die eine Partei, der Dienstleister, dazu verpflichtet, der anderen Partei, dem Kunden, eine Dienstleistung für einen Preis zu erbringen; und
(b) ist entsprechend anwendbar auf Verträge, durch die sich der Dienstleister dazu verpflichtet, dem Kunden eine Dienstleistung ohne Vergütung zu erbringen.
(2) Er findet insbesondere Anwendung auf Herstellungs-, Bearbeitungs-, Verwahrungs-, Entwurfs-, Informations-oder Beratungsverträge sowie auf Behandlungsverträge. ◀

In der Formulierung dieser Vorschrift werden die Verträge, die unter ihren Anwendungsbereich fallen, in drei Kreise gegliedert. Der engste Kreis, für welchen die Vorschriften des vierten Buches primär entworfen wurden, erfasst die in Abs. 2 der Vorschrift genannten Verträge. Für diese Verträge sollen die vorgeschlagenen Regeln unmittelbar zutreffen. In den weiteren Kreisen werden sonstige entgeltliche Dienstleistungsverträge einbezogen. Auch für diese Verträge gelten die Vorschriften dieses Buches uneingeschränkt. Für den Rechtsanwender wird auf diese Weise nur die Signalwirkung ausgestrahlt, dass die Regeln für diese Verträge zwar anzuwenden sind, allerdings berücksichtigt werden muss, dass der Regelungsgehalt von dem Typus dieses Vertrags weiter entfernt ist, als bei Verträgen, welche die Verfasser vor allem im Auge hatten. Obwohl in diesem Fall nach dem Wortlaut dieser Vorschrift keine Anpassung des Vertrags angeordnet ist, handelt es sich hier um die Gewährleistung größerer Flexibilität, die die Abweichungen vom Grundmodell berücksichtigt. Schließlich umfasst der dritte Kreis die Gruppe der unentgeltlichen Dienstleistungsverträge. Hinsichtlich dieser Verträge wird ausdrücklich gesagt, dass die Anwendung der Regeln des vierten Buches „entsprechend" stattfinden muss.

72

Die drei oben genannten Kreise erschöpfen nicht alle Gruppen von Regeln, die für die Dienstleistungsverträge zur Anwendung kommen sollen. Es können bei der im DCFR angewandten Regelungsmethode noch weitere „konzentrische Kreise" identifiziert werden. Das ist bei der Definition der einzelnen Verträge (Vertragsgruppen) deutlich zu sehen:

73

▶ **Artikel IV. C.-3:101 DCFR**

Anwendungsbereich

(1) Dieses Kapitel ist auf Verträge anwendbar, durch die sich eine Partei, der Hersteller, dazu verpflichtet, ein Bauwerk oder eine andere unbewegliche Sache zu errichten oder ein bestehendes Bauwerk oder eine bestehende unbewegliche Sache wesentlich zu verändern und dabei den Plänen zu folgen, die der Kunde zur Verfügung stellt.
(2) Diese Kapitel ist entsprechend auf Verträge anwendbar, durch die sich der Hersteller dazu verpflichtet:
(a) einen beweglichen oder unkörperlichen Gegenstand herzustellen und dabei Plänen zu folgen, die der Kunde zur Verfügung stellt; oder
(b) ein Bauwerk oder eine andere unbewegliche Sache zu errichten oder ein bestehendes Bauwerk oder eine bestehende unbewegliche Sache wesentlich zu verändern oder einen

bewegliche oder unkörperlichen Gegenstand herzustellen und dabei Plänen zu folgen, die der Hersteller selbst zur Verfügung stellt. ◄

74 Diese Vorschrift ist nach dem gleichen Prinzip konstruiert. Im Kern der Regelung befinden sich die in Abs. 3 genannten Verträge. Weiter vom Kern entfernt sind die in Abs. 2 genannten Verträge. Ähnlich werden auch weitere „Dienstleistungsverträge" umschrieben. Diese Methode der Regelung verändert auch das Konzept des gemischten Vertrages. Diese Dienstleistungsverträge, die eine sehr breite und heterogene Kategorie bilden, erfassen sehr unterschiedliche Arten der geschuldeten Leistungen. Eine derartige, sehr offene Konzeption des Dienstleistungsvertrages bedeutet, dass die Grenzen des Vertragstypus als sehr vage anzusehen sind. Dieses flexible Konzept führt dazu, dass für die unbenannten bzw. gemischten Verträge relativ wenig Raum bleibt, weil sehr viele Verträge mit unterschiedlichen Leistungen, wenn auch mit verschiedener Intensität, doch unter die weite Definition des Dienstleistungsvertrages fallen. Für die gemischten Verträge innerhalb der Gruppe und weiter innerhalb aller drei „dienstleistungsrechtlichen" Gruppen ist Art. IV. C-1:101 DCFR nicht direkt anwendbar. Es muss vielmehr die innere Struktur der Regelung des Dienstleistungsrechts beachtet werden und erst, wenn im Rahmen dieser Struktur keine Lösung gefunden werden kann, soll zur allgemeinen Regel über die gemischten Verträge gegriffen werden. Von der germanisch-kontinentaleuropäisch geprägten Herangehensweise in Hinblick auf gemischte Verträge (Kombinations- und Absorptionslehre) unterscheidet sich die Methode des DCFR trotz der konzeptionellen Ähnlichkeit insbesondere dadurch, dass sie auf eine konturscharfe Abgrenzung der Verträge verzichtet. Im GEK hat auch die Problematik der gemischten Verträge relativ viel Raum gefunden. Die Regelung der gemischten Verträge soll mehrere Aufgaben erfüllen. Dazu gehört die traditionelle Funktion der Bestimmung des Anwendungsbereichs der Normen, die ihrem Wortlaut nach an einen bestimmten Vertragstypus gerichtet sind, auch für die über den Typus hinausgehenden Verträge.[109] Diese Funktion liegt Art. 9 GEK-VO-E zu Grunde.

▶ *ARTIKEL 9 GEK-E*
Gemischte Verträge

(1) Sieht ein Vertrag sowohl den Kauf von Waren oder die Bereitstellung digitaler Inhalte als auch die Erbringung einer verbundenen Dienstleistung vor, so gelten die Vorschriften von Teil IV für die Verpflichtungen und Abhilfen der Parteien als Verkäufer und Käufer von Waren oder digitalen Inhalten und die Vorschriften von Teil V für die Verpflichtungen und Abhilfen der Parteien als Dienstleister und Kunde.
(2) Sind bei einem unter Absatz 1 fallenden Vertrag die Verpflichtungen des Verkäufers und Dienstleisters aus dem Vertrag in selbstständigen Teilleistungen zu erfüllen oder auf andere Weise teilbar, so kann der Käufer und Kunde, wenn für einen Teil der Leistung, dem ein Preis zugeordnet werden kann, ein Beendigungsgrund wegen Nichterfüllung besteht, den Vertrag nur in Bezug auf diesen Teil beenden.
(3) Absatz 2 gilt nicht, wenn vom Käufer und Kunden nicht erwartet werden kann, dass er die Leistung der anderen Teile annimmt, oder die Nichterfüllung die Beendigung des gesamten Vertrags rechtfertigt.
(4) Sind die vertraglichen Verpflichtungen des Verkäufers und Dienstleisters nicht teilbar oder kann einem Teil der Leistung kein Preis zugeordnet werden, so kann der Käufer und

---

109 Zoll, Die Vertragstypen im Vorschlag für das Gemeinsame Europäische Kaufrecht – die Bestimmung des Anwendungsbereichs eines Optionalen Instruments durch die Typisierung von Verträgen, FS Müller-Graff, in Bearbeitung.

III. Gemischte Verträge und Vertragsgruppen

Kunde den Vertrag nur beenden, wenn die Nichterfüllung die Beendigung des gesamten Vertrags rechtfertigt. ◄

Im Unterschied zu Art. II.-1:107 DCFR enthält Art. 9 GEK-VO-E eine Regel, die ausschließlich von der Kombinationstheorie ausgeht. Der Kernpunkt der Aussage liegt aber in der Bestimmung der Wirkung der Beendigung des Vertrages. Das ist aus systematischen Gründen erstaunlich, denn eine solche Regel wäre eher unter Vorschriften zu erwarten, die die Beendigung des Vertrages zum Gegenstand haben. Die sich hier stellenden Probleme haben ihre Ursache in dem unklaren Verhältnis des Kaufvertrages (bzw des Vertrages über die Bereitstellung digitaler Inhalte) und des „verbundenen" Dienstleistungsvertrages innerhalb der Systematik des Vorschlags. Die Vorschrift versucht, das Verhältnis der Verträge zueinander abzustimmen. Die Verfasser des GEK setzen sich mit zwei konkurrierenden Vorstellungen dieser Vertragstypen auseinander. Von der rein technischen Seite der äußeren Struktur des Textes nennt das GEK drei selbstständige Vertragstypen – den Kaufvertrag, den Vertrag über die Bereitstellung digitaler Inhalte und den Vertrag über die „verbundenen Dienstleistungen". Das GEK hat den Inhalt des Vertrages über die „verbundene Dienstleistung" mit den Vorschriften über die Folgen der Nichterfüllung nahezu vollständig in seinem Teil V geregelt. Die Vereinbarung eines Kaufvertrages und eines Vertrages über die verbundene Dienstleistung sind nach der Struktur des GEK als Abschluss von zwei verschiedenen Verträgen und nicht nur eines Vertrages zu sehen. Trotzdem ist das Konzept des GEK nicht konsequent. Der bereits zitierte Art. 2 lit. m GEK-VO-E setzt voraus, dass der verbundene Dienstleistungsvertrag zum gleichen Zeitpunkt über den gleichen Gegenstand und zwischen den gleichen Parteien wie der Kaufvertrag bzw der Vertrag über die Bereitstellung der digitalen Inhalte geschlossen wird. Es handelt sich regelmäßig um einen gemischten Vertrag, der der Kombinationstheorie untergeordnet werden muss. Die Verfasser des GEK haben das Problem des unklaren Verhältnisses zwischen dem Kaufvertrag (bzw dem Vertrag über die Bereitstellung der digitalen Inhalte) und dem verbundenen Dienstleistungsvertrag erkannt. Deswegen enthält das GEK eine separate Regel über die Beendigung des Vertrages:

▶ **Artikel 147 GEK-E**
Anwendung bestimmter allgemeiner Vorschriften für Kaufverträge
(1) Auf diesen Teil finden die Vorschriften von Kapitel 9 Anwendung.
(2) Mit der Beendigung eines Kaufvertrags oder eines Vertrags über die Bereitstellung digitaler Inhalte endet auch der Vertrag über verbundene Dienstleistungen. ◄

Der Titel dieser Vorschrift ist, zumindest in der deutschen Sprache, missverständlich. Es geht nicht um die Anwendung der spezifischen Vorschriften für die Kaufverträge, sondern um die Anwendung der Vorschriften, die primär für die Kaufverträge bestimmt sind, aber auch für die Dienstleistungsverträge. Für das oben beschriebene Problem der gemischten Verträge spielt Abs. 2 eine besondere Rolle. Diese Vorschrift enthält eine verdeckte Ausnahme von Art. 9 Abs. 2 GEK-E, die aus unbekanntem Grund nicht in Art. 9 GEK-E ihren Platz gefunden hat. Diese Ausnahme bestimmt, dass abweichend von Art. 9 Abs. 2 GEK-E, die Beendigung des Kaufvertrages zwingend auch die Beendigung des verbundenen Dienstleistungsertrages bewirkt. Es ist aber anzunehmen, dass Art. 9 GEK-E alle sonstigen Kombinationen zwischen dem „Hauptvertrag" und dem verbundenen Dienstleistungsvertrag regelt.

Art. 9 GEK-E findet aber nicht nur für die Kaufverträge und Verträge über die Bereitstellung der digitalen Inhalte in ihrem Verhältnis zum Vertrag über die verbundene

Dienstleistung Anwendung. Die Vorschrift bestimmt zudem das Verhältnis von anderen Verträgen zueinander, für die das GEK gilt. Nämlich dann, wenn ein gemischter Vertrag sowohl Elemente des Kaufvertrages als auch des Vertrages über die Bereitstellung digitaler Inhalte enthält. Aufgrund der unscharfen Konturen des Vertrages über die Bereitstellung der digitalen Inhalte kann es sich in einem solchen Fall um Verträge mit sehr unterschiedlichen Inhalten handeln. In diesem Fall kann der Vorrang der Kombinationsmethode nach Art. 9 GEK-E bedauerlicherweise nicht immer zu einer gerechten Lösung führen, weil ein Teil des Vertrages den anderen Teil in diesem Ausmaß dominieren kann, dass sich eine Absorption durch den dominierenden Teil als einzige sachgerechte Lösung böte.

77 Die gemischten Verträge sind aber im Text des GEK auch aus einer anderen Perspektive normiert. In Art. 6 GEK-VO-E werden die gemischten Verträge vom Anwendungsbereich der vorgeschlagenen Verordnung grundsätzlich ausgeschlossen.

▶ *Artikel 6 GEK-VO-E*
Ausschluss von Mischverträgen und Verträgen, die mit einem Verbraucherkredit verbunden sind

(1) Das Gemeinsame Europäische Kaufrecht darf nicht für Mischverträge verwendet werden, die neben dem Kauf von Waren, der Bereitstellung digitaler Inhalte und der Erbringung verbundener Dienstleistungen im Sinne von Artikel 5 noch andere Elemente beinhalten.
(2) Das Gemeinsame Europäische Kaufrecht darf nicht für Verträge zwischen einem Unternehmer und einem Verbraucher verwendet werden, bei denen der Unternehmer dem Verbraucher einen Kredit in Form eines Zahlungsaufschubs, eines Darlehens oder einer vergleichbaren Finanzierungshilfe gewährt oder zu gewähren verspricht. Möglich ist die Verwendung des Gemeinsamen Europäischen Kaufrechts bei Verträgen zwischen einem Unternehmer und einem Verbraucher, bei denen Waren, digitale Inhalte oder verbundene Dienstleistungen gleicher Art regelmäßig geliefert, bereitgestellt oder erbracht und vom Verbraucher für die Dauer der Leistungen in Raten bezahlt werden. ◀

Aus Abs. 1 ergibt sich die Regel, dass den Parteien nicht die Möglichkeit der Wahl des Optionalen Instruments eröffnet ist, wenn ein Vertrag Bestandteile enthält, die keiner Kategorie aus dem Art. 5 GEK-VO-E zugeordnet werden können. Mit dieser rein politischen Entscheidung wollen die Verfasser des GEK nicht zulassen, dass der Anwendungsbereich des Instruments unkontrolliert erweitert wird. Es ist aber eine wenig überzeugende Methode der Bestimmung des Anwendungsbereichs eines Rechtsaktes. Die Kategorie des gemischten Vertrages ist nicht scharf genug, um diese Funktion richtig zu erfüllen. Die tatsächlich geschlossenen Verträge stehen in unterschiedlich intensivem Bezug zum Vertragstypus, den der Gesetzgeber festgelegt hat.[110] Es kommt selten vor, dass ein gegebener Vertrag ideal in den gesetzlich vorgegebenen Rahmen passt.[111] Deswegen ist es kaum praktikabel, den Anwendungsbereich des GEK von dieser Norm abhängig zu machen. Bei strenger Beachtung des Wortlautes des Art. 5 GEK-VO-E, könnte beispielsweise ein Kaufvertrag mit der zusätzlich vereinbarten Verpflichtung

---

110 Andrés Santos, Einleitung, in: Andrés Santos/ Baldus/ Dedek, Vertragstypen in Europa, S. 1, 5; Pecyna/Zoll, Założenia projektu struktury części szczegółowej zobowiązań.W poszukiwaniu nowego modelu, in: Transformacje Prawa Prywatnego, 2012, S. 25, 27; Zoll, Die Vertragstypen im Vorschlag für das Gemeinsame Europäische Kaufrecht – die Bestimmung des Anwendungsbereichs eines Optionalen Instruments durch die Typisierung von Verträgen, FS Müller-Graff, in Bearbeitung.
111 Staudinger/Feldmann/Löwisch, BGB, Neubearbeitung 2012, § 311 Rn 30–51; Rott-Pietrzyk, Systematyka części szczegółowej zobowiązań a miejsce umów o pośrednictwo sensu largo, in: Transformacje Prawa Prywatnego, 2012, S. 41, 43.

III. Gemischte Verträge und Vertragsgruppen

des Verkäufers, dem Käufer die Waren zu seinem Wohnort zu liefern, nicht dem GEK untergeordnet werden. In diesem Beispiel verbindet der Vertrag Verpflichtungen, die verschiedenen Vertragstypen angehören. Der Teil, der die Lieferung der Waren betrifft, gehört nicht dem Typus des Kaufvertrages an. Er könnte aber als Dienstleistungsvertrag, der sogar an den Kaufvertrag gebunden ist, qualifiziert werden. Nach Art. 2 lit. m, lit. i GEK-VO-E werden Transportleistungen vom Anwendungsbereich des GEK ausgeschlossen. Konsequenterweise müsste dann also angenommen werden, dass dieser Vertrag nicht unter den Anwendungsbereich des GEK fällt. Das ist aber falsch. Der GEK-VO-E enthält viele Normen, die diesen Fall gerade berücksichtigen (siehe zum Beispiel Art. 94 GEK-E) – die Anwendung des GEK auf diese Fälle wurde von den Verfassern des GEK eindeutig vorgesehen. Dies zeigt aber die Schwierigkeiten des Versuchs, den Anwendungsbereich des Instruments durch den Ausschluss von gemischten Verträgen zu bestimmen. Die Verfasser des GEK versuchten, in Art. 6 Abs. 2 GEK-VO-E zusätzlich von seinem Anwendungsbereich eine ganz besondere Kategorie von Verträgen mit gemischten Elementen auszuschließen. Nach dieser Vorschrift sind solche Verbraucherverträge von dem Instrument nicht erfasst, bei denen dem Verbraucher für die erbrachte Gegenleistung des Unternehmers einen Zahlungsaufschub gewährt wird. Diese Vorschrift wurde auf diese Weise entworfen, weil das GEK die Anwendung der nationalen Umsetzungen der Verbraucherkredit-RL nicht verdrängen sollte. Auch wenn sich für dieses Anliegen gute Gründe anführen lassen, ist jedenfalls seine Verwirklichung in dieser Vorschrift nicht gelungen. Es ist kaum vorstellbar, dass allein eine Vereinbarung, nach welcher der Unternehmer vorleisten soll, die Einwählbarkeit des Instruments ausschließen würde. Dies stellt keine ausreichend differenzierte Norm dar, um die Abgrenzung zu Zahlungsaufschüben, die keine Finanzierungs- bzw Kreditfunktion haben, handhaben zu können. Es ist nicht vorstellbar, dass diese Vorschrift unberührt bleibt.

Das Parlament hat eine neue Fassung dieser Vorschrift vorgeschlagen. Danach sollte für die Verträge, die nicht in Art. 5 GEK-VO-E genannt werden, das anwendbare nationale Recht zur Anwendung kommen.

78

▶ *ABÄNDERUNG 64*
Vorschlag für eine Verordnung
Artikel 6 – Absatz 1

Vorschlag der Kommission	*Geänderter Text*
1. Das Gemeinsame Europäische Kaufrecht *darf nicht für Mischverträge* verwendet werden, *die neben dem Kauf von Waren, der Bereitstellung digitaler Inhalte und der Erbringung verbundener Dienstleistungen im Sinne von Artikel 5 noch andere Elemente beinhalten.*	1. Das Gemeinsame Europäische Kaufrecht *kann auch* verwendet werden *für:*
	a) Fälle, in denen ein Vertrag gemäß Gemeinsamen Europäischen Kaufrecht mit einem Vertrag verbunden ist, der kein Kaufvertrag, kein Vertrag über die Bereitstellung digitaler Inhalte und kein Vertrag über verbundene Dienstleistungen ist, oder

b) Fälle, in denen ein Vertrag neben dem Kauf von Waren, der Bereitstellung digitaler Inhalte oder der Erbringung verbundener Dienstleistungen im Sinne von Artikel 5 noch andere Elemente beinhaltet, vorausgesetzt, diese Elemente sind teilbar und diesen Elementen kann ein Preis zugeordnet werden. ◄

▶ **ABÄNDERUNG 65**
Vorschlag für eine Verordnung
Artikel 6 – Absatz 1 a (neu)

Vorschlag der Kommission

Geänderter Text
1 a. In den Fällen des Absatzes 1 Buchstabe a findet auf den verbundenen Vertrag das ansonsten anwendbare Recht Anwendung. ◄

IV. Vertragsfreiheit

79 Der Grundsatz der Vertragsfreiheit[112] scheint auch im europäischen Zusammenhang[113] eine Selbstverständlichkeit zu sein. Das bringt der Text des GEK[114] sehr klar zum Ausdruck:

▶ **ARTIKEL 1 GEK-E**
Vertragsfreiheit
(1) Den Parteien steht es, vorbehaltlich einschlägiger zwingender Vorschriften, frei, einen Vertrag zu schließen und dessen Inhalt zu bestimmen.
(2) Die Parteien können die Anwendung von Bestimmungen des Gemeinsamen Europäischen Kaufrechts ausschließen, davon abweichen oder ihre Wirkungen abändern, sofern in diesen Bestimmungen nichts anderes bestimmt ist. ◄

1. Dispositives und zwingendes Recht

80 Auch im Vorschlag für einen Gemeinsamen Referenzrahmen wird der Grundsatz der Vertragsfreiheit hervorgehoben. Art. II.-1:102 DCFR regelt die Vertragsfreiheit:

▶ **ARTIKEL II.-1:102 DCFR**
Vertragsfreiheit
(1) Den Parteien steht es, vorbehaltlich einschlägiger zwingender Vorschriften, frei, einen Vertrag zu schließen oder ein anderes Rechtsgeschäft vorzunehmen und dessen Inhalt zu bestimmen.
(2) Die Parteien können die Anwendung jeder der folgenden Vorschriften über Verträge oder andere Rechtsgeschäfte oder daraus erwachsende Rechte oder Verpflichtungen aus-

---

112 Zu dem Grundsatz der Vertragsfreiheit als Leitgedanke des Verordnungsvorschlags siehe Schmidt-Kessel/Schmidt-Kessel, GEK-E Kommentar, Einl. GEK-VO-E Rn 4.
113 Wagner, Zwingendes Vertragsrecht, in: Eidenmüller/Faust u.a., Revision des Verbraucher-*acquis*, 2011, S. 1, 2–3.
114 Zur Vertragsfreiheit im GEK siehe Schmidt-Kessel, Der Vorschlag der Kommission für ein Optionales Instrument – Einleitung, in: ders., Ein einheitliches europäisches Kaufrecht?, 2012, S. 1, 2.

schließen oder von ihren Wirkungen abweichen oder sie verändern, soweit nicht ein anderes bestimmt ist.
(3) Eine Vorschrift, die es den Parteien verbietet zu vereinbaren, dass die Anwendung einer Vorschrift ausgeschlossen sein soll oder von ihren Wirkungen abgewichen oder diese verändert werden sollen, hindert eine Partei nicht daran, auf ein Recht zu verzichten, das bereits entstanden ist und dessen Bestehen dieser Partei bewusst ist. ◀

Die Acquis Principles enthalten dagegen keine allgemeine Regel, die den Grundsatz der Vertragsfreiheit bzw der Privatautonomie zum Ausdruck bringt.[115] Art. 1:203 ACQP, enthält lediglich die Regel, unter welchen Voraussetzungen die zum Schutz der Verbraucher vorgesehenen Regeln eine zwingende Natur haben: 81

▶ *Artikel 1:203 ACQP*
Zwingender Charakter verbraucherrechtlicher Regeln
(1) Soweit nicht anderweitig bestimmt, sind Vertragsbestimmungen für den Verbraucher nicht bindend, wenn sie zu seinem Nachteil von den Regeln abweichen, die speziell im Verhältnis zwischen Unternehmern und Verbraucher Anwendung finden. Dies gilt nicht für die Verträge, mit denen eine bestehende Streitigkeit beigelegt wird.
(2) Absatz 1 findet auf einseitige Versprechen entsprechende Anwendung. ◀

Diese Regel reflektiert den bestehenden *Acquis communautaire*. Sie versucht dabei, indirekt auch die Grenzen der Vertragsfreiheit zu bestimmen. Daraus ergibt sich, dass nicht alle Vorschriften der Acquis Principles als zwingend (oder als zum Nachteil eines Verbrauchers nicht abdingbar) anzusehen sind, auch wenn sie nach ihren Wirkungen im gegebenen Fall auch den Verbraucher schützen.[116] Für den Verbraucher nachteilig sind nach diesen Regeln nur diejenigen Vorschriften, die direkt an den Verbraucher adressiert sind, in denen der Begriff des Verbrauchers also in der Hypothese der Norm genannt wird. Daraus kann die Schlussfolgerung abgeleitet werden, dass die Verfasser der Acquis Principles grundsätzlich von einer dispositiven Natur der dort enthaltenen Regeln ausgegangen sind. 82

In vielen Quellen[117] des Europäischen Privatrechts sind ähnliche Vorschriften zu finden, die eine zwingende Natur der verbraucherrechtlichen Normen anordnen. Als Beispiel für eine derartige Regelung kann Art. 25 Verbraucherrechte-RL genannt werden: 83

▶ *Artikel 25 Verbraucherrechte-RL*
Unabdingbarkeit der Richtlinie
Ist auf den Vertrag das Recht eines Mitgliedstaats anwendbar, so können Verbraucher auf die Rechte, die ihnen mit den einzelstaatlichen Maßnahmen zur Umsetzung dieser Richtlinie eingeräumt werden, nicht verzichten.
Vertragsklauseln, die einen Verzicht auf die sich aus dieser Richtlinie ergebenden Rechte oder deren Einschränkung unmittelbar oder mittelbar bewirken, sind für den Verbraucher nicht bindend. ◀

Diese Norm ordnet nur an, dass alle aus der Verbraucherrechte-RL entspringenden Regeln nicht zum Nachteil eines Verbrauchers abbedungen werden können. Dieser 84

---

115 Wagner, Zwingendes Vertragsrecht, in: Eidenmüller/Faust u.a., Revision des Verbraucher-*acquis*, 2011, S. 1, 4.
116 Vgl Wagner, Zwingendes Vertragsrecht, in: Eidenmüller/Faust u.a., Revision des Verbraucher-*acquis*, 2011, S. 49.
117 So auch schon in den Vorschlägen für die Richtlinie über Rechte der Verbraucher siehe Wagner, Zwingendes Vertragsrecht, in: Eidenmüller/Faust u.a., Revision des Verbraucher-*acquis*, 2011, S. 1, 4–6.

Vorschrift lässt sich aber nicht entnehmen, ob der europäische Gesetzgeber vom Grundsatz der Vertragsfreiheit ausgeht. Die Verfasser der Richtlinie gehen sicherlich davon aus, dass die Rechtsordnungen der Mitgliedsstaaten ihre Vertragsrechtsordnungen auf der Grundlage dieses Prinzips aufgebaut haben. Dadurch kann aber noch nicht gesagt werden, dass der Grundsatz der Vertragsfreiheit zur eigenen Maxime des europäischen Rechts aufgestiegen ist. Es sind zur Bestimmung der Rolle der Vertragsfreiheit für das Recht der EU weitere Quellen, insbesondere die Vorschriften des Primärrechts über die Verkehrsfreiheiten und die Grundrechte, heranzuziehen.[118]

85 Nach *Grigoleit*[119] hat der europäische Gesetzgeber keine Kompetenz inne, dispositives Recht zu erlassen.[120] Hiernach haben die dispositiven Vorschriften keine Bedeutung für die Errichtung des Binnenmarktes[121] und sind durch die Kompetenzgrundlage[122] des Art. 114 AEUV nicht gedeckt.[123] Dieser Auffassung kann nicht gefolgt werden. Es trifft nicht zu, dass die Vereinheitlichung des dispositiven Rechts für die Entstehung des Binnenmarktes tatsächlich ohne Bedeutung ist. Das dispositive Recht ist als Leitbild des durch den Gesetzgeber vertretenen Gerechtigkeitsverständnisses zu sehen und im Falle der Inhaltskontrolle von Vertragsklauseln als richtungsweisend zu betrachten. Deswegen spielt die Harmonisierung des dispositiven Rechts eine unverzichtbare Rolle bei der Vereinheitlichung des Vertragsrechts und damit letztlich bei der Errichtung des Binnenmarkts.

86 Einige Richtlinien enthalten abdingbare Vorschriften. Ein interessantes Beispiel kann in der Verbrauchsgüterkauf-RL genannt werden:

▶ **ARTIKEL 7 VERBRAUCHSGÜTERKAUF-RL**

Unabdingbarkeit

(1) Vertragsklauseln oder mit dem Verkäufer vor dessen Unterrichtung über die Vertragswidrigkeit getroffene Vereinbarungen, durch welche die mit dieser Richtlinie gewährten Rechte unmittelbar oder mittelbar außer Kraft gesetzt oder eingeschränkt werden, sind für den Verbraucher gemäß dem innerstaatlichen Recht nicht bindend.
Im Fall gebrauchter Güter können die Mitgliedstaaten vorsehen, daß der Verkäufer und der Verbraucher sich auf Vertragsklauseln oder Vereinbarungen einigen können, denen zufolge der Verkäufer weniger lange haftet als in Artikel 5 Absatz 1 vorgesehen. Diese kürzere Haftungsdauer darf ein Jahr nicht unterschreiten.
(...) ◀

---

118 Dazu unten § 3 Rn 2.
119 Grigoleit, Der Entwurf für ein Gemeinsames Europäisches Kaufrecht; Funktionsbedingungen, EU-Kompetenz und Perspektiven, in: Remien/Herrler/Limmer, Gemeinsames Europäisches Kaufrecht für die EU?, 2012, S. 67.
120 Grigoleit, Der Entwurf für ein Gemeinsames Europäisches Kaufrecht; Funktionsbedingungen, EU-Kompetenz und Perspektiven, in: Remien/Herrler/Limmer, Gemeinsames Europäisches Kaufrecht für die EU?, 2012, S. 67, 77–78.
121 Grigoleit, Der Entwurf für ein Gemeinsames Europäisches Kaufrecht; Funktionsbedingungen, EU-Kompetenz und Perspektiven, in: Remien/Herrler/Limmer, Gemeinsames Europäisches Kaufrecht für die EU?, 2012, S. 67, 78.
122 Allgemein zu Art. 114 AEUV als Kompetenzgrundlage für den Verordnungsvorschlag und zu der Gegenauffassung, Art. 352 AEUV hätte als Kompetenzgrundlage angenommen werden sollen Schmidt-Kessel/ Schmidt-Kessel, GEK-E Kommentar, Einl. GEK-VO-E Rn 23–36.
123 Grigoleit, Der Entwurf für ein Gemeinsames Europäisches Kaufrecht; Funktionsbedingungen, EU-Kompetenz und Perspektiven, in: Remien/Herrler/Limmer, Gemeinsames Europäisches Kaufrecht für die EU?, 2012, S. 67, 81.

IV. Vertragsfreiheit

▶ *Artikel 4 Verbrauchsgüterkauf-RL*
Rückgriffsrechte
Haftet der Letztverkäufer dem Verbraucher aufgrund einer Vertragswidrigkeit infolge eines Handelns oder Unterlassens des Herstellers, eines früheren Verkäufers innerhalb derselben Vertragskette oder einer anderen Zwischenperson, so kann der Letztverkäufer den oder die Haftenden innerhalb der Vertragskette in Regreß nehmen. Das innerstaatliche Recht bestimmt den oder die Haftenden, den oder die der Letztverkäufer in Regreß nehmen kann, sowie das entsprechende Vorgehen und die Modalitäten. ◀

Art. 4 Verbrauchsgüterkauf-RL betrifft die Rechtsverhältnisse zwischen Unternehmern und schützt den Letztverkäufer vor dem Risiko, die Kosten des Verbraucherschutzes allein zu tragen. Art. 4 Verbrauchsgüterkauf-RL ist aber von Art. 7 Verbrauchsgüterkauf-RL nicht erfasst. Allein nach dem Wortlaut der Richtlinie ließe sich also argumentieren, dass es den Mitgliedstaaten frei überlassen ist, ob sie Regressansprüche mittels dispositiver oder zwingender Normen umsetzen. Es lässt sich die Frage stellen, ob das zuletzt Gesagte stimmt, es dem nationalen Gesetzgeber also frei steht, die umgesetzte Norm als zwingend oder zum Teil zwingend zu gestalten. Die Richtlinie ist eine Mindestharmonisierungsrichtlinie: 87

▶ *Artikel 8 Verbrauchsgüterkauf-RL*
Innerstaatliches Recht und Mindestschutz
(1) Andere Ansprüche, die der Verbraucher aufgrund innerstaatlicher Rechtsvorschriften über die vertragliche oder außervertragliche Haftung geltend machen kann, werden durch die aufgrund dieser Richtlinie gewährten Rechte nicht berührt.
(2) Die Mitgliedstaaten können in dem unter diese Richtlinie fallenden Bereich mit dem Vertrag in Einklang stehende strengere Bestimmungen erlassen oder aufrechterhalten, um ein höheres Schutzniveau für die Verbraucher sicherzustellen. ◀

Das heißt, dass die Mitgliedsstaaten das sich aus der Richtlinie ergebende Schutzniveau überschreiten können. Nach Art. 8 Verbrauchsgüterkauf-RL betrifft das aber nur den Verbraucherschutz. Art. 4 Verbrauchsgüterkauf-RL gehört nicht zum Bereich des Verbraucherrechts. Dies könnte zu der Ansicht führen, dass dem nationalen Gesetzgeber im Fall dieser Vorschrift bei der Umsetzung nur diejenige Freiheit eingeräumt ist, die sich aus dieser Vorschrift selbst ergibt. Daraus ließe sich die Konsequenz ziehen, dass die dispositive Natur der Regel durch die Richtlinie sogar zwingend auferlegt wäre und der nationale Gesetzgeber keine Freiheit hätte, die Gestaltungsautonomie einzuschränken. Träfe diese Auslegung zu, wäre davon auszugehen, dass zum Beispiel die deutsche Umsetzung,[124] nach welcher den Parteien nur eine sehr eingeschränkte Möglichkeit der Abweichung von dieser Regel eingeräumt wird, gegen die Richtlinie verstieße. Diese Schlussfolgerung wäre aber zu weitgehend. Nach teleologischer Auslegung des Art. 4 Verbrauchsgüterkauf-RL, wäre anzunehmen, dass diese Vorschrift ihre vom europäischen Gesetzgeber vorgesehene Aufgabe, den häufig schwachen Letztverkäufer von der gesamten Last der Haftung gegenüber einem Verbraucher zu schützen, kaum erfüllen könnte, wenn sie uneingeschränkt abbedungen werden könnte. Aus diesem Grund ist vielmehr anzunehmen, dass die Vorschrift dem nationalen Gesetzgeber zumindest implizit gewährt, der Abdingbarkeit der Regelung engere Grenzen setzen zu dürfen. Möglicherweise würde aber selbst eine Umsetzung, die von der vollständigen Abdingbarkeit dieser Vorschrift ausginge, die Richtlinie nicht verletzen. Auch die Zah-

---
124 § 478 BGB.

lungsdienste-RL enthält zahlreiche Vorschriften, die als dispositives Recht einzuordnen sind. Die dispositive Natur dieser Vorschriften ist vor allem dadurch zu begründen, dass die Richtlinie die zwingende Natur von einzelnen verbraucherrechtlichen Vorschriften ausdrücklich festlegt. Als Beispiel kann hier Art. 30 Abs. 1 Zahlungsdienste-RL genannt werden.

▶ *Artikel 30 Zahlungsdienste-RL*
Anwendungsbereich
(1) Dieser Titel gilt für Einzelzahlungen sowie für Rahmenverträge und die von ihnen erfassten Zahlungsvorgänge. Die Parteien können vereinbaren, dass dieser Titel insgesamt oder teilweise keine Anwendung findet, wenn es sich beim Zahlungsdienstnutzer nicht um einen Verbraucher handelt.
(2) Die Mitgliedstaaten können vorsehen, dass die Bestimmungen dieses Titels auf Kleinstunternehmen in gleicher Weise angewandt werden wie auf Verbraucher.
(...) ◀

Diese Vorschrift bringt deutlich zum Ausdruck, dass mit Ausnahme des Verbraucherrechts alle Vorschriften, die Art. 30 Zahlungsdienste-RL erfasst, abdingbar sind. Diese Richtlinie ist allerdings eine Besonderheit im Rahmen des europäischen Vertragsrechts, weil sie die nationalen Rechtsordnungen nicht nur punktuell ergänzt, sondern ein komplettes Regelungswerk für einen Lebensbereich liefert. Das Regelungswerk ist in diesem Fall „selbsttragend", das heißt, es muss praktisch als Ganzes in das nationale Recht der Mitgliedstaaten umgesetzt werden. Deswegen braucht es nicht nur zwingende Regeln, sondern auch das System bestimmende und mitgestaltende dispositive Vorschriften. Der europäische Gesetzgeber hat es den Mitgliedstaaten aber überlassen, auf die Abdingbarkeit dieser Vorschriften zu verzichten und sie an die verbraucherrechtlichen Anforderungen auch außerhalb des Verbraucherrechts anzugleichen.

2. Klauselkontrolle als Grenze der Gestaltungsfreiheit

88 Das Vertragsrecht der EU legt den Mitgliedstaaten die Grenzen der Vertragsfreiheit zwar grundsätzlich nur punktuell auf, indem es die Umsetzung zwingenden Rechts erfordert. Der europäische Gesetzgeber bestimmt daneben die Grenzen der Gestaltungsfreiheit für Verträge aber auf andere Weise, nämlich durch die Kontrolle der nicht ausgehandelten Klauseln in Verbraucherverträgen,[125] wie in einem eigenen Kapitel[126] im Einzelnen zu betrachten sein wird. Hier bleibt zunächst nur auf die Grundzüge des Regelungssystems einzugehen, die überwiegend durch die Richtlinie über missbräuchliche Klauseln in Verbraucherverträgen geprägt wird.

▶ *Artikel 3 Klausel-RL*
[Gebot von Treu und Glauben]
(1) Eine Vertragsklausel, die nicht im einzelnen ausgehandelt wurde, ist als mißbräuchlich anzusehen, wenn sie entgegen dem Gebot von Treu und Glauben zum Nachteil des Verbrauchers ein erhebliches und ungerechtfertigtes Mißverhältnis der vertraglichen Rechte und Pflichten der Vertragspartner verursacht.
(2) Eine Vertragsklausel ist immer dann als nicht im einzelnen ausgehandelt zu betrachten, wenn sie im voraus abgefaßt wurde und der Verbraucher deshalb, insbesondere im Rah-

---

125 Jansen, Klauselkontrolle, in: Eidenmüller/Faust u.a., Revision des Verbraucher-*acquis*, 2011, S. 53–107.
126 Siehe unten § 4.

men eines vorformulierten Standardvertrags, keinen Einfluß auf ihren Inhalt nehmen konnte.
Die Tatsache, daß bestimmte Elemente einer Vertragsklausel oder eine einzelne Klausel im einzelnen ausgehandelt worden sind, schließt die Anwendung dieses Artikels auf den übrigen Vertrag nicht aus, sofern es sich nach der Gesamtwertung dennoch um einen vorformulierten Standardvertrag handelt. Behauptet ein Gewerbetreibender, daß eine Standardvertragsklausel im einzelnen ausgehandelt wurde, so obliegt ihm die Beweislast.
(3) Der Anhang enthält eine als Hinweis dienende und nicht erschöpfende Liste der Klauseln, die für mißbräuchlich erklärt werden können. ◂

In der europäischen Gesetzgebung spielt diese Vorschrift eine besondere Rolle, weil dadurch die materielle Voraussetzung für die Grenze der Privatautonomie zum Ausdruck gebracht wird. Der europäische Gesetzgeber geht davon aus, dass die Kontrollinstrumente in Verbraucherverträgen dann aktiviert werden müssen, wenn die Klauseln dem Verbraucher im Rahmen von Allgemeinen Geschäftsbedingungen oder mit der Absicht einer nur einmaligen Verwendung, gestellt werden. Der Verbraucher ist dann nicht schutzwürdig, wenn er den Inhalt der Klausel im Prozess des Vertragsschlusses beeinflussen kann.

Es kann als ein Paradoxon gesehen werden, dass im Bereich der beiderseitig unternehmerischen Verträge der europäische Gesetzgeber weniger prinzipiell zu sein scheint, aufgrund der Zahlungsverzugs-RL allerdings in einem relativ eingeschränkten Bereich.

▶ Artikel 7 Zahlungsverzugs-RL
Nachteilige Vertragsklauseln und Praktiken

(1) Die Mitgliedstaaten bestimmen, dass eine Vertragsklausel oder eine Praxis im Hinblick auf den Zahlungstermin oder die Zahlungsfrist, auf den für Verzugszinsen geltenden Zinssatz oder auf die Entschädigung für Beitreibungskosten entweder nicht durchsetzbar ist oder einen Schadensersatzanspruch begründet, wenn sie für den Gläubiger grob nachteilig ist.
Bei der Entscheidung darüber, ob eine Vertragsklausel oder eine Praxis im Sinne von Unterabsatz 1 grob nachteilig für den Gläubiger ist, werden alle Umstände des Falles geprüft, einschließlich folgender Aspekte:
(a) jede grobe Abweichung von der guten Handelspraxis, die gegen den Grundsatz des guten Glaubens und der Redlichkeit verstößt;
(b) die Art der Ware oder der Dienstleistung und
(c) ob der Schuldner einen objektiven Grund für die Abweichung vom gesetzlichen Zinssatz bei Zahlungsverzug oder von der in Artikel 3 Absatz 5, Artikel 4 Absatz 3 Buchstabe a, Artikel 4 Absatz 4 und Artikel 4 Absatz 6 genannten Zahlungsfrist oder von dem Pauschalbetrag gemäß Artikel 6 Absatz 1 hat.
(2) Eine Vertragsklausel oder eine Praxis ist als grob nachteilig im Sinne von Absatz 1 anzusehen, wenn in ihr Verzugszinsen ausgeschlossen werden.
(3) Es wird vermutet, dass eine Vertragsklausel oder Praxis grob nachteilig im Sinne von Absatz 1 ist, wenn in ihr die in Artikel 6 genannte Entschädigung für Beitreibungskosten ausgeschlossen wird.
(4) Die Mitgliedstaaten stellen sicher, dass im Interesse der Gläubiger und der Wettbewerber angemessene und wirksame Mittel vorhanden sind, damit die Verwendung von Vertragsbestimmungen und von Praktiken, die grob nachteilig im Sinne von Absatz 1 sind, verhindert wird.
(...) ◂

Die Zahlungsverzugs-RL regelt ausschließlich die Verhältnisse zwischen Unternehmern. Mit Art. 7 wird eine Grundlage für die Kontrolle der Vertragsklauseln geschaffen, die die Zahlungsfristen bestimmen. Diese Kontrolle kann aber auch dann durchgeführt werden, wenn die fragliche Klausel zwischen Parteien ausgehandelt wurde. Das heißt nicht, dass das Aushandeln der Klausel nicht relevant für ihre Inhaltskontrolle ist. Es wird aber im Rahmen der in Art. 7 Zahlungsverzugs-RL genannten Kriterien bei der Prüfung der Missbräuchlichkeit einer Klausel zu berücksichtigen sein. Das Kriterium des Aushandelns wird aber nicht ausdrücklich erwähnt. Der europäische Gesetzgeber versucht in diesem Fall, die Grenzen der Vertragsfreiheit unter Zuhilfenahme eines „beweglichen Systems" festzulegen. Dieses flexible System ist eher an die Bedürfnisse des Einzelfalles angepasst und weniger auf den Massenverkehr abgestimmt, was für Verbrauchergeschäfte charakteristisch ist. Die Zahlungsverzugs-RL verzichtet auf eine eindeutige Festlegung in der Weise, dass das Aushandeln bzw die bestehende reale Möglichkeit des Aushandelns einen Eingriff in den Inhalt der Klausel ausschließen soll. Diese Lösung scheint für die Zukunft ergiebiger zu sein, weil in der Praxis sehr schwierig zu bestimmen ist, ob der Prozess des Aushandelns tatsächlich stattgefunden hat, oder ob eine Partei tatsächlich die Möglichkeit hat, auf die Gestaltung des Vertrages Einfluss zu nehmen. Das Aushandeln und insbesondere die Möglichkeit des Aushandelns lässt sich nicht nach dem „Ja oder nein"-Prinzip beurteilen. Das Aushandeln kann verschieden intensiv sein. Der Einfluss einer Partei kann sich auch verschieden stark zeigen. Das Verhältnis zwischen dem Aushandeln und den Grenzen der Vertragsfreiheit ist deswegen komplizierter. Vereinfacht gesagt, stehen den Parteien größere Gestaltungsräume zu, je stärker ihr realer Einfluss auf die Vertragsgestaltung ist. Hierbei muss aber die Beurteilung des Einflusses unter Berücksichtigung der vielen in Art. 7 genannten Faktoren stattfinden.

3. Vertragsfreiheit bei der Wahl des GEK

91 Art. 1 GEK-E bringt den Grundsatz der Vertragsfreiheit zum Ausdruck. Das ist auf den ersten Blick selbstverständliche Voraussetzung, um den Parteien ein System des Vertragsrechts zur Verfügung zu stellen. Die Privatautonomie ist immer noch ein prägender Grundsatz jedes Vertragsrechts der nationalen Vertragsrechtsordnungen. Aufgrund der fundamentalen Bedeutung der Vertragsfreiheit und der Privatautonomie sollten diese gemeinsamen und als Prinzip unumstrittenen Leitgedanken in einem Regelwerk zum Europäischen Vertragsrecht aber deutlich zum Ausdruck kommen. Darüber hinaus hat der Grundsatz der Vertragsfreiheit im Rahmen des Vorschlags eine doch spezifische Bedeutung. Da das künftige europäische Kaufrecht ein Optionales Instrument[127] werden soll, könnte dieses dazu führen, dass die Parteien erst in den „Genuss" der Vertragsfreiheit kommen könnten, wenn sie die Option ausgeübt haben. Demgegenüber sollte jedoch von der Vertragsfreiheit auf zwei Ebenen gesprochen werden. Die Möglichkeit der Option für das europäische Kaufrecht ergibt sich aus dem Willen des europäischen Gesetzgebers, den Parteien eine zusätzliche Möglichkeit einzuräumen, im Rahmen des nationalen Rechts zwischen zwei verschiedenen Vertragsordnungen zu wählen. Die Parteien bekommen also die Möglichkeit, auch die zwingenden Vorschriften einer dieser Vertragsordnungen abzubedingen, mit der Folge der Unterwerfung unter die zwingenden Vorschriften der anderen Vertragsordnung. An eine wirksame Wahl des Optionalen Instruments stellt auch der Vorschlag für das

---

127 KOM(2011) 635 endg., Begründung, 3. Rechtliche Aspekte der Verordnung, Wahl des Instruments, S. 11.

IV. Vertragsfreiheit

GEK bestimmte Anforderungen. Diese Anforderungen ergeben sich aus den Schranken des Anwendungsbereichs des GEK, aber auch aus dem Streben der Verfasser des GEK danach, sicherzustellen, dass die Einwahl vor allem vonseiten des Verbrauchers bewusst und aus freiem Willen erfolgt.

Der Grundsatz der Einwählbarkeit sowie deren allgemeine Schranken werden in Art. 3 GEK-VO-E festgelegt. 92

▶ *Artikel 3 GEK-VO-E*
Fakultativer Charakter des Gemeinsamen Europäischen Kaufrechts
Die Parteien können vereinbaren, dass für ihre grenzübergreifenden Verträge über den Kauf von Waren oder die Bereitstellung digitaler Inhalte sowie die Erbringung verbundener Dienstleistungen innerhalb des in den Artikeln 4 bis 7 abgesteckten räumlichen, sachlichen und persönlichen Geltungsbereichs das Gemeinsame Europäische Kaufrecht gilt. ◀

In dieser Vorschrift wird der Grundsatz der Einwählbarkeit des europäischen Kaufrechts ausgesprochen. Dies ist eine besondere Art des Ausdrucks der Privatautonomie. Der Grundsatz der Privatautonomie betrifft nicht nur das Sachrecht der nationalen Rechtsordnungen, sondern auch die Ebene des Kollisionsrechts. Im Falle des Optionalen Instruments handelt es sich aber um eine Kompetenz der Parteien, die weder dem Sachrecht noch dem internationalen Kollisionsrecht zuzuordnen ist. Vielmehr handelt es sich um eine Kompetenz kollisionsrechtlicher Art, aber im Rahmen des anwendbaren Sachrechts. Dies ist kein gänzlich neues Konzept. Das UN-Kaufrecht ist ebenfalls ein Beispiel eines Optionalen Instruments, auch wenn es auf dem Grundsatz des *opt out* basiert. Die Parteien müssen die Anwendung des UN-Kaufrechts ausschließen, wenn ansonsten alle Anwendbarkeitsvoraussetzungen erfüllt sind.[128] 93

Diese Autonomie, die zwischen der kollisionsrechtlichen Privatautonomie und der Vertragsfreiheit des Sachrechts einzuordnen ist, ist kein zwingender Grundsatz einer freiheitlichen Gesellschaft. Um die Selbstbestimmungsfreiheit im Rahmen des Privatrechts ausüben zu können, reicht es aus, dass das Sachrecht entsprechende Räume in eigenen Rahmen zur Verfügung stellt. Diese Freiheit hat die pragmatische Funktion zu erfüllen, die fehlende europäische Rechtsvereinheitlichung zu ersetzen. Die Grenzen dieser Freiheit haben also primär die politische bzw verfassungsrechtliche Aufgabe zu erfüllen, den Prozess der Rechtsvereinheitlichung in Europa voranzutreiben, ohne die nationalen Rechtsordnungen formell zu verdrängen bzw inhaltlich zu verändern. Diese in Art. 3 GEK-VO-E genannten Schranken für die Möglichkeit der Einwahl des europäischen Kaufrechts dienen demnach der Sicherstellung, dass die Erfordernisse der Subsidiarität bei der Rechtsetzung der Union[129] gewahrt werden. 94

Art. 3 GEK-VO-E nennt drei Kategorien dieser Einschränkungen. Sie betreffen den persönlichen, sachlichen und räumlichen Anwendungsbereich des Optionalen Instruments. 95

---

128 Ein Ausschluss der Anwendbarkeit des UN-Kaufrechts trotz Vorliegens der Anwendungsvoraussetzungen ist etwa dann anzunehmen, wenn die Parteien die Geltung des GEK wählen siehe Schmidt-Kessel/Schmidt-Kessel, GEK-E Kommentar, Einl. GEK-VO-E Rn 52.
129 Der Vorschlag allgemein steht im Einklang mit dem in Art. 5 AEUV gefestigten Grundsatz der Subsidiarität siehe KOM(2011) 635 endg., Begründung, 3. Rechtliche Aspekte der Verordnung, Subsidiarität, S. 10.

a) Räumlicher Anwendungsbereich des GEK

96 Der räumliche Anwendungsbereich wird durch Art. 4 des GEK-VO-E näher bestimmt.

▶ **Artikel 4 GEK-VO-E**
Grenzübergreifende Verträge
(1) Das Gemeinsame Europäische Kaufrecht kann für grenzübergreifende Verträge verwendet werden.
(2) Für die Zwecke dieser Verordnung ist ein Vertrag zwischen Unternehmern ein grenzübergreifender Vertrag, wenn die Parteien ihren gewöhnlichen Aufenthalt in verschiedenen Staaten haben, von denen mindestens einer ein EU-Mitgliedstaat ist.
(3) Für die Zwecke dieser Verordnung ist ein Vertrag zwischen einem Unternehmer und einem Verbraucher ein grenzübergreifender Vertrag, wenn
(a) sich die Anschrift des Verbrauchers, die Lieferanschrift oder die Rechnungsanschrift in einem anderen Staat als dem Staat befindet, in dem der Unternehmer seinen gewöhnlichen Aufenthalt hat, und
(b) mindestens einer dieser Staaten ein EU-Mitgliedstaat ist.
(4) Für die Zwecke dieser Verordnung ist der Ort des gewöhnlichen Aufenthalts von Gesellschaften, Vereinen und juristischen Personen der Ort ihrer Hauptverwaltung. Der gewöhnliche Aufenthalt eines Unternehmers, bei dem es sich um eine natürliche Person handelt, ist der Hauptgeschäftssitz dieser Person.
(5) Wird der Vertrag im Rahmen der Geschäftstätigkeit einer Zweigniederlassung, Agentur oder sonstigen Niederlassung eines Unternehmers geschlossen, so gilt der Ort, an dem sich die Zweigniederlassung, Agentur oder sonstige Niederlassung befindet, als gewöhnlicher Aufenthalt des Unternehmers.
(6) Für die Einstufung eines Vertrags als grenzübergreifender Vertrag ist der Zeitpunkt maßgebend, zu dem die Verwendung des Gemeinsamen Europäischen Kaufrechts vereinbart wurde. ◀

Das GEK bestimmt in dieser Vorschrift, dass die Parteien das Instrument nur dann wirksam einwählen können, wenn der Vertrag als grenzübergreifend eingestuft werden kann.[130] Das GEK soll für rein inländische Sachverhalte nicht zur Geltung gelangen, es sei denn, dass die Mitgliedstaaten von der ihnen zustehenden Option Gebrauch machen und die Geltung auch auf solche Sachverhalte erstrecken:

▶ **Artikel 13 GEK-VO-E**
Optionen der Mitgliedstaaten
Ein Mitgliedstaat kann beschließen, dass das Gemeinsame Europäische Kaufrecht für Verträge verwendet werden darf,
(a) wenn sich der gewöhnliche Aufenthalt der Unternehmer beziehungsweise im Falle eines Vertrags zwischen einem Unternehmer und einem Verbraucher der gewöhnliche Aufenthalt des Unternehmers, die Anschrift des Verbrauchers, die Lieferanschrift für die Waren oder die Rechnungsanschrift in diesem Mitgliedstaat befinden, (...) ◀

97 Das Optionale Instrument verlangt auch, dass zumindest eine der Parteien ihren gewöhnlichen Aufenthalt im Gebiet eines Mitgliedsstaats hat. Im Falle des Verbrauchers ist diese Verbindung aber durch die ziemlich lockeren Anknüpfungen an die Lieferanschrift, Rechnungsanschrift oder die Anschrift des Verbrauchers, die von ihm angege-

---

[130] KOM(2011) 636 endg., 2.1., S. 8 f; Schmidt-Kessel/Schmidt-Kessel, GEK-E Kommentar, Art. 4 GEK-VO-E Rn 1.

IV. Vertragsfreiheit

ben wird, ausreichend hergestellt.[131] In der Praxis wird das Erfordernis eines „grenzübergreifenden Vertrages" im Fall von Verbraucherverträgen leicht umgangen werden können,[132] weil diese Anforderungen auch in rein inländischen Sachverhalten relativ leicht zu erfüllen sind.

b) Sachlicher Anwendungsbereich des GEK

Der sachliche Anwendungsbereich wird von Art. 5 GEK-VO-E bestimmt: 98

▶ *Artikel 5 GEK-VO-E*

Verträge, für die das Gemeinsame Europäische Kaufrecht verwendet werden kann

Das Gemeinsame Europäische Kaufrecht kann verwendet werden für:
(a) Kaufverträge,
(b) Verträge über die Bereitstellung digitaler Inhalte gleich, ob auf einem materiellen Datenträger oder nicht, die der Nutzer speichern, verarbeiten oder wiederverwenden kann oder zu denen er Zugang erhält, unabhängig davon, ob die Bereitstellung gegen Zahlung eines Preises erfolgt oder nicht,
(c) Verträge über verbundene Dienstleistungen, gleich, ob hierfür ein gesonderter Preis vereinbart wurde oder nicht. ◀

Der sachliche Anwendungsbereich und dadurch auch der Umfang der Freiheit, sich für das Optionale Instrument zu entscheiden, werden durch den Verweis auf bestimmte Vertragstypen eingeschränkt. Auf diese Frage wurde bereits bei der Analyse der Typisierung von Verträgen genauer eingegangen.[133] An dieser Stelle soll nur darauf aufmerksam gemacht werden, dass diese Vertragstypen, die in Art. 5 GEK-VO-E genannt werden, zusammen mit den in Art. 6 GEK-E-VO (Mischverträge) genannten Beschränkungen die Grenzen der Vertragsfreiheit in Bezug auf die Einwahl des Instruments festsetzen.[134]

c) Persönlicher Anwendungsbereich des GEK

Die letzte Gruppe dieser Einschränkungen betrifft den persönlichen Anwendungsbereich des GEK. Dieser ergibt sich aus Art. 7 GEK-VO-E: 99

▶ *Artikel 7 GEK-VO-E*

Vertragsparteien

(1) Das Gemeinsame Europäische Kaufrecht darf nur verwendet werden, wenn der Verkäufer der Waren oder der Lieferant der digitalen Inhalte Unternehmer ist. Sind alle Parteien Unternehmer, kann das Gemeinsame Europäische Kaufrecht verwendet werden, wenn mindestens eine dieser Parteien ein kleines oder mittleres Unternehmen („KMU") ist.
(2) Für die Zwecke dieser Verordnung ist ein KMU ein Unternehmer, der
(a) weniger als 250 Personen beschäftigt und
(b) einen Jahresumsatz von höchstens 50 Mio. EUR oder eine Jahresbilanzsumme von höchstens 43 Mio. EUR hat beziehungsweise im Falle von KMU, die ihren gewöhnlichen Aufenthalt in einem Drittstaat oder in einem Mitgliedstaat haben, dessen Währung nicht

---

[131] Schmidt-Kessel/Schmidt-Kessel, GEK-E Kommentar, Art. 4 GEK-VO-E Rn 11.
[132] Schmidt-Kessel/Schmidt-Kessel, GEK-E Kommentar, Art. 4 GEK-VO-E Rn 12.
[133] Siehe Rn 51–63.
[134] Schulze/Wendehorst, CESL Commentary, Art. 5 CESL Regulation Rn 1.

der Euro ist, einen Jahresumsatz oder eine Jahresbilanzsumme, die den genannten Beträgen in der Währung des betreffenden Mitglied- oder Drittstaats entspricht. ◄

100 Art. 7 des Vorschlags ist eine Norm, die mit vielen Unzulänglichkeiten behaftet ist. Das Instrument kann nach Art. 7 GEK-VO-E in drei personalen Konstellationen gewählt werden: Unternehmer mit Verbraucher, Unternehmer mit einem Privaten, der kein Verbraucher ist, sowie Unternehmer mit Unternehmer.[135] Erforderlich ist, dass der Unternehmer auf der Seite des Verkäufers oder des Lieferanten steht.[136] Bei einem Vertrag, bei dem ein Verbraucher einem Unternehmer die Ware verkauft, wäre das Instrument nicht wählbar.

101 Art. 7 GEK-VO-E lässt zu, dass auch Verträge zwischen zwei Unternehmern in den Anwendungsbereich des Optionalen Instruments fallen können.[137] In dieser Vorschrift ist jedoch eine weitergehende Einschränkung vorgesehen – in einem Fall, in dem zumindest ein Unternehmen (es ist ohne Belang, ob er auf Seite des Verkäufers/Lieferanten oder des Käufers steht) zur Gruppe der sogenannten KMU[138] gehört. Im Rahmen des lit. b dieses Artikels wird der Begriff der KMU näher definiert. Dem ist aber entgegenzuhalten, dass dieser Begriff für die Zwecke eines europäischen Kaufrechts völlig ungeeignet ist. Aus dem Gesichtspunkt der Interessenlage eines Kaufvertrages sind diese Kriterien völlig irrelevant. Warum sollte für einen Kauvertrag über Bleistifte die Möglichkeit der Einwahl des Optionalen Instruments davon abhängen, welchen Umsatz ein Unternehmer vorweist bzw wie viel Angestellte bei ihm arbeiten? Der Grund, weshalb die Verfasser des GEK sich für eine solche Einschränkung entschieden haben, ergibt sich aus dem Grundsatz der Subsidiarität der EU[139]. Das Ziel war möglicherweise, dadurch eine Konkurrenz mit dem UN-Kaufrecht zu entschärfen und das GEK an einen etwas anderen Adressatenkreis zu richten. Das GEK wurde für standardisierte Massengeschäfte konzipiert. Im UN-Kaufrecht stehen größere, für die individuellen Bedürfnisse angepasste Transaktionen im Vordergrund. Der oben zitierte Änderungsvorschlag will aber richtigerweise auf das Erfordernis der KMU-Qualifikation gänzlich verzichten.

102 Die Verfasser des GEK haben den Mitgliedstaaten auch die Möglichkeit eingeräumt auf das Erfordernis der KMU-Qualifikation zu verzichten:[140]

▶ *Artikel 13 GEK-VO-E*
Optionen der Mitgliedstaaten
Ein Mitgliedstaat kann beschließen, dass das Gemeinsame Europäische Kaufrecht für Verträge verwendet werden darf,
(...)
(b) wenn alle Vertragsparteien Unternehmer sind, aber keiner davon ein KMU nach Maßgabe von Artikel 7 Absatz 2 ist. ◄

103 Art. 7 GEK-VO-E erwähnt die Verbrauchergeschäfte nicht ausdrücklich. Der Anwendungsbereich und auch die Freiheit, das Instrument einzuwählen, werden durch die

---

135 KOM(2011) 636 endg., 2.1., S. 9.
136 Schmidt-Kessel/Schmidt-Kessel, GEK-E Kommentar, Art. 7 GEK-VO-E Rn 2.
137 KOM(2011) 635 endg., in der die KMU explizit ergänzt werden, Stellungnahme EP, S. 105.
138 Zu dem Verordnungsziel der Förderung kleiner und mittlerer Unternehmen siehe Schmidt-Kessel/Schmidt-Kessel, GEK-E Kommentar, Einl. GEK-VO-E Rn 17.
139 Der Vorschlag allgemein steht im Einklang mit dem in Art. 5 AEUV gefestigten Grundsatz der Subsidiarität siehe KOM(2011) 635 endg., Begründung, 3. Rechtliche Aspekte der Verordnung, Subsidiarität, S. 10.
140 Schmidt-Kessel/Schmidt-Kessel, GEK-E Kommentar, Einl. GEK-VO-E Rn 49.

Festlegung der Rolle des Unternehmers bestimmt. Deswegen erfasst Art. 7 GEK-VO-E auch die Konstellation: Unternehmer – Partei, die weder als Verbraucher noch als Unternehmer qualifiziert wird. In diesem Fall handelt es sich um Personen, die keine natürlichen Personen sind, aber auch keine gewerbliche Tätigkeit betreiben. Das können zum Beispiel Vereine ohne einen gewerblichen Zweck sein. Das Problem besteht nur darin, dass die Vorschriften des GEK grundsätzlich allein auf beiderseitig unternehmerische Verträge oder Verbraucherverträge zugeschnitten sind. Der persönliche Anwendungsbereich muss im Laufe der weiteren gesetzgeberischen Arbeiten am GEK noch korrigiert werden.

Neben den festgelegten Grenzen für die Ausübung des Optionsrechts gem. Art. 3 GEK-VO-E[141] regelt auch das GEK die Voraussetzungen der Wirksamkeit dieser Option.

104

▶ *Artikel 8 GEK-VO-E*
Vereinbarung über die Verwendung des Gemeinsamen Europäischen Kaufrechts

(1) Die Verwendung des Gemeinsamen Europäischen Kaufrechts muss von den Parteien vereinbart werden. Das Bestehen einer solchen Vereinbarung und ihre Gültigkeit bestimmen sich nach den Absätzen 2 und 3 und nach Artikel 9 sowie nach den einschlägigen Bestimmungen des Gemeinsamen Europäischen Kaufrechts.

(2) Im Verhältnis zwischen einem Unternehmer und einem Verbraucher ist die Vereinbarung über die Verwendung des Gemeinsamen Europäischen Kaufrechts nur gültig, wenn der Verbraucher hierin ausdrücklich und gesondert von seiner Erklärung, mit der er dem Vertragsschluss zustimmt, einwilligt. Der Unternehmer übermittelt dem Verbraucher auf einem dauerhaften Datenträger eine Bestätigung dieser Vereinbarung.

(3) Im Verhältnis zwischen einem Unternehmer und einem Verbraucher darf das Gemeinsame Europäische Kaufrecht nicht in Teilen, sondern nur in seiner Gesamtheit verwendet werden. ◀

Im Bereich der Verträge zwischen Unternehmern bestimmt das GEK keine besonderen Voraussetzungen für das Zustandekommen der Vereinbarung über die Wahl des Instruments. Es müssen nur die allgemeinen Vorschriften des GEK über den Abschluss des Vertrages (und auch über Einbeziehung der allgemeinen Geschäftsbedingungen) gewahrt werden. Die Frage, ob die Parteien das GEK wirksam gewählt haben, wird auch auf der Grundlage des GEK und nicht des nationalen Rechts zu entscheiden sein.

105

Im Fall des Verbrauchers gelten strengere Voraussetzungen:[142] Die dazu erforderliche Erklärung zur Anwendung des GEK muss vom Verbraucher auf eine qualifizierte Art und Weise abgegeben werden,[143] um sicher zu stellen, dass der Verbraucher der Anwendung des GEK bewusst zugestimmt hat. Diese Bestimmung soll vermeiden, dass das nationale Vertragsrecht mittels zum Beispiel vom Verbraucher nicht wahrgenommener Einbeziehung von AGB verdrängt wird. Um die Entscheidungsfreiheit des Verbrauchers zu gewährleisten, haben die Verfasser des GEK dem Unternehmer umfassende Informationspflichten auferlegt, damit der Verbraucher eine ausreichende Vorstellung vom Inhalt des GEK bekommen kann. Es wird verlangt, dass dem Verbraucher eine Standardinformation zur Verfügung gestellt wird:[144]

106

---

141 Schmidt-Kessel/Schmidt-Kessel, GEK-E Kommentar, Art. 2 GEK-VO-E Rn 1–4.
142 Schmidt-Kessel/Schmidt-Kessel, GEK-E Kommentar, Art. 8, 9 GEK-VO-E Rn 13, 20–23.
143 Schmidt-Kessel/Schmidt-Kessel, GEK-E Kommentar, Art. 8, 9 GEK-VO-E Rn 20.
144 KOM(2011) 636 endg., 2.2., S. 11 f.

▶ *ARTIKEL 9 GEK-VO-E*
Standard-Informationsblatt bei Verträgen zwischen einem Unternehmer und einem Verbraucher
(1) Im Verhältnis zwischen einem Unternehmer und einem Verbraucher muss der Unternehmer zusätzlich zu den vorvertraglichen Informationspflichten gemäß dem Gemeinsamen Europäischen Kaufrecht den Verbraucher vor der Vereinbarung auf die beabsichtigte Verwendung des Gemeinsamen Europäischen Kaufrechts hinweisen, indem er ihm das Informationsblatt in Anhang II mit deutlichem Hinweis darauf übermittelt. Wird die Verwendung des Gemeinsamen Europäischen Kaufrechts telefonisch oder auf eine andere Weise vereinbart, die es nicht erlaubt, dem Verbraucher das Informationsblatt zu übermitteln, oder hat es der Unternehmer versäumt, das Informationsblatt zu übermitteln, so ist der Verbraucher erst dann an die Vereinbarung gebunden, wenn er die Bestätigung nach Artikel 8 Absatz 2 zusammen mit dem Informationsblatt erhalten und der Verwendung des Gemeinsamen Europäischen Kaufrechts daraufhin ausdrücklich zugestimmt hat.
(2) Das in Absatz 1 genannte Informationsblatt wird, wenn es in elektronischer Form geliefert wird, über einen Hyperlink zugänglich gemacht oder enthält ansonsten die Adresse einer Website, über die der Text des Gemeinsamen Europäischen Kaufrechts kostenlos abgerufen werden kann. ◀

107   Dieses Informationsblatt,[145] das sich im Anhang II zum Vorschlag des GEK befindet, enthält eine kurz gefasste Beschreibung der rechtlichen Folgen, die sich aus dem Instrument ergeben:

▶ *ANHANG II STANDARD-INFORMATIONSBLATT*

Sie sind dabei, einen Vertrag auf der Grundlage des Gemeinsamen Europäischen Kaufrechts abzuschließen, das den Verbrauchern bei Verträgen mit länderübergreifendem Bezug als Alternative zum nationalen Vertragsrecht zur Verfügung steht. Das Gemeinsame Europäische Kaufrecht gilt in der ganzen Europäischen Union und gewährleistet ein hohes Maß an Verbraucherschutz.
Die Bestimmungen des Gemeinsamen Europäischen Kaufrechts finden auf den Vertrag nur mit Ihrer ausdrücklichen Einwilligung Anwendung.
Sollten Sie telefonisch oder auf andere Weise (z.B. per SMS) einem Vertrag zugestimmt haben und konnten deshalb von diesem Informationsblatt keine Kenntnis nehmen, wird der Vertrag erst gültig, nachdem Sie dieses Informationsblatt erhalten und Ihre Einwilligung bestätigt haben.
Ihre wichtigsten Rechte sind nachstehend beschrieben.

DAS GEMEINSAME EUROPÄISCHE KAUFRECHT: KURZDARSTELLUNG DER WICHTIGSTEN VERBRAUCHERRECHTE

Ihre Rechte vor Unterzeichnung des Vertrags
Der Verkäufer muss Sie über die wesentlichen **Vertragsdetails informieren**, zum Beispiel über die Ware und den Preis (inklusive aller Abgaben und sonstigen Kosten), und Ihnen seine Kontaktangaben mitteilen. Die Informationen müssen besonders ausführlich sein, wenn Sie etwas außerhalb der Geschäftsräume des Verkäufers kaufen oder den Verkäufer überhaupt nicht zu Gesicht bekommen, zum Beispiel bei einem Kauf im Internet oder per Telefon. Bei unvollständigen oder Falschangaben haben Sie Anspruch auf Schadensersatz.
Ihre Rechte nach Unterzeichnung des Vertrags
In den meisten Fällen haben Sie 14 Tage Zeit, um **den Kauf zu widerrufen**, wenn Sie die Waren außerhalb der Geschäftsräume des Verkäufers erworben oder diesen bis zum Zeitpunkt

---

145 Schmidt-Kessel/Schmidt-Kessel, GEK-E Kommentar, Art. 8, 9 GEK-VO-E Rn 24.

IV. Vertragsfreiheit

des Kaufs gar nicht getroffen haben (beispielsweise bei einem Kauf im Internet oder per Telefon). Der Verkäufer muss Sie darüber informieren und dafür sorgen, dass Sie das Standard-**Widerrufsformular** erhalten. Hat er dies versäumt, können Sie den Vertrag innerhalb eines Jahres widerrufen.

Was können Sie tun, wenn Produkte fehlerhaft sind oder nicht wie vereinbart geliefert wurden? Sie haben die Wahl zwischen 1) Lieferung 2) Ersatz oder 3) Reparatur der Ware 4) Minderung, d. h. sie verlangen einen Preisnachlass, 5) Rücktritt vom Vertrag, d. h. Sie geben das Produkt zurück und lassen sich das Geld erstatten, es sei denn, der Mangel ist sehr gering, 6) Schadensersatz. Den Preis müssen Sie erst zahlen, wenn Sie ein fehlerfreies Produkt erhalten haben.

Wurde eine verbundene *Dienstleistung* nicht so erbracht hat wie im Vertrag zugesagt, haben Sie ähnliche Rechte. Nachdem Sie sich beschwert haben, hat der Dienstleister jedoch normalerweise zunächst das Recht zu versuchen, seinen Auftrag ordnungsgemäß auszuführen. Erst wenn ihm dies wieder nicht gelingt, können Sie wählen: 1) Sie fordern den Dienstleister noch einmal auf, die verbundene Dienstleistung zu erbringen. 2) Sie zahlen erst, wenn die Dienstleistung ordnungsgemäß erbracht worden ist. 3) Sie verlangen einen Preisnachlass. 4) Sie verlangen Schadensersatz. 5) Sie treten vom Vertrag zurück und lassen sich das Geld erstatten, es sei denn, das Versäumnis bei der Erbringung der Dienstleistung ist sehr gering.

Frist für die Geltendmachung Ihrer Rechte, wenn Produkte fehlerhaft sind oder nicht wie vereinbart geliefert wurden: Nachdem Sie festgestellt haben oder hätten feststellen müssen, dass der Verkäufer oder Dienstleister eine vertraglich vereinbarte Leistung nicht vertragsgemäß erbracht hat, haben Sie 2 Jahre Zeit, um Ihre Rechte geltend zu machen. Tritt das Versäumnis erst sehr spät zutage, ist der letztmögliche Zeitpunkt, zu dem Sie Ihre Ansprüche anmelden können, 10 Jahre nach dem Zeitpunkt, zu dem der Verkäufer oder Dienstleister die Waren liefern beziehungsweise die digitalen Inhalte bereitstellen oder die verbundene Dienstleistung erbringen musste.

Schutz vor unfairen Bestimmungen: Unfaire Standardvertragsbestimmungen sind für Sie rechtlich nicht verbindlich.

Ihre Rechte wurden hier nur kurz dargestellt; die Aufzählung ist daher weder erschöpfend noch geht sie sehr ins Detail. Den vollständigen Text des Gemeinsamen Europäischen Kaufrechts finden Sie hier. Lesen Sie Ihren Vertrag bitte sorgfältig durch.

Im Streitfall ist eine rechtliche Beratung zu empfehlen. ◄

Es stellt sich damit die Frage, warum die Erteilung dieser Informationen dem Verbraucher gegenüber im Fall des europäischen Kaufrechts als erforderlich angesehen wird. Würde ein ausländisches Recht gewählt, wird im Regelfall vom Unternehmer nicht verlangt, den Verbraucher über den Inhalt dieses Rechts zu belehren, obwohl ein Durchschnittsverbraucher sich mit dem ausländischen Recht wohl noch weniger auskennt als mit dem eigenen inländischen. Die genannte Pflicht zur Belehrung scheint sich daher aus der Annahme einer Minderwertigkeit des Optionalen Instruments im Verhältnis zu den nationalen Rechtsordnungen zu ergeben. Es geht dabei nicht um die qualitative Minderwertigkeit, sondern um die Annahme, dass hinter diesem Text nicht die Garantie der Gerechtigkeit steht, die aus jeder nationalen Rechtsordnung, zumindest aus einem formalen Gesichtspunkt, hervorgeht. Diese Differenzierung ist aber nicht überzeugend. Das GEK wird auch ein immanenter Teil der nationalen Rechtsordnungen sein. Es muss also erwogen werden, ob die Pflicht zu einer derartigen Belehrung in Verbraucherverträgen bei jeder Wahl des GEK nicht abgeschafft werden müsste.

109 Das GEK-VO-E kennt noch eine Beschränkung der Möglichkeit, die eigene Freiheit durch die Einwahl des europäischen Kaufrechts auszuüben. Den Parteien in Verbraucherverträgen wird kein Recht eingeräumt, sich nur in Bezug auf die Klärung bestimmter Fragen des Rechtsverhältnisses für das GEK zu entscheiden. Ein aus dem internationalen Privatrecht bekanntes *dépeçage* wird im Fall der Einwahl des GEK ausdrücklich verboten, um ein *cherry-picking-mechanism* zu verhindern:

▶ *Artikel 8 GEK-VO-E*
Vereinbarung über die Verwendung des Gemeinsamen Europäischen Kaufrechts
(...)
(3) Im Verhältnis zwischen einem Unternehmer und einem Verbraucher darf das Gemeinsame Europäische Kaufrecht nicht in Teilen, sondern nur in seiner Gesamtheit verwendet werden. ◀

110 Das Europäische Parlament hat diese Norm modifiziert, indem es bestimmte Voraussetzungen für die Teilbarkeit der Einwahl auch in Unternehmerverträgen festgelegt hat.

▶ *Abänderung 72*
Vorschlag für eine Verordnung
Artikel 8 – Absatz 3

Vorschlag der Kommission	*Geänderter Text*
3. Im Verhältnis zwischen einem Unternehmer und einem Verbraucher darf das Gemeinsame Europäische Kaufrecht nicht in Teilen, sondern nur in seiner Gesamtheit verwendet werden.	3. Im Verhältnis zwischen einem Unternehmer und einem Verbraucher darf das Gemeinsame Europäische Kaufrecht nicht in Teilen, sondern nur in seiner Gesamtheit verwendet werden. *Im Verhältnis zwischen Unternehmern kann das Gemeinsame Europäische Kaufrecht in Teilen verwendet werden, vorausgesetzt, dass der Ausschluss der entsprechenden Bestimmungen darin nicht untersagt ist.* ◀

111 Wenn das Optionale Instrument wirksam gewählt wird, stellt sich die Frage nach der Bedeutung der Vertragsfreiheit im Rahmen des Instruments selbst. Trotz des im Art. 1 GEK-E enthaltenen Grundsatzes der Vertragsfreiheit, hat der Gestaltungsspielraum für die Parteien relativ enge Grenzen. Diese Grenzen werden durch die starre Festlegung des sachlichen Anwendungsbereiches bestimmt. Es ist davon auszugehen, dass die Normen des GEK grundsätzlich als dispositiv anzusehen sind. Diese Abdingbarkeit ist aber streng genommen nur im Rahmen von denjenigen Vertragstypen anzunehmen, die den Anwendungsbereich des GEK festlegen. Die Überschreitung dieser Grenzen allein führt aber noch nicht zur Unwirksamkeit bzw zu einer Sanktion, sondern bewirkt allein die Nichtanwendung des Optionalen Instruments.

112 Die Tatsache allein, dass es sich um ein Verbrauchergeschäft handelt, entscheidet noch nicht, dass die relevanten Normen zum Schutz des Verbrauchers zwingend werden. Es gibt keine allgemeine Regel, die dem bereits zitierten Art. 1:203 ACQP entspräche. In den Acquis Principles werden alle verbraucherspezifischen Normen als zwingend angesehen, also solche Normen, welche den Verbraucher in ihrem Anwendungsbereich direkt nennen. Im GEK können verbraucherspezifische Normen theoretisch auch ab-

dingbar sein. Aus diesem Grund wird an allen Stellen, an denen die Normen tatsächlich unabdingbar sein sollen, ihre Unabdingbarkeit direkt angeordnet. Eine verbraucherspezifische Norm, die als abdingbar ausgestaltet ist, lässt sich aber im Text des GEK nicht finden.

Als Beispiel einer derartigen Formulierung kann Art. 22 GEK-E genannt werden, der sich auf die vorvertraglichen Pflichten bezieht: 113

▶ *Artikel 22 GEK-E*
Zwingender Charakter

Die Parteien dürfen die Anwendung dieses Abschnittes nicht zum Nachteil des Verbrauchers ausschließen, davon abweichen oder dessen Wirkungen abändern. ◀

Die volle Wirkung dieser Norm ergibt sich aus dem Wortlaut dieser Vorschrift nicht. Insbesondere ist der zeitliche Umfang der Unabdingbarkeit unklar. Kann der Verbraucher nachträglich, zum Beispiel in einem Vergleich auf den von dieser Norm gewährten Schutz verzichten? Es fehlt an einer solchen Formulierung, die in Art. 1:203 Abs. 1 S. 2 ACQP zu finden ist:

▶ *Artikel 1:203 ACQP*
Zwingender Charakter verbrauchsrechtlicher Regeln

(1) (...) Dies gilt nicht für die Verträge, mit denen eine bestehende Streitigkeit beigelegt wird.
(...) ◀

Die genannte Norm der Acquis Principles macht deutlich, dass den Parteien bei Entstehen einer Rechtsstreitigkeit frei steht, auch über die aus den zwingenden Regeln entspringenden Rechte und Pflichten zu verhandeln und diese notfalls abzuändern. Ohne eine solche Möglichkeit wären die Vergleiche kaum möglich. Es ist anzunehmen, dass die imperativen Normen im Sinne des GEK diesem Verständnis auch nicht im Wege stehen.

Das GEK-VO-E enthält eine Definition des zwingenden Rechts:[146] 114

▶ *Artikel 2 GEK-VO-E*
Begriffsbestimmungen

Für die Zwecke dieser Verordnung bezeichnet der Ausdruck
(...)
(v) „zwingende Vorschrift" jede Vorschrift, deren Anwendung die Parteien nicht ausschließen, von der sie nicht abweichen und deren Wirkung sie nicht abändern dürfen;
(...) ◀

Es ist aber davon auszugehen, dass die Verfasser des Vorschlags auch eine Abänderung der sich aus einer zwingenden Norm ergebenden Rechte und Pflichten im Wege einer der Streitbeilegung dienenden Vereinbarung (Vergleich) durch die genannte Definition nicht ausschließen wollen. Dieses Problem wird sich im Fall der stark von der Union geförderten alternativen Streitbeilegung besonders stark zeigen.

Im Rahmen des materiellrechtlichen Teils des GEK spielt die Frage der Verhandlungskraft der Parteien auch eine zentrale Rolle: 115

---

146 Im Vorschlag des Parlaments ist diese Definition im Art. 2 (ga) GEK-VO-E zu finden.

▶ *Artikel 7 GEK-E*

Nicht individuell ausgehandelte Vertragsbestimmungen

(1) Eine Vertragsbestimmung ist nicht individuell ausgehandelt, wenn sie von einer Partei gestellt wurde und die andere Partei nicht in der Lage war, ihren Inhalt zu beeinflussen.
(2) Stellt eine Partei der anderen Partei eine Auswahl an Vertragsbestimmungen zur Verfügung, so wird die Bestimmung nicht allein deshalb als individuell ausgehandelt angesehen, weil die andere Partei diese Bestimmung ausgewählt hat.
(3) Behauptet eine Partei, eine als Teil von Standardvertragsbestimmungen gestellte Vertragsbestimmung sei nach der erstmaligen Bereitstellung individuell ausgehandelt worden, so trägt diese Partei die Beweislast dafür.
(4) In einem Vertrag zwischen einem Unternehmer und einem Verbraucher trägt der Unternehmer die Beweislast dafür, dass eine vom Unternehmer gestellte Vertragsbestimmung individuell ausgehandelt wurde.
(...) ◀

116 Die Verfasser des GEK haben diese Vorschrift unter den allgemeinen Vorschriften des GEK-E eingeordnet und nicht dort, wo die Kontrolle der missbräuchlichen Klauseln geregelt wird. Diese Entscheidung bedarf einer Rechtfertigung, weil der Begriff der „Nichtaushandlung" der Klausel lediglich als das Zulässigkeitskriterium der Klauselkontrolle genannt wurde.

▶ *Artikel 83 GEK-E*

Bedeutung von „unfair" in Verträgen zwischen einem Unternehmer und einem Verbraucher

(1) In einem Vertrag zwischen einem Unternehmer und einem Verbraucher ist eine im Sinne von Artikel 7 nicht individuell ausgehandelte, vom Unternehmer gestellte Bestimmung im Sinne dieses Abschnitts unfair, wenn sie entgegen dem Gebot von Treu und Glauben und des redlichen Geschäftsverkehrs in Bezug auf die vertraglichen Rechte und Verpflichtungen der Vertragsparteien ein erhebliches Ungleichgewicht zulasten des Verbrauchers herstellt.
(...) ◀

▶ *Artikel 86 GEK-E*

Bedeutung von „unfair" in Verträgen zwischen Unternehmern

(1) In einem Vertrag zwischen Unternehmern gilt eine Vertragsbestimmung für die Zwecke dieses Abschnitts nur dann als unfair, wenn
(a) sie Bestandteil von nicht individuell ausgehandelten Vertragsbestimmungen im Sinne von Artikel 7 ist und
(...) ◀

117 Die Verfasser des GEK wollten durch diese prominente Stellung vermutlich zum Ausdruck bringen, dass die Frage der Möglichkeit der Einflussnahme auf den Inhalt des Vertrags zu den Fundamenten der Rechtfertigung der Privatautonomie gehört. Daraus ergeben sich zunächst keine weiterreichenden Folgen, die ihre Wirkung außerhalb des Systems der Kontrolle über die missbräuchlichen Klauseln entfalten könnten. Dies bedeutet aber nicht, dass Art. 7 GEK-E eine rein programmatische Norm sein sollte. Sie nennt genaue Kriterien der Aushandlung, die durch die Möglichkeit der Einflussnahme bestimmt werden. Ein charakteristisches Merkmal des Aushandelns ist mit dem Konzept der AGB verbunden. Sie spielen in diesem System eine untergeordnete Rolle. Für einen Verbrauchervertrag wird grundsätzlich vermutet, dass die Klausel nicht ausgehandelt ist, unabhängig davon, ob der Vertrag mit der Verwendung von AGB ge-

IV. Vertragsfreiheit

schlossen wird. Das ist anders als die Regelung der Klausel-RL in Bezug auf die Verbraucherverträge. In der Klausel-RL knüpft die Vermutung des Nichtaushandelns in Verbraucherverträgen an die Verwendung der AGB an:

▶ ARTIKEL 3 KLAUSEL-RL
[Gebot von Treu und Glauben]
(2) (...) Behauptet ein Gewerbetreibender, daß eine Standardvertragsklausel im einzelnen ausgehandelt wurde, so obliegt ihm die Beweislast.
(...) ◀

Im Rahmen des GEK löst die Verwendung der AGB eine derartige Vermutung nur dann aus, wenn es sich nicht um einen Verbrauchervertrag handelt (Art. 7 Abs. 3 GEK-E). Im Fall der Verbraucherverträge (auf der Grundlage des GEK) ist nur davon auszugehen, dass die Verwendung der AGB die Widerlegung der sich aus Art. 7 Abs. 4 GEK-E ergebenden Vermutung zusätzlich erschwert, also praktisch erschwert. 118

Die Verbindung zwischen der Vertragsautonomie und der Entscheidungsfreiheit des Verbrauchers wird in der Regelung über die Vertragsmäßigkeit von Waren oder digitalen Inhalten erneut berührt. Diese Vorschrift ist daher für das Konzept der Vertragsfreiheit des GEK von Bedeutung, weil hier versucht wird, eine bestimmte Standardisierung des Hauptgegenstandes vom Vertrag zu erzwingen, von der nur unter erhöhten Voraussetzungen abgewichen werden kann. 119

▶ ARTIKEL 99 GEK-E
Vertragsmäßigkeit
(1) Die Waren oder digitalen Inhalte sind vertragsgemäß, wenn sie
(a) in Menge, Qualität und Art den Anforderungen des Vertrags entsprechen,
(b) hinsichtlich Behältnis oder Verpackung den Anforderungen des Vertrags entsprechen und
(c) den Anforderungen des Vertrags entsprechend mit sämtlichem Zubehör, Montageanleitungen oder anderen Anleitungen geliefert werden.
(2) Um den Anforderungen des Vertrags zu entsprechen, müssen die Waren oder digitalen Inhalte überdies den Anforderungen der Artikel 100, 101 und 102 genügen, soweit die Parteien nichts anderes vereinbart haben.
(3) In einem Verbraucherkaufvertrag ist eine Vereinbarung, die von den Anforderungen der Artikel 100, 102 und 103 zum Nachteil des Verbrauchers abweicht, nur dann gültig, wenn dem Verbraucher der besondere Umstand der Waren oder digitalen Inhalte zum Zeitpunkt des Vertragsschlusses bekannt war und er die Waren oder digitalen Inhalte bei Vertragsschluss als vertragsgemäß akzeptiert hat.
(4) In einem Verbraucherkaufvertrag dürfen die Parteien die Anwendung des Absatzes 3 nicht zum Nachteil des Verbrauchers ausschließen, davon abweichen oder seine Wirkungen abändern. ◀

In dem hier relevanten Zusammenhang geht es vor allem um Abs. 3 dieses Artikels. Durch die Vorschrift wird versucht, das Phänomen der sogenannten negativen Beschaffenheitsvereinbarung aufzugreifen. Es handelt sich um das Problem der Zulässigkeit der Abrede, dass die gekaufte Ware die Eigenschaften aufweisen kann, die den gesetzlichen Standard, der für diese Ware vorgesehen war, nicht erreichen muss.[147] Die 120

---

[147] Schmidt-Kessel/Schmidt-Kessel, GEK-E Kommentar, Art. 99 GEK-E Rn 5; Schulze/Wendehorst, CESL Commentary, Art. 99 CESL Rn 6, 27.

Verfasser des GEK wollten nicht so weit gehen, und den Parteien in Verbraucherverträgen den Kauf der qualitativ minderwertigen Ware generell untersagen. Das könnte einen unverhältnismäßigen Eingriff in die Vertragsfreiheit bedeuten, weil dem Verbraucher das Recht verwehrt würde, auch mangelhafte Sachen bewusst zu kaufen. Aus einem anderen Blickwinkel besteht aber die Gefahr, dass eine derartige Vereinbarung den Verbraucher des ihm zustehenden Schutzes beraubt. Die Verfasser des GEK haben sich dafür entschieden, den Verbraucher nicht im Wege von Umgehungsverboten zu schützen, sondern durch Einführung von qualifizierten Erfordernissen an die Zustimmung des Verbrauchers. Dies entspricht dem Bild eines informierten Verbrauchers, der, wenn entsprechend belehrt und mit verschiedenen ihn stärkenden Instrumenten (wie mit dem Widerrufsrecht) ausgestattet, von seiner Entscheidungsfreiheit Gebrauch machen kann.

121 Der europäische Gesetzgeber schützt den Verbraucher aber auf verschiedene Weisen, die auf unterschiedlichen Ideologien fußen. Auf dem Gebiet der bereits oben erwähnten Verbrauchsgüterkauf-RL werden durch Art. 7 alle die Rechte des Verbrauchers sichernden Normen imperativ (oder besser gesagt semiimperativ zu seinem Vorteil), ohne zu beachten, ob der Verbraucher auf den Inhalt der Vertragsklausel tatsächlich einwirken konnte, geschützt. Es ließe sich fragen, warum der Gesetzgeber im Bereich der Vertragswidrigkeit andere Maßnahmen verwendet, um die Grenzen der Vertragsfreiheit zu bestimmen als in den sonstigen durch die Klausel-RL erfassten Rechtsbeziehungen. Praktisch hat dieser Unterschied aber nur eine beschränkte Bedeutung – normalerweise werden auch die Verbraucherverträge im Bereich der Kaufverträge nicht ausgehandelt. Wären die Vorschriften der Verbrauchsgüterkauf-RL dispositiv und dienten sie als Maßstab für die Inhaltskontrolle, gäbe es nur in seltenen Fällen Ergebnisse, die von dem Standard der Richtlinie nachteilig abwichen. Es ist hier aber eine gewisse Inkohärenz in der Gestaltung des gesamten Systems zu sehen.

4. Treu und Glauben

122 Das Konzept von Treu und Glauben im Bereich des Unionsrechts ist keine Selbstverständlichkeit. Dass Treu und Glauben als eine Korrektur im Rechtsverhältnis sowie als eine Grenze für die Ausübung der subjektiven Rechte fungiert, ist durch die Rechtsordnungen der Mitgliedstaaten in ganz verschiedenem Ausmaß anerkannt.[148] Vor allem treten Common Law-Ordnungen diesem Konzept ablehnend oder zumindest skeptisch gegenüber.[149] Dementsprechend war auch das europäische Recht in dieser Hinsicht sehr zurückhaltend.[150] Nur in wenigen Richtlinien hat der europäische Gesetzgeber nach dem Konzept von Treu und Glauben gegriffen und es ausdrücklich normiert. So wird es in der Klausel-RL[151] genannt:

---

148 Patti, Interpretation of the General Clauses „Public Policy" and „Good Morals" in European Contract Law, ERPL 2014, S. 611–617, 611; Riesenhuber, System und Prinzipien des Europäischen Vertragsrechts, 2003, S. 570; Smits, Contract Law, a comparative Introduction, 2014, S. 136 f, 139; Zimmermann/Whittaker, Good faith in European Contract Law, 2000, S. 16–39.
149 Brownsword, Regulating Transactions: Good Faith and Fair Dealing, in: Howells/Schulze (Hrsg.), Modernising and Harmonising Consumer Contract Law, 2009, S. 88; Ranieri, Europäisches Obligationenrecht, S. 1873 Fn 114, 1873–1875; Stuyck, in: Howells/Schulze (Hrsg.), Modernising and Harmonising Consumer Contract Law, 2009, S. 142–147; Zimmermann/Whittaker, Good faith in European Contract Law, 2000, S. 39.
150 Jansen/Zimmermann, Grundregeln des bestehenden Gemeinschaftsprivatrechts?, JZ 2007, S. 1113, 1121; Riesenhuber, System und Prinzipien des Europäischen Vertragsrechts, 2003, S. 510–412.
151 Riesenhuber, System und Prinzipien des Europäischen Vertragsrechts, 2003, S. 402 f, 570.

IV. Vertragsfreiheit

▶ *Artikel 3 Klausel-RL*

[Gebot von Treu und Glauben]

(1) Eine Vertragsklausel, die nicht im einzelnen ausgehandelt wurde, ist als mißbräuchlich anzusehen, wenn sie entgegen dem Gebot von Treu und Glauben zum Nachteil des Verbrauchers ein erhebliches und ungerechtfertigtes Mißverhältnis der vertraglichen Rechte und Pflichten der Vertragspartner verursacht.
(...) ◀

Diese Richtlinie spielt in der Verbreitung des Konzepts von Treu und Glauben eine zentrale Rolle.[152] Durch die Umsetzung dieser Richtlinie in das englische Recht hat Treu und Glauben (*good faith*) seinen Weg in das Common Law gefunden. Die Grundsätze von Treu und Glauben dienen hier der Festlegung der Grenzen der Gestaltungsfreiheit, wenn die zu kontrollierende Klausel nicht ausgehandelt wurde.

123

Eine etwas abweichende Formulierung des guten Glaubens und der Redlichkeit, aber mit vergleichbarem Inhalt und ähnlichen Funktionen, wird in der Zahlungsverzugs-RL verwendet:

▶ *Artikel 7 Zahlungsverzugs-RL*

Nachteilige Vertragsklauseln und Praktiken

(1) Die Mitgliedstaaten bestimmen, dass eine Vertragsklausel oder eine Praxis im Hinblick auf den Zahlungstermin oder die Zahlungsfrist, auf den für Verzugszinsen geltenden Zinssatz oder auf die Entschädigung für Beitreibungskosten entweder nicht durchsetzbar ist oder einen Schadensersatzanspruch begründet, wenn sie für den Gläubiger grob nachteilig ist.
Bei der Entscheidung darüber, ob eine Vertragsklausel oder eine Praxis im Sinne von Unterabsatz 1 grob nachteilig für den Gläubiger ist, werden alle Umstände des Falles geprüft, einschließlich folgender Aspekte:
(a) jede grobe Abweichung von der guten Handelspraxis, die gegen den Grundsatz des guten Glaubens und der Redlichkeit verstößt;
(...) ◀

Noch vor dem Inkrafttreten der Klausel-RL hat sich der europäische Gesetzgeber dem Begriff von Treu und Glauben in der Handelsvertreter-RL bedient.[153]

124

▶ *Artikel 3 Handelsvertreter-RL*

[Handelsvertreterpflichten]

(1) Bei der Ausübung seiner Tätigkeit hat der Handelsvertreter die Interessen des Unternehmers wahrzunehmen und sich nach den Geboten von Treu und Glauben zu verhalten.
(...) ◀

▶ *Artikel 4 Handelsvertreter-RL*

[Unternehmerpflichten]

(1) Der Unternehmer hat sich gegenüber dem Handelsvertreter nach den Geboten von Treu und Glauben zu verhalten.
(...) ◀

In diesem Fall war die Verwendung des Kriteriums von Treu und Glauben nach der Tradition des Common Law aber weniger revolutionär. Es betrifft ein besonderes

---

152 Riesenhuber, System und Prinzipien des Europäischen Vertragsrechts, 2003, S. 410.
153 Riesenhuber, System und Prinzipien des Europäischen Vertragsrechts, 2003, S. 403 f, 570.

Dauerschuldverhältnis, das von besonderen Loyalitätspflichten[154] beider Parteien gekennzeichnet wird – ein Vertrag der *uberrima fidei*. Im Rahmen dieser Verträge sind die Parteien angehalten, zum Zweck der Erreichung eines gemeinsamen Zieles zu handeln, was die beiderseitige Mitwirkung voraussetzt, deren Umfang zwar nicht präzise festgelegt werden kann, aber durch eine derart flexible Klausel wie Treu und Glauben konkretisiert werden muss.

125 Im Laufe der Zeit hat der europäische Gesetzgeber häufiger zum Gebot von Treu und Glauben gegriffen. Der Grundsatz wird in der RL über unlautere Geschäftspraktiken[155] genannt:

▶ **Artikel 2 RL über unlautere Geschäftspraktiken**
Definitionen
(...)
(h) „berufliche Sorgfalt" der Standard an Fachkenntnissen und Sorgfalt, bei denen billigerweise davon ausgegangen werden kann, dass der Gewerbetreibende sie gegenüber dem Verbraucher gemäß den anständigen Marktgepflogenheiten und/oder dem allgemeinen Grundsatz von Treu und Glauben in seinem Tätigkeitsbereich anwendet;
(...) ◀

126 In dieser Definition wird der Begriff von Treu und Glauben von einer weiteren Kategorie begleitet, den „anständigen Marktgepflogenheiten".[156] Beide Begriffe stehen in einem Alternativverhältnis.[157] Dabei muss beachtet werden, dass diese Richtlinie, wie jede Richtlinie,[158] an die Mitgliedsstaaten gerichtet ist. Das bedeutet, dass auch diese Alternative an die Mitgliedsstaaten gerichtet ist. Sie haben die Wahl – möchte ein Mitgliedsstaat nicht den Begriff von Treu und Glauben verwenden, kann er bei der milderen Formulierung der „anständigen Marktgepflogenheiten" bleiben. Diese zwei Begriffe sind aber keine Synonyme.[159] Hinter dem Begriff von Treu und Glauben verbirgt sich die ideelle Vorstellung von gegenseitigen menschlichen Verhältnissen – eine Art Wunschdenken. Es wird ein Standard geschaffen, den die Menschen in ihren Handlungen zu erreichen haben.[160] Das ist anders im Fall der „anständigen Marktgepflogenheiten". Dieses Kriterium verweist nicht auf eine idealisierte Vorstellung, sondern auf die tatsächlichen Praktiken und Usancen, die nur als „anständig" zu qualifizieren sind. Diese „anständigen Marktgepflogenheiten" als Kriterium verlangen also, um als Maßstab dienen zu können, des Beweises, dass sie tatsächlich praktiziert werden. Das Konzept von Treu und Glauben geht weiter – es erfasst auch die „anständigen Marktgepflogenheiten". Allerdings ist nicht erforderlich, dass eine besondere Verhaltensweise tatsächlich praktiziert wird. Eine Umsetzung, in welcher der nationale Gesetzgeber ge-

---

154 Riesenhuber, System und Prinzipien des Europäischen Vertragsrechts, 2003, S. 403 f.
155 Richtlinie 2005/29/EG des europäischen Parlaments und des Rates vom 11. Mai 2005 über unlautere Geschäftspraktiken im binnenmarktinternen Geschäftsverkehr zwischen Unternehmen und Verbrauchern und zur Änderung der Richtlinie 84/450/EWG des Rates, der Richtlinien 97/7/EG, 98/27/EG und 2002/65/EG des Europäischen Parlaments und des Rates sowie der Verordnung (EG) Nr. 2006/2004 des Europäischen Parlaments und des Rates.
156 Zum Begriff der „anständigen Marktgepflogenheiten" in der Umsetzung der RL über unlautere Geschäftspraktiken in das deutsche Recht siehe Harte-Bavendamm/Henning-Bodewig/Schünemann, UWG Kommentar, 2. Aufl. 2009, § 3 Rn 127–158.
157 Köhler/Bornkamm/Köhler, UWG Kommentar, 32. Aufl. 2014, § 2 Rn 131, § 3 Rn 44.
158 Gem. Art. 288 AEUV.
159 Siehe Rn 133.
160 Brownsword, Regultating Transactions: Good Faith and Fair Dealing, in: Howells/Schulze (Hrsg.), Modernising and Harmonising Consumer Contract Law, 2009, S. 88, 91 f.

dankenlos die beide Begriffe umfassende Phrase wörtlich in die nationale Rechtsordnung überträgt, ergibt also wenig Sinn. Vielmehr besteht die Wahl, sich für einen dieser Begriffe zu entscheiden. Die Entscheidung für „anständige Marktgepflogenheiten" bedeutet eine Zurückhaltung in Bezug auf den umfangreicheren Begriff von Treu und Glauben.

Der EuGH hat zumindest im Fall *Pia Messner* auf den Begriff von Treu und Glauben Rückgriff genommen: 127

> ▶ **Urteil des EuGH v. 3.9.2009, Rs. C-489/07 (Pia Messner), Slg I 2009, 7356**
> Die Bestimmungen des Art. 6 Abs. 1 Satz 2 und Abs. 2 der Richtlinie 97/7/EG des Europäischen Parlaments und des Rates vom 20. Mai 1997 über den Verbraucherschutz bei Vertragsabschlüssen im Fernabsatz sind dahin auszulegen, dass sie einer nationalen Regelung entgegenstehen, nach der der Verkäufer vom Verbraucher für die Nutzung einer durch Vertragsabschluss im Fernabsatz gekauften Ware in dem Fall, dass der Verbraucher sein Widerrufsrecht fristgerecht ausübt, generell Wertersatz für die Nutzung der Ware verlangen kann.
> Diese Bestimmungen stehen jedoch nicht einer Verpflichtung des Verbrauchers entgegen, für die Benutzung der Ware Wertersatz zu leisten, wenn er diese auf eine mit den Grundsätzen des bürgerlichen Rechts wie denen von Treu und Glauben oder der ungerechtfertigten Bereicherung unvereinbare Art und Weise benutzt hat, sofern die Zielsetzung dieser Richtlinie und insbesondere die Wirksamkeit und die Effektivität des Rechts auf Widerruf nicht beeinträchtigt werden; dies zu beurteilen ist Sache des nationalen Gerichts. ◀

In dieser Entscheidung verwendet das Gericht den Begriff von Treu und Glauben, ohne eine ausdrückliche Grundlage dafür in der Richtlinie selbst zu haben. In dieser Entscheidung wurde der Begriff von Treu und Glauben jedoch nicht als eine selbstständige Kategorie des *Acquis communautaire* genannt, sondern lediglich darauf verwiesen, dass der Grundsatz von Treu und Glauben die sich aus dem europäischen Recht ergebende Regel bezüglich der Rückabwicklung nach dem erfolgreichen Widerruf modifizieren kann.

Die Verfasser der Acquis Principles haben diese wenigen Spuren der Geltungsbeanspruchung des Grundsatzes von Treu und Glauben als ausreichend gesehen, um allgemeine Regeln auf dieser Grundlage zu formulieren. Die Acquis Principles enthalten aber keine allgemeine Norm, die eine allgemeine Geltung des Grundsatzes von Treu und Glauben zum Ausdruck brächte.[161] Abgesehen von der Generalklausel der Inhaltskontrolle (Art. 6:301 ACQP) kommt der Grundsatz von Treu und Glauben im Bereich der vorvertraglichen Pflichten und bei der Bestimmung des Inhalts von Schuldverhältnissen und den Regeln über ihre Erfüllung getrennt zum Ausdruck.[162] 128

> ▶ *ARTIKEL 2:101 ACQP*
> *Treu und Glauben*
> In vorvertraglichen Handlungen müssen die Parteien nach von Treu und Glauben handeln. ◀

---

161 Jansen/Zimmermann, Grundregeln des bestehenden Gemeinschaftsprivatrechts?, JZ 2007, S. 1113, 1123; Ranieri, Europäisches Obligationenrecht, 2009, S. 1896 f.
162 Jansen/Zimmermann, Grundregeln des bestehenden Gemeinschaftsprivatrechts?, JZ 2007, S. 1113, 1121.

▶ *Artikel 7:101 ACQP*

Pflicht zur Erfüllung

(1) Der Schuldner hat seine Verpflichtungen nach Treu und Glauben zu erfüllen.

(2) Ein Unternehmer hat seine Verpflichtungen mit derjenigen Fachkenntnis und Sorgfalt zu erfüllen, die vernünftigerweise, insbesondere mit Rücksicht auf die berechtigten Erwartungen von Verbrauchern erwartet werden kann. ◀

▶ *Artikel 7:102 ACQP*

Treu und Glauben in der Ausübung von Rechten

Der Gläubiger hat seine Rechte auf Erfüllung und seine Rechtsbehelfe wegen Nichterfüllung nach Treu und Glauben auszuüben. ◀

129 Die Entscheidung darüber, das Gebot von Treu und Glauben im Rahmen der Acquis Principles aufgesplittert zu regeln, ergibt sich aus einer Zurückhaltung, dem Gebot von Treu und Glauben eine allzu prominente Stellung im gesamten System zu verleihen. Die Wirkung dieses Grundsatzes sollte also nur punktuell bestimmt werden.[163] Es ließe sich die Frage stellen, ob die Verfasser der Acquis Principles im Zeitpunkt ihrer Entstehung ausreichende Quellen hatten, um die Geltung des Grundsatzes von Treu und Glauben für das Unionsrecht im Rahmen der Methode der *Restatements* zu verkünden. Die Europäische Kommission sah dies zumindest zu diesem Zeitpunkt anders. Im Grünbuch zur Überprüfung des gemeinschaftlichen Besitzstands im Verbraucherschutz (2007/C 61/01) stellt die Kommission ausdrücklich fest, dass der allgemeine Grundsatz von Treu und Glauben auf dem Gebiet des Unionsrechts bis zum damaligen Zeitpunkt nicht galt und hat seine Geltung lediglich für die künftigen Arbeiten postuliert und festgestellt, dass seine Geltung nur in Bezug auf künftige Arbeiten in Erwägung gezogen werden kann:

▶ *Anhang I 4.3. Grünbuch zur Überprüfung des gemeinschaftlichen Besitzstands im Verbraucherschutz (2007/C 61/01)*

Die Gebote von Treu und Glauben sowie Fairness im gemeinschaftlichen Verbraucherrecht

Das gemeinschaftliche Verbraucherschutzrecht enthält keine allgemeine Verpflichtung, nach dem Gebot der Fairness bzw. Treu und Glauben zu handeln. Artikel 5 der Richtlinie über unlautere Geschäftspraktiken, welche für Geschäftspraktiken, nicht aber für Verträge gilt, enthält eine allgemeine Klausel über unlautere Praktiken (*unfair commercial practices*) (2). Artikel 3 Absatz 1 der Richtlinie 93/13/EWG über missbräuchliche Vertragsklauseln in Verbraucherverträgen dient als Generalklausel für den Begriff „missbräuchliche Klauseln" (*unfair terms*) und definiert diesen für die Zwecke der Richtlinie.

Der größte Vorteil einer übergreifenden allgemeinen Klausel für Verbraucherverträge in dem horizontalen Instrument wäre eine Handhabe dafür, wie spezifischere Bestimmungen auszulegen sind, mit der die Gerichte auch Gesetzeslücken durch die Entwicklung zusätzlicher Rechte und Pflichten schließen könnten. Mit der Schließung von Gesetzeslücken würde der Verbraucherschutz verbessert und Rechtsunsicherheit bei den Herstellern vermieden. Zudem könnte eine generelle Bestimmung nützlich sein bei der Auslegung von Klauseln in Angeboten oder Verträgen und könnte außerdem der Kritik entgegen treten, dass bestimmte Richtlinien oder Bestimmungen nicht zeitlos seien. Eine generelle Bestimmung könnte zu der Formulierung „Treu und Glauben und Fairness" entstehen. Damit wäre auch

---

163 Ranieri, Europäisches Obligationenrecht, 2009, S. 1896 f.

die Vorstellung abgedeckt, dass die Interessen der anderen Partei unter Berücksichtigung der speziellen Lage einiger Verbraucher gebührend beachtet werden.
Der Nachteil einer solchen Generalklausel wäre, dass darin nicht präzise die Rechte und Pflichten der einzelnen Parteien genannt sind. Die Auslegung könnte zwischen Mitgliedstaaten abweichen.
Ein entsprechender genereller Grundsatz sollte gegebenenfalls von der Aushandlung bis zur Ausführung eines Vertrags, mit den entsprechenden Rechtsbehelfen, gelten. Damit würde auch vermieden, dass es zu den Schwierigkeiten kommt, wie sie mit den geltenden Verbraucherschutzrichtlinien auftreten, weil die Rechtsvorschriften durch die Entwicklung von Technologie und Märkten überholt sind.
Frage C: Sollte in einem horizontalen Instrument eine übergreifende Verpflichtung der Unternehmer festgeschrieben werden, im Einklang mit den Geboten von Treu und Glauben und Fairness zu handeln?
Option 1: In dem horizontalen Instrument könnte festgelegt werden, dass von Unternehmern nach dem für Verbraucherverträge geltenden EU-Recht ein Handeln in Treu und Glauben erwartet wird.
Option 2: Der Status quo wird beibehalten: Es gibt keine Generalklausel.
Option 3: Es wird eine Generalklausel eingefügt, die für Unternehmer und Verbraucher gleichermaßen gilt. ◀

Im Fall der Verbraucherrechte-RL, die als eine der Folgen dieses Grünbuches gesehen werden kann, wird der Grundsatz von Treu und Glauben aber nicht verwendet. Es sieht so aus, als ob im Richtlinienrecht der *Option 2* gefolgt wurde.

Im Text des DCFR wird der Grundsatz von Treu und Glauben ausdrücklich ausgesprochen:[164]

▶ *Artikel III.-1:103 DCFR*
Treu und Glauben und redlicher Geschäftsverkehr
(1) Eine Person hat die Pflicht, bei der Erfüllung einer Verpflichtung, bei der Geltendmachung eines Anspruchs, bei der Ausübung oder der Abwehr eines Rechtsbehelfs wegen Nichterfüllung oder bei der Ausübung eines Rechts zum Rücktritt von einer Verpflichtung oder einem Vertragsverhältnis im Einklang mit dem Gebot von Treu und Glauben und des redlichen Geschäftsverkehrs zu handeln.
(2) Diese Pflicht kann nicht durch Vertrag oder ein anderes Rechtsgeschäft ausgeschlossen oder beschränkt werden.
(3) Die Verletzung dieser Pflicht hat nicht unmittelbar einen Rechtsbehelf wegen Nichterfüllung einer Verpflichtung zur Folge, kann aber den Verletzenden von der Ausübung eines Rechts, eines Rechtsbehelfs oder einer Einwendung, oder der Berufung darauf, ausschließen, welche der Person andernfalls zustünden. ◀

Der DCFR versucht, durch diese Formulierung des Grundsatzes von Treu und Glauben einen Kompromiss zwischen den verschiedenen Traditionen des *Acquis communautaire* zu finden. Im Einklang mit den kontinentaleuropäischen Rechtsordnungen wurde ein genereller Grundsatz von Treu und Glauben formuliert, zugleich aber in Anlehnung an die englische Tradition die aus der *estoppel*-Lehre abgeleitete Position eingenommen, nach der der Grundsatz von Treu und Glauben als „Schild", nicht aber als „Schwert" verwendet werden darf. Diese Formulierung bedeutet, dass allein aus

---

164 Ranieri, Europäisches Obligationenrecht, 2009, S. 1896 f.

dem Grundsatz von Treu und Glauben keine direkten Ansprüche abgeleitet werden können. Er dient lediglich zur Abwehr der eigenen Rechtsposition.

133 In der Formulierung des DCFR sind auch Spuren der RL über unlautere Geschäftspraktiken zu finden, weil hier auch neben dem Begriff von Treu und Glauben die „anständigen Marktgepflogenheiten"[165] vorkommen. Dies ist aber keine geglückte Übernahme aus dem *Acquis communautaire*. Wie oben ausgeführt wurde, sind diese beiden Begriffe (Treu und Glauben und anständige Marktgepflogenheiten) eine nützliche Alternative für den nationalen Gesetzgeber. In dieser Verbindung bilden sie aber keinen neuen Begriff – die anständigen Marktgepflogenheiten werden durch den Begriff von Treu und Glauben erfasst.[166]

134 Im Text des GEK wird die Geltung des Grundsatzes von Treu und Glauben als eine für das gesamte System allgemeine Regel zum Ausdruck gebracht:

▶ *Artikel 2 GEK-E*
Treu und Glauben und redlicher Geschäftsverkehr
(1) Jede Partei hat die Pflicht, im Einklang mit dem Gebot von Treu und Glauben und des redlichen Geschäftsverkehrs zu handeln.
(2) Verletzt eine Partei diese Pflicht, so kann sie das von der Ausübung oder Geltendmachung von Rechten, Abhilfen oder Einwänden, die ihr sonst zugestanden hätten, ausschließen, oder es kann sie für jeden Verlust, der der anderen Partei dadurch entsteht, haftbar machen.
(3) Die Parteien dürfen die Anwendung dieses Artikels nicht ausschließen, davon abweichen oder dessen Wirkungen abändern. ◀

135 Im GEK-VO-E wird auch der Begriff von Treu und Glauben und redlicher Geschäftsverkehr definiert:

▶ *Artikel 2 GEK-VO-E*
Begriffsbestimmungen
Für die Zwecke dieser Verordnung bezeichnet der Ausdruck
(...)
(b) „Treu und Glauben und redlicher Geschäftsverkehrs" ein Verhaltensmaßstab, der durch Redlichkeit, Offenheit und Rücksicht auf die Interessen der anderen Partei in Bezug auf das fragliche Geschäft oder Rechtsverhältnis gekennzeichnet ist;
(...) ◀

Aus dieser Bestimmung geht deutlich hervor, dass der Begriff des „redlichen Geschäftsverkehrs" (der an dieser Stelle den in der RL über unlautere Geschäftspraktiken in deutscher Sprache verwendeten Begriff der „anständigen Marktgepflogenheiten" ersetzt hat) mit dem Begriff von Treu und Glauben sprachlich in einer Formulierung verschmolzen wurde, ohne dass dies aber den Inhalt des Begriffs von Treu und Glauben nicht erweitert bzw verändert hat. Mit der Verwendung des englischen Begriffes *fair dealing* ging es eher darum, eine für einen aus dem Common Law stammenden Leser vertrauliche Formel zu liefern.[167] Die Definition aus Art. 2 lit. b GEK-VO-E verwendet auch verschiedene Generalklauseln, die ebenfalls konkretisierungsbedürftig sind. Aus dieser Definition lässt sich jedoch eine Zielrichtung des Vertragsrechts des GEK erken-

---

165 Der Begriff findet sich in Art. 2 lit. h RL über unlautere Geschäftspraktiken.
166 Siehe Rn 126.
167 Schmidt-Kessel/Schmidt-Kessel, GEK-E Kommentar, Art. 2 GEK-VO-E Rn 14, 15.

nen. Das GEK setzt voraus, dass die Parteien zur Wahrung der gegenseitigen Interessen verpflichtet sind und zu diesem Zweck kooperieren sollen (siehe auch Art. 3 GEK-E, der eine Pflicht zur Zusammenarbeit ausdrücklich festlegt[168]).[169] Es handelt sich also um ein kooperatives Vertragsrecht, im Gegensatz zu einem Vertragsrecht, dass vor allem auf die Beachtung eigener Interessen gerichtet ist. In der Formulierung des Art. 2 GEK-VO-E ist das Konzept des DCFR grundsätzlich wiederholt worden.[170] Der einzige Unterschied besteht in der Berechtigung der beeinträchtigten Partei, Schadensersatz zu verlangen. Der verletzten Person werden also nicht nur Abwehrrechte eingeräumt, sondern in einem eingeschränkten Umfang auch „Angriffsrechte", der Schadenersatz, zuerkannt. Diese Berechtigung ist der französischen Tradition entnommen. Die Aufnahme eines allgemeinen Grundsatzes von Treu und Glauben durch das GEK bedeutet eine Entwicklung, die durch die zitierte Bestimmung der Acquis Principles vorweggenommen wurde. Würde das GEK durch die Europäische Union als geltendes Recht angenommen, würde der Grundsatz von Treu und Glauben aus diesem Instrument, trotz dessen optionaler Natur, möglicherweise den gesamten *Acquis communautaire* beeinflussen.

V. Vertragsparteien

1. Übersicht

Das Privatrecht der Europäischen Union hat sich anders entwickelt als die traditionellen Privatrechte der einzelnen Staaten. Die großen privatrechtlichen Kodifikationen des 19. Jahrhunderts spiegelten liberale Tendenzen jener Zeit wider und normierten Rechte, die dem Abbau aller formellen Unterschiede unter den Einzelnen dienen sollten.[171] Die Verwirklichung des Grundsatzes der formellen Gleichheit führte aber auch dazu, dass diese Privatrechte lediglich einen „Tropfen sozialen Öls"[172] beinhalteten. Im Laufe des 20. Jahrhunderts kristallisierte sich dann auf der Grundlage vielfältiger Erfahrungen im Rahmen sozialstaatlicher Fortentwicklung der Marktwirtschaft immer deutlicher die Tendenz heraus, die schwächeren Parteien zu schützen.[173] Diese Tendenz zeichnete sich insbesondere im Bereich des Arbeitsrechts ab, was in vielen Rechtsordnungen Europas zu einer Verselbstständigung des Arbeitsrechts zu einer eigenen juristischen Disziplin führte.[174] Die Entwicklung im Bereich des Arbeitsrechts soll allerdings von der vorliegenden Bearbeitung nicht erfasst werden. Im Bereich des klassischen Privatrechts entwickelten sich in zahlreichen Rechtssystemen erst der Mieterschutz und später der Schutz des Verbrauchers.[175] In vielen Rechtsordnungen wurde versucht, auch die anderen „nicht professionellen Subjekte" sowie kleinere und mittlere Unternehmer zu schützen. Diese Entwicklung verlief im Verhältnis der einzelnen

136

---

168 Hierzu siehe Schmidt-Kessel/Müller-Graff, GEK-E Kommentar, Art. 3 GEK-E; Schulze/Schulte-Nölke, CESL Commentary, Art. 2 CESL Regulation Rn 5.
169 Schulze/Wendehorst, CESL Commentary, Art. 2 CESL Regulation Rn 5.
170 Schmidt-Kessel/Schmidt-Kessel, GEK-E Kommentar, Art. 2 GEK-VO-E Rn 9.
171 Vgl Wieacker, Privatrechtsgeschichte der Neuzeit: unter besonderer Berücksichtigung der deutschen Entwicklung, 2. Aufl., 1967, 5.-12.Tausend, S. 458–468, 461 f.
172 Böhm/Dove, Fürst Bismarck als Redner, 13. Bd., S. 50; Wieacker, Privatrechtsgeschichte der Neuzeit: unter besonderer Berücksichtigung der deutschen Entwicklung, 2. Aufl. 1967, S. 470.
173 Näher zu dieser Entwicklung: Wieacker, Privatrechtsgeschichte der Neuzeit: unter besonderer Berücksichtigung der deutschen Entwicklung, 2. Aufl. 1967, S. 517, 539, 543, 558.
174 Vgl ders., S. 547.
175 Vgl Schlosser, Grundzüge der Neueren Privatrechtsgeschichte Rechtsentwicklungen im europäischen Kontext, 10. Aufl. 2005, S. 202, 203.

Länder zueinander aber sehr unkoordiniert. Mit der Entstehung des gemeinsamen Marktes im Rahmen der Europäischen Gemeinschaften und jetzt im Rahmen der Europäischen Union stellten diese Unterschiede immer stärker einen Faktor dar, der zu einem Hindernis für das reibungslose Funktionieren des Binnenmarktes wurde.[176] Die Notwendigkeit des erhöhten Schutzes bestimmter Marktteilnehmer erhöht die Kosten[177] und führt zu ungleichen Chancen für Unternehmer, weil einige im Vergleich zu anderen weniger strenge Regeln beachten müssen, was zu Sozialdumping führen kann. Auch für Verbraucher war die Unkenntnis über das Schutzniveau in einem anderen Mitgliedstaat ein Faktor für die Entscheidung, nicht grenzübergreifend zu agieren.[178] Deswegen ist es nicht verwunderlich, dass sich die Entwicklung des europäischen Vertragsrechts auf dem Abbau solcher Unterschiede konzentrierte.[179] Trotz des Abbaus dieser Unterschiede soll der Schutz jedoch nicht abgesenkt werden. Vielmehr mussten entsprechend hohe gemeinsame Schutzstandards geschaffen werden. Der Schutz im Vertragsrecht entwickelte sich insbesondere auf Grundlage des Verbraucherbegriffs. Dieser Begriff hat eine zentrale Bedeutung für die Entwicklung des Vertragsrechts der Union. Der Begriff des Verbrauchers dient der „Pauschalierung" der Identifizierung von Eigenschaften, die eine schutzbedürftige Person aufweisen muss.[180] Zwar kann der Verbraucher in bestimmten Fällen einem faktisch „schwachen" Unternehmer überlegen und daher nicht schutzbedürftig sein. Dennoch unterliegt er dem Verbraucherschutz.[181] Trotzdem wird er weiter als Verbraucher geschützt. Mit dem Begriff des Verbrauchers ist eine ihm immanente und von dem Gesetzgeber wahrgenommene potenzielle Ungerechtigkeit verbunden. Während einige Personen in einer Lage der faktischen Unterlegenheit, die noch erheblicher als im Fall des Verbrauchers sein kann (zum Beispiel kleine Unternehmer), nicht geschützt werden, werden andere geschützt, obwohl eine Schutzbedürftigkeit in einem konkreten Fall nicht besteht. Die Klassifizierung als Verbraucher ist ein Phänomen, das den Bedürfnissen des Massenverkehrs entspricht.[182] Daraus resultieren jedoch Probleme der Klassifizierung derjenigen Handlungen, die eine Partei zu einem gemischten Zweck vornimmt,[183] das heißt, zu einem Zweck, der zum Teil unternehmerischer und zum Teil als privater Natur ist.

137 Die zahlreichen verbraucherrechtlichen Richtlinien enthalten eine Definition des Verbrauchers.[184] Diese Definitionen sind grundsätzlich ähnlich, so dass eine Verallgemei-

---

176 Vgl zu dieser Fragestellung bereits die Europäische Kommission in ihrer Mitteilung zum Europäischen Vertragsrecht vom 11.7.2001 (KOM(2001) 398 endg.); siehe auch Denkinger, Der Verbraucherbegriff: Eine Analyse persönlicher Geltungsbereiche von verbraucherrechtlichen Schutzvorschriften in Europa, 2007, S. 1 f, 243; Riesenhuber/Takayama, Rechtsangleichung: Grundlagen, Methoden und Inhalte, in: Riesenhuber/Takayama, Rechtsangleichung: Grundlagen, Methoden und Inhalte, 2006, S. 1, 2.
177 Vgl hierzu die Analyse der Wirkung von entsprechenden Schutzvorschriften von Adams am Beispiel des Schutzes von Arbeitnehmern gem. § 612 Abs. 3 S. 2 BGB, aus der deutlich hervorgeht, welche Nachteile dem Arbeitgeber durch die Berücksichtigung dieser Schutzvorschrift entstehen Adams, Ökonomische Theorie des Rechts: Konzepte und Anwendungen, 2. Aufl., 2004, S. 115–118.
178 Vgl Denkinger, Der Verbraucherbegriff: Eine Analyse persönlicher Geltungsbereiche von verbraucherrechtlichen Schutzvorschriften in Europa, 2007, S. 243.
179 Vgl Riesenhuber, System und Prinzipien des Europäischen Vertragsrechts, 2003, S. 217.
180 Vgl Riesenhuber, System und Prinzipien des Europäischen Vertragsrechts, 2003, S. 206; vgl MünchKommBGB/Micklitz, 6. Aufl. 2012, Vorb. zu §§ 13, 14 Rn 95.
181 Vgl hierzu auch Denkinger, Der Verbraucherbegriff: Eine Analyse persönlicher Geltungsbereiche von verbraucherrechtlichen Schutzvorschriften in Europa, 2007, S. 101 ff, insbesondere S. 103.
182 Vgl v. Hippel, Verbraucherschutz, 3. Aufl., 1986, S. 3 f.
183 Vgl Riesenhuber, Europäisches Vertragsrecht, 2. Aufl. 2006, S. 91.
184 Eine gute Übersicht bietet die Tabelle zu den Verbraucherbegriffen in den Richtlinien bei Riesenhuber, System und Prinzipien des Europäischen Vertragsrechts, 2003, S. 251–253.

nerung der Definition in Betracht kommt. Umstritten könnte allerdings sein, ob eine Person, die zu einem gemischten Zweck handelt, als Verbraucher bezeichnet werden kann. In bestimmten Fällen knüpft der europäische Gesetzgeber die Schutzmaßnahmen nicht an die besonderen Eigenschaften der zu schützenden Partei, sondern an die Natur der rechtlichen Beziehung selbst. Manche Schutzmaßnahmen werden nur zugunsten einer unternehmerischen Partei in Verträgen zwischen Unternehmern vorgesehen, beispielsweise die Investoren im Rahmen von Finanzgeschäften.[185] Eine besondere Kategorie der Schutzmaßnahmen für eine Vertragspartei bildet das Antidiskriminierungsrecht, das Personen schützt, die wegen rechtlich bestimmter Eigenschaften im Verhältnis zu anderen Parteien, die diese Eigenschaft nicht aufweisen, von der anderen Vertragspartei behandelt werden.[186]

2. Verbraucherbegriff im Acquis communautaire

Gem. Art. 1:201 ACQP ist ein Verbraucher jede natürliche Person, die überwiegend für die Zwecke handelt, die sich außerhalb ihrer unternehmerischen Tätigkeit befinden. Diese Formulierung wurde in der Lehre von *Jansen* und *Zimmermann* kritisiert, weil nach dieser Vorschrift eine Person auch im Fall eines Vertrages, der zu einem unternehmerischen Zweck, welcher eine untergeordnete, aber nicht unerhebliche Rolle spielt, als Verbraucher qualifiziert werden würde.[187] *Jansen* und *Zimmermann* weisen darauf hin, dass der EuGH zu einem anderen Ergebnis gekommen ist.[188] Im Fall Gruber wurde entschieden, dass nur ein zu vernachlässigender unternehmerischer Zweck einer Qualifikation als Verbraucher nicht entgegensteht.[189]

138

> ▶ **Urteil des EuGH v. 20.1.2005, Rs. C-464/01 (Gruber), Slg 2005, I-439**
> Die Zuständigkeitsvorschriften des Übereinkommens vom 27. September 1968 über die gerichtliche Zuständigkeit und die Vollstreckung gerichtlicher Entscheidungen in Zivil- und Handelssachen in der durch das Übereinkommen vom 9. Oktober 1978 über den Beitritt des Königreichs Dänemark, Irlands und des Vereinigten Königreichs Großbritannien und Nordirland, das Übereinkommen vom 25. Oktober 1982 über den Beitritt der Republik Griechenland, das Übereinkommen vom 26. Mai 1989 über den Beitritt des Königreichs Spanien und der Portugiesischen Republik und das Übereinkommen vom 29. November 1996 über den Beitritt der Republik Österreich, der Republik Finnland und des Königreichs Schweden geänderten Fassung sind wie folgt auszulegen:
> Eine Person, die einen Vertrag abgeschlossen hat, der sich auf einen Gegenstand bezieht, der für einen teils beruflich-gewerblichen, teils nicht ihrer beruflichen oder gewerblichen Tätigkeit zuzurechnenden Zweck bestimmt ist, kann sich nicht auf die speziellen Zuständigkeitsvorschriften der Artikel 13 bis 15 EuGVÜ berufen, es sei denn, der beruflich-gewerbliche Zweck ist derart nebensächlich, dass er im Gesamtzusammenhang des betreffenden Geschäftes nur eine ganz untergeordnete Rolle spielt, wobei die Tatsache, dass der nicht beruflich-gewerbliche Zweck überwiegt, ohne Bedeutung ist;

---

185 Erwägungsgrund 1 RL 2004/39/EG des Europäischen Parlaments und des Rates vom 21. April 2004 über Märkte für Finanzinstrumente, zur Änderung der Richtlinien 85/611/EWG und 93/6/EWG des Rates und der RL 2000/12/EG des Europäischen Parlaments und des Rates und zur Aufhebung der RL 93/22/EWG des Rates..
186 Siehe zB die RL gegen Diskriminierungen aus Gründen der Rasse oder der ethnischen Herkunft oder die RL zur Gleichbehandlung von Männern und Frauen im Beruf, dazu Rn 145–149.
187 Jansen/Zimmermann, Grundregeln des bestehenden Gemeinschaftsprivatrechts?, in: JZ 2007, S. 1113, 1117.
188 Jansen/Zimmermann, Grundregeln des bestehenden Gemeinschaftsprivatrechts?, in: JZ 2007, S. 1113, 1117 und Fn 58.
189 EuGH 20.1.2005, Rs. C-464/01 (Gruber), Slg 2005, I-439.

es ist Sache des angerufenen Gerichts, zu entscheiden, ob der betreffende Vertrag abgeschlossen wurde, um in nicht ganz untergeordnetem Maße Bedürfnisse zu decken, die der beruflich-gewerblichen Tätigkeit des Betroffenen zuzurechnen sind, oder ob im Gegenteil der beruflich-gewerbliche Zweck nur eine unbedeutende Rolle spielte; hierbei hat dieses Gericht sämtliche tatsächlichen Umstände zu berücksichtigen, die sich objektiv aus den Akten ergeben; nicht zu berücksichtigen sind jedoch Umstände oder Merkmale, die für den Vertragspartner der Person, die sich auf die Verbrauchereigenschaft beruft, erkennbar waren, es sei denn, diese hat sich so verhalten, dass ihr Vertragspartner zu Recht den Eindruck gewinnen konnte, sie handele zu beruflich-gewerblichen Zwecken. ◀

Der Fall *Gruber* betraf aber eine prozessrechtliche Frage der internationalen Zuständigkeit.[190] Daher bleibt zu fragen, ob diese Wertung auf das materielle Vertragsrecht zu übertragen ist oder ob sich im materiellrechtlichen *Acquis communautaire* eine hinreichende Grundlage zu Bestimmung des Verbraucherbegriffs in dieser Hinsicht finden lässt. Die Verbraucherrechte-RL hat nicht zu einer eindeutigen Klarstellung geführt. Art. 2 Nr. 1 Verbraucherrechte-RL definiert den Verbraucherbegriff auf den ersten Blick auf traditionelle Weise, wie es mehrheitlich in den Richtlinien der Fall ist:

▶ **ARTIKEL 2 VERBRAUCHERRECHTE-RL**

Begriffsbestimmungen

Im Sinne dieser Richtlinie bezeichnen die Ausdrücke
(1) „Verbraucher" jede natürliche Person, die bei von dieser Richtlinie erfassten Verträgen zu Zwecken handelt, die außerhalb ihrer gewerblichen, geschäftlichen, handwerklichen oder beruflichen Tätigkeit liegen;
(...) ◀

In den Erwägungsgründen[191] zu dieser Richtlinie wird der Verbraucherbegriff aber differenzierter erfasst. Dem gleichen Muster der engen Definition des Verbrauchers im Text des Rechtsaktes[192] und der umfassenderen Umschreibung des Verbrauchers in den Erwägungsgründen[193] folgen die Wohnimmobilienkredit-RL und die VO über Online-Streitbeilegung[194].

▶ **ARTIKEL 4 WOHNIMMOBILIENKREDIT-RL**

Begriffsbestimmungen

Für die Zwecke dieser Richtlinie bezeichnet der Ausdruck
(1) „Verbraucher" einen Verbraucher im Sinne von Artikel 3 Buchstabe a der Richtlinie 2008/48/EG;
(...) ◀

---

190 In dem Urteil geht es um die Frage der Anwendbarkeit der Art. 13–15 EuGVÜ.
191 Erwägungsgrund 17 Verbraucherrechte-RL.
192 Definition des „Verbrauchers" siehe Art. 4 lit. a VO über Online-Streitbeilegung und Art. 4 Nr. 1 Wohnimmobilienkredit-RL.
193 Erwägungsgrund 10 VO über Online-Streitbeilegung und Erwägungsgrund 12 Wohnimmobilienkredit-RL.
194 Verordnung (EU) Nr. 524/2013 des Europäischen Parlaments und des Rates vom 21. Mai 2013 über die Online-Beilegung verbraucherrechtlicher Streitigkeiten und zur Änderung der Verordnung (EG) Nr. 2006/2004 und der Richtlinie 2009/22/EG (VO über Online-Streitbeilegung).

V. Vertragsparteien

▶ *ARTIKEL 4 VO ÜBER ONLINE-STREITBEILEGUNG*
Begriffsbestimmungen
Für die Zwecke dieser Verordnung bezeichnet der Ausdruck
(a) „Verbraucher" einen Verbraucher im Sinne des Artikels 4 Absatz 1 Buchstabe a der Richtlinie 2013/11/EU
(...) ◀

▶ *ERWÄGUNGSGRUND 17 VERBRAUCHERRECHTE-RL*
Die Definition des Verbrauchers sollte natürliche Personen, die außerhalb ihrer gewerblichen, geschäftlichen, handwerklichen oder beruflichen Tätigkeit handeln, umfassen. Wird der Vertrag jedoch teilweise für gewerbliche und teilweise für nichtgewerbliche Zwecke abgeschlossen (Verträge mit doppeltem Zweck) und ist der gewerbliche Zweck im Gesamtzusammenhang des Vertrags nicht überwiegend, so sollte diese Person auch als Verbraucher betrachtet werden. ◀

▶ *ERWÄGUNGSGRUND 12 WOHNIMMOBILIENKREDIT-RL*
Die Begriffsbestimmung des Verbrauchers sollte natürliche Personen, die außerhalb ihrer gewerblichen oder beruflichen Tätigkeit handeln, umfassen. Wird der Vertrag im Falle von Verträgen mit doppeltem Zweck jedoch teilweise für gewerbliche oder berufliche Tätigkeit und teilweise für nichtgewerbliche oder nichtberufliche Zwecke geschlossen und ist der gewerbliche oder berufliche Zweck im Gesamtzusammenhang des Vertrags nicht von überwiegender Bedeutung, so sollte diese Person auch als Verbraucher betrachtet werden. ◀

▶ *ERWÄGUNGSGRUND 13 VO ÜBER ONLINE-STREITBEILEGUNG*
Die Definition des Begriffs „Verbraucher" sollte natürliche Personen, die außerhalb ihrer gewerblichen, geschäftlichen, handwerklichen oder beruflichen Tätigkeit handeln, umfassen. Wird ein Vertrag jedoch teils im Rahmen, teils außerhalb des Rahmens des Gewerbes einer Person abgeschlossen (Verträge mit doppeltem Zweck) und ist der gewerbliche Zweck so gering, dass er im Gesamtkontext des Geschäfts als nicht überwiegend erscheint, sollte die betreffende Person ebenfalls als Verbraucher gelten. ◀

Nach den genannten Erwägungsgründen umfasst der Verbraucherbegriff Verträge, die einem Doppelzweck dienen, sofern der private, nicht gewerbliche Zweck überwiegt. Der Verbraucherbegriff reicht also erheblich weiter als im *Gruber-Fall*. Problematisch ist jedoch die Stellung der Erwägungsgründe zu der Richtlinie. Sie könnten die Definition im Haupttext der Richtlinie vervollständigen und ergänzen. Es stellt sich aber die Frage, warum der normative Inhalt des Erwägungsgrundes 17 Verbraucherrechte-RL und der entsprechenden zwei weiteren genannten Erwägungsgründe nicht direkt in die Definition im Richtlinientext übernommen wurden. Der Grund könnte sein, dass der politische Konsens dadurch einfacher erzielt werden konnte. Im Auslegungsprozess der Richtlinie können die Erwägungsgründe aber nicht ignoriert werden.[195] Aus den Richtlinien und der Verordnung ergibt sich also deutlich, dass der gemischte Zweck des Vertrages, soweit seine private Bestimmung überwiegt, einer Qualifikation der betroffenen Person als Verbraucher nicht entgegensteht.

In der Pauschalreise-RL wird der Begriff des Verbrauchers in einem anderen Sinn verwendet. Gem. Art. 2 Pauschalreise-RL ist jeder Kunde des Reiseveranstalters als Verbraucher definiert. Diese sehr weitgehende Definition ergibt sich aus der Natur der

---

[195] Den Erwägungsgründen sind keine Rechtsnormen, aber sie haben „Teil an der Autorität und Dignität des Publizierten Normtextes", Köndgen, in: Riesenhuber, Europäische Methodenlehre, 2. Aufl. 2010, § 7 Rn 41.

Leistungen, die für den Pauschalreisevertrag charakteristisch sind. Diese Leistungen dienen der Befriedigung nicht kommerzieller, privater Interessen. Deswegen sind alle Kunden gleichermaßen als schützenswert zu betrachten. Im Sinne der Richtlinie kann jeder Kunde des Reiseveranstalters als „Verbraucher" gelten, das heißt also auch eine juristische Person bzw eine Person, die zu einem unternehmerischen Zweck handelt. Der Grund dafür liegt in der Natur der Pauschalreiseleistung. Sie dienen der Befriedigung der immateriellen Interessen von Reisenden und dem private Zweck derjenigen Person, die die Leistungen am Ende in Anspruch nimmt (auch wenn sie nicht Vertragspartei war). Die Ausdehnung des Verbraucherbegriffs auf die Kunden des Reiseveranstalters ist insofern mit dem Wesen dieses Rechtsverhältnisses verbunden.

▶ **ARTIKEL 2 PAUSCHALREISE-RL**

Im Sinne dieser Richtlinie bedeutet:
(...)
(4) Verbraucher: die Person, welche die Pauschalreise bucht oder zu buchen sich verpflichtet („der Hauptkontrahent"), oder jede Person, in deren Namen der Hauptkontrahent sich zur Buchung der Pauschalreise verpflichtet („die übrigen Begünstigten"), oder jede Person, der der Hauptkontrahent oder einer der übrigen Begünstigten die Pauschalreise abtritt („der Erwerber").
(...) ◀

Abgesehen von der Definition der Pauschalreise-RL sind die zitierten Definitionen der unterschiedlichen verbraucherschützenden Richtlinien eher eng gefasst. Die Frage, ob ein unternehmerischer Nebenzweck einer verbraucherrechtlichen Qualifikation immer entgegensteht, ist aber durch diese enge Formulierung noch nicht abschließend beantwortet. Die angeführten Definitionen lassen Raum zur Auslegung. Das Problem der verbraucherrechtlichen Qualifizierung bei einem gemischten, aber überwiegend den privaten Zwecken dienenden Vertrag wird in der Richtlinie über Produkthaftung[196] aufgegriffen. Dabei handelt es sich zwar eher um eine dem Deliktsrecht zuzuordnende Richtlinie. Das Wort „Verbraucher" wird in dieser Richtlinie nicht verwendet. Allerdings dient die Richtlinie funktionell auch dem Verbraucherschutz. Nach Art. 9 lit. b ii) iVm Art. 1 Produkthaftungs-RL kann im Fall der Beschädigung einer anderen als der fehlerhaften Sache ein Anspruch auf Schadensersatz bestehen, sofern diese Sache hauptsächlich zum privaten Ge- oder Verbrauch verwendet worden ist.

141 Die Formulierung der Acquis Principles ist hier als ein Auslegungsvorschlag zu sehen. Einerseits könnte argumentiert werden, dass von den Parteien entsprechende Kenntnisse zu erwarten sind, wenn der Vertrag auch einen untergeordneten wirtschaftlichen Zweck hat. Anderseits sind aber bei derartigen Geschäften, die überwiegend dem privaten Zweck dienen, alle Gründe für die Anwendung des Verbraucherschutzes gegeben. Den Verbraucherschutz allein deswegen auszuschließen, weil eine gekaufte Kaffeemaschine überwiegend im Haushalt des Käufers verwendet und nur gelegentlich auch zur Bedienung der Kunden einer von dem Käufer betriebenen Werkstatt eingesetzt wird, erscheint ungerecht. Es bleibt eine Klärung durch die künftige Rechtsprechung des EuGH abzuwarten, ob die im Fall *Gruber* angenommene Formel auch auf materiellrechtliche Sachverhalte übertragen werden kann. Die Entwicklung, welche in der Formulierung der Verbraucherrechte-RL zu sehen ist, zeigt deutlich, dass auch die

---

[196] Richtlinie 85/374/EWG des Rates vom 25. Juli 1985 zur Angleichung der Rechts- und Verwaltungsvorschriften der Mitgliedstaaten über die Haftung für fehlerhafte Produkte.

V. Vertragsparteien

Verträge mit einem doppelten Zweck, mit einer nur überwiegenden privaten Bestimmung und darüber hinaus mit einer nicht zu vernachlässigenden gewerblichen Komponente grundsätzlich als Verbrauchergeschäfte zu sehen sind.
Art. I.-1:105 Abs. 3 DCFR enthält eine besondere Regel für Verträge mit gemischtem Zweck. Hiernach soll eine Partei bei einem derartigen Vertrag zwar vom Verbraucherschutz profitieren, gleichzeitig aber auch den Pflichten eines Unternehmers unterstellt werden. Es handelt sich um die Verträge, bei welchen einer Person zugleich als Unternehmer und Verbraucher auftritt, weil das Rechtsgeschäft beiden Lebensbereichen zugeordnet werden kann. Nach der heutigen Rechtslage könnte die Auslegung möglicherweise zum gleichen Ergebnis führen, wenn die Formulierung der Acquis Principles die europäische Rechtslage richtig widerspiegelt.

142

3. Andere schutzbedürftige Parteien

Der *Acquis communautaire* enthält aber auch Regeln, die eine Partei unabhängig von ihrer Qualifikation als Verbraucher schützen. Die Bestimmung, welche Partei geschützt werden soll, ergibt sich aus der Natur des Rechtsverhältnisses. Die Unternehmer werden zum Beispiel auf Grundlage der Zahlungsverzugs-RL oder der Handelsvertreter-RL geschützt.

143

▶ Erwägungsgrund 9 Zahlungsverzugs-RL

Diese Richtlinie sollte den gesamten Geschäftsverkehr unabhängig davon regeln, ob er zwischen privaten oder öffentlichen Unternehmen oder zwischen Unternehmen und öffentlichen Stellen erfolgt, da öffentliche Stellen in großem Umfang Zahlungen an Unternehmen leisten. Sie sollte deshalb auch den gesamten Geschäftsverkehr zwischen Generalunternehmern und ihren Lieferanten und Subunternehmern regeln. ◀

▶ Artikel 1 Handelsvertreter-RL

Anwendungsbereich

(1) Die durch diese Richtlinie vorgeschriebenen Harmonisierungsmaßnahmen gelten für die Rechts- und Verwaltungsvorschriften der Mitgliedstaaten, die die Rechtsbeziehungen zwischen Handelsvertretern und ihren Unternehmern regeln.
(2) Handelsvertreter im Sinne dieser Richtlinie ist, wer als selbständiger Gewerbetreibender ständig damit betraut ist, für eine andere Person (im folgenden Unternehmer genannt) den Verkauf oder den Ankauf von Waren zu vermitteln oder diese Geschäfte im Namen und für Rechnung des Unternehmers abzuschließen.
(...) ◀

Die Verbrauchsgüterkauf-RL räumt dem Unternehmer, der dem Verbraucher gegenüber haften müsste, Rückgriffsrechte gegenüber anderen Unternehmern ein (Art 4 Verbrauchsgüterkauf-RL). In all diesen Fällen werden für die Qualifikation keine besonderen Kriterien der zu schützenden Unternehmer genannt. Es reicht aus, dass sie eine bestimmte Rechtsposition in der rechtlichen Beziehung einnehmen, wie beispielsweise die eines Lieferanten, eines Handelsvertreters oder eines Endverkäufers in einer Verkaufskette.[197]

---

[197] Vgl Denkinger, Der Verbraucherbegriff: Eine Analyse persönlicher Geltungsbereiche von verbraucherrechtlichen Schutzvorschriften in Europa, 2007, S. 272.

144 Ein gemischtes System wendet die Richtlinie über Märkte für Finanzinstrumente[198] an. Grundsätzlich werden alle Kunden geschützt. Das Niveau dieses Schutzes variiert, je nachdem, ob der Kunde als professioneller Kunde oder als Kleinanleger qualifiziert wird.[199] Ein ähnliches System findet sich auch in der E-Commerce-RL. Grundsätzlich werden alle Kunden eines Anbieters geschützt. So betreffen die Informationspflichten gegenüber den Kunden alle Kunden gleichermaßen. Im Fall des Verbrauchers sind die Normen, welche diesen Schutz festlegen, zwingend.

▶ *Artikel 10 E-Commerce-RL*

Informationspflichten

(1) Zusätzlich zu den sonstigen Informationspflichten aufgrund des Gemeinschaftsrechts stellen die Mitgliedstaaten sicher, daß – außer im Fall abweichender Vereinbarungen zwischen Parteien, die nicht Verbraucher sind – vom Diensteanbieter zumindest folgende Informationen klar, verständlich und unzweideutig erteilt werden, bevor des Nutzer des Dienstes die Bestellung abgibt:

(...) ◀

4. Diskriminierungsschutz

145 Eine weitere Personengruppe, die durch den *Acquis communautaire* geschützt wird, sind aus den Personen, die wegen einer tatsächlichen oder vermeintlichen Eigenschaft beim Zugang zu öffentlich angebotenen Gütern oder Dienstleistungen einschließlich des Wohnraums, diskriminiert werden. Im Bereich des Vertragsrechts (wobei das Arbeitsrecht, dessen Schutz weiter greift, aus diesen Ausführungen ausgenommen ist), sind in diesem Zusammenhang vor allem zwei Richtlinien zu nennen: Die RL gegen Diskriminierungen aus Gründen der Rasse oder der ethnischen Herkunft und die RL zur Gleichbehandlung von Männern und Frauen im Beruf.[200] Diese Richtlinien haben eine ähnliche Struktur. Sie nennen Gründe der unerlaubten Ungleichbehandlung, definieren direkte und indirekte Diskriminierung, nennen bestimmte Gründe, die eine Ungleichbehandlung legitimieren können, stecken den Rahmen für die Sanktionen ab, die verhältnismäßig und abschreckend sein sollen und führen eine Vermutung der Diskriminierung ein, wenn Tatsachen glaubhaft gemacht werden, aus welchen die unerlaubte Ungleichbehandlung abgeleitet werden könnte.

146 Diese Richtlinien finden ihre Verankerung im Primärrecht. Art. 18 AEUV verbietet eine Diskriminierung aufgrund der EU-Staatsangehörigkeit.[201] Art. 19 AEUV ist die Kompetenzgrundlage für die Gesetzgebung der Union, um Diskriminierung aus Gründen des Geschlechts, der Rasse, der ethnischen Herkunft, der Religion oder der Weltanschauung, einer Behinderung, des Alters oder der sexuellen Ausrichtung zu verbieten. Zusätzlich verbietet Art. 21 Grundrechtecharta die Diskriminierung aus weiteren Gründen, wie der politischen oder sonstigen Anschauung, genetischen Merkmalen usw.

---

198 RL 2004/39/EG.
199 Erwägungsgrund 31 RL 2004/39/EG.
200 Zum Antidiskriminierungsrecht im Acquis communautaire siehe Säcker, Vertragsfreiheit und Schutz vor Diskriminierung, ZEuP 2006, S. 1–5; Zoll, Remedies for Discrimination: A Comparison on the Draft Common Frame of Reference and the Acquis Principles, in: ERA-Forum 2008, S. 87–93.
201 Näher hierzu siehe Haberl, Zivilrechtliche Diskriminierungsverbote in nationalen Privatrechtsgesellschaften – Eine rechtsvergleichende Untersuchung der deutschen und italienischen Schutzbestimmungen, 2011, S. 75–103.

V. Vertragsparteien

▶ *Artikel 18 AEUV*
[Diskriminierungsverbot]

Unbeschadet besonderer Bestimmungen der Verträge ist in ihrem Anwendungsbereich jede Diskriminierung aus Gründen der Staatsangehörigkeit verboten.
Das Europäische Parlament und der Rat können gemäß dem ordentlichen Gesetzgebungsverfahren Regelungen für das Verbot solcher Diskriminierungen treffen. ◀

▶ *Artikel 19 AEUV*
[Antidiskriminierungsmaßnahmen]

(1) Unbeschadet der sonstigen Bestimmungen der Verträge kann der Rat im Rahmen der durch die Verträge auf die Union übertragenen Zuständigkeiten gemäß einem besonderen Gesetzgebungsverfahren und nach Zustimmung des Europäischen Parlaments einstimmig geeignete Vorkehrungen treffen, um Diskriminierungen aus Gründen des Geschlechts, der Rasse, der ethnischen Herkunft, der Religion oder der Weltanschauung, einer Behinderung, des Alters oder der sexuellen Ausrichtung zu bekämpfen.
(2) Abweichend von Absatz 1 können das Europäische Parlament und der Rat gemäß dem ordentlichen Gesetzgebungsverfahren die Grundprinzipien für Fördermaßnahmen der Union unter Ausschluss jeglicher Harmonisierung der Rechts- und Verwaltungsvorschriften der Mitgliedstaaten zur Unterstützung der Maßnahmen festlegen, die die Mitgliedstaaten treffen, um zur Verwirklichung der in Absatz 1 genannten Ziele beizutragen. ◀

Fraglich ist, inwieweit Diskriminierungsverbote im Bereich des Vertragsrechts gelten, ohne dass sie in einer Richtlinie zum Ausdruck kommen. Auf dem Bereich des Arbeitsrechts ist der EuGH in der Sache *Mangold*[202] so weit gegangen, eine allgemeine Geltung der Diskriminierungsverbote anzunehmen.

147

▶ *Urteil des EuGH v. 22.11.2005, Rs. C-144/04 (Mangold), Slg 2005, I-10013*
(...)
57. § 14 Abs. 3 TzBfG begründet dadurch, dass die Arbeitgeber mit Arbeitnehmern, die das 52. Lebensjahr vollendet haben, uneingeschränkt befristete Arbeitsverträge schließen können, eine unmittelbar auf dem Alter beruhende Ungleichbehandlung.
58. Eben zu Ungleichbehandlungen wegen des Alters bestimmt Art. 6 Abs. 1 der Richtlinie 2000/78/EG, dass die Mitgliedstaaten vorsehen können, dass solche Ungleichbehandlungen „keine Diskriminierung darstellen, sofern sie objektiv und angemessen sind und im Rahmen des nationalen Rechts durch ein legitimes Ziel, worunter insbesondere rechtmäßige Ziele aus den Bereichen Beschäftigungspolitik, Arbeitsmarkt und berufliche Bildung zu verstehen sind, gerechtfertigt sind und die Mittel zur Erreichung dieses Ziels angemessen und erforderlich sind". Nach Absatz 1 Unterabsatz 2 lit. a können solche Ungleichbehandlungen unter anderem „die Festlegung besonderer Bedingungen für den Zugang zur Beschäftigung und zur beruflichen Bildung sowie besonderer Beschäftigungs- und Arbeitsbedingungen, ... um die berufliche Eingliederung von Jugendlichen, älteren Arbeitnehmern und Personen mit Fürsorgepflichten zu fördern oder ihren Schutz sicherzustellen", sowie nach den lit. b und c in einigen besonderen Fällen die Festlegung von altersbezogenen Anforderungen betreffen. ◀

Gem. Art. 3:101 ACQP ist jede Diskriminierung wegen des Geschlechts, der Rasse oder der ethnischen Herkunft verboten. Eine ähnliche Bestimmung enthält Art. II.-2:101 DCFR. Beide Werke erweitern die Gründe für die Nichtdiskriminierung. Im Bereich des Vertragsrechts ist Zurückhaltung geboten. Das Verbot der Nichtdiskriminierung schränkt die Vertragsfreiheit und insbesondere das Recht auf freie Auswahl

148

---
202 EuGH 22.11.2005, Rs. C-144/04 (Mangold), Slg 2005, I-10013.

des Kontrahenten erheblich ein. Eine horizontale Anwendung der Diskriminierungsverbote im Vertragsrecht nur aufgrund der allgemein gefassten Grundrechte greift in die Autonomie des Vertragsrechts als eigenständiges Rechtsgebiet ein. Nach gegenwärtigem Stand ist grundsätzlich von dem Verbot der Diskriminierung wegen des Geschlechts, der Rasse und der ethnischen Herkunft auszugehen.

149 Die RL gegen Diskriminierungen aus Gründen der Rasse oder der ethnischen Herkunft geht davon aus, dass die Verwendung des Begriffs der Rasse in der Richtlinie nicht bedeutet, dass rassistische Theorien akzeptabel sind (Erwägungsgrund 3). Nach dem Wortlaut der Richtlinie ist aber der Begriff der Rasse eine der Voraussetzungen für die Annahme der unzulässigen Ungleichbehandlung. Es ist davon auszugehen, dass es sich insbesondere um rassistische Motive der diskriminierenden Person handelt, die ihrem Kontrahenten die Zugehörigkeit zu einer bestimmten Rasse oder Ethnie unterstellt. Es darf aber nicht geleugnet werden, dass es hier an der notwendigen Präzision fehlt. Bestimmte objektive Elemente müssen allerdings vorhanden sein, um Anknüpfungspunkte für die Ungleichbehandlung aus einer rassistischen Motivation wahrscheinlich zu machen.

▶ **Erwägungsgrund 3 RL gegen Diskriminierungen aus Gründen der Rasse oder der ethnischen Herkunft**

Die Gleichheit vor dem Gesetz und der Schutz aller Menschen vor Diskriminierung ist ein allgemeines Menschenrecht. Dieses Recht wurde in der Allgemeinen Erklärung der Menschenrechte, im VN-Übereinkommen über die Beseitigung aller Formen der Diskriminierung von Frauen, im Internationalen Übereinkommen zur Beseitigung jeder Form von Rassendiskriminierung, im Internationalen Pakt der VN über bürgerliche und politische Rechte sowie im Internationalen Pakt der VN über wirtschaftliche, soziale und kulturelle Rechte und in der Europäischen Konvention zum Schutz der Menschenrechte und der Grundfreiheiten anerkannt, die von allen Mitgliedstaaten unterzeichnet wurden. ◀

Die Kommission arbeitet an einem Vorschlag für eine Richtlinie, die nach dem Vorbild des Arbeitsrechts, die Diskriminierung in Hinblick auf den Zugang zu öffentlich angebotenen Gütern und Dienstleistungen und auch aus anderen im Art. 19 AEUV genannten Gründen vorsehen wird.[203]

5. Status der Parteien und Bürgerliches Recht

150 Für das Vertragsrecht der Union ist der Status der Parteien (Unternehmer oder Verbraucher) von zentraler Bedeutung. Ein allgemeines, statusunabhängiges Vertragsrecht wurde nicht entwickelt. Das Unionsrecht soll das allgemeine Vertragsrecht der Mitgliedstaaten bislang nur ergänzen. Bei dem Entwurf des GEK verhält es sich indes anders. Hier soll ein Vertragsrecht entwickelt werden, das die Rechtsverhältnisse zwischen den Parteien selbstständig regeln kann und nicht nur eine Ergänzung des nationalen Rechts darstellt.[204] Die Emanzipation des Vertragsrechts der Union wird auch eine Verringerung der Bedeutung des Status der Parteien haben.

---

203 KOM(2008)0426 – C6-0291/2008-2008/0140(CNS.).
204 Riesenhuber, EU-Vertragsrecht, § 4 Rn 59.

§ 3 Vertragsschluss und Vertragsinhalt

Literatur: Basedow/Hopt/Zimmermann, Handwörterbuch des Europäischen Privatrechts Band II, 2009; van Erp, Contract als Rechtsbetrekking, 1990; Fleischer, Informationsasymmetrie im Vertragsrecht – Eine rechtsvergleichende und interdisziplinäre Abhandlung zu Reichweite und Grenzen vertragsschlussbezogener Aufklärungspflichten, 2001; Kötz, Europäisches Vertragsrecht I, 1996; Micklitz/Stuyck/Terryn, Cases, Materials and Text on Consumer Law, 2010; Research Group on the Existing EC Private Law (Acquis Group), Contract II – General Provisions, Delivery of Goods, Package Travel and Payment Service (Contract II), 2009; Schulze, Die Widerrufsrechte im Gemeinsamen Europäischen Kaufrecht, in: Schulte-Nölke/Zoll/Jansen/Schulze, Der Entwurf für ein optionales Kaufrecht, 2012, S. 151–168; Terryn, The Right of Withdrawal, the Acquis-Principles, the Draft Common Frame of Reference and the Proposal for a Consumer Rights Directive, in: Schulze, CFR and Existing EC Contract Law, 2. Aufl. 2009; Twigg-Flesner/Schulze, Protecting rational choice: information and the right of withdrawal, in: Howells/Ramsay/Wilhelmsson, Handbook of Research on International Consumer Law, 2010, S. 145–157; v. Bar/Clive (Hrsg.), DCFR Full Edition, 2009.

I. Vertragsschluss

1. Übersicht

a) Einführung

Durch den Vertragsschluss entsteht zwischen den Parteien ein besonderes Rechtsverhältnis mit spezifischen Rechten und Pflichten. In allen europäischen Rechtsordnungen kommt daher den Bestimmungen über die Art und Weise sowie dem Zeitpunkt des Vertragsschlusses zentrale Bedeutung zu. Allerdings zeigen sich dabei erhebliche Unterschiede zwischen den einzelnen Rechten und insbesondere zwischen Civil Law und Common Law (beispielsweise in Hinblick auf das Erfordernis der *consideration*).[1] Zudem haben die europäischen Rechtsordnungen in unterschiedlicher Weise auf neue Herausforderungen reagiert, die sich im nationalen und vor allem internationalen Handelsverkehr für den Vertragsschluss stellen (insbesondere durch Formen einer Einigung außerhalb der herkömmlichen Gliederung in Angebot und Annahme, durch den elektronischen Geschäftsverkehr und durch die wachsende Bedeutung vorvertraglicher Informationen und Erklärungen). Gerade diese neuen, alle europäischen Länder betreffenden Entwicklungen verstärken das Bedürfnis nach einer Annäherung der nationalen Rechte oder einheitlichen Regeln insbesondere für den grenzüberschreitenden Verkehr. Dem Recht des Vertragsschlusses kommt daher für das Privatrecht der EU zentrale Bedeutung zu.

1

b) Acquis communautaire

Obwohl sich im *Acquis communautaire* bei weitem kein vollständiger Regelungszusammenhang in Hinblick auf den Vertragsschluss herausgebildet hat, betreffen zahlreiche Normen und gerichtliche Entscheidungen diese Materie und es sind eine Reihe übergreifender Grundsätze erkennbar. Bereits aus dem Primärrecht ergeben sich einige grundlegende Prinzipien. Dazu gehören insbesondere die Vertragsfreiheit mit der Vertragsabschluss- und der Vertragsinhaltsfreiheit als ihre beiden Kernbestandteile,[2] der Diskriminierungsschutz auf der Grundlage von Art. 10, 18 und 19 AEUV und Art. 21

2

---

1 Siehe auch Rn 16.
2 Dazu näher § 2 Rn 79–87.

Grundrechtecharta sowie die primärrechtlich vorgegebenen Prinzipien für einzelne Politiken und Tätigkeitsfelder der Union (etwa gem. Art. 38 Grundrechtecharta der Verbraucherschutz, der sich gerade auf den Abschluss von Verbraucherverträgen erstreckt).

3 Vor allem dem Sekundärrecht kommt aber weitreichende Bedeutung für das Recht des Vertragsschlusses zu. Zahlreiche Richtlinien befassen sich mit ihm unter vielerlei Gesichtspunkten, von der Zusendung unbestellter Waren[3] über Formerfordernisse und die elektronische Bestätigung[4] bis hin zu den Widerrufsrechten. Verglichen mit den Rechten der Mitgliedstaaten ist aber die Regelungsdichte des *Acquis communautaire* sehr ungleichmäßig. So finden sich in den Richtlinien zu den einzelnen wichtigen Voraussetzungen eines Vertragsschlusses durch Angebot und Annahme kaum nähere Bestimmungen,[5] während beispielsweise einige Fragen des elektronischen und des telefonischen Vertragsschlusses verhältnismäßig detailliert geregelt sind. Dementsprechend mischen sich in den Rechten der Mitgliedstaaten hinsichtlich des Vertragsschlusses Teilbereiche, die stark harmonisiert sind (teilweise allerdings in Form der Mindestharmonisierung), mit Materien, die von der Harmonisierung nur wenig oder gar nicht erfasst sind (insbesondere auf dem Gebiet der Einigungsmängel).

4 Trotz dieses fragmentarischen Charakters treten in den Bestimmungen der EU über den Vertragsschluss einige Grundzüge hervor, die teilweise von den herkömmlichen Modellen des Vertragsschlusses abweichen, wie sie den Kodifikationen aus dem 19. Jahrhundert zugrunde liegen. Dazu gehört nicht nur die Berücksichtigung neuer Medien des Vertragsschlusses, insbesondere des Internets und anderer Fernkommunikationsmittel, sondern auch die Ausweitung der Perspektive auf die „Massengeschäfte" und die entsprechende Standardisierung der Verträge.[6] Rechnung zu tragen ist insofern der heutigen Realität der Vertragspraxis, dass – im Unterschied zu dem herkömmlichen Modell des Vertragsschlusses – Verträge oft nicht das Ergebnis individueller Verhandlungen zwischen den beiden Parteien sind. Vielmehr verwendet eine Partei (oder sogar jede der beiden Parteien) standardisierte Vertragstexte in der Erwartung, dass diese durch die andere Seite ohne Verhandlungen angenommen werden.[7]

5 Kennzeichnend für den *Acquis communautaire* ist zudem, dass das vorvertragliche Verhalten in Hinblick auf den Vertragsschluss und den Inhalt des künftigen Vertrages weitreichende Bedeutung hat. Insbesondere haben die Richtlinien der EU eine Vielzahl von Informationspflichten geschaffen, die vor oder bei Vertragsschluss zu erfüllen sind und die zuweilen die Grenze zwischen vorvertraglicher Phase und Vertragsschluss fließend werden lassen.[8] In Hinblick auf die Willensbildung über den Vertragsschluss und den Vertragsinhalt ist damit das Verhältnis dieser Informationspflichten zu den herkömmlichen Lehren über die Nichtigkeit und über die Anfechtung des Vertrages wegen Willensmängeln zu einer neuen Herausforderung für die Theorie des Vertragsschlusses geworden. Im *Acquis communautaire* finden sich kaum Bestimmungen zu den „klassischen" Kerngebieten des Rechtes der Willensmängel wie den Folgen von Irrtum, Drohung und arglistiger Täuschung. Aber die umfangreichen Informations-

---

3 Zu unbestellten Waren: Art. 27 Verbraucherrechte-RL.
4 Art. 11 Abs. 1 E-Commerce-RL; Art. 8 Verbraucherrechte-RL.
5 Acquis Group/Schulze, Contract II, Art. 4:102 Rn 3.
6 Siehe oben § 2 Rn 26.
7 Dazu § 4 Rn 1–11.
8 Zu den Informationspflichten Rn 88–91; Busseuil, La Phase précontractuelle – La formation du contrat électronique; in: Rochfeld, L'Acquis Communautaire – Le contrat électronique, 2010, S. 71–132.

I. Vertragsschluss

pflichten der europäischen Richtlinien treffen bei ihrer Umsetzung in das nationale Recht auf derartige Bestimmungen und müssen mit ihnen koordiniert werden. Daher wird sich die Aufgabe stellen, unter Berücksichtigung beider Ansätze eine übergreifende Theorie der Verteilung der Risiken bei fehlender, unvollständiger oder falscher Information für den Vertragsschluss zu entwickeln.

Durch die Richtlinien-Bestimmungen haben sich die Konturen des Vertragsschlusses auch in anderer Hinsicht über die herkömmliche Ausrichtung auf das Zustandekommen des Vertrages durch Angebot und Annahme hinaus ausgeweitet. So gewinnen Handlungen in der vorvertraglichen Phase unmittelbaren Einfluss auf den Vertragsinhalt auch dadurch, dass Werbeaussagen und ähnliche vorvertragliche öffentliche Erklärungen selbst eines Dritten dafür maßgeblich sein können, welche Pflichten der Verkäufer aus einem Kaufvertrag gegenüber einem Verbraucher hat.[9] Für die Zeit nach der Einigung der Parteien haben die Richtlinien-Bestimmungen über das Widerrufsrecht das herkömmliche Verständnis des Zustandekommens des Vertrages modifiziert. Diese Bestimmungen führen dazu, dass in bestimmten Schutzsituationen ein Vertrag nur „schwebend" wirksam ist und der schwächeren Partei die nachträgliche Beseitigung des Vertrages gestattet wird.[10] Betrachtet man alle diese Ansätze innerhalb des *Acquis communautaire* im Ganzen, zeichnet sich ein Verständnis des Vertragsschlusses mit innovativen Zügen ab: Das Zustandekommen des Vertrages steht nicht allein unter der Perspektive des „magischen" Zeitpunktes[11], zu dem zwei übereinstimmende Willenserklärungen den Vertrag entstehen lassen. Vielmehr wird sein prozessualer Charakter von den vorvertraglichen Informationen und Erklärungen bis hin zur nachträglichen Korrektur einer bereits getroffenen Einigung durch den Widerruf berücksichtigt.[12]

c) Wissenschaftliche Entwürfe

Die Grundsätze, die sich für den Vertragsschluss im *Acquis communautaire* herausgebildet haben, spiegeln sich zu einem großen Teil in dem Entwurf der Acquis Group über die Prinzipien des bestehenden Vertragsrechts der EU wider.[13] Vor allem für die Gebiete und Rechtsfragen, die vom *Acquis communautaire* nicht erfasst werden, haben die auf vergleichender Grundlage entworfenen PECL sowie ihre Fortentwicklung im DCFR und in den französischen *Principes Directeurs* als Grundlage für die weitere Entwicklung des europäischen Vertragsschlussrechts gedient.[14] Über die herkömmlich in den meisten Mitgliedstaaten geregelten Gegenstände hinaus haben die PECL dabei – wenn auch nur in knapp gefassten Regeln[15] – den Vertragsschluss ohne Aufgliederung in Angebot und Annahme und die einseitigen Versprechen einbezogen. Die Acquis Principles berücksichtigen einige dieser Regeln aus den anderen Regelwerken bereits ihrerseits als ergänzende Quellen für Materien, für die das EU-Recht der Vervollstän-

---

9 Dazu Rn 32–41.
10 Dazu Rn 142–146.
11 Pfeiffer, New Mechanisms for Concluding Contracts, in: Schulze (Hrsg.), New Features in Contract Law, 2007, S. 161–168, 167.
12 Siehe § 2 Rn 16 f.
13 Acquis Group/Schulze/Lehmann/Schulte-Nölke/Busch, Contract II; zum Vertragsschluss insbesondere Kap. 4.
14 Fauvarque-Cosson/Mazeaud, European Contract Law – Materials for a Common Frame of Reference: Terminology, Guiding Principles, Model Rules, 2008, S. 421–422.
15 Art. 2:101 PECL. Art. 2:201 enthält eine Regelung zum Angebot und Art. 2:204 PECL zur Annahme.

digung bedarf.[16] Buch II DCFR hat darüber hinaus eine weitreichende Synthese der rechtsvergleichend ermittelten Prinzipien und der Prinzipien des *Acquis communautaire* für nahezu alle wichtigen Gebiete des Vertragsschlussrechts vorgeschlagen.

d) Gemeinsames Europäisches Kaufrecht

8   Diesen synthetischen Ansatz des DCFR hat der Kommissionsvorschlag für das GEK fortgeführt. Das Kapitel über den Vertragsschluss bildet in diesem Vorschlag den Kern des Hauptteiles über das „Zustandekommen eines bindenden Vertrages" im Anschluss an das Kapitel über vorvertragliche Informationen und gefolgt von den Kapiteln über den Widerruf und über die Einigungsmängel. Zudem betreffen einige Vorschriften in anderen Teilen des GEK spezifische Aspekte des Vertragsschlusses wie das Erfordernis gesonderter Erklärungen für die Vereinbarung über die Verwendung des GEK beim Abschluss von Verbraucherverträgen (Art. 8 Abs. 2 GEK-VO-E) und die Wirkungen vorvertraglicher Erklärungen in Hinblick auf den Vertragsinhalt (Art. 69 GEK-E). Das GEK umfasst damit sowohl herkömmliche Regelungsgegenstände auf der Grundlage der mitgliedstaatlichen Traditionen (wie die Bestimmungen über das Zustandekommen von Verträgen durch Angebot und Annahme) als auch neue Ansätze auf der Grundlage des *Acquis communautaire* (wie die Berücksichtigung vorvertraglicher Erklärungen und die Widerrufsrechte bei Verbraucherverträgen). Wenn das geplante Europäische Kaufrecht mit diesen Bestimmungen über das Zustandekommen von Verträgen in Kraft treten sollte, würden somit rechtsvergleichend ermittelte Prinzipien für wichtige Aspekte des Vertragsschlusses[17] Bestandteile des *Acquis communautaire* werden und damit ein Teil des „Acquis commun"[18] mit dem *Acquis communautaire* verschmelzen.

9   Die erwähnten innovativen Ansätze des *Acquis communautaire* sind dabei zum großen Teil in generalisierter Weise in das GEK einbezogen und insbesondere in Hinblick auf die Bereitstellung digitaler Inhalte fortentwickelt worden. Allerdings wurden nicht alle innovativen Ansätze aufgegriffen, die die vorausgegangenen Regelwerke auf Grundlage der Rechtsvergleichung oder des *Acquis communautaire* vorgeschlagen haben. Zum großen Teil ist dies dem Charakter des GEK als Optionales Instrument geschuldet. Beispielsweise lassen sich die Folgen der Zusendung unbestellter Waren[19] oder einseitiger Versprechen[20] nicht durch ein Vertragsrecht regeln, das nur aufgrund einer Vereinbarung von Vertragsparteien verwendet wird. In mancher Hinsicht scheint sich das GEK aber auch darüber hinaus Zurückhaltung hinsichtlich der Einbeziehung von Materien auferlegt zu haben, denen zwar in der Praxis große Bedeutung zukommt, die aber bislang von der Gesetzgebung und Rechtsprechung der Mitgliedstaaten und von der Lehre nur unzulänglich aufbereitet sind. Wünschenswert wäre insbesondere in der weiteren Entwicklung des Europäischen Privatrechts eine stärkere Berücksichtigung der vielfältigen Formen des Abschlusses von Verträgen ohne die herkömmliche Aufgliederung in Angebot und Annahme.

---

16 So für die näheren Anforderungen an ein Angebot (Art. 4:103 ACQP) und die bindende Wirkung einseitiger Versprechen (Art. 4:109 Abs. 1 ACQP).
17 Insbesondere hinsichtlich der Einzelheiten des Vertragsschlusses durch Angebot und Annahme und hinsichtlich der Einigungsmängel (Art. 30 ff GEK-E; Art. 48 ff GEK-E). Dazu Schmidt-Kessel/Gebauer, GEK-E Kommentar, Vorbem. Art. 30 ff Rn 3 f.
18 Siehe dazu § 1 Rn 21.
19 Art. 27 Verbraucherrechte-RL; früher Art. 9 Fernabsatz-RL; auf dieser Grundlage Art. 4:106 ACQP.
20 Art. 2:107 PECL; Art. 4:109 ACQP; Art. II-1:103 DCFR.

I. Vertragsschluss

2. Einigung

a) Grundsatz der Einigung

Die Einigung der Parteien bildet im europäischen Vertragsrecht grundsätzlich die Voraussetzung dafür, dass ein Vertrag zustande kommt und Rechte und Pflichten für die Parteien begründet werden. Das europäische Vertragsrecht folgt insoweit der Vorstellung von der vertraglichen Bindung der Parteien durch ihre Einigung, wie sie sich im Wesentlichen bereits in der Naturrechtslehre des 17. und 18. Jahrhunderts in der Auseinandersetzung mit der Auffassung herausgebildet hat, dass die Versprechen der Parteien die Grundlage ihrer wechselseitigen Verpflichtung seien. Nach dieser Lehrtradition beruht die beiderseitige vertragliche Bindung der Parteien grundsätzlich auf ihrem Konsens, der sich in der inhaltlichen Übereinstimmung ihrer Erklärungen über den Vertragsschluss zeigt. Wie die Analyse des Vertragsbegriffs im Recht der EU[21] gezeigt hat, enthält der *Acquis communautaire* zwar keine derartige ausdrückliche generelle Bestimmung. Jedoch lässt sich aus einer Reihe unterschiedlicher Quellen erkennen, dass das EU-Recht dieses Prinzip des Vertragsschlusses übernommen,[22] es aber auch in verschiedener Hinsicht fortentwickelt und modifiziert hat.[23] Das GEK hat im Anschluss an die PECL, die Acquis Principles und den DCFR[24] die Einigung als Voraussetzung des Vertragsschlusses in seinem Art. 30 folgendermaßen festgelegt:

10

▶ **ARTIKEL 30 GEK-E**
Erfordernisse für den Abschluss eines Vertrags

(1) Ein Vertrag ist geschlossen, wenn
(a) die Parteien eine Einigung erzielen,
(b) sie ihrer Einigung Rechtswirkung verleihen wollen und
(c) diese Einigung, gegebenenfalls ergänzt durch die Vorschriften des Gemeinsamen Europäischen Kaufrechts, einen ausreichenden Inhalt hat und hinreichend bestimmt ist, so dass davon Rechtswirkungen ausgehen können.
(2) Eine Einigung wird durch Annahme eines Angebots erzielt. Die Annahme kann ausdrücklich oder durch andere Erklärungen oder Verhalten erfolgen.
(3) Ob die Parteien ihrer Einigung Rechtswirkung verleihen wollen, ist ihren Erklärungen und ihrem Verhalten zu entnehmen.
(4) Macht eine der Parteien den Abschluss eines Vertrags von einer Einigung über einen bestimmten Punkt abhängig, so kommt der Vertrag nur zustande, wenn eine Einigung über diesen Punkt erzielt wird. ◀

b) Erfordernisse im Einzelnen

Der Abschluss eines Vertrages ist somit an drei Voraussetzungen gebunden: Die Parteien erzielen eine Einigung; sie haben den Willen, dass diese Einigung rechtlich wirksam ist (Rechtsbindungswillen); Inhalt und Bestimmtheit der Einigung reichen zudem dafür aus, dass davon Rechtswirkungen ausgehen können. Diese drei Kernelemente des Vertragsschlusses legt Art. 30 Abs. 1 GEK-E im Grundsatz fest. Die folgenden Absätze in dieser Vorschrift sowie die weiteren Artikel des Kapitels über den Vertragsschluss (Art. 31–39 GEK-E) konkretisieren und ergänzen diese Festlegung.

11

---

21 Dazu näher § 2 Rn 1–5.
22 Acquis Group/Schulze, Contract II, Art. 4:101 Rn 4–6.
23 Oben § 2 Rn 15.
24 Art. 2:101 PECL; Art. 4:101 ACQP; Art. II.-4:101 DCFR.

12 aa) Die Einigung, die die Parteien gem. Art. 30 Abs. 1 lit. a GEK-E erzielen müssen, kommt nach Art. 30 Abs. 2 S. 1 GEK-E durch Annahme eines Angebots zustande. Angebot und Annahme müssen nicht notwendig ausdrücklich erklärt werden, sondern können auch durch ein Verhalten erfolgen, das eine entsprechende Erklärung für den Empfänger erkennbar zum Ausdruck bringt („schlüssiges Verhalten"). Für die Annahme legen dies Art. 30 Abs. 2 S. 2 und Art. 34 Abs. 1 GEK-E[25] fest. Dies im Umkehrschluss für das Angebot auszuschließen, würde den Wertungen und Zwecken der Art. 6 und 10 GEK-E widersprechen und ist auch aufgrund der Anforderungen, die Art. 31 GEK-E an das Angebot stellt, nicht erforderlich.

13 Darüber hinaus konkretisiert Art. 30 Abs. 4 GEK-E das Erfordernis der Einigung der Parteien. Eine Partei kann danach einer einzelnen Angelegenheit eine derartige Bedeutung zusprechen, dass davon das Zustandekommen des Vertrages abhängt. Eine gewöhnlich als nicht wesentlich erachtete Frage kann auf diese Weise nach dem Willen einer Partei entscheidend für den Vertragsschluss werden.[26] Diese Bestimmung gewährleistet die Freiheit der Partei, einen Vertrag zu schließen und dessen Inhalt zu bestimmen (Art. 1 Abs. 1 GEK-E) auch in Hinblick auf ungewöhnliche individuelle Vorstellungen und Wertungen.

14 bb) Für den Vertragsschluss ist zudem nach Art. 30 Abs. 1 lit. b GEK-E der Wille der Parteien erforderlich, dass ihrer Einigung Rechtswirkung zukommen soll. Dieses Erfordernis des Rechtsbindungswillens ermöglicht es insbesondere, die Einigung über eine vertragliche Bindung von bloßen Gefälligkeitsverhältnissen ohne rechtliche Verbindlichkeit *(Gentlemen's Agreement, acte de complaisance)* zu unterscheiden.[27] Diese Abgrenzung bereitet vor allem für einseitig verpflichtende Verträge häufig Schwierigkeiten und kann schwerwiegende Folgen haben (wenn beispielsweise A dem B zusagt, dessen Lottoschein bei der Annahmestelle abzugehen, dies aber vergisst und von B auf Ersatz des dadurch entgangenen Hauptgewinns in Anspruch genommen wird). Dem Erfordernis des Rechtsbindungswillens kommt daher weit über den Anwendungsbereich des GEK hinaus Bedeutung für das europäische Vertragsrecht zu.[28] Nicht erforderlich ist es, dass die Parteien ihren Rechtsbindungswillen ausdrücklich erklären. Vielmehr ist es gem. Art. 30 Abs. 3 GEK-E aus ihren Erklärungen und ihrem Verhalten insgesamt zu entnehmen, ob sie ihrer Einigung Rechtswirkung verleihen wollen.[29]

15 cc) Weitere Voraussetzung des Vertragsschlusses ist schließlich, dass die Einigung dem von Art. 30 Abs. 1 lit. c GEK-E festgelegten Standard hinsichtlich ihres Inhalts und ihrer Bestimmtheit entspricht. Dieser Standard soll gewährleisten, dass die Pflichten der Parteien hinreichend klar festgestellt werden können, um die Durchführung des Vertrages zu gewährleisten.[30] Im Vergleich mit der allgemein gehaltenen Voraussetzung des Art. 4:101 ACQP strebt Art. 30 Abs. 1 GEK-E eine Präzisierung in dreifacher

---

25 Kritisch zu dieser Doppelung und zur Formulierung von Art. 30 Abs. 2 GEK-E Schulze/Terryn, CESL Commentary, Art. 30 CESL Rn 13.
26 Looschelders, Das allgemeine Vertragsrecht im Common European Sales Law, AcP 212 (2012), S. 581–693, 606; J. Schmidt, Der Vertragsschluss, 2013, S. 270; Schulze/Terryn, CESL Commentary, Art. 30 CESL Rn 12; v. Bar/Clive (Hrsg.), DCFR Full Edition, S. 279.
27 Harvey/Schillig, Conclusion of Contract, in: Dannemann/Vogenauer, The Common European Sales Law in Context, 2013, S. 248–293, 263–265; Deshayes, Formation du Contrat, in: Deshayes, Le Droit Commun Européen de la Vente, 2012, S. 95, 112.
28 Vgl auch Art. 2:102 PECL; Art. 4:101 ACQP; Art. II.-4:102 DCFR.
29 Im Wesentlichen damit übereinstimmend Art- 2:102 PECL; Art. II-4:102 DCFR.
30 Vgl mit entsprechender Zielsetzung, aber Unterschieden im Einzelnen auch Art. 2:103 Abs. 1 PECL und Art. II.-4:103 Abs. 1 DCFR.

I. Vertragsschluss

Hinsicht an: Erstens stellt er klar, dass neben der Einigung ergänzend die Vorschriften des GEK zu berücksichtigen sind, um zu bestimmen, ob eine hinreichende Einigung vorliegt. Dies betrifft nicht nur die Vorschriften über die Bestimmung des Vertragsinhalts im Teil III des GEK, sondern alle Teile des Regelwerks (also auch die Vorschriften über die Verpflichtungen der Parteien in den folgenden Teilen IV bis VIII). Zweitens muss die Einigung hinreichend sein sowohl in Bezug auf ihren Inhalt als auch auf ihre Bestimmtheit (in der englischen Sprachfassung: „sufficient content and certainty"), so dass zum einen die Reichweite der Festlegungen durch die Parteien (ergänzt durch die Bestimmungen des GEK) und zum anderen ihre Klarheit (ebenfalls unter Berücksichtigung etwa der Auslegungsregeln des GEK) zu beachten sind. Drittens wird der Bezugspunkt dafür, dass Inhalt und Bestimmtheit „hinreichend" sind, mit der Formulierung beschrieben, dass „davon Rechtswirkungen ausgehen können" (in der englischen Sprachfassung: „to be given legal effect"). Diese Formulierung ist freilich wenig aussagekräftig und bedarf der Ausfüllung unter dem soeben angeführten Leitgedanken, dass die Pflichten der Parteien insoweit bestimmbar sein müssen, dass die Durchführung des Vertrags gewährleistet ist.[31] Im Rahmen des GEK wird diesem Erfordernis häufig schon dadurch genügt sein, dass der Verkäufer die umfangreichen vorvertraglichen Informationspflichten (insbesondere bei Verbraucherverträgen) nach Kap. 2 GEK-E erfüllt.[32]

c) Zusätzliche Erfordernisse?

aa) Weitere Erfordernisse für den Abschluss eines Vertrages sieht Art. 30 Abs. 1 GEK-E nicht vor. Bei Vorliegen der Voraussetzungen dieser Vorschrift ist ein Vertrag daher grundsätzlich wirksam geschlossen. Dies ergibt sich nicht nur aus dem Wortlaut, sondern ebenfalls aus der Entstehungsgeschichte der Bestimmung,[33] auch wenn im GEK – anders als bei den entsprechenden Bestimmungen der PECL und des DCFR[34] – kein ausdrücklicher Zusatz enthalten ist, dass keine weiteren Erfordernisse bestehen. Mit dieser Ausrichtung auf die Einigung ohne zusätzliche Erfordernisse spiegelt das GEK das Vertragsverständnis wider, das bereits in den PECL Ausdruck gefunden hatte und nach den Acquis Principles auch dem derzeitigen EU-Vertragsrecht zugrunde liegt.[35] Die Wirksamkeit eines Vertrages ist demnach im europäischen Vertragsrecht weder von einer *consideration* (wie beispielsweise im englischen Recht) abhängig noch von einer *cause* (wie beispielsweise im französischen Recht).[36]

16

---

31 Nicht erforderlich ist jedoch, dass bereits alle Pflichten bestimmt sind. Vielmehr genügt es, wenn die Einigung Kriterien oder Mechanismen (etwa Übertragung von Zuständigkeiten an einen Dritten) vorsieht, durch die Pflichten einer Partei oder beider Parteien bestimmt werden können; vgl dazu beispielsweise Huber/Mullis, The CISG, 2007, S. 73–75; Schlechtriem/Schroeter, Internationales UN-Kaufrecht, 5. Aufl. 2013, Rn 244 f.
32 Schulze/Terryn, CESL Commentary, Art. 30 CESL Rn 7 f mit Hinweis auf die Möglichkeit, bei B–B-Verträgen auch Art. 14 Abs. 1 CISG als Inspirationsquelle heranzuziehen.
33 Schmidt-Kessel/Gebauer, GEK-E Kommentar, Art. 30 GEK-E Rn 17 f; Schulze/Terryn, CESL Commentary, Art. 30 CESL Rn 10.
34 Art. 2:101 PECL; Art. II.-4:101 DCFR.
35 Art. 4:101 ACQP; Acquis Group/Schulze, Contract II, Art. 4:101 Rn 9. Dazu § 2 Rn 15.
36 Zu diesen beiden Konzepten Farnsworth, Comparative Contract Law, in: Reimann/Zimmermann, The Oxford Handbook of Comparative Law, 2006, S. 908–910; Gordley, Consideration, in: Smits, Elgar Encyclopedia of Comparative Law, 2. Aufl. 2012, S. 180–186; Kadner Graziano, Comparative Contract Law, 2009, S. 101–120 und 121–149; Ranieri, Europäisches Obligationenrecht, 3. Aufl. 2009, S. 76–100, 1049, 1153–1179; zur *consideration* Whittaker/Riesenhuber, Conceptions of Contract, in: Dannemann/Vogenauer, The Common European Sales Law in Context, 2013, S. 120–159, 129 f.

17 bb) In Hinblick auf Formerfordernisse ergibt sich zudem aus Art. 6 GEK-E das Prinzip der Formfreiheit. Verträge brauchen demnach nicht in einer bestimmten Form geschlossen oder nachgewiesen zu werden, soweit das GEK nichts anderes vorschreibt.[37]

3. Einzelne Arten des Vertragsschlusses
a) Vertragsschluss durch Angebot und Annahme

18 aa) Die Parteien einigen sich häufig in der Weise über den Vertrag, dass die eine Partei der anderen ein Angebot unterbreitet und die andere dieses Angebot annimmt. Der Konsens, auf dem die vertragliche Bindung beruht, besteht in der inhaltlichen Übereinstimmung des Angebots und der darauf bezogenen Annahmeerklärung. Angebot (Antrag, Offerte) und Annahme sind daher nicht nur herkömmlich in den Rechten der Mitgliedstaaten Kernbegriffe, um den Ablauf des Vertragsschlusses und die Bestandteile der Einigung zwischen den Parteien zu beschreiben.[38] Auch Rechtstexte der EU und Entscheidungen des EuGH[39] gehen – ebenso wie Art. 30 Abs. 2 S. 1 GEK-E – davon aus, dass ein Vertrag durch ein Angebot und dessen Annahme geschlossen wird.[40] Eine entsprechende Regel enthält Art. 4:102 Abs. 1 ACQP. Allerdings sind dem geltenden EU-Recht bisher nur wenige nähere Bestimmungen für den Abschluss eines Vertrages durch Angebot und Annahme zu entnehmen. Dagegen haben Art. 2:201 ff PECL und ihnen folgend Art. II.-4:201 ff DCFR diese Materie eingehend behandelt (zum Teil angelehnt an das UN-Kaufrecht und abgestimmt mit den UNIDROIT-Prinzipien).[41] Die Art. 31 ff GEK-E orientieren sich nunmehr weithin an diesem Vorbild, um die allgemeine Regel über die Einigung durch Annahme eines Angebots zu konkretisieren und zu ergänzen. Sie enthalten sowohl Bestimmungen über Begriff, Rücknahme und Ablehnung des Angebots (Art. 31–33 GEK-E) als auch über die Annahme (Art. 34, 36–38 GEK-E), den Zeitpunkt des Vertragsschlusses (Art. 35 GEK-E) und einander widersprechenden Standardbestimmungen (Art. 39 GEK-E).

19 bb) Für das Angebot beziehen Art. 31 und 32 GEK-E Stellung zu zwei Problemen, für die der *Acquis communautaire* bisher keine eindeutige Antwort enthält: die Abgrenzung des Angebots von anderen Äußerungen und Handlungen einer potenziellen Vertragspartei im Vorfeld eines eventuellen Vertragsschlusses und die Rücknahme eines Angebots vor dessen Annahme.

---

37 Einschränkungen gegenüber dem Prinzip der Formfreiheit enthalten zB Art. 19 Abs. 4 und Art. 25 Abs. 2 GEK-E in Hinblick auf elektronisch geschlossene Fernabsatzverträge. Dazu unten Rn 30 f. Für das angegliche Recht können sich ebenfalls Einschränkungen für das Prinzip der Formfreiheit in den nationalen Rechten ergeben, beispielsweise aus Art. 8 Abs. 6 Verbraucherrechte-RL für telefonisch geschlossene Fernabsatzverträge.
38 Kötz, Europäisches Vertragsrecht I, 1996, S. 23–26; Lando/Beale (Hrsg.), PECL, Parts I and II, S. 161; vgl Kadner Graziano, Comparative Contract Law, 2009, S. 49–93; Ranieri, Europäisches Obligationenrecht, 3. Aufl. 2009, S. 176–228, S. 290–309; v. Bar/Clive (Hrsg.), DCFR Full Edition, S. 294 f.
39 So führt der EuGH in der Rechtssache *Rudolf Gabriel* das Entstehen eines Vertrages ausdrücklich auf die Annahme eines Angebots zurück (EuGH, 11.7.2002, Rs. C-96/00, Slg 2002, I-6367, Rn 48, 49).
40 Bezug auf dieses Muster nahmen bereits beispielsweise Art. 1 Abs. 3 und 4 Haustür-RL (an deren Stelle inzwischen die Verbraucherrechte-RL getreten ist) und Art. 3 Abs. 3 der Kommissionsempfehlung „Europäische EDI-Mustervereinbarung" (94/820/EG).
41 Lando/Beale (Hrsg.), PECL, Parts I and II, S. xxv-xxvii; Lando, Das neue Schuldrecht des Bürgerlichen Gesetzbuchs und die Grundregeln des europäischen Vertragsrechts, RabelsZ 2003, S. 235; Vogenauer/Kleinheisterkamp/Vogenauer, Commentary on the UNIDROIT Principles of International Commercial Contracts (PICC), 2009, Introduction, Rn 22.

I. Vertragsschluss

▶ *Artikel 31 GEK-E*
Angebot
(1) Ein Vorschlag stellt ein Angebot dar, wenn
(a) er in der Absicht unterbreitet wird, im Falle seiner Annahme zu einem Vertrag zu führen, und
(b) er einen ausreichenden Inhalt hat und hinreichend bestimmt ist, so dass ein Vertrag geschlossen werden kann.
(2) Ein Angebot kann gegenüber einer oder mehreren bestimmten Personen abgegeben werden.
(3) Ein an die Allgemeinheit gerichteter Vorschlag stellt kein Angebot dar, es sei denn, aus den Umständen ergibt sich etwas anderes. ◀

▶ *Artikel 14 CISG*
Angebot
(...)
(2) Ein Vorschlag, der nicht an eine oder mehrere bestimmte Personen gerichtet ist, gilt nur als Aufforderung, ein Angebot abzugeben, wenn nicht die Person, die den Vorschlag macht, das Gegenteil deutlich zum Ausdruck bringt. ◀

▶ *Artikel 2:201 PECL*[42]
Angebot
(...)
(3) Ein Vorschlag zur Lieferung von Gütern oder zur Leistung von Diensten zu festgesetzten Preisen, den ein professioneller Anbieter in einer öffentlichen Anzeige oder in einem Katalog, oder durch eine Auslage von Gütern unterbreitet, gilt im Zweifel als Angebot zum Verkauf oder zur Leistung zu diesem Preis, bis der Vorrat an Gütern oder die Kapazität des Anbieters zur Leistung der Dienste erschöpft ist. ◀

Die Abgrenzung des Angebots von anderen vertragsvorbereitenden Erklärungen und Handlungen, mit der sich Art. 31 GEK-E befasst, ist von großer praktischer Bedeutung.[43] Handelt es sich um ein Angebot, muss die andere Partei lediglich die Annahme erklären, damit der Vertrag zustande kommt und für beide Parteien die vertraglichen Rechte und Pflichten entstehen. Bleiben die vorbereiteten Erklärungen der einen Partei dagegen „unterhalb" der Schwelle eines Angebots, sind die Parteien durch eine Zustimmung der anderen Partei nicht gebunden. Häufig werden die Interessen und die Ansichten der Parteien in der Frage divergieren, ob der Vorschlag der einen Seite bereits ein Angebot enthält oder nur eine Aufforderung an die andere Seite, ein Angebot abzugeben (*invitatio ad offerendum*). Wenn ein Verkäufer beispielsweise einen Katalog an viele Empfänger versendet, liegt es häufig schon deshalb nicht in seinem Interesse, jedem von ihnen ein Angebot zu unterbreiten, weil sein Vorrat an Waren nur für eine begrenzte Zahl von Kunden reicht. Andererseits kann es im Interesse der Empfänger dieses Katalogs liegen, nicht erst ihrerseits ein Angebot abgeben zu müssen und über den Abschluss des Vertrages im Ungewissen zu bleiben, bis der Verkäufer reagiert.

Auf diesen Interessenkonflikt geben sowohl die nationalen Rechte als auch die internationalen Regelwerke unterschiedliche Antworten. Hinsichtlich der allgemeinen Voraussetzungen für ein Angebot stimmen das UN-Kaufrecht, die PECL und der DCFR

---
42 Übersetzung aus dem Englischen siehe Schulze/Zimmermann, Basistexte, III.10.
43 Illmer, Vertragsschluss, in: Handwörterbuch Bd. II, S. 1697.

zwar in den Kernelementen eines Bindungswillens und einer hinreichenden Bestimmtheit überein;[44] und Art. 31 GEK-E folgt diesen Vorbildern. Gegensätzlich sind jedoch die Maßstäbe zur Beurteilung von Vorschlägen, die in öffentlichen Anzeigen, Katalogen usw an einen unbestimmten Personenkreis gerichtet sind. Nach Art. 14 Abs. 2 CISG gilt ein derartiger Vorschlag im Zweifel lediglich als *invitatio ad offerendum*. Art. 2:201 Abs. 3 PECL und Art. II.-4:201 Abs. 3 DCFR übernehmen jedoch nicht diesen Ansatz, der für den Anbieter und damit bei Verbraucherverträgen regelmäßig für den Unternehmer günstig wäre. Vielmehr ist nach diesen Vorschriften ein Vorschlag zur Lieferung von Gütern oder zur Leistung von Diensten zu festgesetzten Preisen im Zweifel als Angebot zu dem angegebenen Preis anzusehen, allerdings begrenzt auf den Vorrat des Anbieters, wenn ihn ein Unternehmer in einer öffentlichen Anzeige oder einem Katalog oder durch eine Auslage von Gütern unterbreitet. Art. 4:103 Abs. 3 ACQP bezieht sich auf diese Bestimmung als eine ergänzende Regel zum bestehenden EU-Recht. Dem *Acquis communautaire* ist zwar keine eindeutige Festlegung in dieser Hinsicht zu entnehmen. Eine ergänzende Regel kann aber im Rahmen der Acquis Principles der Klärung dienen, ob und gegebenenfalls zu welchem Zeitpunkt Verträge zustande gekommen sind und damit im Einzelfall (Schutz-)Bestimmungen des EU-Rechts zugunsten einer Vertragspartei wirksam werden. Für den Bezug auf die Lösung der PECL und des DCFR führen die Acquis Principles die maßgebliche Rolle an, die das EU-Recht öffentlichen Erklärungen beim Vertragsschluss auch in anderen Fragen beimisst.[45] Zudem entspricht diese Lösung eher der Wertung der Richtlinie über unlautere Geschäftspraktiken.[46] Trotz dieser Anhaltspunkte für entgegenstehende Wertungen im *Acquis communautaire* folgt der Vorschlag für das GEK jedoch in dieser Frage nicht dem vom DCFR vorgezeichneten Weg. Es stellt allerdings auch nicht wie das UN-Kaufrecht eine Vermutung zugunsten des Vorliegens einer *invitatio ad offerendum* für alle Fälle auf, in denen der Vorschlagende nicht das Gegenteil deutlich zum Ausdruck bringt. Vielmehr verbindet es die Vermutung, dass ein an die Allgemeinheit gerichteter Vorschlag kein Angebot darstelle, mit einer viel breiter angelegten Widerlegungsmöglichkeit. Abzustellen ist danach nicht allein darauf, was der Vorschlagende zum Ausdruck bringt, sondern generell auf die „Umstände", also auch auf Tatsachen und Abläufe, die der Vorschlagende nicht selbst zum Ausdruck gebracht und im Einzelfall möglicherweise gar nicht berücksichtigt hat. Diese „Umstände" sind überdies nicht mit dem zusätzlichen Erfordernis verknüpft, „deutlich" zum Ausdruck zu kommen. Vielmehr müssen sie lediglich den allgemeinen Maßstäben für Mitteilungen (Art. 10 GEK-E) genügen. Obgleich das GEK nicht den ausgewogenen Ansatz des Art. II.-4:201 Abs. 3 DCFR aufgegriffen hat, unterscheidet es sich somit in dieser Hinsicht erheblich von dem besonders anbieterfreundlichen UN-Kaufrecht.

22 Die bisher ebenfalls im EU-Vertragsrecht offene Frage, ob und unter welchen Voraussetzungen ein Angebot vor dessen Annahme zurückgenommen werden kann,[47] ist in

---

44 Bei unterschiedlicher Fassung im Einzelnen; vgl einerseits Art. 14 Abs. 1 CISG; andererseits Art. 2:201 Abs. 1 PECL und Art. II.-4:201 Abs. 1 DCFR.
45 Acquis Group/Schulze, Contract II, Art. 4:103 Rn 1 mit Bezug auf Art. 2 Abs. 2 lit. d und Abs. 4 und Art. 6 Abs. 1 Verbrauchsgüterkauf-RL, Art. 3 Abs. 2 Satz 2 Pauschalreise-RL; Møgelvang-Hansen, The Binding Effects of Advertising, in: Schulze (Hrsg.), New Features in Contract Law, 2007, S. 169–179.
46 Richtlinie 2005/29/EG des Europäischen Parlaments und des Rates vom 11. Mai 2005 über unlautere Geschäftspraktiken im binnenmarktinternen Geschäftsverkehr zwischen Unternehmen und Verbrauchern; näher dazu Schulze/Terryn, CESL Commentary, Art. 31 CESL Rn 10.
47 Die Terminologie ist in dieser Hinsicht uneinheitlich: Art. 32 GEK-E spricht – wie hier – von der Rücknahme eines Angebots, während Art. 16 CISG und Art. 2:202 PECL dafür den Begriff „Widerruf" verwenden (und

den Rechten der Mitgliedstaaten ebenfalls unterschiedlich geregelt.[48] Vielen Rechten zufolge kann das Angebot zurückgenommen werden, bis die andere Partei die Annahme erklärt hat. Nach anderen Rechten ist der Anbieter grundsätzlich gebunden, sobald das Angebot der anderen Partei zugegangen ist (es sei denn, dass er diese Bindung ausschließt; vgl § 145 BGB).[49] Dem *Acquis communautaire* lässt sich keine allgemeine Aussage zugunsten der einen oder anderen Lösung entnehmen. Vielmehr sprechen einzelne Bestimmungen dafür, dass das EU-Recht beide Ansätze in den Mitgliedstaaten anerkennt und sich einer Entscheidung enthalten will.[50] Die Acquis Principles enthalten dementsprechend keine Regel zu diesem Gegenstand. Dagegen folgen Art. 16 CISG, Art. 2:202 PECL und auf seiner Grundlage Art. II.-4:202 DCFR dem Weg der meisten europäischen Staaten und lassen die Rücknahme des Angebots grundsätzlich zu, bis die andere Partei die Annahme erklärt hat. Das GEK schließt sich dieser Zuweisung des Risikos an den Empfänger des Angebots (etwa bei Veränderungen der Interessenlage aufgrund von Schwankungen des Marktpreises oder Angeboten Dritter) grundsätzlich an: Nach Art. 32 Abs. 1 GEK-E kann ein Angebot zurückgenommen werden, wenn die Rücknahmeerklärung dem Empfänger zugeht, bevor er seine Annahme erklärt hat. Im Fall der Annahme durch Verhalten (Art. 34 GEK-E) gilt das Entsprechende, bevor der Vertrag auf diese Weise geschlossen worden ist. Angebote, die gegenüber der Allgemeinheit abgegeben worden sind, müssen dabei nach den bestehenden Regelwerken in derselben Weise widerrufen werden, wie sie abgegeben wurden (Art. 32 Abs. 2 GEK-E). Der Grundsatz, dass das Angebot zurückgenommen werden kann, ist allerdings gem. Art. 32 Abs. 3 GEK-E durch drei Ausnahmen eingeschränkt: Im Angebot kann zum Ausdruck kommen, dass es unwiderruflich ist; es kann eine feste Frist für die Annahme enthalten; oder der Empfänger konnte aus sonstigen Gründen vernünftigerweise auf die Unwiderruflichkeit vertrauen und hat im Vertrauen auf das Angebot bereits gehandelt. Der letztgenannte Ausnahmetatbestand gibt dem Grundsatz des Schutzes des berechtigten Vertrauens Ausdruck und mildert den Gegensatz zu dem Modell einer grundsätzlichen Bindung an das Angebot erheblich ab.

cc) Die Annahme des Angebots ist im GEK in weithin übereinstimmender Struktur mit den PECL und dem DCFR geregelt. Sie kann in jeder beliebigen Form durch Erklärung erfolgen, sofern damit nur eine Zustimmung zu dem Angebot ausgedrückt wird, ohne dass aber Schweigen oder Untätigkeit allein eine Annahme darstellen (Art. 34 GEK-E). Im Falle des Schweigens des Angebotsempfängers müssen daher weitere Umstände hinzutreten (etwa entsprechende Erklärungen bereits in vorangegangenen Verhandlungen, eine entsprechende Rahmenvereinbarung der Parteien oder die Vereinbarung einer entsprechenden Übung zwischen ihnen),[51] um von einer Annahme ausgehen zu können. Für die Annahmefrist ist gem. Art. 36 GEK-E in erster Linie die Festlegung durch den Anbietenden im Angebot maßgeblich. Ohne eine derartige Festlegung greift eine angemessene Frist nach der Abgabe des Angebots. Wenn das Angebot so vorliegt, dass der Empfänger es durch Verhalten ohne Mitteilung an den Anbietenden annehmen kann, oder sich dies aufgrund von Gepflogenheiten zwischen den Parteien oder Gebräuchen

23

---

sich „Rücknahme" in Art. 15 CISG auf den Zeitraum bis zum Zugang des Angebots bei der Gegenseite bezieht).
48 Kadner Graziano, Comparative Contract Law, 2009, S. 150–190.
49 Lando/Beale (Hrsg.), PECL, Parts I and II, S. 166 f; v. Bar/Clive (Hrsg.), DCFR Full Edition, S. 304–307; Zweigert/Kötz, Einführung in die Rechtsvergleichung, 3. Aufl. 1996, S. 350–358.
50 Vgl Erwägungsgrund 14 Verbraucherrechte-RL.
51 Lando/Beale (Hrsg.), PECL, Parts I and II, S. 169; Schulze/Terryn, CESL Commentary, Art. 34 CESL Rn 5 f; v. Bar/Clive (Hrsg.), DCFR Full Edition, S. 310 f.

ergibt (Art. 35 Abs. 3 GEK-E), muss der Empfänger die annahmebegründende Handlung entsprechend innerhalb der festgelegten oder einer angemessenen Frist vornehmen. Eine verspätete Annahme kann jedoch gem. Art. 37 GEK-E wirksam werden, indem der Anbietende der anderen Partei unverzüglich mitteilt, dass er sie als wirksame Annahme behandelt. Zudem ist eine verspätete Annahme wirksam, wenn sich aus der betreffenden Nachricht ergibt, dass sie nach den Umständen, unter denen sie abgesandt wurde, normalerweise rechtzeitig zugegangen wäre, sofern der Anbietende den Empfänger nicht unverzüglich davon unterrichtet, dass er das Angebot als erloschen betrachtet. Enthält die Antwort des Empfängers auf das Angebot erhebliche Änderungen oder Ergänzungen hinsichtlich der Vertragsbestimmungen, liegt darin gem. Art. 38 Abs. 1 GEK-E eine Ablehnung und ein neues Angebot. Dieser Grundsatz findet sich in ähnlicher Weise in den meisten mitgliedstaatlichen Rechten und den vorangegangenen Regelwerken.[52] Er wird durch die folgenden Absätze des Art. 38 GEK-E recht detailliert und teilweise abweichend von einigen nationalen Rechten ausgestaltet. Insbesondere ist er mit der Vermutung verknüpft, dass eine erhebliche Änderung vorliegt, wenn sich zusätzliche oder abweichende Vertragsbestimmungen auf bestimmte Gegenstände beziehen (wie den Preis, die Zahlung, die Qualität und Quantität der Waren, den Ort und die Zeit der Lieferung, den Umfang der Haftung oder die Beilegung von Streitigkeiten; Art. 38 Abs. 2 GEK-E).[53]

24   dd) Die Annahme des Angebots bewirkt den Abschluss des Vertrages. Die Annahmeerklärung muss dazu dem Anbietenden zugehen (Art. 35 Abs. 1 GEK-E). Die näheren Voraussetzungen für den Zugang der Annahmeerklärung – und insofern für das Zustandekommen des Vertrages und den Zeitpunkt des Vertragsschlusses – ergeben sich aus den allgemeinen Bestimmungen des Art. 10 GEK-E über Mitteilungen.[54] Für die Fälle, in denen ein Angebot durch Verhalten angenommen wird, sind entsprechende Regeln in Art. 35 Abs. 2 und 3 GEK-E vorgesehen: Grundsätzlich ist der Vertrag geschlossen, sobald der Anbietende Kenntnis von dem Verhalten erlangt. Kann die andere Partei aber das Angebot durch Verhalten ohne Mitteilung an den Anbietenden annehmen,[55] soll der Zeitpunkt maßgeblich sein, zu dem sie die betreffende Handlung beginnt.[56]

b) Vertragsschluss ohne Aufgliederung in Angebot und Annahme

25   aa) Weder im *Acquis communautaire* noch im GEK ausdrücklich geregelt ist der Vertragsschluss ohne Aufgliederung in Angebot und Annahme, obwohl in der Praxis die Annahme eines Angebots nicht die einzige Form ist, in der Verträge geschlossen werden. So können sich beispielsweise die Erklärungen der Parteien, dass sie einen Vertrag abschließen wollen, auf dem Postweg kreuzen. In diesen Fällen lässt sich der Vertragsschluss nicht in ein Angebot und eine darauf bezogene Annahme aufgliedern. Wenn beide Erklärungen übereinstimmende Konditionen enthalten, besteht aber aufgrund

---

52 Art. 2:208 PECL; Art. II-4:208 DCFR.
53 Näher dazu und zu den weiteren Bestimmungen des GEK über abweichende Antworten Gebauer, Der Vertragsschluss im EU-Kaufrecht (Artt. 30–39 GEKR), in: Schmidt-Kessel, Ein einheitliches europäisches Kaufrecht?, 2012, S. 121, 142–144; Schulze/Terryn, CESL Commentary, Art. 38 CESL Rn 2–7, 12 f.
54 Siehe dazu § 2 Rn 22.
55 Oben Rn 12.
56 Lando/Beale (Hrsg.), PECL, Parts I and II, 2000, S. 172 führen das Beispiel an, dass die neu engagierte Opernsängerin auf Anweisung des Operndirektors bereits mit den Proben beginnt, während das restliche Ensemble gerade auf Tour und nicht erreichbar ist.

I. Vertragsschluss

des Konsensgedankens und des Einigungsprinzips kein sachlicher Grund, einen Vertragsschluss abzulehnen. Vielmehr liegt eine Einigung ebenso vor wie bei der sukzessiven Zusendung von Angebot und darauf bezogener Annahme. Im Einklang mit der Anwendung der Vorschriften über Angebot und Annahme in einigen nationalen Rechten[57] und im UN-Kaufrecht[58] legen daher Art. 2:211 PECL, Art. 4:102 Abs. 2 ACQP sowie Art. II.-4:211 DCFR übereinstimmend fest, dass die Vorschriften über den Vertragsschluss durch Angebot und Annahme entsprechend anwendbar sind, wenn der Vorgang des Vertragsschlusses sich nicht in Angebot und Annahme aufgliedern lässt. Ebenso nach diesen Regelwerken und nationalen Auslegungstraditionen sowie dem UN-Kaufrecht ist auch für das GEK eine entsprechende Anwendung seiner Vorschriften über Angebot und Annahme auf sich kreuzende Erklärungen angebracht. Wenn das GEK anders als die soeben genannten europäischen Regelwerke diese entsprechende Anwendung nicht ausdrücklich anordnet, dürfte dies nicht als Entscheidung für eine entgegengesetzte Regelung zu verstehen sein. Vielmehr zeigt sich darin lediglich Zurückhaltung zugunsten der künftigen Gestaltung dieses verhältnismäßig neuen Bereichs durch Lehre und Rechtsprechung auf der Grundlage der Prinzipien, die sich aus Art. 30 ff GEK-E für den Vertragsschluss ergeben.

bb) Was für die sich „kreuzenden Erklärungen" anerkannt ist, muss auch für zahlreiche sonstige Abläufe gelten, die sich nicht in Angebot und Annahme aufgliedern lassen, aber zu einer hinreichenden Einigung über den Vertragsschluss führen. Die Bedürfnisse der Wirtschaft haben vielerlei derartige Gestaltungen hervorgebracht, die sich als „schrittweise" oder „gestreckte" Vertragsschlüsse beschreiben lassen. Kennzeichnend für sie ist die stufenweise Konsolidierung der vertraglichen Bindung und des Vertragsinhalts mithilfe von rechtlichen Instrumenten wie *letter of intent*, Punktation, *Heads of agreement* und *Memorandum of understanding*[59] sowie mithilfe von vielgestaltigen Rechten und Pflichten einer Partei oder Dritter zur teilweisen Bestimmung oder Konkretisierung von Vertragsinhalten in einem oder mehreren Schritten zu unterschiedlichen Zeitpunkten.[60] Auch wenn im *Acquis communautaire* bislang derartige Formen „gestreckter" Vertragsschlüsse nicht näher geregelt sind, können sie keineswegs als unbeachtlich für das EU-Recht gelten. Ebenso wenig lässt sich daraus, dass sich Vorschriften des EU-Rechts ausdrücklich auf die Abfolge von Angebot und Annahme beziehen,[61] entnehmen, dass andere Arten des Vertragsschlusses nicht zulässig sein sollen. Auf das Gegenteil deuten vielmehr bereits die Vorschriften hin, die vorvertraglichen Erklärungen eine weitreichende Bedeutung für den Vertragsschluss beimes-

26

---

57 ZB für Deutschland Staudinger/Bork, BGB, 2010, § 146 Rn 7; für Italien Bianca, Diritto Civile, Bd. 3: Il contratto, 2. Aufl. 2000, S. 238.
58 Vgl Schlechtriem/Schwenzer/Schroeter, Kommentar zum Einheitlichen UN-Kaufrecht, 6. Aufl. 2013, Vorb. zu Art. 14–24 Rn 15–45.
59 Zu diesen und weiteren Instrumenten vor und bei dem Vertragsschluss Cordero-Moss, The Function of Letters of Intent and their Recognition in Modern Legal Systems, in: Schulze (Hrsg.), New Features in Contract Law, 2007, S. 139–159; Heussen, Letter of Intent, 2. Aufl. 2014; Thümmel, Letter of Intent (Absichtserklärung), in: Schütze/Weipert/Rieder, Münchener Vertragshandbuch, Bd. 4, 7. Aufl. 2012, S. 1–17; Weick/Basse, Recht des internationalen Handels- und Wirtschaftsverkehrs, 2013, S. 85–89.
60 Näher dazu Demoulin/Montero, La conclusion des contrats par voie électronique, in: Fontaine, Le Processus du Formation du Contrat, 2002, S. 771–788; Fontaine, Offre et acceptation, approche dépassée du processus de formation des contrats, in: Mélanges offerts à Pierre Van Ommeslaghe, 2000, S. 115–133; Siems, 'Unevenly Formed Contracts': Ignoring the 'Mirror of Offer and Acceptance', ERPL 2004, S. 771–788; Schlechtriem/Schwenzer/Schroeter, Kommentar zum Einheitlichen UN-Kaufrecht, 6. Aufl. 2013, Vorb. zu Artt. 14–24. Rn 23 f ; van Erp, Contract als Rechtsbetrekking, 1990.
61 Soeben Rn 18.

sen.⁶² Zudem erfordert es der Gedanke des *effet utile*, dass Bestimmungen des Unionsrechtes, die eine Partei beim Vertragsschluss schützen sollen, nicht deshalb wirkungslos bleiben, weil der Vertrag auf andere Weise als durch Angebot und Annahme geschlossen wird. Vielmehr ist jeweils im Einzelfall zu prüfen, ob die Bestimmungen des EU-Rechts, die den Vertragsschluss betreffen, entsprechend auf eine ähnliche Situation bei einem Vertragsschluss, der sich nicht in Angebot und Annahme aufgliedern lässt, anzuwenden sind (beispielsweise auf Erklärungen der geschützten Partei zur schrittweisen Bindung bei einem „gestreckten" Vertragsschluss).

27 Sofern die Parteien für einen Vertrag, den sie „gestreckt" in mehreren Stufen ohne Aufgliederung in Angebot und Annahme schließen, die Verwendung des GEK vereinbart haben, sprechen die gleichen Gründe wie bei sich kreuzenden Willenserklärungen⁶³ dafür, dass dessen Vorschriften über den Vertragsschluss entsprechend anwendbar sind. Der Kommissionsvorschlag hat zwar trotz der wachsenden Bedeutung dieser „gestreckten" Vertragsschlüsse auch im grenzüberschreitenden Wirtschaftsverkehr die Chance ungenutzt gelassen, durch spezifische ausdrückliche Regelungen innovativ auf Bedürfnisse des modernen Vertragsrechts zu reagieren. Dies dürfte aber vor allem darauf zurückzuführen sein, dass auch die Entwicklung der Lehre in dieser Hinsicht bisher nicht soweit fortgeschritten ist wie die wirtschaftliche Praxis und daher den Gesetzgebungsarbeiten wenig Anhalt geben konnte. Die fehlende ausdrückliche Regelung dürfte daher nicht nur für die sich kreuzenden Willenserklärungen, sondern für den gesamten Bereich der Vertragsschlüsse ohne Aufgliederung in Angebot und Annahme nicht als Ausschluss dieser Materie aus dem Anwendungsbereich des Vertragsschlussrechts des GEK aufzufassen sein, sondern als Aufgabenzuweisung zunächst vor allem an die Lehre in Hinblick auf die künftige Anwendung des GEK. Klärungsbedürftig sind eine Reihe von Fragen, die die „angemessenen Anpassungen"⁶⁴ bei der entsprechenden Anwendung der Vorschriften über den Vertragsschluss betreffen (etwa hinsichtlich der Widerruflichkeit einzelner Erklärungen im Verlaufe des Vertragsschlusses und hinsichtlich des Entstehungszeitpunktes der jeweiligen vertraglichen Pflichten⁶⁵).

c) Vertragsschluss durch besondere Medien

28 aa) Der *Acquis communautaire* und das GEK unterscheiden nicht lediglich generell den Vertragsschluss unter Abwesenden vom Vertragsschluss unter Anwesenden.⁶⁶ Vielmehr berücksichtigen sie mehrere Formen, in denen Verträge ohne gleichzeitige körperliche Anwesenheit der Parteien geschlossen werden können, durch jeweils besondere Vorschriften. Ein besonders weites Spektrum von Kommunikationsmitteln zur Vorbereitung und zum Abschluss des Vertrages umfasst dabei der Begriff des Fernabsatzvertrages (vgl Art 2 Nr. 7 Verbraucherrechte-RL; Art. 2 lit. p GEK-VO-E). Einbezogen sind beispielsweise Vertragsschlüsse auf dem herkömmlichen Briefpostweg,

---

62 Vgl Rn 5 f.
63 Siehe Rn 25.
64 Vgl Art. 2:211 PECL.
65 Zur Frage, ob bei „gestreckten" Vertragsschlüssen die Annahme eines „magischen Zeitpunktes" des Vertragsschlusses notwendig bleibt, Pfeiffer, Der Vertragsschluss im Gemeinschaftsrecht, in: Schulze/Ebers/Grigoleit (Hrsg.), Informationspflichten und Vertragsschluss im Acquis communautaire, 2003, S. 103, 110 f; Pfeiffer, New Mechanisms for Concluding Contracts, in: Schulze (Hrsg.), New Features in Contract Law, 2007, S. 161, 165–168; Schulze, The New Challenges in Contract Law, in: Schulze (Hrsg.), New Features in Contract Law, 2007, S. 3, 18 f.
66 Vgl dazu beispielsweise § 130 Abs. 1, 147 BGB; Art. 4, 5 OR.

I. Vertragsschluss

durch Telefon, E-Mail und unter Verwendung von Tele- und Mediendiensten.[67] Bis zum Zeitpunkt des Vertragsschlusses dürfen ausschließlich ein oder mehrere derartige Fernkommunikationsmittel verwandt worden sein, damit es sich um einen Fernabsatzvertrag handelt. Das GEK und die Verbraucherrechte-RL beschränken den Begriff des Fernabsatzvertrages zudem auf Verbraucherverträge, die im Rahmen eines für den Fernabsatz organisierten Vertriebs- bzw Dienstleistungssystems geschlossen werden.[68]

bb) Häufig benutzen die Parteien zur Vorbereitung und zum Abschluss des Vertrages Fernkommunikationsmittel, die in „Echtzeit" den unmittelbaren Kontakt ohne Anwesenheit am gleichen Ort und ohne Zeitverlust ermöglichen (insbesondere das Telefon und bestimmte Internetdienste).[69] Ein Leitgedanke der Bestimmungen für diesen Bereich ist es, dass der Unternehmer, der Vertragsschlüsse mithilfe derartiger Kommunikationsmittel anstrebt, bereits bei Beginn der Kontaktaufnahme seine Identität und den kommerziellen Zweck des Gesprächs offenzulegen hat. Entsprechende Schutzbestimmungen enthalten insbesondere neben Art. 6 E-Commerce-RL (in Hinblick auf kommerzielle Kommunikation, die Bestandteil eines Dienstes der Informationsgesellschaft ist oder einen solchen Dienst darstellt), Art. 3 Abs. 3 lit. a Fernabsatz-Finanzdienstleistungs-RL und Art. 8 Abs. 5 Verbraucherrechte-RL sowie entsprechend Art. 19 Abs. 1 GEK-E. Nach Art. 29 Abs. 1 GEK-E haftet der Unternehmer für jeden Verlust des Verbrauchers, wenn er dieser Pflicht bei der Kontaktaufnahme nicht nachkommt.[70]

29

cc) Für den Vertragsschluss im elektronischen Geschäftsverkehr, den das Unionsrecht wegen seiner Bedeutung für den Binnenmarkt besonders fördern will,[71] sehen Art. 10 und 11 E-Commerce-RL spezielle Informationspflichten und formale Anforderungen vor.[72] Ergänzend zur E-Commerce-RL enthält die Verbraucherrechte-RL spezielle formale Anforderungen für einen auf elektronischen Wege geschlossenen Fernabsatzvertrag (Art. 8 Abs. 2 bis 7 Verbraucherrechte-RL). Sie will dabei die Ausgestaltung der Informationspflichten auch den technischen Beschränkungen einzelner Medien anpassen (beispielsweise der beschränkten Anzahl an Zeichen auf bestimmten Displays von Mobiltelefonen).[73] Entsprechende Anforderungen legen Art. 13 Abs. 3; 19 Abs. 1 und 25 GEK-E fest.[74] Auch die Grundsätze hinsichtlich des Zugangs von Informationen und Erklärungen vor und bei dem Vertragsschluss bedürfen der Konkretisierung und Fortbildung hinsichtlich der neuen Entwicklungen des elektronischen Geschäftsverkehrs. Dies hat sich jüngst beispielsweise in der Entscheidung des EuGH in der

30

---

67 Näher dazu Schulze/Wendehorst, CESL Commentary, Art. 2 CESL Regulation Rn 32–36; Staudinger/Thüsing, BGB, 2012, § 312 b Rn 26 f.
68 In Betracht steht allerdings, den Begriff ohne Beschränkung auf Verbraucherverträge; Stellungnahme EP, Abänderungen 26, 49, 60 f, S. 113.
69 Näher zu diesem Begriff und den verschiedenen Arten der Echtzeit-Fernkommunikation Sieber, Technische Grundlagen, in: Hoeren/Sieber/Holznagel, Multimedia-Recht, 39. Ergänzungslieferung 2014, Teil 1, Rn 116–130.
70 Die Acquis Principles sehen für die Verletzung der besonderen Informationspflichten bei der Echtzeit-Fernkommunikation vor, dass der Verbraucher den Vertrag widerrufen und dass er Schadensersatz verlangen kann (Art. 4:104 Abs. 4 ACQP).
71 Erwägungsgrund 1 und Art. 1 Abs. 1 E-Commerce-RL, vgl Glatt, Vertragsschluss im Internet, 2002, S. 69.
72 Weitgehend übereinstimmend damit Art. 4:105 ACQP, allerdings im Unterschied zu der E-Commerce-RL mit der Festlegung eines Widerrufsrechts und eines Schadensersatzanspruchs als Sanktionen.
73 Erwägungsgrund 36 Verbraucherrechte-RL.
74 Näher zu diesen Bestimmungen über besondere Anforderungen vor und bei dem Vertragsschluss im elektronischen Geschäftsverkehr Rn 58.

Rechtssache *Content Services*[75] für die Übermittlung einer Widerrufsbelehrung lediglich durch die Zusendung eines Links zu einer Website gezeigt[76] und dürfte auch künftig die europäische Gesetzgebung und Rechtsprechung befassen. Dies gilt auch für die zahlreichen praktischen Probleme, die sich in Hinblick auf Sicherheitsbedürfnisse und Beweisfragen beim elektronischen Vertragsschluss stellen. Nur einen Ausschnitt daraus erfasst die Verordnung über elektronische Identifizierung und Vertrauensdienste,[77] deren Bestimmungen vom 1. Juli 2016 an gelten werden. Ob hierdurch das Vertrauen der Anwender in die Sicherheit, Vertraulichkeit und Integrität von Daten sowie die Identität der Kommunikationspartner gestärkt und somit der elektronische Geschäftsverkehr gestärkt wird, bleibt indessen abzuwarten.[78]

31 dd) Gem. Art. 8 Abs. 6 Verbraucherrechte-RL können die Mitgliedstaaten darüber hinaus für telefonisch geschlossene Fernabsatzverträge als Voraussetzung für die Bindung des Verbrauchers vorsehen, dass dieser das Angebot unterzeichnet oder dem Unternehmer seine schriftliche Zustimmung zum Vertrag übermittelt. Diese Option für die Mitgliedstaaten zielt auf einen zusätzlichen Schutz des Verbrauchers durch die Warnfunktion der Unterzeichnung bzw schriftlichen Erklärung und auf die Verbesserung der Beweislage. Art. 18 Abs. 4 GEK-E übernimmt das Muster dieser optionalen Regelung aus der Richtlinie als eine zwingende Bestimmung für den telefonischen Abschluss von Verbraucherverträgen. Das Erfordernis der Unterzeichnung oder schriftlichen Zustimmung ist dabei nicht nur Voraussetzung der Bindung des Verbrauchers (wie in der Richtlinie), sondern Gültigkeitsvoraussetzung für den Vertrag. Die erwähnten Schutzziele werden somit wohl vornehmlich aus präventiven Gründen unabhängig vom Interesse des Verbrauchers am Bestand des Vertrages im Einzelfall mit der strengen Sanktion der Ungültigkeit des Vertrages *ipso iure* bewehrt. In der Einbeziehung dieser Gültigkeitsvoraussetzung in den Abschnitt über vorvertragliche Informationspflichten gegenüber dem Verbraucher kommt die enge Verzahnung von vorvertraglicher Phase und Vertragsschluss zum Ausdruck; in systematischer Hinsicht zwingend erscheint sie aber keineswegs.

4. Vorvertragliche öffentliche Erklärungen

a) Erklärungen einer Vertragspartei

32 aa) Neben den Erklärungen, die eine Partei vor und bei dem Vertragsschluss gegenüber der anderen abgibt, können auch vorvertragliche öffentliche Erklärungen einer Partei mit dem Vertragsschluss maßgeblich für den Vertragsinhalt werden.[79] Dieser Grundsatz des europäischen Vertragsrechts hat sich insbesondere aufgrund von zwei Richtlinien herausgebildet: Nach Art. 2 Abs. 2 lit. d und Art. 6 Abs. 1 Verbrauchsgüterkauf-RL können Angaben in der Werbung, der Etikettierung und der Garantieerklärung maßgeblich für den Inhalt der vertraglichen Verpflichtung des Verkäufers sein. Ähnlich binden vorvertragliche Angaben in einem Prospekt den Veranstalter bzw den Vermittler bei Pauschalreisen gem. Art. 3 Abs. 2 Satz 2 Pauschalreise-RL. Diese Richtlini-

---

75 EuGH 5.7.2012, Rs. C-49/11 (Content Services Ltd).
76 Dazu § 2 Rn 30.
77 Verordnung über elektronische Identifizierung und Vertrauensdienste (VO (EU) Nr. 910/2014).
78 Kritisch hierzu Spindler/Rockenbauch, Die elektronische Identifizierung – Kritische Analyse des EU-Verordnungsentwurfs über elektronische Identifizierung und Vertrauensdienste, MMR 2013, S. 139–148; Roßnagel, Neue Regeln für sichere elektronische Transaktionen, NJW 2014, 3686, 3692.
79 Ausführlich dazu Møgelvang-Hansen, The Binding Effects of Advertising, in: Schulze (Hrsg.), New Features in Contract Law, 2007, S. 169–179.

I. Vertragsschluss

en-Bestimmungen haben innovative Akzente bei der Entwicklung des Vertragsrechts in Europa gesetzt. Sie tragen dem Umstand Rechnung, dass in der heutigen Geschäftspraxis sehr häufig entscheidende Angaben über Waren und Dienstleistungen dem Vertragspartner nicht erst bei dem jeweiligen Vertragsschluss übermittelt werden. Vielmehr beeinflusst der Verkäufer vor allem durch seine Werbung in Medien wie Fernsehen, Internet, Zeitungen oder Katalogen die Vorstellungen eines großen Personenkreises über den Vertragsgegenstand schon lange, bevor er mit einem einzelnen Interessenten unmittelbar in Verbindung kommt und über den konkreten Vertragsabschluss verhandelt. Bei diesen Verhandlungen wird der Kunde möglicherweise wichtige Fragen hinsichtlich des Vertragsgegenstandes (wie etwa bei einem Autokauf die Motorleistung oder den Benzinverbrauch) gerade deshalb nicht ansprechen, weil er sich durch die vorvertraglichen Werbeangaben in dieser Hinsicht bereits informiert fühlt. Die Richtlinien berücksichtigen die Verantwortlichkeit des Unternehmers für das Entstehen dieser Kundenerwartungen und binden ihn daher an seine vorvertraglichen Erklärungen.

bb) Diese Bindung betrifft aufgrund der Verbrauchsgüterkauf-RL zwei Sachlagen: Zum einen bindet eine Garantie nach Art. 6 Abs. 1 dieser Richtlinie denjenigen, der sie anbietet, nicht nur zu den Bedingungen, die in der Garantieerklärung selbst enthalten sind, sondern auch zu den Bedingungen, die sich aus der einschlägigen Werbung ergeben. Zum anderen sind die öffentlichen Äußerungen, die der Verkäufer in der Werbung oder bei der Etikettierung abgibt, ein Kriterium im Rahmen der Vermutungen über die Vertragsmäßigkeit der gelieferten Güter gem. Art. 2 Abs. 2 Verbrauchsgüterkauf-RL. Der Verkäufer ist dabei allerdings durch seine öffentlichen Äußerungen nicht gebunden, wenn er nachweist, dass die Äußerung zum Zeitpunkt des Vertragsschlusses berichtigt war oder dass die Kaufentscheidung nicht durch die Äußerung beeinflusst sein konnte. Ausschlaggebend ist damit nicht, ob der Käufer die vorvertragliche Äußerung tatsächlich kannte, sondern ob er sie kennen konnte. Diese Bestimmung trägt den Schwierigkeiten Rechnung, angesichts vielfältiger Beeinflussung der Meinungsbildung durch komplexe Werbestrategien die Art und den Zeitpunkt der Meinungsbildung des Käufers im Einzelfall zu rekonstruieren. Oft wird es dem Käufer selbst bei Erhalt der Waren gar nicht mehr bewusst sein, auf welchem Wege und zu welchem Zeitpunkt ihn die Werbeaussage, die seinem Kaufentschluss zugrunde lag, erreicht hat. 33

Im Reisevertragsrecht betrifft die bindende Wirkung von vorvertraglichen Erklärungen die Angaben in Prospekten. Wenn dem Verbraucher ein Prospekt zur Verfügung gestellt wird, muss dieser gem. Art. 3 Abs. 2 Pauschalreise-RL deutlich lesbare, klare und genaue Angaben zum Preis sowie zu weiteren Umständen, soweit sie jeweils von Bedeutung sind, enthalten. Diese Angaben im Prospekt binden den Veranstalter bzw den Vermittler der Pauschalreise, ohne dass sie später bei den Verhandlungen über den Vertragsschluss oder im Vertragsformular noch erwähnt werden müssen. Davon ausgenommen sind nur Änderungen, die dem Verbraucher vor Abschluss des Vertrages klar mitgeteilt oder später zwischen den Vertragsparteien vereinbart worden sind. 34

cc) Die Vorschriften der Verbrauchsgüterkauf-RL und der Pauschalreise-RL beschränken sich auf den Schutz von Verbrauchern beim Kauf von Gütern und von Reisenden bei Pauschalreisen. In Hinblick auf diese spezifischen Sachlagen bringen sie aber ein allgemeineres Prinzip zur Geltung: Werbeangaben und ähnliche öffentliche Erklärungen eines Unternehmers über die Beschaffenheit von Gütern und Dienstleistungen vor dem Vertragsabschluss sind maßgeblich für die vertraglich geschuldete Leistung, ohne dass sie bei den individuellen Verhandlungen zwischen dem Unternehmer und seinem 35 jeweiligen Kunden über den konkreten Vertragsschluss erwähnt sein müssen. Typischerweise zielen derartige vorvertragliche Erklärungen darauf, die Willensbildung des Kunden über den Vertragsschluss zu beeinflussen, und begründen daher eine berechtigte Erwartung des Kunden, dass die Beschaffenheit der Güter oder Dienstleistungen, die Gegenstand des später geschlossenen Vertrages sind, mit den vorvertraglichen Aussagen des Unternehmers übereinstimmt. Der Grund dafür, dass die Verbrauchsgüterkauf- und die Pauschalreise-RL vorvertraglichen öffentlichen Erklärungen der Unternehmer bindende Wirkung beimessen, liegt dementsprechend darin, dass das vorvertragliche Verhalten des Unternehmers berechtigte Erwartungen des Kunden in Hinblick auf den Gegenstand des Vertrages hervorgerufen hat. Diese Grundlage für die Haftung des Unternehmers besteht aber nicht nur bei den beiden Vertragstypen, die durch die genannten Richtlinien geregelt sind, sondern generell bei Verträgen über Güter und Dienstleistungen. Wenn ein Unternehmer diese Produkte durch öffentliche Erklärungen vermarktet, muss ihm bewusst sein, dass er entsprechende Kundenerwartungen weckt; und er muss sich infolgedessen beim Vertragsschluss diese vorvertraglichen Erklärungen zurechnen lassen. Daher hat Art. 4:107 ACQP eine generelle Regelung für derartige öffentliche Erklärungen eines Unternehmers vor dem Vertragsschluss vorgeschlagen.

36   dd) Art. 69 GEK-E ist diesem Ansatz im Wesentlichen gefolgt. Die Bestimmungen seiner ersten beiden Absätze erstrecken sich generell auf die vorvertraglichen Erklärungen von Unternehmern (sowohl beim Abschluss von Verbraucherverträgen als auch beim Vertragsschluss zwischen mehreren Unternehmern). Dagegen erweitern und konkretisieren Art. 69 Abs. 3 und 4 GEK-E den Grundsatz spezifisch für Verbraucherverträge.

▶ *Artikel 69 GEK-E*

Aus bestimmten vorvertraglichen Erklärungen abgeleitete Vertragsbestimmungen

(1) Gibt der Unternehmer vor Vertragsschluss gegenüber der anderen Partei oder öffentlich eine Erklärung über die Eigenschaften dessen ab, was der Unternehmer nach dem Vertrag liefern soll, wird diese Erklärung Bestandteil des Vertrags, es sei denn,
(a) die andere Partei wusste bei Vertragsschluss oder hätte wissen müssen, dass die Erklärung falsch war oder dass sie sich nicht auf eine derartige Bestimmung verlassen konnte, oder
(b) die Entscheidung der anderen Partei zum Vertragsschluss konnte nicht durch die Erklärung beeinflusst werden.
(2) Für die Zwecke des Absatzes 1 gilt eine Erklärung, die von einer Person abgegeben wird, die im Auftrag des Unternehmers mit der Werbung oder Vermarktung befasst ist, als durch den Unternehmer abgegeben.
(3) Handelt es sich bei der anderen Partei um einen Verbraucher, wird für die Zwecke des Absatzes 1 eine öffentliche Erklärung, die im Vorfeld des Vertragsschlusses von oder im Auftrag eines Herstellers oder einer anderen Person abgegeben wurde, als vom Unternehmer abgegeben angesehen, es sei denn, der Unternehmer kannte diese Erklärung bei Vertragsschluss nicht und hätte sie auch nicht kennen müssen.[80]

---

80   In der englischen Fassung heißt es: "Where the other party is a consumer then, for the purposes of paragraph 1, a public statement made by or on behalf of a producer or other person in earlier links of the chain of transactions leading to the contract is regarded as being made by the trader unless the trader, at the time of conclusion of the contract, did not know and could not be expected to have known of it." Die deutsche Sprachfassung enthält hier eine Auslassung, sodass nicht deutlich wird, dass die „andere Person" ein Glied in der Absatzkette sein muss; dazu Schmidt-Kessel/Looschelders/Makowsky, GEK-E Kommentar, Art. 69 GEK-E Rn 20.

I. Vertragsschluss

(4) Im Verhältnis zwischen einem Unternehmer und einem Verbraucher dürfen die Parteien die Anwendung dieses Artikels nicht zum Nachteil des Verbrauchers ausschließen, davon abweichen oder dessen Wirkungen abändern. ◄

Vorvertragliche öffentliche Erklärungen einer Partei können nach dem GEK somit verbindliche Wirkung für den Vertragsinhalt erlangen, ohne dass sie in dem jeweiligen individuell an die andere Partei gerichteten Angebot enthalten sein müssen und ohne dass diese andere Partei sie bei Vertragsschluss überhaupt kennen muss. Aus dem Zusammenhang der bindenden Wirkung vorvertraglicher Erklärungen mit den berechtigten Erwartungen der anderen Partei erklären sich die Ausnahmen, die Art. 69 Abs. 1 GEK-E im Anschluss an Art. 2 Abs. 3 und 4 Verbrauchsgüterkauf-RL und Art. 3 Abs. 2 Satz 2 Pauschalreise-RL mit kleineren Abweichungen[81] vorsieht. Die öffentlichen Äußerungen könnten keine derartigen berechtigten Erwartungen hervorrufen, wenn die andere Partei ihrerseits wusste oder bei erforderlicher Sorgfalt hätte wissen müssen, dass die Aussagen unzutreffend waren, oder wenn sie bei ihrer Entscheidung über den Vertragsschluss durch diese Aussagen gar nicht beeinflusst sein konnte. Diese Einschränkungen lassen sich ebenso wie das Prinzip, auf das sie sich beziehen, der Sache nach auch auf andere Vertragstypen erstrecken als auf den Verbrauchsgüterkauf und die Pauschalreise, sofern bei diesen jeweils Erwartungen über die Beschaffenheit von Gütern oder Dienstleistungen aufgrund vorvertraglicher Erklärungen in Betracht stehen.

37

b) Erklärungen Dritter

aa) Vorvertragliche öffentliche Erklärungen können darüber hinaus in bestimmten Fällen einen Vertragspartner gegenüber dem anderen auch binden, wenn sie von einem Dritten stammen. Dies sieht Art. 69 Abs. 3 GEK-E für Verbraucherverträge vor, wenn die Erklärung im Vorfeld des Vertragsschlusses von oder im Auftrag eines Herstellers oder einer anderen Person abgegeben wurde und im Übrigen die Voraussetzungen des Abs. 1 dieser Vorschrift vorliegen. Außer in den dort genannten Fällen ist dies allerdings bei Erklärungen eines Dritten auch ausgeschlossen, wenn der Unternehmer diese Erklärung bei Vertragsschluss nicht kannte und sie auch nicht hätte kennen müssen. Das GEK folgt damit dem Ansatz von Art. 2 Abs. 2 lit. d Verbrauchsgüterkauf-RL, der eine ähnliche Regelung in Hinblick darauf enthält, dass der Hersteller oder dessen Vertreter vorvertragliche Angaben (insbesondere in der Werbung oder bei Etikettierung) über die konkreten Eigenschaften des Verkaufsgegenstandes machen. Der gleiche Leitgedanke liegt Art. 3 Abs. 2 Pauschalreise-RL zugrunde, wenn der Veranstalter im Sinne von Art. 2 Nr. 2 Pauschalreise-RL einen Prospekt herausgibt, aber der Reisende den Vertrag mit dem Vermittler im Sinne von Art. 2 Nr. 3 Pauschalreise-RL schließt.

38

Das Prinzip der Bindungswirkung vorvertraglicher öffentlicher Erklärungen erstreckt sich mithin im Europäischen Privatrecht auch auf bestimmte Erklärungen Dritter. Es schränkt den Grundsatz der Relativität vertraglicher Rechte und Pflichten insoweit ein, als der Inhalt der Pflichten der einen Partei nicht allein aus ihrem Verhältnis zur Gegenpartei, sondern auch durch das Handeln Dritter bestimmt wird.[82] Dadurch trägt es der weit verbreiteten arbeitsteiligen Vorgehensweise bei der Vermarktung von Waren

39

---

81 Insbesondere durch den zusätzlichen einschränkenden Tatbestand, dass die andere Partei wusste oder hätte wissen müssen, „dass sie sich nicht auf eine derartige Bestimmung verlassen konnte"; dazu Schulze/Kieninger, CESL Commentary, Art. 69 CESL Rn 5.
82 Dazu § 2 Rn 17 f.

und Dienstleistungen Rechnung: Die Werbung, Etikettierung und ähnliche Maßnahmen der Vermarktung mit Wirkung auf den Letztkäufer übernimmt vor allem bei Massenprodukten häufig nicht allein der Letztverkäufer, sondern auch – und nicht selten sogar überwiegend – der Produzent, der Importeur oder ein Zwischenhändler. Diese Maßnahmen Dritter können die Entscheidung des Letztkäufers zum Vertragsabschluss und seine Vorstellungen über den Vertragsinhalt maßgeblich beeinflussen. Der Letztverkäufer zieht aus diesem Einfluss Nutzen, muss ihn aber auch entsprechend als einen Gestaltungsfaktor seiner vertraglichen Beziehungen zum Letztkäufer gegen sich gelten lassen.

40 bb) Hinsichtlich des persönlichen Anwendungsbereichs der Bestimmungen über die vorvertraglichen öffentlichen Erklärungen Dritter geht das GEK einen anderen Weg als ihn die PECL und die Acquis Principles für das europäische Vertragsrecht vorgezeichnet haben: Nach Art. 6:101 Abs. 3 PECL sind vorvertragliche öffentliche Angaben als Quellen vertraglicher Verpflichtungen zu behandeln, wenn sie entweder von einer Person stammen, die die Werbung oder Vermarktung für einen der Vertragspartner betreibt, oder die ein früheres Glied der zu diesem Vertragspartner führenden Geschäftskette ist. Sofern dieser Vertragspartner ein „professioneller Anbieter" (also ein Unternehmer in der heutigen Terminologie des EU-Rechts) ist, erfasst diese Regel grundsätzlich alle Vertragsschlüsse (und nicht etwa nur spezifisch Verbraucherverträge). Entsprechend messen auch Art. 4:107 und 4:108 ACQP öffentlichen Aussagen des Herstellers, einer anderen Person in der Vertriebskette zwischen Hersteller und Endverbraucher oder jeder Person, die Dienstleistungen oder Waren für den Unternehmer bewirbt oder vertreibt, Bindungswirkung hinsichtlich der Eigenschaften von Waren oder Dienstleistungen unabhängig davon bei, ob der Vertragspartner des Warenlieferanten oder Dienstleisters Unternehmer oder Verbraucher ist (sofern nur der Lieferant oder Dienstleister selbst Unternehmer ist). Demgegenüber regelt die Verbrauchsgüterkauf-RL zwar die bindende Wirkung von vorvertraglichen öffentlichen Erklärungen lediglich für Kaufverträge zwischen Unternehmern und Verbrauchern. Dies entspricht aber der generellen Beschränkung ihres Anwendungsbereichs auf den Verbrauchsgüterkauf[83] und lässt nicht bereits den Schluss zu, dass der Grundsatz, auf dem die Regelung der Richtlinie beruht, ausschließlich Verbraucherverträge betreffen kann. Vielmehr zeigt sich die allgemeinere Relevanz dieses Grundsatzes im *Acquis communautaire* bereits darin, dass ihn Art. 3 Abs. 2 Satz 2 Pauschalreise-RL auch für Prospektangaben des Reiseveranstalters oder -vermittlers konkretisiert. Denn auf diese Prospektangaben können sich gem. Art. 3 Pauschalreise-RL auch Unternehmer berufen, wenn sie einen Vertrag mit einem Pauschalreiseveranstalter oder -vermittler geschlossen haben. Das Wort „Verbraucher" schließt in dieser Richtlinie – im Unterschied zum allgemeinen Verbraucherbegriff des Unionsrechts[84] – nach der Definition in Art. 2 Nr. 4 Pauschalreise-RL Unternehmer bei Vertragsschlüssen zu beruflichen oder gewerblichen Zwecken ein (etwa bei der Buchung eines Betriebsausflugs oder einer Tagungsreise zur Fortbildung von Mitarbeitern). Art. 69 Abs. 3 GEK-E beschränkt jedoch die Anwendung der Bestimmungen über öffentliche vorvertragliche Erklärungen Dritter für einen Unternehmer ausdrücklich auf die Fälle, in denen es sich bei der anderen Partei um einen Verbraucher handelt. Nur unter dieser Voraussetzung soll eine öffentliche Erklärung, die im Vorfeld des Vertragsschlusses von oder im Auftrag eines Herstellers oder

---

83 Art. 1 Verbrauchsgüterkauf-RL.
84 Siehe § 2 Rn 138–142.

I. Vertragsschluss

einer anderen Person in der zum Vertrag führenden Geschäftskette abgegeben wurde, als vom Unternehmer abgegeben angesehen werden.[85] Handelt es sich bei der anderen Partei nicht um einen Verbraucher, kommt eine Bindungswirkung von Erklärungen anderer Personen als des vertragsschließenden Unternehmers selbst lediglich unter den Voraussetzungen des Art. 69 Abs. 2 GEK-E in Betracht. Inwieweit dadurch der Ausschluss der Erklärungen Dritter durch Art. 69 Abs. 3 GEK-E bei Verträgen zwischen Unternehmern abgemildert werden kann, dürfte vor allem von der Auslegung der Voraussetzung abhängen, dass der Erklärende „im Auftrag" des Unternehmers mit der Werbung oder Vermarktung befasst sein muss.

Für diese Beschränkung des Anwendungsbereichs auf Verbraucherverträge im GEK ist ein zwingender Grund nicht ersichtlich. Die Werbemaßnahmen des Verkäufers bzw Dienstleisters oder der vorangegangenen Glieder in der Geschäftskette können bei Unternehmern ebenso wie bei Verbrauchern maßgeblichen Einfluss auf die Erwartungen hinsichtlich des Vertragsgegenstandes haben (wie sich auch am Beispiel der Pauschalreise-RL zeigt). Bei arbeitsteiliger Vermarktungsstruktur kommen die Werbemaßnahmen und sonstigen öffentlichen Erklärungen der anderen Beteiligten gleichermaßen dem Verkäufer zugute, wenn der Kunde Verbraucher oder wenn er Unternehmer ist. Im mitgliedstaatlichen Recht hat eine entsprechende erweiternde Umsetzung der Verbrauchsgüterkauf-RL dies auch bereits berücksichtigt.[86] Die Beschränkung auf Verbraucherverträge zieht hingegen nicht hinreichend in Betracht, dass Produzenten, Importeure und andere Dritte in der Geschäftskette häufig (arbeitsteilig mit dem Letztverkäufer, aber ohne von diesem beauftragt zu sein) die Vermarktung organisieren, auch wenn der letzte Abnehmer nicht Verbraucher, sondern Unternehmer ist (oder beide Personenkreise gleichermaßen angesprochen werden). Statt der pauschalen Beschränkung auf Verbraucherverträge kann den Unterschieden im Geschäftsverkehr zwischen Unternehmern gegenüber Verbrauchergeschäften bereits dadurch hinreichend Rechnung getragen werden, dass Unternehmer im Verhältnis zueinander die Bindungswirkung vorvertraglicher Erklärungen abbedingen können, während sie bei Verbraucherverträgen (wie in Art. 69 Abs. 4 GEK-E vorgesehen) im Interesse des Verbraucherschutzes zwingenden Charakter haben müssen.

41

5. Einseitiges Versprechen

a) Bindende Wirkung

Noch unzulänglich geklärt ist für das europäische Recht die Frage, auf welche Weise, in welchem Umfang und mit welchen Konsequenzen Verpflichtungen nicht nur durch den Abschluss eines Vertrages entstehen können, sondern auch durch einseitige Versprechen. Das GEK enthält dazu schon deshalb keine Regelungen, weil seine Verwendung eine Vereinbarung von zwei künftigen Vertragsparteien voraussetzt (Art. 8 GEK-VO-E) und es dementsprechend allein auf vertraglich begründete Schuldverhältnisse zugeschnitten ist. Dagegen haben die PECL und ihrem Ansatz folgend die Acquis Principles (sowie Art. II.-1.103 Abs. 2 DCFR) für diese Materie Grundregeln vorgeschla-

42

---

85 Näher dazu Looschelders/Makowski, Inhalt und Wirkungen von Verträgen, in: Schmidt-Kessel, Ein einheitliches europäisches Kaufrecht?, 2012, S. 227, 238; Schulze/Kieninger, CESL Commentary, Art. 69 CESL Rn 11; Wendehorst, Regelungen über den Vertragsinhalt, in: Wendehorst/Zöchling-Jud, Am Vorabend eines Gemeinsamen Europäischen Kaufrechts, 2012, S. 87, 94.
86 In Deutschland mit § 434 Abs. 1 S. 3 BGB, der Art. 2 Verbrauchsgüterkauf-RL über den Verbraucherkauf hinaus für alle Kaufverträge umsetzt.

gen, die dem Vertrag das einseitige Versprechen als weitere Quelle rechtlich verbindlicher Verpflichtungen an die Seite stellen.

▶ *Artikel 2:107 PECL*
Versprechen, die ohne Annahme verbindlich sind
Ein Versprechen, das ohne Annahme rechtlich verbindlich sein soll, ist verbindlich. ◀

▶ *Artikel 4:109 ACQP*
Bindende Wirkung einseitiger Versprechen
(1) Wirksame einseitige Versprechen oder Zusicherungen binden die Person, die sie abgibt, wenn sie ohne Annahme rechtlich verbindlich sein sollen.
(2) Ist ein einseitiges Versprechen bindend, finden die vertragsrechtlichen Vorschriften zum Schutz einer bestimmten Partei zu deren Gunsten Anwendung. ◀

43 Diese Regeln spiegeln die erhebliche Bedeutung wider, die einseitige Versprechen sowohl in einer Reihe von Mitgliedstaaten als auch in der internationalen Praxis für den Rechtsverkehr erlangt haben[87] (beispielsweise in Hinblick auf Garantien, Gewinnzusagen, Wertpapiergeschäfte[88] und im Rahmen der Vertragsanbahnung und der „gestreckten" Vertragsschlüsse[89]). Die Rechtslehre hat dieser Materie allerdings in den meisten europäischen Ländern nach den Kontroversen des 17. und 18. Jahrhunderts über die Vertrags- und die Versprechenstheorie[90] verhältnismäßig geringe Aufmerksamkeit gewidmet. In den nordischen Rechten spielen jedoch einseitige Versprechen als Grundlage von Verpflichtungen eine große Rolle. Nach der *Løfteteori* („Versprechenstheorie") kann in diesen Rechten auch für vertragliche Verpflichtungen der Ausgangspunkt das Versprechen sein, mit dem die jeweilige Partei ihre Verpflichtung übernommen hat. Das Angebot als Versprechen bindet nach dieser Theorie den Anbieter und geht durch die Annahme in eine vertragliche Verpflichtung über (und zwar rückwirkend vom Zeitpunkt der Kenntnisnahme durch den Annehmenden).[91] Auch im Recht der EU ergibt sich aus einzelnen Bestimmungen, dass einseitige Versprechen bindend sein können. So bindet gem. Art. 6 Verbrauchsgüterkauf-RL eine Garantie denjenigen, der sie anbietet, zu den in der Garantieerklärung und der einschlägigen Werbung angegebenen Bedingungen. Diese Wirkung der Garantie setzt nicht notwendig eine Annahmeerklärung des Käufers gegenüber diesem Garantieanbieter voraus und betrifft nicht nur das Verhältnis von Verkäufer und Käufer, sondern auch Garantien des Herstellers und anderer Dritter.[92] Allerdings bietet diese Festlegung der bindenden Wirkung für Garantien in Art. 6 Verbrauchsgüterkauf-RL wohl keine hinreichende Grundlage für die Annahme, dass das Unionsrecht generell einseitigen Versprechen bindende Wirkung beimisst.[93]

---

87 Siehe beispielsweise für England Carlill v. Carbolic Smoke Ball Company [1893] 1 Q.B. 256; für Deutschland § 657 BGB (Auslobung) und § 661a BGB (Gewinnzusagen; im Zusammenhang mit der Umsetzung der Fernabsatz-RL geregelt).
88 Kleinschmidt, Unilateral contract und einseitiges Versprechen, Jura 2007, S. 250; Treitel, The Agreement in: Beale, Chitty on Contracts, 31. Aufl. 2012, Rn 2-081-2-086.
89 ZB *letter of intent*; zu derartigen (einseitigen und zweiseitigen) Erklärungen bei Vertragsschlüssen, Rn 25 f.
90 Siehe Rn 10.
91 Møgelvang-Hansen, Contract and Sales in Denmark, in: Dahl/Melchior/Tamm, Danish Law in a European Perspective, 2. Aufl. 2002, S. 238 f.
92 Atiyah/Adams/Macqueen, Atiyah's Sale of Goods, 12. Aufl. 2010, S. 290–291; Micklitz, Die Verbrauchsgüterkauf-Richtlinie, EuZW 1999, S. 485, 488; Riesenhuber, EU-Vertragsrecht, § 11 Rn 35.
93 Dementsprechend stützt sich Art. 4:109 Abs. 1 ACQP nicht auf bestehendes Gemeinschaftsrecht, sondern bezieht sich auf Art. 2:107 PECL; vgl Acquis Group/Schulze, Contract II, Art. 4:109 Rn 1.

I. Vertragsschluss

b) Schutz des einseitig Versprechenden

Auch wenn der *Acquis communautaire* keine allgemeine Regel über die Verbindlichkeit einseitiger Versprechen enthält, ist in Hinblick auf derartige nach mitgliedstaatlichem Recht wirksame Versprechen zu berücksichtigen, dass das Vertragsrecht der EU in bestimmten Schutzsituationen die schwächere Seite bei der Eingehung von Verpflichtungen schützen soll. Der Zweck derartiger Schutzvorschriften besteht regelmäßig darin, die eine Partei vor Nachteilen zu schützen, die typischerweise gegenüber der anderen Partei bei der Begründung oder Durchführung der Verpflichtung bestehen. Wenn die Verpflichtung nicht aus einem Vertrag, sondern einem einseitigen Versprechen hervorgeht, besteht dieses Schutzbedürfnis nicht minder. Der Schutzzweck könnte leicht umgangen werden, wenn die schutzbedürftige Partei sich durch ein einseitiges Versprechen binden würde (beispielsweise auf Vorschlag der besser vorbereiteten oder wirtschaftlich überlegenen Gegenseite). Der Zweck der Schutzvorschriften und das Prinzip des *effet utile*[94] erfordern es daher, dass der Schutz, den das Unionsrecht bei der Eingehung oder Durchführung von Verpflichtungen gewährt, über die vertraglichen Verpflichtungen hinaus auf die Verpflichtungen aufgrund einseitiger Versprechen erstreckt wird, soweit die einseitige Begründung von Verpflichtungen nach EU-Recht und mitgliedstaatlichem Recht zugelassen ist. Wenn sich die betreffenden Schutzvorschriften des Unionsrechts nach ihrem Wortlaut nur auf vertragliche Verpflichtungen beziehen, aber ein entsprechendes Schutzbedürfnis auch in Hinblick auf einseitige Versprechen, die nach europäischem oder nationalem Recht bindend sind, besteht, ist daher eine entsprechende Anwendung der vertragsrechtlichen Schutzvorschriften in Betracht zu ziehen (Art. 4:109 Abs. 2 ACQP).

44

6. Unbestellte Waren und Dienstleistungen

a) Grundsatz

Ebenfalls nicht im GEK geregelt ist die Lieferung unbestellter Waren und Dienstleistungen, da sie gerade durch das Fehlen einer vertraglichen Grundlage gekennzeichnet ist und daher das GEK nicht zur Anwendung kommen wird. Aufgrund der einschlägigen Richtlinien-Bestimmungen kommt dieser Materie aber nicht nur für den Begriff des Vertrags im Europäischen Privatrecht, wie bereits dargelegt,[95] sondern auch für die Praxis des Vertragsschlusses und die Rechtsprechung zu den schuldrechtlichen Verpflichtungen nach mitgliedstaatlichem Recht Bedeutung zu. Art. 9, 2. Spiegelstr. Finanzdienstleistungs-RL und Art. 27 Verbraucherrechte-RL[96] (der an die Stelle von Art. 9, 2. Spiegelstr. Fernabsatz-RL getreten ist) legen einen weitreichenden Schutz der Verbraucher gegenüber unberechtigten Zahlungsverlangen und aggressiven Verkaufsmethoden fest. Aufgrund dieser Bestimmungen darf das Ausbleiben einer Reaktion des Verbrauchers bei Erhalt unbestellter Waren oder Dienstleistungen nicht als Annahme eines Vertragsangebots gelten und es darf sich daraus auch sonst keinerlei Pflicht des Verbrauchers zu einer Gegenleistung ergeben. Diese Vorschriften stützen sich auf Programmsätze, die sich schon 1975 in der grundlegenden Resolution des Rates über eine

45

---

94 Siehe Rn 26.
95 Dazu § 2 Rn 8–13.
96 Siehe § 2 Rn 8.

Verbraucherschutzpolitik[97] dagegen richteten, dass Unternehmer von Verbrauchern die Bezahlung nicht bestellter Waren und Dienstleistungen verlangen.[98] Art. 4:106 ACQP leitet aus den Bestimmungen der Richtlinien und ihren Begründungen einen weiterreichenden allgemeinen Grundsatz ab. Wenn ein Unternehmer einem Verbraucher unbestellte Waren liefert oder unbestellte Dienstleistungen erbringt, ergibt sich danach keine Verpflichtung aus dem Umstand, dass der Verbraucher darauf nicht reagiert.[99]

b) Funktionen

46 In den Bestimmungen über unbestellte Waren und Dienstleistungen zeigt sich in besonders ausgeprägter Weise die Doppelfunktion, die häufig Schutzvorschriften des europäischen Verbraucherrechts zukommt: Sie verbinden den Schutz eines individuellen Verbrauchers im jeweiligen konkreten Fall mit dem Ziel einer generellen Steuerung des Marktverhaltens auf der Anbieterseite.[100] Die Regelungen führen hier dazu, dass bei dem unerwünschten Marktverhalten überhaupt keine Verpflichtungen des Verbrauchers in Hinblick auf die Erbringung einer Gegenleistung entstehen können. Wie weit dieser Ausschluss der Verpflichtungen des Verbrauchers reicht, ist dem Wortlaut zwar nicht eindeutig zu entnehmen. Er betrifft aber jedenfalls nicht nur das Nichtzustandekommen des Vertrages, sondern alle Verpflichtungen, die sich der „Erbringung der Gegenleistung" zurechnen lassen. In der Interpretation durch Art. 4:106 ACQP und durch Art. II.-3:401 DCFR sowie nach verbreiteter Lehrmeinung in den Mitgliedstaaten sind dieses jedwede Bestimmungen des Bürgerlichen Rechts, die dem Verbraucher Verpflichtungen wegen des Erhalts, der Nutzung, Vernichtung, Beschädigung oder sonstigen Behandlung der Ware – oder entsprechend der Dienstleistung – auferlegen können.[101] Dazu können (je nach der Systematik der nationalen Rechte) insbesondere das Deliktsrecht, das Bereicherungsrecht, die Geschäftsführung ohne Auftrag und die Rechtsverhältnisse zwischen Eigentümer und Besitzer gehören. Allerdings beschränkt sich das gesteigerte Schutzbedürfnis, das derartig weitreichende Konsequenzen rechtfertigen kann, auf die besondere Ungleichgewichtslage im Verhältnis zwischen Verbrauchern und Unternehmern und besteht nicht bei Vertragsschlüssen zwischen anderen Parteien.

---

97 ABl. EG Nr. C 92 vom 25.4.1975, S. 1, Nr. 18 und 19 Anhang der Entschließung des Rates vom 14. April 1975 für eine Politik zum Schutz und zur Unterrichtung der Verbraucher, S. 5; darauf verweist Erwägungsgrund 5 Fernabsatz-RL.
98 Howells/Weatherill, Consumer Protection Law, 2. Aufl. 2005, S. 370 f; Ranieri, Europäisches Obligationenrecht, 3. Aufl. 2009, S. 310–322.
99 Siehe § 2 Rn 13.
100 Insbesondere der Rekurs auf die Programmsätze über den Schutz der Käufer vor Zahlungsforderungen bei nicht bestellten Waren und vor aggressiven Verkaufsmethoden in der Ratsentschließung von 1975 bringt die generalpräventiven Schutzziele deutlich zum Ausdruck (Erwägungsgrund 5 Fernabsatz-RL, Anhang zur Entschließung des Rates vom 14. April 1975 betreffend ein Erstes Programm der Europäischen Wirtschaftsgemeinschaft für eine Politik zum Schutz und zur Unterrichtung der Verbraucher, ABl. C 92 vom 25.4.1975, S. 5, Nr. 18 und 19).
101 Acquis Group/Schulze, Contract II, Art. 4:106 Rn 5, 9; Bülow/Artz, Verbraucherprivatrecht, 4. Aufl. 2014, Rn 636–641; MünchKommBGB/Finkenauer, 6. Aufl. 2012, § 241 a Rn 28–34; v. Bar/Clive (Hrsg.), DCFR Full Edition, S. 257–261.

I. Vertragsschluss

c) Voraussetzungen

Neben dem Verbraucherbegriff[102] ist die „unbestellte" bzw „unaufgeforderte" Leistung die zentrale Voraussetzung in den maßgeblichen Vorschriften.[103] Unbestellt bzw unaufgefordert erbracht sind die Waren oder Dienstleistungen insbesondere nicht, wenn der Verbraucher seinerseits zuvor dem Unternehmer ein Angebot zukommen lassen hat, über diese Waren oder Dienstleistungen einen Vertrag zu schließen. Hat der Verbraucher kein Angebot, sondern lediglich eine *invitatio ad offerendum*[104] übermittelt, wird man differenzieren müssen: Die Waren oder Dienstleistungen sind nicht unbestellt, wenn der Verbraucher wusste oder aufgrund der Umstände wissen musste, dass der Unternehmer das erbetene Angebot mit der Lieferung verbinden würde.[105] Konnte der Verbraucher dies aber nicht absehen, handelt es sich um unbestellte Leistungen.

47

Haben Unternehmer und Verbraucher sogar bereits einen Vertrag geschlossen, kann die vertraglich vorgesehene Leistung des Unternehmers nicht dadurch nachträglich zu einer unbestellten Leistung werden, dass eine Partei den Vertrag durch Rechtsbehelfe wie den Widerruf oder Rücktritt auflöst. Dies muss auch gelten, wenn Rechtsbehelfe nach nationalem Recht bewirken, dass der Vertrag als von Anfang an nichtig anzusehen ist (etwa bei der *ex tunc*-Wirkung der Anfechtung, die das GEK und mehrere nationale Rechte[106] vorsehen).[107] Die versehentliche Übersendung an den falschen Empfänger und die Zusendung in der irrtümlichen Annahme, dass eine Bestellung vorliege, werden von den Vorschriften über unbestellte Leistungen zumindest dann nicht erfasst, wenn der Verbraucher den Fehler erkannt hat oder bei hinreichender Sorgfalt erkennen musste.[108] Auch in diesen Fällen ist weder in Hinblick auf den einzelnen Verbraucher noch auf die allgemeine Steuerung des Marktverhaltens der Schutz durch die Bestimmungen über unbestellte Leistungen erforderlich.

48

d) Rechtswirkungen

aa) Ausdrücklich legen die Bestimmungen der Richtlinien fest, dass bei unbestellten Leistungen das „Ausbleiben einer Antwort" nicht als „Zustimmung" (Art. 27 Verbraucherrechte-RL)[109] bzw „Einwilligung"[110] gelten darf. Sie bekräftigen insofern das Prinzip, dass die Einigung der Parteien die Grundlage des Vertragsschlusses bildet.[111] In der Lieferung der Waren bzw Erbringung der Dienstleistung kann allenfalls ein (konkludentes) Angebot zu einem Vertragsschluss liegen. Wenn der Verbraucher als Empfänger dieses Angebots nicht reagiert, fehlt es an einer Annahme dieses Angebots; und ein Vertrag kommt daher nicht zustande. Sofern das Recht von Mitgliedstaaten in bestimmten Situationen das Schweigen einer Partei für einen Vertragsschluss genügen

49

---

102 Dazu § 2 Rn 138.
103 Art. 9, 2. Spiegelstr. Fernabsatz-Finanzdienstleistungs-RL; Art. 27 Verbraucherrechte-RL.
104 Dazu Rn 20.
105 Acquis Group/Schulze, Contract II, Art. 4:106 Rn 8; v. Bar/Clive (Hrsg.), DCFR Full Edition, S. 258.
106 ZB im deutschen Recht § 142 BGB; im niederländischen Recht Art. 3:53 Abs. 1 BW.
107 Acquis Group/Schulze, Contract II, Art. 4: 106 Rn 8.
108 So im deutschen Recht § 241 a Abs. 2 BGB; im österreichischen Recht § 864 Abs. 2 ABGB; im polnischen Recht Art. 15 ustawa z dn. 2 marca 2000 r. o ochronie niektórych praw konsumentów (tj. Dz.U. 2012 poz. 1225).
109 Entsprechend bereits Art. 9, 2. Spiegelstr. Fernabsatz-RL.
110 Art. 9, 2. Spiegelstr. Fernabsatz-Finanzdienstleistungs-RL.
111 Vgl Rn 10.

lässt,[112] ist dies nach Maßgabe der Richtlinien nicht auf das Verhältnis von Verbrauchern und Unternehmern bei unbestellten Leistungen übertragbar. Auch die bloße Ingebrauchnahme oder der bloße Verbrauch der Waren oder Dienstleistungen durch den Verbraucher kann nicht als konkludente Annahme eines Angebots des Unternehmers angesehen werden, wenn nicht weitere Umstände des Einzelfalls für die Absicht des Verbrauchers sprechen, sich vertraglich binden zu wollen. Denn ein derartiges nicht nach außen gerichtetes Verhalten kann nach dem Wortsinn und nach dem Zweck der Vorschriften nicht als eine „Reaktion" oder eine „Antwort" des Verbrauchers an den Unternehmer im Sinne der angeführten Richtlinien-Bestimmungen betrachtet werden.[113]

50 bb) Darüber hinaus ist der Verbraucher bei unbestellten Leistungen „von der Pflicht zur Erbringung der Gegenleistung befreit" (Art. 27 Verbraucherrechte-RL) bzw „von jeder Verpflichtung" (Art. 9 Fernabsatz-Finanzdienstleistungs-RL) zu befreien. Der Begriff „Gegenleistung" beschränkt sich dabei nicht auf Leistungspflichten im vertraglichen Synallagma wie den Kaufpreis oder das sonstige vertragliche Entgelt. Vielmehr muss er nach dem Schutzzweck der Vorschrift auch sonstige Leistungen erfassen, die der Unternehmer aufgrund der Zusendung der Waren und der Erbringung der Dienstleistungen vom Verbraucher verlangen könnte, wie etwa Vergütung für die Nutzung oder Ersatzansprüche für den Untergang oder die Beschädigung.[114] Ausgeschlossen sind somit aufgrund teleologischer Auslegung grundsätzlich alle Verpflichtungen des Verbrauchers, die aus dem Erhalt, dem Gebrauch oder der Vernichtung der unbestellten Waren oder Dienstleistungen herrühren können, und zwar unabhängig davon, ob sie nach europäischem oder jeweiligem nationalen Recht vertraglich oder außervertraglich sind[115] (insbesondere Zahlung des Kaufpreises für die Waren oder Vergütungen für die Dienstleistung, Schadensersatz für Verzug und Beschädigung oder Untergang der Sache, Ausgleich für den Gebrauch und Herausgabe von Nutzungen verlangen; gleichgültig, ob aus Eigentums-, Bereicherungs- oder Deliktsrecht oder einer sonstigen Rechtsgrundlage). Fraglich ist allerdings, ob dieser Ausschluss von Ansprüchen des Unternehmers auch den Anspruch auf die Herausgabe der unbestellt gelieferten Sachen selbst betrifft. Nach verbreiteter Auffassung kommt den Schutzbestimmungen hinsichtlich unbestellter Leistungen eine vollständige Ausschlusswirkung zu, so dass der Unternehmer die gelieferten Waren weder aus Eigentumsrecht noch aus Bereicherungsrecht oder sonstigen schuldrechtlichen Normen herausverlangen kann.[116] Demgegenüber bleibt aber zu bedenken, ob ein derartiger dauerhafter Ausschluss des Eigentümers von Besitz und Nutzung seiner Sachen verhältnismäßig ist. Der Ausschluss aller Ansprüche auf Nutzungsherausgabe und Ersatz dürfte bereits eine derartig hohe Risikobelastung des Unternehmens bewirken, dass der zusätzliche Ausschluss des Herausgabeanspruchs kaum noch erforderlich ist, um das Marktverhalten wirksam zu steuern.[117] Dem Verbraucher würde die Anerkennung der Herausgabeansprüche keine erheblichen Rechtsnachteile bereiten, weil er jedenfalls nicht verpflichtet ist, die Waren

---

112 Ranieri, Europäisches Obligationenrecht, 3. Aufl. 2009, S. 151–160.
113 Acquis Group/Schulze, Contract II, Art. 4:106 Rn 9; v. Bar/Clive (Hrsg.), DCFR Full Edition, S. 259; in Bezug auf das deutsche Recht MünchKommBGB/Finkenauer, 6. Aufl. 2012, § 241 a Rn 16; nicht so Casper, Die Zusendung unbestellter Waren nach § 241 a BGB, ZIP 2000, S. 1602, 1607.
114 Noch deutlicher bringt dieses Art. 9, 2. Spiegelstr. Fernabsatz-Finanzdienstleistungs-RL zum Ausdruck, indem er die Befreiung „von jeder Verpflichtung" festlegt.
115 V. Bar/Clive (Hrsg.), DCFR Full Edition, S. 260.
116 V. Bar/Clive (Hrsg.), DCFR Full Edition, S. 260; siehe § 2 Fn 18.
117 HK-BGB/Schulze, § 241 a Rn 7 f.

aufzubewahren, und selbst bei deren Untergang durch vorsätzliche Vernichtung keinen Ersatzansprüchen ausgesetzt ist.

cc) Nicht ausgeschlossen ist durch die Bestimmungen über unbestellte Leistungen die Möglichkeit des Verbrauchers, einen Vertrag zu schließen, sofern er dies wünscht. Wenn die Übersendung der unbestellten Waren mit einem Angebot des Unternehmers zum Vertragsschluss verbunden ist, steht es dem Verbraucher frei, dieses Angebot durch eine entsprechende Erklärung an den Unternehmer nach den allgemeinen Maßstäben anzunehmen.[118] Sorgfältig zu prüfen ist dabei aber, ob der Verbraucher tatsächlich die Annahme gegenüber dem Unternehmer erklärt oder lediglich ohne eine derartige Erklärung die Sachen in Gebrauch nimmt. Im letzteren Fall schließen die Schutzvorschriften über unbestellte Leistungen vertragliche und außervertragliche Ansprüche des Unternehmers wie dargestellt aus. Dagegen entsteht im ersteren Fall ein Vertragsverhältnis zwischen Verbraucher und Unternehmer mit Rechten und Pflichten nach den Regeln, die generell für (Verbraucher-)Verträge gelten.

II. Vorvertragliche Pflichten

1. Übersicht

Die Frage danach, ob die Parteien bereits vor dem Abschluss des Vertrages zu einem loyalen Verhalten verpflichtet sind, wurde immer stärker zum Gegenstand des entstehenden Europäischen Privatrechts. Das geltende Unionsrecht hat aber nur bestimmte Aspekte der vorvertraglichen Pflichten aufgegriffen. Insbesondere gehört die Festlegung der vorvertraglichen Informationspflichten[119] dazu. Das Unionsrecht geht aber zunehmend darüber hinaus. So legt die RL über unlautere Geschäftspraktiken dem Unternehmer bestimmte Pflichten auf, für welche das Gebot von Treu und Glauben bzw die redlichen Geschäftspraktiken maßgeblich sind (Art. 5 Abs. 2 lit. a iVm. Art. 2 lit. h RL über unlautere Geschäftspraktiken).[120]

Die Acquis Principles, die das Unionsrecht widerspiegeln und systematisieren sollen, suchen im Gebot von Treu und Glauben die Quelle für die vorvertraglichen Pflichten (vgl Art. 2:101 ACQP).[121] Diese Regel ist nicht selbstverständlich. Zum Zeitpunkt ihres Entstehens gab es jedenfalls im *Acquis communautaire* kaum Anhaltspunkte für die Annahme, dass sich auch das Unionsrecht die Generalklausel von Treu und Glauben aneignen würde. Im Grünbuch über das Verbraucherrecht wurde die Notwendigkeit der Verwendung der Generalklausel erst für die Zukunft und unter der Annahme erörtert, dass der *Acquis communautaire* das Erfordernis von Treu und Glauben nicht aufgenommen hat.[122] Aus rechtsvergleichender Sicht ist festzustellen, dass das Gebot von Treu und Glauben nicht in alle Rechtsordnungen aufgenommen wurde. Vor allem findet es in die Rechtsordnungen des Common Law nur sehr eingeschränkt und vornehmlich durch die Umsetzung des Unionsrechts (insbesondere der Klausel-RL) Eingang.[123]

Seit jüngstem kommt dem Grundsatz von Treu und Glauben aber auch im Unionsrecht stärkere Bedeutung zu: Diese Entwicklung wird zum Beispiel in der RL über un-

---
118 Siehe Rn 12.
119 Hierzu Riesenhuber, EU-Vertragsrecht, § 7 Rn 16–51.
120 Riesenhuber, EU-Vertragsrecht, § 7 Rn 3–15.
121 Zum Wortlaut siehe § 2 Rn 128.
122 KOM(2006) 744 endg., 4.6., S. 13, 19 f.
123 Siehe § 2 Rn 122–124.

lautere Geschäftspraktiken deutlich. Darüber hinaus ist dieser Begriff auch in der Rechtsprechung des EuGH zu finden.[124] Im Vorschlag der Kommission für das GEK wird häufig auf das Konzept von Treu und Glauben zurückgegriffen.[125] Sollte der Vorschlag in Kraft treten, würde das Unionsrecht auch außerhalb seines Anwendungsbereichs nachhaltig geändert werden.

55 Ein Bereich der vorvertraglichen Pflichten wird vom Unionsrecht besonders umfangreich geregelt: Es handelt sich um die Informationspflichten.[126] Die richtige Information ist Voraussetzung für die korrekte Willensbildung. Dies ist auch Voraussetzung dafür, sich bewusst so zu verhalten, dass die beabsichtigten Rechtsfolgen an das Verhalten angeknüpft werden können (oder hierdurch keine Rechtsfolgen entstehen). Heutzutage ist allerdings das Handeln ohne die vollständige Information, die für die grundsätzliche Entscheidung erforderlich wäre, nahezu ein Dauerzustand. Das Informationsangebot ist umfangreich; aber es ist kaum möglich, aus dieser Informationsmasse die Informationen auszuwählen, die für die richtige Willensbildung und den Entscheidungsprozess erforderlich wären. Erschwerend kommt hinzu, dass der Informationsstand der Parteien regelmäßig asymmetrisch ist.[127] Zu den ersten Begründungen für die Ausbildung des Verbraucherbegriffs gehörte es, dass es sich bei dem Verbraucher um eine Person handelt, der es aufgrund ihrer strukturellen Unterlegenheit an ausreichender Information mangelt. Diese strukturelle Asymmetrie ist allerdings nicht nur bei Verträgen mit der Beteiligung von Verbrauchern zu beobachten. Vielmehr herrschen erhebliche Informationsasymmetrien auch im Verhältnis von Unternehmern zueinander.[128] Das Problem der ausreichenden Information ist aber nicht beschränkt auf die vorvertragliche Phase des Rechtsverhältnisses. Nach Vertragsabschluss kann die erforderliche Abwicklung des Vertrags ebenfalls von der Erteilung vielfältiger Informationen abhängen.

56 Die Informationsasymmetrien zwischen den Parteien dürfen von den modernen Rechtsordnungen nicht unberücksichtigt bleiben. Die Entwicklung in vielen Rechtsordnungen zeigt bereits seit Jahren, dass Personen in bestimmten Situationen innerhalb einer vertraglichen Rechtsbeziehung eine wachsende Zahl von Informationspflichten gegenüber der anderen Partei auferlegt wird. In dieser Hinsicht bestehen aber noch gravierende Unterschiede in den europäischen Rechtstraditionen. Hintergrund dieser Unterschiede sind die kulturellen Divergenzen, die das Bild von Europa prägen. Diese Unterschiede beeinflussen auch die Vorstellungen darüber, ob und welche Pflichten die Parteien in der vorvertraglichen Phase zu erfüllen haben. In den Systemen, die mehr auf eine Kooperation zwischen den Parteien abzielen und den Parteien nicht nur die

---

124 Überblick hierzu mwN bei Riesenhuber, System und Prinzipien des Europäischen Vertragsrechts, 2003, S. 398–401.
125 Erwägungsgrund 31, Art. 2 lit. b GEK-VO-E; Art. 2, Art. 23 Abs. 1, Art. 48 Abs. 1 lit. b iii), Art. 49 Abs. 1, 3, Art. 59 lit. h, Art. 68 Abs. 1 lit. c, Art. 83 Abs. 1, Art. 86 Abs. 1 lit. b, Art. 170 Abs. 1 GEK-E; hierzu die Kommentierung aus Schmidt-Kessel, GEK-E Kommentar und Schulze, CESL Commentary zu den entsprechenden Normen.
126 KOM(2006) 744 endg., 4.7., S. 22.
127 Näher hierzu siehe Fleischer, Informationsasymmetrie im Vertragsrecht, 2001, S. 1–5, 101–110, 140–146; zu den Folgen dieser Informationsasymmetrien siehe Busch, Informationspflichten im Wettbewerbs- und Vertragsrecht, 2008, S. 41–46, vgl auch Mota Pinto, Informationspflichten im Fernabsatz, in: Schulze/Ebers/Grigoleit (Hrsg.), Informationspflichten und Vertragsschluss im Acquis communautaire, 2003, S. 157, 159, 160.
128 Vgl in Bezug auf Finanzdienstleistungen Ebers, Informations- und Beratungspflichten bei Finanzdienstleistungen, in: Schulze/Ebers/Grigoleit (Hrsg.), Informationspflichten und Vertragsschluss im Acquis communautaire, 2003, S. 171, 174.

II. Vorvertragliche Pflichten

Beachtung und Durchsetzung der eigenen Interessen auferlegen, ergeben sich umfangreiche Verpflichtungen aus dem Grundsatz der gegenseitigen Loyalität. Die Verpflichtung zur Erteilung vorvertraglicher Informationen greift daher in derartigen „kooperativen" Systemen weiter und ist einfacher zu begründen. Andere Rechtsordnungen richten sich stärker an einem individualistischen Leitbild aus. Sie gehen grundsätzlich davon aus, dass jeder für seine eigene Informationslage verantwortlich ist. Dazwischen liegt ein ganzes Spektrum von Modellen, die eine vermittelnde Position annehmen. In diesen Systemen werden die vorvertraglichen Informationspflichten häufig aus der Quelle des Grundsatzes von Treu und Glauben hergeleitet bzw aus der Verallgemeinerung von unterschiedlichen Analogieschlüssen aus bestehenden Spezialvorschriften.

Das Recht auf Information wird im Unionsrecht als eines der wichtigsten Instrumente zur Stärkung der Verbraucher betrachtet.[129] Aus diesem Grund sind Kataloge von Informationspflichten in zahlreichen Richtlinien enthalten oder diesen angefügt.[130] Diese Aufstellungen der zu erteilenden Informationen erfüllen unterschiedliche Aufgaben. Einige dieser Informationen sollen es dem Verbraucher ermöglichen, eine richtige Entscheidung treffen zu können. Dies betrifft alle Informationen, die sich in erster Linie auf den Gegenstand der Leistung beziehen, sowie diejenigen, die den Verbraucher über alle Risiken aufklären sollen, die die Erreichung des von ihm beabsichtigten Vertragszwecks gefährden.[131] Eine andere Kategorie der Informationen dient der Identifizierung der Partei.[132]

57

Andere zu erteilende Informationen dienen der Aufklärung über die Vorgehensweise, die zum Vertragsabschluss führen soll. Sie spielen überwiegend dann eine Rolle, wenn das Verfahren zum Vertragsschluss besondere Kenntnisse voraussetzt, oder technisch kompliziert ist (Art. 24 Abs. 3 GEK-E).[133] Daher muss der Verbraucher zum Beispiel bei Fernabsatzverträgen und insbesondere im elektronischen Handel über die technischen Vorgänge des Verfahrens zum Vertragsabschluss informiert werden.

58

▶ ARTIKEL 24 GEK-E
Zusätzliche Informationspflichten beim Abschluss von Fernabsatzverträgen auf elektronischem Wege
(...)
(3) Der Unternehmer hat die andere Partei über Folgendes zu informieren, bevor sie ein Angebot abgibt oder annimmt:
(a) welche technischen Schritte befolgt werden müssen, um den Vertrag zu schließen;
(b) ob der geschlossene Vertrag vom Unternehmer gespeichert und ob er zugänglich sein wird;

---

129 Börger, Sanktionen für die Verletzung vorvertraglicher Informationspflichten – Eine Untersuchung gemeinschaftsrechtlicher Vorgaben und deren Umsetzung in Deutschland, Frankreich und Großbritannien, 2010, S. 22–30; Heiderhoff, Grundstrukturen des nationalen und europäischen Verbrauchervertragsrechts, 2004, S. 266.
130 Näher zu den Informationspflichten und ihrer Funktion in der Richtlinie siehe Riesenhuber, EU-Vertragsrecht, § 7 Rn 16–51; Übersicht zu vorvertraglichen Informationspflichten bei Börger, Sanktionen für die Verletzung vorvertraglicher Informationspflichten – Eine Untersuchung gemeinschaftsrechtlicher Vorgaben und deren Umsetzung in Deutschland, Frankreich und Großbritannien, 2010, S. 45 f.
131 Vgl zB Erwägungsgrund 21 Finanzdienstleistungs-RL; Art. 5 Abs. 1 und Art. 6 Abs. 1 Verbraucherkredit-RL.
132 Siehe zB Artt. 13 Abs. 1 lit. c, 15 lit. a GEK-E.
133 Vgl auch Art. 5–7 E-Commerce-RL; Erwägungsgrund 12 und 13 und Art. 4 (insbesondere Abs. 2) und 5 Fernabsatz-RL; Erwägungsgrund 23 und Art. 3 Abs. 2 Finanzdienstleistungs-RL; Erwägungsgrund 36 Verbraucherrechte-RL.

(c) die technischen Mittel zur Erkennung und Korrektur von Eingabefehlern, bevor die andere Partei ein Angebot abgibt oder annimmt;
(d) die für den Vertragsschluss zur Verfügung stehenden Sprachen;
(e) die Vertragsbestimmungen.
(...) ◄

Darüber hinaus bestehen auch Informationspflichten, welche die andere Partei über den gewerblichen Zweck der Kontaktaufnahme in Kenntnis setzen sollen. Andere Informationspflichten wiederum betreffen das Bestehen von besonderen Verbraucherrechten, über die die Verbraucher belehrt werden müssen, um überhaupt davon Gebrauch machen zu können. Das betrifft insbesondere das Widerrufsrecht, das dem Verbraucher in besonderen vertragsrechtlichen Situationen, wie etwa bei Haustürgeschäften, zusteht.[134]

59 Der *Acquis communautaire* enthält zwar selten konkrete Bestimmungen über Sanktionen für die Verletzung von Informationspflichten,[135] allerdings zählt die Verlängerung der Widerrufsfrist zu einer der typischen unionsrechtlichen Folgen.[136] Es ist aber zu verzeichnen, dass die Zurückhaltung bei der Festlegung von Sanktionen im Unionsrecht nachlässt. So sehen die Normensammlungen der europäischen Forschergruppen, namentlich die Acquis Principles und der DCFR, bereits ein komplettes Sanktionsprogramm für die Verletzung der Informationspflichten vor (Art. 2:208 ACQP, Art. II.-3:109 DCFR). Wichtiger Bestandteil dieser Systeme ist die informationsadäquate Vertragsanpassung (Art. 2:208 Abs. 2 ACQP, Art. II.-3:109 Abs. 2 DCFR).

▶ *ARTIKEL 2:208 ACQP*
Rechtsbehelfe bei Verletzung von Informationspflichten
(1) Ist ein Unternehmer nach den Artikeln 2:203 und 2:204 verpflichtet, dem Verbraucher vor Abschluss eines Vertrages, bei dem der Verbraucher ein Widerrufsrecht hat, Informationen zu geben, beginnt die Widerrufsfrist nicht bevor alle diese Informationen gegeben worden sind. Das Ende der Widerrufsfrist wird durch diese Regel höchstens ein Jahr verzögert, berechnet vom Zeitpunkt des Vertragsschlusses.
(2) Ist eine Partei ihren Pflichten nach den Artikeln 2:201 bis 2:204 nicht nachgekommen und ist ein Vertrag geschlossen worden, gehören diejenigen Verpflichtungen zum Inhalt dieses Vertrages, die die andere Partei vernünftigerweise als Folge des Fehlens oder der Unrichtigkeit der Information erwarten konnte.
(...) ◄

---

134 KOM(2006) 744 endg., 4.7., S. 22; sowie etwa Art. 4 Abs. 1 lit. f Fernabsatz-RL, Art. 4 Haustür-RL, Erwägungsgrund 43 und Art. 6 Abs. 1 lit. h Verbraucherrechte-RL, Art. 5 Abs. 1 lit. o, Art. 10 Abs. 2 lit. p Verbraucherkredit-RL.
135 Einen Überblick hierzu gibt Börger, Sanktionen für die Verletzung vorvertraglicher Informationspflichten – Eine Untersuchung gemeinschaftsrechtlicher Vorgaben und deren Umsetzung in Deutschland, Frankreich und Großbritannien, 2009; vgl auch Mota Pinto, Informationspflichten im Fernabsatz, in: Schulze/Ebers/Grigoleit (Hrsg.), Informationspflichten und Vertragsschluss im Acquis communautaire, 2003, S. 157, 167–169.
136 Vgl zB Art. 6 Abs. 1 Unterabs. 2 und 3 Fernabsatz-RL, Art. 10 Verbraucherrechte-RL, Art. 14 Abs. 1 lit. b Verbraucherkredit-RL.

II. Vorvertragliche Pflichten

▶ *Artikel II.-3:109 DCFR*
Rechtsbehelfe bei Verletzung von Informationspflichten
(...)
(2) Hat ein Unternehmer die in den vorstehenden Artikeln dieses Abschnitts geregelten Informationspflichten nicht erfüllt und ist ein Vertrag geschlossen worden, treffen den Unternehmer diejenigen vertraglichen Verpflichtungen, die die andere Partei vernünftigerweise als Folge des Fehlens oder der Unrichtigkeit der Informationen erwarten konnte. Die Rechtsbehelfe nach Buch III, Kapitel 3 finden auf die Nichterfüllung dieser Pflichten Anwendung.
(...) ◀

Auch der Unionsgesetzgeber beginnt allmählich darauf zu verzichten, die Regelung der Sanktionen überwiegend den Mitgliedsstaaten zu überlassen. Die neue Verbraucherrechte-RL enthält detailliertere Regeln über Sanktionen.[137] Ein vollständiges, wenn auch im Verhältnis zu den Acquis Principles konservativeres, Sanktionsprogramm enthält auch der Entwurf für ein GEK (Art. 29 GEK-E).

▶ *Artikel 29 GEK-E*
Abhilfen bei Verletzung von Informationspflichten
(1) Eine Partei, die eine sich aus diesem Kapitel ergebende Pflicht nicht erfüllt, haftet für jeden Verlust, der der anderen Partei durch diese Pflichtverletzung entsteht.
(2) Hat der Unternehmer seine Pflicht zur Information über zusätzliche oder sonstige Kosten nach Artikel 14 oder die Kosten für die Rücksendung der Waren nach Artikel 17 Absatz 2 nicht erfüllt, so ist der Verbraucher nicht verpflichtet, die zusätzlichen oder sonstigen Kosten zu zahlen.
(3) Die Abhilfen nach diesem Artikel gelten unbeschadet der Abhilfen nach Artikel 42 Absatz 2, Artikel 48 oder Artikel 49.
(4) Im Verhältnis zwischen einem Unternehmer und einem Verbraucher dürfen die Parteien die Anwendung dieses Artikels nicht zum Nachteil des Verbrauchers ausschließen, davon abweichen oder dessen Wirkungen abändern. ◀

Die neue Verbraucherrechte-RL legt ein weiter greifendes Programm von Sanktionen fest. Das Unionsrecht kennt darüber hinaus aber auch außerhalb des Verbraucherrechts geltende Informationspflichten. Da sich das Vertragsrecht der Union allerdings überwiegend mit dem Verbraucherrecht beschäftigt, sind Fälle der Regelung von Informationspflichten außerhalb des Verbraucherrechts entsprechend weniger häufig.

Die stetig wachsende Zahl von Informationspflichten kann nicht nur positiv bewertet werden. Vielmehr werden die Verbraucher häufig überfordert, weil sie nicht im Stande sind, die erforderliche Auswahl der Informationen vorzunehmen. Die Erfüllung der Informationspflicht verkommt dann zu einer Formalie, die auf die tatsächliche Informationslage des Verbrauchers keinen verbessernden Einfluss hat. Dieser wird nur theoretisch zu einem „informierten Verbraucher". Praktisch wird er jedoch von den Informationen „erschlagen", ohne daraus tatsächlich einen Nutzen ziehen zu können. Auch aus Sicht des Unternehmers bergen die Informationspflichten Gefahren. Selbst beim Handeln in redlicher und völlig rechtmäßiger Absicht hat ein Unternehmer oft keine Sicherheit, ob er der anderen Partei tatsächlich alle notwendigen Informationen erteilt hat. Diese Gefahr droht vor allem dort, wo der Umfang der Informationspflichten al-

---
137 Siehe Art. 6 Abs. 6, Art. 10 und Art. 24 Verbraucherrechte-RL.

lein durch das Gebot von Treu und Glauben bestimmt wird. In der jüngsten Entwicklung versucht der europäische Gesetzgeber mehr Sicherheit durch die Einführung besonderer Formulare zu erreichen, auf deren Grundlage die Informationen erteilt werden sollen. Diese Formulare haben eine Doppelfunktion: Sie sollen die Interessen beider Parteien sichern, indem der Verbraucher standardisierte und überschaubare Informationen erhält und dem Unternehmer klare Grenzen der Informationspflicht gesetzt werden, auf die er sich verlassen und berufen kann.

63 Der europäische Gesetzgeber versucht andererseits die vorvertraglichen Pflichten des Finanzunternehmers bei besonders risikobehafteten Transaktionen, wie den Investmentgeschäften, zusätzlich auszubauen, um die Kunden vor dem Eingehen eines zu hohen Risikos zu schützen. Den Finanzinstitutionen werden daher besondere Pflichten auferlegt. Neben der Erteilung von Informationen dienen sie auch der Erstellung eines Kundenprofils, um feststellen zu können, ob die beabsichtigte Transaktion tatsächlich den Bedürfnissen des Kunden entsprechen kann. Unter bestimmten Umständen könnte insofern für den Unternehmer sogar aufgrund der vorvertraglichen Pflichten die Verpflichtung entstehen, vom Vertragsschluss Abstand zu nehmen, es sei denn, dass der Kunde, der über die Risiken und die fehlende Eignung der Transaktion für seine Bedürfnisse belehrt wurde, auf den Abschluss des Vertrages drängt.

▶ **A**RTIKEL *19 RL 2004/39/EG*[138]
Wohlverhaltensregeln bei der Erbringung von Wertpapierdienstleistungen für Kunden

(1) Die Mitgliedstaaten schreiben vor, dass eine Wertpapierfirma bei der Erbringung von Wertpapierdienstleistungen und/oder gegebenenfalls Nebendienstleistungen für ihre Kunden ehrlich, redlich und professionell im bestmöglichen Interesse ihrer Kunden handelt und insbesondere den Grundsätzen der Absätze 2 bis 8 genügt.
(2) Alle Informationen, einschließlich Marketing-Mitteilungen, die die Wertpapierfirma an Kunden oder potenzielle Kunden richtet, müssen redlich, eindeutig und nicht irreführend sein. Marketing-Mitteilungen müssen eindeutig als solche erkennbar sein.
(3) Kunden und potenziellen Kunden sind in verständlicher Form angemessene Informationen zur Verfügung zu stellen über

– die Wertpapierfirma und ihre Dienstleistungen,
– Finanzinstrumente und vorgeschlagene Anlagestrategien; dies sollte auch geeignete Leitlinien und Warnhinweise zu den mit einer Anlage in diese Finanzinstrumente oder mit diesen Anlagestrategien verbundenen Risiken umfassen,
– Ausführungsplätze und
– Kosten und Nebenkosten,

so dass sie nach vernünftigem Ermessen die genaue Art und die Risiken der Wertpapierdienstleistungen und des speziellen Typs von Finanzinstrument, der ihnen angeboten wird, verstehen können und somit auf informierter Grundlage Anlageentscheidungen treffen können. Diese Informationen können in standardisierter Form zur Verfügung gestellt werden.
(4) Erbringt die Wertpapierfirma Anlageberatung- oder Portfolio-Management, so holt sie die notwendigen Informationen über die Kenntnisse und Erfahrung des Kunden oder po-

---

138 Richtlinie 2004/39/EG des Europäischen Parlaments und des Rates vom 21. April 2004 über Märkte für Finanzinstrumente, zur Änderung der Richtlinien 85/611/EWG und 93/6/EWG des Rates und der Richtlinie 2000/12/EG des Europäischen Parlaments und des Rates und zur Aufhebung der Richtlinie 93/22/EWG des Rates.

II. Vorvertragliche Pflichten

tenziellen Kunden im Anlagebereich in Bezug auf den speziellen Produkttyp oder den speziellen Typ der Dienstleistung, seine finanziellen Verhältnisse und seine Anlageziele ein, um ihr zu ermöglichen, dem Kunden oder potenziellen Kunden für ihn geeignete Wertpapierdienstleistungen und Finanzinstrumente zu empfehlen.
(...)
(10) Um den erforderlichen Anlegerschutz und die einheitliche Anwendung der Absätze 1 bis 8 sicherzustellen, erlässt die Kommission Durchführungsmaßnahmen, um zu gewährleisten, dass Wertpapierfirmen bei der Erbringung von Wertpapierdienstleistungen oder Nebendienstleistungen für ihre Kunden den darin festgelegten Grundsätzen genügen. In diesen Durchführungsmaßnahmen sind folgende Aspekte zu berücksichtigen:
(a) die Art der den Kunden oder potenziellen Kunden angebotenen oder für diese erbrachten Dienstleistung(en) unter Berücksichtigung von Typ, Gegenstand, Umfang und Häufigkeit der Geschäfte;
(b) die Art der angebotenen oder in Betracht gezogenen Finanzinstrumente;
(c) die Tatsache, ob es sich bei den Kunden oder potenziellen Kunden um Kleinanleger oder professionelle Anleger handelt.
(...) ◄

2. Vorvertragliche Pflichten aus rechtsvergleichender Perspektive

Im Jahre 1861 veröffentlichte Rudolf von Jhering seinen Aufsatz „*Culpa in contrahendo oder Schadensersatz bei nichtigen oder nicht zur Perfektion gelangten Verträgen*".[139] In dieser Abhandlung formulierte der deutsche Gelehrte seine These über das Bestehen von Loyalitätspflichten zwischen den Parteien bereits mit der Aufnahme einer Beziehung, die im Vertragsschluss resultieren kann. Diese „Entdeckung" wirkte sich nachhaltig auf das Konzept des Vertrages aus. Die Feststellung, dass sich die Parteien bereits vor Eintritt in den Vertrag in einer rechtlich relevanten Beziehung befinden, reduzierte die Bedeutung des Vertrages selbst. Dadurch wurde, möglicherweise weit über die Absichten Jherings hinaus, der Inhalt des Rechtsverhältnisses nach dem Vertragsabschluss durch die vorvertragliche Phase mitgestaltet. Jhering konzentrierte sich in seiner Abhandlung auf die Frage der Haftung für die Verletzung vorvertraglicher Pflichten. Die Quelle dieser Pflichten suchte er in der Annahme einer vertragsrechtlichen Beziehung, die zu einem redlichen Verhalten im Zeitpunkt des Vertragsschlusses verpflichte. Die Ursache für diese vertragsrechtliche Qualifikation lag darin, dass keine ausreichenden deliktsrechtlichen Grundlagen der Haftung bestanden. Dies hat sich mit dem Inkrafttreten des BGB fortgesetzt. Die Rechtsprechung und die Lehre verzichteten auf die Fiktion des Vertrages über den Vertragsabschluss, sind aber bei der vertragsrechtlichen Erfassung geblieben. Im Rahmen der deutschen Schuldrechtsmodernisierung wurde die Haftung aus *culpa in contrahendo* ausdrücklich in das BGB aufgenommen (§ 311 Abs. 2 BGB).

Jherings Lehre von der Haftung wegen der Verletzung vorvertraglicher Pflichten wurde über den deutschen Rechtsraum hinaus bekannt. Dennoch wurde die vertragsrechtliche (oder vertragsähnliche) Qualifizierung dieser Haftung als deutsche Besonderheit betrachtet. Jhering inspirierte den Italiener *Gabrielle Fagella* und den Franzosen *Raymond Salleiles*. Diese suchten die Quelle der Haftung aber im französisch geprägten

---

[139] V. Jhering, Culpa in contrahendo oder Schadensersatz bei nichtigen oder nicht zur Perfektion gelangten Verträgen, aus: Jahrbücher für die Dogmatik des heutigen römischen und deutschen Rechts (Jherings Jahrbücher) 4. Band, 1861 – Neudruck: v. Jhering, Culpa in contrahendo, Bad Homburg 1969, S. 7–91.

Deliktsrecht. Im Unterschied zum deutschen Recht war (und ist) das Deliktsrecht nach französischem Muster für den Geschädigten großzügiger ausgestaltet worden.

66 Außerhalb der kontinentaleuropäischen Rechtstradition wurde das Konzept der vorvertraglichen Haftung aber viel skeptischer betrachtet. In der englischen Entscheidung *Walford v Miles* betonte Lord Ackner:

> „Das Konzept einer Pflicht, die Verhandlungen nach dem Gebot von Treu und Glauben fortzuführen, ist seiner Natur nach nicht vereinbar mit den entgegenstehenden Positionen der Parteien. Jede Partei ist berechtigt ihre eigenen Interessen zu wahren, es sei denn, dass sie irreführende Aussagen trifft."[140]

Daraus ergibt sich, dass die unterschiedlichen Rechtstraditionen Europas hinsichtlich der Frage des Bestehens der vorvertraglichen Pflichten durchaus verschiedene Standpunkte einnehmen.[141] Das erschwert den Prozess der europäischen Rechtsvereinheitlichung in diesem Bereich.

3. Vorvertragliche Pflichten und Treu und Glauben im Acquis communautaire

67 Wie diese Regel zeigt, sind die Verfasser der Acquis Principles von der Annahme ausgegangen, dass die Verpflichtung zu einem loyalen Verhalten zwischen den Parteien eines noch nicht geschlossenen Vertrages bereits dem *Acquis communautaire* zu entnehmen ist. Zum Zeitpunkt der Entstehung dieser Regeln gab es allerdings nur einige Hinweise dafür, dass der Begriff von Treu und Glauben seinen Weg in den *Acquis communautaire* gefunden hat und fester Bestandteil dieses Systems wird.[142]

68 Die von der Verbraucherrechte-RL ersetzte Fernabsatz-RL bestimmte in Art. 4 Abs. 2 den Maßstab für die Lauterkeit bei Handelsgeschäften, der die Art und Weise der Erteilung der Informationen mitbestimmt. Dieses Kriterium wurde nicht in die Verbraucherrechte-RL aufgenommen. In dieser Richtlinie wird auch der Maßstab von Treu und Glauben nicht verwendet. Die Kataloge der Informationspflichten sind hier als eine selbstständige Quelle der zu erteilenden Informationen zu betrachten. Bei anderen als denjenigen Verträgen, die außerhalb von Geschäftsräumen bzw in einer Fernabsatzsituation geschlossen werden, können diese Kataloge der zu erteilenden Informationen auch dann nicht erweitert werden, wenn der Grundsatz von Treu und Glauben dies begründen würde. Das ergibt sich aus dem Grundsatz der Vollharmonisierung, der die Erweiterung der Informationspflichten der Zuständigkeit des nationalen Gesetzgebers entzieht. Art. 5 Verbraucherrechte-RL betrifft die Informationspflichten bei anderen Verträgen als Fernabsatzverträgen oder außerhalb von Geschäftsräumen geschlossenen Verträgen. Hierbei können auf der Grundlage von Treu und Glauben auch andere Informationspflichten, die nicht in der Richtlinie genannt werden, bestehen, wenn sich dies aus dem nationalen Recht ergeben sollte. Derartige Pflichten können also nicht allein auf Grundlage der Richtlinie aus dem Prinzip von Treu und Glauben abgeleitet werden.

---

140 *Walford v Miles* [1992] 2 AC 128, S. 138.
141 Beale/Fauvarque-Cosson/Rutgers/Tallon/Vogenauer, Cases, Materials and Text on Contract Law, S. 371 f; Lehmann, Die Zukunft des cic im Europäischen Privatrecht, ZEuP 2009, S. 694–698.
142 Erläuterungen zu der Frage der Geltung des Grundsatzes von Treu und Glauben im Acquis communautaire siehe KOM(2006) 744 endg., 4.3., S. 19 f und § 2 Rn 127–134.

II. Vorvertragliche Pflichten

▶ *Artikel 5 Verbraucherrechte-RL*
Informationspflichten bei anderen als Fernabsatzverträgen oder außerhalb von Geschäftsräumen geschlossenen Verträgen

(1) Bevor der Verbraucher durch einen anderen als einen Fernabsatzvertrag oder einen außerhalb von Geschäftsräumen geschlossenen Vertrag oder ein entsprechendes Vertragsangebot gebunden ist, informiert der Unternehmer den Verbraucher in klarer und verständlicher Weise über Folgendes, sofern sich diese Informationen nicht bereits unmittelbar aus den Umständen ergeben:
(a) die wesentlichen Eigenschaften der Waren oder Dienstleistungen in dem für den Datenträger und die Waren oder Dienstleistungen angemessenen Umfang;
(b) die Identität des Unternehmers, beispielsweise seinen Handelsnamen und die Anschrift des Ortes, an dem er niedergelassen ist, sowie seine Telefonnummer;
(c) den Gesamtpreis der Waren oder Dienstleistungen einschließlich aller Steuern und Abgaben oder in den Fällen, in denen der Preis aufgrund der Beschaffenheit der Ware oder der Dienstleistung vernünftigerweise nicht im Voraus berechnet werden kann, die Art der Preisberechnung sowie gegebenenfalls alle zusätzlichen Fracht-, Liefer- oder Versandkosten oder in den Fällen, in denen diese Kosten vernünftigerweise nicht im Voraus berechnet werden können, die Tatsache, dass solche zusätzlichen Kosten anfallen können;
(d) gegebenenfalls die Zahlungs-, Liefer- und Leistungsbedingungen, den Termin, bis zu dem die Waren zu liefern oder die Dienstleistung zu erbringen der Unternehmer sich verpflichtet hat, sowie das Verfahren des Unternehmers zum Umgang mit Beschwerden;
(e) zusätzlich zu dem Hinweis auf das Bestehen eines gesetzlichen Gewährleistungsrechts für die Waren gegebenenfalls das Bestehen und die Bedingungen von Kundendienstleistungen nach dem Verkauf und gewerblichen Garantien;
(f) gegebenenfalls die Laufzeit des Vertrags oder die Bedingungen der Kündigung unbefristeter Verträge oder sich automatisch verlängernder Verträge;
(g) gegebenenfalls die Funktionsweise digitaler Inhalte, einschließlich anwendbarer technischer Schutzmaßnahmen für solche Inhalte;
(h) gegebenenfalls – soweit wesentlich – die Interoperabilität digitaler Inhalte mit Hard- und Software, soweit diese dem Unternehmer bekannt ist oder vernünftigerweise bekannt sein muss;
(2) Absatz 1 gilt auch dann für Verträge über die Lieferung von Wasser, Gas oder Strom, wenn sie nicht in einem begrenzten Volumen oder in einer bestimmten Menge zum Verkauf angeboten werden, von Fernwärme oder von digitalen Inhalten, die nicht auf einem körperlichen Datenträger geliefert werden.
(3) Die Mitgliedstaaten sind nicht dazu verpflichtet, Absatz 1 auf Verträge anzuwenden, die Geschäfte des täglichen Lebens zum Gegenstand haben und zum Zeitpunkt des Vertragsabschlusses sofort erfüllt werden.
(4) Die Mitgliedstaaten können für Verträge, auf die dieser Artikel anwendbar ist, zusätzliche vorvertragliche Informationspflichten einführen oder aufrechterhalten. ◀

4. Vorvertragliche Pflichten und Treu und Glauben im GEK

Die oben dargestellten Quellen zeigen, dass der Begriff Treu und Glauben in das Unionsrecht Eingang gefunden und dort einen festen Platz erhalten hat. Diese Quellen sind aber über unterschiedliche Sachbereiche verstreut und zeigen auch, dass das Konzept von Treu und Glauben mit großer Zurückhaltung in den *Acquis communautaire* aufgenommen wurde. Diese Zurückhaltung und Unsicherheit wurde im Grünbuch

69

über Verbraucherrechte deutlich zum Ausdruck gebracht.[143] Hinsichtlich der dort behandelten Thematik gelangt die Kommission zu der Auffassung, dass der Grundsatz von Treu und Glauben im Unionsrecht noch nicht gelte und seine Einführung in das Unionsrecht erst erwogen werden müsse.[144] Bei der Formulierung dieser Frage übersieht die Kommission jedoch die Quellen des geltenden Unionsrechts,[145] auf deren Grundlage die Geltung des Grundsatzes von Treu und Glauben schon für die heutige Rechtslage nicht bestritten werden kann, auch wenn die nach Veröffentlichung des Grünbuchs eingeführte Verbraucherrechte-RL zu diesem Grundsatz gänzlich schweigt.

70 Als eigentlicher Umbruch bei der Anwendung des Grundsatzes von Treu und Glauben als einer Quelle von Rechten und Pflichten der Parteien auch im vorvertraglichen Bereich, ist nunmehr der Entwurf des GEK anzusehen. In diesem Dokument wird der Begriff von Treu und Glauben an sehr vielen Stellen verwendet.[146] Seine allgemeine Geltung in diesem Dokument kann nicht geleugnet werden. Sollte das GEK in Kraft treten, würde sich auch der gesamte *Acquis communautaire* unter seinem Einfluss verändern. Die hierin verwendeten Generalklauseln würden sodann zweifellos die Aussage tragen können, dass der Grundsatz von Treu und Glauben weitgehend in das Unionsrecht aufgenommen wurde. Diese Entwicklung könnte sich auch auf Rechtsverhältnisse auswirken, die nicht von dem Anwendungsbereich des Optionalen Instruments erfasst sind.

71 Der Entwurf für ein GEK enthält eine Definition des Grundsatzes von Treu und Glauben. Ähnlich wie die RL über unlautere Geschäftspraktiken[147] verwenden die Verfasser des Entwurfs den Begriff des „redlichen Geschäftsverkehrs". Beide Begriffe werden aber in Art. 2 lit b GEK-VO-E durch eine einheitliche Definition erfasst:

▶ *Ar:ikel 2 GEK-VO-E*[148]

Begriffsbestimmungen

Für die Zwecke dieser Verordnung bezeichnet der Ausdruck
(...)
(b) „Treu und Glauben und redlicher Geschäftsverkehrs" ein Verhaltensmaßstab, der durch Redlichkeit, Offenheit und Rücksicht auf die Interessen der anderen Partei in Bezug auf das fragliche Geschäft oder Rechtsverhältnis gekennzeichnet ist;
(...) ◀

Ein Vertragsrecht, das auf diesem Prinzip beruht, sollte folgerichtig von einem Gebot der Kooperation unter den Parteien geleitet sein. Es handelt sich daher um ein Vertragsrecht, das nicht dem Leitgedanken einer scharfen Gegenüberstellung der Parteien folgt, sondern versucht, die Parteien zu veranlassen, durch die gemeinsame Wahrung der Interessen den Zweck des Vertrages zu verwirklichen.

---

143 KOM(2006) 744 endg., 4.3., S. 19 f.
144 Zur Geltung des Grundsatzes Treu und Glauben siehe § 2 Rn 129.
145 Siehe Whittaker/Zimmermann, Good faith in European contract law: surveying the legal landscape, in: Zimmermann/Whittaker, Good faith in European Contract Law, 2000, S. 7–62.
146 Erwägungsgrund 3, Art. 2 lit. b GEK-VO-E, Art. 2, Art. 23 Abs. 1, Art. 48 Abs. 1 lit. b iii), Art. 49 Abs. 1, Abs. 3, Art. 59 lit. h, Art. 68 Abs. 1 lit. c, Art. 83 Abs. 1, Art. 86 Abs. 1 lit. b, Art. 170 Abs. 1 GEK-E; siehe hierzu die Kommentierung aus Schmidt-Kessel, GEK-E Kommentar und Schulze, CESL Commentary zu den entsprechenden Normen.
147 Hierzu siehe Riesenhuber, EU-Vertragsrecht, § 7 Rn 8–11.
148 In seinem Änderungsvorschlag 37, strukturiert das Europäische Parlament den Art. 2 GEK-VO-E um und will „Treu und Glauben" in lit. fe definiert sehen, Stellungnahme EP, Abänderung 37, S. 108 f.

II. Vorvertragliche Pflichten

Der Entwurf legt den Parteien die Verpflichtung auf, im Einklang mit dem Gebot von Treu und Glauben und dem redlichen Geschäftsverkehr zu handeln (Art. 2 Abs. 1 GEK-E). In Art. 2 Abs. 2 GEK-E wird die Folge der Verletzung dieser Pflicht geregelt. Danach kann eine Partei im Fall der Verletzung dieser Gebote grundsätzlich von der Ausübung ihrer Rechte, Abhilfen und Einwände ausgeschlossen werden. Darüber hinaus kann es zu einer Haftung für die Verluste kommen, die durch eine Verletzung des Grundsatzes von Treu und Glauben entstanden sind. Diese Vorschrift bestimmt damit eine Doppelwirkung des Grundsatzes von Treu und Glauben. Einerseits wird dadurch zum Ausdruck gebracht, dass Treu und Glauben eine Grenze für die Ausübung subjektiver Rechte bildet. Der erste Satz dieser Vorschrift erinnert in gewisser Weise an die englische Konstruktion des *estoppel*, bei der die Ausübung von Rechten ausgesetzt oder gänzlich verhindert werden kann.[149] Nach diesem Konzept soll das Gebot, sich den Grundsätzen von Treu und Glauben entsprechend zu verhalten, ein „Schild" und nicht ein „Schwert" sein. Es sollte also grundsätzlich keine selbstständige Quelle von Rechten und Pflichten sein. Der zweite Satz der angeführten Vorschrift modifiziert jedoch dieses zurückhaltende Konzept. Die Verletzung von Rechten und Pflichten, die sich lediglich aus Treu und Glauben ergeben, führt hiernach auch zur „Haftung". Dementsprechend kann dieser Grundsatz auch als „Schwert" verwendet werden. Satz 2 ist allerdings unklar formuliert. Es ist unklar, inwiefern sich die hier genannten „Verluste" mit dem Schaden decken. Darüber hinaus ist auch unklar, ob die Verletzung von Treu und Glauben zur Anwendung sonstiger Abhilfen für die Verletzung von Verpflichtungen führt. Für den vorvertraglichen Bereich ergibt sich dennoch deutlich, dass eine Haftung aus *culpa in contrahendo* bestehen soll. Aus der Natur des Optionalen Instruments folgt aber, dass diese Haftung nur dann entstehen kann, wenn das GEK in wirksamer Weise gewählt wurde und damit auf den Vertrag anwendbar ist. Dadurch wird auch die vorvertragliche Phase in das vertragliche Haftungsregime integriert.

72

Hervorzuheben ist in Hinblick auf den Entwurf des GEK zudem die Differenzierung der vorvertraglichen Informationspflichten in Verträgen zwischen Unternehmern und Verbrauchern und in Verträgen, die ausschließlich zwischen Unternehmern geschlossen wurden. Im Fall der Verträge zwischen Unternehmern und Verbrauchern werden in Art. 13 GEK-E die vorvertraglichen Informationspflichten geregelt, ohne auf den Grundsatz von Treu und Glauben zu verweisen.

73

Art. 23 Abs. 1 GEK-E hingegen bestimmt folgendes:

74

▶ *Artikel 23 GEK-E*

Offenlegungspflicht in Bezug auf Waren und verbundene Dienstleistungen

(1) Vor Abschluss eines Vertrags zwischen Unternehmern über den Kauf von Waren, die Bereitstellung digitaler Inhalte oder die Erbringung verbundener Dienstleistungen ist der Verkäufer, Lieferant beziehungsweise Erbringer verpflichtet, dem anderen Unternehmer gegenüber auf jede nach den Umständen geeignete Weise alle Informationen in Bezug auf die wesentlichen Merkmale der zu liefernden Waren, der bereitzustellenden digitalen Inhalte beziehungsweise der zu erbringenden verbundenen Dienstleistungen offen zu legen, über die er verfügt oder verfügen müsste und deren Nichtoffenlegung gegenüber der ande-

---

[149] Peel, Treitel on the Law of Contract, 2007, Rn 3-077–3-086; Whittaker, Theory and Practice of the "General Clause" in English Law: General Norms and Structuring of Judicial Discretion, in: Grundmann/Mazeaud, General Clauses and Standards in European Contract Law – Comparative Law, EC Law and Contract Law Codification, 2006, S. 57, 69.

ren Partei gegen das Gebot von Treu und Glauben und den Grundsatz des redlichen Geschäftsverkehrs verstoßen würde.
(...) ◄

Diese Bestimmung wirft die Frage auf, ob eine Pflicht zur Erteilung der Information im Fall von Verbraucherverträgen nicht allein dem Gebot von Treu und Glauben zu entnehmen ist. Bei rein unternehmerischen Verträgen ermöglicht der Verweis auf den Grundsatz von Treu und Glauben eine flexible Bestimmung des Umfangs der Informationspflichten. Bei Verbraucherverträgen handelt es sich vor allem um standardisierte Massenverträge. Deswegen können Informationspflichten durch eine abschließende Aufzählung bestimmt werden. Das dient auch dem Interesse des Unternehmers, der dadurch Sicherheit erlangen kann, seine Pflichten gegenüber den Verbrauchern ordnungsgemäß erfüllt zu haben.[150] Auch in Hinblick darauf, dass die Verbraucherverbände und Behörden die Beachtung der verbraucherschützenden Normen überwachen, ist diese Sicherheit für die Unternehmer von wesentlicher Bedeutung. Allerdings kann dies unter Umständen auch zu dem paradoxen Ergebnis führen, dass die Informationspflichten zwischen Unternehmern in einem konkreten Fall umfangreicher sein können als im Fall von Verbraucherverträgen. Das ist zwar eine eher theoretische Überlegung, weil sich derartig weitgehende Informationspflichten selten aus dem Grundsatz von Treu und Glauben bzw dem Gebot des redlichen Geschäftsverkehrs ergeben können. Dass die Pflichten zwischen Unternehmern grundsätzlich umfangreicher sein können als die detailliert aufgezählten Pflichten in Verbraucherverträgen zeigt aber auch, dass die Anwendung des Maßstabs von Treu und Glauben für individuelle Verhältnisse besser geeignet ist. Für standardisierte Massenverträge hingegen sind die allzu große Flexibilität und das Erfordernis der Berücksichtigung des Einzelfalls, wie sie sich aus der Beachtung von Treu und Glauben ergeben, weniger passend. Es ist deswegen nicht widersprüchlich, dass trotz der grundsätzlichen Anerkennung der Geltung des Grundsatzes von Treu und Glauben in Verbraucherverträgen keine zusätzliche Informationspflicht aus diesem Grundsatz abzuleiten ist. Die im Entwurf vorgesehenen Kataloge der Informationspflichten sind als eine abschließende Aufstellung zu betrachten.

75 Dieses klare Bild, das den Grundsatz von Treu und Glauben in rein unternehmerischen Verträgen als Quelle von Informationspflichten, in Verbraucherverträgen aber für die Begründung derartiger Pflichten als nicht ausreichend erscheinen lässt, wird durch eine etwas unklare Formulierung von Art. 48 Abs. 1 lit. b iii) des GEK-E getrübt:

▶ *Artikel 48 GEK-E*

Irrtum

(1) Eine Partei kann einen Vertrag wegen eines bei Vertragsschluss vorhandenen Tatsachen- oder Rechtsirrtums anfechten, wenn
(...)
(iii) von dem Irrtum wusste oder wissen musste und den irrtumsbehafteten Vertragsschluss verursacht hat, indem sie nicht auf die einschlägigen Informationen hingewiesen hat, sofern sie nach dem Gebot von Treu und Glauben und des redlichen Geschäftsverkehrs dazu verpflichtet gewesen wäre,
(...) ◄

76 In dieser Vorschrift wird der Grundsatz von Treu und Glauben als allgemeine Quelle für die vorvertraglichen Informationspflichten genannt. Dies steht mit der Methode

---

150 Vgl Rn 62 f.

II. Vorvertragliche Pflichten

der Regelung der Informationspflichten nicht in Einklang, weil die Vorschrift so formuliert wurde, als ob aus dem Gebot von Treu und Glauben alle Informationspflichten resultierten. Wie bereits dargestellt, ist dies aber nicht zutreffend. Würde Art. 48 Abs. 1 lit. b iii) GEK-E in seiner aktuellen Fassung erlassen, müsste die dort enthaltene Voraussetzung für die Anfechtung mittels Auslegung erweitert werden, um auch die Verletzung von Informationspflichten zu erfassen, die sich nicht aus dem Grundsatz von Treu und Glauben ergeben. Art. 48 Abs. 1 lit. b iii) GEK-E sollte demgegenüber nicht in der Bedeutung gefasst werden, dass hier eine zusätzliche Quelle von Informationspflichten eingeführt wird, die über die in Art. 13 GEK-E genannten Informationen hinausführt und auch zur Erteilung weiterer Informationen, die sich allein aus dem Grundsatz von Treu und Glauben bzw dem redlichen Geschäftsverkehr im Verbraucherverkehr ergeben, verpflichtet.

Auf die sich direkt aus dem Gesetz ergebenden Informationspflichten weist dagegen Art. 49 GEK-E hin, der die arglistige Täuschung regelt. Warum in dieser Vorschrift neben den sich aus dem Grundsatz von Treu und Glauben ergebenden Informationspflichten auf die sich unmittelbar aus dem Gesetz ergebenden Informationspflichten hingewiesen wurde und in Art. 48 GEK-E nicht, ist nicht einsichtig. Dieser Unterschied kann nicht damit erklärt werden, dass man den gesetzlichen Informationspflichten einen höheren Rang eingeräumt hat. Beide Gruppen werden im Rahmen von Art. 49 GEK-E gleichgestellt. Um den Vertrag wegen arglistiger Täuschung anfechten zu können, müssen zu erteilende Informationen, unabhängig davon, ob Quelle dieser Pflicht das Gesetz oder der Grundsatz von Treu und Glauben ist, arglistig verschwiegen worden sein.

Der Grundsatz von Treu und Glauben kommt noch an anderen Stellen des Entwurfes über das GEK zum Ausdruck: Bei der Auslegung von Verträgen (Art. 59 lit. h GEK-E) und bei der Klauselkontrolle (Art. 83 Abs. 1, Art. 86 Abs. 1 lit. b GEK-E) wird er als Maßstab herangezogen. Sollte das GEK in Kraft treten, würde auch für den *Acquis communautaire* eindeutig geklärt, dass der Grundsatz von Treu und Glauben zu einem festen Bestandteil des Unionsrechts geworden ist. Die Frage aus dem Grünbuch über Verbraucherrechte bezüglich der Geltung dieses Grundsatzes würde sich damit erübrigen.

5. Vorvertragliche Pflichten und Treu und Glauben im DCFR

Der Text des DCFR hatte wesentlichen Einfluss auf die Formulierung des Entwurfs des GEK.[151] In diesem Text stoßen unterschiedliche Textmassen aufeinander. Der modifizierte Text der Acquis Principles wurde mit den Texten der Principles of European Law und indirekt mit dem auf den PECL beruhenden Text verflochten.[152] Es wurde versucht, einen gemeinsamen Nenner sehr unterschiedlicher Traditionen zu finden. Im Bereich der vorvertraglichen Pflichten und des Grundsatzes von Treu und Glauben war diese Verflechtung besonders schwierig, weil sich die Traditionen hier sehr verschieden entwickelt haben. Der DCFR hat jedoch trotz seines Einflusses auf den Entwurf des Gemeinsamen Kaufrechts den Grundsatz von Treu und Glauben wesentlich zurückhaltender verwandt als dieser Entwurf. Art. III.-1:103 Abs. 1 DCFR legt die Pflicht fest, bei der Erfüllung einer Verpflichtung, bei der Ausübung des Rechts auf Er-

---

151 Vgl KOM(2011) 636 endg., 1.2., S. 6 f.
152 Acquis Group/Ajani/Schulte-Nölke, Contract II, Preface, S. xiii f.

füllung und den Abhilfen für den Fall der Nichterfüllung und bei der Ausübung des Rechts auf die Beendigung des Vertrages in Einklang mit dem Grundsatz von Treu und Glauben zu handeln. Eine Einschränkung erfährt die Wirkung des Grundsatzes von Treu und Glauben nach Art. III.-1:103 Abs. 3 DCFR. Nach dieser Vorschrift stehen einer Partei keine Abhilfen zu, wenn die andere Partei den Grundsatz von Treu und Glauben bzw den Grundsatz des redlichen Geschäftsverkehrs verletzt. Der Verletzende kann aber an der Ausübung ihm sonst zustehender Rechte bzw an der Ausübung von Rechten im Vertrauen auf das Bestehen von Rechten gehindert werden. Diese Vorschrift verwirklicht wiederum das dem anglo-sächsischen Recht bekannte Konzept des *estoppel*, das dem Grundsatz von Treu und Glauben in dieser Hinsicht ähnelt, und geht von der Annahme aus, dass es sich bei diesem Grundsatz allein um ein Abwehrmittel und kein „Schwert" handeln kann. Art. III.-1:103 DCFR bezieht sich dem Wortlaut nach ausschließlich auf eine Beziehung zwischen Parteien, die erst nach Vertragsschluss entstanden ist. Diese enge Fassung des Grundsatzes von Treu und Glauben sowie die recht begrenzten Folgen seiner Verletzung deuten darauf hin, dass dieser Grundsatz nicht als allgemeine Quelle vorvertraglicher Pflichten dienen kann.

80 In dieser Regel findet sich die gleiche Definition, wie sie das GEK verwendet. Darüber hinaus verstößt nach Absatz 2 des genannten Artikels ein Verhalten, das sich mit den früheren Aussagen und dem Verhalten der Partei nicht vereinbaren lässt, gegen Treu und Glauben und den redlichen Geschäftsverkehr, sofern sich die andere Partei hierauf verlassen hat. Absatz 2 kann also auch auf die vorvertragliche Phase Anwendung finden; praktisch relevant wird dies aber nur, wenn der Vertrag geschlossen wird. In diesem Fall könnte Art. I.-1:103 Abs. 1 DCFR im Wege einer Analogie zur Anwendung kommen. Eine Schadensersatzhaftung wäre aber auf dieser Grundlage nicht zu begründen. Eine Haftung aus *culpa in contrahendo* ist deswegen praktisch ausgeschlossen. Es lässt sich zwar erwägen, eine derartige Haftung auf die allgemeine deliktsrechtliche Grundlage des DCFR zu stützen. Diese Schlussfolgerung würde aber dazu führen, dass Art. III.-1:103 DCFR an Bedeutung verlöre. Die Tatsache, dass eine umfangreiche Haftung für die *culpa in contrahendo* auf der Grundlage des DCFR eher ausgeschlossen ist, ergibt sich auch aus zwei Vorschriften, die besondere Fälle der Haftung aus *culpa in contrahendo* regeln. In Art. II.-3:301 Abs. 2 DCFR ist eine Haftung für die Verhandlungsführung sowie für den Abbruch der Verhandlungen entgegen des Gebots von Treu und Glauben und des redlichen Geschäftsverkehrs vorgesehen. Als besonderer Fall eines derartigen Verstoßes wird in Abs. 4 die Aufnahme von Vertragsverhandlungen ohne die Absicht, den Vertrag abzuschließen, genannt.

81 Die zweite Fallgruppe der geregelten Haftung betrifft die Verletzung der Verpflichtung zur Geheimhaltung der während der Verhandlungen anvertrauten Informationen:

▶ *Artikel II.-3:302 DCFR*
Verletzung der Vertraulichkeit

(1) Wenn im Verlauf von Vertragsverhandlungen von einer Partei vertrauliche Informationen preisgegeben werden, ist die andere Partei verpflichtet, diese Informationen nicht zu offenbaren oder für ihre eigenen Zwecke zu benutzen, unabhängig davon, ob anschließend ein Vertrag geschlossen wird.
(2) „Vertrauliche Informationen" im Sinne dieses Artikels sind Informationen, von denen entweder aufgrund ihrer Art oder der Umstände, unter denen sie gewonnen wurden, der Empfänger der Informationen weiß oder hätte wissen müssen, dass sie für die andere Partei vertraulich sind.

II. Vorvertragliche Pflichten

(3) Befürchtet eine Partei vernünftigerweise einen Verstoß gegen die Pflicht zur Vertraulichkeit, kann sie einen Gerichtsbeschluss erwirken, der dies verbietet.

(4) Verletzt eine Partei diese Pflicht, haftet sie für den der anderen Partei dadurch entstehenden Verlust und kann angewiesen werden, den durch die Verletzung erlangten Vorteil der anderen Partei herauszugeben. ◀

Die ausdrückliche Regelung dieser beiden Haftungsgrundlagen und das enge Verständnis des Gebots von Treu und Glauben im DCFR deuten darauf hin, dass eine umfassende Haftung aus *culpa in contrahendo* für die Verletzung der aus Treu und Glauben ableitbaren Pflichten sowohl auf deliktsrechtlicher als auch auf vertragsrechtlicher Grundlage grundsätzlich nicht anzunehmen ist und dass eine derartige Haftung nur dann entstehen soll, wenn dies durch eine ausdrückliche Regelung vorgesehen ist. 82

6. Vorvertragliche Haftung für die Verletzung von Pflichten aus dem Grundsatz von Treu und Glauben nach den Acquis Principles

Wie bereits oben ausgeführt, sehen die Acquis Principles eine verhältnismäßig breite Grundlage für die Haftung wegen Verletzung von Treu und Glauben vor.[153] Sie bestimmen nicht nur, dass beide Parteien in der vorvertraglichen Phase nach Treu und Glauben zu handeln haben (Art. 2:101 ACQP), sondern konkretisieren auch den Maßstab für die vorvertragliche Verpflichtung des Unternehmers. Nach Art. 2:102 ACQP muss ein Unternehmer mit derjenigen Fachkenntnis und Sorgfalt handeln, die der Verbraucher vernünftigerweise von ihm erwarten konnte. Die Acquis Principles sehen in Art. 2:103 ACQP auch eine Haftung für Verhandlungen vor, die entgegen dem Gebot von Treu und Glauben geführt werden. 83

In der Lehre wurde in Frage gestellt, ob eine derartige Haftung tatsächlich eine ausreichende Grundlage im *Acquis communautaire* findet.[154] Keine Quelle regelt unmittelbar diesen Fall der Haftung. In der Rechtsprechung des EuG gibt es jedoch deutliche Hinweise darauf, dass eine derartige Haftungsgrundlage dem Unionsrecht nicht fremd ist. In der Entscheidung *Embassy Limousines*[155] wurde eine derartige Haftung der Gemeinschaft bejaht. Die außervertraglichen Grundlagen für diese Haftung wurden aus dem damals geltenden EG-Vertrag abgeleitet.[156] 84

Die von *Jansen* und *Zimmermann* geäußerte Kritik an der Formulierung der Acquis Principles weist auf das Bestehen eines verbraucherrechtlichen Widerrufsrechts in unterschiedlichen Situationen hin.[157] Nach ihrer Auffassung könnte Art. 2:103 ACQP eine Haftung des Verbrauchers dann begründen, wenn er den Vertrag mit der von vornherein bestehenden Absicht geschlossen hat, ihn fristgemäß zu widerrufen.[158] Das sei nicht mit dem Unionsrecht zu vereinbaren. Ohne dass diese Frage hier in Hinblick auf einen nicht geltenden Entwurf abschließend behandelt werden soll, dürfte die Auffassung vorzugswürdig sein, dass auch in Hinblick auf das Widerrufsrecht von einem 85

---

153 Siehe § 2 Rn 122–135.
154 Vgl Jansen/Zimmermann, Grundregeln des bestehenden Gemeinschaftsprivatrechts?, JZ 2007, S. 1113, 1122.
155 EuG 17.12.1998, Rs. T-203/96 (Embassy Limousines), Slg 1998, II-4239.
156 Das Gericht stützt die Haftung auf Art. 215 Abs. 2 der Vertrags, siehe EuG 17.12.1998, Rs. T-203/96 (Embassy Limcusines), Slg 1998, II-4239, Rn 45.
157 Jansen/Zimmermann, Grundregeln des bestehenden Gemeinschaftsprivatrechts?, JZ 2007, S. 1113, 1120–1125.
158 Vgl Jansen/Zimmermann, Grundregeln des bestehenden Gemeinschaftsprivatrechts?, JZ 2007, S. 1113, 1123.

Missbrauch gesprochen werden und dieser mittelbar zu negativen Folgen für Verbraucher führen kann. Selbst wenn man dieser Auffassung nicht folgen wollte, könnten die Vorschriften über das Widerrufsrecht aber als *lex specialis* betrachtet werden.

7. Vorvertragliche Informationspflichten im Recht der Mitgliedstaaten

86 Der Einfluss des Gemeinschafts- bzw Unionsrechts auf die Mitgliedstaaten erweist sich bereits seit mehreren Jahren im Bereich des Verbraucherrechts auch in Hinblick auf zahlreiche vorvertragliche Informationspflichten. Die Umsetzung dieser unionsrechtlichen Vorgaben hat die Rechte der Mitgliedstaaten nachhaltig verändert. Eine weitere Phase dieser Veränderungen ergibt sich aus den Entwicklungen auf den Finanzmärkten. Die Richtlinie über Märkte für Finanzinstrumente hat nicht nur umfangreiche Informationspflichten, sondern auch Warnpflichten für den Fall eingeführt, dass das Finanzprodukt für den Kunden nicht geeignet ist.[159] Zusätzlich müssen die Unternehmer die Eignung dieser Produkte für den konkreten Kunden ermitteln.

87 Die auf dem Unionsrecht beruhenden Informationspflichten treffen in den Rechtsordnungen der Mitgliedstaaten mit ganz unterschiedlichen Verständnisgrundlagen hinsichtlich der Informationspflichten im jeweiligen nationalen Recht zusammen. Die Traditionen des Common Law sind in diesem Bereich äußerst zurückhaltend. Wie bereits für das Prinzip von Treu und Glauben im vorvertraglichen Bereich beschrieben, geht das Common Law von der Annahme aus, dass jede Partei für den Erwerb der erforderlichen Informationen für sich selbst verantwortlich ist. Die andere Partei darf lediglich nicht durch falsche Informationen in die Irre geführt werden. Deswegen ist auch bei den Informationspflichten, die im Wege der Umsetzung des Unionsrechts eingeführt wurden, von einer Tendenz zu eher enger Auslegung auszugehen. Die kontinentaleuropäische und skandinavische Rechtstradition hat sich gegenüber dem Vordringen der Informationspflichten dagegen als offener erwiesen. Die im französischen Code Civil verankerten Informationspflichten des Verkäufers werden im Wege der Auslegung auf die anderen Verträge, aber auch auf die vorvertraglichen Situationen erstreckt. Im deutschen Recht herrschte lange Zeit Skepsis gegenüber Informationspflichten vor (wie es sich auch aus dem im Alltag verbreiteten Motto „Augen auf, Kauf ist Kauf" ergab). Nach dieser Vorstellung war grundsätzlich jeder für die eigene Informationslage selbst verantwortlich, wenn auch beispielsweise Mängel der Kaufsache nicht verschwiegen werden durften. Dieses ursprüngliche Bild wurde insbesondere dadurch verändert, dass der Grundsatz von Treu und Glauben mehr und mehr an Bedeutung gewann. Aus diesem Grundsatz kann sich nach den Umständen des Einzelfalles auch eine Informationspflicht ergeben. Dies förderte die Tendenz zum Anwachsen der Informationspflichten, und zwar insbesondere in Verbraucherverträgen, aber auch in anderen Sachlagen, bei denen zwischen Parteien erhebliche Asymmetrien bestehen und eine Partei der behaupteten Kompetenz der anderen Partei vertrauen darf.

8. Informationspflichten im Acquis communautaire

88 Das geltende Unionsrecht enthält eine Reihe von Vorschriften, die einer Partei die Pflicht auferlegen, einer anderen Partei unterschiedliche Informationen zu erteilen, bevor der Vertrag geschlossen wird. Der Bereich, in dem der europäische Gesetzgeber die Informationspflichten am stärksten entwickelt hat, ist das Verbraucherrecht. Das

---

159 Art. 19 RL 2004/39/EG.

II. Vorvertragliche Pflichten

Recht auf Information wurde von Anfang an als Grundstein und als Begründung für die Entwicklung des Verbraucherrechts angesehen. Eine der bedeutendsten Schwächen des Verbrauchers beruht auf der Asymmetrie der Informationslage.[160] Das Unionsrecht versucht dieser Asymmetrie durch die Auferlegung von Informationspflichten durch den Unternehmer entgegenzuwirken.[161] Die Informationspflichten erstrecken sich aber nicht nur auf den Bereich des Verbraucherrechts, sondern auch auf Konstellationen mit anderem persönlichen Anwendungsbereich. Im Fall der Dienstleistungs-RL besteht praktisch keine Einschränkung des Personenkreises. Allein die Tatsache, dass ein Dienstleistungsvertrag geschlossen werden sollte, reicht dafür aus, dass Informationspflichten aktiviert werden.[162] Auch im Bereich des elektronischen Handels entstehen Informationspflichten unabhängig von der Qualifikation des Status der beteiligten Personen.[163] Allerdings ist die Abdingbarkeit der Informationspflichten im elektronischen Handel von der Verbrauchereigenschaft der Kunden abhängig.[164] Auch im Bereich der Investmentgeschäfte kann die persönliche Qualifikation die Abdingbarkeit der Informationspflichten beeinflussen.

Die Informationspflichten dienen unterschiedlichen Zwecken. Dazu gehören die Identifizierung der Partei sowie die Aufklärung über die Absicht, die rechtlich relevanten Handlungen vorzunehmen, über technische Einzelheiten des Verfahrens zum Abschluss des Vertrages, über den Gegenstand des Vertrages, über zur Erfüllung des Vertrages erforderliche bzw nützliche Umstände, über Risiken, die der Abschluss des Vertrages für die Partei bringen könnte, über den Inhalt des Vertrages bzw den Inhalt der Allgemeinen Geschäftsbedingungen sowie über besondere Rechte, die einer Partei zustehen können, wie zB Widerrufsrechte. Einige Richtlinien schreiben vor, dass Informationen über die Durchsetzung von Rechten, die Methoden der Streitbeilegung sowie über das anwendbare Recht zu erteilen sind.[165]

89

Bis zum Erlass der Dienstleistungs-RL und vor allem der Verbraucherrechte-RL waren diese Informationspflichten aber verstreut und nur in Bezug auf bestimmte Situationen geregelt. In der Dienstleistungs-RL wird ein Dienstleistungserbringer dazu verpflichtet, die in Art. 21 Dienstleistungs-RL aufgezählten Informationen zu erteilen. Der Begriff des Dienstleistungsvertrages ist sehr breit gefasst.[166] Er reicht so weit, dass letztlich von einer allgemeinen Informationspflicht auszugehen ist, insbesondere, weil diese Pflicht nicht nur gegenüber Verbrauchern zu erfüllen ist. Eine umfangreiche Informationspflicht wurde auch in die neue Verbraucherrechte-RL eingeführt.[167] Die Richtlinie

90

---

160 Vgl Rn 55.
161 Vgl Rn 55–57; vgl auch MünchKommBGB/Emmerich, 6. Aufl. 2012, § 311 Rn 104.
162 Vgl Art. 22 Dienstleistungs-RL.
163 Vgl Art. 5–7 E-Commerce-RL.
164 Siehe Art. 10 Abs. 1 E-Commerce-RL.
165 Siehe zB zur Informationspflicht über das Widerrufsrecht Art. 4 Abs. 1 lit. f Fernabsatz-RL; Art. 4 Haustür-RL; Art. 5 Abs. 1 lit. o, Art. 10 Abs. 2 lit. p Verbraucherkredit-RL; Art. 6 Abs. 1 lit. h Verbraucherrechte-RL; Art. 17 Abs. 1 GEK-E; ferner bei einer weitergehenden Informationspflicht gem. Art. 10 Abs. 2 lit. q, r, s Verbraucherkredit-RL (über die Ausübung der Rechte aus Art. 15 Verbraucherkredit-RL (lit. q); Art. 5 Abs. 1 lit. f Verbraucherrechte-RL (über die Bedingungen der Kündigung unbefristeter Verträge); Art. 16 lit. b, Art. 19 Abs. 3 lit. e GEK-E (über die Bedingungen für die Beendigung des Vertrags); über das Verfahren bei vorzeitiger Rückzahlung (lit. r), die Modalitäten der Kündigung (lit. s); zu den Methoden der Streitbeilegung Art. 10 Abs. 2 lit. t Verbraucherkredit-RL; Art. 6 Abs. 1 lit. t Verbraucherrechte-RL; Art. 13 Abs. 1 lit. g GEK-E; zum anwendbaren Recht Art. 8 Abs. 1 iVm. Art. 9 Abs. 1 GEK-VO-E; siehe hierzu die Kommentierung aus Schulze, CESL Commentary und Schmidt-Kessel, GEK-E Kommentar zu den entsprechenden Normen.
166 Vgl die Definition in Art. 4 Nr. 1 Dienstleistungs-RL mit den Einschränkungen aus Art. 2 Abs. 2.
167 Art. 5 und 6 Verbraucherrechte-RL.

unterscheidet zwischen Informationspflichten bei außerhalb von den Geschäftsräumen geschlossenen Verträgen (Haustür- und Fernabsatzgeschäften) und sonstigen Verträgen. Bei den Informationspflichten bei Haustür- und Fernabsatzgeschäften handelt es sich um eine vollharmonisierte Maßnahme.[168] Die Mitgliedstaaten dürfen keine weiterreichenden Informationspflichten einführen.[169] Bei den sonstigen Informationspflichten sind die Mitgliedstaaten dazu berechtigt, weitere Informationspflichten zu erlassen oder aufrechtzuerhalten.

91 Bei Verträgen, die nicht als Haustür- oder Fernabsatzverträge zu qualifizieren sind, steht den Mitgliedstaaten frei, die Unternehmer von Informationspflichten zu befreien, wenn es sich um Geschäfte des täglichen Lebens handelt, die zum Zeitpunkt des Vertragsschlusses sofort erfüllt werden (Art. 5 Abs. 2 Verbraucherrechte-RL). Diese Einschränkung ist erforderlich, weil die Verkäufer sonst auch bei alltäglichen Geschäften (zB in Supermärkten) verpflichtet wären, die angeführten Informationen zu übermitteln, was aber keinesfalls praktikabel wäre.

9. Zwischen vorvertraglichen Informationspflichten und dem Lauterkeitsrecht

92 Die vorvertraglichen Informationspflichten sind auch in die Regelung der RL über unlautere Geschäftspraktiken einbezogen:[170]

▶ *Artikel 7 RL über unlautere Geschäftspraktiken*
Irreführende Unterlassungen
(1) Eine Geschäftspraxis gilt als irreführend, wenn sie im konkreten Fall unter Berücksichtigung aller tatsächlichen Umstände und der Beschränkungen des Kommunikationsmediums wesentliche Informationen vorenthält, die der durchschnittliche Verbraucher je nach den Umständen benötigt, um eine informierte geschäftliche Entscheidung zu treffen, und die somit einen Durchschnittsverbraucher zu einer geschäftlichen Entscheidung veranlasst oder zu veranlassen geeignet ist, die er sonst nicht getroffen hätte.
(...) ◀

93 Diese Richtlinie soll nicht das Recht der individuellen Vertragsbeziehungen regeln, sondern vielmehr den Markt nach den Grundsätzen der Lauterkeit ordnen.[171] Praktisch ist diese Grenze zwischen dem individuellen Vertragsrecht und dem Recht der Marktordnung jedoch kaum mehr zu erkennen.[172] Die angeführte Vorschrift führt zur Festlegung einer allgemeinen Informationspflicht zugunsten von Verbrauchern. Voraussetzung für diese Pflicht ist nur, dass eine bestimmte Information für die Vornahme einer überlegten Entscheidung durch den „durchschnittlichen" Verbraucher erforderlich ist.

---

168 Siehe Erwägungsgrund 5 Verbraucherrechte-RL.
169 Vgl entsprechend zu vollharmonisierten Aspekten in der Verbraucherrechte-Richtlinie Loos, Full harmonisation as a regulatory concept and its consequences for the national legal orders. The example of the Consumer rights directive, Centre for the Study of European Contract Law Working Paper Series No. 2010/03, S. 5, 6; abrufbar unter: http://papers.ssrn.com/sol3/papers.cfm?abstract_id=1639436 (abgerufen am 9.3.2015).
170 Riesenhuber, EU-Vertragsrecht, § 7 Rn 16–51.
171 Vgl Art. 1 RL über unlautere Geschäftspraktiken.
172 Busch, Informationspflichten im Wettbewerbs- und Vertragsrecht, 2008, S. 32–39.

II. Vorvertragliche Pflichten

10. Standardisierung der Erfüllung von Informationspflichten

Die Auferlegung von immer neuen Informationspflichten trägt nicht stets zu der Verbesserung der Informationslage der berechtigten Person bei. Dieser Berechtigte kann die Menge der ihm erteilten Informationen kaum aufnehmen und entsprechend auswerten und sie sortieren.[173] Auch steht der Unternehmer vor der nicht immer leicht zu beantwortenden Frage, welche Informationen erteilt werden müssen, um die Informationspflicht zu erfüllen. Um dieses Problem zu lösen, führen neue Richtlinien bestimmte Informationsformulare ein; beispielsweise die Verbraucherkredit-RL[174] und die Richtlinie über Märkte für Finanzinstrumente[175]. Diese Formulare sollen sicherstellen, dass der Unternehmer seinen Pflichten nachgekommen ist. Der Verbraucher wiederum sollte einen einfacheren Zugang zu diesen Informationen erlangen und Informationen der unterschiedlichen Anbieter einfacher vergleichen können.[176]

94

11. Vorvertragliche Informationspflichten im GEK

Der Entwurf für das GEK folgt bei der Regelung der vorvertraglichen Informationspflichten grundsätzlich dem Konzept der Verbraucherrechte-RL. Lediglich die Struktur wurde modifiziert. Im Unterschied zur Verbraucherrechte-RL stehen im Entwurf die Informationspflichten für die Verträge, die im Fernabsatz oder außerhalb von Geschäftsräumen geschlossen werden (Art. 13–19 GEK-E), am Anfang. Erst später folgen die allgemeinen Informationspflichten für die Verträge, die nicht in der Fernabsatz- bzw Haustürsituation geschlossen werden (Art. 20 GEK-E). Der Entwurf regelt aber auch die Informationspflichten in Verträgen zwischen Unternehmern (Art. 23 GEK-E). In diesem letzten Fall werden die Informationspflichten aus dem Grundsatz von Treu und Glauben abgeleitet (Art. 23 Abs. 1 GEK-E).

95

Die Informationspflichten zwischen Unternehmern und Verbrauchern sind nach der Funktion der einzelnen Informationen gegliedert. Art. 13 GEK-E nennt dementsprechend die Pflichten zur Information über den Gegenstand des Vertrages (lit. a, b), über Merkmale, die eine Identifizierung des Unternehmers ermöglichen (lit. c) und Informationen über Vertragsbestimmungen nach Art. 16 GEK-E (lit. d) sowie die Widerrufsrechte nach Art. 17 GEK-E (lit. e). Die weiteren Informationspflichten betreffen Garantien und die besondere Verfahrensweise bei Beschwerden sowie die unterschiedlichen Kundenleistungen (lit. f); darüber hinaus ist über alternative Möglichkeiten der Streitbeilegung zu informieren (lit. h) sowie über bestimmte technische Gegebenheiten, die die digitalen Inhalte betreffen (lit. i, j). Die folgenden Artikel konkretisieren diese Informationspflichten. Die Technik der Regelung ist etwas verwunderlich, weil Art. 20 GEK-E, der andere Verträge als Haustür- und Fernabsatzverträge regelt, den Inhalt von Art. 13 GEK-E beinahe wortgleich wiederholt. Auch in diesem Fall sind die Alltagsgeschäfte, die fast zeitgleich mit dem Abschluss des Vertrages erfüllt werden, ebenso wie in der Verbraucherrechte-RL, von den Informationspflichten ausgenommen.

96

---

173   Howells u.a., Handbook of Research on International Consumer Law, S. 142 f.
174   Siehe die Europäische Standardinformationen für Verbraucherkredite in Anhang II Verbraucherkredit-RL.
175   Vorgesehen in Art. 19 Abs. 3 aE RL 2004/39/EG.
176   Ausführlich hierzu anhand des Beispiels der Europäischen Standardinformationen für Verbraucherkredite sowie der Kritik der Mitgliedstaaten an den Standardinformationen siehe Lawrynowicz, The Implementation of the Consumer Credit Directive, Studie für das Europäische Parlament, 2012, S. 31 f; abrufbar unter: http://www.zoll.jura.uni-osnabrueck.de/files/Consumer_Credit_Final.pdf (abgerufen am 9.3.2015).

97 Die vorvertraglichen Informationspflichten stoßen im Fall des GEK auf ein wesentliches Problem, das mit der optionalen Natur dieses Instruments verbunden ist. Die Regelung des vorvertraglichen Bereiches im Optionalen Instrument scheint ein Paradox zu bilden. Die Anwendung des Europäischen Kaufrechts (falls es in der bislang vorgesehenen Form verabschiedet wird) setzt eine wirksame Wahl dieses Rechts voraus (Art. 8 Abs. 1 GEK-VO-E). Die Annahme liegt daher nahe, dass die vorvertragliche Phase also gar nicht geregelt sein dürfte, weil das gewählte Recht vor der Wahl keine Wirkung entfaltet. Dagegen kann aber eingewandt werden, dass die Rechte und Pflichten der Parteien in der vorvertraglichen Phase mit der Wahl rückwirkend bestimmt werden können. Dies wirft allerdings die Frage auf, ob die Vorschriften des Optionalen Instruments somit gar nicht zur Anwendung kommen würden, wenn die Wahl tatsächlich nicht getroffen wird.

98 Der Unternehmer muss indes wissen, nach welchen Regeln er sich verhalten muss. Die Erfüllung der vorvertraglichen Pflichten ist auch dann erheblich, wenn es nicht zum Abschluss des Vertrages gekommen ist. Dies ist insbesondere im verbraucherrechtlichen Bereich von wesentlicher Bedeutung, weil die Unternehmer häufig einer restriktiven Kontrolle der Beachtung von Verbraucherrechten durch unterschiedliche, hierfür zuständige Behörden unterworfen werden. Obwohl diese Frage noch nicht zufriedenstellend geklärt ist, ist davon auszugehen, dass die Wirkung des Optionalen Instruments für die Festlegung der Rechte und Pflichten in der vorvertraglichen Phase allein von der erklärten Absicht abhängen soll, den Vertrag unter Geltung des GEK zu schließen. Insofern wäre von einem Fall der direkten Wirkung des Optionalen Instruments auszugehen.

12. Vorvertraglichen Informationspflichten in den Acquis Principles und im DCFR

99 Mit dem Entwurf der Acquis Principles wurde zum ersten Mal der Versuch unternommen, die vorvertraglichen Informationspflichten zu systematisieren. Dabei wurden auch die Pflichten, die bereits in der Marketingphase von Gütern bzw Dienstleistungen entstehen, einbezogen (Art. 2:202 ACQP). Da die Acquis Principles auf Grundlage der unterschiedlichen Richtlinien allgemeine Grundsätze entwickeln,[177] beinhalten sie Informationspflichten, die unabhängig von bestimmten vertragsrechtlichen Situationen gelten sollen. Sie sehen darüber hinaus auch besondere Informationspflichten für bestimmte Situationen vor, in denen besondere Informationen erforderlich sind. Das Verhältnis zwischen der Generalklausel von Art. 2:202 ACQP und den besonderen Informationspflichten kann nicht durch ein einfaches *lex specialis – lex generalis* Verhältnis beschrieben werden. Betrachtet man beispielsweise Art. 2:E-01 ACQP, zeigt sich, dass die Erfüllung der dort aufgezählten detaillierten Informationspflichten die Vermutung begründet, dass die allgemeine Informationspflicht (Art. 2:202 ACQP) erfüllt wurde. Durch diese Konstruktion wird versucht, das Bedürfnis nach Sicherheit mit Flexibilität zu vereinbaren.

100 Die vorvertraglichen Pflichten des DCFR sind grundsätzlich nach dem Vorbild der Acquis Principles entworfen worden. Da die Struktur des DCFR konservativer und weniger durch die Entwicklung, die der *Acquis communautaire* genommen hat, bestimmt ist, beinhalten Art. II.-3:101 bis II.-3:108 DCFR nur die allgemeinen Informationspflichten. Es fehlen die besonderen, auf spezifische Situationen zugeschnittenen In-

---

[177] Acquis Group/Dannemann, Contract II, Introductory Part, S. xxiii–xxvi.

II. Vorvertragliche Pflichten

formationspflichten, wenn man von den in diese allgemeine Struktur eingegliedertem Art. II.-3:103 bis II.-3:105 absieht. Der DCFR beinhaltet auch einzelne besondere Informationspflichten, die aber in traditioneller Weise an die besonderen Vertragstypen anknüpfen.

13. Folgen der Verletzung von Informationspflichten

Lange hat der *Acquis communautaire* die Bestimmung der Sanktionen für die Verletzung von Informationspflichten grundsätzlich den Mitgliedsstaaten überlassen. Eine der wenigen Sanktionen, die sich genuin aus dem *Acquis communautaire* ergibt, ist die Verlängerung der Widerrufsfrist. Die Richtlinien, die dem Verbraucher ein Widerrufsrecht einräumten, enthielten unterschiedliche Bestimmungen über die Verlängerung der Widerrufsfrist.[178] Diese Unterschiede waren auch Ursache für die viel beachteten Entscheidungen des EuGH wie in Fällen von *Heininger*[179] und *Hamilton*[180]. In der neuen Verbraucherrechte-RL sollten diese unbegründeten Unterschiede zumindest für Fernabsatz- und Haustürgeschäfte beseitigt werden. Auch darüber hinaus ist eine Tendenz festzustellen, derartige Unterschiede in weiteren Richtlinien abzubauen.

101

In den Acquis Principles und nach ihrem Vorbild im DCFR sind die Sanktionen für die Verletzung von Informationspflichten detailliert geregelt. Entsprechend der Methode der Acquis Gruppe legitimiert das Prinzip des *effet utile* die Ergänzung der fehlenden Sanktionen des Unionsrechts. Zunächst wurde aber eine vereinheitlichende Formel in Bezug auf das Widerrufsrecht gefunden (Art. 2:208 Abs. 1 ACQP). Diese Formel diente als Vorbild bei der Formulierung der Verbraucherrechte-RL sowie im Entwurf für das GEK. Hierdurch sollte eine Verbesserung des in diesem Fall inkohärenten Unionsrechts bewirkt werden. Zwei weitere Sanktionen waren bisher durch das Unionsrecht nicht ausdrücklich vorgesehen, bewegen sich aber im Rahmen des geltenden Unionsrechts. Nach Art. 2:208 Abs. 2 ACQP kommt es zur Anpassung des Vertragsinhalts an die legitime Erwartung der anderen Partei, die auf einer Beeinträchtigung der Informationslage beruht. Dieses Konzept schafft eine Alternative zur Anfechtung wegen Willensmangels. Der durch die Verletzung der Informationspflicht potenziell veranlasste Irrtum wird durch die Anpassung des Vertragsinhalts an die legitime Erwartung der anderen Partei beseitigt. In Art. 2:208 Abs. 3 ACQP bestimmen die Acquis Principles das Recht auf Schadensersatz aufgrund einer Vertrauensverletzung. Sie verweisen zudem auf die Regeln über den Schadensersatz wegen Nichterfüllung. Daraus ergibt sich deutlich, dass die Verletzung der Informationspflicht mit einer Nichterfüllung des Schuldverhältnisses gleichzusetzen ist. Der DCFR sieht eine sehr ähnliche Regelung in Art. II.-3:109, die aus den Acquis Principles abgeleitet wurde. Er enthält aber im Gegensatz zu den Acquis Principles eine Regelung für Willensmängel. Art. II.-7:201 lit. b iii) DCFR steht insofern in Widerspruch zum Modell des selbstkorrigierenden Inhalts des Vertrages. Hier werden die konservativen Bestandteile dieses Entwurfs nicht ausreichend mit einer neuen Entwicklung abgestimmt.

102

Die neue Verbraucherrechte-RL sieht wiederum nur wenige Regelungen zu den Sanktionen für die Verletzung von Informationspflichten vor. Für die Verletzung von Informationspflichten bei anderen als Fernabsatz- und Haustürverträgen findet sich keine Sanktion. Diese Regelungsaufgabe bleibt wiederum der Gesetzgebung der Mitglied-

103

---

178 Vgl Rn 145.
179 EuGH 13.12.2001, Rs. C-481/99, Slg 2001, I-9945.
180 EuGH 10.4.2008, Rs. C-412/06, Slg 2008, I-2695.

staaten überlassen. Im Fall der Fernabsatz- und Haustürverträge regelt die Richtlinie in Art. 6 Abs. 6 die Verletzung der Informationspflichten hinsichtlich bestimmter Kosten, die sodann nicht von dem Verbraucher zu tragen sind. Nach dem Vorbild der Acquis Principles sind zudem gem. Art. 10 ACQP die Folgen der Nichtaufklärung über das Widerrufsrecht geregelt.

104 Eine genauere Regelung als in der Verbraucherrechte-RL enthält der Entwurf des GEK. Art. 29 Abs. 1 GEK-E sieht wie die Acquis Principles das Recht auf Schadenersatz vor. Die Verletzung der Pflicht über bestimmte Kosten zu informieren, befreit die Partei von der Pflicht, diese Kosten zu tragen. Im Übrigen finden die Vorschriften über Willensmängel Anwendung (Art. 29 Abs. 3 GEK-E). In Art. 42 Abs. 2 GEK-E werden ähnlich wie in den Acquis Principles und in der Verbraucherrechte-RL die Folgen der Nichtaufklärung über das Widerrufsrecht des Verbrauchers geregelt. Der Entwurf über das GEK ist dem Konzept der Anpassung des Vertrages also nicht gefolgt. Somit entstehen Spannungen zwischen dem Leistungsstörungsrecht und dem Recht der Willensmängel. Es ist zu bedauern, dass die Verfasser des Texts, trotz der noch in früheren Entwürfen (Feasibility Study) geäußerten Absichten in dieser Hinsicht den Acquis Principles zu folgen, bei einer eher konservativen Methode der Regelung von Sanktionen der Verletzung von Informationspflichten geblieben sind.

III. Einigungsmängel

1. Alternatives Konzept des Schutzes der fehlerfreien Entscheidung?

105 Das Recht der Willensmängel gehört als wichtiger Bestandteil der Gesamtkonzeption der Privatautonomie zum Kern der kontinentaleuropäischen Rechtstradition. Die Privatautonomie als Ausdruck der persönlichen Freiheit setzt entsprechende Bedingungen für die freie, selbstbewusste Willensbildung voraus, die nicht durch falsche Vorstellungen verzerrt wird. Die rechtliche Relevanz der Willensmängel findet ihre Schranke in den Bedürfnissen der Rechtssicherheit.[181] Die verschiedenen kontinentaleuropäischen Rechtsordnungen versuchen, diese Werte auf unterschiedliche Weise gegeneinander abzuwägen und den Verkehrsschutz entweder durch strenge Voraussetzungen für einen rechtlich relevanten Willensmangel, durch prozessualrechtliche Schranken (zB nur gerichtliche Aufhebung des von dem Willensmangel betroffenen Rechtsgeschäfts) oder durch in bestimmten Fällen dem Anfechtungsgegner zustehende Schadensersatzansprüche angemessen zu wahren. In der liberalen Tradition des Common Law können nur bestimmte qualifizierte Arten von Willensmängeln (zB *misrepresentation*) die Anfechtbarkeit eines Vertrages (*voidability*) begründen.[182] Abgesehen von allen diesen Verschiedenheiten in den Rechtsordnungen Europas[183] muss vor allem betont werden, dass das System der Regelung von Willensmängeln überwiegend von einer Vorstellung eines individuellen Vertrages ausgeht. Der *Acquis communautaire* im Bereich des Vertragsrechts ist dagegen durch die Annahme einer weit von diesem Bild entfernten Grundfigur der Massengeschäfte geprägt. Aus diesem Grund versucht der *Acquis communautaire*, andere Instrumente zu entwickeln, um die freie Entscheidung insbeson-

---

181 Schulze/Pfeiffer, CESL Commentary, Art. 48 CESL Rn 1.
182 Stone/Devenney, Text, Cases and Materials on Contract Law, 3. Aufl. 2014, Kap. 8.4.1, S. 367; zum Vergleich zwischen Civil Law und Common Law siehe Dalhuisen, Dalhuisen on Transnational, Comparative, Commercial, Financial and Trade Law, Contract and Movable Property Law, 2. Aufl. 2013, 1.4.2.
183 Martens, Einigungsmängel im EU-Kaufrecht, in: Schmidt-Kessel, Ein einheitliches europäisches Kaufrecht?, 2012, S. 179, 189; Schmidt-Kessel/Martens, GEK-E Kommentar, Art. 48 GEK-E Rn 1.

III. Einigungsmängel

re auf Seiten des Verbrauchers[184] zu gewährleisten. Zugleich strebt der europäische Gesetzgeber an, Instrumente zu schaffen, die eine marktordnende Funktion erfüllen sollen. Diese Instrumente sind vor allem die vorvertraglichen Informationspflichten[185] und die Widerrufsrechte[186]. Sie dienen dazu, der berechtigten Partei die Möglichkeit einzuräumen, eine informierte Entscheidung zu treffen. Die freie Entscheidungsbildung sollen sie vor allem bei Transaktionen fördern, bei denen der Unternehmer durch die Verwendung verschiedener Marketingtechniken die Entscheidung des Kunden am stärksten beeinflussen kann. Deswegen stehen den Verbrauchern die Widerrufsrechte nur in bestimmten Situationen wie bei Fernabsatz- oder Haustürgeschäften zu.

Zwischen diesen vom Unionsrecht inspirierten Rechtsinstituten und dem traditionellen Willensmangelrecht gibt es eine Spannung. Das verbraucherrechtliche Widerrufsrecht erfüllt auch Aufgaben, die das Recht der Einigungsmängel zu erfüllen hat. Beim Widerruf braucht der Verbraucher aber keine Gründe anzugeben. Es ist irrelevant, ob er sich im Irrtum befand oder im Laufe der Erwägungsfrist seine Meinung geändert hat.[187] Das ergibt sich bereits aus dem Zweck dieses für Massengeschäfte besonders gut geeigneten Rechtsinstituts. Sollte aber die Möglichkeit des Widerrufs das Recht auf die Anfechtung wegen Irrtums einschränken? Sollte ein Unternehmer, der seine Informationspflichten erfüllt hat, die Sicherheit genießen, dass nach dem Ablauf der Widerrufsfrist eine Aufhebung des Rechtsgeschäftes wegen eines Irrtums nicht mehr möglich ist? Antworten auf diese Fragen kann das europäische Recht nicht liefern, solange es noch kein vollständiges System des Vertragsrechts zur Verfügung stellt.

106

Im europäischen Recht lässt sich auch eine andere Entwicklung erkennen, die eine Alternative zum Recht der Willensmängel darstellen kann. Sie vollzieht sich auf der Ebene der Anpassung des Vertragsinhaltes an den Maßstab der legitimen Erwartungen[188] des Verbrauchers als Gläubiger. Es handelt sich hier um diejenigen Vorschriften, welche die erteilte Information bzw eine Dritterklärung zum Bestandteil des Vertrages machen:

107

▶ Artikel 3 Pauschalreise-RL

[Prospekt]
(1) Die dem Verbraucher vom Veranstalter oder Vermittler gegebenen Beschreibungen einer Pauschalreise, ihr Preis und die übrigen Vertragsbedingungen dürfen keine irreführenden Angaben enthalten.
(2) Wenn dem Verbraucher ein Prospekt zur Verfügung gestellt wird, muß dieser deutlich lesbare, klare und genaue Angaben zum Preis und – soweit von Bedeutung – zu folgendem enthalten:
(...)
Die in dem Prospekt enthaltenen Angaben binden den Veranstalter bzw. den Vermittler, es sei denn, Änderungen sind

---

184 KOM(2011) 635 endg., 1.1., 1.2., S. 4, 7; Jansen/Zimmermann, Grundregeln des bestehenden Gemeinschaftsprivatrechts?, JZ 2007, S. 1113, 1115.
185 Vgl Teil II, Kap. 2 GEK-E.
186 Vgl Teil II, Kap. 4 GEK-E.
187 Siehe Rn 142; Schulze, Die Widerrufsrechte im Vorschlag für ein Gemeinsames Europäisches Kaufrecht, in: Schulte-Nölke u.a., Der Entwurf für ein optionales europäisches Kaufrecht, S. 151, 162 f.
188 Zum Prinzip der legitimen Erwartungen siehe Micklitz, Perspektiven eines europäischen Privatrechts, ZEuP 1998, S. 253, 263 f.

- dem Verbraucher vor Abschluß des Vertrages klar mitgeteilt worden; im Prospekt ist ausdrücklich darauf hinzuweisen;
- später zwischen den Vertragsparteien vereinbart worden. ◀

▶ *Artikel 2 Verbrauchsgüterkauf-RL*
Vertragsmäßigkeit
(1) Der Verkäufer ist verpflichtet, dem Verbraucher dem Kaufvertrag gemäße Güter zu liefern.
(2) Es wird vermutet, daß Verbrauchsgüter vertragsgemäß sind, wenn sie
(...)
(d) eine Qualität und Leistungen aufweisen, die bei Gütern der gleichen Art üblich sind und die der Verbraucher vernünftigerweise erwarten kann, wenn die Beschaffenheit des Gutes und gegebenenfalls die insbesondere in der Werbung oder bei der Etikettierung gemachten öffentlichen Äußerungen des Verkäufers, des Herstellers oder dessen Vertreters über die konkreten Eigenschaften des Gutes in Betracht gezogen werden.
(...) ◀

108 Auf den ersten Blick haben diese Bestimmungen mit dem Recht der Willensmängel wenig zu tun. Tatsächlich handelt es sich aber um Vorschriften, die einen Mechanismus der Korrektur und Anpassung des Inhalts von Verträgen an die legitimen Erwartungen des Verbrauchers festlegen. Auf diese Weise verliert ein Irrtum des Verbrauchers von vornherein an Relevanz, weil der Vertrag automatisch an die potenziellen Vorstellungen der Person im Irrtum angepasst wird. Dieses System der eingebauten Selbstkorrektur ist eine zukunftsträchtige Alternative für die herkömmlichen Lösungen des traditionellen Willensmängelrechts.

2. Einigungsmängel im Acquis communautaire – die Korrektur von Eingabefehlern

109 Im bestehenden Unionsrecht gibt es zwar keine Regeln, die dem klassischen Willensmängelrecht zugeordnet werden können. Es gibt aber ein besonderes Rechtsinstitut, das unmittelbar einer Willensmangelprävention dient – nämlich die Pflicht des elektronischen Diensteanbieters, dem Kunden die Instrumente zur Beseitigung der Eingabefehler zur Verfügung zu stellen.

▶ *Artikel 11 E-Commerce-RL*
Abgabe einer Bestellung
(...)
▶ (2) Die Mitgliedstaaten stellen sicher, daß – außer im Fall abweichender Vereinbarungen zwischen Parteien, die nicht Verbraucher sind – der Diensteanbieter dem Nutzer angemessene, wirksame und zugängliche technische Mittel zur Verfügung stellt, mit denen er Eingabefehler vor Abgabe der Bestellung erkennen und korrigieren kann.
(...) ◀

110 Im System der E-Commerce-RL ist diese Pflicht als eine Informationspflicht ausgestaltet. Es geht aber um eine technische Möglichkeit,[189] den Inhalt einer Mitteilung vor ihrer Absendung entsprechend wahrnehmen und korrigieren zu können. In dieser Regelung zeigt sich die charakteristische Eigenschaft des Unionsrechts, ein Instrument zu entwickeln, das eine standardisierte Präventivmaßnahme bestimmt, ohne die Frage

---

[189] Acquis Group/Lehmann, Contract II, Art. 4:105 Rn 1.

III. Einigungsmängel

stellen zu müssen, ob ein konkreter Verbraucher eine vom Irrtum beeinflusste Erklärung abgegeben hat. Betont werden muss jedoch, dass die E-Commerce-RL keine Sanktion für die Verletzung dieser Pflicht vorsieht. Die Einführung solcher Sanktionen wird dem nationalen Gesetzgeber überlassen.[190]

Die Acquis Principles[191] versuchen, eine vollständige Norm vorzustellen, die für den Fall des Zuwiderhandelns mit einer Sanktion – nämlich dem Widerrufsrecht für den Verbraucher – ausgestattet ist:

111

▶ *Artikel 4:105 ACQP*
Elektronischer Vertragsschluss
(...)
(3) Wenn ein Vertrag mit elektronischen Mitteln und ohne individuelle Kommunikation geschlossen werden soll, muss ein Unternehmer folgende Information geben, bevor die andere Partei ein Angebot abgibt oder annimmt:
(...)
(c) die technischen Mitteln zur Erkennung und Korrektur der Eingabefehlern;
(...)
(4) Wenn ein Unternehmer seinen Pflichten aus den Absätzen (2) und (3) nicht nachgekommen ist, so hat die andere Partei das Recht, den Vertrag zu widerrufen. Das Widerrufsrecht muss binnen eines Jahres nach Vertragsschluss ausgeübt werden und bevor der Vertrag von beiden Parteien erfüllt wurde. Die andere Partei hat das Recht Schadensersatz wegen Pflichtverletzung zu verlangen. ◀

Es ließe sich die Frage stellen, ob die Acquis Group über die Grenzen ihrer Methode[192] hinausgegangen ist, indem sie diese Sanktion in Abs. 4 eingefügt hat. Die Acquis Group hat sich aber vorgenommen, aus den Teilregeln des *Acquis communautaire* vollständige Normen zu formulieren, also auch Sanktionen vorzuschlagen, die der Natur der unionsrechtlichen Pflichten am besten entsprechen.[193] Es ist charakteristisch, dass die Acquis Principles ein System von Willensmängeln überhaupt nicht vorgesehen haben. Das Recht auf Widerruf wird unabhängig davon eingeräumt, ob der Kunde eine durch Irrtum beeinflusste Erklärung abgegeben hat, wenn der Unternehmer seine Pflicht hinsichtlich einer technischen Ausstattung verletzt, welche die Korrekturen der Eingabefehler ermöglicht. Dahinter steht ein System, das die Rechtsfolgen weniger an individuelle, einzelfallbedingte Umstände knüpft, sondern vor allem das Marktverhalten steuern soll.[194]

112

Der DCFR hat bei der Regelung der Pflicht zur Ermöglichung der Korrektur der Eingabefehler einen anderen Weg eingeschlagen und eine direkte Verbindung mit dem Willensmängelrecht geschaffen:

113

---

190 Erwägungsgrund 54 E-Commerce-RL; vgl zum eröffneten Spielraum im deutschen Recht Spindler, E-Commerce in Europa: Die E-Commerce-Richtlinie in ihrer endgültigen Fassung, MMR-Beil. 2000, 4, S. 12.
191 Zu Art. 4:105 ACQP siehe die entsprechende Kommentierung in Acquis Group/Lehmann, Contract II.
192 KOM(2003) 68 endg., 4.1., S. 18–25; Schulte-Nölke, Function of Contracts in EC Private Law, in: Schulze/Ebers/Grigoleit (Hrsg.), Informationspflichten und Vertragsschluss im Acquis communautaire, 2003, S. 85, 93.
193 KOM(2003) 68 endgültig, S. 4.1., S. 18 f.
194 Acquis Group/Lehmann, Contract II, Art. 4:105 Rn 7.

▶ *Artikel II.-7:201 DCFR*

Irrtum

(1) Eine Partei kann einen Vertrag wegen eines bei Vertragsschluss vorhandenen Tatsachen- oder Rechtsirrtums anfechten, wenn:
(...)
(b) die andere Vertragspartei:
(...)
(iii) den irrtumsbehafteten Vertragsschluss durch Verstoß gegen eine vorvertragliche Informationspflicht oder die Pflicht, technische Mittel zur Korrektur von Eingabefehlern bereitzustellen, verursacht hat;
(...) ◀

Der DCFR folgt damit einem anderen Konzept als die Acquis Principles. Die Verletzung der Pflicht, die Möglichkeit zur Korrektur der Eingabefehler einzuräumen, ist nur eine von mehreren Voraussetzungen der Anfechtung. Vor allem muss ein Irrtum vorliegen. Es erscheint allerdings zweifelhaft, ob diese Regelung geeignet ist, das ihr zugrunde liegende Anliegen der E-Commerce-RL[195] zu verwirklichen, für Massengeschäfte ein Instrument zu liefern, um das Marktverhalten der Unternehmer zu steuern.

3. Irrtum und Schutz gegen unlautere Geschäftspraktiken

114 Der europäische Gesetzgeber versucht die irrtumsfreie Entscheidungsfindung des Verbrauchers zu unterstützen,[196] indem er durch die Schaffung bestimmter Typen von unlauteren Handlungen versucht, die Irreführung des Verbrauchers zu unterbinden.

▶ *Artikel 5 RL über unlautere Geschäftspraktiken*

Verbot unlauterer Geschäftspraktiken

(1) Unlautere Geschäftspraktiken sind verboten.
(...)
(4) Unlautere Geschäftspraktiken sind insbesondere solche, die
(a) irreführend im Sinne der Artikel 6 und 7
(...) ◀

▶ *Artikel 6 RL über unlautere Geschäftspraktiken*

Irreführende Handlungen

(1) Eine Geschäftspraxis gilt als irreführend, wenn sie falsche Angaben enthält und somit unwahr ist oder wenn sie in irgendeiner Weise, einschließlich sämtlicher Umstände ihrer Präsentation, selbst mit sachlich richtigen Angaben den Durchschnittsverbraucher in Bezug auf einen oder mehrere der nachstehend aufgeführten Punkte täuscht oder ihn zu täuschen geeignet ist und ihn in jedem Fall tatsächlich oder voraussichtlich zu einer geschäftlichen Entscheidung veranlasst, die er ansonsten nicht getroffen hätte:
(...) ◀

---

195 V. Bar/Clive (Hrsg.), DCFR Full Edition, S. 268.
196 Art. 1 und Erwägungsgründe 4, 6, 8–10, 12 RL über unlautere Geschäftspraktiken; Schmidtke, Unlautere geschäftliche Handlungen bei und nach Vertragsschluss, 2011, S. 30.

III. Einigungsmängel

▶ *Artikel 7 RL über unlautere Geschäftspraktiken*
Irreführende Unterlassungen
(1) Eine Geschäftspraxis gilt als irreführend, wenn sie im konkreten Fall unter Berücksichtigung aller tatsächlichen Umstände und der Beschränkungen des Kommunikationsmediums wesentliche Informationen vorenthält, die der durchschnittliche Verbraucher je nach den Umständen benötigt, um eine informierte geschäftliche Entscheidung zu treffen, und die somit einen Durchschnittsverbraucher zu einer geschäftlichen Entscheidung veranlasst oder zu veranlassen geeignet ist, die er sonst nicht getroffen hätte.
(...) ◀

Diese Bestimmungen sind zwar nicht unmittelbar dem Vertragsrecht, sondern dem Lauterkeitsrecht zuzurechnen.[197] Die RL über unlautere Geschäftspraktiken[198] verlangt nicht, dass ein konkreter Vertrag oder eine Willenserklärung anfechtbar ist. Es geht eher um kollektive Sanktionen, auch wenn die Mitgliedsstaaten berechtigt sind, zudem Sanktionen einzuführen, die durch den unmittelbar betroffenen Verbraucher geltend gemacht werden können:[199]

▶ *Artikel 11 RL über unlautere Geschäftspraktiken*
Durchsetzung
(1) Die Mitgliedstaaten stellen im Interesse der Verbraucher sicher, dass geeignete und wirksame Mittel zur Bekämpfung unlauterer Geschäftspraktiken vorhanden sind, um die Einhaltung dieser Richtlinie durchzusetzen.
Diese Mittel umfassen Rechtsvorschriften, die es Personen oder Organisationen, die nach dem nationalen Recht ein berechtigtes Interesse an der Bekämpfung unlauterer Geschäftspraktiken haben, einschließlich Mitbewerbern, gestatten,
(a) gerichtlich gegen solche unlauteren Geschäftspraktiken vorzugehen
und/oder
(b) gegen solche unlauteren Geschäftspraktiken ein Verfahren bei einer Verwaltungsbehörde einzuleiten, die für die Entscheidung über Beschwerden oder für die Einleitung eines geeigneten gerichtlichen Verfahrens zuständig ist.
(...) ◀

Auch auf der Richtlinie über irreführende und vergleichende Werbung[200] beruhen derartige präventive lauterkeitsrechtliche Maßnahmen, die verhindern sollen, dass die Kunden ihre Entscheidungen unter dem Einfluss von irrtümlichen Vorstellungen treffen:

▶ *Artikel 1 RL über irreführende und vergleichende Werbung*
Zweck dieser Richtlinie ist der Schutz von Gewerbetreibenden vor irreführender Werbung und deren unlauteren Auswirkungen sowie die Festlegung der Bedingungen für zulässige vergleichende Werbung. ◀

Diese gegen Irrtümer schützenden Rechtsinstitute des Lauterkeitsrechts sind integrale Bestandteile eines Systems, das auf eine moderne Weise versucht, Bedingungen für freie Entscheidungen zu schaffen. Im Zusammenspiel mit den vorvertraglichen Informationspflichten, mit den Widerrufsrechten und mit den oben angesprochenen Mecha-

---
197 Begründung des Entwurfs der Bundesregierung v. 20.8.2008 (BT-Drucks. 16/10145), S. 10.
198 Siehe § 2 Rn 9.
199 Klug, Die Umsetzung der Richtlinie über unlautere Geschäftspraktiken in Spanien, 2014, S. 243–245.
200 Richtlinie 2006/114/EG des europäischen Parlaments und des Rates vom 12. Dezember 2006 über irreführende und vergleichende Werbung.

nismen der Selbstkorrektur der Verträge anhand des Maßstabs der legitimen Erwartungen des Verbrauchers richtet es sich darauf, das traditionelle Vertragsrecht zu verändern. In der Zukunft wird sich die Frage stellen, ob für das traditionelle Willensmängelrecht noch weiter Raum verbleibt.

4. Einigungsmängel im GEK

a) Übersicht

118 Es könnte vor diesem Hintergrund überraschend erscheinen, dass im System des GEK das traditionelle Recht der Willensmängel vorgesehen ist, obwohl dieses auch die vorvertraglichen Informationspflichten, Widerrufsrechte sowie die Instrumente der Anpassung des Vertrages an die legitimen Erwartungen des Kunden einschließt. Die Verfasser sind aber davon ausgegangen, dass ein Vertragsrecht ohne Vorschriften über Willensmängel unvollständig wäre.[201]

119 Das GEK nennt vier Arten der Willensmängel: Irrtum (Art. 48 GEK-E), arglistige Täuschung (Art. 49 GEK-E), Drohung (Art. 50 GEK-E) und schließlich die unfaire Ausnutzung (Art. 51 GEK-E). Das System stützt sich überwiegend (bis auf wenige Ausnahmen) auf das Modell des DCFR, das nach der *Restatements*–Methode[202] verschiedene Modelle zu synthetisieren versucht.[203] Ein Einigungsmangel nach Maßgabe der Art. 49 ff GEK-E führt zur Anfechtbarkeit des Vertrages. Die Anfechtung erfolgt durch eine Mitteilung an die andere Partei:

▶ *Artikel 52 GEK-E*

Anfechtungsmitteilung

(1) Die Anfechtung wird durch Mitteilung an die andere Partei ausgeübt.
(2) Eine Anfechtungsmitteilung ist nur wirksam, wenn sie innerhalb von
(a) sechs Monaten im Falle eines Irrtums und
(b) einem Jahr im Falle von arglistiger Täuschung, Drohung und unfairer Ausnutzung nach dem Zeitpunkt erklärt wird, zu dem die anfechtende Partei Kenntnis von den maßgebenden Umständen erlangt hat oder ab dem sie wieder frei handeln konnte. ◀

120 Aus dieser Bestimmung ergibt sich, dass die berechtigte Person nicht auf die Aufhebung des Vertrages zu klagen braucht, um die Wirkungen des Vertrages zu beseitigen. Vielmehr genügt zu diesem Zweck, wie es auch im deutschen Recht der Fall ist,[204] eine entsprechende Erklärung.[205] Die Wirkungen der Anfechtung in Bezug auf die gegenseitigen Forderungen aus dem angefochtenen Vertrag sind in Kapitel 17 GEK-E („Rückabwicklung") festgelegt (siehe Art. 172 GEK-E). Art. 54 GEK-E bestimmt allgemein die Wirkungen der Anfechtung:[206]

---

201 Zur Bedeutung des Anfechtungsrechts als wesentlicher Bestandteil des europäischen Vertragsrechts siehe Schmidt-Kessel/Martens, GEK-E Kommentar, Art. 48 GEK-E Rn 1; Schulze/Pfeiffer, CESL Commentary, Art. 48 CESL Rn 1–3.
202 Riedel, Vereinheitlichung des EU-Vertragsrechts in Europa, 2004, S. 141–147; Schwartze in: Riesenhuber, Europäische Methodenlehre, 2. Aufl. 2010, § 4 Rn 27.
203 Martens, Die Regelung der Willensmängel im Vorschlag für ein Gemeinsames Europäisches Kaufrecht, AcP 211 (2011), S. 845, 853.
204 § 143 Abs. 1 BGB.
205 Art. 52 Abs. 1 GEK-E; siehe zur Anfechtung als Gestaltungsrecht Schmidt-Kessel/Martens, GEK-E Kommentar, Art. 52 GEK-E Rn 1 f; Schulze/Pfeiffer, CESL Commentary, Art. 52 CESL Rn 1, 9–14.
206 Zur allgemeinen Wirkung der Anfechtung siehe Schmdit-Kessel/Martens, GEK-E Kommentar, Art. 54 GEK-E; Schulze/Pfeiffer, CESL Commentary, Art. 54 CESL.

III. Einigungsmängel

▶ *Artikel 54 GEK-E*
Wirkungen der Anfechtung

(1) Ein anfechtbarer Vertrag ist bis zur Anfechtung gültig, wird aber mit der Anfechtung rückwirkend ungültig.
(2) Betrifft ein Anfechtungsgrund nur einzelne Vertragsbestimmungen, so beschränkt sich die Wirkung der Anfechtung auf diese Bestimmungen, es sei denn, es ist unangemessen, den Vertrag im Übrigen aufrechtzuerhalten.
(3) Ob eine der Parteien ein Recht hat, die Herausgabe dessen, was aufgrund des Vertrags übertragen oder geliefert wurde, oder die Zahlung eines gleichwertigen Geldbetrags zu verlangen, bestimmt sich nach den Vorschriften des Kapitels 17 über die Rückabwicklung. ◀

Diese Vorschrift bestimmt, dass ein mit einem Einigungsmangel behafteter Vertrag gültig bleibt, es sei denn, dass die berechtigte Partei diesen Vertrag angefochten hat. Das bedeutet, dass auch im Fall eines Einigungsmangels, der besonders schwerwiegend ist, keine Nichtigkeit kraft Gesetzes eintritt. Es gibt also keinen Fall der *nullité absolue*[207], die dem französischen Recht bekannt ist. Als eine Besonderheit ist die Bestimmung des Grundsatzes der Teilnichtigkeit anzusehen, die in Hinblick auf Willensmängel kaum auf rechtsvergleichende Grundlagen zurückgeführt werden kann. Die Anwendung der Teilnichtigkeit bei Willensmängeln ist also keine Selbstverständlichkeit.[208] Der Irrtum muss nach Art. 48 Abs. 1 lit. a GEK-E wesentlich[209] sein – die Partei dürfte den Vertrag mit diesen Vertragsbestimmungen also nicht abgeschlossen haben. Die Teilnichtigkeit führt zu einer Abänderung des Vertrages. Liegt also ein wesentlicher Irrtum vor und ficht die hierzu berechtigte Partei den Vertrag an, müsste dieser konsequenterweise nichtig sein. Nach Art. 54 GEK-E führt die Anfechtung aber zu einer Abänderung des Vertrages: Der Vertragsinhalt reduziert sich auf die Bestimmungen, die nicht vom Anfechtungsgrund betroffen sind. Dies zeigt die mangelnde Kohärenz im System der Willensmängel. Sie ist eine Folge der Vorstellung, dass das Zustandekommen des Vertrages den Willen voraussetzt, den Vertrag mit einem bestimmten Inhalt abzuschließen, auch wenn diese Voraussetzung nur durch die Vorschriften über Willensmängel sanktioniert wird. Eine Teilnichtigkeit bedeutet in diesem Fall, dass das Rechtsgeschäft durch die einseitige Willenserklärung (Anfechtung) einseitig abgeändert wird, bei der Klauselkontrolle (Art. 79 Abs. 2 GEK-E) namentlich, dass der Vertrag trotz der Unwirksamkeit einzelner Klauseln im Übrigen wirksam bleibt.[210] Der Kunde sollte seine Leistung letztendlich bekommen. Bei den Willensmängeln geht es aber nicht um die Redlichkeit des Vertrages, sondern um den Schutz der freien Willensgestaltung. Die Sanktion der Teilnichtigkeit passt nicht zu dieser Grundannahme.

121

Das GEK bestimmt auch eine schadensersatzrechtliche Sanktion für den durch die anfechtungsberechtigte Person erlittenen Schaden:[211]

122

---

207 Hierzu siehe Beckmann, Nichtigkeit und Personenschutz, 1998, S. 111 f; Bénabent, Droit civil – Les obligations, 11. Aufl. 2007, Rn 208; Stadler, Gestaltungsfreiheit und Verkehrsschutz durch Abstraktion, 1996, S. 160.
208 Martens, Einigungsmängel im EU-Kaufrecht, in: Schmidt-Kessel, Ein einheitliches europäisches Kaufrecht?, 2012, S. 179, 196.
209 Hierzu siehe Schmidt-Kessel/Martens, GEK-E Kommentar, Art. 48 GEK-E Rn 4–7.
210 Hierzu § 4 Rn 53 f; Schmidt-Kessel/Möslein, GEK-E Kommentar, Art. 79 GEK-E Rn 29; Schulze/Mazeaud/Sauphanor-Brouillaud, CESL Commentary, Art. 79 CESL Rn 8.
211 Allgemein zur schadensersatzrechtlichen Sanktion siehe Schmidt-Kessel/Martens, GEK-E Kommentar, Art. 55 GEK-E; Schulze/Pfeiffer, CESL Commentary, Art. 55 CESL.

▶ *Artikel 55 GEK-E*
Schadensersatz für Verluste
Eine Partei, die nach diesem Kapitel das Recht hat, einen Vertrag anzufechten, oder die dieses Recht hatte, bevor sie es durch Fristablauf oder Bestätigung verlor, hat unabhängig davon, ob der Vertrag angefochten wird, gegenüber der anderen Partei einen Anspruch auf Schadensersatz für Verluste infolge Irrtums, arglistiger Täuschung, Drohung oder unfairer Ausnutzung, sofern die andere Partei die maßgebenden Umstände kannte oder kennen musste. ◀

▶ *Abänderung 121*
Vorschlag für eine Verordnung
Anhang I – Artikel 55

Vorschlag der Kommission	Geänderter Text
Eine Partei, die nach diesem Kapitel das Recht hat, einen Vertrag anzufechten, oder die dieses Recht hatte, bevor sie es durch Fristablauf oder Bestätigung verlor, hat unabhängig davon, ob der Vertrag angefochten wird, gegenüber der anderen Partei einen Anspruch auf Schadensersatz für Verluste infolge Irrtums, arglistiger Täuschung, Drohung oder unfairer Ausnutzung, sofern die andere Partei die maßgebenden Umstände kannte oder kennen musste.	Eine Partei, die nach diesem Kapitel das Recht hat, einen Vertrag anzufechten, oder die dieses Recht hatte, bevor sie es durch Fristablauf oder Bestätigung verlor, hat unabhängig davon, ob der Vertrag angefochten wird, gegenüber der anderen Partei *gemäß Kapitel* 16 einen Anspruch auf Schadensersatz für Verluste infolge Irrtums, arglistiger Täuschung, Drohung oder unfairer Ausnutzung, sofern die andere Partei die maßgebenden Umstände kannte oder kennen musste. ◀

123 Diese Bestimmung sieht eine Art *culpa in contrahendo*-Haftung vor.[212] In Hinblick auf die Haftungsgrundlage handelt es sich aus dem Gesichtspunkt vieler nationaler Rechtsordnungen um eine deliktsrechtliche Norm. Das GEK wird in seinem Anwendungsbereich insofern auch in das Deliktsrecht der Mitgliedstaaten eingreifen. Dies bedeutet, dass dadurch die Einwirkung des GEK auf die Funktionsweise der nationalen Rechtsordnungen größer sein könnte als erwartet, weil nicht nur das Vertragsrecht durch die Einwahl verdrängt wird.

124 Wird der Vertrag wirksam angefochten, ist davon auszugehen, dass sich der Schadensersatz nur auf das negative Interesse beschränkt.[213] Der Anspruch auf Schadensersatz steht der Partei auch in den Fällen zu, in welchen sie vom Anfechtungsrecht keinen Gebrauch gemacht hat. In diesen Fällen beläuft sich der zu ersetzende Schaden auf die Differenz zwischen dem, was die Partei legitimerweise erwarten durfte, wenn sie nicht unter dem Einfluss eines Willensmangels gehandelt hätte, und dem, was ihr aufgrund des mit diesem Mangel behafteten Vertrags zusteht.[214]

---

212 Schulze/Pfeiffer, CESL Commentary, Art. 55 CESL Rn 1 f.
213 Schulze/Pfeiffer, CESL Commentary, Art. 55 CESL Rn 17.
214 Schulze/Pfeiffer, CESL Commentary, Art. 55 CESL Rn 19.

III. Einigungsmängel

125 Das GEK schränkt das Recht auf die Anfechtung nicht nur durch die sich aus Art. 52 Abs. 2 GEK-E ergebenden Fristen[215] ein. Die zweite Schranke für die Anfechtung ist die Bestätigung gem. Art. 53 GEK-E:

▶ *Artikel 53 GEK-E*
Bestätigung
Bestätigt die Partei, die nach diesem Kapitel das Recht hat, einen Vertrag anzufechten, den Vertrag ausdrücklich oder stillschweigend, nachdem sie Kenntnis von den maßgebenden Umständen erlangt hat oder wieder frei handeln konnte, so kann sie den Vertrag nicht mehr anfechten. ◀

Diese Vorschrift dient der Aufrechterhaltung des Vertrages, weil der Wille der berechtigten Person den bestehenden Mangel heilt.[216] Die Einbeziehung der stillschweigenden Bestätigung ist auch auf die Wahrung der Rechtssicherheit gerichtet: Die Partei, die trotz Kenntnis des eigenen Willensmangels doch zB die Leistungen der Gegenpartei in Anspruch nimmt oder auf andere Art zum Ausdruck bringt, dass sie den Vertrag aufrecht erhalten will, kann die ihr geschuldeten Leistungen in Anspruch nehmen und der Vertragspartner kann die Gegenleistung verlangen.

126 Das GEK bestimmt zudem, dass der Berechtigte im Fall von Einigungsmängeln, die zugleich als eine Nichterfüllung zu qualifizieren sind, vor eine Wahl der möglichen Rechtsbehelfe gestellt wird:

▶ *Artikel 57 GEK-E*
Wahl der Abhilfe
Eine Partei, der nach diesem Kapitel eine Abhilfe wegen Umständen zusteht, die dieser Partei auch eine Abhilfe wegen Nichterfüllung eröffnen, kann jede dieser Abhilfen geltend machen. ◀

127 Nicht vorgesehen ist somit eine Regel, die im Fall eines Irrtums über die Eigenschaften der Sache ein Vorrecht des Leistungsstörungsrechts festlegen würde. Dies ist hinsichtlich der Verbraucherkaufverträge sowie der Verbraucherverträge über die Bereitstellung von digitalen Inhalten verständlich, weil dem Unternehmer kein Recht auf zweite Andienung zusteht (während Art. II.-7:203 Abs. 1 DCFR eine derartige Bestimmung enthält). Hinsichtlich der verbundenen Dienstleistungen sowie der Verträge zwischen Unternehmern ist die aus Art. 57 GEK-E hervorgehende Konkurrenzregel weniger verständlich, weil sich der Verkäufer oder Dienstleister in diesen Fällen gegen Rechtsbehelfe der anderen Partei durch die wirksame Durchführung der zweiten Andienung erfolgreich verteidigen kann. Durch die Anfechtung, die auch mit dem Schadensersatz kombiniert werden kann, können also die mit dem Recht auf zweite Andienung von den Verfassern des GEK als richtig erkannten Wertungen in Hinblick auf die Interessen der Parteien berücksichtigt werden.

---

[215] Schmidt-Kessel/Martens, GEK-E Kommentar, Art. 52 GEK-E Rn 3–5; Schulze/Pfeiffer, CESL Commentary, Art. 52 CESL Rn 15–17.
[216] Schmidt-Kessel/Martens, GEK-E Kommentar, Art. 53 GEK-E Rn 1 f; Schulze/Pfeiffer, CESL Commentary, Art. 53 CESL Rn 1 f.

b) Irrtum

128 Der Irrtum ist in Art. 48 GEK-E geregelt:

▶ **ARTIKEL 48 GEK-E**
Irrtum
(1) Eine Partei kann einen Vertrag wegen eines bei Vertragsschluss vorhandenen Tatsachen- oder Rechtsirrtums anfechten, wenn
(a) diese Partei, wäre sie dem Irrtum nicht unterlegen, den Vertrag nicht oder nur mit grundlegend anderen Vertragsbestimmungen geschlossen hätte und die andere Partei dies wusste oder wissen musste, und
(b) die andere Partei
(i) den Irrtum verursacht hat,
(ii) den irrtumsbehafteten Vertragsschluss durch Verletzung vorvertraglicher Informationspflichten nach Kapitel 2 Abschnitte 1 bis 4 verursacht hat,
(iii) von dem Irrtum wusste oder wissen musste und den irrtumsbehafteten Vertragsschluss verursacht hat, indem sie nicht auf die einschlägigen Informationen hingewiesen hat, sofern sie nach dem Gebot von Treu und Glauben und des redlichen Geschäftsverkehrs dazu verpflichtet gewesen wäre, oder
(iv) demselben Irrtum unterlag.
(2) Eine Partei kann einen Vertrag nicht wegen Irrtums anfechten, wenn das Risiko des Irrtums von dieser Partei übernommen wurde oder nach den Umständen von ihr getragen werden sollte.
(3) Ein Fehler in der Verlautbarung oder Übermittlung einer Erklärung ist als Irrtum der Person anzusehen, die die Erklärung abgegeben oder übersandt hat. ◀

129 Der Begriff des Irrtums in Art. 48 GEK-E geht weit[217] – der rechtlich relevante Irrtum kann alle Tatsachen und auch das Recht betreffen. Dies bedeutet, dass die Verfasser des GEK hier dem Grundsatz *ignorantia iuris nocet*[218] nicht gefolgt sind. Die Vorschrift ist so weit gefasst, dass auch Motivirrtümer rechtlich relevant sein können.[219] Das ist deswegen verständlich, weil durch das Konzept der legitimen Erwartungen des Gläubigers die Motive zum Inhalt von Verträgen werden.

130 Der Irrtum muss kausal sein.[220] Die Entscheidung der anderen Partei muss daher durch ihn beeinflusst werden. Es reicht aus, dass diese Beeinflussung auf Grundlage einer subjektiven Einstellung der sich im Irrtum befindenden Person stattgefunden hat.[221] Der Umstand, dass die Partei, wenn sie irrtumsfrei gehandelt hätte, den Vertrag mit diesem Inhalt nicht geschlossen hätte, muss für die andere Partei erkennbar sein.[222]

---

217 Schulze/Pfeiffer, CESL Commentary, Art. 48 CESL Rn 16; kritisch dazu Jansen, Irrtumsanfechtung im Vorschlag für ein Gemeinsames Europäisches Kaufrecht, in: Schulte-Nölke u.a, Der Entwurf für ein optionales europäisches Kaufrecht, S. 175–192.
218 Siehe dazu Hauptmann, Recht als Produkt der kulturellen Evolution, in: Schwind, Festschrift für Schneider, 1998, S. 483, 502 f.
219 Martens, Einigungsmängel im EU-Kaufrecht, in: Schmidt-Kessel, Ein einheitliches europäisches Kaufrecht?, 2012, S. 179, 182; Schmidt-Kessel/Martens, GEK-E Kommentar, Art. 48 GEK-E Rn 2; Schulze/Pfeiffer, CESL Commentary, Art. 48 CESL Rn 24.
220 Huber, Irrtumsanfechtung und Sachmängelhaftung, 2001, S. 154 f; Schulze/Pfeiffer, CESL Commentary, Art. 48 CESL Rn 26.
221 Schulze/Pfeiffer, CESL Commentary, Art. 48 CESL Rn 26.
222 Martens, Die Regelung der Willensmängel im Vorschlag für ein Gemeinsames Europäisches Kaufrecht, AcP 211 (2011), S. 845, 854 f.

III. Einigungsmängel

Die Anfechtung ist ferner nur dann zulässig, wenn der Irrtum auch der anderen Partei zugerechnet werden kann. Diese Voraussetzung soll die Sicherheit des Rechtsverkehrs schützen. Art. 48 Abs. 1 lit. b ii) und iii) GEK-E sollen daneben das System der Informationspflichten mit dem Irrtumsrecht verbinden. Eine trotz einer bestehenden Verpflichtung unterlassene Information, die zu einem Irrtum führt, begründet danach die Berechtigung zur Anfechtung.

131

Aus dem englischen Recht stammt die Alternative des Art. 48 Abs. 1 lit. b iv) GEK-E, dass der von beiden Parteien geteilte Irrtum zur Anfechtung berechtigt.[223] In dieser besonderen Sachlage hat ausnahmsweise die andere Partei den Irrtum ihres Kontrahenten nicht verursacht und es entsteht trotzdem eine Berechtigung zur Anfechtung.

132

c) Arglistige Täuschung

Art. 49 GEK-E enthält eine Regel über eine qualifizierte Art des Irrtums – nämlich die arglistige Täuschung:

133

▶ **ARTIKEL 49 GEK-E**
Arglistige Täuschung
(1) Eine Partei kann einen Vertrag anfechten, wenn sie von der anderen Partei durch arglistige Täuschung, sei es durch Worte oder durch Verhalten, zum Vertragsschluss bestimmt worden ist oder durch arglistiges Verschweigen von Informationen, die sie nach dem Gebot von Treu und Glauben und dem Grundsatz des redlichen Geschäftsverkehrs oder aufgrund vorvertraglicher Informationspflichten hätte offen legen müssen.
(2) Eine Täuschung ist arglistig, wenn sie in dem Wissen oder der Annahme, dass es sich um die Unwahrheit handelt, oder leichtfertig hinsichtlich Wahrheit oder Unwahrheit begangen wird und sie in der Absicht geschieht, den Empfänger dazu zu bestimmen, einen Irrtum zu begehen. Ein Verschweigen ist arglistig, wenn es in der Absicht geschieht, die Person, der die Informationen vorenthalten werden, dazu zu bestimmen, einen Irrtum zu begehen.
(3) Für die Feststellung, ob das Gebot von Treu und Glauben und des redlichen Geschäftsverkehrs verlangt, dass eine Partei bestimmte Informationen offenbart, sind sämtliche Umstände zu berücksichtigen, insbesondere,
(a) ob die Partei über besondere Sachkunde verfügte,
(b) die Aufwendungen der Partei für die Erlangung der einschlägigen Informationen,
(c) ob die andere Partei die Informationen leicht auf andere Weise hätte erlangen können,
(d) die Art der Informationen,
(e) die offenkundige Bedeutung der Informationen für die andere Partei und
(f) in Verträgen zwischen Unternehmern die gute Handelspraxis unter den gegebenen Umständen. ◀

Es mag zweifelhaft erscheinen, ob die Regelung der arglistigen Täuschung überhaupt erforderlich ist. Als erforderlich wäre sie anzusehen, wenn entweder die Folgen oder die Voraussetzungen der arglistigen Täuschung sich von Art. 48 GEK-E unterscheiden würden. Die Folgen der arglistigen Täuschung sind aber nach dem GEK die gleichen, wie im Fall des Irrtums. Die einzigen Unterschiede ergeben sich aus Art. 52 und Art. 56 GEK-E:

134

---

223 Huber, Irrtum und anfängliche Unmöglichkeit im Entwurf eines Gemeinsamen Referenzrahmens für das Europäische Privatrecht, in: Buchheim/Fuchs, Festschrift Medicus, 2009, S. 199, 210, 114.

▶ *Artikel 52 GEK-E*
Anfechtungsmitteilung
(1) Die Anfechtung wird durch Mitteilung an die andere Partei ausgeübt.
(2) Eine Anfechtungsmitteilung ist nur wirksam, wenn sie innerhalb von
(a) sechs Monaten im Falle eines Irrtums und
(b) einem Jahr im Falle von arglistiger Täuschung, Drohung und unfairer Ausnutzung
nach dem Zeitpunkt erklärt wird, zu dem die anfechtende Partei Kenntnis von den maßgebenden Umständen erlangt hat oder ab dem sie wieder frei handeln konnte. ◀

▶ *Artikel 56 GEK-E*
Ausschluss oder Einschränkung von Abhilfen
(1) Abhilfen wegen arglistiger Täuschung, Drohung und unfairer Ausnutzung können weder unmittelbar noch mittelbar ausgeschlossen oder eingeschränkt werden.
(2) Im Verhältnis zwischen einem Unternehmer und einem Verbraucher dürfen die Parteien Abhilfen wegen Irrtums weder unmittelbar noch mittelbar zum Nachteil des Verbrauchers ausschließen oder einschränken. ◀

135 Die Qualifikation des Einigungsmangels als arglistige Täuschung spielt daher nur bei Verträgen zwischen Unternehmern eine Rolle. Auch die Voraussetzungen der Arten des Einigungsmangels sind bei näherer Betrachtung so festgelegt, dass praktisch alle Fälle der arglistigen Täuschung auch die Voraussetzungen des rechtlich relevanten Irrtums erfüllen. Art. 49 GEK-E könnte daher ohne negative Folgen gestrichen werden; lediglich Art. 56 GEK-E müsste sodann entsprechend angepasst werden. Art. 49 GEK-E enthält auch einen Verweis auf die vorvertraglichen Pflichten und ist erstaunlicherweise so formuliert, als ob diese Vorschrift die Quelle der Pflicht zur Erteilung der vorvertraglichen Pflichten wäre.[224]

136 Das Europäische Parlament hat diese erheblichen Mängel des Kommissionsvorschlages allerdings nicht hinreichend wahrgenommen. Vielmehr hat es sich lediglich für eine Revision ausgesprochen, die viel zu kurz greift:

▶ *Abänderung 119*
Vorschlag für eine Verordnung
Anhang I – Artikel 49 – Absatz 3 – Buchstabe e

Vorschlag der Kommission	*Geänderter Text*
(e) die **offenkundige** Bedeutung der Informationen für die andere Partei und	(e) die **wahrscheinliche** Bedeutung der Informationen für die andere Partei und ◀

Dieser Revisionsvorschlag verschärft nur das angesprochene Problem, da die Abgrenzung der Voraussetzungen für die Annahme einer arglistigen Täuschung zu den Voraussetzungen für die Annahme eines Irrtums noch undeutlicher wird.

---

[224] Kritisch dazu Martens, Einigungsmängel im EU-Kaufrecht, in: Schmidt-Kessel, Ein einheitliches europäisches Kaufrecht?, 2012, S. 179, 186.

d) Durch einen Dritten veranlasster Irrtum

Die Vorschriften des Vorschlags für das GEK über den Einigungsmangel enthalten keine Regeln über den durch einen Dritten veranlassten Irrtum.[225] Das Europäische Parlament hat vorgeschlagen, diese Lücke zu schließen:

▶ *ABÄNDERUNG 120*
Vorschlag für eine Verordnung
Anhang I – Artikel 50 a (neu)

Vorschlag der Kommission	*Geänderter Text*
	Artikel 50 a
	Dritte Parteien
	1. Wenn eine dritte Partei, für deren Handeln eine Person verantwortlich ist oder die mit der Zustimmung dieser Person am Abschluss des Vertrags beteiligt ist,
	(a) einen Irrtum verursacht oder davon wusste oder wissen musste, oder
	(b) für arglistige Täuschung, Drohung oder unfaire Ausnutzung verantwortlich ist,
	sind die Abhilfen dieses Kapitels so anwendbar, als ob das Verhalten oder das Wissen dasjenige der verantwortlichen oder zustimmenden Person gewesen wäre.
	2. Ist eine dritte Partei, für deren Handeln eine Person nicht verantwortlich ist und die nicht die Zustimmung dieser Person, in den Abschluss des Vertrags einbezogen zu werden, hat, wegen Irrtums oder arglistiger Täuschung schuldig, sind die Rechtsbehelfe dieses Kapitels anwendbar, wenn diese Person die relevanten Tatsachen kannte oder vernünftigerweise kennen musste, oder zum Zeitpunkt der Anfechtung nicht auf der Grundlage des Vertrags handelte. ◀

Grundsätzlich handelt es sich hier um eine erforderliche Ergänzung des Systems.[226] Nur der letzte Halbsatz „(...) zum Zeitpunkt der Anfechtung nicht auf der Grundlage des Vertrages handelte" ist unverständlich und lässt die Absichten der Verfasser dieses Vorschlags nicht erkennen.

---

225 Martens, Einigungsmängel im EU-Kaufrecht, in: Schmidt-Kessel, Ein einheitliches europäisches Kaufrecht?, 2012, S. 179, 192.
226 So auch Martens, Einigungsmängel im EU-Kaufrecht, in: Schmidt-Kessel, Ein einheitliches europäisches Kaufrecht?, 2012, S. 179, 193.

e) Drohung

138 Das GEK enthält eine klassische Regelung der Drohung als Willensmangel:[227]

▶ **Artikel 50 GEK-E**
Drohung
Eine Partei kann einen Vertrag anfechten, wenn sie von der anderen Partei durch Drohung mit einem rechtswidrigen, unmittelbar bevorstehenden ernsthaften Übel oder mit einer rechtswidrigen Handlung zum Vertragsschluss bestimmt wurde. ◀

139 Würde sich das GEK, wie vom Europäischen Parlament vorgeschlagen, in ein nur für die Fernabsatzverträge bestimmtes Instrument umwandeln, könnte sich die Frage stellen, ob Vorschriften wie diejenige über die Drohung, die eher für ein stark individualisiertes Vertragsrecht bestimmt sind, auf die vom GEK erfassten Sachverhalte passen. Jedoch kann man sich heute gut vorstellen, dass auch im Fall der Massengeschäfte und sogar im Online-Handel, für Erpressungen (zB durch die Infizierung des EDV mit Computerviren, um bestimmte Leistungen für die Freistellung zu erzwingen) ein Raum entstanden ist. Die Einbeziehung einer Vorschrift über die Drohung ist daher wünschenswert, auch wenn das Instrument tatsächlich nur für Fernabsatzverträge zur Anwendung kommen sollte.

f) Unfaire Ausnutzung

140 Das GEK enthält im Rahmen der Vorschriften über den Einigungsmangel auch Bestimmungen über den Wucher („unfaire Ausnutzung", Art. 51 GEK-E).[228] Es ist allerdings erörterungsbedürftig, ob die Verortung der Regeln über unfaire Ausnutzung im Rahmen der Vorschriften über die Willensmängel tatsächlich angebracht ist.

▶ **Artikel 51 GEK-E**
Unfaire Ausnutzung
Eine Partei kann einen Vertrag anfechten, wenn bei Vertragsschluss
(a) diese Partei von der anderen Partei abhängig war, zu ihr in einem Vertrauensverhältnis stand, sich in einer wirtschaftlichen Notlage befand, dringende Bedürfnisse hatte oder unvorsichtig, unwissend, oder unerfahren war und
(b) die andere Partei davon wusste oder wissen musste und unter Berücksichtigung der Umstände und des Zwecks des Vertrags die Lage der ersten Partei ausgenutzt hat, um sich einen übermäßigen Nutzen oder unfairen Vorteil zu verschaffen. ◀

Es ist nämlich eine offene Frage, ob es sich bei dieser Bestimmung um eine inhaltliche Schranke für den zulässigen Inhalt des Vertrages handelt oder ob hier ein Willensmangel vorliegt. Zu gewissen Spannungen mit den nationalen Rechtsordnungen könnte es kommen, wenn ein Missverhältnis beider Leistungen im Lichte des anwendbaren nationalen „Hintergrundrechts" als sittenwidrig angesehen werden müsste. Das GEK kennt (außerhalb des Rechts der missbräuchlichen Klauseln) keine Regel, die die Folgen der Sittenwidrigkeit eines Rechtsgeschäfts bestimmen kann,[229] so dass in solchen Fällen das betreffende Hintergrundrecht zur Anwendung kommen kann. Eine Span-

---

227 Allgemein zur Drohung als Willensmangel siehe Schmidt-Kessel/Martens, GEK-E Kommentar, Art. 50 GEK-E; Schulze/Pfeiffer, CESL Commentary, Art. 50 CESL.
228 Allgemein zur unfairen Ausnutzung siehe Schmidt-Kessel/Martens, GEK-E Kommentar, Art. 51 GEK-E; Schulze/Pfeiffer, CESL Commentary, Art. 51 CESL.
229 Schulze/Pfeiffer, CESL Commentary, Art. 51 CESL Rn 1.

nung zwischen Art. 51 GEK-E und dem nationalen Recht kann vor allem dann entstehen, wenn die Fristen aus Art. 52 Abs. 2 lit. b GEK-E ablaufen. In dieser Lage könnte das streitentscheidende Gericht dazu neigen, das nationale Recht anzuwenden, wenn es als gerecht angesehen würde. Zutreffenderweise ist jedoch davon auszugehen, dass Art. 51 GEK-E in seinem Anwendungsbereich die nationalen Regeln über Sittenwidrigkeit eines Rechtsgeschäfts verdrängt.[230]

Würde der Anwendungsbereich des GEK nur auf die Fernabsatzverträge beschränkt werden, dann würde sich die Frage stellen, ob eine Vorschrift über Wucher tatsächlich erforderlich ist. Zu bedenken wäre dabei, dass es sich um ein Rechtsinstitut handelt, das sehr stark mit den Umständen des Einzelfalles verbunden ist. Bei den standardisierten Fernabsatzverträgen wird eine solche Norm häufig ins Leere laufen.

IV. Widerruf

1. Übersicht

a) Einführung

Die Widerrufsrechte berechtigen eine Partei, sich ohne Angabe eines Grundes vom Vertrag oder von ihrer auf den Vertragsschluss gerichteten Erklärung zu lösen (zB Art. 9 Verbraucherrechte-RL; Art. 40 GEK-E). Insoweit schränken sie den Grundsatz der Bindung der Parteien an die vertragliche Einigung (*pacta sunt servanda*) ein.[231] Mehrere europäische Richtlinien[232] und das GEK gewähren Widerrufsrechte als zwingendes Recht für einzelne tatbestandlich festgelegte Situationen, in denen die eine Partei (regelmäßig ein Verbraucher) beim Vertragsschluss typischerweise als besonders schutzbedürftig gilt.[233] Nachdem die Haustür-RL 1985 erstmals auf europäischer Ebene ein Widerrufsrecht[234] für Verbraucher eingeführt hat, hat sich das Widerrufsrecht aufgrund der raschen Ausweitung der Anwendungsbereiche innerhalb kurzer Zeit zu einem Kernelement des europäischen Vertragsrechts und zu einem gemeinsamen Kennzeichen des Verbraucherschutzes in der EU entwickelt.[235] Der im Laufe der letzten Jahre fortschreitende Übergang von der Mindest- zur Vollharmonisierung hinsichtlich der Widerrufsrechte[236] hat dies noch verstärkt.

---

230 Martens, Einigungsmängel im EU-Kaufrecht, in: Schmidt-Kessel, Ein einheitliches europäisches Kaufrecht?, 2012, S. 179, 190.
231 Howells/Weatherill, Consumer Protection Law, 2. Aufl. 2005, S. 362; Loos, Rights of Withdrawal, in: Howells/Schulze (Hrsg.), Modernising and Harmonising Consumer Contract Law, 2009, S. 237, 241; Micklitz/Stuyck/Terryn, Cases, Materials and Text on Consumer Law, 2010, S. 240; Terryn, Het herroepingsrecht als instrument van consumentenbescherming, 2005, S. 51 f.
232 Finanzdienstleistungs-RL, Teilzeitnutzungs-RL, Verbraucherkredit-RL, Verbraucherrechte-RL; zum Widerruf von Lebensversicherungsverträgen sind gem. Art. 35 Abs. 1 Lebensversicherungs-RL im Unterschied zu den Widerrufsrechten nach den anderen RL nicht nur Verbraucher berechtigt; dazu Acquis Group/Møgelvang-Hansen/Terryn/Schulze, Contract II, Art. 5:101 Rn 3.
233 Schulze, Die Widerrufsrechte im Gemeinsamen Europäischen Kaufrecht, in: Schulte-Nölke u.a., Der Entwurf für ein optionales europäisches Kaufrecht, S. 151–168.
234 Allerdings seinerzeit in der deutschen Fassung noch unter der Bezeichnung „Rücktritt"; Art. 5 Haustür-RL.
235 Ein Überblick über die Umsetzung der Mitgliedstaaten im Rahmen der Mindestharmonisierung: Schulte-Nölke/Twigg-Flesner/Ebers (Hrsg.), EC Consumer Law Compendium, 2008. Eine aktualisierte deutsche Fassung kann unter http://ec.europa.eu/consumers/archive/rights/docs/consumer_law_compendium_c omparative_analysis_de_final.pdf abgerufen werden (zuletzt abgerufen am 8.12.2014).
236 Bei Teilzeitnutzungs-Verträgen seit 1994; zur Verbraucherrechte-RL sogleich; bereits anfänglich vorgesehen in der Finanzdienstleistungs-RL von 2002 und bei der Einführung des Widerrufs für Verbraucherkreditverträge 2008.

143 Für die Widerrufsrechte bei Fernabsatzverträgen und bei außerhalb von Geschäftsräumen geschlossenen Verträgen sind zudem die Vollharmonisierung des mitgliedstaatlichen Rechts und das geplante Gemeinsame Europäische Kaufrecht weitgehend aufeinander abgestimmt. Die Verbraucherrechte-RL hat 2011 die zuvor in zwei Richtlinien[237] gesondert geregelten Widerrufsrechte für diese Verträge in einem einheitlichen Regelwerk mit dem Ziel der Vollharmonisierung zusammengefasst. Entgegen der ursprünglichen Planung bezieht diese Richtlinie zwar Materien wie die missbräuchlichen Klauseln und die Kaufgewährleistung nicht ein;[238] für diese Materien hätte die Vollharmonisierung einen zu weitgehenden Eingriff in nationale Rechtssysteme bedeutet. Für eng umgrenzbare Bereiche, deren Entwicklung in den Mitgliedstaaten überdies stark durch die europäische Gesetzgebung vorgeformt war, wie die Widerrufsrechte des Verbrauchers (und ebenso die vorvertraglichen Informationspflichten) bietet sich die Vollharmonisierung dagegen eher an. Für das GEK hat die Kommission einen Gleichlauf der Bestimmungen über den Widerruf mit der Verbraucherrechte-RL angestrebt: Bei der Wahl des Optionalen Instruments soll das gleiche Niveau des Verbraucherschutzes gewährleistet sein, wie es aufgrund der Vollharmonisierung durch die Verbraucherrechte-RL in allen Mitgliedstaaten besteht. Das GEK sieht dabei aber bei einigen Bestimmungen eine präzisere Fassung und eine stärkere Systematisierung als die Richtlinie vor. Es bettet zudem die Regelung der Widerrufsrechte in ein eigenes System des Vertragsrechts insgesamt ein, während die Vollharmonisierung durch die Verbraucherrechte-RL lediglich einen Ausschnitt aus dem jeweils unterschiedlich gestalteten System des (Verbraucher-)Vertragsrechts der Mitgliedstaaten erfassen kann.

b) Funktionen

144 Die fortschreitende Ausweitung der Tatbestände, die zum Widerruf berechtigen, wirft allerdings die Frage nach weiteren Zielen und Wirkungen der Einräumung von Widerrufsrechten neben der herkömmlichen Schutzfunktion zugunsten des einzelnen betroffenen Verbrauchers auf.[239] Insbesondere mag beim Fernabsatz mithilfe des Internets das herkömmlich angeführte Bedürfnis, den Verbraucher wegen der fehlenden Möglichkeit unmittelbarer Prüfung des Kaufgegenstandes zu schützen, durch die weitreichenden Vergleichs- und sonstigen Informationsmöglichkeiten relativiert werden, die gerade dieses Kommunikationsmittel eröffnet. Diese ermöglichen es, dass der – heute zumeist damit gut vertraute – Verbraucher beim Internetkauf häufig seine Entscheidung besser informiert treffen kann als bei einem spontanen Ladenkauf. Gleichwohl scheint gerade im Bereich des Fernabsatzes die vertrauensbildende Wirkung der Widerrufsmöglichkeit und die dadurch gesteigerte Bereitschaft zum Vertragsschluss ein Interesse nicht nur auf Verbraucher-, sondern auch auf Unternehmerseite[240] – trotz kriti-

---

237 Haustür-RL; Fernabsatz-RL.
238 Dazu § 1 Rn 33.
239 Loos, Rights of withdrawal, in: Howells/Schulze (Hrsg.), Modernising and Harmonising Consumer Contract Law, 2009, S. 237, 244 f; Terryn, The Right of Withdrawal, in: Schulze, CFR and Existing EC Contract Law, S. 143, 148–151.
240 Stellungnahme der Federation of European Direct Selling Associations in der Public Consultation bezüglich des Green Paper on policy options for progress towards a European Contract Law (http://ec.europa.eu /justice/news/consulting_public/0052/contributions/143_en.pdf (abgerufen am 30.9.2014)); Eidenmüller, Die Rechtfertigung von Widerrufsrechten, AcP 210 (2010), S. 67, 100 f; Wagner, Mandatory Contract Law: Functions and Principles in Light of the Proposal for a Directive on Consumer Rights, Erasmus Law Review 2010, S. 47, 69.

IV. Widerruf

scher Stimmen in der Lehre[241] – an der Einräumung von Widerrufsrechten zu begründen. Eine zwingende generelle Regelung für eine bestimmte Art des Vertragsschlusses (wie den Vertragsschluss im Fernabsatz mit seiner besonderen Bedeutung für den Binnenmarkt) kann dabei für den Verbraucher eine größere Rechtsgewissheit und damit eine stärkere Vertrauensgrundlage schaffen als eine bloße freiwillige vertragliche Gewährung durch einzelne Unternehmer[242] (schon weil sich der Verbraucher vor allem bei kleineren Transaktionen regelmäßig nicht im Einzelfall über die Geschäftsbedingungen informieren kann und will). Insofern kann die Einschränkung der Vertragsfreiheit und des Prinzips *pacta sunt servanda* durch die Widerrufsrechte dazu dienen, die betroffene Geschäftsart insbesondere wegen ihrer Binnenmarktrelevanz zu fördern. Sie wirkt damit wirtschaftlich nicht etwa restriktiv, sondern kann sich für die Branche oder Geschäftsart sogar als Wettbewerbsvorteil erweisen.

c) Entstehen eines Allgemeinen Teils

In den einzelnen früheren Richtlinien waren die Widerrufsrechte zunächst in Hinblick auf die Terminologie,[243] die Fristen und Modalitäten der Ausübung sowie die Wirkungen des Widerrufsrecht sehr unterschiedlich ausgestaltet, ohne dass dafür stets sachliche Gründe erkennbar waren.[244] Dieser Unübersichtlichkeit und zuweilen Unstimmigkeit der Regelungen versuchten einige Mitgliedstaaten durch übergreifende Bestimmungen für die Widerrufsrechte aus mehreren oder allen Richtlinien entgegen zu wirken.[245] Auf europäischer Ebene haben zunächst die Acquis-Prinzipien und sodann weitgehend ihnen folgend der DCFR allgemeine Regeln für die Ausübung und Wirkung von Widerrufsrechten vorgeschlagen. Spezielle Vorschriften für die Besonderheiten von einzelnen Vertragsarten legten sie sodann dagegen jeweils in separaten Abschnitten fest.

145

Die Verbraucherrechte-RL und der Kommissionsvorschlag für das GEK haben diesen Ansatz nunmehr in ihrem jeweiligen Anwendungsbereich für Verbraucherverträge, die außerhalb von Geschäftsräumen oder im Fernabsatz geschlossen werden, übernommen.[246] Neben den spezifischen Bestimmungen für die jeweiligen Schutzsituationen (Art. 9 Abs. 1 Verbraucherrechte-RL; Art. 40 Abs. 1 GEK-E) enthalten beide Regelwerke eine Art „Allgemeinen Teil", der sich grundsätzlich auf alle darin geregelten Schutzsituationen bezieht.[247] Er betrifft insbesondere die Ausübung des Widerrufs und die

146

---

241 Eidenmüller/Faust/Grigoleit/Wagner/Jansen/Zimmermann, Der Gemeinsame Referenzrahmen für das Europäische Privatrecht, JZ 2008, S. 529, 545 f.
242 Eidenmüller, Die Rechtfertigung von Widerrufsrechten, AcP 210 (2010), S. 67, 103 f; Wagner, Mandatory Contract Law: Functions and Principles in Light of the Proposal for a Directive on Consumer Rights, Erasmus Law Review 2010, S. 47, 69.
243 Pozzo, Harmonisation of European Contract Law and the Need of Creating a Common Terminology, ERPL 2003, S. 754, 764–766; eine terminologische Abweichung besteht beispielsweise in der Lebensversicherungs-RL, die von Rücktritt spricht.
244 Loos, Review of the European Consumer Acquis, 2008, S. 49; Mankowski, Widerrufsrecht, in: Handwörterbuch Bd. II, S. 1791–1795.
245 Vgl zB für Deutschland §§ 355 ff BGB; für Polen Art. 7 ustawa z dn. 2 marca 2000 r. o ochronie niektórych praw konsumentów (tj. Dz.U. 2012 poz. 1225).
246 Vgl Schulze/Morgan, The Right of Withdrawal, in: Dannemann/Vogenauer, The Common European Sales Law in Context, 2013, S. 294, 297.
247 Aufgrund des eingeschränkten Anwendungsbereichs der Fernabsatz-Finanzdienstleistungs-RL; Lebensversicherungs-RL; Teilzeitnutzungs-RL und Verbraucherkredit-RL ist die Trennung des Inhalts in einen allgemeinen und situationsbedingten Teil nicht erforderlich. Es bestehen jedoch Ähnlichkeiten hinsichtlich der Bestimmungen.

Dauer der Widerrufsfrist (einschließlich der Frist bei fehlender Belehrung über das Widerrufsrecht) sowie die Wirkungen des Widerrufs, die Verpflichtungen der Parteien im Fall des Widerrufs und die Folgen des Widerrufs für akzessorische Verträge (Art. 9 bis 16 Verbraucherrechte-RL; Art. 40 bis 46 GEK-E). Diese wissenschaftliche und nunmehr auch legislatorische Ausbildung eines „Allgemeinen Teils" zeigt, dass die Widerrufsrechte im europäischen Vertragsrecht weithin auf gleichen oder ähnlichen Prinzipien beruhen und sich insofern übergreifend einem einheitlichen Rechtsinstitut zuordnen lassen.

2. Rechtsnatur und systematische Einordnung

147   Die Gewährung der Widerrufsrechte beruht nach den Begründungen der Richtlinien – unbeschadet der weiteren Funktionen insbesondere beim Fernabsatz – in erster Linie auf der Annahme, dass unter den jeweils vorausgesetzten Umständen die eine Partei in Hinblick auf ihre Entscheidung über den Abschluss und den Inhalt des Vertrages typischerweise in einer schwächeren Position ist als die andere (etwa wegen der Art der Vertragsanbahnung bei Haustür- und Fernabsatzgeschäften oder wegen eines komplexen Vertragsgegenstandes bei Verbraucherkrediten, Teilzeitnutzung *(Timesharing)* und Lebensversicherungen).[248] Diesen vermuteten Nachteil sollen die Widerrufsrechte teilweise dadurch ausgleichen, dass sie einseitig der betroffenen Partei zusätzliche Zeit (die Widerrufsfrist) gewähren, bevor diese endgültig vertraglich gebunden ist. Auf diese Weise sollen sie das Ungleichgewicht der Parteien hinsichtlich einer rationalen, vom eigenen Interesse geleiteten Entscheidung über den Abschluss des Vertrages vermindern.[249]

148   Die Schutzbedürftigkeit der schwächeren Partei kann auf einer Informations-Asymmetrie beruhen (beispielsweise wenn sich der Verbraucher über die Beschaffenheit des Produkts nicht hinreichend informieren kann).[250] Insoweit ist der Schutz durch das Widerrufsrecht mit dem Ziel verbunden, durch erweiterte Informationsmöglichkeiten Ungleichheiten in dieser Hinsicht beim Vertragsschluss einzuschränken. Die Widerrufsrechte setzen aber nicht notwendig voraus, dass der berechtigten Partei beim Vertragsschluss Informationen gefehlt haben.[251] Unabhängig davon gewähren sie vielmehr der betreffenden Partei als Ausgleich für typische Nachteile beim Vertragsschluss zusätzliche Zeit, den Abschluss des Vertrages zu überdenken, wie sich beispielsweise auch in der Bezeichnung „cooling-off-period" im Englischen ausdrückt.[252]

149   Der Schutz, den das Widerrufsrecht auf diese Weise beim Vertragsschluss gewährt, soll die Möglichkeit zur selbstbestimmten rationalen Entscheidung und damit die Vertragsfreiheit im „materiellen" Sinn sichern.[253] In Hinblick auf dieses Ziel ist das Widerrufsrecht ein milderes Mittel als die Nichtigkeit des Vertrages *ipso iure*, wie sie in vielen

---

248 Siehe beispielsweise Erwägungsgrund 23 Fernabsatz-Finanzdienstleistungs-RL; Erwägungsgrund 11 Teilzeitnutzungs-RL; Erwägungsgrund 37 Verbraucherrechte-RL.
249 Twigg-Flesner/Schulze, Protecting rational choice, in: Howells u.a., Handbook of Research on International Consumer Law, S. 145.
250 Micklitz/Stuyck/Terryn, Cases, Materials and Text on Consumer Law, 2010, S. 240; Terryn, Het herroepingsrecht als instrument van consumentenbescherming, 2005, S. 461 f; Twigg-Flesner/Schulze, Protecting rational choice, in: Howells u.a., Handbook of Research on International Consumer Law, S. 132–134.
251 Howells/Weatherill, Consumer Protection Law, 2. Aufl. 2005, S. 362.
252 Vgl Weatherill, EU Consumer Law and Policy, 2. Aufl. 2013, S. 114.
253 Canaris, Wandlungen des Schuldvertragsrecht – Tendenzen zu seiner „Materialisierung", AcP 200 (2000), S. 276, 344 f; Schulze, Die Widerrufsrechte im Gemeinsamen Europäischen, in: Schulte-Nölke u.a., Der Entwurf für ein optionales europäisches Kaufrecht, S. 151; 165 f.

IV. Widerruf

Mitgliedstaaten bei besonderen Fällen der Ausnutzung eines Ungleichgewichts zwischen den Parteien (etwa bei Wucher, vgl § 138 Abs. 2 BGB); bei Sittenwidrigkeit des Vertragsgegenstandes, vgl Art. 1133 iVm Art. 1131 Code civil) oder bei der Missachtung von Formvorschriften zum Schutz vor übereiltem Handeln (zB § 311 b Abs. 1 BGB) vorgesehen ist. In diesen Fällen hindert die „automatische" Nichtigkeit die Wirksamkeit des Vertrages, selbst wenn dies dem Interesse und Willen beider Parteien widerspricht. Dagegen gibt ein Widerrufsrecht der benachteiligten Partei die Möglichkeit, in den dafür vorgesehenen Schutzsituationen innerhalb der Widerrufsfrist zu entscheiden, ob der Vertrag aufrecht erhalten werden soll oder nicht. Die Freiheit, über den Vertragsabschluss zu befinden, wird insofern zugunsten einer Partei über den Zeitpunkt des Vertragsschlusses selbst hinaus ausgedehnt und die Bindung an den Vertrag entsprechend eingeschränkt.

Für die Widerrufsrechte ist somit eine dreigliedrige Struktur maßgeblich: Erstens müssen die Voraussetzungen vorliegen, durch die eine bestimmte Schutzsituation rechtlich festgelegt ist. Zweitens muss die berechtigte Partei das Widerrufsrecht innerhalb der vorgesehenen Frist wirksam ausüben. Nur unter dieser weiteren Voraussetzung treten drittens die Wirkungen des Widerrufs ein, dass die Verpflichtungen der Parteien zur Erfüllung des Vertrages entfallen. Rechtlich festgelegte Schutzsituationen und Wirkungen des Widerrufs sind daher nicht durch einen strengen Automatismus verknüpft; vielmehr liegt ihnen das flexiblere, prozedurale Modell der „Gestaltungsrechte" zugrunde.[254]

150

Während die Widerrufsfrist läuft, ist der Vertrag daher noch nicht endgültig wirksam, auch wenn eine Einigung der Parteien entsprechend den Bestimmungen über den Vertragsschluss vorliegt. Vielmehr ist er in dieser Phase nur „schwebend wirksam"[255]: Solange der Widerruf nicht erklärt wird, müssen die vertraglichen Leistungen zumindest seitens des Unternehmers erbracht werden (Art. 9 Abs. 3 Verbraucherrechte-RL; Art. 41 GEK-E). Dadurch ist gewährleistet, dass der Verbraucher hinsichtlich seines Anspruchs auf die Leistung des Unternehmers nicht schlechter steht als ohne Widerrufsrecht. Der Verbraucher hat es aber in der Hand, innerhalb der Widerrufsfrist durch Ausübung des Widerrufsrechts die Wirksamkeit des Vertrages in Hinblick auf die ursprünglichen Leistungspflichten der beiden Parteien zu beenden, so dass diese Leistungspflichten erlöschen. Erklärt der Verbraucher den Widerruf nicht, endet dieser „Schwebezustand" erst mit Ablauf der Widerrufsfrist. Damit wird der Vertrag endgültig wirksam.

151

Vom Recht zum Widerruf oder zur Rücknahme eines Angebots gem. Art. 32 GEK-E[256] sowie von den entsprechenden, jeweils unterschiedlich ausgestalteten Bestimmungen der Mitgliedstaaten für das Angebot zum Abschluss eines Vertrages[257] unterscheiden sich die hier betrachteten Widerrufsrechte in mehrfacher Hinsicht: Sie können auch nach Vertragsschluss ausgeübt werden, sind auf im Einzelnen festgelegte Schutzsituationen beschränkt und stehen daher nur der einen, in der betreffenden Situation schutzbedürftigen Vertragspartei zu. Dementsprechend bewirken sie nicht nur, dass

152

---

254 Dazu Rn 154–156.
255 Acquis Group/Møgelvang-Hansen/Terryn/Schulze, Contract II, Art. 5:105 Rn 4; Meller-Hannich, Verbraucherschutz im Schuldvertragsrecht, 2005, S. 155–157; HK-BGB/Schulze, § 355 Rn 2; Twigg-Flesner/Schulze, Protecting rational choice, in: Howells u.a., Handbook of Research on International Consumer Law, S. 152.
256 Siehe dazu Rn 22.
257 Etwa §§ 130, 145 BGB; Art. 1328 Codice Civile.

eine Erklärung, die den Vertragsschluss herbeiführen sollte, unwirksam wird, bevor der Vertrag zustande kommt. Vielmehr ermöglichen sie auch die Lösung vom Vertrag nach der Einigung über den Vertragsschluss. Von anderen Rechten zur Lösung vom Vertrag (wie etwa der Vertragsauflösung gem. Art. 3 Abs. 2, 5 und 6 Verbrauchsgüterkauf-RL und der Vertragsbeendigung gem. Art. 114 ff, 134 ff, 155 ff GEK-E[258]) unterscheiden sie sich aber dadurch, dass sie weder ein vertragswidriges Verhalten noch eine sonstige Leistungsstörung voraussetzen. Ebenso wenig knüpfen sie an einen Willensmangel an (wie etwa die Anfechtungsrechte gem. Art. 48 ff GEK-E und die entsprechenden Vorschriften über Anfechtung oder Annullierung in den Mitgliedstaaten).[259] Vielmehr muss die widerrufende Partei nach dem Wortlaut der einschlägigen Richtlinien keinen Grund für den Widerruf angeben.[260] Es reicht bereits aus, dass die jeweiligen Voraussetzungen der Schutzsituation vorliegen, um die angenommene Benachteiligung der einen Partei durch ein Widerrufsrecht auszugleichen.[261]

153 Diese Eigenheiten gegenüber anderen Rechten zur Lösung vom Vertrag spiegeln sich auch in der systematischen Einordnung des Widerrufsrechts wider. Der Kommissionsvorschlag für das GEK sieht nach dem Muster der Acquis-Prinzipien und des DCFR[262] in dem Hauptteil über das „Zustandekommen eines bindenden Vertrages" ebenso wie die genannten wissenschaftlichen Entwürfe ein eigenes Kapitel über die Widerrufsrechte im Anschluss an das Kapitel über den Vertragsschluss (und vor dem Kapitel über die Einigungsmängel) vor.[263]

3. Schutzsituationen

154 Die Festlegung der Schutzsituationen beruht in den einzelnen Rechtsakten auf recht unterschiedlichen Bedürfnissen und rechtspolitischen Wertungen.[264] Bei außerhalb von Geschäftsräumen geschlossenen Verträgen (zB Haustürgeschäften) soll sie so vor allem ausgleichen, dass der Verbraucher überraschend vor die Entscheidung über einen Vertragsschluss gestellt wird („Überrumpelungssituation").[265] Bei Fernabsatzgeschäften hat der europäische Gesetzgeber einen Nachteil des Verbrauchers im Vergleich zum herkömmlichen Vertragsschluss in Anwesenheit beider Parteien im Geschäftslokal des Unternehmers vor allem darin gesehen, dass sich der Verbraucher regelmäßig keinen unmittelbaren Eindruck vom Vertragsgegenstand und -partner verschaffen kann.[266] Bei Teilzeitnutzungs-Verträgen ergeben sich besondere Risiken aus dem häufigen Auslandsbezug und den sonstigen Umständen des Vertragsschlusses.[267] Bei Kreditverträgen und Lebensversicherungsverträgen entsteht nach der Natur dieser Verträge für den

---

258 Siehe § 6 Rn 53–69.
259 Siehe Rn 142.
260 ZB Art. 6 Abs. 1 Fernabsatz-Finanzdienstleistungs-RL; Art. 6 Abs. 1 Teilzeitnutzungs-RL; Art. 14 Abs. 1 Verbraucherkredit-RL; Art. 9 Abs. 1 Verbraucherrechte-RL.
261 Näher zu diesen Abgrenzungen Schulze, Die Widerrufsrechte im Gemeinsamen Europäischen Kaufrecht, in: Schulte-Nölke u.a., Der Entwurf für ein optionales europäisches Kaufrecht, S. 151, 162.
262 Kap. 5 ACQP; Buch II Kap. 5 DCFR.
263 Anders als beispielsweise das deutsche Recht, das die allgemeinen Bestimmungen über den Widerruf nicht beim Vertragsschluss im „Allgemeinen Teil" des BGB, sondern im Schuldrecht im systematischen Zusammenhang mit dem Rücktritt regelt (§§ 355 ff BGB).
264 Howells/Weatherill, Consumer Protection Law, 2. Aufl. 2005, S. 359.
265 Erwägungsgrund 37 Verbraucherrechte-RL.
266 Erwägungsgrund 37 Verbraucherrechte-RL; siehe auch oben Rn 144.
267 Dazu näher Erwägungsgrund 9 und 11 der Teilzeitnutzungs-RL; Heiderhoff, Europäisches Privatrecht, S. 181; Loos, Rights of withdrawal, in: Howells/Schulze (Hrsg.), Modernising and Harmonising Consumer Contract Law, 2009, S. 237, 246.

IV. Widerruf

Verbraucher eine dauerhafte Belastung, deren Umfang und zukünftige Folgen er bei Vertragsschluss aufgrund des regelmäßig sehr komplexen Inhalts des Vertrages oft nicht sogleich erkennt.[268]

Nachdem unter diesen Schutzzwecken sukzessiv jeweils einzelne Richtlinien Widerrufsrechte eingeführt hatten, fasst nunmehr die Verbraucherrechte-RL die Widerrufsrechte aus der Haustür-RL und der Fernabsatz-RL in einem Regelwerk zusammen, während andere Schutzsituationen weiterhin in separaten Regelwerken geregelt sind. Das GEK ist dem Muster der Verbraucherrechte-RL auch hinsichtlich der Schutzbereiche für die Widerrufsrechte im Wesentlichen gefolgt. Beide Regelwerke erweitern die Spannweite des Schutzes gegenüber der Haustür-RL erheblich, indem sie grundsätzlich alle Verträge einbeziehen, die bei gleichzeitiger körperlicher Anwesenheit des Unternehmers und des Verbrauchers außerhalb der Geschäftsräume des Unternehmers geschlossen werden[269] (beispielsweise auch den Vertragsschluss auf der Straße oder in öffentlichen Verkehrsmitteln[270]). Bei Fernabsatzverträgen erstreckt sich der Schutz grundsätzlich auf alle Verträge, die ohne gleichzeitige körperliche Anwesenheit des Unternehmers und Verbrauchers im Rahmen eines organisierten Fernabsatzsystems ausschließlich unter Verwendung von Fernkommunikationsmitteln geschlossen werden.[271] Damit ergibt sich im Ergebnis ein ähnlich weitreichender Schutz, wie ihn Art. 5:A-01 ACQP in einem einheitlichen Tatbestand für die außerhalb von Geschäftsräumen geschlossenen Verträge vorgeschlagen hat.[272]

155

Die Richtlinien und das GEK schränken allerdings das Recht des Verbrauchers zum Widerruf in den jeweiligen Schutzsituationen durch zahlreiche Ausnahmetatbestände ein.[273] Diese Ausnahmen zielen insbesondere darauf ab, unverhältnismäßige Belastungen des Unternehmers, die in besonderen Sachlagen auftreten würden, zu vermeiden und zudem Missbrauchsgefahren entgegenzuwirken. Dies betrifft beispielsweise Waren, die nach Kundenspezifikation angefertigt werden und entsprechend nicht weiter verkauft werden können.[274]

156

---

268 Erwägungsgrund 23 Fernabsatz-Finanzdienstleistungs-RL; Erwägungsgrund 27 Verbraucherkredit-RL.
269 Art. 9 Abs. 1 iVm Art. 2 Nr. 8 lit. a Verbraucherrechte-RL; ergänzt durch Art. 2 Nr. 8 lit b, c, d für ähnliche Situationen, die ebenfalls als Vertragsschlüsse außerhalb der Geschäftsräume des Unternehmers gelten sollen; Art. 40 Abs. 1 iVm Art. 2 lit. q GEK-VO-E.
270 Wie vom deutschen Gesetzgeber schon zuvor durch erweiternde Umsetzung der Mindestharmonisierungs-Bestimmungen der Haustür-RL in § 312 BGB vorgesehen.
271 Art. 9 Abs. 1 iVm Art. 2 Nr. 7 Verbraucherrechte-RL; Art. 40 Abs. 1 iVm Art. 2 lit. p GEK-VO-E; zur Frage der Internet-Auktionen Riefa, A Dangerous Erosion of Consumer Rights: The Absence of a Right to Withdraw from Online Auctions, in: Howells/Schulze (Hrsg.), Modernising and Harmonising Consumer Contract Law, 2009, S. 177–187; Neubauer/Steinmetz, Internetauktionen, in: Hoeren/Sieber/Holznagel, Multimedia-Recht, 39. Ergänzungslieferung 2014, Teil 14 Rn 73–89.
272 Art. 5:A-01 ACQP verwendet die Bezeichnung „außerhalb von Geschäftsräumen geschlossene Verträge" in einem weiteren Sinn als die Verbraucherrechte-RL und das GEK, indem er nicht nur die bei gleichzeitiger physischer Anwesenheit der Parteien geschlossenen Verträge, sondern auch die Fernabsatzverträge einbezieht.
273 So enthalten Art. 6 Abs. 2 Fernabsatz-Finanzdienstleistungs-RL, Art. 16 Verbraucherrechte-RL und Art. 40 Abs. 2–3 GEK-E umfangreiche Kataloge von Ausnahmetatbeständen; ähnlich auch Art. 5:A-01 Abs. 3–5 ACQP.
274 Art. 16 lit. c Verbraucherrechte-RL; Art. 40 Abs. 2 lit. d GEK-E.

4. Ausübung des Widerrufs
a) Mitteilung innerhalb der Widerrufsfrist

▶ *Artikel 5:102 ACQP*
Ausübung eines Widerrufsrechts
Der Widerruf muss von der berechtigten Partei gegenüber der anderen Partei mitgeteilt werden, um wirksam zu sein. Es müssen keine Gründe angegeben werden. Die Rückgabe des Vertragsgegenstandes gilt als Mitteilung des Widerrufs, es sei denn, dass sich aus den Umständen etwas anderes ergibt. ◀

▶ *Artikel 5:103 ACQP*
Widerrufsfrist
(1) Soweit nicht anderweitig bestimmt, muss das Widerrufsrecht binnen vierzehn Tagen nach Vertragsschluss und Belehrung über das Widerrufsrecht gemäß Artikel 5:104 ausgeübt werden, jedoch nicht später als ein Jahr nach dem Vertragsschluss. Ist der Vertragsgegenstand die Lieferung von Waren, läuft die Frist nicht früher ab als vierzehn Tage nach Erhalt der Waren.
(2) Die Widerrufsmitteilung erfolgt fristgemäß, wenn sie innerhalb dieser Frist abgesendet wurde. ◀

▶ *Artikel 9 Verbraucherrechte-RL*
Widerrufsrecht
(1) Sofern nicht eine der Ausnahmen gemäß Artikel 16 Anwendung findet, steht dem Verbraucher eine Frist von 14 Tagen zu, in der er einen Fernabsatz- oder einen außerhalb von Geschäftsräumen geschlossenen Vertrag ohne Angabe von Gründen und ohne andere Kosten als in Artikel 13 Absatz 2 und Artikel 14 vorgesehen widerrufen kann.
(...) ◀

▶ *Artikel 11 Verbraucherrechte-RL*
Ausübung des Widerrufsrechts
(1) Der Verbraucher informiert den Unternehmer vor Ablauf der Widerrufsfrist über seinen Entschluss, den Vertrag zu widerrufen. Der Verbraucher kann zu diesem Zweck entweder
(a) das Muster-Widerrufsformular des Anhangs I Teil B verwenden oder
(b) eine entsprechende Erklärung in beliebiger anderer Form abgeben, aus der sein Entschluss zum Widerruf des Vertrags eindeutig hervorgeht.
Die Mitgliedstaaten legen für das Muster-Widerrufsformular keine weiteren Formvorschriften außer den in Anhang I Teil B genannten fest.
(2) Die in Artikel 9 Absatz 2 und in Artikel 10 genannte Widerrufsfrist ist gewahrt, wenn der Verbraucher die Mitteilung über die Ausübung des Widerrufsrechts vor Ablauf der Widerrufsfrist absendet.
(...) ◀

157 Für die Ausübung des Widerrufs und die dabei maßgebliche Frist haben die Acquis Principles allgemeine Regeln vorgeschlagen, die grundsätzlich bei allen Widerrufstatbeständen anwendbar sein sollen.[275] Die Verbraucherrechte-RL und entsprechend Art. 40–42 GEK-E haben diesen Ansatz übernommen, indem sie für die jeweils gere-

---

275 Im Wesentlichen übernommen in Art. II.-5:102 f DCFR.

IV. Widerruf

gelten Verträge ebenfalls eine einheitliche vierzehntägige Widerrufsfrist[276] (ebenso wie die Teilzeitnutzungs-RL und die Verbraucherkredit-RL) vorsehen und übergreifende Regeln für die Ausübung des Widerrufs enthalten. Die Verbraucherrechte-RL und das GEK bestimmen aber darüber hinaus den Beginn der Widerrufsfrist unter neuen Kriterien differenzierter (Art. 9 Abs. 2 Verbraucherrechte-RL; Art. 42 Abs. 1 GEK-E)[277] und geben dem Verbraucher für die Widerrufserklärung neben der formfreien Mitteilung an den Unternehmer zwei weitere Möglichkeiten: die Verwendung eines Muster-Widerrufsformulars oder die elektronische Erklärung auf der Website des Unternehmers (letzteres freilich nur, wenn der Unternehmer diese Möglichkeit zusätzlich einräumen will; Art. 11 Abs. 1 und 3 Verbraucherrechte-RL; Art. 41 Abs. 2 und 3 GEK-E). Eine Lücke besteht allerdings insofern, als sie – anders als in Art. 5:102 ACQP – nicht regeln, ob die bloße Rücksendung des Kaufgegenstandes bereits als eindeutige Widerrufserklärung zu betrachten ist.[278]

b) Absendungsprinzip

Für die Einhaltung der Widerrufsfrist ist nicht der Zugang der Widerrufserklärung beim Unternehmer, sondern die Absendung maßgeblich. Schickt der Verbraucher die Widerrufserklärung vor Ablauf der Widerrufsfrist ab, ist der Widerruf rechtzeitig erklärt (beispielsweise Art. 14 Abs. 3 lit. b Verbraucherkredit-RL; Art. 11 Abs. 2 Verbraucherrechte-RL; Art. 41 Abs. 4 GEK-E). Diese Bestimmung gewährleistet, dass dem Verbraucher die gesamte Dauer der Widerrufsfrist zur Überlegung und Entscheidung zur Verfügung steht. Sie betrifft jedoch nur die Rechtzeitigkeit des Widerrufs, nicht die Frage seiner Wirksamkeit. Für die letztere ist vielmehr – wie auch in den meisten Mitgliedstaaten[279] – im europäischen Vertragsrecht generell das Zugangsprinzip maßgeblich (Art. 10 Abs. 3 GEK-E; Art. I.-1:109 Abs. 3 DCFR).[280] Sofern die Erklärung nach diesem Maßstab wirksam geworden ist, ist der Widerruf aber rechtzeitig erklärt, wenn der Verbraucher die Erklärung nur vor Ablauf der Frist abgesandt hat – unabhängig davon, wann diese beim Unternehmer eingetroffen ist. Die Beweislast für die rechtzeitige Absendung und die anderen Voraussetzungen einer ordnungsgemäßen Ausübung des Widerrufsrechts trägt allerdings der Verbraucher (so ausdrücklich Art. 11 Abs. 4 Verbraucherrechte-RL; Art. 41 Abs. 5 GEK-E).

158

c) Information über das Widerrufsrecht

Mit der Bestimmung der Widerrufsfrist eng verbunden ist das Erfordernis, dass der Unternehmer den Verbraucher über dessen Widerrufsrecht hinreichend informiert. Typischerweise setzt sich das vermutete Ungleichgewicht zwischen Unternehmer und Ver-

159

---

276 Dagegen hatte Art. 5 Abs. 1 Haustür-RL eine Widerrufsfrist von mindestens 7 Tagen und Art. 6 Abs. 1 Fernabsatz-RL eine Frist von mindestens 7 Werktagen (im Rahmen der Mindestharmonisierung) vorgeschrieben, siehe auch Art. 14 Abs. 6 Wohnimmobilienkredit-RL. Eine 14-tägige Widerrufsfrist war bereits in einigen Mitgliedstaaten vorgesehen, zB Dänemark, Portugal, Tschechien; vgl Schulte-Nölke/Twigg-Flesner/Ebers (Hrsg.), EC Consumer Law Compendium, 2008, S. 347.
277 In Hinblick auf Dienstleistungs- und Kaufverträge und bei letzteren vor allen in Hinblick auf Teillieferungen und bestimmte Vertragsgegenstände.
278 Dazu Schulze, The Right of Withdrawal, in: Schulte-Nölke/Tichy, Perspectives for European Consumer Law, 2010, S. 13, 20.
279 Ferrari, Offer and acceptance inter absentes, in: Smits, Elgar Encyclopedia of Comparative Law, 2012, S. 625, 642 f; Kötz, Europäisches Vertragsrecht I, 1996, S. 30; Zweigert/Kötz, Einführung in die Rechtsvergleichung auf dem Gebiete des Privatrechts, 3. Aufl. 1996, S. 357.
280 Siehe § 2 Rn 25.

braucher, das für bestimmte Vertragsschlusssituationen zur Gewährung von Widerrufsrechten führt, in einer Informationsasymmetrie hinsichtlich des Bestehens eines Widerrufsrechts sowie der Modalitäten und Fristen für seine Ausübung fort. Art. 5:104 ACQP und Art. II.-5:103 DCFR haben daher die entsprechenden Bestimmungen der einzelnen Richtlinien[281] zu der übergreifenden Regel zusammengefasst, dass die berechtigte Partei auf ihr Widerrufsrecht durch die andere Partei angemessen aufmerksam gemacht und dabei in Textform auf einem dauerhaften Datenträger in einfacher und verständlicher Sprache über das Bestehen des Widerrufsrechts, die Widerrufsfrist sowie den Namen und die Adresse des Widerrufsempfängers informiert werden muss.[282] Die Verbraucherrechte-RL und der Kommissionsvorschlag für das GEK integrieren in den Katalog der vorvertraglichen Pflichten nunmehr die Pflicht des Unternehmers, über die Bedingungen, Fristen und Verfahren für die Ausübung des Widerrufsrechts zu informieren. Sowohl einige Richtlinien als auch das GEK enthalten eine dem Vertrag anzupassende Muster-Widerrufsbelehrung.[283] Füllt der Unternehmer diese ordnungsgemäß aus, gilt die Informationspflicht als erfüllt.[284] Auf diese Weise können auch grenzüberschreitende Transaktionen trotz sprachlicher Hindernisse für den Unternehmer erleichtert werden.

160 Die Erfüllung dieser Informationspflichten[285] soll das vermutete Informationsdefizit des Verbrauchers hinsichtlich seines Widerrufsrechts ausgleichen und dem Verbraucher die Möglichkeit zur informierten Entscheidung über die Ausübung des Widerrufsrechts während der regulären vierzehntägigen Widerrufsfrist geben. Erfüllt der Unternehmer jedoch diese Informationspflicht nicht ordnungsgemäß[286] und fehlt damit eine typischerweise erforderliche Entscheidungsgrundlage für den Verbraucher, kann die Möglichkeit des Verbrauchers zum Widerruf nicht durch die Frist von 14 Tagen begrenzt sein. Werden die vorvertraglichen Informationspflichten nicht erfüllt, beginnt daher gem. Art. 6 Abs. 1 Fernabsatz-Finanzdienstleistungs-RL und Art. 14 Abs. 1 lit. b Verbraucherkredit-RL die Widerrufsfrist nicht zu laufen. Eine derartige Anknüpfung führt grundsätzlich zu einem zeitlich uneingeschränkten Widerrufsrecht des Verbrauchers. In der Rechtssache *Heininger* hat der EuGH festgestellt, dass die Mitgliedstaaten in solchen Fällen auch nicht die Widerrufsfrist begrenzen dürfen.[287] Angelehnt an

---

281 Art. 4 Haustür-RL; Art. 4 Abs. 1 lit. f Fernabsatz-RL; Art. 3 Abs. 1 Nr. 3 Fernabsatz-Finanzdienstleistungs-RL; Art. 5 Abs. 4 Teilzeitnutzungs-RL.
282 Nach EuGH 5.7.2012, Rs. C-49/11 (Content Services Ltd) ist eine Website nicht als „dauerhaften Datenträger" anzusehen; zudem werden die Informationspflichten nicht durch Hyperlinks erfüllt; Schulze/Morgan, The Right of Withdrawal, in: Dannemann/Vogenauer, The Common European Sales Law in Context, 2013, S. 294, 322 f.
283 Anhang V Teilzeitnutzungs-RL; Anhang III 6 Verbraucherkredit-RL; Anhang I Verbraucherrechte-RL; Anlage 1 GEK-E.
284 Art. 6 Abs. 4 Verbraucherrechte-RL und Art. 17 Abs. 4 GEK-E. Ähnlich wie bereits vor Erlass der Verbraucherrechte-RL beispielsweise im deutschen Recht gem. § 360 Abs. 1 und 3 BGB iVm § 355 Abs. 3 BGB und dem Muster für eine Widerrufsbelehrung aus der Anlage 1 zu Art. 246 § 2 Abs. 3 S. 1 EGBGB. Weiter sehen Art. 6 Abs. 6 Verbraucherrechte-RL und Art. 17 Abs. 2 iVm Art. 45 Abs. 2 GEK-E hinsichtlich der Kostentragung bei der Rücksendung der Ware vor, dass der Verbraucher bei unterlassener Information diese Kosten nicht tragen muss; siehe Rn 103.
285 Zu Umfang und Art der erforderlichen Mitteilung im elektronischen Geschäftsverkehr EuGH 5.7.2012, Rs. C-49/11 (Content Services Ltd); dazu § 2 Rn 29 und Rn 30.
286 Im Wettbewerbsrecht stellt dies einen Verstoß gegen Art. 7 Abs. 1 RL über unlautere Geschäftspraktiken dar.
287 Siehe dazu EuGH 13.12.2001, Rs. C-481/99 (Heininger), Slg 2001, I-9945 bezieht sich auf eine Begrenzung des deutschen Gesetzgebers auf ein Jahr; näher dazu Rott, The Effects of the Consumer's Withdrawal from the Contract, in: Straetmans/Terryn/Colaert, Landmark Cases of EU Consumer Law, 2013, S. 523, 526.

die Acquis Principles und DCFR (Art. 5:103 Abs. 1 ACQP; Art. II.-5:103 Abs. 3 DCFR) sehen Art. 10 Abs. 1 Verbraucherrechte-RL und Art. 42 Abs. 2 lit. a GEK-E nunmehr aber eine maximale Widerrufsfrist von einem Jahr nach Ende der regulären Widerrufsfrist bei der Nichterfüllung der einschlägigen Informationspflichten vor.[288] Bei nachträglicher Information innerhalb dieses Jahres endet sie 14 Tage nach dem Tag, an dem der Verbraucher die Information erhalten hat (Art. 10 Abs. 2 Verbraucherrechte-RL; Art. 42 Abs. 2 lit. b GEK-E), so dass die maximale Widerrufsfrist ein Jahr und 14 Tage beträgt (wie in Art. 6 Abs. 3 lit. a Teilzeitnutzungs-RL ausdrücklich bestimmt).[289] Diese Maximalfrist wandelt die schwebende Wirksamkeit des Vertrages in eine endgültige um und schützt den Unternehmer dadurch vor einer unangemessen lange fortdauernden Unsicherheit in Hinblick auf eine mögliche Rückabwicklung.[290]

5. Wirkungen des Widerrufs

a) Rückabwicklungsregimes

Vor dem Erlass der Verbraucherrechte-RL und dem Kommissionsvorschlag für das GEK haben die einschlägigen Richtlinien die Folgen des Widerrufs nur für einige Einzelfragen festgelegt.[291] Daher ist für die Rückgewähr bereits erbrachter Leistungen, den Ausgleich von Vorteilen oder Wertminderungen und den Ersatz von Schäden in weitem Maße der Rückgriff auf entsprechende nationale Regimes trotz deren recht unterschiedlicher systematischer Stellung und Ausgestaltung erforderlich geworden (zB auf entsprechend anwendbare Bestimmungen über den Rücktritt[292], auf die ungerechtfertigte Bereicherung oder auf den vertraglichen Schadensersatz[293]). Angesichts dieser nationalen Verschiedenheiten hat sich Art. 5:105 ACQP auf Vorschläge zu einigen Kernfragen beschränkt, für die Bestimmungen der Richtlinien und die Rechtsprechung des EuGH Anhalt boten, ohne eine Zuordnung zu einem allgemeinen Regime der Rückabwicklung vorzusehen. Art. II.-5:105 Abs. 2 DCFR ist demgegenüber weiter gegangen, indem er die allgemeinen Bestimmungen über die Rückabwicklung ("*restitution*") in Art. III.-3:510 ff DCFR mit spezifischen Modifikationen für die Widerrufsrechte für anwendbar erklärt. Dagegen enthalten die Widerrufsbestimmungen im Kommissionvorschlag für das GEK keinen ausdrücklichen Verweis auf die allgemeinen Bestimmungen über die Rückabwicklung in Art. 172 ff GEK-E, so dass offen bleibt, ob und ggf wie diese die spezifischen Bestimmungen über die Wirkungen des Widerrufs ergänzen können. Die Verbraucherrechte-RL und ihr folgend das GEK haben aber diese spezifischen Festlegungen über die Wirkungen des Widerrufs im Vergleich zu den Acquis-Prinzipien und dem DCFR erheblich ausgeweitet und präzisiert.

161

---

288 Dazu näher Schulze/Morgan, The Right of Withdrawal, in: Dannemann/Vogenauer, The Common European Sales Law in Context, 2013, S. 294, 327.
289 Bereits vor Erlass der Verbraucherrechte-RL hatten die Fernabsatz-RL sowie die Teilzeitnutzungs-RL Höchstfristen von drei Monaten für die Ausübung des Widerrufsrechts vorgesehen, nicht aber die Haustür-RL (zur Unzulässigkeit der Festsetzung einer derartigen Höchstgrenze durch den nationalen Gesetzgeber im Anwendungsbereich der Haustür-RL EuGH 13.12.2001, Rs. C-481/99 (Heininger), Slg 2001, I-9945; Art. 5:103 Abs. 1 ACQP und Art. II.-5:103 Abs. 3 DCFR haben sodann eine generelle einjährige Höchstfrist für die Ausübung des Widerrufs bei fehlender Information durch den Unternehmer vorgeschlagen.
290 Koch, Rechte des Unternehmers und Pflichten des Verbrauchers nach Umsetzung der Richtlinie über die Rechte der Verbraucher, JZ 2014, S. 758, 760.
291 Beispielsweise Art. 7 Fernabsatz-Finanzdienstleistungs-RL zur Zahlung für eine vor Widerruf des Vertrags erbrachte Dienstleistung.
292 Vgl beispielsweise nach alter Rechtslage im deutschen Recht §§ 357, 346 ff BGB aF.
293 Terryn, The Right of Withdrawal, in: Schulze, CFR and Existing EC Contract Law, S. 143, 164 f.

b) Erlöschen der ursprünglichen Leistungspflichten

162 Aufgrund der spezifischen Bestimmungen für die Widerrufsrechte bewirkt der Widerruf primär die Beendigung der Verpflichtungen beider Parteien, den Vertrag zu erfüllen (Art. 8 Abs. 1 Teilzeitnutzungs-RL; Art. 12 lit. a Verbraucherrechte-RL; Art. 43 lit. a GEK-E). Infolge des Widerrufs erlöschen somit die ursprünglichen Leistungspflichten der Parteien aus dem Vertrag.[294] Ob damit das vertraglich begründete Schuldverhältnis selbst beendet wird, ist nicht ausdrücklich festgelegt.[295] Damit bleibt offen, ob sich die Rückabwicklung der bereits erbrachten Leistungen im Rahmen oder außerhalb einer besonderen, durch den Vertragsschluss entstandenen Beziehung zwischen den Parteien vollzieht. Im ersteren Fall würde der Widerruf lediglich den ursprünglichen Inhalt der Vertragsbeziehung ändern, indem an die Stelle der ursprünglichen Leistungspflichten die Pflichten zur Rückgewähr, zum Ausgleich von Wertverlusten und zur Entschädigung treten (Umwandlung in ein „Rückgewährverhältnis").[296] Für die Beendigung der Vertragsbeziehung durch den Widerruf spricht allerdings der Wortlaut des Art. 11 Abs. 1 Teilzeitnutzungs-RL, Art. 15 Abs. 1 Verbraucherkredit-RL, Art. 15 Abs. 1 Verbraucherrechte-RL und des Art. 46 Abs. 1 GEK-E. Danach bewirkt der Widerruf, dass „auch" akzessorische Verträge „automatisch" beendet werden. Nimmt man dementsprechend die Beendigung der Vertragsbeziehung durch den Widerruf an, würden die Pflichten der Parteien zur Rückabwicklung allein aus der gesetzlichen Festlegung hervorgehen (ähnlich wie bei dem Ausgleich einer Bereicherung, die von vornherein keine vertragliche Grundlage hatte).

163 Der Widerruf kann zudem bereits vor dem Vertragsschluss wirksam erklärt werden. Er führt in diesem Fall dazu, dass der Verbraucher nicht mehr an ein von ihm bereits abgegebenes Angebot gebunden ist (Art. 12 lit. b Verbraucherrechte-RL; Art. 43 lit. b GEK-E).[297] Diese Wirkung schränkt die Bindung an das Angebot nach einigen nationalen Rechten[298] ein, bzw. modifiziert die allgemeinen Bestimmungen des Europäischen Kaufrechts hinsichtlich der Unwirksamkeit der Rücknahme eines Angebots (Art. 32 Abs. 3 GEK-E).[299]

c) Verpflichtungen der Parteien nach Ausübung des Widerrufs

164 Für die Rückabwicklung ist insbesondere der Grundsatz maßgeblich, dass grundsätzlich keine Kosten für den Verbraucher durch die Ausübung des Widerrufrechts entstehen dürfen (Art. 6 Abs. 1 Fernabsatz-Finanzdienstleistungs-RL; Art. 8 Abs. 2 Teilzeitnutzungs-RL; Art. 9 Abs. 1 Verbraucherrechte-RL; Art. 40 Abs. 1 GEK-E[300]). Der Un-

---

294 So aber Art. 35 Abs. 1 Lebensversicherungs-RL. Nach dieser Vorschrift hat der Widerruf bzw Rücktritt vom Vertrag eine *ex nunc*-Wirkung, d. h. der Verbraucher wird für die Zukunft von allen aus dem Lebensversicherungsvertrag resultierenden Verpflichtungen befreit.
295 Ebenso Art. 5:105 Abs. 1 ACQP; anders jedoch Art. II.-5:105 Abs. 1 DCFR: „Withdrawal terminates the contractual relationship ...".
296 Für das deutsche Recht HK-BGB/Schulze, § 357 Rn 2; Palandt/Grüneberg, BGB, 74. Aufl. 2015, § 355 Rn 12.
297 Nicht geglückt ist die Formulierung dieser Vorschriften, dass „die Verpflichtung beider Parteien, ...den Vertrag zu schließen", mit dem Widerruf ende. Denn der Vertrag kommt durch die Annahme des Angebots zustande, ohne dass eine derartige Verpflichtung maßgeblich ist.
298 Siehe Rn 22; § 145 BGB; Ferrari, Offer and acceptance inter absentes, in: Smits, Elgar Encyclopedia of Comparative Law, 2. Aufl. 2012, S. 625, 637 f; Zweigert/Kötz, Einführung in die Rechtsvergleichung, 3. Aufl. 1996, S. 350–358.
299 Vgl auch Art. II.-4:202 Abs. 3 DCFR.
300 So auch Art. 6 Abs. 1 Fernabsatz-Finanzdienstleistungs-RL und Art. 8 Abs. 2 Teilzeitnutzungs-RL; siehe dazu Schlussanträge GA Trstenjak 18.2.2009, Rs. C-489/07 (Pia Messner), Slg 2009, I-7317, Rn 79.

IV. Widerruf

ternehmer ist verpflichtet, grundsätzlich alle Zahlungen, die er vom Verbraucher erhalten hat, unverzüglich zu erstatten (spätestens aber innerhalb einer bestimmten Frist[301] nach dem Tag, an dem er über den Entschluss des Verbrauchers zum Widerruf informiert wurde). Dazu gehören auch die Beträge, die der Verbraucher für die Zusendung der Ware gezahlt hat (Art. 13 Abs. 1 Verbraucherrechte-RL; Art. 44 Abs. 1 GEK-E).[302] Bei dem Kauf von Waren hat der Verbraucher im gleichen Zeitrahmen die Waren zurückzusenden und die direkten Kosten der Rücksendung zu tragen, sofern nicht der Unternehmer dies übernommen oder die Information des Verbrauchers über die Kostentragungspflicht unterlassen hat (Art. 14 Abs. 1 Verbraucherrechte-RL; Art. 45 Abs. 1 und 2 GEK-E).

Für einen Wertverlust der Ware haftet der Verbraucher nur, wenn dieser auf einen Umgang mit den Waren zurückzuführen ist, der nicht zu einer Prüfung der Beschaffenheit, Eigenschaften und Funktionsweisen[303] notwendig war, wie der Verbraucher sie auch in einem Ladengeschäft hätte vornehmen dürfen. Zudem muss der Unternehmer ihn ordnungsgemäß über sein Widerrufsrecht informiert haben (Art. 14 Abs. 2 Verbraucherrechte-RL; Art. 45 Abs. 3 GEK-E). Darüber hinaus muss der Verbraucher nach Art. 45 Abs. 4 GEK-E für die Nutzung der Waren während der Widerrufsfrist keine Entschädigung zahlen.[304] In diesem wichtigen Punkt unterscheidet sich der Kommissionsvorschlag für das GEK aber von der Verbraucherrechte-RL. Diese enthält keine derartige Bestimmung und nimmt daher die Entschädigung für die gewöhnliche Nutzung der Ware während der Widerrufszeit nicht von der Erstattungspflicht des Verbrauchers nach ihrem Art. 14 Abs. 2 aus. Sie fällt insofern hinter das Verbraucherschutzniveau zurück, das der EuGH vor ihrem Erlass in der Rechtssache *Pia Messner*[305] in Hinblick auf das Widerrufsrecht aus Art. 6 Fernabsatz-RL zugrunde gelegt hatte. Dagegen folgt das GEK weitgehend dem Leitgedanken dieser Entscheidung, indem es den Verbraucher grundsätzlich von der Ersatzpflicht für Nutzungen freistellt, ihn aber generell an das Gebot von Treu und Glauben bindet (Art. 2 Abs. 1 GEK-E).[306]

165

▶ **Urteil des EuGH 3.9.2009, Rs. C-489/07 (Pia Messner), Slg 2009, I-7315**

„Diese Bestimmungen stehen jedoch nicht einer Verpflichtung des Verbrauchers entgegen, für die Benutzung der Ware Wertersatz zu leisten, wenn er diese auf eine mit den Grundsätzen des bürgerlichen Rechts wie denen von Treu und Glauben oder der ungerechtfertigten Bereicherung unvereinbare Art und Weise benutzt hat, sofern die Zielsetzung dieser Richtlinie und insbesondere die Wirksamkeit und die Effektivität des Rechts

---

301 14 Tage in der Verbraucherrechte-RL und im GEK bzw 30 Tage in der Verbraucherkredit-RL und der Fernabsatz-Finanzdienstleistungs-RL. Eine Besonderheit besteht bei Teilzeitnutzungsverträgen, indem eine Zahlung durch den Verbraucher während der Widerrufsfrist untersagt ist, vgl Art. 9 Teilzeitnutzungs-RL.
302 Schon zuvor aufgrund EuGH 15.4.2010, Rs. C-511/08 (Heinrich Heine), Slg 2010, I-3047; Art. 13 Abs. 2 Verbraucherrechte-RL und Art. 44 Abs. 2 GEK-E begrenzen dies auf die Kosten der günstigsten Standardlieferung.
303 So Art. 14 Abs. 2 Verbraucherrechte-RL; dagegen Art. 45 Abs. 3 GEK-E „Funktionstüchtigkeit"; in der englischen Sprachfassung in beiden Fällen „functioning".
304 Siehe auch Art. 8 Abs. 2 Teilzeitnutzungs-RL, wonach der Verbraucher nicht für den Wert der Leistung aufkommen muss.
305 EuGH 3.9.2009, Rs. C-489/07 (Pia Messner), Slg 2009, I-7315.
306 Fraglich bleibt allerdings, inwieweit entsprechend der Auffassung des EuGH auch bereicherungsrechtliche Grundsätze zur Anwendung kommen können EuGH 3.9.2009, Rs. C-489/07 (Pia Messner), Slg 2009, I-7315, Rn 26; zur Frage des Rückgriffs auf die Vorschriften des Teil VII GEK-E siehe oben Rn 161; dazu auch Weller, Widerrufsrecht bei Fernabsatz- und Haustürgeschäften, in: Schmidt-Kessel, Ein einheitliches europäisches Kaufrecht?, 2012, S. 147, 170.

auf Widerruf nicht beeinträchtigt werden; dies zu beurteilen ist Sache des nationalen Gerichts." ◄

d) Dienstleistungsverträge

166 Bei Dienstleistungsverträgen besteht im Unterschied zu Kaufverträgen über Waren die Besonderheit, dass die Widerrufsfrist grundsätzlich an den Vertragsschluss geknüpft ist (Art. 9 Abs. 2 lit. a Verbraucherrechte-RL; Art. 42 Abs. 1 lit. e GEK-E). Für die Kostentragung nach dem Widerruf von Dienstleistungsverträgen gelten besondere Regeln. Ihre Anwendung setzt stets voraus, dass nicht das Bestehen eines Widerrufsrechts durch einen der Ausnahmetatbestände für bestimmte Dienstleistungen ausgeschlossen ist (so für dringende Reparatur- und Instandhaltungsarbeiten unter den Voraussetzungen von Art. 16 lit. h Verbraucherrechte-RL und Art. 40 Abs. 3 lit. e GEK-E und unter den Voraussetzungen des Art. 16 lit. a Verbraucherrechte-RL für bereits vollständig erbrachte Dienstleistungen[307]). Besteht nach der Verbraucherrechte-RL oder nach dem GEK ein Widerrufsrecht und übt der Verbraucher es ordnungsgemäß aus, muss er für Dienstleistungen, die während der Widerrufsfrist erbracht wurden, nicht aufkommen, wenn eine der beiden folgenden Voraussetzungen vorliegt: Er hat sich nicht ausdrücklich mit dem Beginn der Leistung während der Widerrufsfrist einverstanden erklärt; oder der Unternehmer hat ihn nicht ordnungsgemäß über das Widerrufsrecht und die Pflicht zur Kostentragung bei einverständlichem vorherigem Beginn informiert (Art. 14 Abs. 4 Verbraucherrechte-RL; Art. 45 Abs. 6 GEK-E).[308] Ein höheres Verbraucherschutzniveau ist für Teilzeitnutzungsverträge insofern vorgesehen, als der Verbraucher generell nicht für den Wert von Leistungen aufkommen muss, die während der Widerrufsfrist erbracht wurden (Art. 8 Abs. 2 Teilzeitnutzungs-RL).

e) Akzessorische Verträge

167 Der Widerruf eines Vertrags bewirkt zugleich die Beendigung sog akzessorischer oder verbundener Verträge (Art. 15 Abs. 1 Verbraucherrechte-RL und Art. 46 Abs. 1, 2 GEK-E). Entsprechende Vorschriften enthalten Art. 14 Abs. 4 Verbraucherkredit-RL und Art. 11 Teilzeitnutzungs-RL. Zweck dieser Bestimmungen ist der Schutz des Verbrauchers vor den Risiken, die durch die Aufteilung eines als wirtschaftlich einheitlich zu betrachtenden Geschäftes auf mehrere Verträge entstehen können (insbesondere durch die Aufspaltung eines Teilzahlungsgeschäfts in ein Bargeschäft über die Warenlieferung oder eine sonstige Leistung einerseits und einen der Finanzierung dieses Geschädigten dienenden Verbraucherdarlehensvertrag andererseits).[309] Als ein wirtschaftlich einheitliches Geschäft ist es beispielsweise zu betrachten, wenn ein Kreditvertrag vom Autohändler zum Zweck der Finanzierung des Autokaufs abgeschlossen wird. Während die Richtlinien und das GEK ihre jeweilige Definition der „akzessorischen" Verträge in unterschiedlicher Weise auf ihren Anwendungsbereich beziehen,

---

[307] Dienstleistungen fallen nicht in den Rahmen des GEK; sondern nur verbundene Dienstleistungen. Das Widerrufsrecht wird bei verbundenen Diensten nicht ausgeschlossen. Der Verbraucher muss ebenfalls darüber informiert werden, dass ihm Kosten entstehen könnten, und dem Beginn der Erbringung des verbundenen Dienstes ausdrücklich zustimmen (Art. 17 Abs. 1 und 3; Art. 18 Abs. 2 und Art. 19 Abs. 6; Art. 45 Abs. 6 lit. a GEK-E).

[308] Für die Bereitstellung digitaler Inhalte enthält Art. 45 Abs. 6 lit. b GEK-E eine ähnliche Wertung.

[309] Gebauer/Wiedmann/Welter, Zivilrecht unter europäischem Einfluss, 2. Aufl. 2010, Verbraucherkredit, S. 641; Rott, Die neue Verbraucherkredit-Richtlinie 2008/48/EG und ihre Auswirkungen auf das deutsche Recht, WM 2008, S. 1104, 1112; v. Bar/Clive (Hrsg.), DCFR Full Edition, S. 381–384.

IV. Widerruf

enthalten die Acquis-Prinzipien eine allgemeine Begriffsbestimmung der verbundenen Verträge.[310]

▶ *ARTIKEL 5:106 ACQP*
Verbundene Verträge
(1) Wenn ein Verbraucher ein Recht auf Widerruf eines Vertrages über die Lieferung von Waren oder die Erbringung von Dienstleistungen durch einen Unternehmer ausübt, erstrecken sich die Wirkungen des Widerrufs auf verbundene Verträge.
(2) Verträge sind verbunden, wenn sie objektiv eine wirtschaftliche Einheit bilden.
(3) Ist ein Vertrag zum Teil oder vollständig über einen Kreditvertrag finanziert, bilden sie eine wirtschaftliche Einheit, insbesondere:
(a) wenn der Unternehmer, der die Waren liefert oder die Dienstleistungen erbringt, die Leistung des Verbrauchers finanziert oder
(b) wenn der Kreditgeber den Lieferanten der Waren bzw. den Anbieter der Dienstleistungen für den Abschluss des Kreditvertrages nutzt oder
(c) wenn der Kreditvertrag auf bestimmte Waren oder Dienstleistungen Bezug nimmt, die mit dem Kredit finanziert werden, und wenn dieser Bezug zwischen beiden Verträgen von dem Lieferanten der Waren bzw. dem Anbieter der Dienstleistungen oder dem Kreditgeber vorgeschlagen wurde, sofern sich nicht aus den Umständen ergibt, dass diese beiden Verträge keine wirtschaftliche Einheit bilden. ◀

Die wirksame Ausübung des Widerrufs eines Vertrags erfasst unter den Voraussetzungen der angeführten Vorschriften auch den verbundenen bzw akzessorischen Vertrag („Widerrufsdurchgriff") und hat dessen Beendigung zur Folge, ohne dass es weiterer Rechtshandlungen bedarf. Ebenso wenig wie durch den Widerruf selbst dürfen dem Verbraucher durch die Beendigung des akzessorischen Vertrages Kosten entstehen (Art. 15 Abs. 1 Verbraucherrechte-RL; Art. 46 Abs. 1 GEK-E). Auch darüber hinaus sind nach Art. 46 Abs. 2 GEK-E die Vorschriften für die Rückabwicklung nach Widerruf auf den akzessorischen Vertrag entsprechend anwendbar.

168

---

310 Im Grundsatz übernommen von Art. II.-5:106 Abs. 2 lit. d DCFR.

§ 4 Missbräuchliche Vertragsklauseln

Literatur: Baier, Europäische Verbraucherverträge und missbräuchliche Klauseln. Die Umsetzung der Richtlinie 93/13/EWG über missbräuchliche Klauseln in Verbraucherverträgen in Deutschland, Italien, England und Frankreich, 2004; Jansen, Klauselkontrolle im europäischen Privatrecht. Ein Beitrag zur Revision des Verbraucheracquis, ZEuP 2010, S. 69–106; Kötz, Vertragsrecht, 2. Aufl. 2012; Loos, Standard Contract Terms Regulation in the Proposal for a Common European Sales Law. Comment to Jansen, ZEUP 2012, S. 776–796; Pecyna, Nieuczciwe postanowienia umowne w projekcie dyrektywy o prawach konsumenta, Zasadach *Acquis* i DCFR. Różne środki do tego samego celu, Transformacje Prawa Prywatnego 1-2/2009, S. 91–128; Ranieri, Europäisches Obligationenrecht, 3. Aufl. 2009; Riesenhuber, EU-Vertragsrecht, 2013; Research Group on the Existing EC Private Law (Acquis Group), Contract II – General Provisions, Delivery of Goods, Package Travel and Payment Service (Contract II), 2009; Schulte-Nölke/Zoll/Jansen/Schulze (Hrsg.), Der Entwurf für ein optionales europäisches Kaufrecht, 2012; Schulte-Nölke/Twigg-Flesner/Ebers(Hrsg.), EC Consumer Law Compendium, 2008; Steinmetz/Calais-Auloy, Droit de la consommation, 6. Aufl. 2003; Ulmer/Brander/Hensen, AGB-Recht, Kommentar zu den §§ 305–310 BGB und zum UKlaG, 11. Aufl. 2011; Zoll, Unfair Terms in the Acquis Principles and Draft Common Frame of Reference: A Study of the Differences between the Two Closest Members of One Family, Juridica International 2008.

I. Übersicht

1 Für das Recht der missbräuchlichen Klauseln in Verbraucherverträgen hat der europäische Gesetzgeber eine umfassende Regelung getroffen, die einen Kernbereich des Vertragsrechts der Staaten in der EU betrifft. In der Realität des heutigen Wirtschaftslebens werden nur noch ausnahmsweise Verbraucherverträge geschlossen, die nicht vom Anwendungsbereich der Klausel-RL erfasst sind.

1. Missbräuchliche Klauseln nach der Klausel-RL

2 Die Klausel-RL ist das Ergebnis eines Kompromisses mehrerer Rechtstraditionen, überwiegend der deutschen und der französischen.[1] Damit trafen sehr unterschiedliche Rechtsvorstellungen aufeinander, was zu einer gewissen Inkohärenz der Richtlinie geführt hat.[2]

3 Den Kern des Systems der Klauselkontrolle bildet eine Generalklausel,[3] die den grundsätzlichen Rahmen für die zulässige Vertragsgestaltung absteckt.

▶ **ARTIKEL 3 KLAUSEL-RL**

[Gebot von Treu und Glauben]

(1) Eine Vertragsklausel, die nicht im einzelnen ausgehandelt wurde, ist als mißbräuchlich anzusehen, wenn sie entgegen dem Gebot von Treu und Glauben zum Nachteil des Ver-

---

1 Schulte-Nölke/Twigg-Flesner/Ebers (Hrsg.), EC Consumer Law Compendium, 2008, S. 197, 204; Pecyna, Nieuczciwe postanowienia umowne w projekcie dyrektywy o prawach konsumenta, Zasadach *Acquis* i DCFR. Różne środki do tego samego celu, Transformacje Prawa Prywatnego 1-2/2009, S. 91, 95, abrufbar unter http://biedronne.home.pl/transformacje/wp-content/uploads/2010/05/tpp-1-2-2009_pecyna.pdf (abgerufen am 16.1.2015); Ranieri, Europäisches Obligationenrecht, 3. Aufl. 2009, S. 404; Zoll, Unfair Terms in the Acquis Principles and Draft Common Frame of Reference: A Study of the Differences between the Two Closest Members of One Family, Juridica International 2008, XIV, S. 69, 71.
2 Vgl Nebbia, Unfair Contract Terms in European Law, 2007, S. 3; Ranieri, Europäisches Obligationenrecht, 3. Aufl. 2009, S. 405 mwN.
3 Stuyck, Unfair Terms, in: Howells/Schulze (Hrsg.), Modernising and Harmonising Concumer Contract Law, 2009, S. 115, 116.

brauchers ein erhebliches und ungerechtfertigtes Mißverhältnis der vertraglichen Rechte und Pflichten der Vertragspartner verursacht.
(2) Eine Vertragsklausel ist immer dann als nicht im einzelnen ausgehandelt zu betrachten, wenn sie im voraus abgefasst wurde und der Verbraucher deshalb, insbesondere im Rahmen eines vorformulierten Standardvertrags, keinen Einfluß auf ihren Inhalt nehmen konnte.
Die Tatsache, daß bestimmte Elemente einer Vertragsklausel oder eine einzelne Klausel im einzelnen ausgehandelt worden sind, schließt die Anwendung dieses Artikels auf den übrigen Vertrag nicht aus, sofern es sich nach der Gesamtwertung dennoch um einen vorformulierten Standardvertrag handelt.
Behauptet ein Gewerbetreibender, daß eine Standardvertragsklausel im Einzelnen ausgehandelt wurde, so obliegt ihm die Beweislast.
(3) Der Anhang enthält eine als Hinweis dienende und nicht erschöpfende Liste der Klauseln, die für mißbräuchlich erklärt werden können. ◄

Den Inhalt dieser Norm prägt vor allem der Begriff von Treu und Glauben.[4] Die Regelung wird durch eine sog. „indikative" Liste[5] der „im Zweifel" verbotenen Vertragsklauseln konkretisiert, die sich im Anhang der Richtlinie befindet. In der Rechtsprechung des EuGH kristallisiert sich zunehmend die Frage heraus, inwieweit die Klauselkontrolle europäischen Vorgaben unterliegt und nationale Wertungsmaßstäbe das Ergebnis der Kontrolle bestimmen sollten.[6]

4

Der Klausel-RL liegt auf den ersten Blick eine Struktur zugrunde, die sich der deutschen Lösung annähert.[7] Eine Generalklausel, besondere Klauselverbote und die Unklarheitsregel erinnern stark an die Struktur des ehemaligen deutschen AGB-Gesetzes, dessen Inhalt durch die Schuldrechtsmodernisierung seinen Platz im BGB gefunden hat.[8] Trotz dieser Ähnlichkeiten sind jedoch auch Unterschiede festzustellen, denn im Gegensatz zum deutschen AGB-Recht führen die Klauselverbote der Richtlinie nur beispielshaft potenzielle Verstöße gegen den Grundsatz von Treu und Glauben auf, ohne absolute Verbote darzustellen.[9] Auch sieht die Richtlinie keine gesonderte Einbeziehungskontrolle vor, sondern integriert die Transparenzgebote und die Erfordernisse hinsichtlich der Kenntnisnahme des Inhalts der Klausel in ein einheitliches System der Inhaltskontrolle.[10]

5

Die Kommission wandte sich im Rahmen ihres Reformvorhabens zum Zwecke der Entwicklung eines kohärenteren Vertragsrechts für Europa auch der Modernisierung des Rechts der missbräuchlichen Klauseln zu.[11] Mithilfe des Grünbuchs über das Verbraucherrecht, in dem die Kommission ihre Grundfragen zur Reform dieses Rechts-

6

---

4 Nebbia, Unfair Contract Terms in European Law, 2007, S. 143.
5 Stuyck, Unfair Terms, in: Howells/Schulze (Hrsg.), Modernising and Harmonising Consumer Contract Law, 2009, S. 115, 116.
6 EuGH 1.4.2004, Rs. C-237/02 (Freiburger Kommunalbauten), Slg 2004, I-3403; EuGH 27.6.2000, Rs. C-240/98 (Océano); Rs. C-241/98 (Salvat Editores); Rs. C-242/98 (José Luis Copano Badillo), Rs. C-243/98 (Mohammed Berroane) und Rs. C-244/98 (Emilio Viñas Feliú), Slg 2000, I-4941; siehe hierzu auch Schulte-Nölke/Twigg-Flesner/Ebers (Hrsg.), EC Consumer Law Compendium, 2008, S. 197, 202; Ranieri, Europäisches Obligationenrecht, 3. Aufl. 2009, S. 438–448.
7 Nebbia, Unfair Contract Terms in European Law, 2007, S. 119.
8 §§ 305–310 BGB.
9 Vgl Baier, Missbräuchliche Klauseln. Die Umsetzung der Richtlinie 93/13/EWG über missbräuchliche Klauseln in Verbraucherverträgen in Deutschland, Italien, England und Frankreich, 2004, S. 38; Ulmer/Brandner/Hensen/Ulmer, AGB-Recht, 11. Aufl. 2011, Einl. Rn 91.
10 Siehe Art. 3 Klausel-RL.
11 KOM(2006) 744 endg., S. 14, 20–23.

zweiges vorlegte, wollte sie in Erfahrung bringen, ob die Klauselverbote durch eine sog. schwarze und graue Liste (absolute und relative Klauselverbote) zum Ausdruck gebracht werden und die Inhaltskontrolle auch ausgehandelte Klauseln miteinbeziehen soll.[12] Die Kommission erwog zudem auch Klauseln über Hauptleistungspflichten, die in dieser Richtlinie der Kontrolle grundsätzlich entzogen sind, dem Kontrollsystem zu unterwerfen. Generell und nicht nur in Bezug auf missbräuchlichen Klauseln stellte die Kommission zudem die Frage nach der Vollharmonisierung.[13] Die Klausel-RL sah von Beginn an eine Mindestharmonisierung vor, so dass den Mitgliedstaaten Gestaltungsspielraum gelassen werden sollte, im Vergleich zu dem von der Klausel-RL aufgestellten Mindestschutz verbraucherfreundlichere Regeln beizubehalten oder einzuführen.[14] Da dieses System einer weiteren Rechtszersplitterung in Europa jedoch nicht ausreichend entgegenzuwirken vermag, schlug die Kommission vor, auf die Vollharmonisierung umzuschwenken. Dieser Vorschlag wurde aber letztlich nicht angenommen, so dass Art. 8 Klausel-RL den Mitgliedstaaten weiterhin die Möglichkeit zur Einführung von Regelungen mit höherem Schutzniveau einräumt.

7   Nach einer Konsultation legte die Kommission den Vorschlag für die Verbraucherrechte-RL vor.[15] Dieser enthielt auch neue Vorschriften über die Klauselkontrolle.[16] Erstaunlicherweise spiegelte der Vorschlag der Kommission die geltende Klausel-RL recht genau wider.[17] Die wesentlichen Unterschiede betrafen die Listen der Klauselverbote und die Methode der Harmonisierung. An Stelle der bisher in der Klausel-RL bestehenden Mindestharmonisierung sollte die Vollharmonisierung treten.[18] In der Diskussion über den Richtlinienvorschlag wurde jedoch die Umsetzung wichtiger Teilbereiche in die nationalen Rechtsordnungen in Form der Vollharmonisierung für kaum möglich gehalten.[19] Ebenso wie einige andere Materien wurde der Vorschlag der Kommission in Bezug auf das Recht der missbräuchlichen Klauseln in die endgültige Fassung der Verbraucherrechte-RL nicht aufgenommen. Die Ablehnung auch durch einen Teil der Privatrechtswissenschaft trug dazu bei, dass der europäische Gesetzgeber somit auf die Neuregelung des Rechts der missbräuchlichen Klauseln verzichtete.[20] Das heißt aber nicht, dass damit das Vorhaben einer Reform des europäischen Rechts der missbräuchlichen Klauseln entbehrlich geworden ist. Ganz im Gegenteil – eine Reform und möglicherweise eine neue konzeptionelle Gestaltung dieses Rechtsgebietes auch in Hinblick auf den persönlichen Anwendungsbereich bleiben wünschenswert. Eine erneute Gelegenheit hierzu bot sich bei den Arbeiten am Optionalen Instrument.[21] Das System der Klauselkontrolle in der Klausel-RL betrifft nur das Verbraucherrecht.[22]

---

12 Ebd, S. 14, 20 f.
13 Ebd, S. 16.
14 Erwägungsgrund 12 Klausel-RL.
15 KOM(2008) 614 endg.
16 Ebd, S. 3.
17 Ebd, S. 11.
18 Edb, S. 3, 6, 7.
19 Diese Problematik der Vollharmonisierung deutet Staudinger/Martinek, Eckpfeiler des Zivilrechts, 5. Aufl. 2014, Rn 194 an.
20 Vgl Entschließung des Europäischen Parlaments vom 23.6.2011 über den Vorschlag für eine Richtlinie des Europäischen Parlaments und des Rates über Rechte der Verbraucher, in welchem die Haustür-RL (85/577/EWG) und die Fernabsatz-RL (97/7/EG), nicht aber die Klausel-RL (93/13/EWG) zusammengefügt wurden.
21 Dazu näher unten Rn 9–11; § 1 Rn 51-58.
22 Siehe Art. 1 Abs. 1 Klausel-RL; umfangreiche Erörterung einer Einschränkung der Klauselkontrolle auf Verbraucherverträge in Loos, Standard Contract Terms Regulation in the Proposal for a Common European Sales Law. Comment to Jansen, ZEuP 2012, S. 776, 788–790; kritisch zu dieser personellen Einschränkung noch Riesenhuber, Europäisches Vertragsrecht, 2006, § 7 Rn 207; anders in Riesenhuber, EU-Vertragsrecht,

I. Übersicht

Daneben findet sich im *Acquis communautaire* lediglich für einen relativ engen Bereich auch die Idee einer Inhaltskontrolle in rein unternehmerischen Rechtsverhältnissen: Das sich aus der Zahlungsverzugs-RL 2000 sowie aus der neuen Zahlungsverzugs-RL von 2011 ergebende Kontrollsystem betrifft Vereinbarungen, welche die Zahlungsfrist für die erbrachte Gegenleistung in unangemessener Weise verschieben.[23] Diese Kontrolle erfasst im Vergleich zu der Klauselkontrolle im Verbraucherbereich allerdings erstaunlicherweise auch die ausgehandelten Klauseln und kann insofern eher als Beweis für die fehlende Kohärenz im Bereich des Unionsrechts dienen.

2. Missbräuchliche Klauseln in den Acquis Principles und dem DCFR

Einen Versuch zur Neugestaltung des europäischen Rechts, haben auch die europäischen wissenschaftlichen Arbeitsgruppen, welche am DCFR und an den Acquis Principles gewirkt haben, unternommen. Beide Texte beinhalten eine durch den *Acquis communautaire* inspirierte Regelung des Rechts der missbräuchlichen Klauseln. Trotz des gleichen und eindeutigen Inspirationsursprungs weichen die beiden Texte an vielen Stellen von der Richtlinie ab. Obwohl die Acquis Principles als Grundlagen für die Erarbeitung derjenigen Textbereiche des DCFR, die auf das Unionsrecht gestützt sind, gedient haben und damit eine enge Verwandtschaft der Texte besteht, unterscheiden diese sich dennoch deutlich voneinander. Auch insofern bestätigt sich, dass die wissenschaftliche Auseinandersetzung in Hinblick auf die bestmögliche Regelung des Rechts der missbräuchlichen Klauseln für Europa noch längst nicht abgeschlossen ist.

8

3. Missbräuchliche Klauseln im GEK

Die Klauselkontrolle ist auch im Vorschlag für das GEK geregelt.[24] Die dort vorgeschlagene Regelung setzt die bereits in der Klausel-RL vorgezeichnete Entwicklung fort.[25] Im Entwurf wird auf die Verwendung des Begriffs der AGB gänzlich verzichtet, obwohl für die Kontrollfähigkeit von Klauseln in Verträgen zwischen Unternehmern das Kriterium des Nichtaushandelns noch vorhanden ist (Art. 86 Abs. 1 lit. a GEK-E). Die Struktur der Kontrolle nähert sich dem Entwurf der ursprünglichen (und im Bereich der Klauselkontrolle gescheiterten) Verbraucherrechte-RL an. Für die Klauselkontrolle bei Verbraucherverträgen besteht eine Generalklausel, die von besonderen Klausellisten begleitet wird (Art. 83–85 GEK-E).

9

▶ Artikel 83 GEK-E

Bedeutung von „unfair" in Verträgen zwischen einem Unternehmer und einem Verbraucher

(1) In einem Vertrag zwischen einem Unternehmer und einem Verbraucher ist eine im Sinne von Artikel 7 nicht individuell ausgehandelte[26], vom Unternehmer gestellte Bestimmung im Sinne dieses Abschnitts unfair, wenn sie entgegen dem Gebot von Treu und Glauben und des redlichen Geschäftsverkehrs in Bezug auf die vertraglichen Rechte und Ver-

---

§ 10 Rn 2, 6, wo der Anwendungsbereich der Klausel-RL kritiklos dargelegt wird und nur die Frage des Aushandelns zur Diskussion gestellt wurde.
23 Art. 3 Abs. 3 Zahlungsverzugs-RL 2000; Art. 7 Zahlungsverzug-RL 2011.
24 Kap. 8 GEK-E.
25 Loos, Standard Contract Terms Regulation in the Proposal for a Common European Sales Law. Comment to Jansen, ZEuP 2012, S. 776, 778; Riesenhuber, EU-Vertragsrecht, § 10 Rn 2.
26 Das Parlament hat in seinen Änderungsvorschlägen die Formulierung „nicht individuell ausgehandelte" gestrichen (Stellungnahme EP, Abänderung 155, S. 156), was in diesem Fall aber keine inhaltliche Änderung bedeutet.

pflichtungen der Vertragsparteien ein erhebliches Ungleichgewicht zulasten des Verbrauchers herstellt.
(2) Bei der Prüfung der Unfairness einer Vertragsbestimmung für die Zwecke dieses Abschnitts ist Folgendes zu berücksichtigen:
(a) die Erfüllung der dem Unternehmer obliegenden Pflicht zur Transparenz gemäß Artikel 82,
(b) das Wesen des Vertragsgegenstands,
(c) die Umstände des Vertragsschlusses,
(d) die übrigen Bestimmungen des Vertrags und
(e) die Bestimmungen sonstiger Verträge, von denen der Vertrag abhängt. ◄

10 Nach dem Vorbild des ersten Entwurfs der Verbraucherrechte-RL haben die Verfasser des Entwurfs für das GEK eine „schwarze" (Art. 84 GEK-E) und eine „graue" (Art. 85 GEK-E) Liste verbotener Klauseln eingefügt. Der Entwurf des GEK sieht auch für rein unternehmerische Verträge eine Klauselkontrolle vor, die auf der Grundlage einer Generalklausel stattfindet (Art. 86 GEK-E). Diese stellt allerdings höhere Anforderungen an die Feststellung der Missbräuchlichkeit.

▶ **ARTIKEL 86 GEK-E**

Bedeutung von „unfair" in Verträgen zwischen Unternehmern

(1) In einem Vertrag zwischen Unternehmern gilt eine Vertragsbestimmung für die Zwecke dieses Abschnitts nur dann als unfair, wenn
(a) sie Bestandteil von nicht individuell ausgehandelten Vertragsbestimmungen im Sinne von Artikel 7 ist und
(b) so beschaffen ist, dass ihre Verwendung unter Verstoß gegen das Gebot von Treu und Glauben und des redlichen Geschäftsverkehrs gröblich von der guten Handelspraxis abweicht.
(2) Bei der Prüfung der Unfairness einer Vertragsbestimmung für die Zwecke dieses Abschnitts ist Folgendes zu berücksichtigen:
(a) das Wesen des Vertragsgegenstands,
(b) die Umstände des Vertragsschlusses,
(c) die übrigen Vertragsbestimmungen und
(d) die Bestimmungen sonstiger Verträge, von denen der Vertrag abhängt. ◄

Die Listen verbotener Klauseln werden auf den unternehmerischen Verkehr nicht angewendet.

11 Sollte das GEK erlassen werden, würde es für die Klauselkontrolle nicht nur dann an Bedeutung gewinnen, wenn die Parteien von der Wahloption Gebrauch machen. Vielmehr wäre es auch (nach der zutreffenden Auffassung von Stürner[27]) für die Auslegung der Klausel-RL von Bedeutung. Die Klauselkataloge des Optionalen Instruments könnten dann hilfsweise zur Konkretisierung und näheren Bestimmung des Inhalts der Generalklausel (Art. 3 Abs. 1 Klausel-RL) herangezogen werden.

---

27 Stürner, Das Verhältnis des Gemeinsamen Europäischen Kaufrechts zum Richtlinienrecht, in: Schulte-Nölke u.a., Der Entwurf für ein optionales europäisches Kaufrecht, S. 79–80.

II. Rechtsvergleichende Grundlagen

Die Klausel-RL beruht auf einem Kompromiss zwischen zwei unterschiedlichen Grundkonzeptionen der Klauselkontrolle.[28] Vereinfacht ausgedrückt versucht sie die deutsche und französische Lösung auf einen gemeinsamen Nenner zu bringen. Daneben haben sich in Europa auch andere Modelle der Klauselkontrolle entwickelt. Hier sind vor allem die angelsächsische und die skandinavische Tradition zu nennen, die bei der Erarbeitung der Klausel-RL weniger berücksichtigt wurden.

12

1. Entwicklung der Klauselkontrolle im deutschen Recht

Im deutschen Recht entwickelte sich der Begriff der Allgemeinen Geschäftsbedingungen, der zur mehrmaligen Verwendung bestimmte vorformulierte Klauseln erfasst.[29] Der Verwender derartiger vorformulierter Vertragsbestimmungen kann die Kosten ihrer Vorbereitung auf mehrere Kunden verteilen und somit für sich selbst die Kosten eines bestimmten Vertragsabschlusses entsprechend senken.[30] Dagegen sieht sich die andere Partei, wenn sie tatsächlich den Text der Klausel beeinflussen oder nur überprüfen wollte, viel höheren, nur auf sie zukommenden Kosten ausgesetzt. Unter normalen Umständen ist das Risiko einer negativen Entwicklung in der Vertragsbeziehung zu gering, um die Übernahme derartiger Kosten rechtfertigen zu können. Diese strukturelle Eigenschaft des Vertragsschlusses unter Verwendung der AGB verschafft ihrem Verwender einen Gestaltungsspielraum, durch den er leicht viele Vertragsrisiken der anderen Partei aufbürden kann. Ohne die Verwendung der AGB entstünde dieses typische Ungleichgewicht nicht, so dass ein derartiges Abwälzen der Risiken kaum möglich wäre. Als die Regelung des Rechts der missbräuchlichen Klauseln noch in vollem Umfang in Händen des nationalen Gesetzgebers lag, entwickelte das deutsche Recht – ursprünglich durch Lehre und Rechtsprechung, danach auch durch die Gesetzgebung – die Klauselkontrolle. Es diente der Begrenzung der faktisch einseitigen Vertragsgestaltungsfreiheit des Verwenders.[31] Diese Regelung ermöglichte die Kontrolle der Allgemeinen Geschäftsbedingungen grundsätzlich unabhängig davon, welche Person auf Seiten des Kunden stand. War der Kunde Unternehmer so führte dies bloß zu einem flexibleren Anwendungsspielraum des gesetzlichen Kontrollinstrumentariums. In der Logik des AGB-Gesetzes aus dem Jahr 1976 war kein Raum für den Begriff des Verbrauchers. Die Legitimation der Klauselkontrolle bedurfte nicht der Kategorie einer besonders schutzbedürftigen Person, sondern beruhte auf der Feststellung, dass allein

13

---

28 Nebbia, Unfair Contract Terms in European Law, 2007, S. 34; Ranieri, Europäisches Obligationenrecht, 3. Aufl. 2009, S. 404; Zoll, Unfair Terms in the Acquis Principles and Draft Common Frame of Reference: A study of the Differences between the Two Closest Members of One Family, Juridica International, 2008, S. 69, 71.
29 Ulmer/Brandner/Hensen/Ulmer, AGB-Recht, Einl. Rn 1–3; vgl auch Schmidt-Salzer, Recht der AGB und der mißbräuchlichen Klauseln, JZ 1995, S. 223.
30 Jansen, Klauselkontrolle im europäischen Privatrecht. Ein Beitrag zur Revision des Verbraucheracquis, ZEuP 2010, S. 69, 84–86; Kötz, Vertragsrecht, 2. Aufl. 2012, § 6 Rn 242; so auch Kötz/Schäfer, Judex oeconomicus-12 höchstrichterliche Entscheidungen kommentiert aus ökonomischer Sicht, 2003, S. 228–231; zur Wechselwirkung zwischen Kostenhöhe für die Erstellung der AGB und der Qualität dieser siehe Adams, Ökonomische Theorie des Rechts. Konzepte und Anwendungen, 2004, S. 127, 128, sowie Akerlof, The Market for Lemons: Qualitative Uncertainty and the Market Mechanism, Quaterly Journal of Economics, 1970, S. 488–500.
31 Hommelhoff/Wiedemann, Allgemeine Geschäftsbedingungen und unausgehandelte Klauseln in Verbraucherverträgen. Grundsätzliches zur Transformation der EG-Klauselrichtlinie ins deutsche Recht, ZIP 1993, S. 562, 565; Kötz, Vertragsrecht, 2. Aufl. 2012, § 6 Rn 244.

die Verwendung der AGB eine potenzielle Gefahr für den Kunden darstellt.[32] Im Rahmen des materiellen Rechts wurde die Kontrolle auf drei grundsätzlichen Ebenen verwirklicht: der Einbeziehungskontrolle[33], der Kontrolle durch die kundenfreundliche Auslegung[34] und der Inhaltskontrolle[35]. Den Kern des Systems bildete die Inhaltskontrolle. Eine zentrale Grundlage für die Billigkeitskontrolle der Klauseln stellte eine Generalklausel dar.[36]

▶ **§ 9 AGB-GESETZ VON 1976**

(1) Bestimmungen in Allgemeinen Geschäftsbedingungen sind unwirksam, wenn sie den Vertragspartner des Verwenders entgegen den Geboten von Treu und Glauben unangemessen benachteiligen.

(...) ◀

14 Neben dieser Klausel gab es noch zwei Listen verbotener Klauseln: Zum einen eine Liste mit unscharfen Begriffen, deren Wertungsmöglichkeit bei der Kontrolle der Missbräuchlichkeit gewisse Spielräume ermöglichte;[37] zum anderen eine Liste mit Klauseln ohne Wertungsmöglichkeit, bei denen zumindest in der Theorie die verwendeten Begriffe messerscharf zu eindeutigen Ergebnissen führen sollten.[38] Die Generalklausel hingegen sollte nur dann zur Anwendung kommen, wenn eine fragliche AGB-Klausel nicht unter eines der in den Listen enthaltenen Verbote fallen würde. In beiderseitig unternehmerischen Verträgen wurde die Inhaltskontrolle nur aufgrund der Generalklausel durchgeführt, obwohl die Rechtsprechung sich auch in diesen Fällen an den beiden Listen der verbotenen Klauseln orientierte. Die Konkretisierung dieser Generalklausel war im dispositiven Recht zu suchen, welches eine gesetzgeberische Gerechtigkeitsvorstellung widerspiegelt.[39]

15 Die Einbeziehungskontrolle sollte dem Kunden die Kenntnisnahme des Inhalts der AGB vor dem Vertragsschluss gewährleisten. Damit wurde eine Verbindung des Rechts der AGB zur traditionellen Vertragsdoktrin hergestellt.

16 Diese Vorschriften wurden zudem durch eine traditionelle Auslegungsregel (*in dubio contra proferentem*) ergänzt.[40] Zweifel bei der Auslegung der AGB-Klauseln sollten zulasten des Verwenders gehen.

17 Diese Struktur ist im Text der Klausel-RL in einer vereinfachten Form wiederzufinden. Aus diesem Grund ist das Verständnis des deutschen Rechts wichtig für das Verständnis des Rechts der missbräuchlichen Klauseln auf europäischer Ebene. Es hat für die Richtlinie eine Referenzfunktion, was die Nachvollziehbarkeit der Entwicklung dieses Rechtsgebiets in der EU erleichtert.

---

32 Kötz, Vertragsrecht, 2. Aufl. 2012, § 6. Rn 243–245; vgl Hommelhoff/Wiedemann, Allgemeine Geschäftsbedingungen und unausgehandelte Klauseln in Verbraucherverträgen. Grundsätzliches zur Transformation der EG-Klauselrichtlinie ins deutsche Recht, ZIP 1993, S. 562, 565; vgl auch Adams, Ökonomische Theorie des Rechts. Konzepte und Anwendungen, 2004, S. 119.
33 § 2 AGB-Gesetz von 1976, § 305 BGB.
34 § 5 AGB-Gesetz von 1976, § 305 c Abs. 2 BGB.
35 §§ 9–11 AGB-Gesetz von 1976, §§ 307–309 BGB.
36 § 9 AGB-Gesetz von 1976, § 307 BGB.
37 § 10 AGB-Gesetz von 1976, § 308 BGB.
38 § 11 AGB-Gesetz von 1976, § 309 BGB.
39 Stoffels, Gesetzlich nicht geregelte Schuldverträge: Rechtsfindung und Inhaltskontrolle, 2001, S. 98–100.
40 § 5 AGB-Gesetz von 1976, § 305 c Abs. 2 BGB.

II. Rechtsvergleichende Grundlagen

2. Französisches System der Klauselkontrolle

Wenngleich die Struktur der Klausel-RL offensichtlich vom deutschen Recht beeinflusst wurde, orientierte sich der europäische Gesetzgeber inhaltlich an dem französischen System der Klauselkontrolle. In dieser Tradition war man mit dem Phänomen der Allgemeinen Geschäftsbedingungen weniger vertraut als es im deutschen Rechtskreis der Fall war. In der französischen Diskussion beschäftigte man sich stärker mit dem Phänomen eines Unterwerfungsvertrages (*contrat d'adhésion*),[41] bei dem aufgrund des faktischen Ungleichgewichts von Parteien die schwächere Partei keinen Einfluss auf die Gestaltung des Vertrages ausüben kann.[42] Von diesem Ursprung aus entwickelte sich die Inhaltskontrolle der Verbraucherverträge. In diesem System war es irrelevant, ob die Klausel zwischen dem Verbraucher und dem Unternehmer ausgehandelt wurde oder ob der letztere sie bloß stellte,[43] ohne dem Verbraucher irgendeinen Spielraum für die Gestaltung der Klausel einzuräumen. Da hiernach die Kontrolle grundsätzlich nicht durch eine besondere Natur der Klausel gerechtfertigt werden sollte, sondern ihre Begründung in der Annahme einer strukturellen Schwäche einer Partei fand,[44] waren auch die nur zur einmaligen Verwendung bestimmten Klauseln Gegenstand der Kontrolle. Die anfänglich eher verwaltungsrechtlich konzipierte Kontrolle hat sich im Laufe der Zeit, bestätigt durch die Rechtsprechung der höchsten Gerichte, zu einer justiziellen Kontrolle entwickelt.

18

3. Klauselkontrolle im angelsächsischen und skandinavischen System

Neben diesen zwei Grundmodellen entwickelten sich auch das angelsächsische und das skandinavische System der Klauselkontrolle. Im ersten Modell versuchte man bestimmte, besonders nachteilige Klauseln dadurch zu entfernen, dass eine derartige Klausel als von dem Kunden offensichtlich „nicht gewollt" qualifiziert wurde und dadurch nicht von dem Konsens der Parteien gedeckt war.[45] Die Inhaltskontrolle der Klauseln, auf die wegen der strukturellen Überlegenheit einer Partei die unterlegene Partei keinen Einfluss nehmen konnte,[46] wurde also auf der Ebene des Vertragsschlusses erörtert.[47] Diese Eigenschaft des englischen Rechts spielte auch nach der Umsetzung der Klausel-RL und in den weiteren Diskussionen über die notwendigen Reformen eine Rolle. Die hinter diesem Kontrollsystem stehende Überlegung, dass der Bedarf nach einer Kontrolle durch den nicht ausreichenden Willen des Kunden zu recht-

19

---

41 HK-BGB/Schulte-Nölke, BGB, Vorb. zu §§ 305–310 Rn 6.
42 Näher hierzu Brock, Der Schutz der Verbraucher vor mißbräuchlichen Klauseln im französischen Privatrecht, 1998, S. 53–55; Nebbia, Unfair Contract Terms in European Law, 2007, S. 34; Nobis, Missbräuchliche Vertragsklauseln in Deutschland und Frankreich, 2005, S. 60–61.
43 Brock, Der Schutz der Verbraucher vor mißbräuchlichen Klauseln im französischen Privatrecht, 1998, S. 5–6; Nobis, Missbräuchliche Vertragsklauseln in Deutschland und Frankreich, 2005, S. 92.
44 Die Kontrolle konzentrierte sich vielmehr auf die Person des Verbrauchers siehe Steinmetz/Auloy, Droit de la consommation, 2006, S. 204; auch Aubert/Collart-Dutilleul, Le contrat. Droit des obligations, 4. Aufl. 2010, S. 82–84; vgl auch Brock, Der Schutz der Verbraucher vor mißbräuchlichen Klauseln im französischen Privatrecht, 1998, S. 5–6; Nebbia, Unfair Contract Terms in European Law, 2007, S. 34, 38–40.
45 Vgl auch den Bericht der Scottish Law Commission vom 7.8.2002, aburufbar unter: http://www.scotlawcom.gov.uk/publications/news-releases1/ (abgerufen am 16.1.2015).
46 Schulte-Nölke, Fünf Jahre AGB-Richtlinie 93/13/EWG – Weitere Rechtsetzungspläne der Kommission?, NJW 1999, S. 3176.
47 Ausführlicher hierzu Baier, Missbräuchliche Klauseln. Die Umsetzung der Richtlinie 93/13/EWG über mißbräuchliche Klauseln in Verbraucherverträgen in Deutschland, Italien, England und Frankreich, 2004, S. 126–128.

fertigen sei, erleichtert eine konzeptionelle Verflechtung der Inhalts- mit der Einbeziehungskontrolle.

20   In der skandinavischen Rechtstradition ging man von einer umfassenden Kompetenz der Gerichte[48] aus, alle Verträge zu kontrollieren, unabhängig davon, in welcher personellen Konstellation sie abgeschlossen und ob sie ausgehandelt wurden oder nicht.

III. Klausel-RL als Kompromisslösung

21   In den ersten Vorschlägen zur Klausel-RL stand das französische Modell[49] der Kontrolle deutlich im Vordergrund.[50] Gegenstand der Kontrolle sollten alle Klauseln werden, welche nicht die Hauptleistungspflichten direkt betrafen. Die Kontrolle sollte auch diejenigen Klauseln in Verbraucherverträgen erfassen, die nur für die einmalige Verwendung bestimmt waren.[51] Darüber hinaus war beabsichtigt, nach französischem Muster auch die ausgehandelten Klauseln zu erfassen. Auf einen derartig weitgehenden Vorschlag konnte man sich für die Klausel-RL allerdings nicht einigen. In der endgültigen Fassung der Klausel-RL wurde die Kompromisslinie etwas anders gezogen. Die Kontrolle der missbräuchlichen Klauseln sollte demnach wie im französischen Recht diejenigen Klauseln erfassen, die nur zu einer einmaligen Verwendung bestimmt waren.[52] Allerdings wurden die ausgehandelten Klauseln, anders als im französischen Recht,[53] von der Kontrolle ausgeklammert.[54] Auf diese Weise versuchte man zwei unterschiedliche Begründungswege der Klauselkontrolle zu verbinden: einerseits die strukturelle Schwäche einer Partei, die als „Verbraucher" typisiert wurde, und andererseits die fehlende Einflussmöglichkeit auf den Inhalt des Vertrages, ohne die der Privatautonomie nicht hinreichend Rechnung getragen werden kann.[55]

IV. Generalklausel der Richtlinie und ihre Konkretisierung durch die Liste der verbotenen Klauseln

22   Im Zentrum der Klauselkontrolle steht eine Generalklausel[56], welche die Kriterien der Missbräuchlichkeit der Vertragsklauseln festlegt. Nach Art. 3 Abs. 1 Klausel-RL werden Klauseln als missbräuchlich angesehen, die entgegen dem Grundsatz von Treu und Glauben zum Nachteil des Verbrauchers ein erhebliches und ungerechtfertigtes Missverhältnis der vertraglichen Rechte und Pflichten der Vertragspartner verursachen. Diese Kriterien der Missbräuchlichkeit werden in einer nicht abschließenden Liste im Anhang der Richtlinie konkretisiert, auf die Art. 3 Abs. 3 Klausel-RL verweist. Zur

---

48 MünchKommZPO/Micklitz, 4. Aufl. 2013, Vorb, §§ 1 ff UKlaG, Rn 41.
49 Hierzu Calais-Auloy/Steinmetz, Droit de la consommation, 6. Aufl. 2003, Rn 176–196.
50 So auch Schulte-Nölke/Twigg-Flesner/Ebers (Hrsg.), EC Consumer Law Compendium, 2008, S. 197, 204; Zoll, Unfair Terms in the Acquis Principles and Draft Common Frame of Reference: A study of the Differences between the Two Closest Members of One Family, Juridica International, 2008, S. 69, 71.
51 Baier, Europäische Verbraucherverträge und missbräuchliche Klauseln. Die Umsetzung der Richtlinie 93/13/EWG über missbräuchliche Klauseln in Verbraucherverträgen in Deutschland, Italien, England und Frankreich, 2004, S. 71.
52 So auch Schulte-Nölke/Twigg-Flesner/Ebers (Hrsg.), EC Consumer Law Compendium, 2008, S. 197, 204.
53 Callais-Auloy/Steinmetz, Droit de la consommation, 6. Aufl. 2003, Rn 179.
54 Schulte-Nölke/Twigg-Flesner/Ebers (Hrsg.), EC Consumer Law Compendium, 2008, S. 197, 204; Zoll, Unfair Terms in the Acquis Principles and Draft Common Frame of Reference: A study of the Differences between the Two Closest Members of One Family, Juridica International, 2008, S. 69, 71.
55 Über die Rolle des deutschen Modells als Vorbild für die Klausel-RL siehe Jansen, Klauselkontrolle im europäischen Privatrecht, ZEuP 2010, S. 73.
56 Siehe dazu Rn 3.

IV. Generalklausel der Richtlinie und ihre Konkretisierung

Konkretisierung dient eine sog. indikative Liste von Klauseln, die im Zweifel als missbräuchlich anzusehen sind. Diese Verbote müssen zusammen mit den in Art. 3 Abs. 1 Klausel-RL genannten Kriterien gelesen werden. Sie füllen die unscharfen Formulierungen der Vorschrift aus und veranschaulichen dem Rechtsanwender, welche Art der Vertragsgestaltung der europäische Gesetzgeber bekämpfen wollte. Die indikative Liste sollte damit auch dem nationalen Gesetzgeber als Wegweiser dienen. Die Verbindlichkeit dieser Liste ist damit stark relativiert. Sie muss von den Mitgliedstaaten nicht umgesetzt werden. Zu diesem Ergebnis kam der EuGH in seinem Urteil *Kommission gegen Schweden*[57]. Im Regelfall haben die nationalen Gesetzgeber aber derartige Listen eingeführt, wenn auch mit unterschiedlichen Inhalten, die oft den nationalen Sonderbedürfnissen Rechnung tragen.

▶ **Urteil des EuGH v. 7.5.2002, Rs. C-478/99 (Kommission/Schweden), Slg 2002, I-4147**
22. Da die Liste im Anhang der Richtlinie Hinweis- und Beispielcharakter hat, stellt sie eine Informationsquelle sowohl für die mit der Anwendung der Umsetzungsmaßnahmen betrauten nationalen Behörden als auch für die von diesen Maßnahmen betroffenen Einzelnen dar. Wie der Generalanwalt in Nummer 48 seiner Schlussanträge festgestellt hat, müssen die Mitgliedstaaten daher zur Erreichung des Zieles der Richtlinie Umsetzungsformen und -mittel wählen, die hinreichende Sicherheit dafür bieten, dass die Allgemeinheit von dieser Liste Kenntnis erlangen kann. ◀

In diesem Zusammenhang stellte sich eine zentrale Frage für die Klauselkontrolle aus der Perspektive des Unionsrechts. Bildet die Konkretisierung der Generalklausel des Art. 3 Abs. 1 Klausel-RL überhaupt einen Gegenstand, der zum *Acquis communautaire* gehört? Ist der in Art. 3 Abs. 1 Klausel-RL angewendete Grundsatz von Treu und Glauben überhaupt einheitlich europäisch zu verstehen oder bleiben die Konkretisierung der allgemeinen Kriterien von Art. 3 Abs. 1 Klausel-RL und die Antwort auf die Frage, ob eine gegebene Vertragsklausel die Fairnessprüfung überstehen kann, eine ausschließlich nationale Materie? 23

Anfangs war man sich des Bedarfs einer solchen Differenzierung überhaupt nicht bewusst. Die Annahme schien ausreichend, dass die inhaltliche Kontrolle der missbräuchlichen Klauseln mit dem Inkrafttreten der Richtlinie zu einem Bestandteil des Gemeinschaftsrechts geworden ist. Folglich müsste bei der Auslegung der Generalklausel des Art. 3 Abs. 1 Klausel-RL die Liste aus dem Anhang beachtet werden, weil sie Ausdruck des Willens des europäischen Gesetzgebers ist. Hieraus ergibt sich, dass die Frage der Auslegung der Generalklausel, und somit auch das Verständnis und die Konkretisierung des Grundsatzes von Treu und Glauben eine Frage des europäischen Rechts ist und damit der Auslegungskompetenz des EuGH untersteht. 24

Dass auch der EuGH anfänglich seine Auslegungskompetenz dahin gehend verstanden hat, ergibt sich aus dem Fall *Océano*[58].[59] In dieser Entscheidung stellte das Gericht fest: 25

▶ **Urteil des EuGH v. 27.6.2000, Rs. C-240/98 (Océano), Slg 2000, I-4941**
22. Eine solche Klausel, die die Zuständigkeit für alle Rechtsstreitigkeiten aus dem Vertrag dem Gericht zuweist, in dessen Bezirk der Gewerbetreibende seine Niederlassung

---
57 EuGH 7.5.2002, Rs. C-478/99 (Kommission/Schweden), Slg 2002, I-4147.
58 EuGH 27.6.2000, Rs. C-240/98 (Océano) und Rs. C-241/98 (Salvat Editores), Rs. C-242/98 (José Luis Copano Badillo), Rs. C-243/98 (Mohammed Berroane) und Rs. C-244/98 (Emilio Viñas Feliu), Slg 2000, I-4941.
59 Stuyck, Unfair Terms, in: Howells/Schulze (Hrsg.), Modernising and Harmonising Consumer Contract Law, 2009, S. 115, 120.

hat, zwingt den Verbraucher, die ausschließliche Zuständigkeit eines Gerichtes anzuerkennen, das von seinem Wohnsitz möglicherweise weit entfernt ist, was sein Erscheinen vor Gericht erschweren kann. Bei Rechtsstreitigkeiten mit geringem Streitwert könnten die Aufwendungen des Verbrauchers für sein Erscheinen vor Gericht sich als abschreckend erweisen und diesen davon abhalten, den Rechtsweg zu beschreiten oder sich überhaupt zu verteidigen. Eine solche Klausel gehört somit zu der im Anhang der Richtlinie unter Nummer 1 Buchstabe q genannten Gruppe von Klauseln, die darauf abzielen oder zur Folge haben, daß dem Verbraucher die Möglichkeit genommen oder erschwert wird, Rechtsbehelfe bei Gericht einzulegen. (...)

24. Somit ist eine Gerichtsstandsklausel, die in einen Vertrag zwischen einem Verbraucher und einem Gewerbetreibenden aufgenommen worden ist, ohne im einzelnen ausgehandelt worden zu sein, und die ausschließliche Zuständigkeit dem Gericht zuweist, in dessen Bezirk der Gewerbetreibende seine Niederlassung hat, als mißbräuchlich im Sinne des Artikels 3 der Richtlinie anzusehen, da sie entgegen dem Gebot von Treu und Glauben zum Nachteil des Verbrauchers ein erhebliches und ungerechtfertigtes Mißverhältnis der vertraglichen Rechte und Pflichten des Vertragspartner verursacht. ◄

Der EuGH ging in dieser Entscheidung davon aus, dass die Frage der Missbräuchlichkeit einer konkreten Vertragsklausel aufgrund des Grundsatzes von Treu und Glauben durch den Gerichtshof aus der Perspektive des europäischen Rechts beantwortet werden kann. Darüber hinaus wird die Entscheidung im Fall *Océano* oft so gedeutet, dass der Gerichtshof die in diesem Fall beanstandete Gerichtsstandsklausel unter allen Umständen als missbräuchlich angesehen habe. Damit wurde durch die Rechtsprechung des EuGH ein Grundstein für die europäische schwarze Liste der verbotenen Vertragsklauseln gelegt. Dieser letzten Annahme folgen auch die einschlägigen Vorschriften des DCFR[60] und der Acquis Principles[61].

26 Allerdings ist die Annahme des absoluten Verbots einer Gerichtsstandsvereinbarung keine zwingende Schlussfolgerung aus der angeführten Entscheidung.[62] Das Gericht betont auch, dass die Gerichtsstandsvereinbarung zu den Klauseln gehöre, welche im Anhang der Richtlinie genannt werden. Dieser Anhang enthält jedoch keine absoluten Verbote, sondern liefert lediglich Hinweise für Verbote, welche im Einzelfall nach den Kriterien des Art. 3 Abs. 1 der Klausel-RL ausgewertet werden müssen. Dies würde eher darauf hinweisen, dass das Gericht eine zusätzliche Abwägungsmöglichkeit im Rahmen der Generalklausel doch nicht gänzlich ausschließt. Es herrscht allerdings kein Zweifel, dass der Gerichtshof seine Auffassung bezüglich der Unvereinbarkeit der Gerichtsstandsklausel mit dem Grundsatz von Treu und Glauben kategorisch ausspricht.

27 Diese Auffassung des EuGH wirft Fragen sowohl in theoretischer als auch in praktischer Hinsicht auf. Kann der EuGH ein Konzept wie Treu und Glauben mit Inhalten füllen, die in ganz Europa allgemein verbindlich sind? Formeln wie Treu und Glauben werden von den Gesetzgebern verwendet, um die erforderliche Flexibilität bei der Rechtsanwendung zu sichern. Ist es überhaupt möglich, eine inhaltlich gleiche Konkretisierung dieses Grundsatzes für ganz Europa vorzunehmen? Der Inhalt von Treu und Glauben hängt stark von außerrechtlichen Regeln ab, die die jeweilige Gesellschaft in ihrem Zusammenleben zu respektieren sucht und als wichtig für den Zusammenhalt

---

60 Art. II.-9:409, Art. II.-9:410 DCFR.
61 Art. 6:304, Art. 6:305 ACQP.
62 Zoll, Die Grundregeln der Acquis-Gruppe im Spannungsverhältnis zwischen acquis commun und acquis communautaire, GPR 2008, S. 106, 113.

IV. Generalklausel der Richtlinie und ihre Konkretisierung

dieser Gesellschaft betrachtet.[63] Die Verwendung dieses Grundsatzes deutet eher darauf hin, dass der europäische Gesetzgeber einen bestimmten Spielraum für die Heranziehung der örtlichen Werte schaffen wollte. Dementsprechend muss eine Missbräuchlichkeitsprüfung im Einklang mit diesen Werten stattfinden. Eine Vereinheitlichung des Rechts in Europa heißt nicht, und soll auch nicht heißen, dass die kulturelle Vielfalt Europas dadurch beseitigt werden soll. Die kulturelle Vielfalt spielt aber auch in den jeweiligen Kulturen der Vertragsbeziehungen eine Rolle und erlangt dort eine indirekte rechtliche Bedeutung. Der Grundsatz von Treu und Glauben ist ein Tor, durch das diese Vielfalt auch in das harmonisierte bzw. vereinheitliche Recht einfließt. In diesem Sinne ist der EuGH im Rechtsfall *Océano* zu weit gegangen. Dieses theoretische Problem ergibt sich aber nicht nur aus der Entscheidung *Océano*.[64] Wäre der vom Gericht beschrittene Weg richtig, stünde das Gericht vor dem in der bereits bestehenden Struktur kaum zu bewältigenden Problem, eine Vielzahl von Vorabentscheidungsersuchen beantworten zu müssen. In jeder Klauselkontrolle in Europa würde dann eine Auslegungsfrage des Grundsatzes von Treu und Glauben aus europäischer Sicht entstehen, was eine dauerhafte Lähmung des EuGH zur Folge hätte.

Die Probleme, zu denen die *Océano*-Entscheidung führte, hat der EuGH aber bald erkannt. In der nachfolgenden Rechtsprechung ist eine deutliche, wenn auch nicht offengelegte Abkehr von der Aussage im Fall *Océano* hinsichtlich der materiellrechtlichen Aspekte der Klauselkontrolle zu beobachten. Im Fall *Freiburger Kommunalbauten*[65] legte der deutsche BGH dem EuGH die folgende Frage vor:

28

> ▶ **Urteil des EuGH v. 1.4.2004, Rs. C-237/02 (Freiburger Kommunalbauten), Slg 2004, I-3403**
>
> 14. Ist die in Allgemeinen Geschäftsbedingungen eines Veräußerers enthaltene Klausel, nach der der Erwerber eines zu errichtenden Bauwerks den gesamten Preis hierfür unabhängig von einem Baufortschritt zu zahlen hat, wenn der Veräußerer ihm zuvor die Bürgschaft eines Kreditinstitutes stellt, welche die Geldansprüche des Erwerbers sichert, ob diesem wegen mangelhafter oder unterlassener Erfüllung des Vertrages erwachsen können, als missbräuchlich im Sinne von Artikel 3 Absatz 1 der Richtlinie 93/13/EWG des Rates vom 5. April 1993 über missbräuchliche Klauseln in Verbraucherverträgen anzusehen? ◀

Auf diese Frage antwortete der EuGH:

29

> ▶ **Urteil des EuGH v. 1.4.2004, Rs. C-237/02 (Freiburger Kommunalbauten), Slg 2004, I-3403**
>
> 26. Es ist Sache des nationalen Gerichts festzustellen, ob eine Vertragsklausel wie die, die Gegenstand des Ausgangsverfahrens ist, die Kriterien erfüllt, um als missbräuchlich im Sinne von Artikel 3 Absatz 1 der Richtlinie 93/13/EWG des Rates vom 5. April 1993 über missbräuchliche Klauseln in Verbraucherverträgen qualifiziert zu werden. ◀

Diese Aussage ist mit den Ausführungen im Fall *Océano* kaum vereinbar. Der Gerichtshof betont im Rechtsfall *Freiburger Kommunalbauten*, dass ihm keine Kompetenz zustehe, die Bewertung einer konkreten Klauselgestaltung im Licht des Grundsatzes von Treu und Glauben vorzunehmen.[66] Er könne außerdem den Grundsatz von

---

63 Für das deutsche Recht Staudinger/Huber, Eckpfeiler des Zivilrechts, 5. Aufl. 2014, Rn 27–30; Lurger, The Common Frame of Reference, in: Wilhelmsson/Paunio/Pohjolainen, Private Law and the Many Cultures of Europe, 2007, S. 189.
64 Siehe zu dieser Entscheidung Zoll, Die Grundregeln der Acquis-Gruppe im Spannungsverhältnis zwischen acquis commun und acquis communautaire, GPR 2008, S. 106, 113.
65 EuGH 1.4.2004, Rs. C-237/02 (Freiburger Kommunalbauten), Slg 2004, I-3403.
66 Siehe insbesondere die Entscheidungsgründe 21–24 der Entscheidung EuGH 1.4.2004, Rs. C-237/02 (Freiburger Kommunalbauten), Slg 2004, I-3403.

Treu und Glauben nicht europaweit konkretisieren. Dies sei die Aufgabe der nationalen Gerichte. Der EuGH versucht aber im Rechtsfall *Freiburger Kommunalbauten* den Eindruck zu wahren, dass zwischen beiden Entscheidungen kein fundamentaler Unterschied in dieser Hinsicht vorliege. Der EuGH verweist mit der Feststellung auf *Océano*, dass die Klausel, welche in jener Entscheidung geprüft worden war, offensichtlich missbräuchlich war, weil sie ausschließlich und ohne Gegenleistung für den Gewerbetreibenden vorteilhaft war. Aus diesen Gründen habe die Missbräuchlichkeit dieser Klausel festgestellt werden können, ohne „dass alle Umstände des Vertragsschlusses geprüft und die mit dieser Klausel verbundenen Vor- und Nachteile im Rahmen des auf den Vertrag anwendbaren nationalen Rechts gewürdigt werden mussten"[67]. Im Fall *Freiburger Kommunalbauten* versucht der EuGH somit die Klauseln in zwei Gruppen zu teilen: einerseits gibt es Klauseln, die so offensichtlich gegen den Grundsatz von Treu und Glauben verstoßen, dass sie europaweit verboten werden müssten. Dieses Verbot stellt einen Teil des *Acquis communautaire* dar. Andererseits gibt es Klauseln, welche nur lokal als unwirksam zu bewerten sind, so dass das europäische Recht nur den Rahmen festlegt, in dem diese Bewertung stattfinden sollte.

30   Problematisch ist aber, nach welchen Kriterien diese erste Gruppe der europaweit wirkenden Verbote zu definieren ist. Der Ansatz ist an sich nachvollziehbar, da Europa sehr viele gemeinsame Werte hat. Gleichzeitig gibt es aber auch sehr viele lokale Unterschiede. Theoretisch wäre ein System, nach welchem der Grundsatz von Treu und Glauben auf zwei verschiedene Weisen auszulegen ist, vorstellbar. Einerseits wäre dann der Begriff von Treu und Glauben anhand europäischer Vorgaben zu bestimmen, anderseits anhand nationaler Maßstäbe. Im technischen Sinne würde es bedeuten, dass der Begriff von Treu und Glauben zum Teil dem *Acquis communautaire* und zum Teil dem nationalen Recht zugerechnet würde. Dieser durchaus attraktive Gedanke vom doppelten Inhalt des Begriffs von Treu und Glauben wäre aber aus rein praktischer Sicht kaum zu verwirklichen. Hierdurch würden unlösbare Abgrenzungsprobleme zwischen dem „europäischen" und „nationalen" Inhalt der Klausel entstehen. Der EuGH würde dann auch mehrfach klären müssen, wo die Grenze zwischen dem allgemeineuropäischen und dem lokalen Verstoß gegen das Prinzip von Treu und Glauben verläuft, was sich äußerst schwierig darstellt. So wäre die Klausel im Fall *Océano* als gegen Treu und Glauben verstoßend und damit als missbräuchlich anzusehen. In der Entscheidung *Freiburger Kommunalbauten* wurde diese Gerichtsstandsklausel als missbräuchlich, ohne dass eine zusätzliche Bewertung erforderlich ist, eingestuft, was für alle Mitgliedstaaten in gleichem Maße gelten sollte.

31   Es ist aber fraglich, ob eine Gerichtsstandsklausel, wie sie im Fall *Océano* zu beurteilen war, unabhängig von allen begleitenden Umständen stets als missbräuchlich anzusehen ist. Es ist offensichtlich, dass eine derartige Klausel besonders diejenigen Verbraucher trifft, deren Wohnorte von dem in der fraglichen Klausel vorgesehenen Ort besonders weit entfernt sind. Gut vorstellbar ist aber auch, dass die Klausel für diejenigen, die in der Nähe des vom Verwender der Klausel gewünschten Gerichtsstandes wohnen, weniger problematisch ist und damit nicht notwendigerweise als missbräuchlich gesehen werden muss. In seiner weiteren Rechtsprechung schwächte der EuGH

---

67   Siehe Entscheidungsgrund 23 der Entscheidung EuGH 1.4.2004, Rs. C-237/02 (Freiburger Kommunalbauten), Slg 2004, I-3403.

seine Ansicht gerade in dieser Hinsicht ab.[68] In der Sache *Pannon*[69] hat der EuGH entschieden, dass es Sache des nationalen Gerichts sei, festzustellen, ob eine Vertragsklausel (in diesem Fall ging es ebenfalls um eine Gerichtsstandsvereinbarung) die Kriterien erfüllt, um im Sinne von Art. 3 Abs. 1 Klausel-RL als missbräuchlich qualifiziert zu werden.[70] In dieser Entscheidung entfernt sich das Gericht von seiner Auffassung über die absolute Missbräuchlichkeit einer Gerichtsstandsvereinbarung, die es noch im Fall *Océano* vertreten hatte.

V. Klauselkontrolle in der Zahlungsverzugs-RL

Die Kontrolle der missbräuchlichen Klauseln ist im *Acquis communautaire* nicht nur für Verbraucherverträge vorgesehen, sondern mit eng begrenztem Anwendungsbereich auch für Verträge zwischen Unternehmern. Bereits in der früheren Zahlungsverzugs-RL 2000 war eine Kontrolle für die Vereinbarung eines übermäßigen Aufschubs der Zahlungsfrist vorgesehen.[71] Die Kontrolle solcher Klauseln war unabhängig davon zugelassen, ob die fragliche Vertragsklausel ausgehandelt wurde.[72] Dieses Kontrollsystem ist von der neuen Zahlungsverzugs-RL übernommen und erweitert worden. Die Richtlinie verpfichtet die Mitgliedstaaten in Art. 7, solche Klauseln und eine solche Praxis zu verbieten, die in Hinblick auf den Zahlungstermin oder die Zahlungsfrist, auf den für Verzugszinsen geltenden Zinssatz oder auf die Entschädigung für Beitreibungskosten entweder nicht durchsetzbar sind oder einen Schadensersatzanspruch begründen, wenn sie für den Gläubiger grob nachteilig sind. In der Zahlungsverzugs-RL zeichnet sich im Vergleich zur Klausel-RL ein ganz anderes Kontrollsystem für Klauseln ab. Vertragsklauseln werden auf eine ähnliche Weise kontrolliert wie die Geschäftspraktiken zwischen den Parteien. Der Missbrauch der Vertragsfreiheit wird auf eine Ebene mit verbotenem Verhalten im Sinne der RL über unlautere Geschäftspraktiken gestellt. Auch darin kommt die Abkehr vom traditionellen Verständnis des Vertrages zum Ausdruck. In der RL über unlautere Geschäftspraktiken versuchte der europäische Gesetzgeber zwischen dem Vertrag und den Geschäftspraktiken scharf zu trennen, indem er festlegte, dass die RL über unlautere Geschäftspraktiken keinen Einfluss auf die Gültigkeit des Vertrages haben sollte.[73] Diese Festlegung scheint aber ziemlich lebensfremd zu sein, da die beiden Bereiche in der Praxis nicht streng auseinander gehalten werden können.[74] In der Zahlungsverzugs-RL werden sie zusammengeführt.

32

Das in der Zahlungsverzugs-RL verwendete Kriterium der groben Benachteiligung des Gläubigers wird durch weitere Kriterien ergänzt. Eine besondere Rolle spielen die „groben Abweichung von der guten Handelspraxis, die gegen den Grundsatz des guten Glaubens und der Redlichkeit verstößt" gem. Art. 7 Abs. 1 Unterabs. 2 Zahlungsverzugs-RL. Diesem Kriterium, das in der Zahlungsverzugs-RL nur der Konkretisierung des Begriffes der „groben Benachteiligung" dient, kommt sowohl in wissenschaftlichen

33

---

68 Siehe EuGH 14.6.2012 Rs. C-618/10 (Banco Español de Crédito); EuGH 9.11.2010, Rs. C-137/08 (VB Pénzügyi Lízing), Slg 2010, I-10847.
69 EuGH 4.6.2009, Rs. C-243/08 (Pannon), Slg 2009, I-4713.
70 Siehe EuGH 4.6.2009, Rs. C-243/08 (Pannon), Slg 2009, I-4713, Rn 32; so auch EuGH 26.4.2012, Rs. C-472/10 (Invitel).
71 Art. 3 Abs. 3 Zahlungsverzugs-RL 2000.
72 Umkehrschluss aus Art. 3 Abs. 3 Zahlungsverzugs-RL 2000 und Art. 7 Zahlungsverzugs-RL.
73 Art. 3 Abs. 2 RL über unlautere Geschäftspraktiken.
74 Zu dieser Frage auch Leistner, Richtiger Vertrag und lauterer Wettbewerb, 2007, S. 450–454.

Entwürfen (Art. 6:301 ACQP; Art. II.-9:405 DCFR) als auch im Gesetzgebungsprojekt für das europäische Kaufrecht (Art. 86 GEK-E) eine selbstständige Bedeutung zu.

▶ **ARTIKEL 7 ZAHLUNGSVERZUGS-RL**
Nachteilige Vertragsklauseln und Praktiken

(1) Die Mitgliedstaaten bestimmen, dass eine Vertragsklausel oder eine Praxis im Hinblick auf den Zahlungstermin oder die Zahlungsfrist, auf den für Verzugszinsen geltenden Zinssatz oder auf die Entschädigung für Beitreibungskosten entweder nicht durchsetzbar ist oder einen Schadensersatzanspruch begründet, wenn sie für den Gläubiger grob nachteilig ist.
Bei der Entscheidung darüber, ob eine Vertragsklausel oder eine Praxis im Sinne von Unterabsatz 1 grob nachteilig für den Gläubiger ist, werden alle Umstände des Falles geprüft, einschließlich folgender Aspekte:
a) jede grobe Abweichung von der guten Handelspraxis, die gegen den Grundsatz des guten Glaubens und der Redlichkeit verstößt;
b) die Art der Ware oder der Dienstleistung und
c) ob der Schuldner einen objektiven Grund für die Abweichung vom gesetzlichen Zinssatz bei Zahlungsverzug oder von der in Artikel 3 Absatz 5, Artikel 4 Absatz 3 Buchstabe a, Artikel 4 Absatz 4 und Artikel 4 Absatz 6 genannten Zahlungsfrist oder von dem Pauschalbetrag gemäß Artikel 6 Absatz 1 hat.
(2) Eine Vertragsklausel oder eine Praxis ist als grob nachteilig im Sinne von Absatz 1 anzusehen, wenn in ihr Verzugszinsen ausgeschlossen werden.
(...) ◀

VI. Konzept der Klauselkontrolle in den Acquis Principles

34   Da die Acquis Principles der Systematisierung des *Acquis communautaire* und der Herstellung seiner inneren Kohärenz dienen,[75] verwundert es nicht, dass die Struktur der Klauselkontrolle sich hier stark an die der Klausel-RL anlehnt.[76] Die Richtlinie wurde aber keinesfalls kopiert. Bei der Erarbeitung des Kontrollsystems sind auch andere Richtlinien berücksichtigt worden (zB die Zahlungsverzugs-RL 2000). Darüber hinaus wurde auch die Gesetzgebung der Mitgliedstaaten nicht außer Betracht gelassen. Die Inspirationen durch das deutsche AGB-Recht sind nicht zu verkennen.[77] Ferner wurde entsprechend der Methode der Acquis-Gruppe die Verallgemeinerung der im Unionsrecht eng gefassten, aber ihrem Inhalt nach erweiterungsfähigen Rechtskonstruktionen vorgeschlagen. Die Klausel-RL ist ein Teil des unionsrechtlichen Verbraucherrechts. Das Problem der Klauselkontrolle ist aber kein genuines Problem des Verbraucherrechts. Vielmehr kann die Vertragsgestaltungsfreiheit ebenfalls in anderen persönlichen Konstellationen beeinträchtigt werden. Die Acquis Principles berücksichtigen dies und erweitern den Anwendungsbereich der Klauselkontrolle.[78] So werden die folgenden Konstellationen erfasst: Verträge zwischen Unternehmern und Verbrauchern, Verträge ausschließlich zwischen Unternehmern und zudem die sonstigen Ver-

---

75   Acquis Group/Dannemann, Contract II, Introductory Part, S. xxxvi, xxv; siehe auch Zoll, Unfair Terms in the Acquis Principles and Draft Common Frame of Reference: A Study of the Differences between the Two Closest Members of One Family, Juridica International, 2008, S. 69.
76   Zoll, Unfair Terms in the Acquis Principles and Draft Common Frame of Reference: A study of the Differences between the Two Closest Members of One Family, Juridica International, 2008, S. 69, 72.
77   Zoll, Unfair Terms in the Acquis Principles and Draft Common Frame of Reference: A study of the Differences between the Two Closest Members of One Family, Juridica International, 2008, S. 69, 72.
78   Acquis Group/Pfeiffer/Ebers, Contract II, Art. 6:101 Rn 6.

VI. Konzept der Klauselkontrolle in den Acquis Principles

träge (zB zwischen Unternehmern und Parteien, die weder Verbraucher noch Unternehmer sind – zB ideelle Vereine). Dies bedeutet aber nicht, dass in allen diesen Konfigurationen die Kontrolle gleich auszugestalten und die persönliche Qualifizierung der Parteien unbedeutend ist.

Die Acquis Principles folgen dem Modell der Richtlinie auch insofern, als die Kontrolle derjenigen Klauseln einbezogen ist, die nur für die einmalige Verwendung bestimmt sind. Auf diese Weise verringert sich die Bedeutung Allgemeiner Geschäftsbedingungen für dieses Regelungskonzept deutlich. Sie spielen nur eine Rolle im Fall von kollidierenden AGB, die durch mehrere Vertragsparteien verwendet werden (Art. 6:204 ACQP).[79] Darüber hinaus lehnen sich die Acquis Principles auch insoweit an die Richtlinie an, als sie nur die nicht ausgehandelten Klauseln der Kontrolle unterwerfen (Art. 6:301 ACQP). Die Ausweitung der Kontrolle auf andere Verträge als nur zwischen Unternehmern und Verbrauchern ist aber mehr als nur eine bloße Erweiterung des Anwendungsbereichs der Richtlinie. Wie sich gezeigt hat, ist dem *Acquis communautaire* die Idee der Kontrolle auch in rein unternehmerischen Verträgen nicht fremd.[80] Die Zahlungsverzugs-RL sieht eine derartige Kontrolle in einem beschränkten Umfang vor.[81] Die Kontrollekriterien aus der Zahlungsverzugs-RL prägen auch die entsprechenden Kriterien der Klauselkontrolle in den Acquis Principles.

35

Die Acquis Principles gliedern die Kontrolle nach dem traditionellen Muster, indem sie drei getrennte Arten von Kontrollen vorsehen: die Einbeziehungskontrolle[82], die Auslegungskontrolle[83] und letztlich das wichtigste Instrument, die Inhaltskontrolle[84].

36

Die in Art. 6:201 ACQP geregelte Einbeziehungskontrolle ist zwar durch eine lange Tradition in den einzelnen Rechtsordnungen begründet. In dieser Form hat sie die Klausel-RL aber nicht übernommen. Die Acquis Principles versuchen – in eher traditioneller Weise – , die Einbeziehungskontrolle der Klauseln und die Inhaltskontrolle scharf voneinander zu trennen.[85] Die Klausel-RL wählt dagegen einen anderen Weg, wie sich deutlich zeigt, wenn man Art. 6:201 ACQP und Abs. 1 lit. i des Anhangs zu der Klausel-RL vergleicht. Nach Art. 6:201 Abs. 3 ACQP sind Klauseln unwirksam, von denen der Verbraucher vor dem Abschluss des Vertrages nicht wirklich Kenntnis erlangen konnte. Nach dem Konzept der Klausel-RL wird dieses Problem auf die Ebene der Inhaltskontrolle verlagert. Dieser Schluss kann eher implizit als explizit aus der Richtlinie gezogen werden, da er sich nur aus dem genannten Buchstaben des Anhangs und der fehlenden Vorschriften über die Einbeziehung ergibt.

37

▶ *Artikel 6:201 ACQP*
Kenntnis von nicht im Einzelnen ausgehandelten Klauseln

(1) Vertragsbestimmungen, die nicht im Einzelnen ausgehandelt sind, binden eine Partei, die von ihnen keine Kenntnis hatte, nur dann, wenn der Verwender angemessene Maßnahmen dazu ergriffen hat, die andere Partei vor oder bei Vertragsschluss auf diese Bestimmung aufmerksam zu machen.

---

79 Diese Regel ist der „Grey Rule" des Art. II.-4:209 DCFR entnommen.
80 Zoll, Unfair Terms in the Acquis Principles and Draft Common Frame of Reference: A study of the Differences between the Two Closest Members of One Family, Juridica International, 2008, S. 69, 71.
81 Siehe § 2 Rn 143.
82 Art. 6:201 ACQP.
83 Art. 6:203 ACQP.
84 Art. 6:301–6:306 ACQP.
85 Acquis Group/Pfeiffer/Ebers, Contract II, Art. 6:101 Rn 10.

(2) Durch einen bloßen Verweis auf die Bestimmungen in einem Vertragsdokument wird die andere Partei nicht in angemessener Weise auf sie aufmerksam gemacht, selbst wenn die andere Partei das Dokument unterzeichnet.
(3) Wenn ein Vertrag mit elektronischen Mitteln geschlossen werden soll, binden Vertragsbestimmungen die andere Partei nicht, es sei denn der Verwender macht sie der anderen Partei in Textform zugänglich.
(4) Verbraucher sind an Bestimmungen nicht gebunden, soweit sie vor Vertragsschluss keine hinreichende Möglichkeit hatten, von ihnen Kenntnis zu nehmen. ◄

38 Die Acquis Principles sehen grundsätzlich eine allgemeine Einbeziehungskontrolle ohne Einschränkung in Hinblick auf den rechtlichen Status der Vertragsparteien vor. Der Verwender der nicht individuell ausgehandelten Klauseln muss die andere Partei, der die Verwendung der Klauseln nicht bewusst ist, auf ihre Existenz aufmerksam machen (Art. 6:201 Abs. 1 ACQP). Wird der Vertrag elektronisch abgeschlossen, müssen der anderen Partei die Klauseln in Textform zugänglich gemacht werden (Art. 6:201 Abs. 3 ACQP). Der Verbraucherstatus des Kunden führt zu einer Verschärfung der Einbeziehungsvoraussetzungen. In diesem Fall hängt die Wirksamkeit der Einbeziehung von der realen Möglichkeit der ausreichenden Kenntnisnahme vor Vertragsschluss ab (Art. 6:201 Abs. 4 ACQP).

39 In dieser Vorschrift über die Einbeziehung spiegeln sich die Probleme wider, die durch die Abkehr vom Konzept der Allgemeinen Geschäftsbedingungen verursacht werden. Die Regelung einer Einbeziehungskontrolle ist nur dann sinnvoll, wenn sie sich auf ein besonderes Phänomen, wie etwa AGB, bezieht. Bei den AGB stellt sich die Frage, wie die für den Massenkunden zugeschnittenen Vertragsklauseln Teil eines Einzelvertrags werden. Bei einer zur einmaligen Verwendung bestimmten Klausel gibt es dagegen keinen Bedarf neben dem üblichen Verfahren des Vertragsabschlusses zusätzlich Einbeziehungsregeln aufzustellen. In dieser Hinsicht zeigen sich in den Acquis Principles noch die Unsicherheiten der Entwicklung des Rechts auf diesem Gebiet. Die Klauselkontrolle stützt sich auf ein für das Recht der Allgemeinen Geschäftsbedingungen entwickeltes Gerüst, obwohl die Eigenschaft der AGB keine Voraussetzung der Kontrolle mehr ist.

40 In den übrigen Teilen der Acquis Principles nähert sich die Kontrollstruktur dem aus der Klausel-RL vertrauten System an. Die Unterschiede ergeben sich aus der Erweiterung des persönlichen Anwendungsbereichs auf rein unternehmerische Verträge und auf Verträge, bei denen eine Qualifizierung des persönlichen Status der beteiligten Parteien nicht erforderlich ist.

41 Im Zentrum des Systems steht eine Generalklausel (Art. 6:301 Abs. 1 ACQP),[86] die auch auf der Klausel-RL entnommene Kriterien verweist.[87]

▶ *Artikel 6:301 ACQP*

Missbräuchlichkeit von Bestimmungen

(1) Eine nicht im Einzelnen ausgehandelte Vertragsbestimmung wird als missbräuchlich angesehen, wenn sie die andere Partei benachteiligt, indem sie entgegen dem Gebot von Treu und Glauben ein wesentliches Ungleichgewicht der vertraglichen Rechte und Verpflichtungen der Parteien herbeiführt. Unbeschadet der Vorschriften über kollektive Verfahren sind bei der Beurteilung der Missbräuchlichkeit einer Vertragsbestimmung die Art der nach dem Vertrag zu liefernden Waren oder zu erbringenden Dienstleistungen, alle den Vertrags-

---

86 Zur Generalklausel siehe Acquis Group/Pfeiffer/Ebers, Contract II, Art. 6:301.
87 Acquis Group/Pfeiffer/Ebers, Contract II, Art. 6:301 Rn 1, 12.

VI. Konzept der Klauselkontrolle in den Acquis Principles

schluss begleitenden Umstände sowie alle anderen Bestimmungen desselben Vertrages oder eines anderen Vertrages, von dem der Vertrag abhängt, zu beachten. (...) ◄

Eine Klausel ist demnach missbräuchlich, wenn sie entgegen dem Gebot von Treu und Glauben ein wesentliches Ungleichgewicht zwischen Rechten und Pflichten der Parteien zum Nachteil des Kunden verursacht. Anders als in der Klausel-RL vorgesehen, soll diese Klausel im System der Acquis Principles nicht nur für Verbraucherverträge gelten. Für die Verträge, bei denen der Kunde weder Verbraucher noch Unternehmer ist, soll die Generalklausel unverändert zur Anwendung kommen. Anders ist es für den Fall der beiderseitig unternehmerischen Verträge vorgesehen. Hier wird nach dem Vorbild der Zahlungsverzugs-RL ein zusätzliches Kriterium für die Feststellung der Missbräuchlichkeit aufgestellt: die Abweichung von der guten Handelspraxis (Art. 6:301 Abs. 2 ACQP).[88]

42

▶ *ARTIKEL 6:301 ACQP*
Missbräuchlichkeit von Bestimmungen
(...)
(2) Eine nicht im Einzelnen ausgehandelte Bestimmung in einem Vertrag zwischen Unternehmern ist nur dann als missbräuchlich anzusehen, wenn ihre Verwendung erheblich von guter Handelspraxis abweicht. ◄

Anders als in der Zahlungsverzugs-RL[89] ist damit das Merkmal der Abweichung von der „guten Handelspraxis" zu einem zusätzlichen, aber selbstständigen Kriterium geworden. Dieses zusätzliche Kriterium dient der Klarstellung, dass im Fall der rein unternehmerischen Verträge die Missbräuchlichkeit einer Klausel besonders zurückhaltend geprüft werden muss, da in beiderseitig unternehmerischen Beziehungen eine flexiblere Vertragsgestaltung unverzichtbar ist.

Dennoch können die Unterschiede zwischen den verschiedenen Arten von Vertragsparteien nicht vernachlässigt werden. Für Verbraucherverträge sind zwei Listen verbotener Klauseln vorgesehen: Die graue (Art. 6:305 ACQP) und die schwarze (Art. 6:304 ACQP) Liste. Die schwarze Liste enthält zwar nur eine Klausel, die durch die Entscheidung in der Sache *Océano*[90] angeregt wurde.[91] Damit sollte aber beispielhaft beschrieben werden, wie ein Klauselkontrollsystem mit einer schwarzen Liste aussehen könnte. Die Klauselkontrolle für andere Arten von Verträgen sollte nach dem Konzept der Acquis Principles nur auf eine Generalklausel gestützt werden. In allen drei von den Acquis Principles erfassten Vertragskonstellationen verläuft diese Kontrolle jeweils etwas unterschiedlich. Für Klauseln in Verbraucherverträgen sind sowohl eine Generalklausel, sowie eine graue Liste (die in diesem Fall etwas überraschend als „indicative list" bezeichnet wird) und eine schwarze Liste verbotener Klauseln vorgesehen.[92] In rein unternehmerischen Verträgen soll die Inhaltskontrolle auf der Grundlage einer Generalklausel erfolgen, die sich aber durch die verschärften Kriterien der Missbräuchlichkeit unterscheidet. Die beiden Listen der verbotenen Klauseln finden bei unternehmerischen Verträgen keine Anwendung. In den sonstigen Verträgen wird die Generalklausel ohne die „unternehmerische" Verschärfung der „Abweichung von der guten

43

---

88 Acquis Group/Pfeiffer/Ebers, Contract II, Art. 6:301 Rn 14.
89 Siehe Rn 32 f; § 2 Rn 143.
90 EuGH 27.6. 2000, Rs. C-240/98 (Océano), Slg 2000, I-4941.
91 Acquis Group/Pfeiffer/Ebers, Contract II, Art. 6:304 Rn 1.
92 Acquis Group/Pfeiffer/Ebers, Contract II, Art. 6:304 Rn 4, Art. 6:305.

Handelspraxis" angewendet. Die beiden Listen der besonderen Klauselverbote werden aber auch in diesem Fall nicht zur Konkretisierung der Generalklausel herangezogen.

VII. Konzept der Klauselkontrolle im DCFR

44 Die Teile des akademischen Entwurfs des Gemeinsamen Referenzrahmens, die sich auf den *Acquis communautaire* stützen, sind mit dem Text der Acquis Principles verwandt und grundsätzlich unter Verwendung der gleichen Methode, also der Widerspiegelung und Systematisierung des geltenden Unionsrechts, verfasst.[93] Dabei diente der Text der Acquis Principles als Grundlage für die entsprechenden Formulierungen des DCFR. Dennoch unterscheiden sich beide Texte erstaunlich deutlich voneinander.[94] Die Grundstruktur ist zwar zunächst ähnlich. Vorgesehen sind die Einbeziehungs- und Inhaltskontrolle der Klauseln. Auf den ersten Blick ist der Inhalt des Art. II.-9:103 DCFR mit dem des Art. 6:201 ACQP inhaltlich nahezu identisch, wenn auch redaktionelle Unterschiede beider Vorschriften erkennbar sind. Diese vermeintliche Nähe täuscht jedoch. Bei genauerer Betrachtung treten wesentliche Unterschiede zwischen beiden Texten hervor. Der DCFR enthält zwei recht detaillierte Vorschriften. Diese beiden Vorschriften beschäftigen sich zum einen mit dem Transparenzgebot, also der Verpflichtung, die nicht ausgehandelten Regeln in einer klaren Sprache zu vermitteln (Art. II.-9:402 DCFR), und zum anderen bei der Kontrolle der Missbräuchlichkeit mit der Berücksichtigung der Umstände, die den Abschluss des Vertrages begleiten und insbesondere der fehlenden Möglichkeit der Kenntnisnahme von der Klausel durch den Verbraucher vor Abschluss des Vertrages (Art. II.-9:407 Abs. 2 DCFR).

45 Die Acquis Principles kennen das Transparenzgebot zwar auch (Art. 6:302 ACQP), haben dieses allerdings sehr generell formuliert, ohne genaue Sanktionen für den Fall des Zuwiderhandelns festzulegen. Der DCFR betrachtet das Transparenzgebot ausdrücklich als einen Aspekt der Inhaltskontrolle. Dies ergibt sich aus der Formulierung in Art. II.-9:401 Abs. 2 DCFR. Diese Vorschrift bestimmt, dass in Verträgen zwischen Unternehmern und Verbrauchern allein ein Verstoß gegen das Transparenzgebot zur Feststellung der Missbräuchlichkeit der Klausel führen kann. Aus Art. II.-9:407 DCFR ergibt sich, dass im Lichte aller begleitenden Umstände für die Feststellung der Missbräuchlichkeit einer Klausel in einem Verbrauchervertrag auch berücksichtigt werden muss, ob der Verbraucher vor dem Abschluss des Vertrages von dem Inhalt der Klausel Kenntnis nehmen konnte. Diese Vorschrift geht auf das Konzept einer im Zweifel missbräuchlichen Klausel zurück, das der Klausel-RL entstammt[95] und das die Missbräuchlichkeit aus der fehlenden Möglichkeit der Kenntnisnahme herleiten will. Im Entwurf des DCFR verlagert sich der Kern der Klauselkontrolle hin zur Inhaltskontrolle. Hier werden auch jene Aspekte miteinbezogen, die nicht unmittelbar das Verhältnis von Rechten und Pflichten zwischen dem Unternehmer und Verbraucher, sondern darüber hinaus auch den Prozess der Entscheidung auf der Seite des Kunden betreffen. Die potenzielle Möglichkeit des Kunden, vom Inhalt und Sinn der Klausel Kenntnis zu erlangen, sowie das Ausmaß der Möglichkeiten, auf den Klauselinhalt Einfluss zu nehmen, sollen nach diesem Konzept für das Ergebnis der Kontrolle von Bedeutung sein. Innerhalb der Gruppe der Redaktoren des DCFR konnte keine Eini-

---

93 V. Bar/Clive/Schulte-Nölke (Hrsg.), DCFR Outline Edition, S. 7.
94 Zoll, Unfair Terms in the Acquis Principles and Draft Common Frame of Reference: A study of the Differences between the Two Closest Members of One Family, Juridica International, 2008, S. 69, 73.
95 Erwägungsgrund 20 Klausel-RL.

VII. Konzept der Klauselkontrolle im DCFR

gung darüber erzielt werden, ob zumindest im Bereich der Verbraucherverträge auch die ausgehandelten Klauseln zum Gegenstand der Kontrolle gemacht werden sollten. Die Unentschiedenheit der Redaktoren kommt durch die Klammer in Art. II.-9:403 DCFR zum Ausdruck.[96] Das System des DCFR scheint aber im Bereich des Verbraucherrechts eher dazu zu tendieren, die Freiheit der Willensbildung und Selbstverantwortung stärker zu wahren, und nicht allein den Inhalt der vertraglichen Rechte und Pflichten nach ihrer objektiv zu betrachtenden Gestaltung zu überprüfen. Jedoch gilt auch nach dem Regelwerk des DCFR die allgemeine Vermutung, dass die Klausel in Verbraucherverträgen nicht ausgehandelt wurde (Art. II.-1:110 Abs. 4 DCFR). Hier unterscheidet sich der DCFR vom Inhalt der Klausel-RL, die eine derartige Vermutung nur mit der Verwendung der Allgemeinen Geschäftsbedingungen verbindet.[97] Insofern unterscheidet sich der DCFR auch von den Acquis Principles, die der Richtlinie in dieser Hinsicht uneingeschränkt folgen (Art. 6:101 Abs. 4 ACQP).[98]

Erstaunlicherweise beschränkt aber der DCFR – im Unterschied zu den Acquis Principles – die Inhaltskontrolle der Klauseln außerhalb des Verbraucherrechts nur auf die Allgemeinen Geschäftsbedingungen, also auf Vertragsbestimmungen, die für eine Vielzahl von Verträgen vorformuliert wurden (Art. II.-9:404, Art. II.-9:405 iVm Art. II.-1:109 DCFR). Dem Kontrollsystem innerhalb des Verbraucherrechts und außerhalb dieses Bereichs liegen damit grundsätzlich andere Prinzipien und Werte zugrunde, auch wenn sich beide Kontrollsysteme zum Teil gleich oder ähnlich formulierter Normen bedienen.

46

Der DCFR differenziert darüber hinaus auch im Bereich der Kontrolle der Allgemeinen Geschäftsbedingungen. Die beiden Generalklauseln (Art. II.-9:404 und Art. II.-9:405 DCFR) unterscheiden sich durch das zusätzliche Merkmal der Abweichung von der „guten Handelspraxis", das für die rein unternehmerischen Verträge als ergänzendes Kriterium eingeführt wurde.

47

▶ *Artikel II.-9:404 DCFR*

Bedeutung von „unfair" in Verträgen zwischen Nicht-Unternehmern

In einem Vertrag, bei dem keine Partei Unternehmer ist, ist eine Bestimmung im Sinne dieses Abschnitts unfair, wenn sie Bestandteil der von einer Partei gestellten allgemeinen Geschäftsbedingungen ist und die andere Partei entgegen dem Gebot von Treu und Glauben und des redlichen Geschäftsverkehrs erheblich benachteiligt. ◀

▶ *Artikel II.-9:405 DCFR*

Bedeutung von „unfair" in Verträgen zwischen Unternehmern

In einem Vertrag zwischen Unternehmern ist eine Bestimmung im Sinne dieses Abschnitts unfair, wenn sie Bestandteil der von einer Partei gestellten allgemeinen Geschäftsbedingungen und von einer Art ist, dass ihre Verwendung unter Verstoß gegen das Gebot von Treu und Glauben und des redlichen Geschäftsverkehrs gröblich von der guten Handelspraxis abweicht. ◀

---

96 Stuyck, Unfair Terms, in: Howells/Schulze (Hrsg.), Modernising and Harmonising Consumer Contract Law, 2009, S. 115, 127.
97 Art. 3 Abs. 2 Klausel-RL.
98 In dieser Hinsicht hat das GEK bei Verbraucherverträgen das System des DCFR übernommen (Art. II.-1:110 Abs. 4 DCFR, Art. 7 Abs. 5 GEK-E), wobei bei beiderseitigen Unternehmerverträgen die Verwendung der AGB den Bezugspunkt des Nichtaushandelns darstellt.

Diese Ergänzung soll zum Ausdruck bringen, dass die Kontrolle in Unternehmerverträgen unter Berücksichtigung des notwendigen Gestaltungsspielraums, der in rein professionellen Beziehungen beibehalten werden muss, durchzuführen ist. In diesem Fall folgt der DCFR den Acquis Principles.[99]

48 Ähnlich wie die Acquis Principles kennt der DCFR zwei Listen verbotener Klauseln: die graue (Art. II.-9:410 DCFR) und die schwarze (Art. II.-9:409 DCFR) Liste. Die letztere enthält wie die Acquis Principles nur ein Verbot. Die Listen der verbotenen bzw „verdächtigen" Klauseln finden aber nur auf Verbraucherverträge Anwendung. Auch insoweit sind der DCFR und die Acquis Principles nahezu identisch.

VIII. Streben nach einer Reform

49 Das Grünbuch der Kommission aus dem Jahre 2007 über die Entwicklung des Unionsrechts im Bereich des Verbraucherrechts erfasst auch die Klauselkontrolle.[100] Die Kommission wollte wissen, ob es bei der indikativen Liste der verbotenen Klauseln bleiben soll, oder die Generalklausel als Grundlage einer Kontrolle durch eine schwarze (absolut verbotene Vertragsklauseln) oder eine graue (im Zweifel verbotene Vertragsklauseln) Liste oder durch beide Listen zu ergänzen ist. Die Kommission wollte zudem den Umfang der Kontrolle untersuchen: Sollte die Kontrolle auch die ausgehandelten Klauseln erfassen oder sollte es bei der Regelung der Klausel-RL bleiben, nach der nur die nicht ausgehandelten Klauseln kontrollfähig sind? Darüber hinaus erwog die Kommission noch die Erweiterung der Klauselkontrolle. Nach der Regelung der Richtlinie (die sich auch im DCFR und den Acquis Principles widerspiegelt) werden Klauseln von der Kontrolle ausgeschlossen, die die Hauptleistungspflichten bestimmen, es sei denn, dass diese intransparent sind (Art. 4 Abs. 2 Klausel-RL). Die Kontrolle des Preis-Leistungsverhältnisses sollte dem freien Markt überlassen werden. In der Praxis ist aber eine Abgrenzung der hauptleistungsbestimmenden Klauseln von den kontrollfähigen Nebenbestimmungen äußerst schwierig. Bei manchen Verträgen (wie zB Versicherungen) führt dies zudem zur rechtspolitisch nicht erwünschten Einengung der Inhaltskontrolle. Deswegen hat die Kommission die Abschaffung dieser Voraussetzung erwogen.

50 Vor allem aber hat die Kommission einen Schritt in Betracht gezogen, der eine allgemeine Frage des Verbraucherrechts der Union betrifft, aber in Hinblick auf die Klauselkontrolle besondere Tragweite hat: Sie warf die Frage auf, ob das künftige Verbraucherrecht nicht mittels einer vollharmonisierenden Richtlinie geregelt werden sollte. Den Mitgliedstaaten wäre danach kein Regelungsspielraum mehr hinsichtlich des Verbraucherschutzniveaus überlassen. Sie dürften dann nicht nur keine weniger günstigen, sondern auch keine günstigeren Vorschriften erlassen, als die Richtlinie selbst bestimmt. Die Klauselkontrolle ist aber ein Teil des Vertragsrechtes der Mitgliedsstaaten und schließt nicht die traditionellen Eingriffsinstrumente der nationalen Rechtsordnungen in den Inhalt des Vertrags aus. In vielen Rechtsordnungen bestimmen die guten Sitten bzw die Prinzipien von Treu und Glauben oder andere vergleichbare Kriterien die allgemeinen Grenzen für die Vertragsfreiheit. Die Vollharmonisierung der Vorschriften über die Klauselkontrolle würde erhebliche Zweifel hervorrufen, inwieweit dem nationalen Gesetzgeber die Kompetenz zur eigenständigen Regelung des jeweili-

---

99 Stuyck, Unfair Terms, in: Howells/Schulze (Hrsg.), Modernising and Harmonising Consumer Contract Law, 2009, S. 115, 126.
100 KOM(2006) 744 endg., 4.4.–4.6., S. 20–22.

gen nationalen Vertragsrechts entzogen werden sollte. Würde die Kontrolle nur auf die nicht ausgehandelten Klauseln eingeschränkt, würde dies zu dem paradoxen Ergebnis führen, dass der nationale Gesetzgeber in Hinblick auf die ausgehandelten Klauseln restriktiver vorgehen könnte, weil sie sich außerhalb des harmonisierten Unionsrechts befänden. Das Konzept der Vollharmonisierung, das die Kernbereiche des Vertragsrechts betrifft, hat sich daher für die praktische Umsetzung als nicht ausreichend ausgereift erwiesen.

IX. Scheitern der Klauselkontrolle in der Verbraucherrechte-RL

Im Jahr 2008 hat die Kommission einen Vorschlag für die Richtlinie über Verbraucherrechte vorgelegt.[101] Der Vorschlag erstreckte sich auch auf eine Regelung der Klauselkontrolle, die die alte Klausel-RL ablösen sollte.[102] Diese Regelung unterschied sich nur in wenigen Punkten von der geltenden Fassung der Klausel-RL. Die grundsätzlichen Lösungen wurden beibehalten. Weiterhin sollten nur die nicht ausgehandelten Klauseln Gegenstand der Kontrolle sein und die transparenten Klauseln, die die Hauptleistungen bestimmen, sollten weiterhin der Kontrolle entzogen bleiben. Ein wesentliches Novum bildeten zwei Listen verbotener Klauseln – die „schwarze" und die „graue" Liste. Dadurch sollte die „indikative" Liste der alten Richtlinie ersetzt werden.[103] Trotz dieser sehr zurückhaltenden und eher wenig innovativen Reform konnte sich die Kommission mit ihrem Vorschlag in der damaligen Form nicht durchsetzen. Der Grund für dieses Scheitern lag in der beabsichtigen Vollharmonisierung.[104] Es war nicht absehbar, was die Mitgliedstaaten bei einer Entscheidung für die Vollharmonisierung noch hätten autonom regeln dürfen. Würde es zB die vollharmonisierte „schwarze Liste" erlauben, andere zwingenden Normen zu erlassen, welche die Vertragsfreiheit einschränkten, aber nicht nur Anwendung auf nicht ausgehandelten Klauseln fänden? Die allgemeine Kritik[105] hat die Kommission dazu veranlasst, den Regelungsbereich für die vorgesehene Richtlinie erheblich einzuschränken. Im Zuge dieser Einschränkung hat sie die Klauselkontrolle aus dem Entwurf ausgegliedert.

X. Klauselkontrolle im GEK

Die Regelung der Klauselkontrolle im Vorschlag der Kommission für das GEK kommt dem Regelungsvorschlag der Acquis Principles inhaltlich am nächsten.[106] Die Vermutung für das Nichtaushandelns der Klausel sowie die eindeutige Integration des Transparenzgebotes in das System der Inhaltskontrolle hingegen wurden stärker durch den DCFR[107] beeinflusst. Die Einbeziehungskontrolle ist in Art. 70 GEK-E geregelt, der gänzlich mit der Regelung in Art. 6:201 ACQP übereinstimmt.[108]

---

101 KOM(2008) 614 endg.
102 Erwägungsgründe 1 und 2 Verbraucherrechte-RL.
103 Stuyck, Unfair Terms, in: Howells/Schulze (Hrsg.), Modernising and Harmonising Consumer Contract Law, 2009, S. 115, 128.
104 Siehe § 3 Rn 35; dazu siehe auch Jansen, Klauselkontrolle im europäischen Privatrecht, ZEuP 2010, S. 76 – 83.
105 Siehe etwa Kritik von Graf, Richtlinienentwurf und Allgemeine Geschäftsbedingungen, in: Jud/Wendehorst, Neuordnung des Verbraucherprivatrechts in Europa?, 2009, S. 141, 143 f.
106 Schulze/Kieninger, CESL Commentary, Art. 70 CESL Rn 3.
107 Schulze/Kieninger, CESL Commentary, Art. 70 CESL Rn 2.
108 Zur Einbeziehung im GEK siehe auch Möslein, Kontrolle vorformulierter Vertragsklauseln, in: Schmidt-Kessel, Ein einheitliches europäisches Kaufrecht?, 2012, S. 255, 274; Schmidt-Kessel/Looschelders/Makowsky, GEK-E Kommentar, Art. 70 GEK-E; Schulze/Kieninger, CESL Commentary, Art. 70 CESL.

▶ *Artikel 70 GEK-E*
Pflicht zum Hinweis auf nicht individuell ausgehandelte Vertragsbestimmungen
(1) Eine Partei kann sich nur dann auf die von ihr gestellten, nicht individuell ausgehandelten Vertragsbestimmungen im Sinne von Artikel 7 berufen, wenn die andere Partei diese Bestimmungen kannte oder wenn die Partei, die die Bestimmungen gestellt hat, vor oder bei Vertragsschluss angemessene Schritte unternommen hat, um die andere Partei darauf aufmerksam zu machen.
(2) Für die Zwecke dieses Artikels reicht es im Verhältnis zwischen einem Unternehmer und einem Verbraucher nicht aus, wenn der Verbraucher auf die Vertragsbestimmungen lediglich durch einen Verweis auf diese Bestimmungen in einem Vertragsdokument aufmerksam gemacht wird, selbst wenn die betreffende Partei das Dokument unterschreibt.
(...) ◀

Im Vorschlag des Europäischen Parlaments wurde zwar Art. 70 gestrichen, jedoch kommt das Erfordernis eines deutlichen Hinweises in Art. 76 der revidierten Fassung zum Ausdruck:

▶ *Abänderung 148*
Vorschlag für eine Verordnung
Anhang I – Artikel 76 a – Absatz 1 (neu)

Vorschlag der Kommission	*Geänderter Text*
	1. *Ein Unternehmer kann sich gegenüber einem Verbraucher nur dann auf die von ihm gestellten, nicht individuell ausgehandelten Vertragsbestimmungen im Sinne von Artikel 7 berufen, wenn der Verbraucher diese Bestimmungen kannte oder wenn der Unternehmer vor oder bei Vertragsschluss angemessene Maßnahmen ergriffen hat, um den Verbraucher darauf aufmerksam zu machen.*

(Vgl den Änderungsantrag zu Artikel 70 Absatz 1) ◀

▶ *Abänderung 149*
Vorschlag für eine Verordnung
Anhang I – Artikel 76 a – Absatz 2 (neu)

Vorschlag der Kommission	*Geänderter Text*
	2. *Für die Zwecke dieses Artikels ist ein Verbraucher nur dann hinreichend auf die Vertragsbestimmungen aufmerksam gemacht worden, wenn:*
	a) sie in einer Weise bekannt gemacht wurden, die geeignet ist, die Aufmerksamkeit der Verbraucher auf ihre Existenz zu lenken; und
	b) dem Verbraucher in einer Weise übergeben oder zugänglich gemacht wurden, die dem Verbraucher die Möglichkeit einräumt, diese zu verstehen, bevor der Vertrag abgeschlossen wird.

(Vgl den Änderungsantrag zu Artikel 70 Absatz 2; der Text wurde geändert.) ◀

X. Klauselkontrolle im GEK

Der Verwender einer nicht ausgehandelten Klausel kann sich folglich nur dann auf diese berufen, wenn dem Kunden die Verwendung einer solchen Klausel entweder bewusst war oder seine Aufmerksamkeit durch den Verwender entsprechend darauf gerichtet wurde. Für den Fall der Verbraucherverträge wird auch im Entwurf für das GEK deutlich gemacht, dass allein ein Verweis auf die Verwendung der Klauseln im Vertragsdokument dem oben angesprochenen Erfordernis auch dann nicht genügt, wenn dieses von dem Verbraucher unterzeichnet wurde (Art. 70 Abs. 2 GEK-E). Der Vorschlag für das GEK enthält keine Vorschrift, die die Einbeziehung im Fall von elektronischen Verträgen ausdrücklich regelt. Nach Art. 24 Abs. 3 lit. e und Abs. 4 GEK-E bestehen aber umfassende Informationspflichten über die verwendeten Vertragsklauseln bei elektronisch geschlossenen Verträgen. Für die Verletzung dieser Informationspflichten sieht Art. 29 Abs. 1 GEK-E Sanktionen vor. Die allgemeine Einbeziehungsregel findet aber auch im elektronischen Handel Anwendung.

53

Der Entwurf für das GEK unterscheidet zwischen der Klauselkontrolle bei Verträgen zwischen einem Unternehmer und Verbraucher einerseits (Art. 83 GEK-E)[109] und der Kontrolle bei Verträgen zwischen Unternehmern andererseits (Art. 86 GEK-E)[110], und will damit alle personellen Konstellationen[111] erfassen, in denen das geplante Optionale Instrument zur Anwendung kommen soll (Art. 7 Abs. 1 GEK-VO-E). Gegenstand der Kontrolle sind aber in beiden Fällen die nicht ausgehandelten Klauseln.[112] In dieser Hinsicht ist der Entwurf somit nicht dem DCFR gefolgt. Auch im rein unternehmerischen Geschäftsverkehr sind Klauseln der Kontrolle zu unterziehen, die nur zur einmaligen Verwendung bestimmt sind (Art. 86 Abs. 1 lit. a GEK-E). Das Konzept der AGB spielt keine Rolle, wenn man von der damit verbundenen Vermutung des Nichtaushandelns absieht. Das Zulassungskriterium des Nichtaushandelns wird auch bei Verträgen mit Verbrauchern beibehalten (Art. 83 Abs. 1 GEK-E). In beiden Gruppen sind Klauseln, die die Hauptleistungspflichten bestimmen, von der Kontrolle ausgeschlossen, es sei denn, sie sind nicht transparent (Art. 80 Abs. 2 GEK-E).[113] Diese Vorschrift wurde im Vergleich zu der Richtlinie, zum DCFR sowie zu den Acquis Principles mit der Absicht redigiert, eine einschränkende Interpretation der Ausnahme herbeizuführen.

54

Den Kern der Kontrolle bilden die Generalklauseln (Art. 83 und 86 GEK-E)[114], die für beide Vertragsgruppen (reine Unternehmerverträge und Verbraucherverträge) gesondert geregelt sind.

55

▶ *Artikel 83 GEK-E*

Bedeutung von „unfair" in Verträgen zwischen einem Unternehmer und einem Verbraucher

(1) In einem Vertrag zwischen einem Unternehmer und einem Verbraucher ist eine im Sinne von Artikel 7 nicht individuell ausgehandelte, vom Unternehmer gestellte Bestimmung

---

109 Siehe Rn 9.
110 Siehe Rn 10.
111 Zum persönlichen Anwendungsbereich siehe ergänzend Möslein, Kontrolle vorformulierter Vertragsklauseln, in: Schmidt-Kessel, Ein einheitliches europäisches Kaufrecht, 2012, S. 255, 266; Schulze/Mazeaud/Sauphanor-Brouillaud, CESL Commentary, Art. 83 CESL.
112 Möslein, Kontrolle vorformulierter Vertragsklauseln, in: Schmidt-Kessel, Ein einheitliches europäisches Kaufrecht?, 2012, S. 255, 267; Schmidt-Kessel/Looschelders/Mankowsky, GEK-E Kommentar, Art. 70 GEK-E Rn 1; Schulze/Kieninger, CESL Commentary, Art. 70 CESL Rn 1.
113 Zum Ausnahmebereich des Art. 80 GEK-E siehe Möslein, Kontrolle vorformulierter Vertragsklauseln, in: Schmidt-Kessel, Ein einheitliches europäisches Kaufrecht?, 2012, S. 255, 270–272.
114 Siehe Rn 9 und 10.

im Sinne dieses Abschnitts unfair, wenn sie entgegen dem Gebot von Treu und Glauben und des redlichen Geschäftsverkehrs in Bezug auf die vertraglichen Rechte und Verpflichtungen der Vertragsparteien ein erhebliches Ungleichgewicht zulasten des Verbrauchers herstellt.
(2) Bei der Prüfung der Unfairness einer Vertragsbestimmung für die Zwecke dieses Abschnitts ist Folgendes zu berücksichtigen:
(a) die Erfüllung der dem Unternehmer obliegenden Pflicht zur Transparenz gemäß Artikel 82,
(b) das Wesen des Vertragsgegenstandes,
(c) die Umstände des Vertragsschlusses,
(d) die übrigen Bestimmungen des Vertrags und
(e) die Bestimmungen sonstiger Verträge, von denen der Vertrag abhängt. ◄

▶ **ARTIKEL 86 GEK-E**
Bedeutung von „unfair" in Verträgen zwischen Unternehmern
(1) In einem Vertrag zwischen Unternehmern gilt eine Vertragsbestimmung für die Zwecke dieses Abschnitts nur dann als unfair, wenn
(a) sie Bestandteil von nicht individuell ausgehandelten Vertragsbestimmungen im Sinne von Artikel 7 ist und
(b) so beschaffen ist, dass ihre Verwendung unter Verstoß gegen das Gebot von Treu und Glauben und des redlichen Geschäftsverkehrs gröblich von der guten Handelspraxis abweicht.
(2) Bei der Prüfung der Unfairness einer Vertragsbestimmung für die Zwecke dieses Abschnitts ist Folgendes zu berücksichtigen:
(a) das Wesen des Vertragsgegenstands,
(b) die Umstände des Vertragsschlusses,
(c) die übrigen Vertragsbestimmungen und
(d) die Bestimmungen sonstiger Verträge, von denen der Vertrag abhängt. ◄

56 Für Verbraucherverträge wird die Veranlassung des wesentlichen Ungleichgewichts zwischen Rechten und Pflichten der Parteien entgegen des Gebots von Treu und Glauben und der Regeln des redlichen Handelns das entscheidende Kriterium zur Charakterisierung der Klausel als unfair sein.[115] Im Fall der Unternehmerverträge ist die Vorschrift weniger spezifisch formuliert (ohne Verweis auf das Kriterium des Ungleichgewichts). Zu den Geboten von Treu und Glauben und des redlichen Handelns kommt das Kriterium der Abweichung von der guten Handelspraxis hinzu. Hier bilden der DCFR und die Acquis Principles wiederum die Vorbild dafür, die Kontrolle im rein unternehmerischen Bereich zurückhaltender zu gestalten, um den Unternehmern größere Spielräume für die Vertragsgestaltung zu lassen.[116]

57 Die Generalklausel des Art. 83 Abs. 1 GEK-E ist auf eine etwas andere Weise formuliert als die entsprechenden Vorschriften der Klausel-RL (Art. 3), der Acquis Principles (Art. 6:301 Abs. 1) und des DCFR (Art. II.-9:404 und Art. II.-9:405). Die Generalklausel des neuen Vorschlags bezieht sich mehr auf den gesamten Vertrag als auf eine konkrete Klausel. Zu bezweifeln ist aber, dass diese Differenzierung, die rein theoretisch eine weniger restriktive Betrachtung der kontrollierten Klauseln erlauben könnte, tat-

---

115 Schulze/Mazeaud/Sauphanor-Brouillaud, CESL Commentary, Art. 83 CESL Rn 7.
116 Möslein, Kontrolle vorformulierter Vertragsklauseln, in: Schmidt-Kessel, Ein einheitliches europäisches Kaufrecht?, 2012, S. 255, 284.

X. Klauselkontrolle im GEK

sächlich zu einer weniger verbraucherschützenden Praxis führen könnte. Für Verbraucherverträge sind wiederum zwei Listen vorgesehen: die schwarze (Art. 84 GEK-E)[117] und die graue (Art. 85 GEK-E)[118] Liste. Im Vergleich zum DCFR und zu den Acquis Principles ist allerdings die schwarze Liste wesentlich länger.[119]

Die Klauselkontrolle im Vorschlag für das GEK entwickelt einige innovative Ansätze des DCFR nicht weiter (zB in Hinblick auf eine Kontrolle der Klauseln, von denen der Verbraucher vor dem Vertragsabschluss keine Kenntnis erlangen konnte). Grundsätzlich bleibt man bei den vertrauten und praktizierten Lösungen und konserviert damit einige Widersprüche des *Acquis communautaire*, die in diesem Bereich seit der Klausel-RL entstanden sind.

58

---

117 Zu den Klauselverboten des Art. 84 GEK-E siehe Schmidt-Kessel/Möslein, GEK-E Kommentar, Art. 84 GEK-E Rn 10–20; Schulze/Mazeaud/Sauphanor-Brouillaud, CESL Commentary, Art. 84 CESL.
118 Zu den Klauselverboten des Art. 85 GEK-E siehe Schmidt-Kessel/Möslein, GEK-E Kommentar, Art. 85 GEK-E Rn 4–11.
119 Schulze/Mazeaud/Sauphanor-Brouillaud, CESL Commentary, Art. 84 CESL Rn 3.

§ 5 Leistungspflichten

Literatur: Lorenz, Das Kaufrecht und die damit verbundenen Dienstverträge im Common European Sales Law, AcP 212 (2012), S. 702–847; Research Group on the Existing EC Private Law (Acquis Group), Contract II – General Provisions, Delivery of Goods, Package Travel and Payment Service (Contract II), 2009; Schmidt-Kessel, Der Entwurf für ein Gemeinsames Europäisches Kaufrecht – Kommentar, 2014; Schulze, Common European Sales Law – Commentary, 2012; v. Bar/Clive (Hrsg.), DCFR Full Edition, 2009.

I. Leistungspflichten

1. Verpflichtung zur Leistung

a) Acquis communautaire

1   aa) Ein Vertrag begründet für eine Partei oder beide Parteien die Verpflichtung, der anderen Partei oder einem Dritten Leistungen zu erbringen. Der Inhalt dieser Leistungspflichten kann ganz unterschiedlich sein. Das Prinzip der Vertragsfreiheit gewährleistet in seiner Ausprägung als Vertragsinhaltsfreiheit, dass in erster Linie die Parteien selbst über die vertraglichen Leistungspflichten bestimmen können. Dieses Prinzip ist ebenso in den Rechten der Mitgliedstaaten wie im EU-Vertragsrecht anerkannt.[1] Die Rechte der Mitgliedstaaten enthalten zwar umfangreiche Bestimmungen insbesondere über die Modalitäten der Leistungspflichten (wie Leistungsort und -zeit) und die Leistungspflichten bei einzelnen Vertragsarten als dispositives Recht, das die vertraglichen Festlegungen der Parteien mangels abweichender Vereinbarung ergänzt.[2] Zwingende Vorschriften der Mitgliedstaaten regeln aber regelmäßig nur einzelne Gegenstände auf dem Gebiet der Leistungspflichten. Im *Acquis communautaire* hat sich hingegen kein vergleichbar umfängliches Regelwerk hinsichtlich der Leistungspflichten und auch kein festumrissener Begriff der Leistungspflichten ausgebildet. Das geltende Vertragsrecht der EU beschränkt sich vielmehr auf eine Reihe von Teilaspekten, denen es für die Entwicklung des Binnenmarktes und für weitere Aufgaben der Union besondere Bedeutung beimisst. Soweit es dabei Ziele wie den Schutz von Verbrauchern oder kleinen und mittleren Unternehmen verfolgt, hat die Umsetzung der europäischen Richtlinien-Bestimmungen zwar dazu beigetragen, das zwingende Recht in den Mitgliedstaten bei der Ausgestaltung der Leistungspflichten auszuweiten. Unabhängig vom jeweiligen Schutzzweck und dem daraus möglicherweise resultierenden zwingenden Charakter der Vorschriften hat die Festlegung von Leistungspflichten durch das EU-Vertragsrecht jedoch nicht notwendig die Folge, dass der anderen Partei ein entsprechender primärer Anspruch aus dem Vertrag auf Erfüllung zugesprochen wird. Vielmehr können diese Bestimmungen über Leistungspflichten auch zusätzlich oder ausschließlich mit anderen rechtlichen Folgen verknüpft sein. Insbesondere können sie – auch ohne primären Erfüllungsanspruch – die Grundlage dafür bilden, dass im Fall ihrer Nichterfüllung der Gegenseite Rechtsbehelfe wie Nacherfüllung und Vertragsbeendigung zur Verfügung stehen.[3]

2   bb) Unter den Richtlinien-Bestimmungen, die für einzelne spezifische Bereiche Pflichten zur Leistungserbringung regeln, nimmt Art. 2 Abs. 1 Verbrauchsgüterkauf-RL eine

---

[1] Dazu § 1 Rn 30; zur Anerkennung dieses Prinzips in den Mitgliedstaaten v. Bar/Clive (Hrsg.), DCFR Full Edition, S. 131 f.
[2] Dazu näher § 2 Rn 80–87.
[3] Siehe unten § 6 Rn 34; zur Sanktionierung mit anderen als vertragsrechtlichen Instrumenten § 6 Rn 1.

I. Leistungspflichten

herausragende Rolle ein. Nach dieser Vorschrift ist der Verkäufer verpflichtet, dem Verbraucher dem Kaufvertrag gemäße Güter zu liefern. Als Inhalt der Leistungspflicht wird damit nicht nur eine Lieferungspflicht festgelegt, sondern das Erfordernis, dass die zu liefernden Güter „dem Kaufvertrag gemäß" sein müssen. Zur Erfüllung der Leistungspflicht genügt nach dieser Vorschrift somit nicht die Leistungserbringung durch Lieferung der Kaufsache (im Unterschied zum völligen Ausbleiben der Leistung; Nichterfüllung im engeren Sinne). Vielmehr erstreckt sich die Leistungspflicht auf die Erbringung der Leistung in vertragsgemäßer Weise (im Unterschied zur vertragswidrigen Leistung bzw Schlechterfüllung). Insofern folgt die Verbrauchsgüterkauf-RL dem Ansatz des UN-Kaufrechts und der PECL, ein übergreifendes Konzept der Pflicht zur vertragsgemäßen Leistung und entsprechend ein weites Verständnis der Nichterfüllung den Bestimmungen über die Rechtsbehelfe der anderen Seite zugrunde zu legen.[4]

Besondere Bedeutung für die Leistungspflichten gegenüber Verbrauchern kommt zudem Art. 18 Abs. 1 Verbraucherrechte-RL zu. Er legt für den Geltungsbereich dieser Richtlinie die Pflicht zur Lieferung von Waren (im Anschluss an den früheren Art. 7 Abs. 1 Fernabsatz-RL) zusammen mit dem Zeitpunkt der Fälligkeit und der Art der Übergabe an den Käufer[5] fest. Zu einzelnen besonderen Aspekten der Leistungspflicht auf anderen Gebieten finden sich daneben Bestimmungen beispielsweise in Art. 21 Abs. 1 RL 2004/39/EG, in Art. 49 Abs. 1 Zahlungsdienste-RL[6], in Art. 3 und 5 Handelsvertreter-RL sowie in einer Reihe von Vorschriften über die Leistungsmodalitäten.[7] Diese einzelnen Bestimmungen im *Acquis communautaire* haben die Acquis Principles einem übergreifenden Grundsatz zugeordnet, den sie mit dem Prinzip von Treu und Glauben zu folgender Regel verbunden haben: „Der Schuldner hat seine Verpflichtungen nach Treu und Glauben zu erfüllen" (Art. 7:101 Abs. 1 ACQP). Dieser Grundsatz wird durch nähere Bestimmungen über die Leistungspflichten etwa bei Verträgen über die Lieferung von Waren (Art. 7:B-01 ACQP) oder Handelsvertreterverträgen (Art. 7:H-03 ff ACQP) ergänzt. Die Acquis Principles verallgemeinern damit die aus dem geltenden EU-Recht entnommenen Regeln zwar über den Geltungsbereich der Richtlinien hinaus für weitere Leistungspflichten (etwa für die Lieferung von Waren generell und nicht nur beim Verbrauchsgüterkauf); sie erstrecken sie aber mangels hinreichender Grundlage im *Acquis communautaire* bei weitem nicht auf alle für den Binnenmarkt relevanten Vertragsarten (insbesondere im Dienstleistungsbereich).

3

▶ Artikel 18 Verbraucherrechte-RL

Lieferung

(1) Sofern die Vertragsparteien hinsichtlich des Zeitpunkts der Lieferung nichts anderes vereinbart haben, liefert der Unternehmer die Waren, indem er den physischen Besitz an den Waren oder die Kontrolle über die Waren dem Verbraucher unverzüglich, jedoch nicht später als dreißig Tage nach Vertragsabschluss, überträgt.
(...) ◀

---

4 Näher dazu und zu den Einschränkungen § 6 Rn 11–27.
5 Dazu sogleich Rn 12–20.
6 Dazu und zu weiteren Bestimmungen Acquis Group/Aubert de Vincelles/Machnikowski/Pisulinski/Rochfeld/Szpunar/Zoll, Contract II, Art. 7:101 Rn 2.
7 Unten Rn 12.

b) Gemeinsames Europäisches Kaufrecht

4 aa) Das GEK bestimmt nunmehr die Leistungspflichten für die Parteien eines Kaufvertrages sowie eines Vertrages über digitale Inhalte einerseits und andererseits eines Dienstvertrages, und zwar jeweils zunächst in allgemeinen, teilweise katalogartig gefassten Bestimmungen und anschließend in konkretisierenden oder ergänzenden Vorschriften zu den Leistungsmodalitäten und weiteren Anforderungen an eine vertragsgemäße Leistung. Diesen Bestimmungen über die Pflichten jeder der beiden Parteien bei den genannten Vertragsarten folgen – nach dem Muster des UN-Kaufrechts – jeweils die Vorschriften über die Rechtsbehelfe, die der anderen Partei im Fall der Nichterfüllung zustehen.

5 In diesem Rahmen steht der Katalog der „Hauptverpflichtungen des Verkäufers" an der Spitze der Bestimmungen für den Kaufvertrag und den Vertrag über digitale Inhalte. Die Bezeichnung „Hauptverpflichtungen" bringt zum Ausdruck, dass es sich um charakteristische Verpflichtungen des Verkäufers bei diesen Vertragsarten handelt, eine abschließende Aufzählung aller seiner Verpflichtungen aber nicht intendiert ist. „Hauptverpflichtungen" sind auch nicht etwa der Komplementärbegriff zur „wesentlichen Nichterfüllung" vertraglicher Pflichten. Obwohl es bei einer Verletzung von Hauptverpflichtungen im Sinne von Art. 91 GEK-E häufig in Betracht kommen wird, eine wesentliche Nichterfüllung anzunehmen, ist die Verletzung der Hauptverpflichtung keineswegs zwangsläufig als „wesentlich" im Sinne des Art. 87 Abs. 2 GEK-E anzusehen.[8]

▶ *ARTIKEL 91 GEK-E*
Hauptverpflichtungen des Verkäufers
Der Verkäufer von Waren oder der Lieferant digitaler Inhalte (in diesem Teil „Verkäufer") muss
(a) die Waren liefern oder die digitalen Inhalte bereitstellen,
(b) das Eigentum an den Waren einschließlich an dem materiellen Datenträger, auf dem die digitalen Inhalte bereitgestellt werden, übertragen,
(c) sicherstellen, dass die Waren oder digitalen Inhalte vertragsgemäß sind,
(d) sicherstellen, dass der Käufer das Recht hat, die digitalen Inhalte entsprechend dem Vertrag zu nutzen, und
(e) Dokumente, die die Waren oder digitalen Inhalte vertreten oder diese betreffen, übergeben, wenn dies vertraglich vorgesehen ist. ◀

6 Da seitens des Verkäufers in der modernen arbeitsteiligen Wirtschaft regelmäßig Dritte mit der Erfüllung der Pflichten aus dem Kaufvertrag betraut werden, enthält das GEK sogleich im Anschluss an diese Aufstellung der Hauptverpflichtungen des Verkäufers die Grundregeln für die Erfüllung durch einen Dritten (Art. 92 GEK-E). Die Betrauung eines Dritten mit der Erfüllung ist danach zulässig, wenn nach den Vertragsbestimmungen keine persönliche Leistung des Verkäufers geschuldet ist. Der Verkäufer bleibt aber für die Erfüllung verantwortlich.[9]

7 bb) Eine Aufstellung der „Hauptverpflichtungen des Käufers" enthält Art. 123 GEK-E. Der Käufer muss danach den Preis zahlen, die Waren oder die digitalen Inhalte annehmen und, sofern vertraglich vorgesehen, Dokumente, die die Waren oder digitalen In-

---

8 Dazu näher § 6 Rn 61 f.
9 Art. 92 Abs. 3 GEK-E stellt dies für Verbraucherverträge zwingend fest.

halte vertreten oder betreffen, übernehmen.[10] Art. 123 Abs. 2 GEK-E stellt zudem klar, dass bei Verträgen, die die Bereitstellung digitaler Inhalte ohne Zahlung eines Preises vorsehen,[11] die Vorschrift über die Preiszahlungspflicht nicht anzuwenden ist. Auch diese Aufstellung der Hauptverpflichtungen wird im Folgenden durch detaillierte Vorschriften über die Verpflichtungen des Käufers ergänzt.

Für die Annahme der Lieferung legen diese ergänzenden Vorschriften nicht nur fest, dass der Käufer die Waren, die digitalen Inhalte oder die diese vertretenden Dokumente übernehmen muss. Vielmehr hat er auch alle Handlungen vorzunehmen, die erwartet werden können, um dem Verkäufer die Erfüllung der Lieferverpflichtung zu ermöglichen (Art. 129 GEK-E). So muss der Käufer beispielsweise dem Verkäufer den Lieferort mitteilen und sicherstellen, dass er zu diesem Zugang hat.[12] Für den Fall, dass der Käufer die Ware nicht annimmt, obwohl er dazu verpflichtet ist, enthält das GEK keine Bestimmungen, die eigens Haftungserleichterungen für den Schuldner wegen des Annahmeverzugs des Gläubigers festlegen.[13] Dem Verkäufer kann aber zugutekommen, dass Art. 106 Abs. 5 GEK-E die Rechtsbehelfe des Käufers ausschließt. Der Verkäufer muss seinerseits gem. Art. 97 Abs. 1 GEK-E angemessene Vorkehrungen zum Schutz und zur Erhaltung der Waren oder digitalen Inhalte treffen. Unter den Voraussetzungen des Art. 97 Abs. 2 GEK-E kann er die Waren oder digitalen Inhalte hinterlegen oder verkaufen und bei der Auszahlung des Erlöses an den Käufer seine Kosten einbehalten. Die Annahme einer Lieferung vor dem vereinbarten Termin oder einer geringeren Menge als vereinbart kann der Käufer nur bei berechtigtem Interesse verweigern (Art. 130 Abs. 1, 2 GEK-E). Eine zu viel gelieferte Menge kann er dagegen nach seiner Wahl zurückweisen oder behalten.[14] Behält er sie, muss er sie nach dem Maßstab des vertraglich vereinbarten Preises bezahlen (Art. 130 Abs. 3, 4 GEK-E). Letzteres gilt allerdings nicht für Verbraucherkaufverträge, „wenn der Käufer Grund zu der Annahme hat, dass der Verkäufer vorsätzlich und ohne Irrtum eine größere Menge in dem Wissen geliefert hat, dass diese Menge nicht bestellt worden ist" (Art. 130 Abs. 5 GEK-E).[15] Problematisch erscheint das Wahlrecht des Art. 130 Abs. 2 GEK-E allerdings in den Fällen einer irrtümlichen Zuviellieferung. Nicht zwangsläufig muss die Zuviellieferung aus der Perspektive eines verständigen Empfängers als Angebot zur Vertragsänderung oder zu einem zusätzlichen Vertragsschluss gesehen werden, so dass dem Verkäufer eine Bindung entgegen den allgemeinen Regeln über den Vertragsschluss auferlegt wird.[16]

cc) Für Dienstleistungen legt das GEK die Verpflichtungen des Dienstleisters und des Kunden innerhalb des gleichen Kapitels in gesonderten Abschnitten fest. Es unterscheidet dabei zwei Arten der Verpflichtungen von Dienstleistern. Wird nach dem Vertrag ein Erfolg geschuldet, ist Art. 148 Abs. 1 GEK-E maßgeblich. Der Dienstleister ist da-

---

10 Zu letzterem Schulze/Dannemann, CESL Commentary, Art. 123 Rn 12.
11 Näher zu Verträgen über die Bereitstellung digitaler Inhalte § 2 Rn 56–59.
12 Siehe auch Bar/Clive (Hrsg.), DCFR Full Edition, S. 1328.
13 Kritisch dazu Lorenz, Das Kaufrecht und die damit verbundenen Dienstverträge im Common European Sales Law, AcP 212 (2012), S. 702, 722.
14 Zu dem Problem, dass der Verkäufer nach dem Wortlaut des Art. 130 Abs. 3 GEK-E dem Risiko einer stillschweigenden Zurückweisung durch den Käufer ausgesetzt wäre, Schulze/Dannemann, CESL Commentary, Art. 130 Rn 19, der die Möglichkeit einer analogen Anwendung von Art. 135 GEK-E vorschlägt.
15 Auf Verträge über die Bereitstellung digitaler Inhalte ohne Zahlung eines Preises sind die Vorschriften über die vorzeitige Lieferung und die Lieferung einer falschen Menge gem. Art. 130 Abs. 6 GEK-E nicht anwendbar. Kritisch zu Art. 130 Abs. 5 und 6 GEK-E Schulze/Dannemann, CESL Commentary, Art. 130 Rn 13, 20.
16 Dazu § 2 Rn 19.

nach verpflichtet, jedweden vertraglich geschuldeten Erfolg herbeizuführen (ähnlich wie im deutschen Recht gem. § 631 BGB bei einem Werkvertrag). Zu den Dienstleistungen dieser Art gehören regelmäßig die in Art. 2 lit. m GEK-VO-E angeführten Beispiele für verbundene Dienstleistungen (Montage, Installierung, Instandhaltung, Reparatur). Für Dienstleistungen, bei denen der Vertrag weder ausdrücklich noch stillschweigend zur Herbeiführung eines Erfolges verpflichtet, sind dagegen die Kriterien des Art. 148 Abs. 2 und 3 GEK-E maßgeblich.[17] Die Dienstleistung ist danach mit der Sorgfalt und Fachkunde zu erbringen, die ein vernünftig handelnder Dienstleister in Übereinstimmung mit einschlägigen verbindlichen Rechtsvorschriften anwenden würde. Allein vorschriftsmäßiges Handeln reicht nach diesem Maßstab nicht aus, wenn im jeweiligen Einzelfall darüber hinausgehende Anforderungen an die Sorgfalt eines vernünftig handelnden Dienstleisters zu stellen sind.[18] Eine nicht abschließende Aufstellung konkretisiert in Art. 148 Abs. 3 GEK-E die Anforderungen an die Sorgfalt und Fachkunde in Hinblick auf die Voraussehbarkeit von Gefahren,[19] die Kosten für schadensabwendende Vorkehrungen und die Zeit, die für die Erbringung der Dienstleistung zur Verfügung steht. Für Verbraucherkaufverträge trägt Art. 148 Abs. 5 GEK-E der Wertung von Montagefehler als Vertragswidrigkeit Rechnung, wie sie sich im geltenden EU-Vertragsrecht aus Art. 2 Abs. 5 Verbrauchsgüterkauf-RL ergibt. Er verpflichtet daher den Unternehmer unter Verweis auf Art. 101 GEK-E, die Montage so durchzuführen, dass die montierte Ware vertragsgemäß ist.

▶ **ARTIKEL 2 VERBRAUCHSGÜTERKAUF-RL**

Vertragsmäßigkeit

(...)

(5) Ein Mangel infolge unsachgemäßer Montage des Verbrauchsgutes wird der Vertragswidrigkeit gleichgestellt, wenn die Montage Bestandteil des Kaufvertrags über das Verbrauchsgut war und vom Verkäufer oder unter dessen Verantwortung vorgenommen wurde. Das gleiche gilt, wenn das zur Montage durch den Verbraucher bestimmte Erzeugnis vom Verbraucher montiert worden ist und die unsachgemäße Montage auf einen Mangel in der Montageanleitung zurückzuführen ist. ◀

10 Die weiteren Bestimmungen über die Verpflichtungen des Dienstleisters betreffen insbesondere die (Neben-)Verpflichtungen zur Rechnungsstellung und zur Ankündigung unvorhergesehener oder unverhältnismäßig hoher Kosten (Art. 149, 151, 152 GEK-E). Zudem ist die Erfüllung durch einen Dritten in Art. 150 GEK-E ähnlich wie für den Kaufvertrag in Art. 92 GEK-E geregelt. Die abweichende Formulierung hinsichtlich der Erfüllung durch einen Dritten dürfte darauf beruhen, dass angesichts des generell eher persönlichen Charakters der Dienstleistung der Übertragung an einen Dritten engere Grenzen gesetzt werden sollen.[20] Eingebettet in die Regelungen der Leistungsverpflichtung ist mit Art. 149 GEK-E die Festlegung von Sorgfaltspflichten zur Schadens-

---

17 Für Verbraucherverträge ist Art. 148 Abs. 2 GEK-E einseitig zwingendes Recht (Art. 148 Abs. 5 GEK-E).
18 Faber, Dienstleistungsverträge, in: Wendehorst/Zöchling-Jud, Am Vorabend eines Gemeinsamen Europäischen Kaufrechts, 2012, S. 147, 181 f.
19 Entgegen dem Wortlaut von Art. 148 Abs. 3 lit. a GEK-E, der offenbar auf einem Redaktionsversehen beruht, gilt dies nicht nur hinsichtlich der Gefahren für Verbraucher, sondern auch für Unternehmer als Kunden; vgl Faber, Dienstleistungsverträge, in: Wendehorst/Zöchling-Jud, Am Vorabend eines Gemeinsamen Europäischen Kaufrechts, 2012, S. 147, 182 f.
20 Vgl einerseits Art. 150 Abs. 1 GEK-E: „... sofern keine persönliche Erfüllung durch den Dienstleister erforderlich ist"; andererseits Art. 92 Abs. 1 GEK-E: „sofern den Vertragsbestimmungen zufolge keine persönliche Leistung des Verkäufers geschuldet ist"; dazu Schulze/Zoll, CESL Commentary, Art. 92 Rn 2 mit kritischen Anm.

verhütung. Der Dienstleister muss danach angemessene Vorkehrungen treffen, damit die Waren oder digitalen Inhalte nicht beschädigt werden und damit bei der Erbringung der verbundenen Dienstleistung oder als Folge davon keine Körperverletzung und kein sonstiger Verlust oder Schaden entsteht. Diese Nebenpflichten aus dem Vertrag über die verbundene Dienstleistung[21] richten sich somit nicht nur auf die Vermeidung von Schäden an den Waren oder digitalen Inhalten, die verbunden mit der Dienstleistung geliefert werden. Vielmehr erstrecken sie sich auch auf den Schutz vor Verlusten und Schäden an sonstigen Rechtsgütern des Vertragspartners wie seiner körperlichen Integrität.[22] Insofern haben sie den Charakter vertraglich begründeter Schutzpflichten für die Rechtsgüter der anderen Partei.

Als Verpflichtung des Kunden ist für Dienstleistungsverträge in erster Linie die Entrichtung des vertraglich geschuldeten Preises festgelegt (Art. 153 Abs. 1 GEK-E). Daneben sieht Art. 154 GEK-E eigens eine Verpflichtung vor, Zugang zu den Räumlichkeiten zu angemessenen Zeiten zu gewährleisten, wenn dies für den Dienstleister zur Erbringung seiner Leistung erforderlich ist. 11

2. Leistungsmodalitäten

a) Übersicht

Über diese Verpflichtungen der Parteien hinaus enthalten die mitgliedstaatlichen Rechte regelmäßig nähere Festlegungen über Ort, Art und Zeit der Leistungserbringung, um die Pflichten des Schuldners hinsichtlich der Erfüllung und die Rechte des Gläubigers bei Nichterfüllung klar zu bestimmen. Im *Acquis communautaire* finden sich zu diesen Leistungsmodalitäten eine Reihe von Bestimmungen, ohne dass sich aber ein vollständiger Regelungszusammenhang herausgebildet hat. Dementsprechend müssen die Acquis Principles zum Teil auf die Ergebnisse der Vergleichung in den PECL und im DCFR zurückgreifen, um die Lücken des EU-Rechts in diesem Bereich zu schließen.[23] In Anlehnung an diese vorhergehenden Entwürfe enthalten nunmehr aber die Kapitel des GEK über die Verpflichtungen der Vertragsparteien ein umfassendes Regelwerk für diese Modalitäten der Leistung. Es kann freilich nicht alle einzelnen Fragen beantworten, die sich angesichts vielfältiger Vertragsgestaltungen in der Praxis in Hinblick auf die Leistungsmodalitäten stellen. Daneben wird deshalb häufig auf allgemeine Bestimmungen und Grundsätze wie Treu und Glauben (Art. 2 GEK-E), die Verpflichtung zur Zusammenarbeit (Art. 3 GEK-E) und die Berücksichtigung legitimer Verbrauchererwartungen[24] zurückzugreifen sein. 12

b) Ort und Art der Leistung

aa) Auch wenn dem *Acquis communautaire* keine allgemeinen Bestimmungen über Ort und Art der Leistung zu entnehmen sind, finden sich doch für die Lieferung von Waren wichtige Anhaltspunkte vor allem in der Verbraucherrechte-RL. Sie geht über den früheren Art. 7 Abs. 1 Fernabsatz-RL und über Art. 2 Abs. 1 Verbrauchsgüterkauf- 13

---

21 Illmer, Related Services in the Commission Proposal for a Common European Sales Law, EPRL 2013, S. 131, 168.
22 Faber, Dienstleistungsverträge, in: Wendehorst/Zöchling-Jud, Am Vorabend eines Gemeinsamen Europäischen Kaufrechts, 2012, S. 147, 183.
23 Insbesondere Art. 7:201 Abs. 4 ACQP mit Bezug auf Art. III.-2:104 DCFR und Art. 7:202 ACQP mit Bezug auf Art. III.-2:101 DCFR.
24 Siehe § 2 Rn 17.

RL in ihrem Anwendungsbereich hinaus, indem sie nicht nur bestimmt, dass der Verkäufer die Waren dem Verbraucher zu liefern hat, sondern den Begriff der Lieferung präzisiert. Gem. Art. 18 Abs. 1 Verbraucherrechte-RL liefert der Verkäufer die Waren, indem er den physischen Besitz an ihnen oder die Kontrolle über sie dem Verbraucher als Käufer überträgt. Als Besitz ist die tatsächliche Sachherrschaft über die Kaufsache zu verstehen, wie die englische und die französische Fassung dieser Bestimmung klar erkennen lassen.[25] An welchem Ort die Besitzübergabe oder Kontrollübertragung geschehen soll, ist damit jedoch zumindest nicht ausdrücklich festgelegt.[26]

14 bb) Das GEK weitet diesen Ansatz erheblich aus und verbindet seine Bestimmungen über die Art der Warenlieferung mit der Festlegung des Leistungsortes für verschiedene Sachlagen. Art. 93 GEK-E geht vom Vorrang der Vereinbarung der Parteien aus. Für den Fall, dass der Ort der Lieferung nicht aufgrund der Parteivereinbarung oder der Umstände (etwa bei Verträgen zwischen Unternehmern unter Berücksichtigung der INCOTERMS[27]) bestimmt werden kann, differenziert er zwischen drei Gruppen von Sachlagen. (1) Wenn es sich um einen Fernabsatzvertrag oder einen außerhalb von Geschäftsräumen geschlossenen Vertrag handelt, ist der Aufenthaltsort des Verbrauchers zum Zeitpunkt des Vertragsschlusses der Ort der Lieferung. Das Gleiche gilt, wenn sich der Verkäufer in einem Verbrauchervertrag verpflichtet hat, für die Beförderung bis zum Käufer zu sorgen. (2) In allen anderen Fällen ist maßgeblich, ob der Kaufvertrag die Beförderung der Waren durch einen Beförderer einschließt. In Anlehnung an die Vorschriften des CISG sind als Beförderer dabei alle Personen zu verstehen, die den Transport als Selbstständige durchführen, also nicht Mitarbeiter des Verkäufers sind.[28] Unter dieser Voraussetzung ist die am nächsten gelegene Abholstelle des ersten Beförderers der Ort der Lieferung. (3) Schließt der Kaufvertrag die Beförderung der Waren durch derartige Beförderer nicht ein, ist der Geschäftssitz des Verkäufers zum Zeitpunkt des Vertragsschlusses der Lieferungsort. Die Holschuld ist somit als Auffangtatbestand für die Warenlieferung vorgesehen, wenn es sich weder um einen (dem Versendungskauf im deutschen Recht ähnlichen) Beförderungskauf unter den soeben (2) genannten Voraussetzungen noch um einen Verbrauchervertrag unter den soeben (1) angeführten Voraussetzungen handelt. Liegt dagegen ein derartiger Verbrauchervertrag vor, ist zugunsten des Verbrauchers eine Bringschuld vorgesehen.

15 Wie der Verkäufer am Lieferungsort seine Lieferverpflichtung zu erfüllen hat, legt Art. 94 GEK-E für jede dieser drei Sachlagen eigens fest. Bei der Bringschuld in der erstgenannten Sachlage hat der Verkäufer – ebenso wie gem. Art. 18 Abs. 1 Verbraucherrechte-RL – den Besitz an den Waren (bzw bei digitalen Inhalten die „Kontrolle" über diese) zu übertragen. Bei dem Beförderungskauf in der zweitgenannten Konstellation ist die Übergabe der Waren an den ersten Beförderer zur Versendung an den Käufer maßgeblich sowie ggf die Übergabe der Dokumente, die zur Übernahme der Waren von dem Beförderer für den Käufer erforderlich sind (Schickschuld). Art. 96 GEK-E konkretisiert die Verpflichtungen des Verkäufers in diesem Fall. Bei der Holschuld in

---

25 „transferring the physical possession of the goods", „transférant la possession physique".
26 Zöchling-Jud, Acquis-Revision, Common European Sales Law und Verbraucherrechterichtlinie, AcP 212 (2012), S. 550, 568.
27 Schmidt-Kessel/Remien, GEK-E Kommentar, Art. 93 GEK-E Rn 2. Die INCOTERMS (International Commercial Terms) 2010 der internationalen Handelskammer enthalten wesentliche Regelungen der Pflichten des Käufers und des Verkäufers, dazu http://www.iccwbo.org/products-and-services/trade-facilitation/incoterms-2010/the-incoterms-rules/ (abgerufen am 13.11.2014).
28 Schmidt-Kessel/Remien, GEK-E Kommentar, Art. 93 Rn 2; Staudinger/Magnus, CISG, 16. Aufl. 2012, Art. 31 CISG Rn 18.

der drittgenannten Sachlage hat der Verkäufer die Waren oder digitalen Inhalte bereitzustellen (oder bei entsprechender Vereinbarung die Dokumente, die die Waren vertreten, zu übergeben).[29]

cc) Hinsichtlich des Leistungsortes bei Geldschulden lassen sich dem *Acquis communautaire* ebenfalls keine allgemeinen Regeln entnehmen. Zur Zahlungsweise finden sich lediglich einzelne Bestimmungen zu spezifischen Aspekten (etwa in Art. 13 Verbraucherrechte-RL zu den Pflichten des Unternehmers im Widerrufsfall; Art. 19 Verbraucherrechte-RL zur Belastung des Verbrauchers mit Gebühren, die mit bestimmten Zahlungsmitteln verbunden sind; Art. 22 Verbraucherrechte-RL zu zusätzlichen Zahlungen des Verbrauchers, die über das vereinbarte Entgelt hinausgehen). Die teilweise recht detaillierten Bestimmungen der Zahlungsdienste-RL betreffen primär das Verhältnis zwischen den Zahlungsdiensten und ihren Nutzern und sind für das Verhältnis zwischen dem Geldschuldner und seinem Gläubiger überwiegend allenfalls mittelbar relevant. Die Acquis Principles haben sich daher auf diesem Gebiet darauf beschränkt, auf Art. III.-2:101 DCFR[30] als Regelungsmuster zur Füllung einer Lücke zu verweisen.

16

In Übereinstimmung mit dieser Regel des DCFR sieht Art. 125 GEK-E nunmehr vor, dass bei Kaufverträgen der Geschäftssitz des Verkäufers zum Zeitpunkt des Vertragsschlusses der Ort der Zahlung ist, sofern dieser nicht anderweitig bestimmt werden kann. Bei mehr als einem Geschäftssitz ist derjenige maßgeblich, der die engste Beziehung zu der Zahlungsverpflichtung aufweist. Hinsichtlich der Zahlungsweise enthält Art. 124 GEK-E detaillierte Bestimmungen, die sich zum Teil an Art. 7:108 PECL und Art. III.-2:109 DCFR anlehnen. Der Schuldner kann danach mangels anderweitiger vertraglicher Festlegung eine Zahlung auf jede Weise leisten, die am Ort der Zahlung im allgemeinen Geschäftsverkehr für die Art des betreffenden Geschäftes üblich ist. Aus dieser Grundregel ist auch zu entnehmen, dass die am Zahlungsort übliche Währung zu verwenden ist.[31] Bei bargeldlosen Zahlungen durch Scheck, anderen Zahlungsanweisungen oder einem Zahlungsversprechen wird vermutet, dass dies nur unter der Bedingung der Einlösung geschieht. Wenn diese Bedingung nicht eintritt, kann der Verkäufer die ursprüngliche Zahlungsverpflichtung vollstrecken.[32] Die ursprüngliche Zahlungsverpflichtung des Käufers erlischt aber, wenn der Verkäufer aufgrund einer Vereinbarung mit einem Dritten dessen Zahlungsversprechen als Zahlungsweise annimmt.[33] Ähnlich wie Art. 19 Verbraucherrechte-RL begrenzt Art. 124 Abs. 4 GEK-E zudem die Weitergabe der Kosten des Unternehmers bei Verbraucherverträgen. Dem Verbraucher dürfen danach nur die Kosten des Unternehmers für die Benutzung der betreffenden Zahlungsweise auferlegt werden, aber nicht darüber hinausgehende Gebühren, die mit dieser Zahlungsweise verbunden sind. Der Verbraucher kann daher nur mit den tatsächlichen Kosten, die dem Unternehmer im konkreten Fall entstehen, belastet werden, während ihm beispielsweise pauschalierte interne Handling-Kosten

17

---

29 Art. 94 Abs. 2 GEK-E legt zudem fest, dass die Bestimmungen über den Käufer in der ersten und dritten Sachlage auch für einen Dritten gelten, der vom Käufer vertragsgemäß bezeichnet wurde, aber nicht Beförderer iSd Art. 93 f GEK-E ist.
30 Teilweise angelehnt an Art. 31 lit. c, 57 CISG und Art. 7:101 PECL.
31 Schulze/Dannemann, CESL Commentary, Art. 124 Rn 18.
32 Zur größeren Rechtssicherung, die sich aus dieser Fassung des Art. 124 Abs. 2 GEK-E gegenüber Art. 7:107 Abs. 2 S. 2 PECL und Art. III.-2:108 Abs. 2 S. 2 DCFR ergeben kann, Schmidt-Kessel/Schaub, GEK-E Kommentar, Art. 124 GEK-E Rn 4.
33 Näher dazu und zu den Abgrenzungsfragen in Hinblick auf persönliche Kreditsicherheiten Schmidt-Kessel/Schaub, GEK-E Kommentar, Art. 124 GEK-E Rn 5 f.

des Unternehmers wohl nicht auferlegt werden dürfen.[34] Art. 90 Abs. 1 GEK-E erweitert den Anwendungsbereich dieser Vorschriften über die Zahlung des Kaufpreises hinaus auf andere Zahlungen mit entsprechenden Anpassungen, sofern für diese nichts anderes bestimmt ist.[35]

c) Zeit der Leistung

18 aa) Der Zeitpunkt, zu dem der Schuldner die Leistung zu erbringen hat (Fälligkeit), ist für einzelne Sachbereiche im *Acquis communautaire* mit dem Terminus „unverzüglich" (in den englischen Sprachfassungen *without any undue delay*) gekennzeichnet. So legt Art. 7 Abs. 1 Fernabsatz-Finanzdienstleistungs-RL fest, dass vom Verbraucher nach einem Widerruf „lediglich die unverzügliche Zahlung" tatsächlich empfangener Leistungen verlangt werden darf. Art. 18 Abs. 1 Verbraucherrechte-RL sieht vor, dass der Unternehmer dem Verbraucher die Waren „unverzüglich, jedoch nicht später als dreißig Tage nach Vertragsabschluss" zu liefern hat. Insofern hat die Verbraucherrechte-RL die Dreißig-Tage-Frist der früheren Fernabsatz-RL[36] nicht nur hinsichtlich des Begriffs der Lieferung und des Rechts zur Vertragsbeendigung nach Fristversäumung und Nachfristsetzung[37] fortentwickelt, sondern auch hinsichtlich der Zeitbestimmung für die Lieferung. Im Unterschied dazu bezeichnet zwar beispielsweise Art. 3 Abs. 3 Verbrauchsgüterkauf-RL die Zeitspanne, die dem Unternehmer zur Nachbesserung oder Ersatzlieferung zur Verfügung steht, als „angemessene Frist" (in der englischen Sprachfassung *reasonable time*). Als Grundsatz des EU-Vertragsrechts ist es nach den Acquis Principles jedoch anzusehen, dass der Schuldner die Leistung unverzüglich zu erbringen hat, wenn vertraglich nichts anderes festgelegt ist (Art. 7:201 Abs. 1 ACQP).

19 bb) Das GEK lehnt sich für die Leistungszeit an diesen Grundsatz der Acquis Principles an und weicht insofern sowohl von Art. 33 CISG als auch von den wenig übersichtlichen Regeln in Art. III.-2:102 und IV.A.-2:202 DCFR ab.[38] Die Lieferung von Waren und digitalen Inhalten muss nach Art. 95 Abs. 1 GEK-E unverzüglich nach Vertragsschluss erfolgen, soweit sich der Lieferzeitpunkt nicht anderweitig bestimmen lässt. Eine nähere Festlegung, was „unverzüglich" bedeutet, enthält das GEK zwar nicht.[39] Im Rückgriff auf die Erläuterungen zu Art. 7:201 ACQP wird man aber davon ausgehen können, dass die Zeitspanne sich nicht allgemein festlegen lässt, sondern von den jeweiligen konkreten Umständen abhängt, namentlich von Art und Gegenstand der betreffenden Lieferung. Der Schuldner hat die Leistung so bald zu erbringen, wie es unter diesen Umständen einer sorgfältigen und gut organisierten Vertragspartei möglich ist.[40] Der Anwendungsbereich dieses Kriteriums der Unverzüglichkeit be-

---

34 Offen gelassen Lorenz, Das Kaufrecht und die damit verbundenen Dienstverträge im Common European Sales Law, AcP 212 (2012), S. 702, 806.
35 Dazu Schulze/Zoll, CESL Commentary, Art. 90 Rn 1–4.
36 Art. 7 Abs. 1 Fernabsatz-RL.
37 Näher zu dem Begriff der Lieferung oben Rn 3 und zu der Vertragsbeendigung unten § 6 Rn 53–69.
38 Im Unterschied zu Art. 7:201 ACQP nennt allerdings Art. 95 Abs. 1 GEK-E ausdrücklich den Vertragsschluss als zeitlichen Bezugspunkt, während die Erläuterungen der Acquis-Prinzipien dafür auf das – möglicherweise schwerer zu bestimmende – Entstehen der Verpflichtung abstellen; vgl Acquis Group/Aubert de Vincelles/Machnikowski/Pisulinski/Rochfeld/Szpunar/Zoll, Contract II, 7:201 Rn 8.
39 Für die kontroversen Auffassungen in der Lehre Lorenz, Das Kaufrecht und die damit verbundenen Dienstverträge im Common European Sales Law, AcP 212 (2012), S. 702, 721; Schmidt-Kessel/Remien, GEK-E Kommentar, Art. 95 GEK-E Rn 1; Schulze/Zoll, CESL Commentary, Art. 95 Rn 8.
40 Acquis Group/Aubert de Vincelles/Machnikowski/Pisulinski/Rochfeld/Szpunar/Zoll, Contract II, Art. 7:201 Rn 10.

II. Gefahrtragung

schränkt sich zwar in Art. 95 Abs. 1 GEK-E auf die Lieferung von Waren und digitalen Inhalten, während die Acquis Principles den entsprechenden Grundsatz generell auf die Leistungspflichten beziehen. Für das GEK dürfte aber eine entsprechende Anwendung in weiteren Sachlagen in Betracht kommen, soweit für diese die Lieferzeit nicht geregelt ist.

Spezifische Bestimmungen enthält das GEK für die Fälligkeit von Zahlungen. Danach werden Zahlungen bei Erbringung der Leistung, für die sie geschuldet werden, fällig. Art. 126 Abs. 1 GEK-E zeichnet diesen Grundsatz vor, indem er festlegt, dass die Zahlung des Kaufpreises bei Lieferung fällig ist. Nach Art. 90 Abs. 1 GEK-E gilt diese Regel mit entsprechenden Anpassungen auch für andere Zahlungen. Für (verbundene) Dienstleistungen präzisiert sie Art. 153 Abs. 2 GEK-E dahin gehend, dass die Fälligkeit eintritt, nachdem die Dienstleistung vollständig erbracht ist und der Kunde über den Gegenstand der Dienstleistung verfügen kann. Von der Fälligkeit der Zahlung stets zu unterscheiden ist deren Erfüllbarkeit. Letztere betrifft nicht die Frage, wann der Schuldner die Leistung erbringen muss, sondern wann er sie erbringen *darf*. Aus Art. 126 Abs. 2 GEK-E lässt sich entnehmen, dass eine Zahlung zwar grundsätzlich schon vor Fälligkeit zulässig ist, der Gläubiger jedoch die angebotene Zahlung ablehnen kann, wenn er ein berechtigtes Interesse an der Ablehnung hat.   20

II. Gefahrtragung

Eng mit der Festlegung der Leistungsmodalitäten verknüpft sind die Bestimmungen über die Voraussetzungen, unter denen der Käufer den Kaufpreis zahlen muss, obwohl er den Kaufgegenstand nicht oder nicht vertragsgemäß erhält. Für diesen Übergang der Preisgefahr auf den Käufer konnten sich die wissenschaftlichen Vorarbeiten zum europäischen Vertragsrecht zunächst vor allem auf das Vorbild der Art. 66 ff CISG beziehen. Der Gemeinsame Referenzrahmen hat seine Regeln über die Gefahrtragung an dieses Vorbild angelehnt, aber den Eigenheiten des europäischen Vertragsrechts insbesondere dadurch Rechnung getragen, dass er spezifische Bestimmungen für Verbraucherkaufverträge einbezogen hat (Art. IV. A.-5:103 DCFR). Im *Acquis communautaire* hat der Gefahrübergang nunmehr für den in der Praxis besonders wichtigen Versendungs- bzw Beförderungskauf mit Art. 20 Verbraucherrechte-RL eine Regelung erhalten, die sowohl Fernabsatz- als auch außerhalb von Geschäftsräumen geschlossene Verträge erfasst. Das Risiko für einen Verlust oder eine Beschädigung geht danach auf den Verbraucher über, wenn dieser oder ein von ihm benannter Dritter die Waren in Besitz genommen hat.[41] Die Besitzerlangung durch einen Beförderer führt allerdings nur zum Gefahrübergang, wenn der Verbraucher die Beförderung selbst veranlasst hat, ohne dass der Unternehmer diese Möglichkeit angeboten hat.   21

Art. 140 ff GEK-E entwickeln in einer für dieses Regelwerk charakteristischen Weise die vom Gemeinsamen Referenzrahmen vorgezeichneten Grundmuster fort, indem sie die Regelungen für die Gefahrtragung in drei Abschnitte aufgliedern: „Allgemeine Bestimmungen" legen die Wirkung des Gefahrübergangs und das Erfordernis einer eindeutigen Zuordnung der Waren oder digitalen Inhalte als Gegenstand der vertraglichen Lieferungspflicht für alle Kaufverträge und Verträge über digitale Inhalte im Anwendungsbereich des GEK fest (Art. 140 f GEK-E). Spezifisch den „Gefahrübergang bei einem Verbraucherkaufvertrag" regelt sodann Art. 142 GEK-E, während sich ein   22

---

41 Siehe Rn 13.

dritter Abschnitt mit dem „Gefahrübergang bei einem Vertrag zwischen Unternehmern" befasst (Art. 143 ff GEK-E). Nach der generellen Bestimmung des Art. 140 GEK-E besteht die Wirkung des Gefahrübergangs darin, dass der Untergang oder die Beschädigung der Waren oder digitalen Inhalte den Käufer nach dem Gefahrübergang nicht von der Verpflichtung befreien, den Preis zu zahlen, es sei denn, der Untergang oder die Beschädigung beruht auf einer Handlung oder Unterlassung des Verkäufers. Diese Wirkung kann aber erst eintreten, wenn die Waren oder digitalen Inhalte, die nach dem Vertrag geliefert werden müssen, entweder von vornherein durch die Vereinbarung der Parteien bei Vertragsschluss (Stückschuld) oder bei einer Gattungsschuld durch nachträgliche konkretisierende Handlungen (wie beispielsweise eine entsprechende Mitteilung an den Käufer) eindeutig identifiziert sind (vgl Art. 141 GEK-E).[42]

23 Den Zeitpunkt des Gefahrübergangs bestimmt für Verbraucherverträge Art. 142 GEK-E nach dem Muster von Art. 20 Verbraucherrechte-RL.[43] Grundsätzlich geht die Gefahr danach auf den Verbraucher über, sobald er oder ein von ihm bezeichneter Dritter mit Ausnahme des Beförderers den Besitz an den Waren erlangt. Bei Verträgen über digitale Inhalte ist ebenfalls die Besitzerlangung maßgeblich, wenn die digitalen Inhalte auf einem materiellen Datenträger bereitgestellt werden; andernfalls ist auf den Zeitpunkt abzustellen, zu dem der Verbraucher die Kontrolle über die digitalen Inhalte erlangt (Art. 142 Abs. 1, 2 GEK-E). Von diesen Grundsätzen weicht aber Art. 142 Abs. 3 GEK-E ab, wenn der Verbraucher seine Verpflichtung zur Übernahme der Waren oder digitalen Inhalte nicht erfüllt und die Nichterfüllung nicht gem. Art. 88 GEK-E entschuldigt ist.[44] Für den Gefahrübergang ist unter diesen Voraussetzungen auf den Zeitpunkt abzustellen, zu dem der Verbraucher den Besitz oder die Kontrolle über die digitalen Inhalte erlangt hätte, wenn er seine Verpflichtung zur Übernahme erfüllt hätte. Dies soll allerdings nach Art. 142 Abs. 3 S. 1 GEK-E nicht bei Fernabsatzverträgen und bei außerhalb von Geschäftsräumen geschlossenen Verträgen gelten.[45]

24 Bei Verträgen zwischen Unternehmen geht das GEK dagegen zwar von einem ähnlichen Grundsatz aus wie bei Verbraucherverträgen, indem nach Art. 143 Abs. 1 GEK-E die Gefahr mit der Annahme der Waren oder der sie vertretenen Dokumente auf den Käufer übergeht.[46] Diesen Grundsatz durchbrechen jedoch jeweils eigene Regelungen für mehrere in der Praxis häufig auftretende Sachlagen. Bei Bereitstellung der Waren durch den Verkäufer mit Kenntnis des Käufers geht die Gefahr zu dem Zeitpunkt auf den Käufer über, zu dem er die Waren vertragsgemäß hätte übernehmen müssen, wenn ihm nicht das Zurückbehaltungsrecht des Art. 113 GEK-E zusteht (Holschuld, Art. 144 GEK-E). Insbesondere bei Kaufverträgen, die eine Beförderung der Waren vorsehen (entsprechend dem Versendungskauf im deutschen Recht), weicht die Rege-

---

42 Zu einzelnen Fallgruppen der Konkretisierung Schmidt-Kessel/Wiese, GEK-E Kommentar, Art. 140, 141 GEK-E Rn 8–10 (dort auch zu der besonderen Problematik der Sammelladungen); Schulze/Zoll/Watson, CESL Commentary, Art. 141 GEK-E Rn 6–10; v. Bar/Clive, DCFR Full Edition, S. 1374 f.
43 Soeben Rn 21.
44 Näher zu diesen Voraussetzungen Schmidt-Kessel/Wiese, GEK-E Kommentar, Art. 142 GEK-E Rn 6; Schulze/Zoll/Watson, CESL Commentary, Art. 142 Rn 8–12.
45 Zu dieser Gegenausnahme Schulze/Zoll/Watson, CESL Commentary, Art. 142 GEK-E Rn 8; kritisch dazu Faust, Das Kaufrecht im Vorschlag für ein Gemeinsames Europäisches Kaufrechts, in: Schulte-Nölke u.a., Der Entwurf für ein optionales europäisches Kaufrecht, S. 251, 273; Schmidt-Kessel/Wiese, GEK-E Kommentar, Art. 142 GEK-E Rn 12–14.
46 Zur offenen Frage, ob „die Waren ... angenommen hat" substantiell eine andere Bedeutung haben soll als die Erlangung des Besitzes gem. Art. 142 GEK-E (oder die im Wesentlichen nur darauf beruht, dass Art. 142 GEK-E an Art. 20 Verbraucherrechte-RL und Art. 143 GEK-E an Art. 67 Abs. 1 CISG und Art. IV.A.-5:102 DCFR angelehnt ist) Schmidt-Kessel/Wiese, GEK-E Kommentar, Art. 143–146 GEK-E Rn 3.

II. Gefahrtragung

lung für die Gefahrtragung im unternehmerischen Verkehr von derjenigen für Verbraucherverträge signifikant ab: Die Gefahr geht bei Verträgen zwischen Unternehmen generell mit der vertragsgemäßen Übergabe der Waren an den ersten Beförderer auf den Käufer über (Art. 145 Abs. 2 GEK-E). Werden Waren während der Beförderung verkauft (Verkauf „rollender Waren"), geht die Gefahr ebenfalls grundsätzlich bei Übergabe an den ersten Beförderer über; abweichend davon kann sich jedoch aus den Umständen ergeben, dass die Gefahr bereits zum Zeitpunkt des Vertragsschlusses übergehen soll. Zudem wirkt es zulasten des Verkäufers, wenn er bei Vertragsschluss vom Untergang oder der Beschädigung der Waren Kenntnis hat oder haben müsste (Art. 146 GEK-E). Ein wesentlicher Unterschied aller dieser Bestimmungen über den Gefahrübergang bei Verträgen zwischen Unternehmen zum verbraucherrechtlichen Art. 142 GEK-E liegt schließlich in ihrem dispositiven Charakter; bei Verbraucherverträgen können die Parteien dagegen die Gefahrtragung nicht abweichend zum Nachteil des Verbrauchers festlegen (Art. 142 Abs. 5 GEK-E).

§ 6 Rechtsfolgen der Nichterfüllung

I. Einführung

Literatur: Grabitz/Hilf, Das Recht der Europäischen Union, 40. Aufl. 2009; Grundmann/Bianca, EU-Kaufrechts-Richtlinie Kommentar, 2002; Lorenz, Das Kaufrecht und die damit verbundenen Dienstverträge im Common European Sales Law, AcP 212 (2012), S. 702–847; Riesenhuber, EU-Vertragsrecht, 2013; Schulte-Nölke/Zoll/Jansen/Schulze, Der Entwurf für ein optionales Kaufrecht, 2012; Schmidt-Kessel, Der Entwurf für ein Gemeinsames Europäisches Kaufrecht – Kommentar, 2014; Schulze, Common European Sales Law – Commentary, 2012; Wagner, Ökonomische Analyse des CESL: Das Recht auf zweite Andienung, ZEuP 2012, S. 797–825.

1. Innovative Ansätze des Acquis communautaire

1   Bestimmungen über die Folgen von Störungen bei der Erfüllung der vertraglich festgelegten Leistungen („Leistungsstörungen"[1]) und insbesondere über die rechtlichen Reaktionsmöglichkeiten des Gläubigers bei der Nichterfüllung vertraglicher Pflichten („Rechtsbehelfe"[2]) gehören zu den Kernbestandteilen des Vertragsrechts. Die Sanktionen, die das Vertragsrecht für die Nichterfüllung von Pflichten vorsieht, geben nicht nur dem jeweiligen Gläubiger die Möglichkeit, auf bereits eingetretene Störungen bei der Durchführung des Vertrages zu reagieren. Vielmehr können drohende Sanktionen auch präventiv dazu beitragen, Schuldner zur Erfüllung ihrer Verpflichtungen zu veranlassen, und damit die Durchführung des vertraglichen Leistungsprogramms sichern. Die Richtlinien der EU auf dem Gebiet des Vertragsrechts haben die Festlegung von Sanktionen für die Nichterfüllung der in ihnen geregelten Verpflichtungen zwar zum großen Teil dem Recht der Mitgliedstaaten überlassen. In unterschiedlichem Maße haben die Mitgliedstaaten dabei zur Durchsetzung von Schutzzielen der Richtlinien insbesondere im Bereich des Verbraucherrechts neben privatrechtlichen Instrumenten auch verwaltungsrechtliche Präventiv- und Sanktionsbestimmungen erlassen oder sogar strafrechtliche Sanktionen vorgesehen.[3] Eine Reihe von Richtlinien enthalten aber durchaus Festlegungen über Rechtsbehelfe, die dem Gläubiger bei der Nichterfüllung vertraglicher Pflichten zustehen sollen, und über weitere privatrechtliche Folgen von Leistungsstörungen, auch wenn damit häufig keine abschließende Regelung intendiert ist. Dazu gehören vor allem die Verbrauchsgüterkauf-RL, die Verbraucherrechte-RL, die Pauschalreise-RL, die Zahlungsverzugs-RL, die Zahlungsdienste-RL und die Handelsvertreter-RL. Auch beispielsweise in der Fluggastrechte-VO[4] finden sich derartige Bestimmungen. Trotz ihres fragmentarischen Charakters haben einige dieser unionsrechtlichen Bestimmungen für die Entwicklung des Leistungsstörungsrechts bemer-

---

[1]   Zu diesem Begriff Fikentscher/Heinemann, Schuldrecht, 10. Aufl. 2006, Rn 352; begriffsbildend war Stoll, Die Lehre von den Leistungsstörungen, 1936.
[2]   So die Begrifflichkeit des UN-Kaufrechts, der PECL und des DCFR in Anlehnung an den englischen Begriff „remedies".
[3]   So beispielsweise reg. 9 (6) der irischen European Communities (Protection of Consumers in Respect of Contracts made by means of Distance Communication) Regulations 2001 (S.I. No. 207/2001), die Umsetzung der Fernabsatz-RL dient; oder der Tatbestand des „Warenbetrugs" gem. Art. L 213-1 des französischen Code de la consommation, der auch der Umsetzung der Verbrauchsgüterkauf-RL dient; vgl dazu Thissen, Die Verbrauchsgüterkaufrichtlinie und die Haftung des Verkäufers für öffentliche Äußerungen Dritter in Frankreich, 2005, S. 72–74.
[4]   VO (EG) Nr. 261/2004 des Europäischen Parlaments und des Rates vom 11. Februar 2004 über eine gemeinsame Regelung für Ausgleichs- und Unterstützungsleistungen für Fluggäste im Fall der Nichtbeförderung und bei Annullierung oder großer Verspätung von Flügen und zur Aufhebung der Verordnung (EWG) Nr. 295/91.

I. Einführung

kenswerte Akzente gesetzt, die in einer Reihe von Mitgliedstaaten zu teilweise weitreichenden Veränderungen gegenüber herkömmlichen Regelungsmustern – zuweilen weit über den Regelungsbereich der Rechtsakte selbst hinaus – geführt haben.

Zu den wichtigsten derartigen Entwicklungen, die durch das EU-Recht auf dem Gebiet des Leistungsstörungsrechts angestoßen oder gefördert wurden, gehört – um nur einige Beispiele zu nennen – die Herausbildung eines einheitlichen Tatbestandes als Anknüpfungspunkt für mehrere oder alle Rechtsbehelfe des Gläubigers. Die Grundlage dafür bildet das Konzept der Vertragsmäßigkeit bzw Vertragswidrigkeit nach dem Muster des Art. 3 Verbrauchsgüterkauf-RL (das seinerseits das UN-Kaufrecht und die PECL zum Vorbild hat). Das Modell dieser Richtlinie hat beispielsweise in Deutschland bei der Schuldrechtsmodernisierung im Jahr 2002 entscheidend dazu beigetragen, dass einheitliche Tatbestände der Pflichtverletzung und Vertragswidrigkeit in das allgemeine Schuldrecht eingeführt und die kaufrechtlichen Bestimmungen in diesen Rahmen integriert wurden. Ebenso hat das Modell der Verbrauchsgüterkauf-RL eine wichtige innovative Rolle für mitgliedstaatliche Bestimmungen über das Verhältnis der Erfüllung vertraglicher Leistungspflichten zum Recht des Gläubigers auf Auflösung bzw Beendigung des Vertrages sowie zu anderen Rechtsbehelfen gespielt. Ein für viele Mitgliedstaaten neuer Ansatz war in dieser Hinsicht das Verständnis des Erfüllungsanspruchs nach Ausbleiben der Leistung bei Fälligkeit als ein Rechtsbehelf des Gläubigers. Innovative Elemente dieser Richtlinie für das Leistungsstörungsrecht waren ebenso das Recht des Verkäufers zur „zweiten Andienung" oder „Heilung" bei einer vertragswidrigen Leistung und der Vorrang der nachträglichen Erfüllung gegenüber den Rechtsbehelfen der Vertragsbeendigung und der Preisminderung.[5] Hinsichtlich des Rechts des Gläubigers zur Auflösung bzw Beendigung des Vertrages gehört es für eine Reihe von Mitgliedstaaten zu den innovativen Zügen der Verbrauchsgüterkauf-RL, dass die Beteiligung des Richters bei diesem Rechtsbehelf entbehrlich sein kann. In die gleiche Richtung geht Art. 18 Verbraucherrechte-RL. Ebenso wie in den Richtlinien-Bestimmungen über die Widerrufsrechte zeigt sich darin ein unterschiedlicher Ansatz gegenüber der herkömmlichen Vorstellung dieser nationalen Rechte, dass die einseitige Aufhebung oder Umgestaltung des Vertragsverhältnisses grundsätzlich der gerichtlichen Entscheidung bedarf.[6] Die Richtlinien lassen demgegenüber – wie schon zuvor das UN-Kaufrecht und die PECL – ein anderes Modell in den Blick treten: die Gestaltbarkeit von Vertragsverhältnissen durch Willenserklärungen bei Zuweisung einer entsprechenden Gestaltungsmacht durch den Gesetzgeber („Gestaltungsrechte").[7]

In sehr weitem Maße haben die neuen europäischen Bestimmungen zudem das Verständnis des Mangels im Kaufrecht berührt. Dies betrifft nicht nur die Integration des Mangelbegriffs in die allgemeine Begrifflichkeit des Vertrags- und Schuldrechts mithilfe des Konzepts der Vertragsmäßigkeit bzw Vertragswidrigkeit. Vielmehr erweitern die Verbrauchsgüterkauf-RL und die Pauschalreise-RL die Kriterien der Vertragsmäßigkeit gegenüber verbreitetem herkömmlichen Verständnis durch die Berücksichtigung öffentlicher Erklärungen des Verkäufers und Dritter sowie Reiseveranstalter und/oder -vermittler. Für den Warenkauf wird der Mangelbegriff nicht an die körperliche Substanz des Kaufgegenstandes gebunden, sondern es werden Handlungsabläufe im Um-

---

[5] Dazu unten Rn 28 und Rn 56 f.
[6] Siehe § 3 Rn 157.
[7] Schmidt-Kessel, Remedies for Breach of Contract in European Private Law – Principles of European Contract Law, Acquis Communautaire and Common Frame of Reference, in: Schulze (Hrsg.), New Features in Contract Law, 2007, S. 183, 185–187.

feld einbezogen, namentlich die Montage durch den Verkäufer und dessen Montageanleitungen (vgl Art. 2 Abs. 5 Verbrauchsgüterkauf-RL). In dieser Ausgestaltung des Mangelbegriffs kommt nicht zuletzt zum Ausdruck, dass die vertraglichen Pflichten auch durch die Berücksichtigung der berechtigten Erwartungen der anderen Partei konkretisiert werden können. Dieser Perspektivenwechsel hin zum Konzept der berechtigten Erwartungen der anderen Partei durchzieht insgesamt die Bestimmung vertraglicher Pflichten im Leistungsstörungsrecht und stellt damit die Kriterien für die Nichterfüllung in einen neuen Zusammenhang.

2. System

a) Ausgangspunkte im Acquis communautaire

4   Im geltenden Recht der EU haben sich die Bestimmungen über Leistungsstörungen bei der Durchführung von Verträgen nur fragmentarisch in einzelnen Sachbereichen entwickelt. Sie sind weit davon entfernt, ein vollständiges System des Leistungsstörungsrechts zu bilden. Gleichwohl ergeben sich aus diesen Bestimmungen einzelne Anhaltspunkte für eine teilweise Systematisierung. Dazu gehören vor allem aufgrund der bereits erwähnten Bestimmungen der Verbrauchsgüterkauf-RL beispielsweise das Konzept eines einheitlichen Tatbestandes der Vertragswidrigkeit als gemeinsame Voraussetzung für mehrere Rechtsbehelfe, die Zuordnung der (Nach-)Erfüllung zu den Rechtsbehelfen, das Rangverhältnis zwischen den Rechtsbehelfen, die Gliederung der Nacherfüllung in Nachbesserung (Reparatur) und Ersatz sowie die Ausgestaltung von Vertragsauflösung (bzw Vertragsbeendigung) und Preisminderung als gleichrangige Rechtsbehelfe.[8] Im mitgliedstaatlichen Recht sind diese Richtlinien-Bestimmungen über die Ausgestaltung der Rechtsbehelfe und ihres Verhältnisses zueinander zuweilen nicht nur über den Anwendungsbereich der Richtlinie hinaus umgesetzt, sondern – insbesondere in der deutschen Schuldrechtsmodernisierung im Jahre 2002 – als Orientierungspunkte für eine neue Systematik des Kaufrechts und des allgemeinen Schuldrechts insgesamt genutzt worden.[9]

5   Für das europäische Vertragsrecht haben die Acquis Principles Ansätze zu einer Systematisierung des Leistungsstörungsrechts auf der Grundlage der Richtlinien und der auf sie bezogenen Rechtsprechung des EuGH herausgearbeitet. Dazu gehören insbesondere übergreifende Prinzipien, die die Voraussetzungen und die Ausübung der Rechtsbehelfe und ihr Verhältnis zueinander betreffen (unter Einbeziehung des Schadensersatzes und des Zinsanspruchs), sowie die Ergänzung der allgemeinen Prinzipien durch spezifische Grundsätze einzelner Sachbereiche (etwa für die Lieferung von Gütern oder für bestimmte Dienstleistungen).[10] Sie haben damit Möglichkeiten einer kohärenteren Fortentwicklung des *Acquis communautaire* vorgezeichnet, ohne aber bereits zum Ent-

---

8   Ob sich aus den Bestimmungen dieser Richtlinie bereits allgemeine Prinzipien des bestehenden EU-Vertragsrechts herleiten lassen, ist im Einzelnen zweifelhaft; siehe insbesondere zu den Rechtsbehelfen bei Nichterfüllung Acquis Group/Machnikowski/Szpunar, Contract II, Art. 8:202 Rn 1 f; Schmidt-Kessel, Remedies for Breach of Contract in European Private Law, in: Schulze (Hrsg.), New Features in Contract Law, 2007, S. 183, 188; Zoll, The Remedies for Non-performance, in: Schulze, CFR and Existing EC Contract Law, S. 195, 197.

9   Siehe Herresthal, Die Schuldrechtsmodernisierung 2002, Modell für die europäische Privatrechtsvereinheitlichung?, in: Artz/Gsell/Lorenz, Zehn Jahre Schuldrechtsmodernisierung, 2014, S. 279, 285 f; Schulze/Schulte-Nölke, Die Schuldrechtsreform vor dem Hintergrund des Gemeinschaftsrecht, 2001, S. 3–24.

10 Acquis Group/Busch, Contract II, Chapter 8, Part A zu „Haustür"-Verträgen, Part B zur Lieferung von Gütern, Part E zu Pauschalreisen, Part G zu Zahlungsdiensten, Part H zu Handelsvertreter-Verträgen.

I. Einführung

wurf eines vollständigen Systems des europäischen Leistungsstörungsrechts auf Grundlage des geltenden EU-Vertragsrechts vordringen zu können. Vielmehr lassen sie wichtige Materien beispielsweise hinsichtlich der Rückabwicklung nach der Beendigung von Verträgen unberücksichtigt und müssen zudem auf anderen Gebieten für Lücken, die sich aufgrund des *Acquis communautaire* nicht schließen lassen, auf die einschlägigen Prinzipien der PECL oder des DCFR verweisen.[11]

b) Gemeinsames Europäisches Kaufrecht

aa) Mit dem Vorhaben eines Gemeinsamen Europäischen Kaufrechts hat sich der europäische Gesetzgeber der Herausforderung gestellt, in Hinblick auf die Funktionsfähigkeit dieses Kaufrechts in der Praxis ein möglichst vollständiges Leistungsstörungsrecht mit übergreifender Systematik zu entwickeln. Das GEK enthält dazu umfassende Kataloge der Rechtsbehelfe, die den Parteien eines Vertrags zur Verfügung stehen. Dabei orientiert es sich in erheblichem Maße an den Systemen der Rechtsbehelfe in den PECL, dem DCFR und den Acquis Principles. Es verwendet aber im Unterschied zu diesen in seiner deutschen Sprachfassung die Bezeichnung „Abhilfen" statt „Rechtsbehelfe" (ohne dass dafür ein überzeugender Grund ersichtlich wäre[12]). Diese Abhilfen legt das GEK jeweils gesondert für jede der beiden Parteien des Kaufvertrages im Anschluss an die Bestimmungen über die Verpflichtungen der Gegenpartei fest.[13] Für die Parteien des Dienstleistungsvertrages sind sie ebenfalls jeweils gesondert geregelt, allerdings in einem gemeinsamen Abschnitt über Abhilfen[14] im Anschluss an die Abschnitte über die Verpflichtungen beider Parteien. Diese Aufteilung nach Vertragsarten und Parteien bringt zum Ausdruck, dass die Abhilfen jeweils die Reaktionsmöglichkeiten des Gläubigers auf die Nichterfüllung der unmittelbar zuvor festgelegten Verpflichtungen der anderen Partei darstellen. Sie führt aber zu Wiederholungen und zu häufigen Verweisen, zumal allgemeine Bestimmungen, die gemeinsamen Voraussetzungen mehrerer Rechtsbehelfe betreffen (wie die Nichterfüllung, wesentliche Nichterfüllung und entschuldigte Nichterfüllung), in einem vorgelagerten Kapitel[15] behandelt und die Regeln über den Schadensersatz und Zinsen, die jede der Vertragsarten und Vertragsparteien betreffen, in einem nachgelagertem Kapitel[16] „hinter die Klammer gezogen" werden.

bb) Das Grundmuster des Katalogs der Rechtsbehelfe, die das GEK unter der Bezeichnung „Abhilfen" vorsieht, enthält Art. 106 Abs. 1 GEK-E. Er bestimmt die Rechtsbehelfe des Käufers, wenn der Verkäufer seine Verpflichtung nicht erfüllt hat. Entsprechende Bestimmungen zugunsten des Verkäufers, des Kunden eines Dienstleistungsvertrages und des Dienstleisters enthalten Art. 131, 155, 157 GEK-E. Als Rechtsbehelfe des Gläubigers vorgesehen sind demnach das Erfüllungsverlangen, die Zurückbehal-

---

11 Art. 8:201 und 8:202 ACQP zu Geldschulden bzw nicht auf Geld gerichteten Verpflichtungen, entsprechend Art. III.-3:301 und III.-3:302 DCFR; Art. 8:302 ACQP zur Mitteilung der Vertragsaufhebung, entsprechend Art. III.-3:507 (1) DCFR; Art. 8:304 ACQP zum Recht auf Zurückbehalten der Leistung, entsprechend Art. III.-3:401 DCFR; Art. 8:404 zu Zinsen bei Zahlungsverzug, entsprechend Art. III.-3:708 DCFR.
12 So auch Faust, Leistungsstörungsrecht, in: Remien/Herrler/Limmer, Gemeinsames Europäisches Kaufrecht für die EU?, 2012, S. 161, 174.
13 In Kap. 11 die Abhilfen des Käufers (Art. 106 ff GEK-E) im Anschluss an die Verpflichtungen des Verkäufers in Kap. 10; die Abhilfen des Verkäufers in Kap. 13 (Art. 131 ff GEK-E) im Anschluss an die Verpflichtungen des Käufers in Kap. 12.
14 Kap. 15, Abschnitt 4 (Art. 155 ff GEK-E).
15 Kap. 9 (Art. 87 f GEK-E).
16 Kap. 16 (Art. 159 ff GEK-E).

tung, die Vertragsbeendigung (die der Vertragsaufhebung in den PECL entspricht), die Preisminderung und der Anspruch auf Schadensersatz.[17]

▶ **ARTIKEL 106 GEK-E**
Übersicht über die Abhilfen des Käufers
(1) Hat der Verkäufer eine Verpflichtung nicht erfüllt, kann der Käufer
(a) die Erfüllung gemäß Abschnitt 3 verlangen, die die Erfüllung der betreffenden Verpflichtung, die Reparatur oder den Ersatz der Waren oder digitalen Inhalte einschließt,
(b) seine eigene Leistung gemäß Abschnitt 4 zurückhalten,
(c) gemäß Abschnitt 5 den Vertrag beenden und gemäß Kapital 17 die Erstattung des bereits gezahlten Preises verlangen,
(d) den Preis gemäß Abschnitt 6 mindern und
(e) Schadensersatz gemäß Kapitel 16 verlangen.
(2) Handelt es sich bei dem Käufer um einen Unternehmer, gilt Folgendes:
(a) Das Recht des Käufers auf Abhilfe mit Ausnahme der Zurückhaltung seiner Leistung besteht vorbehaltlich der Heilung der Nichterfüllung durch den Verkäufer gemäß Abschnitt 2, und
(b) das Recht des Käufers, sich auf Vertragswidrigkeit zu berufen, besteht vorbehaltlich der Prüfungs- und Mitteilungspflichten gemäß Abschnitt 7.
(3) Handelt es sich bei dem Käufer um einen Verbraucher, gilt Folgendes:
(a) Die Rechte des Käufers bestehen ungeachtet der Heilung der Nichterfüllung durch den Verkäufer, und
(b) die Prüfungs- und Mitteilungspflichten gemäß Abschnitt 7 finden keine Anwendung.
(4) Ist die Nichterfüllung des Verkäufers entschuldigt, kann der Käufer von den in Absatz 1 genannten Abhilfen Gebrauch machen mit Ausnahme der Forderung nach Erfüllung und Schadensersatz.
(5) Der Käufer kann von den in Absatz 1 genannten Abhilfen nicht Gebrauch machen, soweit er die Nichterfüllung des Verkäufers verursacht hat.
(6) Abhilfen, die miteinander vereinbar sind, können nebeneinander geltend gemacht werden. ◀

8   cc) Für das Verhältnis dieser Rechtsbehelfe zueinander legt Art. 106 Abs. 6 GEK-E den Grundsatz der kumulativen Anwendbarkeit unter der auslegungsbedürftigen Voraussetzung „miteinander vereinbar"[18] fest. Jedoch ist das Verhältnis zwischen einigen Rechtsbehelfen ausdrücklich geregelt. Gem. Art. 8 Abs. 2 GEK-E können beispielsweise Vertragsbeendigung und Schadensersatz zusammen geltend gemacht werden. Hingegen schließen sich die Preisminderung und Schadensersatz hinsichtlich eines Verlustes gem. Art. 120 Abs. 3 GEK-E aus. Auch Vertragsbeendigung und die Forderung nach Erfüllung schließen sich aus (Art. 8 Abs. 1 GEK-E).

9   dd) Zu den Charakteristika, die sich aus Art. 106 GEK-E für das System der Rechtsbehelfe im GEK ergeben, gehört es zudem, dass bei Verträgen zwischen Unternehmern (aber nicht bei Verbraucherverträgen) alle Rechtsbehelfe außer der Zurückbehaltung unter dem Vorbehalt der Heilung der Nichterfüllung durch den Verkäufer stehen (Art. 106 Abs. 2 lit. a GEK-E). Dem Schuldner wird insofern das Recht zugesprochen, dass er bei einer Nichterfüllung die Leistung erneut und vertragsgemäß anbieten darf

---

17 Näher zu jedem dieser Rechtsbehelfe sogleich Rn 33–90.
18 Dazu Lorenz, Das Kaufrecht und die damit verbundenen Dienstverträge im Common European Sales Law, AcP 212 (2012), S. 702, 754. Zu dem entsprechenden Art. III.-3:102 DCFR v. Bar/Clive (Hrsg.), DCFR Full Edition, S. 777 f.

(vgl Art. 109 Abs. 1 GEK-E) und dadurch seine Vertragsverletzung heilt.[19] Die Erfüllung ist somit einerseits Gegenstand eines Anspruchs des Gläubigers im Rahmen seiner Rechtsbehelfe (Anspruch auf Erfüllung gem. Art. 106 Abs. 1 lit a GEK-E), andererseits aber auch eine Berechtigung des Schuldners („Recht der zweiten Andienung" als Recht zur Erfüllung in Form der Heilung gem. Art. 109 GEK-E). Als ein weiterer Grundzug des Rechtsbehelfe-Systems im GEK ergibt sich aus Art. 106 Abs. 2 lit. b GEK-E, dass Rechtsbehelfe wegen einer Vertragswidrigkeit der Leistung nur geltend gemacht werden können, wenn die Prüfungs- und Mitteilungspflichten der Art. 121, 122 GEK-E eingehalten sind. Allerdings gilt dieses wiederum nur bei Verträgen zwischen Unternehmern, während dies von Verbrauchern gem. Art. 106 Abs. 3 lit. b GEK-E nicht verlangt wird.[20] In Art. 106 Abs. 4 GEK-E kommt zum Ausdruck, dass alle Rechtsbehelfe kein Verschulden des Schuldners voraussetzen, also eine objektive Haftung besteht. Die Haftung ist aber in Hinblick auf das Erfüllungsverlangen und den Schadensersatz (nicht in Hinblick auf andere Rechtsbehelfe) eingeschränkt, wenn die Nichterfüllung entschuldigt ist. Dies ist gem. Art. 88 Abs. 1 GEK-E der Fall, wenn sie auf einem außerhalb des Einflussbereichs des Schuldners liegenden Hindernis beruht und wenn vom Schuldner nicht erwartet werden konnte, dass er dieses Hindernis zum Zeitpunkt des Vertragsschlusses in Betracht gezogen hat oder dass er es oder seine Folgen vermieden oder überwunden hat.[21] Als ein für alle Rechtsbehelfe maßgebliches Prinzip legt schließlich Art. 106 Abs. 5 GEK-E die Kausalität zwischen dem Verhalten des Schuldner und der Nichterfüllung fest.[22]

ee) Nicht alle Folgen der Ausübung von Rechtsbehelfen sind in den Kapiteln über die „Abhilfen" im GEK behandelt. Insbesondere ergeben sich die Wirkungen des Rechtsbehelfs der Vertragsbeendigung wesentlich aus Art. 8 GEK-E, der sich im Rahmen der einleitenden Bestimmung des Regelwerks allgemein mit der Beendigung von Verträgen erfasst. Ob, in welchem Umfang und in welcher Weise eine Partei nach der Vertragsbeendigung der anderen Partei zurückgewähren muss, was sie von dieser erlangt hat, ist in einem eigenen Teil VII des GEK über die Rückabwicklung geregelt (Art. 172 ff GEK-E).[23] Die Bestimmungen dieses Teils betreffen die Rückgewähr des Erlangten nicht nur nach der Vertragsbeendigung, sondern auch nach der Anfechtung wegen eines Einigungsmangels. Sie sind daher sowohl aus dem Kapitel über die Einigungsmängel als auch aus den Teilen, die sich mit den Rechtsbehelfen befassen, ausgegliedert und – wohl auch in Hinblick auf den „Lebenszyklus" des Vertrags[24] – dem vorletzten Teil des Regelwerks (vor den Verjährungsvorschriften) zugewiesen worden.

10

II. Nichterfüllung

1. Übersicht

Der in den Richtlinien enthaltene *Acquis communautaire* befasst sich weniger mit den Fragen der Leistungsstörung[25] als mit dem Pflichtenprogramm des Vertragsrechts. Die Folgen einer Pflichtverletzung sind weithin den Rechtsordnungen der Mitgliedsstaaten

11

---

19 Dazu Rn 30–32.
20 Dazu Rn 43–46.
21 Dazu Rn 25–27.
22 Näher dazu Rn 39.
23 Dazu unten Rn 91–93.
24 Erwägungsgründe 6, 26 GEK-E.
25 KOM(2011) 744 endg., 4.9., S. 25 f.

überlassen worden. Trotzdem wird im Zuge der Verdichtung des europäischen Vertragsrechts auch das Unionsrecht immer mehr Regeln über die Leistungsstörung enthalten. Man könnte die Frage stellen, ob sich daraus ein System entfaltet, das aus kohärenten Bestandteilen zusammengesetzt sein wird, oder ob verschiedene, über den gesamten *Acquis communautaire* verstreute Regeln entstehen, die punktuell ganz verschiedene Sachverhalte erfassen. Die Verfasser der Acquis Principles sind davon ausgegangen, dass das bereits bestehende Unionsprivatrecht eine ausreichende Grundlage bietet, um verallgemeinerte Regeln daraus zu extrahieren. Die Acquis Principles definieren den Begriff der Nichterfüllung in Art. 8:101 ACQP.

▶ *Artikel 8:101 ACQP*
Definition der Nichterfüllung
Nichterfüllung umfasst eventuelle unzulängliche Erfüllung einer Verpflichtung einschließlich verspäteter Erfüllung, mangelhafter Erfüllung sowie unzulänglicher Zusammenarbeit zur vollständigen Verwirklichung einer Verpflichtung. ◀

Diese Definition folgt dem Ansatz, von einem einheitlichen Tatbestand der Leistungsstörung bzw der Nichterfüllung auszugehen,[26] und schließt damit an das Modell des UN-Kaufrechts, des DCFR und der PECL an. Trotz der Anhaltspunkte, dass der europäische Gesetzgeber diesem Ansatz folgen wird, ist aber auch das Alternativmodell dem Unionsrecht nicht fremd, bestimmte Arten der Leistungsstörung (wie Verzug oder mangelhafte Leistung) zu typisieren und darauf jeweils eigene Arten von Rechtsbehelfen zu beziehen. Dies ist auch darauf zurückzuführen, dass sich der europäische Gesetzgeber die allgemeine Kohärenz des europäischen Vertragsrechts trotz entgegenstehender Erklärungen noch wenig angelegen sein lässt, sondern vielmehr in erster Linie versucht, jeweils eine geeignete Lösung für ein konkretes Problem zu finden. Deswegen finden sich im *Acquis communautaire* Ansätze sowohl für die These, dass der europäische Gesetzgeber versucht, die Bausteine für das allgemeine europäische Leistungsstörungsrecht zu liefern, als auch für die Annahme, dass er eine derartige Systembildung überhaupt nicht anstrebt.

2. Einheitlicher Tatbestand der Leistungsstörung im Acquis communautaire

12   Das Muster eines einheitlichen Tatbestandes der Leistungsstörung, der ohne Typisierung einzelner Arten der Pflichtverletzung auskommt, ist vor allem in der Pauschalreise-RL zu finden:[27]

▶ *Artikel 5 Pauschalreise-RL*
[Haftung]
(...)
(2) Die Mitgliedstaaten treffen hinsichtlich der Schäden, die dem Verbraucher aus der Nichterfüllung oder einer mangelhaften Erfüllung des Vertrages entstehen, die erforderlichen Maßnahmen, damit der Veranstalter und/oder der Vermittler die Haftung übernimmt, es sei denn, dass die Nichterfüllung oder die mangelhafte Erfüllung weder auf ein Verschulden des Veranstalters und/oder Vermittlers noch auf ein Verschulden eines anderen Dienstleistungsträgers zurückzuführen ist, weil:

---

26   Acquis Group/Machnikowski/Szpunar, Contract II, Art. 8:101 Rn 5.
27   Zu den Leistungsstörungen siehe Riesenhuber, EU-Vertragsrecht, § 13 Rn 22–37.

II. Nichterfüllung

- die festgestellten Versäumnisse bei der Erfüllung des Vertrages dem Verbraucher zuzurechnen sind;
- diese unvorhersehbaren oder nicht abwendbaren Versäumnisse einem Dritten zuzurechnen sind, der an der Bewirkung der vertraglich vereinbarten Leistungen nicht beteiligt ist;
- diese Versäumnisse auf höhere Gewalt entsprechend der Definition in Artikel 4 Absatz 6 Unterabsatz 2 Ziffer ii) oder auf ein Ereignis zurückzuführen sind, das der Veranstalter und/oder der Vermittler bzw. der Leistungsträger trotz aller gebotenen Sorgfalt nicht vorhersehen oder abwenden konnte. (...) ◄

Nach Art. 5 Abs. 2 Pauschalreise-RL ist das Recht auf Schadenersatz mit jeder Art der Leistungsstörung verbunden.[28] Dieser einheitliche Tatbestand der Leistungsstörung wird mit den Worten „Nichterfüllung" und „mangelhafte Erfüllung" wiedergegeben. Es ist aber anzunehmen, dass man aufgrund dieser Beschreibung alle Arten der Leistungsstörung gemeint hat, also auch die verspätete Erfüllung, obwohl das nicht ausdrücklich ausgesprochen wird.

Es ist umstritten, ob es sich in diesem Fall um eine verschuldensabhängige Haftung handelt.[29] Die Richtlinie bestimmt zwar, dass die Haftung ausgeschlossen ist, wenn kein Verschulden vorliegt. Dieses Verschulden wird aber so definiert, als ob es sich um eine objektive Haftung handelte, die entweder nur dem Verbraucher oder ausschließlich einem Dritten zuzurechnen oder auf höhere Gewalt zurückzuführen sein müsste. Die höhere Gewalt wird aber wiederum mit dem Verweis auf die gebotene Sorgfalt definiert. Die Begriffe des Verschuldens oder der Fahrlässigkeit können hier keinen Aufschluss geben, da sie keinen fest umrissenen Inhalt im europäischen Recht haben. Zumindest handelt es sich in diesem Fall um eine sorgfaltsabhängige Leistung.

Ein einheitlicher Tatbestand der Leistungsstörung findet sich auch in der Zahlungsdienste-RL:

▶ *Artikel 75 Zahlungsdienste-RL*
Nicht erfolgte oder fehlerhafte Ausführung
(1) Wird ein Zahlungsauftrag vom Zahler ausgelöst, so haftet sein Zahlungsdienstleister unbeschadet von Artikel 58, Artikel 74 Absätze 2 und 3 sowie Artikel 78 gegenüber dem Zahler für die ordnungsgemäße Ausführung des Zahlungsvorgangs, es sei denn, er kann gegenüber dem Zahler und gegebenenfalls dem Zahlungsdienstleister des Zahlungsempfängers nachweisen, dass der Betrag, der Gegenstand des Zahlungsvorgangs ist, gemäß Artikel 69 Absatz 1 beim Zahlungsdienstleister des Zahlungsempfängers eingegangen ist; in diesem Fall haftet der Zahlungsdienstleister des Zahlungsempfängers diesem gegenüber für die ordnungsgemäße Ausführung des Zahlungsvorgangs.
(...) ◄

Die wichtigste Richtlinie, die auf dem Modell des einheitlichen Tatbestandes der Leistungsstörung beruht, ist die Verbrauchsgüterkauf-RL:[30]

---

28 Riesenhuber, EU-Vertragsrecht, § 13 Rn 32.
29 Befürwortend Riesenhuber, EU-Vertragsrecht, § 13 Rn 32.
30 Grabitz/Hilf/Magnus, Das Recht der Europäischen Union, 40. Aufl. 2009, Sekundärrecht A.15, 1999/44/EG, Art. 3 Rn 1; Grundmann/Bianca/Bianca, EU-Kaufrechts-Richtlinie Kommentar, 2002, Art. 3 Rn 3.

▶ **Artikel 3 Verbrauchsgüterkauf-RL**
Rechte des Verbrauchers
(1) Der Verkäufer haftet dem Verbraucher für jede Vertragswidrigkeit, die zum Zeitpunkt der Lieferung des Verbrauchsgutes besteht.(...) ◀

16 Es mag überraschen, dass diese Vorschrift als Beispiel eines einheitlichen Tatbestandes der Leistungsstörung genannt wird, obgleich sie einen konkreten Sonderfall der Nicht- bzw Schlechterfüllung nennt – nämlich die Vertragswidrigkeit.[31] Diese Vertragswidrigkeit entspricht funktionell dem Sachmangelbegriff. Das Konzept, das der Verbrauchsgüterkauf-RL zugrunde liegt, unterscheidet sich aber vom herkömmlichen Verständnis des Sachmangels und erschließt sich aus der Entstehungsgeschichte dieser Richtlinie. Der Entstehungsprozess dieser Richtlinie lässt nämlich ihre Verwandtschaft mit dem UN-Kaufrecht erkennen,[32] das auf der Grundlage eines einheitlichen Tatbestandes der Vertragsverletzung konzipiert ist.[33] Die Verwendung eines derartigen einheitlichen Leistungsstörungstatbestandes hat jedoch nicht notwendig zur Folge, dass überhaupt keine Differenzierung der Unterarten der Nicht- und Schlechterfüllung stattfindet. Die Verbrauchsgüterkauf-RL bildet nur einen Ausschnitt aus einem System, das sich aber bisher im *Acquis communautaire* nicht vollständig ausgeprägt hat. Erst mit dem Vorschlag des GEK wird dieses System nunmehr vervollständigt.[34]

3. Typisierung der Leistungsstörungsarten im Acquis communautaire

17 In anderen Richtlinien und Verordnungen typisiert der europäische Gesetzgeber die bestimmten Arten der Leistungsstörung und verknüpft damit die entsprechenden Rechtsbehelfe. Ein signifikantes Beispiel für die Renaissance eines solchen *case approach* an Stelle eines *remedy approach* (wie es die Methode des einheitlichen Tatbestandes auszeichnet) bietet die Verbraucherrechte-RL:

▶ **Artikel 18 Verbraucherrechte-RL**
Lieferung
(...)
(2) Ist der Unternehmer seiner Pflicht zur Lieferung der Waren zu dem mit dem Verbraucher vereinbarten Zeitpunkt oder innerhalb der in Absatz 1 genannten Frist nicht nachgekommen, so fordert ihn der Verbraucher auf, die Lieferung innerhalb einer den Umständen angemessenen zusätzlichen Frist vorzunehmen. Liefert der Unternehmer die Waren nicht innerhalb dieser zusätzlichen Frist, so ist der Verbraucher berechtigt, vom Vertrag zurückzutreten.
(...) ◀

18 Diese Vorschrift regelt den Typus des Leistungsverzugs und räumt dem Verbraucher das Rücktrittsrecht ein, wenn eine Nachfrist gesetzt wurde. Der Typus des Verzugs im

---

31 Grundmann/Bianca/Bianca, EU-Kaufrechts-Richtlinie Kommentar, 2002, Art. 3 Rn 3.
32 Grabitz/Hilf/Magnus, Das Recht der Europäischen Union, 40. Aufl. 2009, Sekundärrecht A.15, 1999/44/EG, Art. 3 Rn 4; Grundmann/Bianca/Grundmann, EU-Kaufrechts-Richtlinie Kommentar, 2002, Einl. Rn 21.
33 Schlechtriem/Schwenzer/Stoll/Gruber, Kommentar zum Einheitlichen UN-Kaufrecht, 6. Aufl. 2013, Art. 45 Rn 5.
34 Art. 87 GEK-E enthält einen Katalog der Tatbestände, die unter die Nichterfüllung fallen, hierzu Schmidt-Kessel/Schmidt-Kessel/Kramme, GEK-E Kommentar, Art. 87 Rn 1–11; Schulze/Zoll, CESL Commentary, Art. 87 CESL Rn 4; Bezugspunkt für das Bestimmen der nicht vertragsgemäßen Leistung ist die Vertragsmäßigkeit nach Art. 99–105 GEK-E, hierzu Schmidt-Kessel/Schmidt-Kessel/Kramme, GEK-E Kommentar, Art. 87 GEK-E Rn 8; Schulze/Zoll, CESL Commentary, Art. 87 CESL Rn 18.

II. Nichterfüllung

Sinne von Art. 18 Abs. 2 Verbraucherrechte-RL ist verschuldensunabhängig. Dem nationalen Gesetzgeber steht es zwar frei, die Umsetzung dieser Vorschrift in eine einheitliche Pflichtverletzungsklausel einzufügen. Dies ändert jedoch nichts daran, dass für den Fall, dass der spezielle Tatbestand des Verzugs einschlägig ist, auch besondere Rechtsbehelfe (Rücktritt) greifen und genuine Rechtsinstitute – die Nachfristsetzung – Anwendung finden. Insofern handelt es sich um einen Teil des Leistungsstörungsrechts, der aus einem anderen System stammt, als aus dem System der Verbrauchsgüterkauf-RL (auch wenn beide Systeme durch den nationalen Gesetzgeber verschmolzen werden können).

Eine derartige Typisierung der Leistungsstörung findet sich auch im Rahmen des Beförderungsrechts in den Verordnungen über Passagierrechte vor: In der VO 1371/2007[35] und Fluggastrechte-VO:

▶ **Artikel 16 VO 1371/2007 über die Rechte und Pflichten der Fahrgäste im Eisenbahnverkehr**
Erstattung oder Weiterreise mit geänderter Streckenführung
Muss vernünftigerweise davon ausgegangen werden, dass bei Ankunft am Zielort gemäß Beförderungsvertrag die Verspätung mehr als 60 Minuten betragen wird, so hat der Fahrgast unverzüglich die Wahl zwischen
(a) der Erstattung des vollen Fahrpreises unter den Bedingungen, zu denen er entrichtet wurde, für den Teil oder die Teile der Fahrt, die nicht durchgeführt wurden, und für den Teil oder die Teile, die bereits durchgeführt wurden, wenn die Fahrt nach den ursprünglichen Reiseplänen des Fahrgasts sinnlos geworden ist, gegebenenfalls zusammen mit einer Rückfahrt zum ersten Ausgangspunkt bei nächster Gelegenheit. Die Erstattung erfolgt unter denselben Bedingungen wie die Entschädigung nach Artikel 17;
(b) der Fortsetzung der Fahrt oder der Weiterreise mit geänderter Streckenführung unter vergleichbaren Beförderungsbedingungen bis zum Zielort bei nächster Gelegenheit; oder
(c) der Fortsetzung der Fahrt oder der Weiterreise mit geänderter Streckenführung unter vergleichbaren Beförderungsbedingungen bis zum Zielort zu einem späteren Zeitpunkt nach Wahl des Fahrgasts. ◀

Die Fluggastrechte-VO nennt mehrere spezifische Arten der Leistungsstörung, wie Nichtbeförderung (Art. 4), Annullierung (Art. 5) und Verspätung (Art. 6), und verbindet damit jeweils andere Rechtsfolgen. Wegen der strikten Haftung und der spezifischen Natur der Leistung konnte sich der europäische Gesetzgeber nicht mit einer allgemeinen Leistungsstörungsklausel begnügen.

4. Einheitlicher Tatbestand der Leistungsstörung im GEK

Mit dem Vorschlag für das GEK hat sich dem europäischen Gesetzgeber zum ersten Mal die Möglichkeit geboten, ein nahezu vollständiges System des Vertragsrechts zu entwerfen. Im Rahmen dieses Vorschlags wird auch ein eigenes Konzept eines Leistungsstörungsrechts vorgestellt:

▶ **Artikel 87 GEK-E**
Nichterfüllung und wesentliche Nichterfüllung
(1) Die Nichterfüllung einer Verpflichtung ist jegliches Ausbleiben der Erfüllung der Verpflichtung, unabhängig davon, ob entschuldigt oder nicht, und schließt Folgendes ein:

---

35 VO (EG) Nr. 1371/2007 des Europäischen Parlaments und des Rates vom 23. Oktober 2007 über die Rechte und Pflichten der Fahrgäste im Eisenbahnverkehr.

(a) die Nichtlieferung oder verspätete Lieferung der Waren,
(b) die Nichtbereitstellung oder verspätete Bereitstellung digitaler Inhalte,
(c) die Lieferung nicht vertragsgemäßer Waren,
(d) die Bereitstellung nicht vertragsgemäßer digitaler Inhalte,
(e) die Nichtzahlung oder verspätete Zahlung des Preises und
(f) jede sonstige behauptete Erfüllung, die nicht vertragsgemäß ist.
(2) Die Nichterfüllung einer Verpflichtung durch eine Partei ist wesentlich, wenn
(a) sie der anderen Partei einen erheblichen Teil dessen vorenthält, was diese nach dem Vertrag erwarten durfte, es sei denn, dass die nichterfüllende Partei zum Zeitpunkt des Vertragsschlusses diese Folge nicht vorausgesehen hat und auch nicht voraussehen konnte, oder
(b) sie klar erkennen lässt, dass sich die andere Partei nicht auf die künftige Erfüllung durch die nichterfüllende Partei verlassen kann. ◄

21 Diese Vorschrift formuliert klar den einheitlichen Tatbestand der Leistungsstörung[36] und führt verschiedene Arten der Leistungsstörung beispielhaft in einer Liste auf. Diese Liste dient auch dem Zweck, für typische Zweifelsfälle eine klare Orientierung zu geben.[37] Der Begriff der Nichterfüllung wird dabei jedoch etwas unglücklich in zwei Bedeutungen verwandt – als Oberbegriff und insofern als Synonym der Leistungsstörung[38] oder der Pflichtverletzung und im engeren Sinne als Bezeichnung der vollständigen Nichtleistung[39] bzw des Ausbleibens der Leistung. Er dient damit aber auch der Klarstellung, dass die vollständige Nichtleistung ebenfalls durch den einheitlichen Tatbestand der Leistungsstörung erfasst ist. Auf dieser Grundlage kann auch das Recht auf Erfüllung als einer von mehreren Rechtsbehelfen einbezogen werden.[40] Das GEK unterscheidet damit nicht zwischen primären und sekundären Rechten aus dem Vertrag.

22 Art. 87 Abs. 2 GEK-E führt eine zusätzliche Kategorie der „wesentlichen Nichterfüllung"[41] an, die der „wesentlichen Vertragsverletzung" des UN-Kaufrechts[42] entspricht.[43] Diese zusätzliche Kategorie ist eine wichtige Ergänzung des einheitlichen Leistungsstörungstatbestandes. Da grundsätzlich alle Rechtsbehelfe bei jeglicher Art von Leistungsstörung zugänglich sind, sind andere Mittel erforderlich, um eine allzu leichte Beendigung des Vertrages zu verhindern.[44] Diese Funktion erfüllt bei der Typisierung der Leistungsstörungsarten (zum Beispiel Verzug oder Unmöglichkeit der Leistung) die Anknüpfung der zur Beendigung des Vertrages führenden Rechtsbehelfe (wie

---

36 Schopper, Verpflichtungen und Abhilfen der Parteien eines Kaufvertrages oder eines Vertrages über die Bereitstellung digitaler Inhalte, in: Wendehorst/Zöchling-Jud, Am Vorabend eines Gemeinsamen Europäischen Kaufrechts, 2012, S. 107, 108.
37 Schulze/Zoll, CESL Commentary, Art. 87 CESL Rn 4.
38 Hierzu Zöchling-Jud, Rechtsbehelfe des Käufers im Entwurf eines Gemeinsamen Europäischen Kaufrechts, in: Schmidt-Kessel, Ein einheitliches europäisches Kaufrecht?, 2012, S. 327.
39 Schulze/Zoll, CESL Commentary, Art. 87 CESL Rn 2.
40 Zöchling-Jud, Rechtsbehelfe des Käufers im Entwurf eines Gemeinsamen Europäischen Kaufrechts, in: Schmidt-Kessel, Ein einheitliches europäisches Kaufrecht?, 2012, S. 327, 332.
41 Schmidt-Kessel/Schmidt-Kessel/Kramme, GEK-E Kommentar, Art. 87 GEK-E Rn 12.
42 Art. 25 CISG; hierzu Schlechtriem/Schwenzer/Schroeter, Kommentar zum Einheitlichen UN-Kaufrecht, 6. Aufl. 2013, Art. 25.
43 Schopper, Verpflichtungen und Abhilfen der Parteien eines Kaufvertrages oder eines Vertrages über die Bereitstellung digitaler Inhalte, in: Wendehorst/Zöchling-Jud, Am Vorabend eines Gemeinsamen Europäischen Kaufrechts, 2012, S. 107, 110; aA Schmidt-Kessel/Schmidt-Kessel/Kramme, GEK-E Kommentar, Art. 87 GEK-E Rn 13.
44 Ebenso Schmidt-Kessel/Schmidt-Kessel/Kramme, GEK-E Kommentar, Art. 87 GEK-E Rn 12.

II. Nichterfüllung

Rücktritt) an einen bestimmten Typus der Leistungsstörung. Im System des GEK kann ein Vertrag wegen der Nichterfüllung grundsätzlich nur dann beendet werden, wenn die Nichterfüllung wesentlich ist. Das GEK sieht aber eine wichtige Ausnahme vor, die die in der Verbrauchsgüterkauf-RL in Art. 3 Abs. 6 vorgesehene Lösung wiedergibt:

▶ *Artikel 114 GEK-E*
Beendigung wegen Nichterfüllung
(1) Der Käufer kann im Sinne von Artikel 8 den Vertrag beenden, wenn die Nichterfüllung des Verkäufers im Rahmen des Vertrags wesentlich im Sinne von Artikel 87 Absatz 2 ist.
(2) Bei einem Verbraucherkaufvertrag und einem Vertrag zwischen einem Unternehmer und einem Verbraucher über die Bereitstellung digitaler Inhalte kann der Verbraucher den Vertrag beenden, wenn Nichterfüllung vorliegt, weil die Waren nicht vertragsgemäß sind, es sei denn, die Vertragswidrigkeit der Waren ist unerheblich. ◀

Die Beendigung eines Verbraucherkaufvertrages und eines Vertrages über Bereitstellung von digitalen Inhalten ist ebenfalls möglich, wenn die Waren nicht vertragsgemäß sind, auch wenn die Nichterfüllung die Stufe der Wesentlichkeit nicht erreicht. Dies betrifft aber lediglich diese eine Variante der Nichterfüllung: die Lieferung nicht vertragsgemäßer Waren. In dieser Variante kann der Vertrag nur dann nicht beendet werden, wenn die Vertragswidrigkeit unerheblich ist (die Beweislast dafür trifft den Unternehmer).

▶ *Artikel 3 Verbrauchsgüterkauf-RL*
Rechte des Verbrauchers
(...)
(6) Bei einer geringfügigen Vertragswidrigkeit hat der Verbraucher keinen Anspruch auf Vertragsauflösung. ◀

Das GEK sieht ferner hinsichtlich bestimmter Rechtsbehelfe eine Einschränkung vor, die den Tatbestand der Nichterfüllung ergänzt:

▶ *Artikel 106 GEK-E*
Übersicht über die Abhilfen des Käufers
(...)
(4) Ist die Nichterfüllung des Verkäufers entschuldigt, kann der Käufer von den in Absatz 1 genannten Abhilfen Gebrauch machen mit Ausnahme der Forderung nach Erfüllung und Schadensersatz.
(...) ◀

Die Entschuldigung der Nichterfüllung wird vom GEK-E folgendermaßen definiert:

▶ *Artikel 88 GEK-E*
Entschuldigte Nichterfüllung
(1) Die Nichterfüllung einer Verpflichtung durch eine Partei ist entschuldigt, wenn sie auf einem außerhalb des Einflussbereichs dieser Partei liegenden Hindernis beruht und wenn von dieser Partei nicht erwartet werden konnte, das Hindernis zum Zeitpunkt des Vertragsschlusses in Betracht zu ziehen oder das Hindernis oder dessen Folgen zu vermeiden oder zu überwinden.

(2) Besteht das Hindernis nur vorübergehend, so ist die Nichterfüllung für den Zeitraum entschuldigt, in dem das Hindernis besteht. Läuft die Verzögerung jedoch auf eine wesentliche Nichterfüllung hinaus, kann die andere Partei sie als solche behandeln.
(...) ◄

26 Die deutsche Übersetzung der englischen Formulierung „*excused non-performance*" ist nicht recht geglückt, weil sie indirekt den Begriff des „Verschuldens" als Haftungsvoraussetzung suggeriert. Das ist aber nicht zutreffend. Eine Entlastung des Schuldners tritt vielmehr nur dann ein, wenn die Nichterfüllung auf ein Hindernis zurückzuführen ist, das außerhalb der Kontrolle des Schuldners liegt. Es handelt sich um einen objektiven Umstand, der mit dem Verschulden wenig gemein hat.[45]

27 Zweifelhaft erscheint ferner, dass auch das Recht auf Erfüllung ausgeschlossen werden soll, wenn die Nichterfüllung „entschuldigt" ist. Diese Übertragung einer für das UN-Kaufrecht vertretenen Auffassung[46] lässt sich in das System des GEK insofern leichter einfügen, als das Recht auf Erfüllung als einer von mehreren Rechtsbehelfen zu betrachten ist. Gleichwohl zeigt sich darin eine Inkonsequenz dieses Systems, weil das Recht auf Erfüllung ohnehin ausgeschlossen ist, wenn die Leistung unmöglich ist (Art. 110 Abs. 3 GEK-E). Das objektivierte „Entschuldigungskonzept" des GEK einerseits und die eher subjektiv verstandene Unmöglichkeit führen unvermeidlich zu einer Überlappung. Dieses Problem hat der Rechtsausschuss in seinen Revisionsvorschlägen erkannt:

► **ÄNDERUNGSANTRAG 144 DES RECHTSAUSSCHUSSES**[47]
Vorschlag für eine Verordnung
Anhang I – Artikel 106 – Absatz 4

Vorschlag der Kommission
(4) Ist die Nichterfüllung des Verkäufers entschuldigt, kann der Käufer von den in Absatz 1 genannten Abhilfen **Gebrauch machen** mit Ausnahme der Forderung nach **Erfüllung und** Schadensersatz.

Geänderter Text
(4) Ist die Nichterfüllung des Verkäufers entschuldigt, kann der Käufer von den in Absatz 1 genannten Abhilfen mit Ausnahme der Forderung nach Schadensersatz **Gebrauch machen**.

Begründung
Das Verbraucherschutzniveau gemäß GEKR sollte nicht unter dem Mindeststandard der Verbrauchsgüterkauf-RL (Artikel 3 Absatz 5) liegen, was der Fall wäre, wenn der Verkäufer die Reparatur oder den Ersatz verweigern könnte, wenn die Lieferung der nicht vertragsgemäßen Waren entschuldigt ist. ◄

Der Rechtsausschuss schränkt die Möglichkeit der Entschuldigung mit dem zutreffenden Verweis auf die Verbrauchsgüterkauf-RL nur für den Rechtsbehelf des Schadenersatzes ein. Zugrunde liegt dabei das Bedenken, dass der Unternehmer seine Nacherfül-

---

45 Schopper, Verpflichtungen und Abhilfen der Parteien eines Kaufvertrages oder eines Vertrages über die Bereitstellung digitaler Inhalte, in: Wendehorst/Zöchling-Jud, Am Vorabend eines Gemeinsamen Europäischen Kaufrechts, 2012, S. 107, 113 f; Schulze/Zoll, CESL Commentary, Art. 88 CESL Rn 8.
46 MünchKommBGB/Huber, 6. Aufl. 2012, Art. 79 CISG Rn 29, Fn 84 mwN; Schlechtriem/Schwenzer/Müller-Chen, Kommentar zum einheitlichen UN-Kaufrecht, 6. Aufl. 2013, Art. 46 Rn 9; dagegen Bamberger/Roth/Saenger, Online Kommentar BGB, Stand 1.11.2014, Art. 79 Rn 10; Schlechtriem/Schwenzer/Schwenzer, Kommentar zum einheitlichen UN-Kaufrecht, 6. Aufl. 2013, Art. 79 Rn 52.
47 JURI Änderungsvorschlag.

lung (die nach Art. 110 GEK-E auch als Recht auf Erfüllung verstanden wird) wegen der entschuldigten Schlechtleistung verweigern kann. Das Problem geht zwar, wie oben ausgeführt, tiefer und führt auf das unklare Verhältnis zwischen Unmöglichkeit und Entschuldigung zurück. Dem Vorschlag des Rechtsausschusses ist jedoch im Ergebnis zuzustimmen. Erstaunlicherweise wurde dieser Vorschlag aber nicht in die endgültige Fassung der Abänderungsvorschläge des Parlaments übernommen. Bei der Vorbereitung des überarbeiteten Vorschlags, der an die Stelle des bisherigen Kommissionsvorschlags für das GEK treten soll, sollte dieses Problem erneut bedacht werden.

III. Recht der zweiten Andienung

1. Schutz vor vorzeitiger Vertragsaufhebung im Acquis communautaire

Der *Acquis communautaire* sieht an zwei Stellen das Recht auf die Beendigung bzw Aufhebung des Vertrages vor: in Art. 3 Abs. 5 Verbrauchsgüterkauf-RL[48] und in Art. 18 Abs. 2 Verbraucherrechte-RL[49].

28

▶ ARTIKEL 3 VERBRAUCHSGÜTERKAUF-RL

Rechte des Verbrauchers

(...)

(5) Der Verbraucher kann eine angemessene Minderung des Kaufpreises oder eine Vertragsauflösung verlangen,

– wenn der Verbraucher weder Anspruch auf Nachbesserung noch auf Ersatzlieferung hat oder
– wenn der Verkäufer nicht innerhalb einer angemessenen Frist Abhilfe geschaffen hat oder
– wenn der Verkäufer nicht ohne erhebliche Unannehmlichkeiten für den Verbraucher Abhilfe geschaffen hat.
– (...) ◀

▶ ARTIKEL 18 VERBRAUCHERRECHTE-RL

Lieferung

(...)

(2) Ist der Unternehmer seiner Pflicht zur Lieferung der Waren zu dem mit dem Verbraucher vereinbarten Zeitpunkt oder innerhalb der in Absatz 1 genannten Frist nicht nachgekommen, so fordert ihn der Verbraucher auf, die Lieferung innerhalb einer den Umständen angemessenen zusätzlichen Frist vorzunehmen. Liefert der Unternehmer die Waren nicht innerhalb dieser zusätzlichen Frist, so ist der Verbraucher berechtigt, vom Vertrag zurückzutreten.

(...) ◀

Im ersten Fall handelt es sich um die Haftung des Verkäufers gegenüber einem Verbraucher für die Vertragswidrigkeit der Ware,[50] im zweiten geht es um die Leistungs-

---

48 Grabitz/Hilf/Magnus, Das Recht der Europäischen Union, 40. Aufl. 2009, Sekundärrecht A.15, 1999/44/EG, Art. 3 Rn 73–78; siehe auch die Kommentierung von Grundmann/Bianca/Bianca, EU-Kaufrechts-Richtlinie Kommentar, 2002, Art. 3 Rn 40–53.
49 Zum Recht zur Vertragslösung für den Vorschlag für die Verbraucherrechte-RL siehe Zoll, The Remedies for Non-Performance in the Proposed Consumer Rights Directive and the Europeanisation of Private Law, in: Howells/Schulze (Hrsg.), Modernising and Harmonising Consumer Contract Law, 2009, S. 279, 285 f.
50 Grundmann/Bianca/Bianca, EU-Kaufrechts-Richtlinie Kommentar, 2002, Art. 3 Rn 1–11.

verzögerung.[51] In derartigen Fällen stellt sich stets die Frage, ob der Schuldner die Aufhebung des Vertrages verhindern kann, obwohl die Voraussetzungen des grundsätzlich zum Rücktritt berechtigenden Tatbestandes erfüllt sind. Hinsichtlich der Verbrauchsgüterkauf-RL stellt sich diese Frage entsprechend bei der Preisminderung, bei der dem Verkäufer durch die Geltendmachung dieses Rechtsbehelfs auch eine Chance auf die zweite Andienung zusteht. Diese beiden Richtlinien bedienen sich zum Schutz ähnlicher Interessen unterschiedlicher Instrumente. Die Verbraucherrechte-RL verwendet das Rechtsinstitut der Nachfrist[52], das dazu dient, die Leistung trotz der eingetretenen Verspätung zu erbringen. In diesem Zusammenhang ist es allerdings nicht angebracht, vom „Recht auf zweite Andienung" oder von der „Heilung" zu sprechen, weil noch keine Leistung erbracht worden ist. Die Leistung selbst braucht also nicht korrigiert zu werden, obwohl es weiterhin in den Händen des Schuldners liegt, den Zustand der Nichterfüllung zu beseitigen. Im Fall der Verbrauchsgüterkauf-RL besteht keine Nachfristregelung. Der Verbraucher muss allerdings die Nachlieferung bzw Nachbesserung verlangen,[53] die in einer angemessenen Zeit erfolgen muss. In technischem Sinne sollte eher über die „Chance" auf zweite Andienung als über ein „Recht" hierauf gesprochen werden. Ob der Verkäufer die Möglichkeit bekommt, seine Leistung ordnungsgemäß zu erbringen, hängt vom Verbraucher ab, der auch grundsätzlich zwischen beiden Arten der Nacherfüllung wählen kann. Der Verkäufer selbst ist nicht zur Heilung berechtigt. Der Verbraucher kann aber weder vom Vertrag zurücktreten noch den Preis mindern, wenn er die Nacherfüllung nicht verlangt hat, es sei denn, dass die in Art. 3 Abs. 5 Verbrauchsgüterkauf-RL genannten Ausnahmen greifen. Das Recht auf zweite Andienung wird hier als ein wichtiger Bestandteil des Ausgleichs von Interessen zwischen Unternehmern und Verbrauchern betrachtet, da die Rückgabe der Kaufsache für den Verkäufer regelmäßig einen verhältnismäßig hohen Wertverlust zur Folge hat.[54] Diese Kaufgegenstände können häufig nicht mehr als neue Ware auf den Markt gebracht werden. Daher besteht ein erhebliches Interesse des Verkäufers daran, den Vertrag aufrechtzuerhalten und die Vertragswidrigkeit zu beseitigen.

2. Recht der zweiten Andienung im DCFR

29 Im System des DCFR schränkt das Recht auf zweite Andienung alle Rechtsbehelfe ein mit Ausnahme des Zurückbehaltungsrechts:[55]

▶ *Artikel III.-3:202 DCFR*

Heilung durch den Schuldner: Allgemeine Regeln

(1) Der Schuldner kann ein neues, mangelfreies Angebot machen, wenn dies innerhalb der Leistungszeit möglich ist.
(2) Wenn der Schuldner ein neues, mangelfreies Angebot nicht innerhalb der Leistungszeit machen kann, aber sofort nach Erhalt der Mitteilung der Mangelhaftigkeit die Heilung innerhalb einer angemessenen Frist und auf eigene Kosten anbietet, dann darf der Schuldner, außer einem Zurückbehaltungsrecht, keinen Rechtsbehelf wegen Nichterfüllung geltend

---

51 Grabitz/Hilf/Magnus, Das Recht der Europäischen Union, 40. Aufl. 2009, Sekundärrecht A.15, 1999/44/EG, Art. 3 Rn 8.
52 Grabitz/Hilf/Magnus, Das Recht der Europäischen Union, 40. Aufl. 2009, Sekundärrecht A.15, 1999/44/EG, Art. 3 Rn 62; Grundmann/Bianca/Bianca, EU-Kaufrechts-Richtlinie Kommentar, 2002, Art. 3 Rn 56.
53 Grundmann/Bianca/Bianca, EU-Kaufrechts-Richtlinie Kommentar, 2002, Art. 3 Rn 54.
54 Wagner, Ökonomische Analyse des CESL: Das Recht auf zweite Andienung, ZEuP 2012, S. 797, 809 f.
55 Hierzu v. Bar/Clive (Hrsg.), DCFR Full Edition, S. 835–838.

III. Recht der zweiten Andienung

machen, ohne dem Schuldner eine angemessene Frist zur Heilung der Mangelhaftigkeit einzuräumen.
(...) ◀

3. Recht der zweiten Andienung im GEK

Diese Methode des Ausgleichens von Interessen zwischen den Vertragsparteien konnte als gefestigter Bestandteil des *Acquis communautaire* angesehen werden, als der DCFR entstand. Mit der Erarbeitung des Vorschlags für das GEK muss diese Einschätzung relativiert werden. Das GEK in der von der Kommission vorgelegten Version verzichtet beim Verbraucherkauf gänzlich auf das Recht der zweiten Andienung.[56] Der Verbraucher kann nach diesem Vorschlag seine Rechte im Fall der Nichterfüllung ungeachtet der Heilungsbereitschaft auf Seiten des Verkäufers geltend machen (Art. 106 Abs. 3 lit. a GEK-E).[57] Im Fall der Verträge zwischen Unternehmern sieht der Vorschlag für das GEK aber ein Recht auf zweite Andienung vor:[58]

30

▶ **ARTIKEL 106 GEK-E**
Übersicht über die Abhilfen des Käufers
(...)
(2) Handelt es sich bei dem Käufer um einen Unternehmer, gilt Folgendes:
(a) Das Recht des Käufers auf Abhilfe mit Ausnahme der Zurückhaltung seiner Leistung besteht vorbehaltlich der Heilung der Nichterfüllung durch den Verkäufer gemäß Abschnitt 2, und
(b) das Recht des Käufers, sich auf Vertragswidrigkeit zu berufen, besteht vorbehaltlich der Prüfungs- und Mitteilungspflichten gemäß Abschnitt 7.
(3) Handelt es sich bei dem Käufer um einen Verbraucher, gilt Folgendes:
(a) Die Rechte des Käufers bestehen ungeachtet der Heilung der Nichterfüllung durch den Verkäufer, und
(...) ◀

▶ **ABÄNDERUNG 191**
Vorschlag für eine Verordnung
Anhang I – Artikel 106 – Absatz 1 – Einleitung

Vorschlag der Kommission	*Geänderter Text*
1. Hat der Verkäufer eine Verpflichtung nicht erfüllt, kann der Käufer	1. Hat der Verkäufer eine Verpflichtung nicht erfüllt, kann der Käufer, ***wenn die besonderen Voraussetzungen für die jeweiligen Abhilfen erfüllt sind,*** ◀

---

56 MacQueen/Dauner-Lieb/Tettinger, Specific Performance and Right to Cure, in: Dannemann/Vogenauer, The Common European Sales Law in Context, 2013, S. 612, 643; Zoll, Das Dienstleistungsrecht im Vorschlag für ein Gemeinsames Europäisches Kaufrecht, in: Schulte-Nölke u.a., Der Entwurf für ein optionales europäisches Kaufrecht, 2012, S. 279, 284.
57 Schmidt-Kessel/Zöchling-Jud, GEK-E Kommentar, Art. 106 GEK-E Rn 6; Schulze/Zoll, CESL Commentary, Art. 106 CESL Rn 3.
58 Ebd.

▶ ABÄNDERUNG 192

Vorschlag für eine Verordnung

Anhang I – Artikel 106 – Absatz 3 – Buchstabe a

Vorschlag der Kommission	*Geänderter Text*
(a) Die Rechte des Käufers bestehen ungeachtet der Heilung der Nichterfüllung durch den Verkäufer, **und**	(a) Die Rechte des Käufers bestehen ungeachtet der Heilung der Nichterfüllung durch den Verkäufer, *es sei denn, sie beziehen sich auf Waren oder digitale Inhalte, die nach Spezifikationen des Verbrauchers hergestellt, produziert oder modifiziert werden oder eindeutig auf die persönlichen Bedürfnisse zugeschnitten sind; oder* ◀

Der Verzicht auf das Recht auf zweite Andienung im Fall des Verbraucherkaufs im GEK hat scharfe Kritik nach sich gezogen.[59] Man hat dies als zu starke Privilegierung der Verbraucher angesehen. Als eine unangemessene Härte für die Unternehmer wird die Sachlage angenommen, bei der die Güter an die individualisierten Bedürfnisse von Verbrauchern angepasst werden. In diesen Fällen bedeutet eine Beendigung des Vertrages durch den Verbraucher einen Totalverlust für den Verkäufer, der die zurückgegebene Ware nicht mehr verwenden kann. Die starke Privilegierung der Verbraucher hinsichtlich der Heilungsmöglichkeit ist allerdings auch der Erwägung geschuldet, dass im grenzübergreifenden Handel bei einer Vertragswidrigkeit die beschwerliche Kommunikation mit dem ausländischen Verkäufer über die Heilung derartig abschreckend wirken kann, dass der Verbraucher häufig auf derartige grenzübergreifende Geschäfte gänzlich verzichten wird.

31 Der Rechtsausschuss des Europäischen Parlaments versuchte in seinem Revisionsvorschlag, einen Teil der kritischen Meinungen zu berücksichtigen, ohne das gesamte Konzept ändern zu müssen:

▶ ÄNDERUNGSANTRAG 142 DES RECHTSAUSSCHUSSES

Vorschlag für eine Verordnung

Anhang I – Artikel 106 – Absatz 3 – Buchstabe a – Einleitung und Ziffer i (neu)

Vorschlag der Kommission	*Geänderter Text*
(a) Die Rechte des Käufers bestehen ungeachtet der Heilung der Nichterfüllung durch den Verkäufer, und ungeachtet der Heilung der Nichterfüllung durch den Verkäufer, **und**	(a) Die Rechte des Käufers bestehen ungeachtet der Heilung der Nichterfüllung durch den Verkäufer, und ungeachtet der Heilung der Nichterfüllung durch den Verkäufer, *es sei denn,* i) sie beziehen sich auf Waren oder digitale Inhalte, die nach Spezifikationen des Verbrauchers hergestellt, produziert oder modifiziert werden oder eindeutig auf die persönlichen Bedürfnisse zugeschnitten sind, oder

---

59 Wagner, Ökonomische Analyse des CESL: Das Recht auf zweite Andienung, ZEuP 2012, S. 797, 825; Zoll, Das Dienstleistungsrecht im Vorschlag für ein Gemeinsames Europäisches Kaufrecht, in: Schulte-Nölke u.a., Der Entwurf für ein optionales europäisches Kaufrecht, 2012, S. 279, 284.

III. Recht der zweiten Andienung

Begründung
Mit dem GEKR wird vorgeschlagen, dass der Verbraucher ein Recht auf fristlose Beendigung des Vertrages bei nicht nur unerheblicher Vertragswidrigkeit der Waren in allen Fällen des Kaufs oder der Bereitstellung digitalen Inhalts hat (Artikel 114 Absatz 2), aber die Heilung im Fall eines Vertrages über verbundene Dienstleistungen zulassen muss (Artikel 155 Absatz 2). Es führt zu willkürlichen Ergebnissen, das Recht des Käufers auf Heilung in Fällen von Kaufverträgen, die de facto auch ein Dienstleistungselement enthalten, wie der Kauf von personalisierter und auf den Bedarf der Kunden abgestimmter Waren (zB maßgeschneiderter Anzug) oder digitaler Inhalte, nicht an Voraussetzungen zu knüpfen. Die vorgeschlagene Änderung nimmt die notwendigen Anpassungen vor. ◄

▶ ABÄNDERUNG 191
Vorschlag für eine Verordnung
Anhang I – Artikel 106 – Absatz 1 – Einleitung

Vorschlag der Kommission	*Geänderter Text*
1. Hat der Verkäufer eine Verpflichtung nicht erfüllt, kann der Käufer	1. Hat der Verkäufer eine Verpflichtung nicht erfüllt, kann der Käufer, *wenn die besonderen Voraussetzungen für die jeweiligen Abhilfen erfüllt sind,* ◄

▶ ABÄNDERUNG 192
Vorschlag für eine Verordnung
Anhang I – Artikel 106 – Absatz 3 – Buchstabe a

Vorschlag der Kommission	*Geänderter Text*
(a) Die Rechte des Käufers bestehen ungeachtet der Heilung der Nichterfüllung durch den Verkäufer, *und*	(a) Die Rechte des Käufers bestehen ungeachtet der Heilung der Nichterfüllung durch den Verkäufer, *es sei denn, sie beziehen sich auf Waren oder digitale Inhalte, die nach Spezifikationen des Verbrauchers hergestellt, produziert oder modifiziert werden oder eindeutig auf die persönlichen Bedürfnisse zugeschnitten sind; oder* ◄

Dieser Revisionsvorschlag kann der Interessenlage der Parteien in der Tat besser entsprechen. Dies gilt umso mehr als das GEK im Fall der verbundenen Dienstleistungen das Recht auf zweite Andienung auch in Verbraucherverträgen vorgesehen hat.[60] Nur bei der Montage und Installierung kann der Dienstleister die Rechtsbehelfe des Verbrauchers nach dem Entwurf des GEK durch ein Heilungsangebot nicht verhindern. Bei der Montage und Installierung ging man von einer derartigen Nähe zum Kaufvertrag aus, dass man nicht auf diese Weise ein Recht auf zweite Andienung durch die „Hintertür" einführen wollte.

32

---

60 Zoll, Das Dienstleistungsrecht im Vorschlag für ein Gemeinsames Europäisches Kaufrecht, in: Schulte-Nölke u.a., Der Entwurf für ein optionales europäisches Kaufrecht, 2012, S. 279, 284.

▶ *Artikel 155 GEK-E*
Abhilfen des Kunden
(...)
(2) Unbeschadet des Absatzes 3 gelten die dem Kunden zustehenden Abhilfen vorbehaltlich des Rechts des Dienstleisters auf Heilung, gleich, ob es sich bei dem Kunden um einen Verbraucher handelt oder nicht.
(3) Bei unsachgemäßer Montage oder Installierung im Sinne von Artikel 101 im Rahmen eines Verbraucherkaufvertrags unterliegen die Abhilfen des Verbrauchers nicht dem Vorbehalt der Heilung durch den Dienstleister.
(...) ◀

IV. Rechtsbehelfe des Gläubigers

1. Erfüllung

a) Übersicht

33 Erfüllt eine Vertragspartei ihre Leistungsverpflichtung nicht, kann der anderen Partei der Erfüllungsanspruch als Rechtbehelf zustehen. Dieses Konzept des Erfüllungsanspruchs als Rechtsbehelf haben die PECL für das europäische Vertragsrecht vorgezeichnet.[61] In den *Acquis communautaire* hat es vor allem durch die Verbrauchsgüterkauf-RL Eingang gefunden. Das GEK gestaltet es nunmehr in erweiterter Form aus.

▶ *Artikel 3 Verbrauchsgüterkauf-RL*
Rechte des Verbrauchers
(...)
(2) Bei Vertragswidrigkeit hat der Verbraucher entweder Anspruch auf die unentgeltliche Herstellung des vertragsgemäßen Zustands des Verbrauchsgutes durch Nachbesserung oder Ersatzlieferung nach Maßgabe des Absatzes 3 oder auf angemessene Minderung des Kaufpreises oder auf Vertragsauflösung in Bezug auf das betreffende Verbrauchsgut nach Maßgabe der Absätze 5 und 6.
(3) Zunächst kann der Verbraucher vom Verkäufer die unentgeltliche Nachbesserung des Verbrauchsgutes oder eine unentgeltliche Ersatzlieferung verlangen, sofern dies nicht unmöglich oder unverhältnismäßig ist.
(...) ◀

▶ *Artikel 106 GEK-E*
Übersicht über die Abhilfen des Käufers
(1) Hat der Verkäufer eine Verpflichtung nicht erfüllt, kann der Käufer
(a) die Erfüllung gemäß Abschnitt 3 verlangen, die die Erfüllung der betreffenden Verpflichtung, die Reparatur oder den Ersatz der Waren oder digitalen Inhalte einschließt,
(...). ◀

34 Die Verbrauchsgüterkauf-RL beschränkt sich darauf, für einen Teilbereich der Nichterfüllung, nämlich für die Schlechterfüllung durch Lieferung vertragswidriger Ware, ein Recht auf Nacherfüllung in Form von Nachbesserung oder Ersatzlieferung zu gewähren. Sie erkennt insofern die Nacherfüllung als ein durchsetzbares Recht und das

---

61 Art. 9:101 und 9:102 PECL sehen den Anspruch auf Erfüllung als den ersten unter den Rechtsbehelfen des Gläubigers bei Nichterfüllung jeweils gesondert für Geldschulden und für nicht auf Geld gerichtete Verpflichtungen vor; mit gleichem Ansatz, aber Unterschieden im Einzelnen Art. III.-3:301 und 3:302 DCFR.

IV. Rechtsbehelfe des Gläubigers

Nacherfüllungsverlangen als einen Rechtsbehelf des Gläubigers an. Jedoch enthält es keine Festlegung, ob bereits vor der Lieferung vertragswidriger Ware ein Erfüllungsanspruch besteht (und dementsprechend – in der Begrifflichkeit einer Reihe nationaler Rechtsordnungen – primäre und sekundäre Erfüllungsansprüche aus dem Vertrag zu unterscheiden sind). Durch diese Beschränkung ermöglicht sie die Integration ihrer Bestimmungen über die Nacherfüllung sowohl in die Rechtsordnungen des Common Law, die grundsätzlich keinen primären Erfüllungsanspruch anerkennen,[62] als auch in die Civil Law-Rechtsordnungen mit primären vertraglichen Erfüllungsansprüchen.

Demgegenüber muss das GEK mit seiner Ausrichtung auf ein möglichst vollständiges Kaufvertragsrecht und als eigenständiges Regelwerk in dieser Frage eine Entscheidung treffen. Es schlägt dabei einen Mittelweg zwischen den Rechtstraditionen in den Mitgliedstaaten der EU ein: Anders als das Common Law verzichtet es nicht grundsätzlich auf einen gerichtlich durchsetzbaren Anspruch auf Erfüllung. Es gewährt diesen – anders als die meisten kontinentaleuropäischen Rechtsordnungen – aber nicht als primäres vertragliches Recht des Gläubigers, sondern lediglich als einen Rechtsbehelf im Fall der Nichterfüllung.[63] Das GEK stellt der vertraglichen Pflicht des Schuldners zur Leistung insofern kein gleichartiges, „primäres" Recht des Gläubigers gegenüber, Erfüllung zu verlangen. Vielmehr erkennt es ein durchsetzbares Recht auf Erfüllung erst bei der Nichterfüllung als eine von mehreren Möglichkeiten der „Abhilfe" an. Von diesem Ansatz her integriert es die Erfüllung in seinen Katalog der Rechtbehelfe und bezieht dabei die Nacherfüllung als eine besondere Art der Erfüllung ein. Dies bringt Art. 106 Abs. 1 GEK-E deutlich zum Ausdruck, indem er in lit. a die Erfüllung an erster Stelle in der Aufzählung der „Abhilfen" des Käufers nennt und dabei klarstellt, dass die Erfüllung in diesem Sinne „die Reparatur oder den Ersatz der Waren oder digitalen Inhalte einschließt". Insofern unterscheidet es sich auch vom UN-Kaufrecht, das grundsätzlich den Erfüllungsanspruch nach kontinentaleuropäischem Muster anerkennt und der Common Law-Tradition nur durch die Sonderbestimmung des Art. 28 CISG Rechnung getragen hat.[64]

35

Die grundlegende Voraussetzung für den Erfüllungsanspruch als Rechtsbehelf des Gläubigers ist nach Art. 106 Abs. 1 GEK-E die Nichterfüllung einer Verpflichtung. Das GEK verwendet damit im Vergleich zu Richtlinien-Bestimmungen auf dem Gebiet des Verbraucherrechts ein übergreifendes Konzept: Während die Nacherfüllung gem. Art. 3 Abs. 2 Verbrauchgüterkauf-RL lediglich an die Vertragswidrigkeit der gelieferten-

36

---

62 Grundlegend dazu Ranieri, Europäisches Obligationenrecht, 3. Aufl. 2009, S. 747.
63 Lorenz, Das Kaufrecht und die damit verbundenen Dienstverträge im Common European Sales Law, AcP 212 (2012), S. 702, 757; Schulze/Zoll, CESL Commentary, Art. 106 CESL Rn 1 f; Weller, Die Struktur des Erfüllungsanspruchs im BGB; Common Law und DCFR – ein kritischer Vergleich, JZ 2008, S. 764 f; Zoll, The Remedies of Non-Performance in the Proposed Consumer Rights Directive and the Europeanisation of Private Law, in: Howells/Schulze (Hrsg.), Modernising and Harmonising Consumer Contract Law, 2009, S. 279 f; Zoll, The Influence on the Chosen Structure of the Draft for the Optional Instrument on the Functioning of the System of Remedies, in: Schulze/Stuyck, Towards a European Contract Law, 2011, S. 151 f; zur Modifikation des ursprünglichen Erfüllungsanspruchs zum Nacherfüllungsanspruch im Rahmen der Gewährleistung nach deutschem Recht Looschelders, Schuldrecht BT, 9. Aufl. 2014, Rn 84; dagegen ist nach Schlechtriem/Schmidt-Kessel, Schuldrecht AT, 6. Aufl. 2005, Rn 465 der Erfüllungsanspruch auch im neuen deutschen Schuldrecht kein Primäranspruch, sondern lediglich Rechtsbehelf.
64 Siehe dazu Kröll/Mistelis/Perales Viscasillas, CISG, 2011, Art. 28 CISG Rn 1 f; Schlechtriem/Butler, UN Law on International Sales, 2009, Rn 103; Schlechtriem/Schwenzer/Müller-Chen, Kommentar zum Einheitlichen UN-Kaufrecht, 6. Aufl. 2013, Art. 28 CISG Rn 1 f; Schlechtriem/Schroeter, Internationales UN-Kaufrecht, 5. Aufl. 2013, Rn 338.

ten Ware anknüpft,[65] enthält Art. 18 Abs. 2 Verbraucherrechte-RL eine Regelung über die Nichtlieferung als besondere Form der Nichterfüllung.[66] Das GEK erfasst jedoch mit seinem weiten Begriff der Nichterfüllung sowohl jede Art von Schlechtleistung als auch das Ausbleiben der Leistung.[67] Diesen allgemeinen Begriff der Nichterfüllung verwendet es sowohl für die Verpflichtungen des Verkäufers und des Käufers als auch des Dienstleisters und des Kunden eines Dienstleisters (Art. 106, 131, 155, 157 GEK-E). Es definiert ihn in Hinblick auf alle Rechtsbehelfe in Art. 87 Abs. 1 GEK-E.[68]

▶ *Artikel 87 GEK-E*
Nichterfüllung und wesentliche Nichterfüllung
(1) Die Nichterfüllung einer Verpflichtung ist jegliches Ausbleiben der Erfüllung der Verpflichtung, unabhängig davon, ob entschuldigt oder nicht, und schließt Folgendes ein:
(a) die Nichtlieferung oder verspätete Lieferung der Waren,
(b) die Nichtbereitstellung oder verspätete Bereitstellung digitaler Inhalte,
(c) die Lieferung nicht vertragsgemäßer Waren,
(d) die Bereitstellung nicht vertragsgemäßer digitaler Inhalte,
(e) die Nichtzahlung oder verspätete Zahlung des Preises und
(f) jede sonstige behauptete Erfüllung, die nicht vertragsgemäß ist.
(2) Die Nichterfüllung einer Verpflichtung durch eine Partei ist wesentlich, wenn
(a) sie der anderen Partei einen erheblichen Teil dessen vorenthält, was diese nach dem Vertrag erwarten durfte, es sei denn, dass die nichterfüllende Partei zum Zeitpunkt des Vertragsschlusses diese Folge nicht vorausgesehen hat und auch nicht voraussehen konnte, oder
(b) sie klar erkennen lässt, dass sich die andere Partei nicht auf die künftige Erfüllung durch die nichterfüllende Partei verlassen kann. ◀

▶ *Artikel 106 GEK-E*
Übersicht über die Abhilfen des Käufers
(1) Hat der Verkäufer eine Verpflichtung nicht erfüllt, kann der Käufer
(a) die Erfüllung gemäß Abschnitt 3 verlangen, die die Erfüllung der betreffenden Verpflichtung, die Reparatur oder den Ersatz der Waren oder digitalen Inhalte einschließt,
(b) seine eigene Leistung gemäß Abschnitt 4 zurückhalten,
(c) gemäß Abschnitt 5 den Vertrag beenden und gemäß Kapital 17 die Erstattung des bereits gezahlten Preises verlangen,
(d) den Preis gemäß Abschnitt 6 mindern und
(e) Schadensersatz gemäß Kapitel 16 verlangen.

---

65 Dazu näher Grundmann/Bianca/Grundmann, EU-Kaufrechts-Richtlinie Kommentar, 2002, Art. 2 Rn 1–7; Magnus, Consumer Sales and Associated Guarantees, in: Twigg-Flesner, European Union Private Law, 2010, S. 243, 249–251; Schulte-Nölke/Twigg-Flenser/Ebers (Hrsg.), EC Consumer Law Compendium, 2008, S. 420; Schwartze, Sachprobleme für die Umsetzung aus Genese, Inhalt und Dogmatik, in: Schermaier (Hrsg.), Verbraucherkauf in Europa, 2003, S. 127, 135–138.
66 Auch die Pauschalreise-RL anerkennt die Möglichkeit eines Anspruchs bei Nichterfüllung, vgl Art. 4 Abs. 6 Pauschalreise-RL.
67 Schmidt-Kessel, Der Torso des allgemeinen Leistungsstörungsrechts, Artt. 87–90 GEKR, in: Schmidt-Kessel, Ein einheitliches europäisches Kaufrecht?, 2012, S. 287, 292; Schopper, Kaufverträge, in: Wendehorst/Zöchling-Jud, Am Vorabend eines Gemeinsamen Europäischen Kaufrechts, 2012, S. 108 f; Schulze/Zoll, CESL Commentary, Art. 87 CESL Rn 3.
68 Siehe Rn 20–22.

(2) Handelt es sich bei dem Käufer um einen Unternehmer, gilt Folgendes:
(a) Das Recht des Käufers auf Abhilfe mit Ausnahme der Zurückhaltung seiner Leistung besteht vorbehaltlich der Heilung der Nichterfüllung durch den Verkäufer gemäß Abschnitt 2, und
(b) das Recht des Käufers, sich auf Vertragswidrigkeit zu berufen, besteht vorbehaltlich der Prüfungs- und Mitteilungspflichten gemäß Abschnitt 7.
(3) Handelt es sich bei dem Käufer um einen Verbraucher, gilt Folgendes:
(a) Die Rechte des Käufers bestehen ungeachtet der Heilung der Nichterfüllung durch den Verkäufer, und
(b) die Prüfungs- und Mitteilungspflichten gemäß Abschnitt 7 finden keine Anwendung.
(4) Ist die Nichterfüllung des Verkäufers entschuldigt, kann der Käufer von den in Absatz 1 genannten Abhilfen Gebrauch machen mit Ausnahme der Forderung nach Erfüllung und Schadensersatz.
(5) Der Käufer kann von den in Absatz 1 genannten Abhilfen nicht Gebrauch machen, soweit er die Nichterfüllung des Verkäufers verursacht hat.
(6) Abhilfen, die miteinander vereinbar sind, können nebeneinander geltend gemacht werden. ◀

Das GEK gewährt mit seinem „dritten Weg" zwischen Common Law und Civil Law das Recht auf Erfüllung somit zwar nur als Rechtsbehelf bei der Nichterfüllung; es gewährt diesen Rechtsbehelf aber in einer umfassenden Weise, die grundsätzlich jede Art der Nichterfüllung einschließt. Auch betrachtet es ihn nicht lediglich als ein Instrument des Verbraucherschutzes, wie die Verbrauchsgüterkauf-RL, sondern bezieht Verträge zwischen Unternehmern in dieses Konzept ein. Allerdings gestaltet es den Rechtsbehelf nicht in allen Fragen einheitlich für Verbraucherverträge und für Verträge zwischen Unternehmern aus. Nur bei Verträgen zwischen Unternehmern hat der Gläubiger so ein Recht zur Heilung bzw „zweiten Andienung"[69] und treffen den Schuldner Prüfungs- und Mitteilungspflichten hinsichtlich vertragswidriger Leistungen (Art. 106 Abs. 2 und 3 GEK-E). Zudem steht nur bei Verbraucherverträgen dem Schuldner das Wahlrecht zwischen Reparatur und Ersatzlieferung bei einer nicht vertragsgemäßen Leistung zu (Art. 111 GEK-E).

b) Voraussetzungen und Ausschlussgründe

aa) Die Nichterfüllung ist im GEK zwar als grundlegende Voraussetzung für den Erfüllungsanspruch jeweils spezifisch für die geregelten Vertragsarten und deren Parteien festgelegt.[70] Ihre Voraussetzungen bestimmen sich aber generell nach dem Maßstab des Art. 87 Abs. 1 GEK-E. Liegen diese Voraussetzungen vor, können Käufer und Dienstleistungskunden grundsätzlich durch die andere Vertragspartei Erfüllung nach Maßgabe der Art. 110 ff GEK-E verlangen, sofern nicht die im Folgenden angeführten Einschränkungen entgegenstehen. Handelt es sich nicht um einen Verbrauchervertrag, sind zudem die Vorschriften über die Heilung zu berücksichtigen.[71] Den Anspruch des Verkäufers und des Dienstleisters auf Zahlung des Preises und Erfüllung sonstiger Verpflichtungen legt Art. 132 GEK-E näher fest.[72]

---

69 Siehe oben Rn 30–32.
70 Art. 106, 131, 155, 157 GEK-E; siehe soeben Rn 7.
71 Art. 109, 155 Abs. 2, 3 GEK-E; dazu Rn 20.
72 Für Dienstleistungsverträge aufgrund des Verweises in Art. 157 GEK-E mit den dort vorgesehenen Anpassungen (insbesondere dem Ablehnungsrecht des Kunden gem. Art. 158 GEK-E).

▶ *Artikel 110 GEK-E*
Forderung nach Erfüllung der Verpflichtungen des Verkäufers
(1) Der Käufer ist berechtigt, die Erfüllung der Verpflichtungen des Verkäufers zu verlangen.
(2) Die Erfüllung, die verlangt werden darf, umfasst die kostenlose Abhilfe im Falle einer nicht vertragsgemäßen Leistung.
(3) Erfüllung kann nicht verlangt werden, wenn
(a) die Erfüllung unmöglich wäre oder rechtswidrig geworden ist, oder
(b) die Erfüllung im Vergleich zu dem Vorteil, den der Käufer dadurch erlangen würde, unverhältnismäßig aufwändig oder kostspielig wäre. ◀

39 bb) Der Anspruch auf Erfüllung ist – wie auch die anderen Rechtsbehelfe – ausgeschlossen, wenn der Gläubiger die Nichterfüllung selbst verursacht hat (vgl. Art. 106 Abs. 5 GEK-E).[73] Ähnliche Ansätze finden sich bereits im *Acquis communautaire*, jedoch in anderer Ausgestaltung: Art. 2 Abs. 3 Verbrauchsgüterkauf-RL schließt im Rahmen der Herstellung der Ware die Vertragswidrigkeit aus, wenn sie auf den vom Verbraucher gelieferten Stoff zurückzuführen ist. Der Anspruch gem. Art. 3 Abs. 1 Verbrauchsgüterkauf-RL entsteht folglich nicht. Im Unterschied dazu liegt bei Art. 106 Abs. 5 GEK-E zwar eine Nichterfüllung vor; dem Gläubiger wird jedoch der Gebrauch des Rechtsbehelfs versagt. Ein ähnlicher Gedanke liegt auch dem Ausschluss des Schadensersatzes in Art. 5 Abs. 2 Pauschalreise-RL zugrunde. Übereinstimmend ist allerdings in allen Regelwerken, dass das Verhalten des Schuldners für die Nichterfüllung kausal sein muss, damit der Rechtsbehelf ausgeschlossen ist. Ebenso wenig kann der Gläubiger Erfüllung verlangen, wenn die Nichterfüllung nach dem Maßstab des Art. 88 GEK-E entschuldigt ist.[74] In diesem Fall bleiben ihm zwar die anderen Rechtsbehelfe außer dem Schadensersatzanspruch (Art. 106 Abs. 4 GEK-E). Im Vergleich zur Verbrauchsgüterkauf-RL könnte in diesem Ausschluss der Erfüllung bei entschuldigter Nichterfüllung für Verbraucherverträge aber eine Schwächung der Stellung des Verbrauchers liegen, weil der Verkäufer sich nach der Richtlinie nicht durch eine derartige Entschuldigung von seiner Pflicht zur Nacherfüllung befreien kann.

40 cc) Weitere Grenzen des Erfüllungsanspruchs bilden die Unmöglichkeit und die Rechtswidrigkeit einer Erfüllung (Art. 110 Abs. 3 lit. a GEK-E). Ersteres ergibt sich aus dem Grundsatz *inpossibilium nulla obligatio est*.[75] Erfasst sind sowohl die Unmöglichkeit zum Zeitpunkt des Vertragsschlusses (anfängliche Unmöglichkeit) als auch die nach Vertragsschluss eintretende Unmöglichkeit (nachträgliche Unmöglichkeit). Bei der Rechtswidrigkeit sind allerdings nach dem Wortlaut der Vorschrift nur die Fälle umfasst, in denen die Rechtswidrigkeit *nach* Vertragsschluss eintritt („rechtswidrig geworden ist").[76] Gilt der Vertrag nach nationalem Recht schon bei Vertragsschluss als rechtswidrig, ist die Anwendbarkeit des GEK insoweit höchst zweifelhaft, als die Unwirksamkeit des Vertrages auch die Vereinbarung über das GEK erfasste.[77] Der Ausschluss des Erfüllungsanspruchs betrifft jeweils diejenigen Verpflichtungen aus dem Vertrag, deren Erfüllung unmöglich bzw. rechtswidrig ist, nicht aber den Vertrag

---

73 Zöchling-Jud, Rechtsbehelfe des Käufers im Entwurf eines Gemeinsamen Europäischen Kaufrechts, in: Schmidt-Kessel, Ein einheitliches Europäisches Kaufrecht?, 2012, S. 330.
74 Siehe Rn 25–27.
75 Dig. 50, 17, 185.
76 Anders als in Art. III.-3:302, Abs. 3 lit. a DCFR.
77 Zur Möglichkeit der analogen Anwendung von Art. 110 Abs. 3 lit. a GEK-E Schulze/Zoll, CESL Commentary, Art. 110 CESL Rn 14; kritisch zu dieser Regelung auch Lorenz, Das Kaufrecht und die damit verbundenen Dienstverträge im Common European Sales Law, AcP 212 (2012), S. 702, 759 f.

als Ganzes. Die anderen Verpflichtungen sind daher – ggf mit den erforderlichen Anpassungen – weiterhin zu erfüllen.[78] Der Erfüllungsanspruch entfällt zudem nach Art. 110 Abs. 3 lit. b GEK-E, wenn die Erfüllung im Vergleich zu dem Vorteil für den Gläubiger unverhältnismäßig aufwändig oder kostspielig wäre. Dies betrifft jegliche Art der Erfüllung einschließlich der Nacherfüllung. Der Aufwand der Erfüllung ist dabei nicht zu anderen Rechtsbehelfen in Vergleich zu setzen, sondern nur zu dem Vorteil, den der Käufer von der Erfüllung erlangen würde.[79] Abweichend von Art. 110 GEK-E regelt Art. 111 GEK-E den Ausschluss der gewählten Art der Nacherfüllung bei Verbraucherverträgen. Diese sog. „relative Unverhältnismäßigkeit" schränkt das Wahlrecht des Verbrauchers zwischen Reparatur und Ersatzlieferung nach dem Vorbild des Art. 3 Abs. 3 Verbrauchsgüterkauf-RL ein. Ob daneben die „absolute Unverhältnismäßigkeit" der Erfüllung nach dem Maßstab des Art. 110 Abs. 3 lit. b GEK-E auch bei Verbraucherkaufverträgen anwendbar ist, ist fraglich.[80] Im Falle der Anwendbarkeit muss bei Verbraucherkaufverträgen nach dem GEK eine zweistufige Prüfung durchgeführt werden: erstens hinsichtlich der Verhältnismäßigkeit der gewählten Erfüllungsart (dh Reparatur oder Ersatzlieferung); zweitens hinsichtlich der Verhältnismäßigkeit der Erfüllung im Vergleich zu den Vorteilen für den Käufer.

c) Nacherfüllung

aa) Wenn die Nichterfüllung in einer vertragswidrigen Leistung besteht, hat der Käufer Anspruch auf unentgeltliche Abhilfe. Der Begriff der Unentgeltlichkeit erstreckt sich auf die Kosten, die für die Herstellung des vertragsgemäßen Zustandes notwendig sind (beispielsweise Versandkosten, aber auch die Ein- und Ausbaukosten[81]). Dieser Grundsatz ergibt sich im geltenden EU-Recht vor allem aus Art. 3 Abs. 2 und 4 Verbrauchsgüterkauf-RL für Verbraucherkaufverträge und zudem aus Art. 4 Abs. 6 Pauschalreise-RL. Er wird von Art. 110 Abs. 2 GEK-E auf Kaufverträge und Dienstleistungsverträge zwischen Unternehmen ausgeweitet. Die Maßstäbe für die Vertragswidrigkeit legen für den Verbrauchsgüterkauf im geltenden EU-Recht Art. 2 Abs. 2 Verbrauchsgüterkauf-RL und für Kaufverträge, die künftig nach dem GEK geschlossen werden, Art. 99 ff GEK-E im Einzelnen fest; für verbundene Dienstleistungsverträge enthält Art. 147 ff GEK-E die Kernbestimmung.[82] 41

Der Anspruch auf kostenlose Abhilfe umfasst auch den Ausschluss einer Verpflichtung des Käufers, Wertersatz dafür zu leisten, dass er die nicht vertragsgemäße und daher zu ersetzende Kaufsache bis zur Lieferung des Ersatzgegenstandes genutzt hat. Dies war aufgrund der Verbrauchsgüterkauf-RL zunächst vor allem deshalb zweifelhaft, weil nach den Erwägungsgründen der Richtlinie die Mitgliedstaaten vorsehen können, dass die Benutzung der Ware durch Minderung der Erstattung für den Verbraucher berücksichtigt werden kann.[83] Die Entscheidung des EuGH in der Rechtssache Quel- 42

---

78 Schulze/Zoll, CESL Commentary, Art. 110 CESL Rn 10, 16.
79 Faust, Das Kaufrecht im Vorschlag für ein Gemeinsames Europäisches Kaufrecht, in: Schulte-Nölke u.a., Der Entwurf für ein optionales europäisches Kaufrecht, S. 251, 257.
80 Für die Verbrauchsgüterkauf-RL EuGH 16.6.2011, Rs. C-65/09 verbunden mit C-87/09 (Weber/Putz), Slg 2011, I-5257; zum GEK Lorenz, Das Kaufrecht und die damit verbundenen Dienstverträge im Common European Sales Law, AcP 212 (2012), S. 702, 763.
81 EuGH 16.6.2011, Rs. C-65/09 verbunden mit C-87/09 (Weber/Putz), Slg 2011, I-5257.
82 Dazu § 2 Rn 119.
83 Erwägungsgrund 15 Verbrauchsgüterkauf-RL.

le[84] hat aber klargestellt, dass die Auferlegung eines derartigen Ersatzes für die Nutzung bis zur Lieferung des Ersatzgegenstandes ausgeschlossen ist:

▶ **Urteil des EuGH 17.4.2008, Rs. C-404/06 (Quelle), Slg 2008, I-2685**
Art. 3 der Richtlinie 1999/44/EG des Europäischen Parlaments und des Rates vom 25. Mai 1999 zu bestimmten Aspekten des Verbrauchsgüterkaufs und der Garantien für Verbrauchsgüter ist dahin auszulegen, dass er einer nationalen Regelung entgegensteht, die dem Verkäufer, wenn er ein vertragswidriges Verbrauchsgut geliefert hat, gestattet, vom Verbraucher Wertersatz für die Nutzung des vertragswidrigen Verbrauchsguts bis zu dessen Austausch durch ein neues Verbrauchsgut zu verlangen. ◀

Art. 112 Abs. 1 GEK-E legt in Übereinstimmung mit dieser Rechtsprechung fest, dass der Verkäufer bei einer Ersatzlieferung nicht nur das Recht, sondern auch die Pflicht hat, den ersetzten Gegenstand auf seine Kosten zurückzunehmen. Fraglich ist aber, ob von dieser Regelung – in Anlehnung an die Entscheidung des EuGH in der Rechtssache *Weber/Putz*[85] – auch die Ein- und Ausbaukosten umfasst sind.[86] Abs. 2 dieser Vorschrift schließt die Haftung des Käufers auf Wertersatz für die Nutzung des ersetzten Gegenstandes in der Zeit vor der Ersatzlieferung aus. Diese Bestimmungen sind allerdings nur bei Verbraucherverträgen zwingend gem. Art. 108 GEK-E.

43 bb) Eine Vertragswidrigkeit begründet bei Verträgen zwischen Unternehmern das Nacherfüllungsverlangen jedoch nur unter der weiteren Voraussetzung, dass der Käufer seinen Prüfungs- und Mitteilungspflichten hinsichtlich der Vertragswidrigkeit entsprochen hat (Art. 106 Abs. 2 lit. b GEK-E in grundsätzlicher Übereinstimmung mit Art. 38, 39 CISG[87]). Ähnliche Vorschriften über die Prüfung und Mitteilung kennen auch mehrere nationale Rechtsordnungen.[88] In der Terminologie des deutschen Rechts handelt es sich allerdings nicht um Pflichten, sondern um Obliegenheiten, weil die Nichterfüllung keine Ansprüche der Gegenseite zu Folge hat. Die Mitteilung gem. Art. 122 GEK-E soll es dem Verkäufer ermöglichen, sich auf mögliche Gewährleistungsansprüche rechtzeitig einzustellen und gegebenenfalls die Heilung anzubieten (vgl. Art. 109 GEK-E).[89] Dagegen legen weder das GEK noch die Verbrauchsgüterkauf-RL Prüfungs- und Mitteilungspflichten für Verbraucher fest. Zwar hat Art. 5 Abs. 2 Verbrauchsgüterkauf-RL der nationalen Gesetzgebung die Möglichkeit, Mitteilungspflichten einzuführen, offen gelassen; und eine Reihe von Mitgliedstaaten haben von dieser Möglichkeit Gebrauch gemacht.[90] Das GEK hat sich aber für einen vollständigen Ausschluss der Prüfungs- und Mitteilungspflichten bei Verbraucherkaufverträgen entschieden (Art. 106 Abs. 3 lit. b GEK-E) und damit auch in dieser Hinsicht im

---

84 EuGH 17.4.2008, Rs. C-404/06 (Quelle), Slg 2008, I-2685.
85 EuGH 16.6.2011, Rs. C-65/09 verbunden mit C-87/09 (Weber/Putz), Slg 2011, I-5257.
86 Näher dazu Kroll-Ludwigs, Ein optionales Vertragsrecht für Europa, GPR 2012, S. 181, 185 f; Lorenz, Das Kaufrecht und die damit verbundenen Dienstverträge im Common European Sales Law, AcP 212 (2012), S. 702, 764 f; Weller, Die „Abhilfen" des Käufers im Kommissionsvorschlag für ein Gemeinsames Europäisches Kaufrecht: Neujustierung des Nacherfüllungsanspruchs im Rechtsvergleich, GPR 2012, S. 173, 179.
87 Zur (teilweisen unterschiedlichen) Ausgestaltung im Einzelnen Magnus, CISG vs. CESL, in: Magnus, CISG vs. Regional Sales Law Unification, 2012, S. 97, 118 f.
88 Janssen, Die Untersuchungs- und Rügepflicht im deutschen, niederländischen und internationalen Kaufrecht, 2001; Schlechtriem/Schwenzer/Schwenzer, Commentary on the UN Convention on the International Sale of Goods (CISG), 3. Aufl. 2010, Art. 38 CISG Rn 5.
89 Näher zu den Funktionen der Prüfungs- und Mitteilungspflichten Faust, Das Kaufrecht im Vorschlag für ein Gemeinsames Europäisches Kaufrecht, in: Schulte-Nölke u.a., Der Entwurf für ein optionales europäisches Kaufrecht, S. 251, 270 f; Wiese, Prüfungs- und Mitteilungspflichten nach Artt. 121, 122 GEKR, in: Schmidt-Kessel, Ein einheitliches europäisches Kaufrecht?, 2012, S. 401.
90 Vgl Schulte-Nölke/Twigg-Flesner/Ebers (Hrsg.), EC Consumer Law Compendium, 2008, S. 408, S. 431 f.

Vergleich zur bisherigen Rechtslage im *Acquis communautaire* die verbraucherfreundlichere Option gewählt.

Die Prüfungs- und Mitteilungspflichten bei Verträgen zwischen Unternehmern stellen zwei unterschiedliche Rechtshandlungen dar und sind stets getrennt zu betrachten. Dementsprechend sind die jeweils maßgeblichen Voraussetzungen, Fristen und ggf Ausnahmen und Rechtsfolgen dieser Pflichten im GEK in separaten Vorschriften geregelt (Art. 121, 122 GEK-E). Art und Umfang der Prüfung sind nicht ausdrücklich geregelt. Vielmehr bestimmt Art. 121 Abs. 1 GEK-E lediglich, dass entweder der Käufer oder eine von ihm bestimmte Person die Prüfung vornimmt. Als Zeitrahmen ist eine kurze Frist, wie es die Umstände erlauben, vorgesehen und zudem – im Unterschied zum UN-Kaufrecht – eine Höchstfrist von 14 Tagen festgelegt. Als maßgebliche Umstände kommen beispielsweise die Art der Ware und die Art der Untersuchung in Betracht. Die Frist ist daher bei schnell verderblicher Ware viel kürzer zu bemessen als regelmäßig bei der Lieferung einer Maschine.[91] Die Höchstfrist beginnt mit der Leistungserbringung,[92] beim Beförderungskauf aber gem. Art. 121 Abs. 2 GEK-E erst nach dem Eintreffen der Waren am Bestimmungsort. Die Festlegung dieser Höchstfrist erscheint allerdings insbesondere in Hinblick auf Kaufgegenstände, die eine komplexe Prüfung erfordern, höchst problematisch[93] (beispielsweise in Fällen, in denen zunächst Experten zur Prüfung hinzugezogen werden müssen).

44

Für die Mitteilung der Vertragswidrigkeit stellt Art. 122 Abs. 1 GEK-E inhaltliche und zeitliche Voraussetzungen auf. Der notwendige inhaltliche Umfang der Mitteilung ist im GEK nicht näher erläutert. In Anlehnung an Art. 39 Abs. 1 CISG ist die allgemeine Erklärung, dass eine Vertragswidrigkeit vorliegt, ohne konkrete Angaben zu nennen, unzureichend.[94] Die Angaben müssen also entsprechend den jeweiligen Umständen eine ausreichende Grundlage dafür bieten, dass der Käufer seine Reaktion bedenken kann.[95] Die Frist beginnt – in Anknüpfung an die Prüfungspflichten gem. Art. 121 Abs. 1 GEK-E – zu dem Zeitpunkt, zu dem die Waren geliefert worden sind oder der Verkäufer die Vertragswidrigkeit feststellt oder hätte feststellen müssen, je nachdem welches Ereignis später eingetreten ist.[96] Die Prüfung der „Angemessenheit" erfordert eine Gesamtbetrachtung der Umstände, wie zum Beispiel Art der Ware, Handelsbräuche usw.[97] Das Erfordernis der „Angemessenheit" ist weitaus variabler als die kurze Frist des Art. 121 GEK-E.[98] Um den Verkäufer nicht mit Ansprüchen wegen Vertragswidrigkeit zeitlich unbeschränkt zu belasten, legt Art. 122 Abs. 2 GEK-E eine Präklusionsfrist fest: Der Käufer muss die Vertragswidrigkeit innerhalb von zwei Jahren mittei-

45

---

91 Schlechtriem/Schwenzer/Schwenzer, Commentary on the UN Convention on the International Sale of Goods (CISG), 3. Aufl. 2010, Art. 38 CISG Rn 16.
92 Unklar bleibt aber der Fristbeginn bei einer vorzeitigen Leistungserbringung, Schmidt-Kessel/Wiese, Art. 121, 122 GEK-E Rn 14.
93 Siehe auch Schmidt-Kessel/Wiese, GEK-E Kommentar, Art. 121, 122 GEK-E Rn 20–23.
94 Schlechtriem/Schwenzer/Schwenzer, Commentary on the UN Convention on the International Sale of Goods (CISG), 3. Aufl. 2010, Art. 39 CISG Rn 6 f.
95 Staudinger/Magnus, CISG, 2005, Art. 39 CISG Rn 21.
96 Keine Mitteilungspflicht des Käufers besteht, wenn die Vertragswidrigkeit auf einer Nichtlieferung bei Teillieferung beruht, solange der Käufer Grund zur Annahme hat, dass die ausstehenden Waren noch geliefert werden (Art. 122 Abs. 5 GEK-E).
97 Ähnlich auch im CISG, vgl Schlechtriem/Schwenzer/Schwenzer, Kommentar zum Einheitlichen UN-Kaufrecht, 6. Aufl. 2013, Art. 39 CISG Rn 16.
98 Schlechtriem/Schwenzer/Schwenzer Kommentar zum Einheitlichen UN-Kaufrecht, 6. Aufl. 2013, Art. 39 CISG Rn 15.

len, nachdem ihm die Waren übergeben worden sind; andernfalls verliert er das Recht, sich auf die Vertragswidrigkeit zu berufen.[99]

46 Wenn der Käufer nicht fristgemäß seine Prüfungs- und Mitteilungspflichten erfüllt hat, sind die Gewährleistungsrechte ausgeschlossen. Dieser Ausschluss der Rechtsbehelfe bei Nichterfüllung der Mitteilungspflicht dient aber lediglich dem Schutz des gutgläubigen Verkäufers. Daher sieht Art. 122 Abs. 6 GEK-E vor, dass der Verkäufer sich nicht auf die Nichterfüllung der Mitteilungspflicht berufen kann, wenn er die Tatsachen kennt, auf denen die Vertragswidrigkeit beruht, bzw diese hätte kennen müssen und wenn er diese dem Käufer nicht offen gelegt hat.[100]

47 cc) Zur Abhilfe bei einer nicht vertragsgemäßen Leistung kommt die Reparatur oder die Ersatzlieferung in Betracht. Diese Bezeichnung der Wahlmöglichkeiten in Art. 111 Abs. 1 GEK-E knüpft an das Begriffspaar „Nachbesserung" und „Ersatzlieferung" in Art. 3 Verbrauchsgüterkauf-RL an.[101] Für Verbraucherkaufverträge[102] gewährt das GEK ebenso wie die Verbrauchsgüterkauf-RL dem Verbraucher das Recht, zwischen Reparatur und Ersatzlieferung[103] zu wählen (Art. 3 Abs. 3 Verbrauchsgüterkauf-RL; Art. 111 GEK-E). Insoweit hat das Ziel des Verbraucherschutzes Vorrang vor der ökonomischen Effizienzerwägung, dass der Verkäufer regelmäßig am ehesten den geeigneten Weg der Abhilfe kennen wird.[104] Dagegen steht bei Verträgen zwischen Unternehmern das Wahlrecht zwischen diesen unterschiedlichen Möglichkeiten der Nacherfüllung dem Verkäufer zu, wie sich im Umkehrschluss aus Art. 111 GEK-E ergibt. Die Grenzen des Wahlrechts bei Verbraucherverträgen steckt Art. 111 Abs. 1 GEK-E wiederum mit den Kriterien der Rechtswidrigkeit, Unmöglichkeit und Unverhältnismäßigkeit ab (ähnlich wie Art. 110 Abs. 3 GEK-E, jedoch nicht bezogen auf die Erfüllung im Ganzen, sondern auf jeweils eine der Wahlmöglichkeiten).[105] Dabei sind in weitgehender Übereinstimmung mit Art. 3 Abs. 3 Verbrauchsgüterkauf-RL drei Kriterien bei dem Vergleich mit den anderen Wahlmöglichkeiten ausschlaggebend: der Wert der Waren, wenn sie vertragsgemäß wären; die Erheblichkeit der Vertragswidrigkeit; und der Umstand, ob die alternative Abhilfe ohne erhebliche Unannehmlichkeiten für den Verbraucher geleistet werden kann.[106] Die Rechtsnatur der Ausübung des Wahlrechts zwischen Reparatur und Ersatzlieferung und die Konsequenzen hinsichtlich eines Übergangs zwischen beiden Wahlmöglichkeiten ergeben sich nicht eindeutig aus dem GEK. Bei der weiteren Erörterung dieser Frage wird in Hinblick auf Verbraucherver-

---

99 Die Präklusionsfrist greift gem. Art. 122 Abs. 3 GEK-E allerdings nicht ein, wenn die Parteien einen Zeitrahmen für die Nutzung der Ware vereinbart haben (zB eine Vereinbarung, die bestimmt, dass eine Maschine fünf Jahre in Betrieb sein wird). Eine zweite Ausnahme regelt Art. 122 Abs. 4 GEK-E hinsichtlich Rechte oder Ansprüche Dritter gem. Art. 102 GEK-E.
100 Zur Problematik dieser Vorschrift näher Schmidt-Kessel/Wiese, GEK-E Kommentar, Art. 121, 122 GEK-E Rn 39–44.
101 Zur Definition dieser Begriffe vgl Art. 1 Abs. 2 lit. f Verbrauchsgüterkauf-RL; Kuba, Nacherfüllung, in: Handwörterbuch Bd. II, 2009, S. 1090 f; Magnus, Consumer Sales and Associated Guarantees, in: Twigg-Flesner, European Union Private Law, S. 252 f.
102 Zum Ausschluss der Anwendbarkeit bei Verträgen über verbundene Dienstleistungen Art. 155 Abs. 5 lit. b GEK-E.
103 Bei gebrauchten Sachen ist eine Ersatzlieferung in der Regel aber nicht möglich, so ausdrücklich Erwägungsgrund 16 Verbrauchsgüterkauf-RL.
104 Schulze/Zoll, CESL Commentary, Art. 111 CESL Rn 4, 5; vgl auch Faust, Das Kaufrecht im Vorschlag für ein Gemeinsames Europäisches Kaufrecht, in: Schulte-Nölke u.a., Der Entwurf für ein optionales europäisches Kaufrecht, S. 251, 258 f.
105 Siehe Rn 40.
106 Näher dazu Schmidt-Kessel/Zöchling-Jud, GEK-E Kommentar, Art. 111 GEK-E Rn 1; Schulze/Zoll, CESL Commentary, Art. 111 CESL Rn 3–18.

IV. Rechtsbehelfe des Gläubigers

träge die Ausrichtung der entsprechenden Vorschriften in der Verbrauchsgüterkauf-RL und im GEK auf das Ziel des Verbraucherschutzes zu berücksichtigen sein. Insofern erscheint es angebracht, im Ergebnis jedenfalls die Rücknahme einer getroffenen Entscheidung und den Übergang zur anderen Wahlmöglichkeit solange zuzulassen, wie der Verkäufer mit der ursprünglich gewählten Abhilfe noch nicht begonnen und noch keine spezifischen Aufwendungen in Hinblick auf sie getätigt hat.[107]

dd) Im Verhältnis der Nacherfüllung zu anderen Rechtsbehelfen wie der Vertragsbeendigung oder der Preisminderung legt das GEK zwar für Verbraucherverträge keine Rangfolge fest,[108] so dass der Verbraucher grundsätzlich die Wahlmöglichkeit zwischen den Rechtsbehelfen hat. Das Setzen einer Nachfrist durch den Verbraucher wird nicht verlangt. Wenn er Nacherfüllung in der Form der Reparatur oder der Ersatzlieferung verlangt hat, muss er jedoch dem Unternehmer eine angemessene Frist zur Ausführung dieses Verlangens belassen, bevor dessen Bemühen um Nacherfüllung durch eine Vertragsbeendigung oder Preisminderung seitens des Verbrauchers hinfällig werden kann. Das Verlangen der Nacherfüllung sperrt daher andere Rechtsbehelfe des Verbrauchers, es sei denn der Unternehmer hat die verlangte Abhilfe nicht innerhalb einer angemessenen Frist von höchstens 30 Tagen durchgeführt (Art. 111 Abs. 2 GEK-E). Während dieser Frist, die mit der Mitteilung des Reparatur- oder Ersatzlieferungsverlangens an den Verkäufer beginnt, hat die Ausübung anderer Rechtsbehelfe keine Wirkungen.[109]

48

Jedoch wird für eine während dieser Frist erklärte Vertragsbeendigung aufgrund entsprechender Anwendung von Art. 109 Abs. 3 GEK-E lediglich eine Suspensionswirkung anzunehmen sein, so dass mit Fristablauf die Wirkungen der Vertragsbeendigung ohne Weiteres eintreten.[110] Während der Frist steht dem Verbraucher gem. Art. 111 Abs. 2 S. 2 GEK-E ein Zurückbehaltungsrecht an seiner Leistung zu, solange die Nacherfüllung nicht erfolgt ist.

49

▶ **ARTIKEL 111 GEK-E**
Wahl des Verbrauchers zwischen Reparatur und Ersatzlieferung

(1) Muss der Unternehmer bei einem Verbraucherkaufvertrag einer Vertragswidrigkeit gemäß Artikel 110 Absatz 2 abhelfen, kann der Verbraucher zwischen Reparatur und Ersatzlieferung wählen, es sei denn, die gewählte Möglichkeit wäre rechtswidrig oder unmöglich oder würde dem Unternehmer im Vergleich zur anderen Wahlmöglichkeit unverhältnismäßig hohe Kosten auferlegen unter Berücksichtigung
(a) des Werts, den die Waren hätten, wenn sie vertragsgemäß wären,

---

107 Vgl dazu Schulze/Zoll, CESL Commentary, Art. 111 CESL Rn 4 f; so auch im deutschen Recht zum entsprechenden § 439 Abs. 1 BGB (der Art. 3 Abs. 3 Verbrauchsgüterkauf-RL umsetzt) die wohl hL, die eine elektive Konkurrenz und keine Wahlschuld annimmt und dem Käufer bis zur Nacherfüllung durch den Verkäufer ein *ius variandi* eingesteht, solange er dies nicht rechtsmissbräuchlich ausübt, vgl Bamberger/Roth/Faust, BGB, 2. Aufl. 2012, § 439 Rn 8–10 mwN.
108 Dazu näher Rn 30.
109 Kritisch zur weiten Fassung dieser Vorschrift und für eine einschränkende Auslegung hinsichtlich der Erstattung von Verspätungsschäden Zöchling-Jud, Rechtsbehelfe des Käufers im Entwurf eines Gemeinsamen Europäischen Kaufrecht, in: Schmidt-Kessel, Ein einheitliches europäisches Kaufrecht?, 2012, S. 307, 334.
110 Schulze/Zoll, CESL Commentary, Art. 111 CESL Rn 19.

(b) der Erheblichkeit der Vertragswidrigkeit und
(c) des Umstands, ob die alternative Abhilfe ohne erhebliche Unannehmlichkeiten für den Verbraucher geleistet werden kann.
(...) ◄

2. Zurückbehaltung

a) Übersicht

50 Als weiterer Rechtsbehelf neben dem Erfüllungsverlangen sehen die Entwürfe für das europäische Vertragsrecht das Recht des Gläubigers vor, seine Leistung zurückzuhalten.[111] Dieses Zurückbehaltungsrecht haben Art. 9:201 PECL und Art. III.-3:401 DCFR für das europäische Vertragsrecht vorgezeichnet,[112] während es in der Verbrauchsgüterkauf-RL nicht geregelt ist. Das GEK hat aufgrund seiner durchgängigen Trennung zwischen den Rechtsbehelfen des Käufers und des Verkäufers das Zurückbehaltungsrecht spiegelbildlich in zwei gesonderten Vorschriften mit übereinstimmendem Gehalt für den Käufer und den Verkäufer festgelegt (Art. 113, 133 GEK-E).[113] Es ist dabei auf Verpflichtungen zu Leistungen beschränkt, die in synallagmatischem Verhältnis stehen (dh die Leistung und Gegenleistung stehen in einem Gegenseitigkeitsverhältnis und sind daher voneinander abhängig[114]).[115] Als einziger Rechtsbehelf steht das Zurückbehaltungsrecht auch bei Verträgen zwischen Unternehmern nicht unter dem Vorbehalt der Heilung.[116] Zudem kann grundsätzlich das Zurückbehaltungsrecht gem. Art. 106 Abs. 6 GEK-E zusammen mit anderen Abhilfen kumulativ geltend gemacht werden. Die Anknüpfung der Zurückbehaltung an eine Erfüllung der Leistung durch den Schuldner ergibt sich zwar aus dem Wortlaut des Art. 113 Abs. 1 GEK-E, so dass der Anspruch auf Nacherfüllung konkludent erhoben wird. Jedoch kann das Zurückbehaltungsrecht auch in Verbindung mit einem Anspruch auf Preisminderung oder Vertragsbeendigung geltend gemacht werden.

b) Tatbestände

51 Das Zurückbehaltungsrecht ist im GEK für zwei unterschiedliche Konstellationen vorgesehen: zum einen als ein Recht des Gläubigers, der gleichzeitig („Zug-um-Zug") mit dem Schuldner oder erst nach ihm zur Leistung verpflichtet ist (Art. 113 Abs. 1, 133 Abs. 1 GEK-E); zum anderen als ein Recht des vorleistungspflichtigen Gläubigers (Art. 113 Abs. 2, 133 Abs. 2 GEK-E). Im erstgenannten Fall hat der Schuldner seine Verpflichtung aus dem Vertrag nicht erfüllt. Das Zurückbehaltungsrecht entlastet den Gläubiger davon, entgegen der vertraglichen Festlegung in Vorleistung zu treten, und wirkt der Gefahr entgegen, dass der Schuldner sich folgenlos seiner Verpflichtung entziehen kann. Dagegen hat das Zurückbehaltungsrecht des vorleistungspflichtigen Gläubigers seinen Grund in der Unsicherheit der künftigen Erfüllung seitens des Schuldners. Um das Zurückbehaltungsrecht ausüben zu können, muss der Gläubiger –

---

111 Die Zuordnung des Zurückbehaltungsrechts als Rechtsbehelf steht zumindest der deutschen Betrachtung entgegen. Das Zurückbehaltungsrecht des § 273 BGB ist als Einrede ausgestaltet. In Bezug auf die Struktur des GEK wäre daher eine Zuordnung zur „entschuldigten Nichterfüllung" systematischer.
112 Funktional ähnlich Art. 58 CISG.
113 Beim Verbraucherkauf strebt das Europäische Parlament ein umfassendes Zurückbehaltungsrecht an, siehe Stellungnahme EP, Abänderung 200, S. 160.
114 MünchKomm/Emmerich, 6. Aufl. 2012, Vorb. § 320 BGB Rn 3.
115 Schulze/Zoll, CESL Commentary, Art. 113 CESL Rn 2.
116 Art. 106 Abs. 2 lit. a GEK-E.

IV. Rechtsbehelfe des Gläubigers

bei objektiver Betrachtung[117] – Grund zu der Annahme haben, dass der Schuldner nicht erfüllen wird, wenn dessen Leistung fällig wird. Das Zurückbehaltungsrecht des vorleistungspflichtigen Gläubigers endet dementsprechend, wenn diese Annahme nicht mehr fortbesteht; die hemmende Wirkung des Zurückbehaltungsrechts entfällt damit. Nach Art. 133 Abs. 2 S. 1 GEK-E kann der Käufer es zudem durch eine angemessene Gewähr für die ordnungsgemäße Leistung oder durch Leistung einer angemessenen Sicherheit[118] abwenden.[119]

c) Rechtsfolge

Die Ausübung des Zurückbehaltungsrechts hat unmittelbar zur Folge, dass der berechtigten Partei die Nichterfüllung der eigenen Leistung bis zur vertragsgemäßen Erfüllung der Gegenleistung gestattet ist (Art. 113 Abs. 1, 133 Abs. 1 GEK-E). Darüber hinaus bewirkt sie, dass die Gegenpartei ihre Rechtsbehelfe wegen Nichterfüllung nicht ausüben kann (insbesondere den Vertrag nicht wegen Nichterfüllung beenden kann). Hinsichtlich des Gefahrübergangs legt zudem Art. 144 Abs. 1 GEK-E fest, dass die Gefahr nicht auf den Käufer übergeht, wenn er seiner Pflicht zur Lieferungsannahme gem. Art. 129 GEK-E aufgrund des Zurückbehaltungsrechts nicht nachkommt. Daher haftet der Käufer für den Untergang der Ware nicht, solange er zur Verweigerung ihrer Annahme berechtigt ist.

52

3. Vertragsbeendigung

a) Übersicht

Das Recht einer Partei, den Vertrag wegen Nichterfüllung zu beenden, ist in den Regelwerken des europäischen Vertragsrechts auf unterschiedliche Weise ausgestaltet und auch unterschiedlich bezeichnet. So verwenden Art. 9:301 ff PECL in der deutschen Fassung im Anschluss an Art. 49 CISG die Bezeichnung „Vertragsaufhebung", während Art. 3 Verbrauchsgüterkauf-RL von „Vertragsauflösung" und Art. 8:301 ACQP in Übereinstimmung mit der Terminologie des deutschen Rechts[120] wie auch Art. 18 Verbraucherrechte-RL von „Rücktritt" sprechen. Das GEK gebraucht den Terminus „Beendigung des Vertrages"[121] und legt fest, dass die Parteien der ihm unterfallenden Verträge den Vertrag nach Maßgabe näherer Bestimmungen beenden können, wenn die Gegenseite eine Verpflichtung nicht erfüllt hat.[122] Das Recht zur Vertragsbeendigung ermöglicht dem Gläubiger die einseitige Aufhebung der Leistungsverpflichtungen beider Parteien. Diese weitreichende Folge rechtfertigt die höheren Anforderungen an

53

---

117 Schmidt-Kessel/Fehrenbach, GEK-E Kommentar, Art. 133 GEK-E Rn 9.
118 Zur Problematik der Unterscheidung zwischen diesen beiden Varianten Schmidt-Kessel/Fehrenbach, GEK-E Kommentar, Art. 133 GEK-E Rn 10; Lorenz, Das Kaufrecht und die damit verbundenen Dienstverträge im Common European Sales Law, AcP 212 (2012), S. 702, 814 f.
119 Ein entsprechendes Abwendungsrecht des Verkäufers ist dagegen in Art. 113 Abs. 2 GEK-E nicht vorgesehen, Schmidt-Kessel/Keiler, GEK-E, Art. 113 GEK-E Rn 1.
120 Vgl §§ 323 ff BGB.
121 So die Überschriften von Kap. 11 Abschnitt 5 (Art. 114 ff GEK-E) und Kap. 13 Abschnitt 4 (Art. 134 ff GEK-E); vgl Art. 106 Abs. 1 lit. c, 155, 157 GEK-E.
122 Vgl jeweils Abs. 1 lit. c von Art. 106, 131, 155, 157 GEK-E. Das GEK verwendet den Begriff der Vertragsbeendigung allerdings darüber hinaus in anderen Sachzusammenhängen und bezieht dabei die Begriffsverwendung sowohl auf eine ex tunc – als auch eine ex nunc-Aufhebung des Vertrages; kritisch dazu Wendehorst, Rücktritt („Beendigung") im Entwurf für ein Gemeinsames Europäisches Kaufrecht, in: Schmidt-Kessel, Ein einheitliches europäisches Kaufrecht?, 2012, S. 371 f.

den Rechtsbehelf der Vertragsbeendigung im Vergleich zu dem Recht auf Erfüllung und dem Zurückbehaltungsrecht.[123]

54 Im Anschluss an eine Diskussion, die schon bei der Vorbereitung des UN-Kaufrechts geführt wurde,[124] haben sich im europäischen Vertragsrecht im Wesentlichen zwei Ansätze herausgebildet, um die zusätzlichen Voraussetzungen für die einseitige Vertragsbeendigung durch den Gläubiger bei Nichterfüllung zu bestimmen. Der eine Ansatz bindet diesen Rechtsbehelf an das Erfordernis einer *wesentlichen* Vertragswidrigkeit der Leistung oder sonstigen Nichterfüllung; der andere verlangt die Setzung einer *Nachfrist* zur Erfüllung durch den Schuldner und lässt die Vertragsbeendigung grundsätzlich erst nach deren erfolglosem Ablauf zu.

55 Die wesentliche Nichterfüllung als Grund zur einseitigen Vertragsbeendigung hat durch die PECL Eingang in das europäische Vertragsrecht gefunden. Art. 9:301 PECL orientiert sich dabei an dem Muster des Art. 49 Abs. 1 lit. a CISG, nach dem der Käufer die Aufhebung des Vertrages erklären kann, wenn die Nichterfüllung einer dem Verkäufer obliegenden Pflicht eine wesentliche Vertragsverletzung darstellt. Art. III.-3:502 Abs. 1 DCFR ist diesem Ansatz gefolgt. Ihm liegt der Gedanke zugrunde, dass die Beendigung des Vertrages durch eine Partei gerechtfertigt ist, wenn die andere Partei wesentlich von den vertraglich vereinbarten Pflichten abweicht und damit die Erwartungen der ersten Partei in Hinblick auf den Vertrag weitgehend fehlschlagen lässt. Nicht erfasst sind dagegen alle Sachlagen, in denen die Nichterfüllung die legitimen Erwartungen, die der Gläubiger aufgrund des Inhalts des Vertrages haben durfte, nicht in derartig tiefgreifender Weise beeinträchtigt.[125]

56 Demgegenüber hat die Verbrauchsgüterkauf-RL nicht auf die wesentliche Nichterfüllung abgestellt, sondern das Modell der Nachfrist in den *Acquis communautaire* eingeführt (vgl. Art. 3 Abs. 5 Verbrauchsgüterkauf-RL[126]). Erst wenn eine angemessene Nachfrist zur Erfüllung ergebnislos abgelaufen ist und der Schuldner somit seine „zweite Chance" zur Erfüllung nicht genutzt hat, steht dem Gläubiger das Recht zur Vertragsbeendigung zu.[127] Einem ähnlichen Ansatz folgt auch Art. 18 Abs. 2 Verbraucherrechte-RL. Im Fall einer verspäteten Lieferung kann der Verbraucher vom Vertrag zurücktreten, wenn er dem Unternehmer eine den Umständen angemessene zusätzliche Frist zur Lieferung gesetzt hat und der Unternehmer die Waren nicht innerhalb dieser Frist geliefert hat. Maßgeblich ist von diesem Ansatz her nicht der substantielle Charakter der Nichterfüllung vertraglicher Pflichten. Vielmehr eröffnet grundsätzlich jede Nichterfüllung einer vertraglichen Pflicht der anderen Seite die Möglichkeit zur Vertragsbeendigung, wenn die andere Seite innerhalb einer Frist nicht erfüllt. Lediglich bei einer „geringfügigen" Vertragswidrigkeit bleibt ihr dies ausnahmsweise verwehrt

---

123 Zur Besonderheit bei Verbraucherverträgen nach dem GEK sogleich Rn 61 f.
124 Kiene, Vertragsaufhebung und Rücktritt des Käufers im UN-Kaufrecht und BGB, 2010, S. 68; Schlechtriem/Schroeter, Internationales UN-Kaufrecht, 5. Aufl. 2013, Rn 465 f; Schwenzer, VUWLR 37 2005, S. 795, 799 f.
125 Vgl Huber, Modellregeln für das Europäische Kaufrecht, ZEuP 2008, S. 709, 726 f; Lando/Beale (Hrsg.), PECL, Parts I and II, S. 409; Schulze/Zoll, CESL Commentary, Art. 87 CESL Rn 33–37.
126 Außerdem besteht das Recht zur Vertragsauflösung nach dieser Vorschrift, wenn der Verbraucher keinen Anspruch auf Nacherfüllung hat (nach Maßgabe der vorhergehenden Bestimmungen) oder wenn der Verkäufer nicht ohne erhebliche Unannehmlichkeiten für den Verbraucher Abhilfe geschaffen hat.
127 Vgl §§ 437 Nr. 2, 323 Abs. 1 BGB. Umstritten ist im deutschen Recht jedoch, ob das Erfordernis einer Nachfristsetzung im Rahmen eines Verbrauchervertrages richtlinienkonform ist. Dazu Gebauer/Wiedmann/Leible, Zivilrecht unter europäischem Einfluss, 2. Aufl. 2010, Kaufvertrag, Rn 96; MünchKomm/Westermann, 6. Aufl. 2012, § 437 Rn 9 a.

IV. Rechtsbehelfe des Gläubigers

(Art. 3 Abs. 6 Verbrauchsgüterkauf-RL). Diese Schwelle ist deutlich niedriger angesetzt als diejenige der „wesentlichen Vertragsverletzung".[128] Unklar ist aber, ob der Maßstab der „Geringfügigkeit" im Rahmen der Verbrauchsgüterkauf-RL dem Maßstab der „Unerheblichkeit" des Art. 114 Abs. 2 GEK-E gleichgestellt werden kann oder eine strengere Voraussetzung darstellt.[129] Problematisch erscheint zudem, dass unterschiedliche Anforderungen an das Ausmaß der Vertragswidrigkeit durch nationale Besonderheiten geprägt werden und zu abweichenden Schutzstandards in den Mitgliedsstaaten führen können.[130]

Im Verhältnis der Rechtsbehelfe zueinander kommt dem Recht zur nachträglichen Erfüllung nach dem Ansatz der Verbrauchsgüterkauf-RL Vorrang vor der Vertragsbeendigung zu. Bis zum Ablauf einer angemessenen Frist für die Erfüllung ist der Übergang zur Vertragsbeendigung gesperrt; erst nach erfolglosem Fristablauf öffnet sich dieser Weg. Die Durchführung der vertraglichen Pflichten mittels nachträglicher Erfüllung steht somit an erster Stelle, während der Vertragsbeendigung in der „Hierarchie der Rechtsbehelfe" nur der zweite Rang zugewiesen wird.

57

Unbeschadet dieses Vorrangs der Nacherfüllung erweitert der Verzicht auf das Erfordernis einer wesentlichen Vertragsverletzung in der Verbrauchsgüterkauf-RL im Vergleich zum UN-Kaufrecht das Spektrum der Sachlagen, in denen eine Vertragsbeendigung durch den Gläubiger in Betracht kommt. Die Verbrauchsgüterkauf-RL will damit vor allem den Schutz des Verbrauchers als Käufer ausdehnen. Diese Ausweitung des Anwendungsbereichs der Vertragsbeendigung gegenüber dem UN-Kaufrecht steht aber auch im Einklang mit Veränderungen des internationalen Handelsverkehrs, weil der finanzielle Aufwand für die Rücksendung der Waren aufgrund der Kostensenkung im internationalen Frachtverkehr heute erheblich geringer ist als in der Entstehungszeit dieses internationalen Kaufrechts. Zudem entspricht die Ausweitung den günstigeren Bedingungen für die gerichtliche Durchsetzung und Vollstreckung der Rückabwicklung aufgrund der justiziellen Zusammenarbeit in der europäischen Rechtsgemeinschaft (im Vergleich zu den Schwierigkeiten, die das UN-Kaufrecht in dieser Hinsicht im globalen Rahmen in Rechnung stellen musste[131]).[132]

58

b) Beendigungsgründe

Im geltenden Recht der EU setzen die jeweils unterschiedlich bezeichneten Rechte zur Vertragsbeendigung regelmäßig die Nichterfüllung einer vertraglich geschuldeten Leistung voraus.[133] Dieses Kernelement der Voraussetzungen für das Recht zur Beendi-

59

---

128 Grundmann/Bianca/Bianca, EU-Kaufrechts-Richtlinie Kommentar, 2002, Art. 3 Rn 41–45; Schwartze, Das künftige Sachmängelgewährleistungsrecht, ZEuP 2000, S. 544, 567; Schmidt-Kessel/Wendehorst, GEK-E Kommentar, Art. 114 GEK-E Rn 6f.
129 Beispielsweise in den französischen Sprachfassungen der Verbrauchsgüterkauf-RL und des GEK wird jeweils der Begriff „mineur" verwendet, während hingegen die englischen Sprachfassungen jeweils „minor" und „insignificant" als Maßstab verwenden.
130 Siehe zB der Schlussantrag des GA Kokott in EuGH 28.2.2013, Rs. C-32/12 (Duarte Hueros), Rn 57; EuGH, 3.10.2013, Rs. C-32/12 (Duarte Hueros).
131 Schulze, Gemeinsamer Referenzrahmen und Acquis communautaire, ZEuP 2007, S. 130, 140f.
132 Das deutsche Recht hat den Ansatz der Verbrauchsgüterkauf-RL nicht nur für den Verbraucherkauf, sondern generell als Muster für das Vertragsrecht übernommen und den Rücktritt, im deutschen Recht der Vertragsbeendigung entspricht, ohne das Erfordernis einer wesentlichen Vertragsverletzung von der Nachfristsetzung abhängig gemacht (§§ 323 ff BGB; bei Kaufverträgen für Mängel §§ 434, 437, 440, 323, 326 Abs. 5 BGB).
133 Das Widerrufsrecht ist als lex specialis zu betrachten und gehört somit nicht zu den allgemeinen, vertraglichen Regelungen.

gung des Vertrages ist jedoch in den einschlägigen Richtlinien unterschiedlich ausgestaltet und jeweils mit weiteren Tatbestandselementen verbunden.[134] Für das Kaufrecht sind die beiden wichtigsten Tatbestände, die zur Vertragsbeendigung berechtigen, in der Verbrauchsgüterkauf-RL und in der Verbraucherrechte-RL enthalten. Art. 3 Verbrauchsgüterkauf-RL verlangt neben der vertragswidrigen Leistung des Verkäufers das Vorliegen zwei weiterer Voraussetzungen: keine Nacherfüllung innerhalb einer angemessenen Nachfrist und die nicht geringfügige Vertragswidrigkeit. Art. 18 Abs. 2 Verbraucherrechte-RL bestimmt bei Fernabsatzverträgen und außerhalb von Geschäftsräumen geschlossenen Verträgen die Voraussetzungen für den Rücktritt im Fall des Ausbleibens der Lieferung von Waren auf zwei Stufen (vorbehaltlich abweichender Parteivereinbarung): Der Verkäufer hat die Waren nicht unverzüglich, spätestens aber nicht dreißig Tage nach Vertragsschluss und sodann nach Aufforderung durch den Käufer auch nicht innerhalb einer den Umständen angemessenen zusätzlichen Frist geliefert.

▶ *Artikel 3 Verbrauchsgüterkauf-RL*

Rechte des Verbrauchers

(...)

(5) Der Verbraucher kann eine angemessene Minderung des Kaufpreises oder eine Vertragsauflösung verlangen,

– wenn der Verbraucher weder Anspruch auf Nachbesserung noch auf Ersatzlieferung hat oder

– wenn der Verkäufer nicht innerhalb einer angemessenen Frist Abhilfe geschaffen hat oder

– wenn der Verkäufer nicht ohne erhebliche Unannehmlichkeiten für den Verbraucher Abhilfe geschaffen hat.

(...) ◀

▶ *Artikel 18 Verbraucherrechte-RL*

Lieferung

(1) Sofern die Vertragsparteien hinsichtlich des Zeitpunkts der Lieferung nichts anderes vereinbart haben, liefert der Unternehmer die Waren, indem er den physischen Besitz an den Waren oder die Kontrolle über die Waren dem Verbraucher unverzüglich, jedoch nicht später als dreißig Tage nach Vertragsabschluss, überträgt.

(2) Ist der Unternehmer seiner Pflicht zur Lieferung der Waren zu dem mit dem Verbraucher vereinbarten Zeitpunkt oder innerhalb der in Absatz 1 genannten Frist nicht nachgekommen, so fordert ihn der Verbraucher auf, die Lieferung innerhalb einer den Umständen angemessenen zusätzlichen Frist vorzunehmen. Liefert der Unternehmer die Waren nicht innerhalb dieser zusätzlichen Frist, so ist der Verbraucher berechtigt, vom Vertrag zurückzutreten.

Unterabsatz 1 gilt nicht für Kaufverträge, wenn sich der Unternehmer geweigert hat, die Waren zu liefern, oder wenn die Lieferung innerhalb der vereinbarten Frist unter Berücksichtigung aller den Vertragsabschluss begleitenden Umstände wesentlich ist oder wenn der Verbraucher dem Unternehmer vor Vertragsabschluss mitteilt, dass die Lieferung bis zu einem bestimmten Datum oder an einem bestimmten Tag wesentlich ist. In diesen Fällen

---

134 Aubert de Vincelles/Rochfeld (Hrsg.), L'Acquis communautaire, Les sanctions de l'inexécution du contrat, 2006; Acquis Group/Pisulinski/Zoll/Szpunar, Contract II, Art. 8:301–8:303.

IV. Rechtsbehelfe des Gläubigers

ist der Verbraucher berechtigt, sofort vom Vertrag zurückzutreten, wenn der Unternehmer die Waren nicht zu dem mit dem Verbraucher vereinbarten Zeitpunkt oder innerhalb der Frist gemäß Absatz 1 liefert.
(...) ◄

Das GEK legt die Gründe, die den Käufer zur Vertragsbeendigung berechtigen, in drei Vorschriften fest: die Beendigung wegen Nichterfüllung (Art. 114 GEK-E), die Beendigung wegen verspäteter Lieferung nach Setzen einer Nachfrist für die Erfüllung (Art. 115 GEK-E) und die Beendigung wegen voraussichtlicher Nichterfüllung (Art. 116 GEK-E). Diese Vorschriften gelten entsprechend für den Kunden eines verbundenen Dienstleistungsvertrages (Art. 155 Abs. 1 GEK-E). Daneben besteht für den Dienstvertrag die Besonderheit, dass der Kunde nach Maßgabe des Art. 158 GEK-E mit den darin spezifisch geregelten Folgen die Erbringung der Dienstleitung jederzeit ablehnen kann, ohne dass eine Vertragswidrigkeit vorausgesetzt wird. 60

Die Vertragsbeendigung wegen Nichterfüllung nach Art. 114 Abs. 1 GEK-E erfasst alle Arten der Nichterfüllung,[135] setzt aber – außer bei Verbraucherverträgen – voraus, dass es sich um eine wesentliche Nichterfüllung handelt. Eine nähere Bestimmung des Begriffs der „wesentlichen" Nichterfüllung enthält Art. 87 Abs. 2 GEK-E. 61

Für Verbraucherverträge weitet das GEK das Recht zur Vertragsbeendigung zugunsten des Verbrauchers auch im Vergleich zur Verbrauchsgüterkauf-RL aus. Der Verbraucher kann gem. Art. 114 Abs. 2 GEK-E nämlich den Vertrag bei einer Lieferung nicht vertragsgemäßer Waren beenden, sofern die Vertragswidrigkeit der Waren nicht unerheblich ist, ohne dass aber die Nichterfüllung „wesentlich" sein muss. Entsprechend kann er gem. Art. 155 Abs. 4 GEK-E bei vertragswidriger Erbringung einer verbundener Dienstleistung den Vertrag ohne diese weitere Voraussetzung beenden. Das GEK verzichtet damit zugunsten des Verbrauchers auf eine erhöhte Schwelle für die Vertragsbeendigung, obwohl dieser Rechtsbehelf im Unterschied zur Erfüllung und Zurückbehaltung zur Aufhebung des von den Parteien bewirkten Leistungsprogramms führt.[136] Es zieht eine Grenze lediglich für den Fall, dass die Vertragswidrigkeit unerheblich ist.[137] Diese verbraucherfreundliche Regelung dürfte sich vor allem daraus erklären, dass im bisherigen *Acquis communautaire* die Verbrauchsgüterkauf-RL einer Mindestharmonisierung gedient hat und einige Mitgliedstaaten über den Schutzstandard dieser Richtlinie hinausgehend dem Verbraucher das Recht zur Vertragsbeendigung gegeben haben.[138] Das GEK soll nach dem Vorschlag der Kommission nicht hinter den in den nationalen Rechtsordnungen begründeten Erwartungen an den Verbraucherschutz zurückbleiben. Daher gibt der Vorschlag auch abweichend vom Modell der Verbrauchsgüterkauf-RL den Vorrang der Nacherfüllung für Kaufverträge mit Verbrauchern auf (Art. 106 Abs. 3 lit. a GEK-E), während er andererseits dieses Rege- 62

---

135 Dazu Rn 20 f.
136 Kritisch dazu Schopper, Verpflichtungen und Abhilfen der Parteien eines Kaufvertrages oder eines Vertrages über die Bereitstellung digitaler Inhalte, in: Wendehorst/Zöchling-Jud, Am Vorabend eines Europäischen Kaufrechts, 2012, S. 107, 134 f; Schmidt-Kessel/Wendehorst, GEK-E Kommentar, Art. 114 GEK-E Rn 7; dagegen grundsätzlich zustimmend Lorenz, Das Kaufrecht und die damit verbundenen Dienstverträge im Common European Sales Law, AcP 212 (2012), S. 702, 770.
137 Zum Unterschied zwischen diesem Kriterium und der wesentlichen bzw geringfügigen Vertragsverletzung Rn 56.
138 Beispielsweise kann in Großbritannien der Vertrag auch bei einer geringfügigen Vertragswidrigkeit beendet werden.

63 Das GEK sieht neben dieser Beendigung wegen Nichterfüllung aber auch ebenso wie Art. 18 Verbraucherrechte-RL[140] die Beendigung bei verspäteter Lieferung nach Setzen einer Nachfrist vor (Art. 115 GEK-E). Diese Kumulation beider Ansätze eröffnet dem Gläubiger im GEK die Möglichkeit zur Vertragsbeendigung entweder ohne Nachfristsetzung bei einer wesentlichen Vertragsverletzung (Art. 114 Abs. 1, 134 GEK-E) oder durch Setzung einer Nachfrist bei Ausbleiben der Leistung zum geschuldeten Zeitpunkt,[141] ohne dass es sich um eine wesentliche Nichterfüllung handelt („verspätete Erfüllung", Art. 115, 135 GEK-E). Art. 115 GEK-E erfasst im Unterschied zu Art. 114 GEK-E nur die verspätete Lieferung, nicht die Schlechtleistung.[142] Ist die verspätete Leistung jedoch als wesentliche Schlechtleistung im Sinne von Art. 114 GEK-E zu betrachten, kann der Vertrag gem. Art. 114 GEK-E beendet werden.[143] Dies ist insbesondere bei einem absoluten Fixgeschäft anzunehmen.[144]

Einleitung: Das GEK sieht neben dieser Beendigung wegen Nichterfüllung aber auch ebenso wie Art. 18 Verbraucherrechte-RL[140] die Beendigung bei verspäteter Lieferung nach Setzen einer Nachfrist vor. Dieses oberste Gebot aus der Verbrauchsgüterkauf-RL auf Kaufverträge zwischen Unternehmen (also einen von der Richtlinie nicht erfassten Bereich) überträgt.[139]

64 Um den Vertrag gem. Art. 18 Verbraucherrechte-RL bzw Art. 115 GEK-E beenden zu können, muss der Käufer grundsätzlich erst eine Nachfrist zur Erfüllung gesetzt haben, in der die Lieferung zu erfolgen hat.[145] Die Länge der Nachfrist wird sowohl im GEK als auch in der Verbraucherrechte-RL dadurch präzisiert, dass die Frist „angemessen" sein muss (Art. 18 Abs. 2 Verbraucherrechte-RL; Art. 115 Abs. 1, 135 Abs. 1 GEK-E). Die Voraussetzungen des GEK weichen von der Verbraucherrechte-RL jedoch in der Hinsicht ab, dass die Nachfrist als angemessen gilt, wenn der Schuldner ihr nicht unverzüglich widerspricht. Zudem steht – anders als in der Verbraucherrechte-RL – dem Verkäufer die Möglichkeit der Vertragsbeendigung zu, wenn der Käufer seine vertraglichen Verpflichtungen nicht erfüllt. Wenn aber in diesem Fall der Käufer Verbraucher ist, darf die Nachfrist nicht vor Ablauf von 30 Tagen enden (Art. 135 Abs. 2 GEK-E). Die Nachfrist muss dem Verkäufer in einer Mitteilung gesetzt werden (Art. 115 Abs. 1 bzw Art. 135 Abs. 1 GEK-E iVm Art. 10 GEK-E; vgl. Art. 18 Abs. 2 Verbraucherrechte-RL). Wenn die Mitteilung über die Nachfristsetzung bereits festlegt, dass nach ergebnislosem Ablauf der Frist ohne Weiteres die Beendigung eintreten soll, führt der Fristablauf zum Wirksamwerden der Vertragsbeendigung, ohne dass es einer weiteren Mitteilung bedarf (Art. 115 Abs. 3, 135 Abs. 3 GEK-E). Ansonsten bedarf es einer separaten Vertragsbeendigungserklärung gem. Art. 118 GEK-E.

65 Wenn nach den vorgenannten Maßstäben die Nichterfüllung die Beendigung des Vertrages rechtfertigen würde und der Schuldner bereits erklärt hat, dass er seine Verpflichtung nicht erfüllen wird, ist der Gläubiger aufgrund antizipierter Anwendung

---

139 Zu dieser Problematik Feltkamp/Vanbossele, The Optional Common European Sales Law, Better Buyer's Remedies for Seller's Non-performance in Sales of Goods?, ERPL 2011, S. 873, 891 f; Zöchling-Jud, Rechtsbehelfe des Käufers im Entwurf eines Gemeinsamen Europäischen Kaufrechts, in: Schmidt-Kessel, Ein einheitliches europäisches Kaufrecht?, 2012, S. 327, 343–346.
140 Soeben Rn 59.
141 Vgl Schulze/Zoll, CESL Commentary, Art. 115 CESL Rn 4; zum maßgeblichen Zeitpunkt siehe § 5 Rn 19.
142 Schmidt-Kessel/Wendehorst, GEK-E Kommentar, Art. 115 GEK-E Rn 4.
143 Schulze/Zoll, CESL Commentary, Art. 115 CESL Rn 6.
144 Schmidt-Kessel/Wendehorst, GEK-E Kommentar, Art. 114 GEK-E Rn 5.
145 Art. 18 Abs. 2 Unterabs. 2 Verbraucherrechte-RL sieht eine Ausnahme in drei verschiedenen Konstellationen vor: Verweigerung der Lieferung; Wesentlichkeit der Lieferung innerhalb einer vereinbarten Frist unter Berücksichtigung der Umstände des Vertragsschlusses; und Wesentlichkeit der Lieferung zu einem bestimmten Zeitpunkt.

IV. Rechtsbehelfe des Gläubigers

dieser Maßstäbe gem. Art. 116 GEK-E[146] ebenfalls zur Vertragsbeendigung berechtigt. Weder ist es ihm zuzumuten noch gibt es irgendeinen sachlichen Grund, in derartigen Fällen den Eintritt der absehbaren Nichterfüllung abzuwarten.[147] Entsprechendes gilt, wenn auf andere Weise als durch eine Erklärung des Verkäufers offensichtlich ist, dass die Nichterfüllung eintreten wird, zB Insolvenz des Verkäufers.

c) Mitteilung über die Vertragsbeendigung

Das Vorliegen eines der Gründe für die Beendigung des Vertrages führt nicht *ipso iure* dazu, dass der Vertrag beendet wird. Entsprechend dem Charakter der Vertragsbeendigung als Gestaltungsrecht[148] muss vielmehr die berechtigte Partei dieses Recht ausüben, damit der Vertrag wirksam beendet wird.[149] Will die Partei dagegen trotz des Beendigungsgrundes am Vertrag festhalten, steht ihr dies frei (wie beispielsweise Art. 114 ff GEK-E mit der einleitenden Formulierung ausdrücken, dass der Käufer den Vertrag beenden *kann*, oder Art. 18 Verbraucherrechte-RL mit der Festlegung, dass der Verbraucher *berechtigt* ist). Zur Ausübung des Beendigungsrechts bedarf es einer Mitteilung an die andere Partei.[150] Hinsichtlich des Zeitraums, in der diese Mitteilung erfolgen muss, haben die PECL dem Interesse der anderen Partei an Gewissheit über die Rechtslage und dem Ziel des Rechtsfriedens durch die Begrenzung auf eine „angemessene Frist" Rechnung getragen (Art. 9:303 Abs. 2 PECL). Das GEK ist diesem Vorbild gefolgt, stellt aber für den Beginn der Frist nicht allein auf den Zeitpunkt ab, zu dem ein berechtigter Käufer von der Nichterfüllung Kenntnis erlangt hat oder hätte erlangen müssen, sondern auch auf die Entstehung des Rechts; maßgeblich ist, welches dieser Ereignisse später eingetreten ist (Art. 119 Abs. 1 GEK-E).[151] Zudem lässt es die Vertragsbeendigung auch zu einer späteren Zeit zu, wenn es sich um einen Verbrauchervertrag handelt oder überhaupt keine Leistung angeboten wurde (Art. 119 Abs. 2 GEK-E).

66

d) Prüfungs- und Mitteilungspflichten

Ebenso wie bei der (Nach-)Erfüllung[152] obliegt es nach Art. 106 Abs. 2 lit. b GEK-E dem Käufer bei Verträgen zwischen Unternehmern grundsätzlich auch in Hinblick auf sein Recht zur Vertragsbeendigung, die empfangene Leistung zu prüfen und dem Verkäufer die Vertragswidrigkeit mitzuteilen. Das Recht, sich auf die Vertragswidrigkeit zu berufen, steht damit auch für die Vertragsbeendigung unter dem Vorbehalt, dass die Prüfungs- und Mitteilungspflichten eingehalten sind. Davon ausgenommen sind gem. Art. 106 Abs. 3 lit. a GEK-E Verbraucherverträge.

67

---

146 Entsprechend zuvor Art. 9:304 PECL; Art. III.-3:504 DCFR.
147 Lando/Beale (Hrsg.), PECL, Parts I and II, S. 417; Samoy/Dang Vu/Jansen, Don't Find Fault, Find a Remedy, ERPL 2011, S. 855, 866; Schulze/Zoll, CESL Commentary, Art. 116 CESL Rn 1; v. Bar/Clive (Hrsg.), DCFR Full Edition, S. 867 ff.
148 Siehe oben Rn 2.
149 Chen-Wishart/Magnus, Termination, Price Reduction, and Damages, in: Dannemann/Vogenauer, The Common European Sales Law in Context, 2013, S. 647, 667.
150 Vgl beispielsweise Art. 118 GEK-E; entsprechend Art. 9:303 PECL; Art. 8:302 ACQP; Art. III.-3:507 DCFR.
151 Entsprechend zum Verlust des Beendigungsrechts des Verkäufers mit anderer Textfassung Art. 139 GEK-E; dazu Schulze/Dannemann, CESL Commentary, Art. 139 CESL Rn 7–13.
152 Siehe Rn 43–46.

e) Rechtsfolgen

68 Die Rechtsfolgen der Vertragsbeendigung sind im geltenden EU-Recht nicht im Einzelnen festgelegt[153] und bleiben somit weithin dem nationalen Recht überlassen.[154] Die Richtlinienvorgaben können aber durchaus in wichtigen Fragen Einfluss auf die Ausgestaltung der Rechtsfolgen haben. So hat beispielsweise der EuGH in der Rechtssache *Quelle* entschieden, dass die Zahlung von Wertersatz lediglich nach einer Vertragsbeendigung verlangt werden kann.[155]

69 Im GEK sind dagegen die Wirkungen der Vertragsbeendigung bereits im Rahmen der „Einleitenden Bestimmungen" geregelt. Art. 8 GEK-E enthält sowohl generelle Bestimmungen für alle Arten der Beendigung des Vertrages als auch spezielle Bestimmungen für die Vertragsbeendigung wegen Nichterfüllung oder zu erwartender Nichterfüllung.

▶ *ARTIKEL 8 GEK-E*
Beendigung des Vertrags
(1) Eine „Beendigung des Vertrags" beendet die Rechte und Verpflichtungen der Parteien aus dem Vertrag bis auf diejenigen, die sich aus einer Vertragsbestimmung über die Streitbeilegung oder einer anderen Vertragsbestimmung, die auch nach einer Beendigung des Vertrags anzuwenden ist, ergeben.
(2) Bereits vor der Beendigung des Vertrags fällige Zahlungen und Schadensersatzleistungen wegen Nichterfüllung bleiben zu zahlen. Wird der Vertrag wegen Nichterfüllung oder zu erwartender Nichterfüllung beendet, so hat die den Vertrag beendende Partei anstelle der künftigen Erfüllung der anderen Partei auch Anspruch auf Schadensersatz.
(3) Die Wirkungen einer Beendigung des Vertrags auf die Rückzahlung des Preises und die Rückgabe der Waren oder digitalen Inhalte sowie sonstige Wirkungen der Rückabwicklung bestimmen sich nach den Vorschriften des Kapitels 17 über die Rückabwicklung. ◀

Das Recht zur Vertragsbeendigung kann sich nicht nur auf die Beendigung des gesamten Vertrages, sondern bei teilbaren Verpflichtungen auch auf Teile des Vertrages richten. Art. 117 und 137 GEK-E regeln dies näher für die Vertragsbeendigung bei Kaufverträgen; Art. 9 GEK-E enthält spezielle Bestimmungen für gemischte Verträge. Die Ausübung des Rechts zur Vertragsbeendigung hat gem. Art. 8 Abs. 1 GEK-E (für den Vertrag im Ganzen oder für den betreffenden Teil des Vertrages) zur Folge, dass die Verpflichtung der Parteien, die primär geschuldeten Leistungen zu erbringen, erlischt. Dies bedeutet aber keineswegs, dass bei Beendigung wegen einer vertragswidrigen Leistung das Rechtsverhältnis zwischen den Parteien, das durch den Vertragsschluss entstanden ist, vollständig beseitigt wird. Vielmehr wandelt es sich in ein Schuldverhältnis um, das auf Rückgewähr erbrachter Leistungen gerichtet ist („Rückgewährschuldverhältnis"). Art. 8 Abs. 1 GEK-E sieht dementsprechend vor, dass Rechte und Verpflichtungen, die sich aus auch nach der Vertragsbeendigung anzuwendenden Bestimmungen des Vertrages ergeben, fortbestehen. Dazu gehören neben den Bestimmungen der Parteien über Folgen von Leistungsstörungen einschließlich der Rückabwicklung beispielsweise Gerichtsstandsvereinbarungen und Schiedsklauseln.[156] Ebenso

---

153 Demgegenüber werden die Folgen des Widerrufs eines Vertrages ausdrücklich geregelt, vgl § 3 Rn 161–168.
154 Für Deutschland §§ 437 Nr. 2 iVm 346 ff BGB.
155 EuGH 17.4.2008, Rs. C-404/06 (Quelle) Slg 2008, I-2685 Rn 39; näher dazu Rn 42.
156 Schulze/Zoll, CESL Commentary, Art. 8 CESL Rn 7.

werden Zahlungen und Schadensersatzleistungen wegen Nichterfüllung[157] weiterhin geschuldet, wenn sie bei der Vertragsbeendigung bereits fällig geworden sind (Art. 8 Abs. 2 S. 1 GEK-E). Dies schließt beispielsweise Verjährungsschäden und Verzugszinsen ein. Die Partei, die den Vertrag wegen Nichterfüllung oder zu erwartender Nichterfüllung beendet, kann anstelle der künftigen Erfüllung auch Schadensersatz verlangen (Art. 8 Abs. 2 S. 2 GEK-E). Die Rückgewähr erbrachter Leistungen richtet sich nach den Regeln über die Rückabwicklung, die in Art. 172 ff GEK-E einheitlich für die Anfechtung und die Vertragsbeendigung festgelegt sind.[158]

4. Preisminderung

a) Übersicht

Ein Rechtsbehelf von großer praktischer Bedeutung ist die Preisminderung. Sie ermöglicht auf verhältnismäßig einfache Weise den Interessenausgleich zwischen den Vertragsparteien bei einer vertragswidrigen Leistung, indem der Gläubiger den von ihm zu zahlenden Preis an den verminderten Wert anpasst, den die tatsächlich erbrachte Leistung im Vergleich zum Wert der vertraglich geschuldeten Leistung hat. Für das europäische Vertragsrecht sehen Art. 9:401 PECL und ihm folgend Art. III.-3:601 DCFR die Preisminderung entsprechend der Entwicklungstendenz im modernen Schuldrecht generell als Rechtsbehelf bei Schuldverträgen vor. In den *Acquis communautaire* hat sie durch Art. 3 Abs. 5 Verbrauchsgüterkauf-RL[159] für das Kaufrecht und für das Reisevertragsrecht[160] Eingang gefunden.[161] Das GEK gewährt das Recht zur Preisminderung sowohl für Kaufverträge und Verträgen über die Lieferung digitaler Inhalte als auch für verbundene Dienstleistungsverträge (Art. 120, 155 GEK-E). Im europäischen Vertragsrecht setzt sich damit eine Tradition fort, die in den nationalen Rechten des Civil Law auf die *actio quanti minoris*[162] zurückgeht und die auch im internationalen Kaufrecht durch Art. 50 CISG Ausdruck gefunden hat, ohne dass aber die spezifische Ausgestaltung in einer dieser anderen Rechtsordnungen bestimmend für die Ausgestaltung und Auslegung der europäischen Bestimmungen sein kann.

70

▶ **ARTIKEL 50 CISG**

Minderung

Ist die Ware nicht vertragsgemäß, so kann der Käufer unabhängig davon, ob der Kaufpreis bereits gezahlt worden ist oder nicht, den Preis in dem Verhältnis herabsetzen, in dem der Wert, den die tatsächlich gelieferte Ware im Zeitpunkt der Lieferung hatte, zu dem Wert steht, den vertragsgemäße Ware zu diesem Zeitpunkt gehabt hätte. Behebt jedoch der Verkäufer nach Artikel 37 oder 48 einen Mangel in der Erfüllung seiner Pflichten oder weigert sich der Käufer, Erfüllung durch den Verkäufer nach den genannten Artikeln anzunehmen, so kann der Käufer den Preis nicht herabsetzen. ◀

---

157 Zum Bezug der Voraussetzung „wegen Nichterfüllung" nicht nur auf Schadensersatzleistungen, sondern auf alle von Art. 8 Abs. 2 erfassten Leistungen sowie zum Verhältnis dieser Vorschrift zu Art. 172 GEK-E (mit guten Gründen gegen die Anwendbarkeit von Art. 172 Abs. 3 GEK-E) Schmidt-Kessel/Wendehorst, GEK-E Kommentar, Art. 8 GEK-E Rn 7 f.
158 Dazu sogleich Rn 93.
159 Wortlaut wiedergegeben Rn 59.
160 Art. 4 Abs. 6 lit. a; Abs. 7 Unterabs. 1 Pauschalreise-RL; Art. 8 Abs. 1 lit. a VO 261/2004; Art. 17 Abs. 1 VO 1371/2007; Art. 19 Abs. 1 VO 1177/2010; Art. 19 Abs. 2 VO 181/2011.
161 Vgl auf dieser Grundlage Art. 8:301 Abs. 4 ACQP.
162 Lando/Beale (Hrsg.), PECL, Parts I and II, S. 430; Zimmermann, Law of Obligations, 1990, S. 318.

71 Umstritten ist der Rechtscharakter der Preisminderung im europäischen Vertragsrecht als Gestaltungsrecht.[163] Da das Verständnis des Gestaltungsrechts auf europäischer Ebene nicht notwendig mit einem nationalen Konzept wie dem deutschen übereinstimmen und die Rücknehmbarkeit der Rechtsausübung ausschließen muss, steht einer Qualifizierung der Preisminderung im GEK als Gestaltungsrecht zumindest nicht zwingend die – ebenfalls umstrittene[164] – Annahme entgegen, dass nach der Erklärung der Preisminderung der Wechsel zu einem anderen Rechtsbehelf zulässig sei. Unabhängig von diesen Streitfragen ist es jedenfalls als erforderlich für die wirksame Ausübung des Rechtsbehelfs der Preisminderung anzusehen, dass der Gläubiger eine Erklärung gegenüber dem Schuldner ebenso wie bei einer Vertragsbeendigung[165] gem. Art. 10 GEK-E abgibt,[166] obgleich das GEK dies – anders als bei der Vertragsbeendigung – nicht ausdrücklich festlegt.[167] Dieses Erfordernis einer Erklärung gewährleistet, dass der Schuldner der nicht vertragsmäßig erbrachten Leistung den rechtlichen Grund für das Ausbleiben der Vergütung und die verminderte Höhe seines Anspruchs (oder gegebenenfalls seiner Verpflichtung zur Rückzahlung einer bereits erhaltenen Vergütung) überhaupt erfährt und entsprechend reagieren kann.

b) Voraussetzungen und Ausschlussgründe

72 Voraussetzung für eine Preisminderung ist bei Kaufverträgen die Vertragswidrigkeit der Leistung (Art. 3 Abs. 1 Verbrauchsgüterkauf-RL; Art. 120 Abs. 1 S. 1 GEK-E). Für Verträge über verbundene Dienstleistungen verwendet Art. 155 Abs. 1 lit. d GEK-E den weiteren Begriff der „Nichterfüllung" einer dem Dienstleister obliegenden Verpflichtung, der sich entsprechend auch auf andere Vertragstypen übertragen lässt. Hinzukommen muss bei Kaufverträgen, dass der Käufer die Leistung angenommen hat (Art. 120 Abs. 1 S. 1 iVm Art. 123, 129 GEK-E). Anders als bei einer Vertragsbeendigung gem. Art. 114 f GEK-E ist aber auch bei Verträgen zwischen Unternehmern weder eine wesentliche Nichterfüllung noch eine Nachfristsetzung für die Ausübung dieses Rechtsbehelfs erforderlich. Es ermöglicht insofern leichter und schneller Abhilfe bei der Verletzung einer vertraglichen Pflicht als die Vertragsbeendigung. Die Preisminderung wird – anders als der Erfüllungs- und der Schadensersatzanspruch – auch nicht dadurch ausgeschlossen, dass die Vertragswidrigkeit gem. Art. 88 GEK-E entschuldigt ist (vgl. Art. 106 Abs. 4 GEK-E).[168] Dagegen steht dem Gläubiger keine Preisminderung zu, wenn er die Vertragswidrigkeit seinerseits verursacht hat (Art. 106 Abs. 5 GEK-E). Für Kaufverträge zwischen Unternehmern ist die Preisminderung zudem ausgeschlossen, wenn die fristgemäße Prüfung und Mitteilung gem. Art. 121, 122 GEK-E unterblieben ist.[169]

---

163 Dafür Lorenz, Das Kaufrecht und die damit verbundenen Dienstverträge im Common European Sales Law, AcP 212 (2012), S. 702, 789; kritisch Faust, Das Kaufrecht im Vorschlag für ein Gemeinsames Europäisches Kaufrecht in: Schulte-Nölke u.a., Der Entwurf für ein optionales europäisches Kaufrecht, S. 251, 264.
164 Für dieses *ius variandi* Lorenz, Das Kaufrecht und die damit verbundenen Dienstverträge im Common European Sales Law, AcP 212 (2012), S. 702, 789; Schulze/Zoll, CESL Commentary, Art. 120 CESL Rn 3.
165 Siehe Rn 66.
166 Die Zustimmung des Gläubigers ist hingegen nicht erforderlich, vgl Schulze/Zoll, CESL Commentary, Art. 120 CESL Rn 3.
167 Schmidt-Kessel/Schmidt-Kessel, GEK-E Kommentar, Art. 120 GEK-E Rn 16 mwN.
168 Zur Möglichkeit der Heilung durch den Schuldner oben Rn 25–27.
169 Dazu oben Rn 43–46.

IV. Rechtsbehelfe des Gläubigers

c) Rechtsfolgen

Die Erklärung der Preisminderung hat eine Veränderung des Inhalts der vertraglichen Beziehung zwischen den Parteien zur Folge. Die Preisforderung vermindert sich nach Maßgabe des Verhältnisses des verminderten Wertes der erbrachten vertragswidrigen Leistung zum hypothetischen Wert einer vertragsgemäßen Leistung (relative Berechnungsmethode).[170] Der geminderte Preis lässt sich daher mit folgender Formel berechnen: 73

$$\text{geminderter Preis} = \text{vereinbarter Preis} \times \frac{\text{tatsächlicher Wert der erbrachten Leistung}}{\text{hypothetischer Wert der vertragsgemäßen Leistung}}$$

Falls bereits ein höherer Betrag als der nach dieser Formel geminderte Preis gezahlt worden ist, besteht ein Anspruch auf Rückzahlung der Differenz (Art. 120 Abs. 2 GEK-E). Auf diese Rückzahlung sind die Bestimmungen des Kapitels 12 GEK-E beispielsweise über Zahlungsweise und -ort entsprechend anzuwenden (Art. 90 Abs. 1 GEK-E). Das Gleiche muss auch für die Regeln über die Nichterfüllung von Geldschulden gelten.[171] Soweit die Preisminderung eine ähnliche Wirkung hat wie der Schadensersatz, würde die Geltendmachung beider Rechtsbehelfe zu einer Verdoppelung des Ausgleichs führen. Zur Konkretisierung von Art. 106 Abs. 6 GEK-E stellt daher Art. 120 Abs. 3 GEK-E klar, dass neben der Preisminderung für den dadurch ausgeglichenen Verlust nicht auch noch Schadensersatz verlangt werden kann, aber Schadensersatzansprüche für weitere Verluste unberührt bleiben. Auch ohne spezielle Festlegung schließen sich aufgrund der generellen Vereinbarkeitsschranke des Art. 106 Abs. 6 GEK-E Preisminderung und Vertragsbeendigung gegenseitig aus.[172]

5. Schadensersatz und Zinsen

a) Übersicht

Das Schadensersatzrecht hat sich im *Acquis communautaire* bisher mehr für die außervertragliche Haftung als für die vertragliche entwickelt. Dazu haben sowohl eine Reihe von Rechtsakten als auch die Rechtsprechung des EuGH vor allem auf der Grundlage von Art. 340 Abs. 2 AEUV beigetragen.[173] Dagegen enthält die Verbrauchsgüterkauf-RL keine Bestimmungen über den Schadensersatz; und andere Richtlinien auf dem Gebiet des Vertragsrechts beschränken sich auf Einzelfragen und spezielle Gegenstände wie den Zinsanspruch bei Zahlungsverzug im Geschäftsverkehr zwischen Unternehmen.[174] 74

---

170 Schulze/Zoll, CESL Commentary, Art. 120 CESL Rn 4; Kritik an dieser Berechnungsmethode in Hinblick auf andere Vertragswidrigkeiten als Mängel Faust, Das Kaufrecht im Vorschlag für ein Gemeinsames Europäisches Kaufrecht, in: Schulte-Nölke u.a., Der Entwurf für ein optionales europäisches Kaufrecht, S. 251, 264 f.
171 Schulze/Zoll, CESL Commentary, Art. 120 CESL Rn 5.
172 Lorenz, Das Kaufrecht und die damit verbundenen Dienstverträge im Common European Sales Law, AcP 212 (2012), S. 702, 790.
173 Koziol/Schulze (Hrsg.), Tort Law of the European Community, 2008; Magnus, The Damages Rules in the Acquis communautaire, in the Acquis Principles and in the DCFR, in: Schulze, CFR and Existing EC Contract Law, S. 211–231; Remien, Schadensersatz im europäischen Privat- und Wirtschaftsrecht, 2012; Wurmnest, Grundzüge eines europäischen Haftungsrechts, 2003.
174 Zahlungsverzugs-RL; Vorgängerregelung: RL 2000/35/EG des Europäischen Parlaments und des Rates vom 29. Juni 2000 zur Bekämpfung von Zahlungsverzug im Geschäftsverkehr.

75 Das GEK entwirft aber nunmehr mit seinem „Teil VI Schadensersatz und Zinsen" erstmals ein legislatorisches Gesamtkonzept für den Schadensersatz bei der Nichterfüllung vertraglicher Verpflichtungen. Es stützt sich weitgehend auf das Muster der Art. 9:501 PECL (und der daran angelehnten Art. III.-3:701 DCFR). Wie diese Vorbilder sind die Bestimmungen des GEK zum Schadensersatzrecht nicht auf einzelne Vertragstypen zugeschnitten, sondern übergreifend als allgemeines Vertragsrecht für die unterschiedlichen im GEK geregelten Vertragsarten (und an sich auch für weitere Vertragsarten) anwendbar. Zwar ist jeweils für jede der Parteien gesondert einerseits beim Kaufvertrag (Art. 106 Abs. 1 lit. e, 131 Abs. 1 lit. d GEK-E) und andererseits beim Dienstleistungsvertrag (Art. 155 Abs. 1 lit. e, 157 Abs. 1 lit. d GEK-E) festgelegt, dass ihr der Schadensersatz als Rechtsbehelf zusteht. Inhalt und Grenzen der Schadensersatzansprüche sind jedoch im Anschluss an die Regelungen für die einzelnen Vertragsarten in den allgemeinen Bestimmungen des Teils VI (Art. 159 ff GEK-E) festgelegt. Sie betreffen insbesondere die Bemessungsgrundlage für den erstattungsfähigen Schaden, die doppelte Grenze der entschuldigten Nichterfüllung und der Voraussehbarkeit, die Einschränkungen aufgrund der Mitverantwortlichkeit des Gläubigers und die Berechnung bei Deckungsgeschäften und nach Marktpreis. In gesonderten Abschnitten sind zudem die Verzugszinsen allgemein und spezifisch für den Zahlungsverzug durch Unternehmer in Anlehnung an die Zahlungsverzugs-RL und teilweise an die Acquis Principles[175] geregelt (Art. 166 f, 168 ff GEK-E).

b) Voraussetzungen

76 aa) Der Schadensersatzanspruch setzt nach Art. 159 Abs. 1 GEK-E die Nichterfüllung einer Verpflichtung des Schuldners voraus. Schadensersatz kommt damit ebenso bei der Nichtlieferung wie bei der Lieferung nicht vertragsgemäßer Waren und jeder anderen Art der Nichterfüllung gem. Art. 87 Abs. 1 GEK-E in Betracht. Über die Nichterfüllung dieser Leistungspflichten hinaus berechtigen auch weitere Pflichtverletzungen zum Schadensersatz. Dazu gehören insbesondere Verstöße gegen Treu und Glauben nach Art. 2 Abs. 2 GEK-E und gegen die Hinweispflicht aus Art. 88 Abs. 3 GEK-E sowie die Verletzung vorvertraglicher Pflichten in einem im Einzelnen noch klärungsbedürftigen Umfang.[176]

77 bb) Ebenso wie der Erfüllungsanspruch[177] – aber anders als die sonstigen Rechtsbehelfe – ist der Schadensersatzanspruch ausgeschlossen, wenn die Nichterfüllung gem. Art. 88 GEK-E entschuldigt ist (Art. 106 Abs. 4, 159 Abs. 1 GEK-E). Das GEK folgt damit einem Ansatz, den – im Anschluss an Art. 79 CISG – Art. 9:501 PECL[178] für das europäische Vertragsrecht vorgezeichnet hat. Die herkömmlich in den kontinentaleuropäischen Rechten verbreitete Verschuldenshaftung wird nicht lediglich durch das Konzept des „vermuteten Verschuldens"[179] modifiziert, sondern durch eine objektive Haftung nach dem Muster des Common Law ersetzt. Auf dieser Grundlage wird die Möglichkeit einer Entschuldigung als Ausschlussgrund für den Schadensersatz eröff-

---

175 Art. 8:404, 8:406 ACQP.
176 Näher dazu Schulze/Mozina, CESL Commentary, Art. 159 CESL Rn 8 f; zur Einbeziehung vertraglicher Schutzpflichten in Hinblick auf die körperliche Integrität und sonstige Verluste unter Hinweis auf Art. 149 GEK Schmidt-Kessel/Remien, GEK-E Kommentar, Art. 159 GEK-E Rn 4.
177 Siehe Rn 39.
178 Ähnlich Art. III.-3:701 DCFR.
179 Wie seit der Schuldrechtsmodernisierung 2002 im deutschen Recht durch § 280 Abs. 1 S. 2 BGB.

IV. Rechtsbehelfe des Gläubigers

net.[180] Trotz des unterschiedlichen dogmatischen Ausgangspunktes führt dieser Ansatz allerdings weithin zu gleichen oder ähnlichen praktischen Ergebnissen wie die „vermutete Verschuldenshaftung". Die tatbestandlichen Voraussetzungen für die Entschuldigung muss im Rahmen des Art. 159 GEK-E der Schuldner beweisen.[181]

c) Erstattungsfähiger Verlust

aa) Der Schadensersatz erstreckt sich auf den materiellen und immateriellen Verlust, der dem Gläubiger durch die Nichterfüllung entstanden und nach Maßgabe des Art. 2 lit. c GEK-VO-E erstattungsfähig ist. Die Definition von Schadensersatz gem. Art. 2 lit. g GEK-VO-E unterscheidet zwischen dem erlittenen „Verlust" und dem „körperlichen und sonstigen Schaden". Der Bezug des Art. 159 Abs. 1 GEK-E allein auf den „Verlust" spricht aufgrund dieser begrifflichen Unterscheidung dafür, dass Schäden der letzteren Art nicht von diesem vertraglichen Anspruch erfasst sein sollen, weil sie nicht unter den Begriff „Verlust" zu fallen scheinen.[182] Ein rein symbolischer Schadensersatz (*nominal damages*; *franc symbolique*) ist für das Erfordernis eines „Verlustes" jedenfalls ausgeschlossen.[183]

78

bb) Für den Begriff des „materiellen Verlustes" in Art. 2 lit. c GEK-VO-E enthält das GEK keine näheren Bestimmungen. Jedoch dürften darunter alle vermögenswerten Einbußen zu verstehen sein wie beispielsweise Einkommens- und Gewinneinbußen, Wertverminderungen von Sachen im Eigentum des Gläubigers, Verlust des Eigentums usw.[184] Auch künftige Verluste sind nach der ausdrücklichen Festlegung des Art. 159 Abs. 2 GEK-E in den Verlust, für den Schadensersatz verlangt werden kann, einbezogen, soweit der Schuldner mit deren Eintritt rechnen konnte. Diese Festlegung schließt an das Konzept des *future loss* im englischen Recht und an Art. 9:501 Abs. 2 lit. b PECL[185] an und bezieht sich auf Verluste, die zum Zeitpunkt, zu dem das Gericht über den Schadensersatz befindet, zu erwarten, aber noch nicht eingetreten sind.[186]

79

Ebenfalls ist für den entgangenen Gewinn Schadensersatz zu leisten. Art. 159 Abs. 2 GEK-E unterscheidet den entgangenen Gewinn zwar vom erlittenen Verlust des Gläubigers, bezieht ihn aber ebenso in den Schadensersatz ein. Auch wenn nicht ausdrücklich bestimmt ist, wann ein Gewinn als entgangen zu betrachten ist, bietet der Rückgriff auf den Maßstab des Art. 159 Abs. 2 GEK-E den Ansatz für eine Beweiserleichterung in dieser Hinsicht.[187] Der Gläubiger braucht daher nur die Umstände darzulegen und zu beweisen, aus denen sich die Wahrscheinlichkeit des Entstehens eines Gewinns ergibt.[188]

80

---

180 Kritisch dazu Faust, Leistungsstörungsrecht, in: Remien/Herrler/Limmer, Gemeinsames Europäisches Kaufrecht für die EU?, 2012, S. 161, 180 f; Kieninger, Allgemeines Leistungsstörungsrecht im Vorschlag für ein Gemeinsames Europäisches Kaufrecht, in: Schulte-Nölke u.a., Der Entwurf für ein optionales europäisches Kaufrecht, S. 205, 210, 213 f; Lorenz, Das Kaufrecht und die damit verbundenen Dienstverträge im Common European Sales Law, AcP 212 (2012), S. 702, 792–795.
181 Schulze/Mozina, CESL Commentary, Art. 159 CESL Rn 6.
182 Der Ersatz derartiger Schäden bleibt somit der Regelung durch die nationalen Deliktsrechte vorbehalten. Dies erscheint schon insofern nicht ganz überzeugend, als andererseits „erlittenes Leid" als immaterieller Verlust gem. Art. 2 lit. c GEK-VO-E ersetzt werden soll (sogleich Rn 81).
183 Schulze/Mozina, CESL Commentary, Art. 159 CESL Rn 3.
184 Siehe auch Art. III.-3:701 DCFR.
185 Ebenso Art. III.-3:701 Abs. 2 DCFR.
186 Lando/Beale (Hrsg.), PECL, Parts I and II, S. 436; v. Bar/Clive (Hrsg.), DCFR Full Edition, S. 918.
187 Schulze/Mozina, CESL Commentary, Art. 160 CESL Rn 12.
188 Vgl zur vergleichbaren Lage im deutschen Recht BGH NJW-RR 2006, S. 243 f.

81 cc) Der immaterielle Verlust, der zum Schadensersatz berechtigt, umfasst erlittene Schmerzen und erlittenes Leid. Ausgeschlossen sind jedoch nach Art. 2 lit. c GEK-VO-E andere Formen des immateriellen Verlusts wie Beeinträchtigungen der Lebensqualität oder entgangene Freude.[189] Aufgrund dieser Unterscheidung dürfte beispielsweise eine psychische Beeinträchtigung aufgrund der Enttäuschung über eine mangelhafte Kaufsache grundsätzlich nicht als erstattungsfähiger Verlust zu betrachten, sondern als „Schmerz" und „Leid" nur körperliche Schmerzen und außergewöhnliche starke seelische Belastungen zu verstehen sein.[190] Wenn ein Mangel der Kaufsache zum Tod eines Angehörigen führt, kommt allerdings ein Ersatz des dadurch erlittenen Leids durch ein Angehörigenschmerzensgeld in Betracht.[191] Die allgemeinen Maßstäbe für den Ersatz immaterieller Verluste in Art. 159 GEK-E iVm Art. 2 lit. c GEK-VO-E sind aber nicht ohne Weiteres auf Vertragstypen anwendbar, die spezifisch die Gewährung bestimmter Formen von „Lebensqualität" oder „Freude" zum Gegenstand haben (wie außerhalb des Anwendungsbereiches des GEK beispielsweise Reiseverträge mit dem Ziel der Vermittlung von Urlaubsfreude). Sofern sie im europäischen Vertragsrecht geregelt sind (etwa in der Pauschalreise-RL), sind die immateriellen Verluste entsprechend dem Schutzzweck der jeweiligen Bestimmungen auch in Fällen, die nicht von Art. 2 lit. c GEK-VO-E erfasst wären, als erstattungsfähig zu betrachten.[192]

82 dd) Der materielle oder immaterielle Verlust berechtigt nur zum Schadensersatz, wenn er durch die Nichterfüllung einer Verpflichtung des Schuldners entstanden ist (Art. 159 Abs. 1 GEK-E). In Einklang mit der bisherigen Entwicklung des *Acquis communautaire*[193] ist daher Kausalität zwischen der Nichterfüllung als dem schadensbegründenden Ereignis und den einzelnen Verlustpositionen, für die Ersatz verlangt wird, erforderlich. Diese Kausalität besteht, wenn die Nichterfüllung nicht hinweggedacht werden könnte, ohne dass der betreffende Verlust entfiele (*conditio sine qua non*). Zusätzliche Einschränkungen in Hinblick auf die Kausalität (insbesondere das Erfordernis einer „adäquaten" Kausalität wie in einigen nationalen Rechten) bestehen nicht.[194] An ihrer Stelle übernimmt vielmehr das Kriterium der Voraussehbarkeit im Rahmen der Bemessung des Schadensersatzes die Funktion, den erstattungsfähigen Verlust zu begrenzen.

---

189 Kritisch dazu Kieninger, Allgemeines Leistungsstörungsrecht im Vorschlag für ein Gemeinsames Europäisches Kaufrecht, in: Schulte-Nölke u.a., Der Entwurf für ein optionales europäisches Kaufrecht, S. 205, 215 f; Remien, Schadensersatz und Zinsen nach EU-Kaufrecht, in: Schmidt-Kessel, Ein einheitliches europäisches Kaufrecht?, 2012, S. 503, 507 f; zu Abgrenzungsfragen Schulze/Wendehorst, CESL Commentary, Art. 2 CESL Regulation Rn 7 f.
190 Kieninger, Allgemeines Leistungsstörungsrecht im Vorschlag für ein Gemeinsames Europäisches Kaufrecht, in: Schulte-Nölke u.a., Der Entwurf für ein optionales europäisches Kaufrecht, S. 205, 217; Schulze/Mozina, CESL Commentary, Art. 160 CESL Rn 5.
191 Schulze/Mozina, CESL Commentary, Art. 160 CESL Rn 6; aA Kieninger, Allgemeines Leistungsstörungsrecht im Vorschlag für ein Gemeinsames Europäisches Kaufrecht, in: Schulte-Nölke u.a., Der Entwurf für ein optionales europäisches Kaufrecht, S. 205, 210, 217.
192 Für die entgangene Urlaubsfreude auf Grundlage der Pauschalreise-RL EuGH 12.3.2002, Rs. C-168/00 (Leitner), Slg 2002, I-2631.
193 Dazu Magnus, The Damages Rules in the Acquis communautaire, in the Acquis Principles and in the DCFR, in: Schulze, CFR and Existing EC Contract Law, S. 211, 220; Weitenberg, Der Begriff der Kausalität in der haftungsrechtlichen Rechtsprechung der Unionsgerichte, 2014.
194 Lorenz, Das Kaufrecht und die damit verbundenen Dienstverträge im Common European Sales Law, AcP 212 (2012), S. 702, 795; Schulze/Mozina, CESL Commentary, Art. 159 CESL Rn 5.

d) Art und Umfang des Ersatzes

aa) Der Schadensersatz gem. Art. 159 GEK-E ist aufgrund der allgemeinen Festlegung in Art. 2 lit. g GEK-VO-E in Geld zu leisten. Einen Anspruch gegen den Schädiger auf tatsächliche Herstellung des Zustandes, der ohne das schädigende Ereignis bestünde (Naturalrestitution im strengen Sinn), kennt das GEK nicht. In seinem System der Rechtsbehelfe nimmt vielmehr in gewisser Weise der Nacherfüllungsanspruch eine ähnliche Funktion ein wie der Schadensersatz in dieser Form der Naturalrestitution in anderen Rechtsordnungen. Das GEK folgt auch insofern einem Ansatz, den das UN-Kaufrecht[195] vorgezeichnet hat.[196] Dies besagt allerdings noch nichts darüber, ob sich der als Schadensersatz zu leistende Geldbetrag bei materiellen Verlusten nach der Höhe der Kosten für die Herstellung des Zustandes, der ohne das schädigende Ereignis bestünde, richten kann (Kosten der Wiederherstellung; Naturalrestitution im weiteren Sinn) oder sich ausschließlich auf Ersatz des Wertverlustes richtet (Wertersatz; Kompensation). Für die Ersatzfähigkeit der Kosten der Wiederherstellung spricht es, dass aus dem Wortlaut von Art. 2 lit. g GEK-VO-E keine entgegenstehende Eingrenzung ersichtlich ist und dass die Erstattung derartiger Kosten für (tatsächlich vorgenommene oder fiktive) Deckungsgeschäfte in Art. 164 f GEK-E als eine Art konkrete Schadensberechnung eindeutig festgelegt ist. Zwar fehlt es an einer entsprechenden klaren Regelung insbesondere für Reparaturkosten und für die Beseitigung immaterieller Schäden.[197] Im Rahmen einer einheitlichen Ausfüllung des Begriffes des Schadensersatzes im GEK dürfte es aber naheliegen, für diese Bereiche die Erstattungsfähigkeit der Kosten der Wiederherstellung ebenfalls nicht generell auszuschließen. Auch für diese in der Praxis besonders wichtige Frage wäre allerdings eine legislatorische Klärung wünschenswert, ob beispielsweise der Grundsatz der Verhältnismäßigkeit (wie er auch bei der Nacherfüllung gilt[198]) angewendet werden kann (etwa in der Fallkonstellation eines „wirtschaftlichen Totalschadens", bei dem die Wiederherstellungskosten deutlich den Wert der Sache übersteigen).

83

bb) Der Umfang des Ersatzes für den Verlust, den der Gläubiger durch die Nichterfüllung erlitten hat, bemisst sich nach dem Grundsatz der Totalreparation. Geschuldet ist danach der Betrag, der den Gläubiger in die Lage versetzt, in der er sich befunden hätte, wenn die Verpflichtung ordnungsgemäß erfüllt worden wäre. Sofern dies nicht möglich ist, ist der Betrag geschuldet, der den Gläubiger so weit wie möglich in diese Lage versetzt (Art. 160 S. 1 GEK-E). Dieser Grundsatz stützt sich sowohl auf die Regelwerke, die dem GEK vorausgegangen sind,[199] als auch auf die Entwicklung innerhalb des *Acquis communautaire*.[200] Soweit Ersatz für die Herstellung des bei ordnungsgemäßer Erfüllung bestehenden Zustandes geschuldet wird,[201] kann daher die gesamte Differenz zwischen dem aufgrund des Vertrages zu zahlenden Betrag und den Kosten, die infolge der Nichterfüllung zur Herstellung des bei Erfüllung bestehenden Zustandes aufzuwenden sind, verlangt werden (wie Art. 164 GEK-E für tatsächlich

84

---

195 Art. 74 CISG; dazu Huber, § 13 Damages, in: Huber/Mullis, The CISG, 2007, S. 269 f; Honsell/Schöne/Koller, Kommentar zum UN-Kaufrecht, 2. Aufl. 2010, Art. 74 CISG Rn 41.
196 Vgl auch Art. 9:502 PECL; Art. III.-3:702 DCFR. Näher dazu Lando/Beale (Hrsg.), PECL, Parts I and II, S. 438 f; v. Bar/Clive (Hrsg.), DCFR Full Edition, S. 924.
197 Schmidt-Kessel/Schmidt-Kessel, GEK-E Kommentar, Art. 2 GEK-VO-E Rn 23.
198 Dazu Rn 47.
199 Vgl Art. 9:502 PECL; Art. III.-3:702 DCFR.
200 Vgl jüngst den Vorschlag KOM(2013) 404 endg.
201 Dazu soeben Rn 83.

durchgeführte und Art. 165 GEK-E für fiktive Deckungsgeschäfte bei Vertragsbeendigung näher festlegen). Deckt dieser Ersatz nach dem Maßstab der Herstellungskosten nicht den gesamten nach Art. 2 lit. c und g GEK-VO-E erstattungsfähigen Verlust ab, kann der Gläubiger auch Ersatz des weiteren Verlusts verlangen (vgl. Art. 164 f GEK-E, jeweils am Ende).

85 cc) Begrenzt wird der Umfang des erstattungsfähigen Schadens aber nach Art. 161 GEK-E auf den voraussehbaren Verlust. Dieses Kriterium der Voraussehbarkeit ergänzt in Hinblick auf den Umfang des Schadensersatzes – also bei der Ausfüllung des Schadensersatzanspruchs – die Beschränkung auf die nicht entschuldigte Nichterfüllung, die bereits zuvor als eine Voraussetzung dafür zu berücksichtigen ist, dass überhaupt ein Schadensersatzanspruch besteht.[202] Das GEK lehnt sich hier nicht an Vorbilder aus dem *Acquis communautaire* an,[203] sondern an Art. 9:503 PECL und Art. III.-3:703 DCFR, die ihrerseits auf Art. 74 S. 2 CISG zurückgehen.[204] Im Unterschied zu diesen beiden vorangegangenen europäischen Regelwerken und auch zu nationalen Rechten[205] sieht das GEK aber keine Ausnahme für die vorsätzliche Nichterfüllung und bei grober Fahrlässigkeit vor.[206] Ebenso wie die Vorgängerregeln sieht das GEK alternativ das subjektive Kriterium vor, dass der Schuldner den Verlust als Folge der Nichterfüllung vorausgesehen hat, und das objektivierte Kriterium, dass er dies hätte voraussehen können. Der Verzicht auf den Zusatz „reasonably" bei letzterem im Unterschied zum DCFR vermeidet die unnötige Verwendung dieses unbestimmten Rechtsbegriffs, ohne eine sachliche Abweichung auszudrücken. Der zeitliche Bezug der Voraussehbarkeit auf den Vertragsschluss in Art. 161 GEK-E wäre allerdings aufgrund der fehlenden Ausnahme für die vorsätzliche Nichterfüllung problematisch, weil sie einen Verkäufer bei steigenden Preisen den Wechsel in ein günstigeres Geschäft erleichtern würde[207], wenn die Grenze der Voraussehbarkeit auch in Hinblick auf die Schadensbemessung mithilfe eines Deckungsgeschäfts gem. Art. 164 f GEK-E gelten sollte.[208]

86 dd) Soweit der Gläubiger zur Nichterfüllung oder deren Folgen beigetragen hat oder den Verlust nicht durch angemessene Maßnahmen gemindert hat, obwohl er dies hätte tun können, haftet der Schuldner nicht. Für diese Grundsätze enthält der *Acquis communautaire* lediglich einige Ansatzpunkte.[209] Die allgemeinen Regeln der Art. 162 f GEK-E stützen sich weitgehend auf Vorbilder aus den PECL und dem DCFR.[210] Wenn der Gläubiger die Nichterfüllung oder eine Erhöhung des Schadens (mit)verursacht hat, verringert sich nach Art. 162 GEK-E der Schadensersatz entsprechend. Allerdings wird im Rahmen der Systematik des GEK dem Gläubiger die Mög-

---

202 Siehe Rn 77.
203 Schulze/Mozina, CESL Commentary, Art. 161 CESL Rn 2.
204 Zur Textentwicklung Kieninger, Allgemeines Leistungsstörungsrecht im Vorschlag für ein Gemeinsames Kaufrecht, in: Schulte-Nölke u.a., Der Entwurf für ein optionales europäisches Kaufrecht, S. 205, 214.
205 So Art. 1150 Code Civil.
206 Zur Diskussion über Ausnahmen bei der Vorbereitung Expert Group on a Common Frame of Reference in European Contract Law, Synthesis of the Tenth Meeting, 17–18 February 2011, 14.3.11, S. 3.
207 Schulze/Mozina, CESL Commentary, Art. 161 CESL Rn 2.
208 Dagegen Schmidt-Kessel/Remien, GEK-E Kommentar, Art. 164 GEK-E Rn 2 zur Vermeidung von Spekulationen zu Lasten des Gläubigers. Eine gesetzgeberische Klarstellung wäre aber auch hier wünschenswert.
209 Acquis Group/Magnus, Contract II, Art. 8:403 Rn 1; Magnus, The Damages Rules in the Acquis Communautaire, in the Acquis Principles and in the DCFR, in: Schulze, CFR and Existing EC Contract Law, S. 223 f; v. Bar/Clive (Hrsg.), DCFR Full Edition, S. 934.
210 Art. 9:504 PECL und Art. III.-3:704 DCFR für Art. 162 GEK-E, der innerhalb des GEK weitgehend mit Art. 106 Abs. 5, 131 Abs. 3 GEK-E übereinstimmt; Art. 9:505 PECL und Art. III.-3:705 DCFR für Art. 163 GEK-E.

IV. Rechtsbehelfe des Gläubigers

lichkeit zur Entschuldigung in entsprechender Anwendung von Art. 88 GEK-E zuzubilligen sein.[211] Kommt der Gläubiger seiner Obliegenheit zur Schadensminderung entgegen den Erfordernissen von Treu und Glauben (Art. 2 GEK-E) nicht nach, mindert sich gem. Art. 163 Abs. 1 GEK-E der erstattungsfähige Verlust.[212] Schadensmindernde Maßnahmen können beispielsweise Reparaturen, Sicherungsarbeiten oder Abschlüsse von Verträgen sein (etwa eines Mietvertrages oder eines Kaufvertrages über eine Ersatzsache). Über das Kriterium der Angemessenheit ist die erforderliche Differenzierung auch in Hinblick auf Erfahrung und wirtschaftliche Leistungskraft verschiedenartiger Parteien (insbesondere Unternehmer und Verbraucher) gewährleistet.[213] Der Minderung oder gar Einbuße des Schadensersatzes bei mangelnder Schadensminderung nach Art. 163 Abs. 1 GEK-E steht der Anspruch auf Ersatz aller angemessenen Aufwendungen, die dem Gläubiger beim Versuch der Minderung des Verlustes entstanden sind, nach Art. 163 Abs. 2 GEK-E gegenüber. Dieser Anspruch soll die Bereitschaft des Gläubigers zur Schadensminderung zudem dadurch steigern, dass die angemessenen Aufwendungen auch für einen Versuch ersatzfähig sind, ohne dass dieser erfolgreich sein muss. Die Bestimmung ergänzt für das Schadensrecht den Gedanken der Zusammenarbeit beider Parteien (Art. 3 GEK-E) mit Blick auf die Kostenlast für Tätigkeiten, die eine Seite zur Unterstützung der Erfüllung der Pflichten der anderen Seite unternimmt.

e) Zinsen

aa) Wie für den Schadensersatz insgesamt findet sich derzeit im Vertragsrecht der EU zwar keine übergreifende systematische Regelung für die Verzinsung von Geldschulden bei verspäteter Zahlung. Die europäische Gesetzgebung hat sich auf diesem Feld aber einigen speziellen Bereichen wegen ihrer besonderen wirtschaftlichen Bedeutung für den Binnenmarkt zugewandt. Neben den Zahlungsdiensten[214] gehört dazu der Zahlungsverzug im Geschäftsverkehr. Die Zahlungsverzugs-RL[215] wurde zur Bekämpfung des Zahlungsverzugs im Geschäftsverkehr erlassen, weil verspätete Zahlungen die Liquidität der Gläubiger – insbesondere wenn es sich um kleinere und mittlere Unternehmen handelt – gerade in wirtschaftlichen Krisenzeiten erheblich beeinträchtigen können.[216] Nach der Begründung der Richtlinie wirkten niedrige Verzugszinsen und langsame Beitreibungsverfahren in vielen Mitgliedstaaten dem Vertragsbruch durch Zahlungsverzug nicht hinreichend entgegen.[217] Um einen „Wandel hin zu einer Kultur der unverzüglichen Zahlung"[218] zu fördern, verbindet die Richtlinie die Festlegung von Zahlungsfristen mit der Gewährung von Ansprüchen auf Verzugszinsen und auf Ent-

87

---

211 Schmidt-Kessel/Remien, GEK-E Kommentar, Art. 162 GEK-E Rn 2; aA Koch, Schadensersatz und Rückabwicklung, in: Wendehorst/Zöchling-Jud, Am Vorabend eines Gemeinsamen Europäischen Kaufrechts, 2012, S. 225, 233.
212 Zur Frage, ob der verhinderbare Verlust vom Ersatzanspruch abgezogen (wie von Art. 77 S. 2 CISG bezweckt) oder durch eine Abwägung beider Anteile bestimmt wird Koch, Schadensersatz und Rückabwicklung, in: Wendehorst/Zöchling-Jud, Am Vorabend eines Gemeinsamen Europäischen Kaufrechts, 2012, S. 225, 234.
213 Schulze/Mozina, CESL Commentary, Art. 163 CESL Rn 3 f.
214 Zahlungsdienste-RL.
215 Zunächst Zahlungsverzugs-RL 2000; neue Fassung vom 16. Februar 2011 (Zahlungsverzugs-RL).
216 Vgl Erwägungsgründe 3 ff, 7 ff Zahlungsverzugs-RL.
217 Erwägungsgrund 12 Zahlungsverzugs-RL.
218 Ebd.

schädigung von Beitreibungskosten.²¹⁹ Insbesondere regeln Art. 3 und 4 Zahlungsverzugs-RL die Voraussetzungen des Anspruchs auf Verzugszinsen im Geschäftsverkehr zwischen Unternehmern bzw zwischen Unternehmern und öffentlichen Stellen. Der Anspruch entsteht, wenn der Gläubiger den fälligen Betrag vom Schuldner nicht rechtzeitig erhalten hat. Dabei ist für die Rechtzeitigkeit der Leistungserfolg entscheidend.²²⁰ Die Leistungszeit richtet sich nach der vertraglichen Vereinbarung der Parteien. Besteht keine Vereinbarung bzw handelt es sich um den Geschäftsverkehr zwischen Unternehmern und öffentlichen Stellen, entsteht der Anspruch mit Ablauf der in Art. 3 Abs. 3 lit. b bzw Art. 4 Abs. 3 Zahlungsverzugs-RL genannten Fristen. Eine Mahnung ist nicht erforderlich. Die Entstehung des Anspruchs setzt zudem voraus, dass der Unternehmer seinerseits seine Pflichten erfüllt hat. Gem. Art. 3 Abs. 1 lit. b bzw Art. 4 Abs. 1 lit. b Zahlungsverzugs-RL schuldet der Schuldner keine Verzugszinsen, wenn er für den Zahlungsverzug nicht verantwortlich ist. Vertragsklauseln, die für den Gläubiger grob nachteilig sind, sind gem. Art. 7 Abs. 1 Zahlungsverzugs-RL nicht durchsetzbar bzw begründen einen Schadensersatzanspruch. Dieses soll den Gläubiger vor nachteiligen Vertragsklauseln schützen.²²¹ Dabei werden sowohl vorformulierte als auch individuell ausgehandelte Vertragsklauseln erfasst.²²²

88 Auf dieser Grundlage haben die Acquis Principles zwar die Bestimmungen der Zahlungsverzugs-RL wiedergegeben (Art. 8:405 ff ACQP). Sie haben aber zugleich festgestellt, dass der *Acquis communautaire* auf dem Gebiet des Verzugsrechts nicht ausreicht, um eine allgemeine Regel über die Zinsen für verspätete Zahlungen aufzustellen. Als Ersatz dafür haben sie auf die entsprechende Regel des DCFR verwiesen, die sich ihrerseits auf den Vergleich der mitgliedstaatlichen Rechte stützt.²²³

▶ *Artikel III.-3:708 DCFR*
Zinsen bei Zahlungsverzug

(1) Wird die Zahlung einer Geldsumme verzögert, unabhängig davon, ob die Nichterfüllung entschuldigt ist oder nicht, so hat der Gläubiger Anspruch auf Zinsen aus diesem Betrag vom Zeitpunkt der Fälligkeit bis zum Zeitpunkt der Zahlung in Höhe des durchschnittlichen Bankensatzes, den Geschäftsbanken für kurzfristige Kredite an erstklassige Kunden für die Zahlungswährung an dem Ort berechnen, an dem die Zahlung zu leisten ist.
(2) Der Gläubiger kann zudem Schadensersatz für alle weiteren Verluste verlangen. ◀

89 bb) Nach dem Vorbild des DCFR enthält das GEK ebenfalls allgemeine Bestimmungen über Verzugszinsen (Art. 166 f GEK-E). Sie ergänzen den vorangehenden Abschnitt über den Schadensersatz und werden ihrerseits durch einen weiteren Abschnitt mit spezifischen Bestimmungen über den Zahlungsverzug durch Unternehmer ergänzt. Dem Gläubiger steht danach grundsätzlich ein Zinsanspruch zu, der mit Fälligkeit ohne das Erfordernis einer Mahnung einsetzt und dessen Höhe sich in den Staaten mit Euro-Währung am Zinssatz der Europäischen Zentralbank mit einem Aufschlag von zwei Prozentpunkten orientiert (Art. 166 Abs. 1, 2 GEK-E).²²⁴ Dem Gläubiger wird

---

219 Gem. Art. 10 Zahlungsverzugs-RL müssen die Mitgliedstaaten zudem dafür sorgen, dass bei unbestrittenen Geldforderungen der vollstreckbare Titel binnen 90 Kalendertagen erwirkt werden kann.
220 EuGH 3.4.2008, Rs. C-306/06 (Telekom), Slg 2008, 1923.
221 Erwägungsgrund 28 Zahlungsverzugs-RL; dazu § 4 Rn 32 f.
222 Heidershoff, Europäisches Privatrecht, Rn 390.
223 V. Bar/Clive (Hrsg.), DCFR Full Edition, S. 945.
224 Im Einzelnen legt Art. 166 Abs. 2 GEK-E fest, dass bei Gläubigern mit gewöhnlichem Aufenthalt in einem Mitgliedstaat mit Euro-Währung oder einem Drittstaat der Zinssatz gilt, den die EZB auf ihr letztes vor dem ersten Kalendertag des betreffenden Halbjahrs durchgeführtes Hauptrefinanzierungsgeschäft an-

IV. Rechtsbehelfe des Gläubigers

damit eine Art abstrakter Schadensersatz gewährt, der typischerweise bei ihm eintretende Verluste ausgleicht, ohne dass deren Nachweis im Einzelfall erforderlich ist, und zugleich Vorteile des Schuldners aufgrund der verspäteten Zahlung abschöpfen sowie präventiv dem Zahlungsverzug entgegenwirken soll.[225] Verluste, die dieser Anspruch auf Verzugszinsen nicht abdeckt, kann der Schuldner daneben nach den Bestimmungen über den Schadensersatz im vorhergehenden Abschnitt des GEK geltend machen (Art. 166 Abs. 3 GEK-E). Für den Zahlungsverzug von Verbrauchern greifen diese strengen Bestimmungen allerdings nur, wenn die Nichterfüllung nicht entschuldigt ist. Die Verzinsung beginnt für Verbraucher zudem erst nach Ablauf von 30 Tagen nach einer Mitteilung des Gläubigers über die Verzinsung und deren Höhe. Die Verzugszinsen dürfen dabei nicht der Hauptforderung zur weiteren Verzinsung zugerechnet werden. Zudem sind Vertragsklauseln, die einen höheren Zinssatz oder einen früheren Beginn der Verzinsung für Verbraucher vorsehen, nicht verbindlich, wenn sie unfair im Sinne von Art. 83 GEK-E wären (Art. 167 Abs. 1–4 GEK-E).

Hinsichtlich der speziellen Bestimmungen für den Zahlungsverzug von Unternehmern lehnen sich Art 168–171 GEK-E eng an die Zahlungsverzugs-RL und die auf ihrer Grundlage entworfenen Art. 8:406 ACQP und Art. III.-3:710 DCFR an. Gem. Art. 168 Abs. 1 GEK-E besteht ein Anspruch auf Zahlung von Zinsen, wenn der Unternehmer die Zahlung eines vertraglich vereinbarten Preises für die Lieferung von Waren, die Bereitstellung digitaler Inhalte und die Erbringung verbundener Dienstleistungen verzögert,[226] es sei denn er ist gem. Art. 88 GEK-E entschuldigt. Der Anwendungsbereich erfasst folglich Entgeltzahlungen, nicht aber Schadensersatz- oder Rückzahlungsansprüche. In den letzteren Fällen richtet sich der Anspruch auf Verzugszinsen nach Art. 166 GEK-E.[227] Der Zinssatz ist in Art. 168 Abs. 5 GEK-E festgelegt und entspricht im Ansatz Art. 166 Abs. 2 GEK-E, jedoch werden statt zwei Prozentpunkten acht Prozentpunkten auf den Bezugszinssatz aufgeschlagen. Die Leistungszeit bestimmt sich grundsätzlich – wie in der Zahlungsverzugs-RL – nach der vertraglichen Vereinbarung. Ist eine Leistungszeit nicht vereinbart, regeln Art. 168 Abs. 2 und Abs. 3 GEK-E den Beginn der Verzinsung. Die Zahlungsfrist darf gem. Art. 168 Abs. 4 GEK-E grundsätzlich 60 Tage nicht überschreiten. Haben die Parteien jedoch ausdrücklich etwas anderes vereinbart und ist diese Vereinbarung auch nicht unfair gem. Art. 170 GEK-E, ist eine Überschreitung dieser Maximalfrist möglich. Es besteht insofern die widerlegbare Vermutung, dass eine längere Zahlungsfrist unfair gem. Art. 170 GEK-E ist. Unfaire Vertragsbestimmungen hinsichtlich des Zahlungstermins, der Zahlungsfrist und des Zinssatzes sind nicht bindend.[228] Gem. Art. 171 GEK-E sind die Regelungen über

90

---

gewandt hat oder der sich aus dem Tenderverfahren für die jüngsten Hauptrefinanzierungsgeschäfte der EZB ergibt, zuzüglich zwei Prozentpunkte. Bei Gläubigern aus einem Mitgliedstaat der EU ohne Euro-Währung gilt der entsprechende Zinssatz der Zentralbank dieses Mitgliedstaates zuzüglich zwei Prozentpunkten.

225 Schulze/Mozina, CESL Commentary, Art. 166 CESL Rn 3.
226 Der Unternehmerbegriff wird in Art. 2 lit. e GEK-VO-E definiert.
227 Kritisch dazu Schulze/Mozina, CESL Commentary, Art. 168 CESL Rn 3.
228 Gem. Abs. 2 GEK-E wird vermutet, dass weniger günstige Regelungen hinsichtlich des Zahlungstermins, der Zahlungsfrist und des Zinssatzes unfair sind. Vertragsbestimmungen, die Verzugszinsen oder eine Entschädigung für Betreibungskosten gem. Art. 169 GEK-E ausschließen, sind gem. Abs. 3 GEK-E immer unfair.

den Zahlungsverzug durch Unternehmer zwingend, dh ein Ausschluss oder eine Abweichung ist nicht möglich.²²⁹

6. Rückabwicklung

91 Wenn eine Partei den Vertrag beendigt (beispielsweise ein Käufer wegen Nichterfüllung gem. Art. 114 GEK-E),²³⁰ sind häufig bereits Leistungen aufgrund des Vertrages erbracht worden. Für diese Fälle bedarf es der Regelung, unter welchen Voraussetzungen, in welchem Umfang und auf welche Weise der Empfänger die Leistungen zurückzugewähren und aus den Leistungen gezogene Vorteile zu erstatten hat und ob er seinerseits für Aufwendungen im Zusammenhang mit diesen Leistungen (etwa für die sichere Verwahrung der Kaufsache) Ersatz verlangen kann. Das EU-Recht überlässt die Regelung dieser Fragen bislang weitgehend den Mitgliedstaaten, obwohl die Voraussetzungen und Risiken der Rückabwicklung erheblichen Einfluss auf die Preiskalkulation haben und die Unterschiede zwischen den nationalen Rechten in dieser Hinsicht die Transaktionskosten erhöhen können. Auch die Verbrauchsgüterkauf-RL enthält für die Vertragsauflösung keine ausdrücklichen näheren Festlegungen in dieser Hinsicht. Der *Acquis communautaire* bleibt damit hinsichtlich der Folgen einer Vertragsbeendigung bzw Vertragsauflösung wegen Nichterfüllung deutlich hinter dem Stand zurück, den die Verbraucherrechte-RL für die Rückabwicklung nach einem Widerruf erreicht hat.²³¹

92 Das GEK versucht, dieses Defizit in seinem Anwendungsbereich zu überwinden, indem es den Hauptteilen über die Verpflichtungen und Abhilfen und den Schadensersatz einen eigenen Teil über die Rückabwicklung von Verträgen folgen lässt. Gegenüber dem DCFR²³² und den Rechten vieler Mitgliedstaaten schlägt es insofern einen neuen Weg ein, als die Bestimmungen dieses Teils übergreifend nicht nur die Rückabwicklung bei der Vertragsbeendigung, sondern auch bei der Anfechtung wegen Einigungsmängeln regeln soll. Ein einheitliches Regelwerk soll damit zwei unterschiedliche rechtliche Ausgangslagen erfassen. Einerseits betrifft es das Verhältnis der Parteien nach einer Umwandlung ihres Vertrages in ein auf Rückgewähr gerichtetes Schuldverhältnis infolge der Vertragsbeendigung (Art. 8 GEK-E).²³³ Andererseits erstreckt es sich auf die rückwirkende Ungültigkeit des Vertrages infolge der Anfechtung (Art. 54 Abs. 1 GEK-E) bei Irrtum, arglistiger Täuschung, Drohung und unfairer Ausnutzung (Art. 48 ff GEK-E).²³⁴ Im Unterschied dazu unterfällt beispielsweise im deutschen Recht die Rückgewähr nach einem Rücktritt (der der Vertragsbeendigung des GEK

---

229 Näher dazu Kieninger, Allgemeines Leistungsstörungsrecht im Vorschlag für ein Gemeinsames Europäisches Kaufrecht, in: Schulte-Nölke u.a., Der Entwurf für ein optionales europäisches Kaufrecht, S. 205, 222 f.
230 Zu den Voraussetzungen der Vertragsbeendigung Rn 59–67.
231 Dazu § 3 Rn 161.
232 Art. III.-3:510 DCFR für die Rückabwicklung bei Vertragsbeendigung und Buch VII (Ungerechtfertigte Bereicherung) für die Rückabwicklung ungültiger Verträge; kritisch dazu Wendehorst, in: Schulze/v. Bar/Schulte-Nölke, Der akademische Entwurf für einen gemeinsamen Referenzrahmen, 2008, S. 215, 237; zum Diskussionsstand vor dem Kommissionsvorschlag für das GEK Bargelli, Il sinallagma rovesciato, 2010.
233 Oben Rn 69.
234 Oben § 3 Rn 120. Gesondert geregelt ist allerdings die Rückabwicklung bei einem Widerruf in Art. 44 f GEK-E; zur unzulänglichen Abstimmung dieser Rückabwicklungsregimes untereinander Schulze/Schulze, CESL Commentary, Art. 44 CESL Rn 11; zu einer möglichen analogen Anwendung der Art. 172 ff GEK in anderen Sachlagen, in denen eine Rückabwicklung in Betracht kommt, Schmidt-Kessel/Wendehorst, GEK-E Kommentar, Art. 172 GEK-E Rn 2.

IV. Rechtsbehelfe des Gläubigers

entspricht) dem spezifisch rücktrittsrechtlichem Regime der §§ 346 ff BGB, während für die Rückabwicklung nach der Anfechtung das Bereicherungsrecht (§§ 812 ff BGB) maßgeblich ist. Das Europäische Parlament[235] hat dem einheitlichen Ansatz des GEK für beide Bereiche im Grundsatz zugestimmt. In weitgehender Übereinstimmung mit einer Stellungnahme des European Law Institute[236] und mit kritischen Stimmen in der Lehre[237] hat es aber Verbesserungen in zahlreichen Einzelheiten vorgeschlagen.

Angesichts der fortdauernden Diskussionen über die Veränderungen des Kommissionsvorschlags hinsichtlich der Rückabwicklung sind hier nur einige Grundlinien dieses Vorschlags anzuführen. Seine Kernbestimmung bildet die generelle Verpflichtung, dass bei Anfechtung oder Beendigung des Vertrages jede Partei verpflichtet ist, der anderen zurückzugeben, was sie von dieser erlangt hat, und zwar einschließlich aller daraus gezogenen Sach- und Rechtsfrüchte (Art. 172 Abs. 1 u. 2 GEK-E). Herzustellen ist damit grundsätzlich der „status quo ante".[238] Nicht zurückzugeben sind empfangene Leistungen aber bei der Beendigung eines Vertrages, der eine Leistung in Raten oder Teilen vorsieht, sofern beide Seiten ihre Verpflichtungen bereits erfüllt haben oder der Preis für erbrachte Leistungen gem. Art. 8 Abs. 2 GEK-E weiterhin zahlbar bleibt (Art. 172 Abs. 3 GEK-E).[239] Kann das Erlangte einschließlich der Früchte nicht zurückgegeben werden, ist nach näherer Maßgabe des Art. 173 GEK-E der Geldwert zu ersetzen. Für Nutzungen ist gem. Art. 174 Abs. 1 GEK-E der Geldwert zu ersetzen, wenn der Empfänger des jeweils Erlangten die Anfechtung oder Vertragsbeendigung selbst zu vertreten hat oder ihm der Anfechtungs- oder Beendigungsgrund vor Beginn der Nutzung bekannt war oder wenn eine unentgeltliche Nutzung aufgrund näher bezeichneter Umstände unbillig wäre. Hat die eine Partei für die Nutzung zu zahlen, muss die andere Partei ihrerseits zurückzuerstattende Geldbeträge verzinsen (ebenso wie bei einer von ihr zu vertretenden Anfechtung wegen arglistiger Täuschung, Drohung oder unfairer Ausnutzung; Art. 174 Abs. 2 GEK-E). Der Ersatz von Aufwendungen, die der Empfänger in Hinblick auf erlangte Waren oder digitale Inhalte gemacht hat, bemisst sich grundsätzlich nach dem Vorteil, der der anderen Partei dadurch entstanden ist. Er unterliegt aber Einschränkungen, wenn der Empfänger den Anfechtungs- oder Beendigungsgrund kannte oder kennen musste (Art. 175 GEK-E). Wenn die Erfüllung von Rückgabe- und Rückzahlungsverpflichtungen aufgrund dieser Bestimmungen dem „Billigkeitsgrundsatz" grob zuwider laufen würde, ist zudem nach Art. 176 GEK-E eine Änderung möglich. Eine derartige Abweichungsklausel wird zwar in der Lehre verbreitet in Hinblick auf die Einzelfallgerechtigkeit für notwendig gehalten.[240] In der sehr weiten und vagen Fassung des Art. 176 GEK-E erscheint sie aber nicht unproblematisch für die Rechtssicherheit, so dass eine Überarbeitung bei der Neufassung dieses Teils des GEK besonders wünschenswert wäre. Ungeklärt im Kommissionsvorschlag sind beispielsweise auch die praktisch wichtigen Fragen des Leistungsortes und anderer

93

---

235 Stellungnahme EP, Abänderung 223 bis 246, S. 169–171.
236 European Law Institute (ELI), Statement on the Proposal for a Regulation on Common European Sales Law, COM (2011) 635 final, 2013, S. 29 f, S. 107 f.
237 Schmidt-Kessel/Wendehorst, GEK-E Kommentar, Art. 172 GEK-E Rn 4 f; Schulze/Lehmann, CESL Commentary, Art. 172 CESL Rn 61–67.
238 Schulze/Lehmann, CESL Commentary, Art. 172 CESL Rn 2.
239 Kritisch dazu Schmidt-Kessel/Wendehorst, GEK-E Kommentar, Art. 172 GEK-E Rn 10, 11.
240 Schmidt-Kessel/Wendehorst, GEK-E Kommentar, Art. 176 GEK-E Rn 2; Schulze/Lehmann, CESL Commentary, Art. 176 CESL Rn 13–18.

Leistungsmodalitäten bei der Rückabwicklung;[241] eine analoge Anwendung der Bestimmungen über die Leistungsmodalitäten bei den primären vertraglichen Pflichten[242] könnte hier nur zum Teil Abhilfe schaffen.

---

241 Zu diesen und weiteren klärungsbedürftigen Fragen Looschelders, Das allgemeine Vertragsrecht des Common European Sales Law, AcP 212 (2012), S. 518, 674; Schmidt-Kessel/Wendehorst, GEK-E Kommentar, Art. 172 GEK-E Rn 4.
242 Vgl Schulze/Zoll, CESL Commentary, Art. 93 CESL Rn 5.

§ 7 Verjährung und Präklusion

Literatur: Grabitz/Hilf, Das Recht der EU, 40. Aufl. 2009; Schmidt-Kessel, Ein einheitliches europäisches Kaufrecht?, 2012; Vaquer/Arroyo, Prescription in the Proposal for a Common European Sales Law, 2012; Wendehorst/Zöchling-Jud, Am Vorabend eines Gemeinsamen Europäischen Kaufrechts, 2012.

I. Fragmentarische Regeln im Acquis communautaire

Die Folgen des Zeitablaufs für die Verwirkung bzw die Einschränkung der Geltendmachung oder Durchsetzung von Rechten sind im geltenden *Acquis communautaire* nur sehr punktuell und unvollständig geregelt. Der europäische Gesetzgeber nimmt eine Normierung der Folgen des Zeitablaufs nur vor, wenn er sie bei der Gestaltung eines europäischen Rechtsinstituts für unentbehrlich hält. Maßgeblich ist für ihn also die Perspektive des jeweiligen Rechts, das durch den Zeitablauf zu beschränken ist, und nicht der Blickwinkel einer umfassenden Regelung der Fristen. Deswegen wäre es vergeblich, nach einer umfassenden und generalisierungsfähigen Normierung solcher Fristen zu suchen. An einigen Stellen des *Acquis communautaire* ist die Regelung der Befristung von Rechten allerdings beinahe komplett. Dazu gehören insbesondere die Fristen, die die Widerrufsrechte beschränken.

▶ *Artikel 9 Verbraucherrechte-RL*
Widerrufsrecht
(1) Sofern nicht eine der Ausnahmen gemäß Artikel 16 Anwendung findet, steht dem Verbraucher eine Frist von 14 Tagen zu, in der er einen Fernabsatz- oder einen außerhalb von Geschäftsräumen geschlossenen Vertrag ohne Angabe von Gründen und ohne andere Kosten als in Artikel 13 Absatz 2 und Artikel 14 vorgesehen widerrufen kann.
(...) ◀

▶ *Artikel 10 Verbraucherrechte-RL*
Nichtaufklärung über das Widerrufsrecht
(1) Hat der Unternehmer den Verbraucher nicht gemäß Artikel 6 Absatz 1 Buchstabe h über sein Widerrufsrecht belehrt, so läuft die Widerrufsfrist 12 Monate nach Ablauf der ursprünglichen Widerrufsfrist gemäß Artikel 9 Absatz 2 ab.
(2) Hat der Unternehmer dem Verbraucher die in Absatz 1 genannten Informationen binnen 12 Monaten ab dem in Artikel 9 Absatz 2 genannten Tag erteilt, so endet die Widerrufsfrist 14 Tage nach dem Tag, an dem der Verbraucher diese Informationen erhalten hat. ◀

Diese beiden Vorschriften der Verbraucherrechte-RL bilden ein gutes Beispiel für die Regelung einer derartigen Präklusionsfrist (entsprechende Regelungen sind auch bei anderen Richtlinien, die ein Widerrufsrecht vorsehen, zu finden). Das Recht auf Widerruf erlischt mit dem Ablauf der Frist. Der Unternehmer muss sich nicht auf den Ablauf der Frist berufen; vielmehr hat das Gericht den Ablauf von Amts wegen zu berücksichtigen. Art. 10 Verbraucherrechte-RL bestimmt, unter welchen Umständen die Frist verlängert werden kann. Da diese Vorschriften vollharmonisierend sind (der nationale Gesetzgeber also keine Vorschriften erlassen kann, die die Verbraucher schlechter oder besser stellen würden, als die Richtlinie es vorschreibt), gibt es keinen Spielraum für die Anwendung von nationalen Regelungen, die den Ablauf der Fristen im Ergebnis günstiger für den Verbraucher regeln könnten (zB aufgrund der Berücksichtigung des Grundsatzes von Treu und Glauben). Anders wäre es, wenn eine Richtlinie die Mindestharmonisierung vorsieht (wie es zB bei der durch die Verbraucherrechte-RL abgelösten Fernabsatz-RL der Fall war).[1]

3 Eine ebenfalls eher fragmentarische Regelung der Fristen, die Rechte der Verbraucher begrenzen, enthält die Verbrauchsgüterkauf-RL:[2]

▶ **ARTIKEL 5 VERBRAUCHSGÜTERKAUF-RL**

Fristen

(1) Der Verkäufer haftet nach Artikel 3, wenn die Vertragswidrigkeit binnen zwei Jahren nach der Lieferung des Verbrauchsgutes offenbar wird. Gilt nach dem innerstaatlichen Recht für die Ansprüche nach Artikel 3 Absatz 2 eine Verjährungsfrist, so endet sie nicht vor Ablauf eines Zeitraums von zwei Jahren ab dem Zeitpunkt der Lieferung.

(2) Die Mitgliedstaaten können vorsehen, daß der Verbraucher den Verkäufer zur Inanspruchnahme seiner Rechte über die Vertragswidrigkeit binnen zwei Monaten nach dem Zeitpunkt, zu dem er die Vertragswidrigkeit festgestellt hat, unterrichten muß.
(...) ◀

4 Bei der Verbrauchsgüterkauf-RL handelt es sich um eine mindestharmonisierende Richtlinie,[3] so dass den nationalen Gesetzgebern die Möglichkeit offen bleibt, die Rechte der Verbraucher für diese günstiger als in der Richtlinie vorgesehen zu gestalten.[4] Die Richtlinie sieht den Ausschluss der Haftung des Verkäufers nach Ablauf einer zweijährigen Frist ab der Lieferung vor und bestimmt eine Kollisionsregel mit den nationalen Verjährungsfristen[5] (die Verjährung kann nicht vor dem Ablauf der zweijährigen Frist aus der Richtlinie eintreten).[6] Außerdem sieht die Richtlinie für die Benachrichtigung des Verkäufers über die Vertragswidrigkeit eine zweimonatige Reklamationsfrist vor,[7] die auch die Rechte des Verbrauchers einschränken kann. Den Mitgliedstaaten steht es jedoch frei, ob sie diese Frist einführen.[8] Darüber hinaus trifft die Richtlinie keine näheren Bestimmungen über diese Fristen. Da die Richtlinie nur Mindesterfordernisse aufstellt, haben die Mitgliedstaaten weitreichende Spielräume, diese Befristung in Rechtskonstruktionen unterschiedlicher Art einzukleiden. Mit dem Ablauf der Fristen können so die Rechte erlöschen (Präklusion) oder kann ihre Durchsetzbarkeit durch die Einrede des Verkäufers ausgeschlossen sein. Ob das betroffene Recht mit dem Ablauf der Frist erlischt oder in eine *obligatio naturalis* umgewandelt wird, hängt ebenfalls von der Entscheidung der nationalen Gesetzgeber ab. Dies bedeutet aber, dass der europäische Gesetzgeber zumindest anhand dieser Richtlinie noch kein selbsttragendes Konzept der Regelung der Verjährung entwickelt hat.

---

1 Art. 14 Fernabsatz-RL; hierzu Grabitz/Hilf/Micklitz, Das Recht der Europäischen Union, 40. Aufl. 2009, Sekundärrecht Vor A.2, 85/577/EWG und 97/7/EG – Systematischer Teil, Rn 27.
2 Hierzu siehe Grundmann/Bianca/Hondius, EU-Kaufrechts-Richtlinie Kommentar, 2002, Art. 5.
3 Art. 8 Abs. 2 Verbrauchsgüterkauf-RL; hierzu Grabitz/Hilf/Magnus, Das Recht der Europäischen Union, 40. Aufl. 2009, Sekundärrecht A.15, 1999/44/EG, Art. 8 Rn 5; Grundmann/Bianca/Stijns/van Gerven, EU-Kaufrechts-Richtlinie Kommentar, 2002, Art. 7 Rn 2–5.
4 MünchKommBGB/Micklitz, 6. Aufl. 2012, Vorb. §§ 13, 14 Rn 32.
5 Art. 5 Verbrauchsgüterkauf-RL.
6 Hierzu siehe Grabitz/Hilf/Magnus, Das Recht der Europäischen Union, 40. Aufl. 2009, Sekundärrecht A.15, 1999/44/EG, Art. 5 Rn 3–16; Grundmann/Bianca/Hondius, EU-Kaufrechts-Richtlinie Kommentar, 2002, Art. 5 Rn 3–9.
7 Art. 5 Abs. 2 Verbrauchsgüterkauf-RL.
8 Siehe Wortlaut von Art. 5 Abs. 2 Verbrauchsgüterkauf-RL „Die Mitgliedstaaten können vorsehen (...)".

II. Entwurf einer umfassenden europäischen Regelung

Eine fragmentarische Regelung der für den Ablauf der Verjährung relevanten Frage enthält auch die RL über die alternative Streitbeilegung in Verbraucherangelegenheiten[9]:

▶ **ARTIKEL 12 RL ÜBER DIE ALTERNATIVE STREITBEILEGUNG IN VERBRAUCHERANGELEGENHEITEN**
Auswirkung von AS-Verfahren auf Verjährungsfristen
(1) Die Mitgliedsstaaten stellen sicher, dass die Parteien, die zur Beilegung einer Streitigkeit AS-Verfahren in Anspruch nehmen, deren Ergebnis nicht verbindlich ist, im Anschluss daran nicht durch den Ablauf der Verjährungsfristen während des AS-Verfahrens daran gehindert werden, in Bezug auf dieselbe Streitigkeit ein Gerichtsverfahren einzuleiten.
(2) Absatz 1 gilt unbeschadet der Bestimmungen über die Verjährung in internationalen Übereinkommen, denen die Mitgliedsstaaten angehören. ◀

Diese Vorschrift der Richtlinie überlässt es den Mitgliedsstaaten, mit welchen Mitteln der eigenen Rechtsordnung sie den Eintritt der Verjährung verhindern. Die Richtlinie legt somit nicht fest, ob es sich dabei um einen Neubeginn, eine Hemmung oder Ablaufhemmung oder sogar um eine rein verfahrensrechtliche Lösung handeln soll. Weiterer Erörterung wird es bedürfen, in welchem Sinne die Richtlinie den Begriff der „Verjährung" verwendet. Dieser Begriff muss autonom europarechtlich ausgelegt werden. Daher ist es nicht entscheidend, ob die nationale Rechtsordnung bei Fristablauf den Schuldner zur Leistungsverweigerung berechtigt oder das betreffende Recht zum Erlöschen bringt. Ungeklärt ist, ob diese Vorschrift auch für diejenigen Fristen zur Anwendung kommt, die auf dem Unionsrecht beruhen und beispielsweise das Widerrufsrecht einschränken, wenn ein AS-Verfahren die Frage nach der Wirksamkeit eines Widerrufs betrifft. Im Fall der Verbraucherrechte-RL sind diese Fristen allerdings abschließend geregelt, so dass Art. 12 RL über die alternative Streitbeilegung in Verbraucherangelegenheiten hier nicht eingreifen kann.

II. Entwurf einer umfassenden europäischen Regelung

Der Vorschlag für das GEK enthält in Kapitel 18 die Vorschriften über die Verjährung.[10] Diese Regelung ist mindestens ebenso vollständig wie die Verjährungsvorschriften der Kodifikationen, die von der pandektistischen Kodifikation geprägt sind

---

9 Richtlinie 2013/11/EU des Europäischen Parlaments und des Rates vom 21. Mai 2013 über die alternative Beilegung verbraucherrechtlicher Streitigkeiten und zur Änderung der Verordnung (EG) Nr. 2006/2004 und der Richtlinie 2009/22/EG.
10 Hierzu die Stellungnahme des Deutschen Notarvereins vom 7.12.2011, S. 28–31, abrufbar unter http://www.dnotv.de/_files/Dokumente/Stellungnahmen/STNDNotVGemeinsamesEuropischesKaufrechtl.pdf (abgerufen am 16.1.2015).

(etwa das BGB[11] oder das polnische ZGB).[12] Sie folgt verhältnismäßig eng dem Vorbild des DCFR[13], der die Verjährung im siebten Kapitel des dritten Buches[14] regelt.[15]

8   Welche Rechte der Verjährung unterliegen, legt Art. 178 GEK-E fest:

▶ *Artikel 178 GEK-E*
Der Verjährung unterliegende Rechte
Ein Recht, die Erfüllung einer Verpflichtung zu vollstrecken, sowie etwaige Nebenrechte unterliegen der Verjährung durch Ablauf einer Frist nach Maßgabe dieses Kapitels. ◀

Nach dieser Vorschrift unterliegen der Anspruch auf die Erfüllung und die „Nebenrechte", die nicht definiert werden,[16] der Verjährung. Es bleibt unklar, welche Rechte hier gemeint sind.[17] Erfasst werden jedenfalls alle anderen Ansprüche auf Leistung, die nicht als Erfüllung zu qualifizieren sind – zB Schadenersatzrechte, Ansprüche auf die Zahlung von Zinsen usw.[18] Art. 178 GEK-E enthält aber keine vollständige Regelung, weil die Verjährung anderer Rechte der Bestimmung des Art. 185 GEK-E über die Wirkung der Verjährung zu entnehmen sind.

▶ *Artikel 185 GEK-E*
Wirkung der Verjährung
(1) Nach Ablauf der geltenden Verjährungsfrist ist der Schuldner berechtigt, die Erfüllung der betreffenden Verpflichtung zu verweigern, während der Gläubiger alle ihm wegen Nichterfüllung zustehenden Abhilfen verliert mit Ausnahme des Rechts, seine Leistung zurückzuhalten.
(...) ◀

9   Nach dieser Vorschrift erlöschen die Abhilfen (Rechtsbehelfe), wenn die Erfüllung wegen des Ablaufs der Verjährung verweigert werden kann. Problematisch ist jedoch das unklare Verhältnis zu Art. 178 GEK-E.[19] Insbesondere ist nicht eindeutig, welche Rechte als Nebenrechte zu bezeichnen sind.[20] Dies betrifft insbesondere Gestaltungs-

---

11 Zum pandektistischen Verständnis der Verjährung im deutschen Recht siehe Windscheid/Kipp, Lehrbuch des Pandektenrechts, 1984, §§ 105–113.
12 Stellungnahme des Deutschen Notarvereins vom 7.12.2011, S. 30, abrufbar unter http://www.dnotv.de/_fi les/Dokumente/Stellungnahmen/STNDNotVGemeinsamesEuropaeischesKaufrechtl.pdf (abgerufen am 16.1.2015).
13 Ernst, Das Verjährungsrecht des (D)CFR, in: Remien, Verjährungsrecht in Europa – zwischen Bewährung und Reform, 2011, S. 67–91; Schulze/Møgelvang-Hansen, CESL Commentary, Art. 178 CESL Rn 5; Patti, Rechtssicherheit und Gerechtigkeit im Verjährungsrecht des DCFR, ZEuP 2010, S. 58 – 68, Zöchling-Jud, Verjährungsrecht, in: Wendehorst/Zöchling-Jud, Am Vorabend eines Gemeinsamen Europäischen Kaufrechts, 2012, S. 255.
14 Zur Verjährung im DCFR v. Bar/Clive (Hrsg.), DCFR Full Edition, S. 1139–1206.
15 Das Verjährungsrecht des DCFR wiederum folgt den Vorschlägen aus den PECL, siehe Ernst, Das Verjährungsrecht des (D)CFR, in: Remien, Verjährungsrecht in Europa – zwischen Bewährung und Reform, 2011, S. 67, 89.
16 Schmidt-Kessel/Müller, GEK-E Kommentar, Art. 178 GEK-E Rn 4 f; Schulze/Møgelvang-Hansen, CESL Commentary, Art. 178 CESL Rn 8.
17 Vaquer/Arroyo, Prescription in the Proposal for a Common European Sales Law, 2012, S. 9 f, abrufbar unter http://www.europarl.europa.eu/document/activities/cont/201207/20120704ATT48278/20120704ATT4827 8EN.pdf (abgerufen am 16.1.2015).
18 Müller, Die Verjährung im EU-Kaufrecht, in: Schmidt-Kessel, Ein einheitliches europäisches Kaufrecht?, 2012, S. 529, 530.
19 Vaquer/Arroyo, Prescription in the Proposal for a Common European Sales Law, 2012, S. 18, abrufbar unter http://www.europarl.europa.eu/document/activities/cont/201207/20120704ATT48278/20120704ATT4827 8EN.pdf (abgerufen am 16.1.2015).
20 Schmidt-Kessel/Müller, GEK-E Kommentar, Art. 178 GEK-E Rn 4.

II. Entwurf einer umfassenden europäischen Regelung

rechte, wie die Beendigung des Vertrages[21] bzw die Preisminderung.[22] Das Europäische Parlament hat versucht, mit einer neuen Formulierung von Art. 178 GEK-E zumindest einen Teil dieser Unklarheiten zu beseitigen:

▶ *ABÄNDERUNG 248*
Vorschlag für eine Verordnung
Anhang I – Artikel 178

Vorschlag der Kommission	*Geänderter Text*
Ein Recht, die Erfüllung einer Verpflichtung zu vollstrecken, sowie etwaige Nebenrechte unterliegen der Verjährung durch Ablauf einer Frist nach Maßgabe dieses Kapitels.	Ein Recht, die Erfüllung einer Verpflichtung zu vollstrecken, sowie etwaige Nebenrechte, *einschließlich des Rechts auf Abhilfen wegen Nichterfüllung mit Ausnahme der Zurückbehaltung der Leistung* unterliegen der Verjährung durch Ablauf einer Frist nach Maßgabe dieses Kapitels. ◀

Eine Änderung des Art. 185 GEK-E hat das Parlament aber nicht vorgeschlagen.[23] Es besteht somit noch Verbesserungsbedarf,[24] weil weiter Unklarheiten[25] hinsichtlich der Wirkungen der Verjährung für diejenigen Abhilfen bestehen, bei denen es sich um Ansprüche handelt (wie zB das Recht auf Schadenersatz); in diesen Fällen soll das Recht nicht erlöschen, sondern zur Leistungsverweigerung berechtigen. Diese Unklarheit wird noch durch Art. 185 Abs. 3 GEK-E vergrößert.

▶ *ARTIKEL 185 GEK-E*
Wirkung der Verjährung
(...)
(3) Die Verjährung eines Rechts auf Zinsen und anderen Nebenrechten tritt spätestens mit der Verjährung des Hauptrechts ein. ◀

Diese Regelung ist an falscher Stelle platziert, weil sie nicht die Folgen der Verjährung, sondern die Länge der Verjährungsfrist für die Nebenrechte betrifft. Außer Acht geblieben ist zudem, dass das GEK grundsätzlich nicht zwischen Haupt- und Nebenrechten unterscheidet, weil das Recht auf Erfüllung kein „Hauptrecht" darstellt, sondern nur als „Abhilfe" zu qualifizieren ist (siehe zB Art. 106 GEK-E).

10

---

21 Zöchling-Jud, Verjährungsrecht, in: Wendehorst/Zöchling-Jud, Am Vorabend eines Gemeinsamen Europäischen Kaufrechts, 2012, S. 256.
22 Müller, Die Verjährung im EU-Kaufrecht, in: Schmidt-Kessel, Ein einheitliches europäisches Kaufrecht?, 2012, S. 529, 531.
23 Eine Klarstellung für erforderlich hält auch Zöchling-Jud, Verjährungsrecht, in: Wendehorst/Zöchling-Jud, Am Vorabend eines Gemeinsamen Europäischen Kaufrechts, 2012, S. 256.
24 Ebenso Stellungnahme des Deutschen Notarvereins vom 7.12.2011, S. 31, abrufbar unter http://www.dnotv.de/_files/Dokumente/Stellungnahmen/STNDNotVGemeinsamesEuropaeischesKaufrechtI.pdf (abgerufen am 16.1.2015).
25 Kritisch zur Formulierung des Art. 185 GEK-E auch Zöchling-Jud, Verjährungsrecht, in: Wendehorst/Zöchling-Jud, Am Vorabend eines Gemeinsamen Europäischen Kaufrechts, 2012, S. 261.

11 Das GEK kennt zwei Arten von Verjährungsfristen – die sog. „kurze" und „lange" Verjährungsfrist:

▶ *ARTIKEL 179 GEK-E*
Verjährungsfristen
(1) Die kurze Verjährungsfrist beträgt zwei Jahre.
(2) Die lange Verjährungsfrist beträgt zehn Jahre beziehungsweise bei Schadensersatzansprüchen wegen Personenschäden dreißig Jahre. ◀

12 Die kurze Frist entspricht der zweijährigen Frist aus der Verbrauchsgüterkauf-RL. Das Europäische Parlament hat die lange Verjährungsfrist in seinen Reformvorschlägen aber gekürzt:[26]

▶ *ABÄNDERUNG 249*
Vorschlag für eine Verordnung
Anhang I – Artikel 179 – Absatz 2

Vorschlag der Kommission	*Geänderter Text*
2. Die lange Verjährungsfrist beträgt **zehn** Jahre beziehungsweise bei Schadensersatzansprüchen wegen Personenschäden dreißig Jahre.	2. Die lange Verjährungsfrist beträgt **sechs** Jahre beziehungsweise bei Schadensersatzansprüchen wegen Personenschäden dreißig Jahre. ◀

Es handelt sich hierbei um eine rein politische Entscheidung. Die Begründung zeigt nur die mühsame Suche nach einem Kompromiss, um eine möglichst breite Akzeptanz des GEK zu erreichen.

13 Entsprechend der Unterscheidung zwischen kurzen und langen Verjährungsfristen wird auch der Beginn dieser Fristen unterschiedlich geregelt:

▶ *ARTIKEL 180 GEK-E*
Beginn der Verjährungsfristen
(1) Die kurze Verjährungsfrist beginnt mit dem Zeitpunkt, zu dem der Gläubiger von den das Recht begründenden Umständen Kenntnis erhielt oder hätte Kenntnis erhalten müssen.
(2) Die lange Verjährungsfrist beginnt mit dem Zeitpunkt, zu dem der Schuldner leisten muss, beziehungsweise bei einem Recht auf Schadensersatz mit dem Zeitpunkt, zu dem die das Recht begründende Handlung erfolgte.
(3) Hat der Schuldner eine fortdauernde Verpflichtung zu einem Tun oder Unterlassen, so erwächst dem Gläubiger aus jeder Nichterfüllung der Verpflichtung ein gesondertes Recht. ◀

Die kurze Verjährungsfrist läuft also *ad scientiae*, entscheidend ist damit die subjektive Seite (dh die Kenntnisnahme bzw die hinreichende Möglichkeit der Kenntnisnahme von allen Umständen, die das Recht auf Leistung begründen). Es ist anzunehmen, dass hierzu auch die Kenntnisnahme von der Person des Schuldners gehört. Der Beginn der langen Verjährungsfrist hängt von objektiven Umständen ab – es ist also unbeachtlich,

---

26 Auch im internationalen Vergleich lässt sich eine Tendenz zur Verkürzung von Verjährungsfristen feststellen, siehe Ernst, Das Verjährungsrecht des (D)CFR, in: Remien, Verjährungsrecht in Europa – zwischen Bewährung und Reform, 2011, S. 67, 89; Zöchling-Jud, Verjährung, in: Wendehorst/Zöchling-Jud, Am Vorabend eines Gemeinsamen Europäischen Kaufrechts, 2012, S. 257.

II. Entwurf einer umfassenden europäischen Regelung

ob der Gläubiger von diesen Umständen wusste oder hätte wissen müssen.[27] Die lange Verjährungsfrist beginnt damit mit dem Zeitpunkt der Fälligkeit der Forderungen, denn mit ihrem Eintritt muss der Schuldner leisten.

Falls die Parteien nichts anderes bestimmen, wird die Forderung des Käufers fällig nach Art. 95 GEK-E und die des Verkäufers nach Art. 126 GEK-E:

▶ **Artikel 95 GEK-E**
Zeitpunkt der Lieferung
(1) Lässt sich der Lieferzeitpunkt nicht anderweitig bestimmen, müssen die Waren oder digitalen Inhalte unverzüglich nach Vertragsschluss geliefert werden.
(2) Bei Verträgen zwischen einem Unternehmer und einem Verbraucher muss der Unternehmer die Waren oder digitalen Inhalte, sofern die Parteien nichts anderes vereinbart haben, innerhalb von 30 Tagen nach Vertragsschluss liefern. ◀

▶ **Artikel 126 GEK-E**
Zeitpunkt der Zahlung
(1) Die Zahlung des Preises ist bei Lieferung fällig.
(2) Der Verkäufer kann eine vor Fälligkeit der Zahlung angebotene Zahlung ablehnen, wenn er ein berechtigtes Interesse an der Ablehnung hat. ◀

Nach der Auffassung des Europäischen Parlaments fehlt dem Vorschlag der Kommission eine Norm, die das Verhältnis der langen und kurzen Frist zueinander regelt.[28] Eine derartige Bestimmung hält das Parlament aber für erforderlich und hat deshalb folgende Regelung vorgeschlagen:

▶ **Abänderung 250**
Vorschlag für eine Verordnung
Anhang I – Artikel 179 – Absatz 2 a (neu)

Vorschlag der Kommission	*Geänderter Text*
	2 a. Die Verjährung tritt ein, wenn eine der beiden Fristen abgelaufen ist, je nachdem, welcher Zeitpunkt früher liegt. ◀

Der Ablauf der Frist kann auf verschiedene Weise modifiziert werden. Das GEK bestimmt, dass die Frist gehemmt werden kann; die Frist läuft dann während der Zeit der Hemmung nicht. Fällt der die Hemmung begründende Umstand weg, läuft die Frist einfach weiter. Bei der Ablaufhemmung läuft die Frist zwar, ihr Ende wird aber hinausgeschoben. Schließlich kommt ein Neubeginn der Frist in Betracht; die Frist beginnt in diesem Fall wieder von Anfang an zu laufen.

---

27 Schmidt-Kessel/Müller, GEK-E Kommentar, Art. 180 GEK-E Rn 2 f; Schulze/Møgelvang-Hansen, CESL Commentary, Art. 180 CESL Rn 1; Vaquer/Arroyo, Prescription in the Proposal for a Common European Sales Law, 2012, S. 11, abrufbar unter http://www.europarl.europa.eu/document/activities/cont/201207/201207 04ATT48278/20120704ATT48278EN.pdf (abgerufen am 16.1.2015).
28 Ebenso Vaquer/Arroyo, die feststellen, dass das GEK keine Norm beinhaltet, die festlegt, welche Rechte und Ansprüche welcher der beiden Fristen unterliegen und welche der Fristen die allgemeine ist, Prescription in the Proposal for a Common European Sales Law, 2012, S. 11, 15; abrufbar unter http://www.europarl. europa.eu/document/activities/cont/201207/20120704ATT48278/20120704ATT48278EN.pdf (abgerufen am 16.1.2015).

▶ *Artikel 181 GEK-E*
Hemmung bei gerichtlichen und anderen Verfahren
(1) Beide Verjährungsfristen sind von dem Zeitpunkt an gehemmt, zu dem ein gerichtliches Verfahren zur Durchsetzung des Rechts eingeleitet wird.
(2) Die Hemmung dauert an, bis rechtskräftig entschieden worden ist oder der Rechtsstreit anderweitig beigelegt wurde. Endet das Verfahren innerhalb der letzten sechs Monate der Verjährungsfrist ohne Entscheidung in der Sache, endet die Verjährungsfrist nicht vor Ablauf von sechs Monaten nach Beendigung des Verfahrens.
(3) Die Absätze 1 und 2 gelten entsprechend auch für Schiedsverfahren, für Mediationsverfahren, für Verfahren, in denen die abschließende Entscheidung über eine Streitfrage zweier Parteien einer dritten Partei überlassen wird, sowie für alle Verfahren, deren Ziel es ist, über das Recht zu befinden oder eine Insolvenz abzuwenden.
(4) Mediation bezeichnet unabhängig von ihrer Benennung ein geordnetes Verfahren, in dem zwei oder mehrere Streitparteien mithilfe eines Mediators auf freiwilliger Basis selbst versuchen, eine Vereinbarung über die Beilegung ihrer Streitigkeiten zu erzielen. Das Verfahren kann von den Parteien eingeleitet, von einem Gericht angeregt oder angeordnet werden oder nach innerstaatlichem Recht vorgeschrieben sein. Die Mediation endet mit der Einigung der Parteien oder mit einer Erklärung des Mediators oder einer der Parteien. ◀

17 Die Hemmung tritt nach dieser Bestimmung in den Fällen ein, in denen die Parteien ein formalisiertes Verfahren zur Streitbeilegung einleiten.[29] Sollten die Vorschriften mit diesem Inhalt in Kraft treten, bliebe aber unklar, inwieweit die verfahrensrechtlichen Besonderheiten der Mitgliedsstaaten zu berücksichtigen sind[30] (zB wenn die Klage zurückgewiesen wird, weil die erforderliche Gebühr nicht eingezahlt wurde und nach dem mitgliedstaatlichen Recht die Einreichung einer derartigen Klage rückwirkend nicht als Verfahrenseinleitung angesehen wird). Es ist wohl eher anzunehmen, dass Art. 181 GEK-E keine vollständige Regelung darstellt und auch die verfahrensrechtlichen Besonderheiten der Mitgliedsstaaten den Eintritt der Fristhemmung beeinflussen werden.

18 Das Europäische Parlament hat darüber hinaus die Regelung eines Grundes für die Ablaufhemmung vorgeschlagen. In Betracht stehen dabei die Fälle, in denen höhere Gewalt die Geltendmachung von verjährbaren Ansprüchen erschwert.

▶ *Abänderung 252*
Vorschlag für eine Verordnung
Anhang I – Artikel 183 a (neu)

Vorschlag der Kommission	Geänderter Text
	Artikel 183 a
	Hemmung im Fall höherer Gewalt

---

29 Schmidt-Kessel/Müller, GEK-E Kommentar, Art. 181 GEK-E Rn 2; Schulze/Møgelvang-Hansen, CESL Commentary, Art. 181 CESL Rn 1 f.
30 Ablehnend Müller, Die Verjährung im EU-Kaufrecht, in: Schmidt-Kessel, Ein einheitliches europäisches Kaufrecht?, 2012, S. 529, 535 f.

II. Entwurf einer umfassenden europäischen Regelung

> *1. Der Lauf der kurzen Verjährungsfrist ist gehemmt, solange der Gläubiger durch einen Hinderungsgrund von der verfahrensmäßigen Geltendmachung seines Anspruchs abgehalten wird, der außerhalb seines Einflussbereichs liegt und dessen Vermeidung oder Überwindung von ihm vernünftigerweise nicht erwartet werden konnte.*
> *2. Absatz 1 gilt nur, wenn der Hinderungsgrund innerhalb der letzten sechs Monate der Verjährungsfrist entsteht oder fortdauert.*
> *3. Wenn Dauer und Art des Hinderungsgrundes derart sind, dass es unangemessen wäre, vom Gläubiger die Einleitung eines Verfahrens zur Geltendmachung des Anspruchs innerhalb des nach dem Ende der Hemmung verbleibenden Teils der Verjährungsfrist zu erwarten, endet die Verjährungsfrist nicht vor Ablauf von sechs Monaten nach Aufhebung des Hinderungsgrundes.* ◀

In der Begründung des Parlaments ist ein deutlicher Hinweis auf den DCFR enthalten. Auf diese Weise hebt das Parlament die Verbindung zwischen dem DCFR und dem Text des GEK hervor. In der Tat kann nicht geleugnet werden, dass die beiden Texte insbesondere bei der Regelung der Verjährungsfristen besonders eng verwandt sind.

Eine Ablaufhemmung ist für zwei ganz unterschiedliche Sachlagen vorgesehen. Die erste Sachlage steht der oben geschilderten Gruppe der verschiedenen Verfahrensarten zur Streitbeilegung[31] nahe: Es handelt sich um die durch die Aufnahme[32] von Verhandlungen (also auch durch einen Versuch der Streitbeilegung, nur eben in einem nicht formalisierten Verfahren) notwendige[33] Verlängerung des Verjährungsablaufs:[34]

▶ *Artikel 182 GEK-E*
Ablaufhemmung bei Verhandlungen
Verhandeln die Parteien über das Recht oder über Umstände, die einen Anspruch hinsichtlich des Rechts begründen könnten, so enden beide Verjährungsfristen nicht vor Ablauf eines Jahres, nachdem die letzte Mitteilung im Rahmen der Verhandlungen erfolgt ist oder nachdem eine der Parteien der anderen Partei mitgeteilt hat, dass sie die Verhandlungen nicht fortsetzen möchte. ◀

Der zweite Fall der Ablaufhemmung ergibt sich aus dem Schutzbedürfnis für Geschäftsunfähige:[35]

---

31 Hierzu Müller, Die Verjährung im EU-Kaufrecht, in: Schmidt-Kessel, Ein einheitliches europäisches Kaufrecht?, 2012, S. 529, 539 f.
32 Zum Begriff des Beginns der Verhandlungen in Sinne des Art. 182 GEK-E siehe Schmidt-Kessel/Müller, GEK-E Kommentar, Art. 182 GEK-E Rn 4.
33 Eine Bewertung der Schaffung einer Ablaufhemmung und ihrer Länge gibt Müller, in Schmidt-Kessel, GEK-E Kommentar, Art. 182 GEK-E Rn 5.
34 Schulze/Møgelvang-Hansen, CESL Commentary, Art. 182 CESL.
35 Hierzu Müller, Die Verjährung im EU-Kaufrecht, in: Schmidt-Kessel, Ein einheitliches europäisches Kaufrecht?, 2012, S. 529, 541.

▶ **Artikel 183 GEK-E**
Ablaufhemmung bei fehlender Geschäftsfähigkeit
Ist eine geschäftsunfähige Person ohne gesetzlichen Vertreter, enden die beiden Verjährungsfristen nicht vor Ablauf eines Jahres, nachdem die Person entweder geschäftsfähig geworden ist oder ein Vertreter bestellt wurde. ◀

21 Diese Norm kann nur im Zusammenspiel mit den Rechtsordnungen der Mitgliedstaaten wirken. Die Frage der Geschäftsunfähigkeit wird sich nach dem anwendbaren Recht des Personalstatuts richten. Es wird aber erforderlich sein, zu qualifizieren, ob die Person, die nach dem nationalen Recht in ihrer rechtlich relevanten Handlungsfähigkeit eingeschränkt ist, als (völlig) geschäftsunfähig im Sinne des Art. 183 GEK-E zu betrachten ist, auch wenn die Frage der Geschäftsunfähigkeit durch das GEK nicht berührt wird.[36]

22 Das letzte Rechtsinstitut, das den Ablauf der Verjährungsfrist modifiziert, ist der Neubeginn der Verjährung. Dieser Neubeginn tritt im Falle des Schuldanerkenntnisses ein:

▶ **Artikel 184 GEK-E**
Neubeginn infolge Anerkenntnis
Erkennt der Schuldner das Recht gegenüber dem Gläubiger durch Teilzahlung, Zahlung von Zinsen, Leistung einer Sicherheit, Aufrechnung oder in anderer Weise an, so beginnt eine neue kurze Verjährungsfrist. ◀

Das Anerkenntnis im Sinne von Art. 184 GEK-E wird außerhalb dieses einen Artikels durch das GEK nicht näher bestimmt.[37] Diese Vorschrift führt zwar an, welche Handlungen insbesondere als Anerkenntnis zu werten sind. Die Aufstellung begegnet jedoch Bedenken. Eine Teilzahlung muss nicht notwendigerweise als Äußerung gedeutet werden, dass der Schuldner durch die Zahlung auch die restliche Verpflichtung anerkennen will.[38] Diese Vorschrift begründet eher eine Vermutung des Anerkenntnisses, wenn der Schuldner eine der aufgezählten Handlungen vorgenommen hat. Dieser Gedanke könnte aber deutlicher zum Ausdruck gebracht werden. Ebenfalls nicht glücklich gewählt ist die Formulierung, dass mit dem Neubeginn eine neue kurze Verjährungsfrist zu laufen beginnt. Dies gilt insbesondere, wenn man den Revisionsvorschlag des Parlaments[39] zur Neufassung des Art. 179 Abs. 2 lit a GEK-E in Betracht zieht. Nach diesem Vorschlag läuft die Verjährung ab, wenn eine von den Verjährungsfristen (die lange oder die kurze) abgelaufen ist. Nähme man Art. 184 GEK-E wörtlich, würde dies bedeuten, dass die längere Frist trotz des Anerkenntnisses ungestört ablaufen kann. Dies wäre aber keine der Interessenlage der Parteien entsprechende Lösung. Aus diesem Grund ist anzunehmen, dass es sich ausschließlich um die Dauer der Frist handelt. Die neu begonnene Frist kann also auch nach dem Ablauf der längeren Verjährungsfrist enden.

---

36 Vaquer/Arroyo, Prescription in the Proposal for a Common European Sales Law, 2012, S. 8, abrufbar unter http://www.europarl.europa.eu/document/activities/cont/201207/20120704ATT48278/20120704ATT48278EN.pdf (abgerufen am 16.1.2015).
37 Vaquer/Arroyo, Prescription in the Proposal for a Common European Sales Law, 2012, S. 16, abrufbar unter http://www.europarl.europa.eu/document/activities/cont/201207/20120704ATT48278/20120704ATT48278EN.pdf (abgerufen am 16.1.2015).
38 Müller, Die Verjährung im EU-Kaufrecht, in: Schmidt-Kessel, Ein einheitliches europäisches Kaufrecht?, 2012, S. 529, 542.
39 Stellungnahme EP, S. 165.

III. Schlussfolgerungen

Im geltenden *Acquis communautaire* bestehen bisher nur eine Reihe von Ansätzen, um die Folgen des Zeitablaufs hinsichtlich der Geltendmachung der Rechte zu regeln. Dieser „Flickenteppich" der Normierung wird aber dichter gestrickt. Im Vorschlag für das GEK zeigt sich die Entwicklungsrichtung hin zu einer möglichst vollständigen Regelung der Verjährung im Unionsrecht selbst.

23

Verzeichnis der abgekürzten Literatur

Basedow/Hopt/Zimmermann, Handwörterbuch des Europäischen Privatrechts, 2009
  (*zitiert:* Handwörtbuch, 2009)
Eidenmüller/Faust/Grigoleit/Jansen/Wagner/Zimmermann, Revision des Verbraucher-*acquis*, 2011 (*zitiert: Eidenmüller/Faust u.a., Revision des Verbraucher-acquis*)
European Research Group on Existing EC Private Law (Acquis Group), Principles of the Existing EC Contract Law (Acquis Principles) Contract II, 2009
  (*zitiert: Acquis Group/Bearbeiter, Contract II*)
Heiderhoff, Europäisches Privatrecht, 3. Aufl. 2012
  (*zitiert: Heiderhoff, Europäisches Privatrecht*)
Howells/Ramsay/Wilhelmson/Kraft (Hrsg.), Handbook of Research on International Consumer Law, 2010 (*zitiert: Howells u.a., Handbook of Research on International Consumer Law*)
Lando/Beale (Hrsg.), Principles of European Contract Law, Parts I & II, 2000
  (*zitiert: Lando/Beale (Hrsg.), PECL Parts I and II*)
Lando/Clive/Prüm/Zimmermann (Hrsg.), Principles of European Contract Law, Parts III, 2003
  (*zitiert: Lando/Clive/Prüm/Zimmermann (Hrsg.), PECL, Part III, 2003*)
Martinek/Semler/Habermeier/Flohr, Handbuch des Vertriebsrechts, 3. Aufl. 2010
  (*zitiert als: Martinek/Semler u.a., Handbuch des Vertriebsrechts*)
Riesenhuber, EU-Vertragsrecht, 2013 (*zitiert: Riesenhuber, EU-Vertragsrecht*)
Säcker/Rixecker, Münchener Kommentar, 6. Aufl. 2012 (*zitiert: MünchKomm/Bearbeiter*)
Schmidt-Kessel, Der Entwurf für ein Gemeinsames europäisches Kaufrecht, Kommentar 2014
  (*zitiert: Schmidt-Kessel/Bearbeiter, GEK-E Kommentar*)
Schulte-Nölke/Zoll/Jansen/Schulze (Hrsg.), Der Entwurf für ein optionales europäisches Kaufrecht, 2012
  (*zitiert: Schulte-Nölke u.a., Der Entwurf für ein optionales europäisches Kaufrecht*)
Schulze (Hrsg.), Common European Sales Law (CESL) Commentary, 2012
  (*zitiert: Schulze/Bearbeiter, CESL Commentary*)
Schulze (Hrsg.), Common Frame of Reference and Existing EC Contract Law, 2. Aufl. 2009
  (*zitiert: Schulze, CFR and Existing EC Contract Law*)
Schulze/Dörner/Ebert/Hoeren/Kemper/Saenger/Schreiber/Schulte-Nölke/Staudinger, Handkommentar BGB, 8. Auflage 2014 (*zitiert: HK-BGB/Bearbeiter*)
Schulze/Schulte-Nölke, European Private Law – Current Status and Perspectives, 2011
  (*zitiert: Schulze/Schulte-Nölke, European Private Law*)
Schulze/Zimmermann, Europäisches Privatrecht Basistexte, 4. Aufl. 2012
  (*zitiert: Schulze/Zimmermann, Basistexte*)
Schulze/Zuleeg/Kadelbach, Europarecht – Handbuch für die deutsche Rechtspraxis, 3. Aufl. 2014
  (*zitiert: Schulze/Zuleeg/Kadelbach, Europarecht*)
Staudinger, BGB, Band I, Allgemeiner Teil, 2010 (*zitiert: Staudinger/Bearbeiter, BGB, 2010*)
Staudinger, BGB, Band I, Allgemeiner Teil, 2012 (*zitiert: Staudinger/Bearbeiter, BGB, 2012*)
Staudinger, BGB, Band I, Allgemeiner Teil, Neubearbeitung 2011
  (*zitiert: Staudinger/Bearbeiter, BGB, 2011*)
Staudinger, BGB, Band II, Recht der Schuldverhältnisse, Neubearbeitung 2014
  (*zitiert: Staudinger/Bearbeiter, BGB, 2014*)
Staudinger, Wiener UN-Kaufrecht (CISG), 2013 (*zitiert: Staudinger/Bearbeiter, CISG*)
Twigg-Flesner, The Cambridge Companion to European Union Private Law, 2010
  (*zitiert: Twigg-Flesner, European Union Private Law*)
von Bar/Clive (Hrsg.), Principles, Definitions and Model Rules of European Private Law, Draft Common Frame of Reference DCFR (Full Edition), 2009
  (*zitiert: v. Bar/Clive (Hrsg.), DCFR Full Edition*)

Entscheidungsregister

Entscheidung	§	Rn
EuGH		
Urteil v. 15.7.1964, Rs. 6/64 (Costa/E.N.E.L.), Slg 1964, I-1251	1	Rn 25
Urteil v. 17.12.1970, Rs. 11/70 (Internationale Handelsgesellschaften), Slg 1970, I-1125	1	Rn 25
Urteil v. 9.3.1978, Rs. 106/77 (Simmenthal II), Slg 1978, I-629	1	Rn 25
Urteil v. 29.4.1982, Rs. 66/81 (Pommerehnke), Slg 1982, 1363	1	Rn 25
Urteil v. 17.6.1992, Rs. C-26/91 (Handte/TMCS), Slg 1992, I-3967	1	Rn 30
Urteil v. 3.7.1997, Rs. C-269/95 (Benincasa), Slg 1997, I-3767	1	Rn 47
Urteil v. 17.3.1998, Rs. C-45/96 (Dietzinger), Slg 1998, 1-1199	2	Rn 46
Urteil v. 27.10.1998, Rs. C-51/97 (Réunion européenne u.a.), Slg 1998, I-6511	1	Rn 30
Urteil v. 23.3.2000, Rs. C-208/98, Slg 2000, I-1741 (Berliner Kindl)	1	Rn 37
Urteil v. 27.6.2000, Rs. C-240/98 (Océano) und Rs. C-241/98 (Salvat Editores), Rs. C-242/98 (José Luis Copano Badillo), Rs. C-243/98 (Mohammed Berroane) und Rs. C-244/98 (Emilio Viñas Feliu), Slg 2000, I-4941	4	Rn 25
Urteil v. 27.6.2000, Rs. C-240/98 (Océano) und Rs. C-241/98 (Salvat Editores), Rs. C-242/98 (José Luis Copano Badillo), Rs. C-243/98 (Mohammed Berroane) und Rs. C-244/98 (Emilio Viñas Feliu), Slg 2000, I-4941	4	Rn 4
Urteil v. 13.12.2001, Rs. C-481/99 (Heininger), Slg 2001, I-9945	3	Rn 101
Urteil v. 13.12.2001, Rs. C-481/99 (Heininger), Slg 2001, I-9945	3	Rn 160
Urteil v. 7.5.2002, Rs. C-478/99 (Kommission/ Schweden), Slg 2002, I-4147	4	Rn 22
Urteil v. 12.3.2002, Rs. C-168/00, Slg 2002, I-2631 (Leitner)	1	Rn 37
Urteil v. 12.3.2002, Rs. C-168/00, Slg 2002, I-2631 (Leitner)	6	Rn 81
Urteil v. 30.4.2002, Rs. C-400/00, Slg 2002, I-4051 (Club-Tour)	1	Rn 37
Urteil v. 11.7.2002, Rs. C-96/00 (Rudolf Gabriel), Slg 2002, I-6367	1	Rn 47
Urteil v. 11.7.2002, Rs. C-96/00 (Rudolf Gabriel), Slg 2002, I-6367	3	Rn 18
Urteil v. 21.11.2002, Rs. C-473/00, Slg 2002, I-10875 (Cofidis)	1	Rn 37
Urteil v. 4.3.2004, Rs. C-264/02, Slg 2004, I-2157 (Cofinoga)	1	Rn 37
Urteil v. 1.4.2004, Rs. C-237/02, Slg 2004, I-3403 (Freiburger Kommunalbauten)	1	Rn 37

Entscheidung	§	Rn
Urteil v. 1.4.2004, Rs. C-237/02, Slg 2004, I-3403 (Freiburger Kommunalbauten)	4	Rn 28
Urteil v. 1.4.2004, Rs. C-237/02, Slg 2004, I-3403 (Freiburger Kommunalbauten)	4	Rn 4
Urteil v. 20.1.2005, Rs. C-464/01 (Gruber), Slg 2005, I-439	2	Rn 183
Urteil v. 10.3.2005, Rs. C-336/03 (easyCar), Slg 2005, I-1947	1	Rn 31
Urteil v. 22.11.2005, Rs. C-144/04 (Mangold), Slg 2005, I-9981	1	Rn 31
Urteil v. 22.11.2005, Rs. C-144/04 (Mangold), Slg 2005, I-9981	2	Rn 147
Urteil v. 14.12.2006, Rs. C-252/06 (Kommission/Deutschland), Slg 2006, I-140	1	Rn 38
Beschluss v. 12.4.2007, Rs. C-453/06 (01051 Telecom)	1	Rn 38
Urteil v. 3.4.2008, Rs. C-306/06 (Telekom), Slg 2008, 1923	6	Rn 87
Urteil v. 10.4.2008, Rs. C-412/06 (Hamilton), Slg 2008, I-2695	3	Fn 101
Urteil v. 17.4.2008, Rs. C-404/06 (Quelle), Slg 2008, I-2685	1	Rn 37
Urteil v. 17.4.2008, Rs. C-404/06 (Quelle), Slg 2008, I-2685	3	Rn 135
Urteil v. 17.4.2008, Rs. C-404/06 (Quelle), Slg 2008, I-2685	6	Rn 42
Urteil v. 17.4.2008, Rs. C-404/06 (Quelle), Slg 2008, I-2685	6	Rn 68
Urteil v. 23.9.2008, Rs. C-427/06 (Bartsch), Slg 2008, I-7245	1	Rn 31
Urteil v. 16.10.2008, Rs. C-298/07 (deutsche internet versicherung), Slg 2008, I-7841	1	Rn 39
Urteil v. 4.6.2009, Rs. C-243/08 (Pannon), Slg 2009, I-4713	1	Rn 37
Urteil v. 4.6.2009, Rs. C-243/08 (Pannon), Slg 2009, I-4713	4	Rn 31
Urteil v. 3.9.2009, Rs. C-489/07 (Pia Messner), Slg 2009, I-7315	2	Rn 127
Urteil v. 3.9.2009, Rs. C-489/07 (Pia Messner), Slg 2009, I-7315	3	Rn 164
Urteil v. 3.9.2009, Rs. C-489/07 (Pia Messner), Slg 2009, I-7315	3	Rn 165
Urteil v. 19.1.2010, Rs. C-555/07 (Kücükdeveci), Slg 2010, I-365	1	Rn 31
Urteil v. 15.4.2010, Rs. C-511/08 (Heinrich Heine), Slg 2010, I-3047	3	Rn 164
Urteil v. 20.5.2010, Rs. C 434/07 (Harms), Slg 2010, I-4431	1	Rn 30
Urteil v. 28.10.2010, Rs. C-203/09 (Volvo Car Germany), Slg 2010, I-10721	1	Rn 38
Urteil v. 9.11.2010, Rs. C-137/08 (VB Pénzügyi Lízing), Slg 2010, I-10847	1	Rn 37
Urteil v. 9.11.2010, Rs. C-137/08 (VB Pénzügyi Lízing), Slg 2010, I-10847	4	31

Entscheidungsregister

Entscheidung	§	Rn
Urteil v. 16.11.2010, Rs. C-76/10 (Pohotovost´), Slg 2010, I-11557	1	Rn 37
Urteil v. 7.12.2010, Rs. C-585/08 verbunden mit C-1441/09 (Pammer/Hotel Alpenhof), Slg 2010, I-2527	1	Rn 37
Urteil v. 1.3.2011 Rs. C-236/09 (Association Belge des Consommateurs Test-Achats u.a.), Slg 2011, I-0773	1	Rn 41
Urteil v. 10.5.2011, Rs. C-147/08 (Römer), Slg 2011, I-3591	1	Rn 31
Urteil v. 16.6.2011, Rs. C-65/09 verbunden mit C-87/09 (Weber/Putz), Slg 2011, I-5257	1	Rn 37
Urteil v. 16.6.2011, Rs. C-65/09 verbunden mit C-87/09 (Weber/Putz), Slg 2011, I-5257	6	Rn 40
Urteil v. 16.6.2011, Rs. C-65/09 verbunden mit C-87/09 (Weber/Putz), Slg 2011, I-5257	6	Rn 41
Urteil v. 16.6.2011, Rs. C-65/09 verbunden mit C-87/09 (Weber/Putz), Slg 2011, I-5257	6	Rn 42
Urteil v. 16.2.2012, C-134/11 (Blödel-Pawlik)	1	Rn 37
Urteil v. 15.3.2012, Rs. C-292/10 (G)	1	Rn 39
Urteil v. 19.4.2012, Rs. C-415/10 (Meister)	1	Rn 41
Urteil v. 26.4.2012, Rs. C-472/10 (Invitel)	1	Rn 37
Urteil v. 26.4.2012, Rs. C-472/10 (Invitel)	4	Rn 31
Urteil v. 14.6.2012, Rs. C-608/10 (Banco Español de Crédito)	1	Rn 37
Urteil v. 14.6.2012, Rs. C-608/10 (Banco Español de Crédito)	4	31
Urteil v. 3.7.2012, Rs. C-128/11 (UsedSoft)	2	Rn 65
Urteil v. 5.7.2012, Rs. C-49/11 (Content Services)	2	Rn 29
Urteil v. 5.7.2012, Rs. C-49/11 (Content Services)	3	Rn 30
Urteil v. 5.7.2012, Rs. C-49/11 (Content Services)	3	Rn 159
Urteil v. 5.7.2012, Rs. C-49/11 (Content Services)	3	Rn 160
Urteil v. 12.7.2012, Rs. C-602/10 (SC Volksbank România)	1	Rn 37
Urteil v. 22.1.2013, Rs. C-283/11 (Sky Österreich)	1	Rn 30
Urteil v. 11.4.2013, Rs. C-335/11 (HK Danmark)	1	Rn 41
Urteil v. 11.7.2013, Rs. C-57/12 (Femarbel)	1	Rn 43
Urteil v. 3.10.2013, Rs. C-32/12 (Duarte Hueros)	1	Rn 37
Urteil v. 3.10.2013, Rs. C-32/12 (Duarte Hueros)	6	Rn 56
Urteil v. 17.10.2013, Rs. C-184/12 (Unamar)	1	Rn 38

Entscheidung	§	Rn
Urteil v. 17.10.2013, Rs. C-555/11 (EEAE u.a.)	1	Rn 38
Urteil v. 12.12.2013, Rs. C-361/12 (Carratù)	1	Rn 41
EuG		
Urteil v. 17.12.1998, Rs. T-203/96 (Embassy Limousines), Slg 1998, II-4239	3	Rn 84
Gerichte der Mitgliedstaaten		
Deutschland		
RG, Urteil v. 14.1.1908, III 262/07	2	Rn 39
BGH, Urteil v. 9.12.1974, VII ZR 182/73	2	Rn 39
BGH, Urteil v. 30.5.2011, VIII ZR 70/00	6	Rn 80
Großbritannien		
Walford v Miles [1992] 2 AC 128	3	Rn 66

Stichwortverzeichnis

Die Angaben verweisen auf die Paragrafen des Buches (**fette Zahlen**) sowie die Randnummern innerhalb der einzelnen Paragrafen (magere Zahlen).
Beispiel: § 9 Rn. 10 = **9** 10

Abdingbarkeit **2** 87, 111, **3** 41, 88
Abhilfe *siehe* Rechtsbehelf
Ablaufhemmung **7** 6, 16, 18
- Aufnahme von Verhandlungen **7** 19
- Schutzbedürfnis für Geschäftsunfähige **7** 20
- Verfahrensarten zur Streitbeilegung **7** 19

Absendungslehre *siehe* Absendungsprinzip
Absendungsprinzip **2** 27 f, **3** 158
Absendungstheorie *siehe* Absendungsprinzip
Absorptionsprinzip **2** 39, 69, 71
Acquis commun **1** 21
Acte de Complaisance *siehe* Gefälligkeitsverhältnis
Actio quanti minoris *siehe* Minderung
AGB **2** 21, 89, 117 f, **3** 89, **4** 9, 13 ff, 18, 34 f, 39, 45 ff, 54
- AGB-Gesetz 1976 **4** 5, 13
- DCFR **4** 45 ff
- Einbeziehung **2** 105 f, **4** 38
- Einbeziehungsvoraussetzungen **2** 17
- nichtübereinstimmende **2** 20
- sich widersprechende **2** 20, 35, **4** 35
Analogie **3** 56, 80
Anfechtung **3** 48, 75 ff, 102, 113, 119 ff, 127, 152, **6** 10, 69, 92 ff
- Anfechtungsgrund **3** 121
- arglistige Täuschung **1** 56, **3** 5, 77, 119, 133 ff, **6** 92 f
- Bestätigung **3** 125
- Drohung **1** 56, **3** 5, 119, 138 f, **6** 92 f
- Einigungsmangel **1** 48, 52, 56, 58, **3** 3, 8, 118 f, 121, 135, 137, 140, 153, **6** 10
- Frist **3** 125, 140
- Irrtum *siehe* Irrtum
- unfaire Ausnutzung **3** 119, 140 f, **6** 92 f
Angebot **1** 48, **2** 19, **3** 1, 3, 6 ff, 12, 18 ff, 25 ff, 31, 37, 43, 45 ff, 49 ff
- Bestimmtheit **3** 11, 15, 21
- Bindung **3** 21 f, 163
- Frist **3** 22
- konkludentes **3** 12
- Rücknahme **3** 22, 152, 163
- Unwiderruflichkeit **3** 22

- Widerruf **3** 22
Angehörigenschmerzensgeld **6** 81
Annahme **3** 1, 3, 6 ff, 12, 18 ff, 25 ff, 43, 45, 49, 51, **5** 24
- abändernde **3** 22
- Annahmefrist **3** 22 f
- Annahmeverzug **5** 8
- geänderte **2** 19, **3** 23
- konkludente **2** 19, **3** 12, 22, 49
- modifizierte **2** 19
- Schweigen **3** 23
- verspätete **3** 23
- Zugang **3** 24
Antrag *siehe* Angebot
Anwendungsvorrang **1** 25, **3** 140
Anzeige, öffentliche **3** 20 f
Auftrag **2** 50, 71, **3** 38 f
Ausbaukosten **6** 41 f
Auslegung **1** 16, 29, 44, 50, **2** 30, 46, 140 ff, **3** 15, 40, 76, 78, 87, **4** 11, 13, 16, 24 f, 27
- Auslegungskontrolle **4** 36
- Auslegungstradition **3** 25, **4** 16
- autonome **1** 25
- teleologische **2** 87, **3** 50
Außerhalb von Geschäftsräumen geschlossene Verträge **2** 7, 67, **3** 58, 101, 105, **5** 14, 21, 23, **6** 59
- Informationspflichten **3** 68, 90, 95, 143
- Überrumpelungssituation **3** 154
- Widerruf *siehe* Widerruf
Äußerung, öffentliche *siehe* Erklärung, öffentliche

Beförderungskauf **6** 44
Benachteiligung, grobe **4** 33
Bereicherungsrecht **3** 50, 92
Beschaffenheitsvereinbarung **2** 120, 180
Beschaffenheit von Gütern und Dienstleistungen *siehe* Vertragswidrigkeit
Beschlüsse **1** 16
Besitz **3** 50, **5** 13, 15, 21 ff
- Besitzerlangung **5** 21 ff
Bestätigung, elektronische **3** 3

303

Stichwortverzeichnis

Betreibungskosten 6 90
Billigkeitsgrundsatz 6 93
Binnenmarkt 1 1 f, 5, 28 ff, 32 ff, 36, 40 ff, 51, 2 85, 136, 3 144, 5 1, 3, 6 87
– Binnenmarktausschuss 1 58
– digitaler 1 58
Bringschuld 5 14 f

Case-approach 6 17
Cause 3 16
Cherry-picking-mechanism 2 109
Civil Law 3 1, 34 ff, 70
Cloud computing 2 62
Code Civil 3 87
Commercial agency *siehe* Vertriebsvertrag
Common core 1 21
Common Law 2 122 ff, 135, 3 1, 53, 6 34 ff, 77
– Informationspflichten 3 87
– Willensmängel 3 105
Conditio sine qua non *siehe* Kausalität
Consideration 3 1, 16
Cooling-off-period 3 148
CoPECL-Netzwerk 1 50
Culpa in contrahendo 3 64, 72, 80, 82, 123

Deckungsgeschäft 6 75, 83 ff
Deliktsrecht 1 50, 2 140, 3 46, 50, 64 ff, 123
Dienstleistung 1 25, 43, 54, 2 17, 36, 47, 60, 145, 3 32, 39 f, 99, 144, 5 3, 9 f, 20, 6 5, 32, 38, 62, 72, 90
– Begriff 2 44 ff
– Qualitätssicherung 2 45
– unbestellte *siehe* Leistung, unbestellte
– verbundene 1 56, 3 127, 5 9 f
Dienstleistungsvertrag 1 50, 52, 2 44, 50, 60, 71 ff, 5 11, 6 6 f, 41, 60, 69, 75
– allgemeine Informationspflichten 3 88 ff
– Begriff 2 45, 48 f, 74, 3 90
– Widerruf *siehe* Widerruf
Digitale Inhalte 2 55 f, 64 ff, 3 96, 5 4 f, 22 f, 6 23, 93
– Bereitstellung 2 63, 3 127
– Vertrag 2 55 f, 60 ff, 75
Diskriminierung 1 48, 50, 2 145 ff
– Diskriminierungsschutz 1 24, 31 f, 41, 2 137
– Diskriminierungsverbote 2 147 f
– indirekte 2 145

Distributorship *siehe* Vertriebsvertrag
Durchsetzung, gerichtliche 6 35, 58

E-Commerce 1 39, 2 23 ff, 3 29 f, 109 ff
Effet-utile 3 26, 44, 102
Eigenschaften 2 37, 120, 136 f, 3 40
Eigentumsrecht 1 31, 3 49
Eigentumsübertragung 2 57, 69
Einbaukosten 6 41 f
Einbeziehungskontrolle 4 5, 13, 15, 19, 36 ff, 44, 52
Eingabefehler 3 109, 112 f
Einigung 2 15, 20, 3 2, 10 ff, 18, 6 10, 92
– Bestimmtheit 3 15
– Einigungsmängel 2 18, 3 106, 119, 121, 126, 135, 137, 140, 6 10, 92
– Inhalt der Einigung 2 15, 3 11 ff
– normativer Begriff 2 19, 3 10
– Rechtsbindungswille 2 15, 3 10 f, 14
Einigungsprinzip 1 47, 3 25, 4 19
Empfangsbestätigung 2 23
Endverkäufer 2 87, 143
Entscheidungsfreiheit des Verbrauchers 2 106, 119 f, 3 105, 117
Entschuldigung 6 25, 27, 39, 77, 86
Erfüllung 2 128, 3 79, 89, 150, 5 1 f, 8, 12, 6 1 f, 9 f, 12, 21, 27, 33 ff, 53 ff, 7 8 ff
– durch einen Dritten 5 6, 10
– Erfüllbarkeit 5 20
– Erfüllungsanspruch 5 1 f, 6 33 ff, 77
– Erfüllungsverlangen 6 7, 9, 50
– künftige 6 51
– mangelhafte 6 12
– Rechtswidrigkeit 6 40, 47
– Unmöglichkeit 6 40, 47
– Unverhältnismäßigkeit 6 47
– verspätete 6 12, 63
Erheblichkeit 6 47, 56
Erklärung
– Bindungswirkung 3 10 ff
– Dritter 3 38 ff, 107
– einseitige 2 5
– elektronische 2 23, 3 30
– sich kreuzende 3 25 ff
– vertragsvorbereitende 3 20
– vorvertragliche 3 1, 6, 8, 26
Erklärung, öffentliche 2 17 f, 3 21, 37, 6 1
– Bindungswirkung 3 33 ff
– Dritter 3 28 ff
– vorvertraglich 3 32 ff

Stichwortverzeichnis

Ersatzgegenstand 6 42
Erstattungspflicht 3 165
Erwartung
- berechtigte 3 4, 32 ff, 41, 6 3
- legitime 2 16 f, 3 102, 107 f, 117 f, 129
- des Verbrauchers 2 17, 3 107 f
estoppel 2 132, 3 72, 79
Etikettierung 3 32 f, 38 f
Europäische Menschenrechtskonvention 1 4, 18
European Law Institute 6 92
Ex nunc-Wirkung 3 161, 6 53
Ex tunc-Wirkung 3 48, 6 53

Fahrlässigkeit 6 13, 85
Fair dealing 2 135
Fälligkeit 5 3, 18 ff, 6 2, 51, 87, 7 13
Feasibility Study 1 52, 3 104
Fernabsatz 2 67, 3 90, 101, 105, 144 ff, 147, 154
- Fernabsatzvertrag 1 2, 58, 2 7, 19, 3 28 ff, 58, 68, 90 f, 95 f, 103, 139, 141, 143, 155, 5 14, 21, 23, 6 59
- Fernkommunikationsmittel 1 56, 3 4, 28 f, 155
- organisiertes Fernabsatzsystem 3 155
Fernabsatz-Finanzdienstleistungs-RL 1 37, 2 15, 3 29, 50, 160, 164, 5 18
Fernkommunikationsmittel
- Echtzeit siehe Fernabsatzvertrag
Finanzgeschäft 2 137
Fixgeschäft, absolutes 6 63
Fluggastrechte 1 2, 6 1, 19
Form 1 17, 2 30, 3 3, 30, 157
- Formfreiheit 3 17
- Formvorschrift 3 149
- Textform 4 38
Frachtverkehr 6 58
Franchise siehe Vertriebsvertrag
Franc symbolique siehe Schadensersatz, symbolischer
Frist 2 28, 3 22 ff, 5 18, 6 44 f, 7 1 ff, 6, 12 f, 15 f
- angemessene 3 23, 5 18, 6 28, 48, 64, 88
- Fristablauf 6 48, 57, 64 f, 7 6
- Nachfrist 6 18, 28, 48, 54 ff, 60, 63 f, 72
- Versäumung 5 18
Future loss 6 79

Garantie 3 32 f, 43, 96
- Dritter 3 43
- Erklärung 3 32 f, 43
Gattungsschuld 5 22
Gefahrtragung 5 21 ff
Gefahrübergang 2 39, 5 21 ff, 6 52
Gefälligkeitsverhältnis 3 14
Gegenleistung 2 10, 77, 3 45, 50, 125, 4 7, 29, 6 50, 52
- Ausschluss 2 13
Geldschulden 5 16 f, 6 73, 87
Generalklausel 3 53, 70, 99, 4 5, 13 f
- Acquis Principles 2 128, 3 53, 70, 99, 4 41 ff
- AGB-Gesetz 1976 4 5
- DCFR 4 47
- GEK 2 135, 3 70, 4 9 ff, 55, 57
- Klausel-RL 4 3, 11, 22 ff, 26
Gentlemen's Agreement siehe Gefälligkeitsverhältnis
Gepflogenheiten 2 125 f, 133, 3 23
Gerichtsstandsklausel 4 25 f, 30 f
Gerichtsstandsvereinbarung 4 26, 31
Geringfügigkeit 6 23, 56, 59
Geschäfte des täglichen Lebens 3 68, 91, 96
Geschäftsführung ohne Auftrag 1 50, 3 46
Geschäftspraxis, unlautere 2 9, 17, 125 ff, 3 52, 54, 71, 92, 114 f, 4 32
Geschäftsunfähigkeit 7 20 f
Geschäftsverkehr
- elektronischer 1 32, 39, 56, 2 144, 3 1, 30
- redlicher 2 135, 3 71 ff, 79 f, 87 f, 4 9 f
Gestaltungsfreiheit 2 88 f, 123, 4 13, 34
Gestaltungsrecht 3 150, 6 2, 66, 71, 7 9
Gewährleistung 1 32, 2 72, 3 143, 6 43, 46
Gewalt, höhere 6 12 f, 7 18
Gewinn, entgangener 6 80
Gewinnzusage 3 43
Grünbuch über das Verbraucherrecht 2 129 f, 3 53, 69, 78, 4 6, 49
Grundsatz der formellen Gleichheit 2 136
Grundsatz der Relativität siehe Relativität der Schuldverhältnisse
Gute Handelspraxis 4 33, 42 f, 47, 56
Gutgläubigkeit 6 46

305

Stichwortverzeichnis

Haftung 2 36, 87, 3 23, 35, 72, 80, 6 13, 19, 28, 7 4
- außervertragliche 1 24, 26 f, 3 72, 84 f, 6 74
- objektive 6 13, 77
- verschuldensunabhängig 6 13
- vorvertragliche 3 64 ff, 80 ff, 83 ff, 123

Handel, elektronischer 3 58, 88, 4 53
Handelsbräuche 6 45
Handelsverkehr, internationaler 3 1, 6 58
Handelsvertretervertrag 5 3
Handling-Kosten 5 17
Harmonisierung 2 85, 4 7
- Mindestharmonisierung 1 34 ff, 51, 2 87, 3 3, 142 ff, 4 6 f, 6 62, 7 2, 4
- Vollharmonisierung 1 34 ff, 51, 3 68, 142, 4 6 f, 50 f, 7 2
Hauptforderung 6 89
Haustürgeschäft *siehe* Außerhalb von Geschäftsräumen geschlossene Verträge
Heads of agreement 3 26
Heilung 6 2, 9, 28, 30, 37 f, 43, 50
Hemmung 7 6, 16 f
Herausgabeanspruch 2 10, 3 50
Hinweispflicht 4 52, 6 76
Holschuld 5 14 ff, 24

Ignorantia iuris nocet 3 129
Importeur 3 39, 41
INCOTERMS 5 14
In dubio contra proferentem 4 16
Informationen 2 26, 30, 3 62 f, 68, 74, 75 f, 81, 87 ff, 107
- Informationsasymmetrie 3 55 f, 88, 144 ff
- Informationsdefizit 3 55
- Informationspflichten 2 106, 144, 3 5, 30, 58 ff, 68, 73 ff, 86 ff, 94 ff, 99 ff, 117 f, 131, 4 53
- vorvertragliche 2 43, 45, 3 1, 15, 52, 55 ff, 143
- Widerruf *siehe* Widerruf
Inhaltskontrolle 1 32, 36 f, 2 90, 4 5 ff, 9 ff, 13 f, 19 f, 36 f, 43 ff, 49, 52
- Generalklausel 2 128, 4 13 f, 43
- Maßstab 2 121
- Verbraucherrecht 4 6, 19, 37, 45 f
Inpossibilium nulla obligatio est 6 40
Integrität, körperliche 5 10, 6 76

Investmentgeschäft 3 63, 88
Invitatio ad offerendum 3 20 f, 47
Ipso iure 1 54, 3 31, 149, 6 66
Irrtum 1 48, 56, 3 5, 75, 102, 106, 108, 110 ff, 113, 119 ff, 121, 128 ff, 6 92
- Begriff 3 129
- beidseitiger 3 132
- durch Dritten veranlasster 3 137
- Eigenschaftsirrtum 3 127
- Kausalität 3 130
- Motivirrtum 3 129
- rechtlich relevanter 3 129, 135 ff
- wesentlicher 3 121
- Zurechnung 3 131
- Zusendung in irrtümlicher Annahme 3 48
Ius commune 1 21

Kaufpreiszahlung 2 59
Kaufrecht 2 65, 91, 93 f, 101, 109, 3 97, 4 33, 6 59, 70
Kaufsache 1 2, 3 87, 5 2, 13, 6 28, 42, 81, 91
- Gegenstand 6 42
Kausalität 6 9, 82
- Adäquanz 6 82
- Vorhersehbarkeit 6 82
Klausel 2 20, 89 f, 121, 124, 3 121, 4 1 ff
- aushandeln 2 88, 90, 117, 123, 4 6 f, 18, 21, 32, 35, 38, 45, 49 ff, 53 f
- missbräuchliche 1 32, 36 f, 2 18, 88, 90, 97, 116 f, 4 1 ff
- nachteilige 4 19, 6 87
- sich widersprechende 2 20
Klauselkontrolle 2 88 ff, 116 f, 3 78, 121, 4 3 f, 6 f, 9 ff, 18 f, 21 ff, 27 f, 32, 34 ff, 39 ff, 43 ff, 49 ff, 54, 58
- DCFR 4 44 ff
- GEK 2 116 F, 3 78, 4 52 f, 58
- Verbraucherrechte-RL 4 51
Klauselverbote 4 4 ff, 5 ff, 10, 14, 22, 25 f, 29, 43, 48 f, 51
- graue Liste 4 6, 10, 43, 48 f, 51, 57
- indikative Liste 4 4, 22, 43, 49, 51
- schwarze Liste 4 10, 25, 43, 48 f, 51, 57
Knock-out-Regel *siehe* Klausel
Kohärenz 1 3, 44 ff, 51, 3 121, 4 7, 34, 6 11
- Aktionsplan für ein kohärenteres europäisches Vertragsrecht 1 49 ff
Kollisionsregel 7 4
Kombinationslehre *siehe* Kombinationstheorie

Stichwortverzeichnis

Kombinationstheorie 2 71, 74 f
Kommunikationstechnik 2 29
Kompensation *siehe* Wertersatz
Konkludent *siehe* Verhalten, schlüssiges
Konsens *siehe* Einigung
Konsensgedanke *siehe* Einigungsprinzip
Kontinentaleuropäisch 2 16, 74, 132, 3 66, 87, 105, 6 35, 77
Kostentragungspflicht 3 164, 166
Kundenerwartung 3 32, 35

Lauterkeitsrecht 3 92, 115 ff
Leistung 2 17, 36, 39, 59, 61, 69, 139, 3 21, 35, 121, 125, 161, 5 6, 6 9, 13, 19, 21 f, 27 f, 35 f, 50 ff, 91 ff, 7 8, 13
– Art 2 74, 5 13 ff
– ausbleiben 5 2, 6 63
– Leistungserbringung 5 2, 11, 20, 6 44
– Leistungszeit 5 1, 18 ff, 6 87, 90
– mangelhafte 5 2, 6 11, 37, 41, 47, 59, 70 ff
– Ort 5 1, 13 ff, 6 93
– unbestellte 2 9 ff, 3 3, 9, 45 ff
Leistungsmodalitäten 5 3 ff, 12 ff, 21, 6 93
Leistungspflichten 1 6, 2 31, 3 53, 151, 162 ff, 5 1 ff, 6 76
Leistungsstörung 1 56, 2 17, 3 127, 152, 6 1, 10 ff, 14 ff, 69
Letter of intent 3 26, 43
Letztkäufer *siehe* Endverkäufer
Lieferung 2 39, 77, 3 21, 5 19 f, 6 5, 23, 44, 64, 90, 7 4
– Annahme 5 8, 6 52
– Art 5 14, 19
– Begriff 5 13, 18
– Gegenstand 5 19, 6 42
– geringe Menge 5 8
– Nichtlieferung 6 36, 59, 76
– Ort 3 23, 5 14 f
– Pflicht 5 2 f, 22
– verspätete 6 56, 60, 63
– Vertragswidrigkeit 6 34, 62, 76
– Zeit 3 23
– Zuviellieferung 5 8
Lieferung unbestellter Waren und Dienstleistung *siehe* Leistung, unbestellte
Løfteteori *siehe* Versprechenstheorie

Machbarkeitsstudie *siehe* Feasibility Study
Mahnung 6 87 ff

Mandate *siehe* Auftrag
Mangel 3 87, 124 f, 6 11, 81
– Mangelbegriff 6 3, 16
Marktverhalten, generelle Steuerung des 3 46, 48, 50, 112 f
Massengeschäfte 3 4, 105 f, 113, 139
– standardisierte 2 19, 26, 101, 3 74
Massenprodukt 3 39
Massenverkehr, Bedürfnisse des 2 90, 136
Maßnahmen, schadensmindernde 6 86
Memorandum of understanding 3 26
Minderung 6 2, 4, 7 f, 28, 30, 42, 48, 50 ff, 70 ff, 86, 7 9
– Minderungserklärung 6 71, 73
Missbräuchlichkeit 2 90, 4 10, 14, 22 ff, 25, 27 ff, 29, 31, 41 ff, 42 ff
Mitteilungen 2 22 ff, 3 21 ff, 6 9, 48
– Ausschluss 6 157
– elektronische 2 29
– Frist 6 44 f
– Mitteilungspflicht 6 43 ff, 67, 72
– Vertragsbeendigung 6 66
– Widerruf 3 157
– Wirksamkeit 2 25
Mitverantwortlichkeit 6 75
Montage 5 9, 6 3, 32
– Montagefehler 5 9

Nacherfüllung 5 1, 6 27 f, 34 ff, 41 ff, 47, 83
– Ersatzlieferung 5 18, 6 28, 34 F, 41 f, 47 f
– Nachbesserung 5 18, 6 4, 28, 34 f, 47
– Vorrang der 1 32, 6 2, 57 f, 62
– Wahlrecht 6 47
Naturalrestitution 6 83
Naturrechtslehre 3 10
Nichterfüllung 1 6, 44, 52, 55, 3 79, 102, 126, 5 1 ff, 12, 6 1, 10, 11, 35 ff, 53, 60 ff, 72 f, 75 ff, 91 ff
– Begriff 6 11 f, 21, 28
– Entschuldigte 5 23, 6 6, 25, 27, 39, 75
– Folgen 2 75, 6 1 ff
– im engeren Sinne 5 2
– vertragliche Pflichten 6 1 ff
– voraussichtliche 6 60 ff, 65
– Vorsätzlichkeit 6 85
– Wesentlichkeit 5 5, 6 6, 22, 36, 55 f
Nichtigkeit 3 5, 48, 121, 149
– Grundsatz der Teilnichtigkeit 3 121

307

Stichwortverzeichnis

Nominal damages *siehe* Schadensersatz, symbolischer
Notice *siehe* Mitteilung
Nutzungen 3 46, 50, 165, 6 42
- Nutzungsersatz 6 93

Obliegenheit 6 43, 86
Offerte *siehe* Angebot
Online-Kaufgeschäft 2 45
Opt in 1 54
Opt out 1 54, 2 93

Pacta sunt servanda 3 142, 143, 144
Pandektistik 2 2, 22, 7 7
Passagierrechte 1 28, 6 19
Pauschalreisevertrag 2 140
Pavia 1 45
Pflichten, vorvertragliche 2 17 f, 113, 128, 3 52 ff
Pflichtverletzung 6 1, 11 f, 18, 21, 76
- vertragliche Pflichten 6 1 ff
Präklusionsfrist 6 45, 7 2
Preisgefahr *siehe* Gefahrübergang
Preisminderung *siehe* Minderung
Primärrecht 1 16, 29 ff, 47, 2 45, 84, 146, 3 2
Privatautonomie 2 81, 89, 91, 93 f, 117, 3 105, 4 21
Produzent 3 39, 41
Prüfungspflicht 6 9, 43 ff, 67, 72
- Ausschluss 6 44 f
- Frist 6 44
- Umfang 6 44
Punktation 3 26

Rahmenverträge 2 42
Recht, dispositives 2 80 ff, 111, 4 14, 5 1, 24
Recht der „zweiten Andienung" 3 127, 6 28 ff
Rechtsausschuss 1 58, 6 27, 31
Rechtsbehelf 1 32, 44, 55, 58, 3 48, 60, 72, 79, 126 f, 5 1 f, 8, 6 1 f, 4 f, 6 ff, 17, 21 f, 27 ff, 33 ff, 44, 56, 62, 72, 92 f, 7 9 f
- alternativ 6 8, 48
- anspruchsbegründende Rechte 6 44 f
- kumulativ 6 8, 37, 50
- Leistungsverweigerungsrecht 6 47
- unentgeltlich 6 39 f

Rechtsbindungswille *siehe* Einigung
Rechtsgeschäft 1 44, 2 1 ff, 22, 3 105 f, 140
- Definition im DCFR 2 3 f
Rechtssicherheit 3 105, 125
Rechtsverkehr 1 17, 3 43, 131
Redlichkeit 2 123, 3 121, 4 33
Reklamation 7 4
Relativität der Schuldverhältnisse 3 39
Remedy-approach 6 17
Reparatur *siehe* Nacherfüllung
Restatements 2 129, 3 119
Restitution *siehe* Rückabwicklung
Retailing-services *siehe* Online-Kaufgeschäft
Richtlinie 1 17, 27, 32 ff, 2 2
Rom-I-VO 1 28, 57
Rückabwicklung 1 5, 55, 58, 3 120 ff
- Widerruf *siehe* Widerruf
Rückgewährschuldverhältnis 3 162, 6 69, 92 f
Rücksendung 3 58, 157, 164
Rücktritt 3 48, 161, 6 18, 28, 53, 59, 92

Sanktion 2 10, 111, 145, 3 31, 59 ff, 101 ff, 110 ff, 4 45, 53, 6 1
- präventiv 6 1 f
Schaden 3 72, 122, 124, 161, 5 10, 6 75, 78, 85 f
- wirtschaftlicher Totalschaden 6 83
Schadensberechnung 6 83, 85 f
- relative Berechnungsmethode 6 73
Schadensersatz 2 135, 140, 3 50, 64, 102, 105, 122, 127, 161, 4 32, 6 5 ff, 12, 27, 72 f, 74 ff, 87 ff, 92, 7 9
- abstrakter 6 89
- Anfechtung 3 105, 124
- Ausschluss 6 39, 77
- Grenzen 6 75
- Grundsatz der Totalreparation 6 84
- Nichterfüllung 3 102
- symbolischer 6 78
- Vertrauensverletzung 3 102
Schadensminderung 6 86
Schadensverhütung 5 10
Schickschuld 5 15
Schiedsklausel 6 69
Schlechtleistung 6 36, 63
- entschuldigte 6 27
- wesentliche 6 63

Stichwortverzeichnis

Schuldrecht 1 50, 2 2, 3 45, 50, 6 70 ff
Schuldrechtsmodernisierung 3 64, 4 5, 6 2 ff
Schutzbedürfnis 2 136, 143, 3 44, 46, 4 13, 7 20
Schutzbedürftigkeit 2 136
Schutz des berechtigten Vertrauens 3 22
Schutzsituation 1 48, 3 6, 44, 146, 149 f, 152, 154 ff
Schutzstandard 2 136, 6 56, 62
Schutzvorschrift 3 44, 46, 51
Schutzzweck 3 44, 50, 155, 5 1, 6 81
Schwebezustand 3 6, 151, 160
Sekundärrecht 1 16, 28 f, 32, 3 3, 6 21
Signaturen, elektronische 1 2, 39
Sittenwidrigkeit 3 140, 149
Skandinavische Rechtstradition 3 87, 4 20
Sorgfaltspflichten 5 10
Standardbestimmungen *siehe* AGB
Standardisierung des Vertrages 3 4
Status quo ante 6 93
Stellvertretung 1 50
Streaming 2 61
Streitbeilegung 2 114, 138, 3 89, 96, 7 5 f, 17, 19
Stückschuld 5 22
Subsidiaritätsgrundsatz 2 94, 101
Suspensionswirkung 6 48
Synallagma 3 50, 6 50

Teilnutzungs-Vertrag 2 33 f
Toolbox 1 49
Transaktionskosten 1 2, 2 32, 6 91
Transparenzgebot 2 17, 4 5, 44 f, 52
Treu und Glauben 1 47, 2 122 ff, 3 52 ff, 67 ff, 79 ff, 83, 4 5, 22 ff, 29 f, 42, 50, 56, 6 12, 76, 86, 7 2
– Begriff 2 123, 126 f, 133 ff, 3 67, 4 4, 30
– Doppelwirkung 4 30
– vorvertragliche Pflichten 3 69 ff, 87, 95
– Widerruf 2 127, 3 165
Übergabe 5 3, 13, 15, 24
Überrumpelungssituation *siehe* Außerhalb von Geschäftsräumen geschlossene Verträge
Umsetzung, überschießende 1 36
Unabdingbarkeit 2 83, 112 f
Ungleichbehandlung 2 145, 149

Ungleichgewichtslage 3 46, 147, 149, 159, 4 13, 18, 42
UNIDROIT 1 44, 3 18
Uniform Commercial Code 1 1
UN-Kaufrecht 1 4, 19, 44 f, 54, 56, 2 19, 93, 101, 3 18, 21, 25, 5 2, 4, 6 2 ff, 11, 16, 22, 27, 35 ff, 44, 54, 58
Unmöglichkeit 6 22, 27
– anfängliche 6 40
– nachträgliche 6 40
Unverhältnismäßigkeit 5 10, 6 40
– absolute 6 40
– relative 6 40
Unwirksamkeitsgründe 1 50

Verbraucherbegriff 2 136, 138 f, 3 40, 47, 55
Verbrauchererwartung, legitime *siehe* Erwartung
Vergleich 2 113 f
Verhalten
– missbräuchliches 2 32
– schlüssiges 3 12, 22 f
– vorvertragliches 3 35
Verhältnismäßigkeit 1 57, 6 40, 83
Verhandlungskraft der Parteien 2 115
Verjährung 7 4 ff, 22 f
– Verjährungsvorschrift 7 7
Verkaufsmethoden, aggressive 3 45
Verlust 3 72, 5 10, 21, 6 8, 30, 73, 78 ff, 84 ff, 89
– Begriff 6 78
– erstattungsfähiger 6 82, 85 f
– immaterieller 6 78, 81 f
– materieller 6 78 ff, 82
– Voraussehbarkeit 6 85
Verordnung 1 7, 16 f, 28, 51 ff, 2 2
Verpflichtung 1 50, 55, 2 23, 39, 57, 69, 3 10, 15, 42, 44, 45 f, 50, 67, 72, 79, 81, 131, 146, 150, 162 ff, 4 44, 5 1 ff, 6 1 ff, 6 ff, 36 ff, 50 ff, 64 f, 84, 92 f, 7 22
– Begründung 3 44
– Hauptverpflichtung des Käufers 2 59, 5 5 ff
– Hauptverpflichtung des Verkäufers 5 5 ff
– Nebenverpflichtung 5 10 f
– vertragliche 2 77, 3 32, 40, 43, 46, 6 75 f
– vorvertragliche 3 63, 83
– zur Zusammenarbeit 5 12
Versandkosten 6 41

309

Stichwortverzeichnis

Verschulden 6 9, 13, 26
- Begriff 6 13, 26
- vermutetes 6 77
- Verschuldenshaftung 6 77

Versendungskauf 2 39, 5 14, 24

Versprechen, einseitiges 3 42 ff

Versprechenstheorie 3 43

Vertrag 2 1 ff, 6 ff, 15 ff, 3 6, 10 f
- Begriff 2 1 ff, 14 ff
- gemischter 2 39, 60, 67 ff, 74 ff, 98, 140
- traditionelles Verständnis 4 32

Vertragsabschlussfreiheit *siehe* Vertragsfreiheit

Vertragsanbahnung 3 43, 147

Vertragsaufhebung *siehe* Vertragsbeendigung

Vertragsauflösung *siehe* Vertragsbeendigung

Vertragsbeendigung 2 75, 3 152, 5 1, 18, 6 1 ff, 4, 7 ff, 22, 28, 30, 48, 53 ff, 71 ff, 84, 91 ff
- Erklärung 6 64, 66

Vertragsfreiheit 1 30, 2 79 ff, 88 ff, 91 ff, 98, 111, 119 ff, 148, 3 2, 144, 4 13, 32, 34, 50 f, 5 1
- im materiellen Sinne 3 149
- Vertragsabschlussfreiheit 3 2
- Vertragsinhaltsfreiheit 3 2, 5 1

Vertragsgestaltung 2 90, 4 3, 13, 18, 22, 34, 42, 56, 5 12

Vertragsinhaltsfreiheit *siehe* Vertragsfreiheit

Vertragsmäßigkeit *siehe* Vertragswidrigkeit

Vertragsschluss
- elektronischer 3 3, 30, 4 38, 53
- gestreckter 3 26 f, 43
- telefonischer 3 3, 31

Vertragsstörung *siehe* Leistungsstörung

Vertragstheorie *siehe* Versprechenstheorie

Vertragsverletzung 6 9, 16, 22, 55 f, 58, 63

Vertragswidrigkeit 2 121, 3 33, 35, 152, 5 2, 9, 6 2 ff, 9, 16, 23, 28, 30, 34 f, 36 ff, 41 ff, 47, 59 ff, 69, 70, 72 f, 7 4
- Erheblichkeit 6 47, 54
- Geringfügigkeit 6 56

Vertriebsvertrag 2 50, 71

Verzug 3 50, 6 11, 18, 22, 75, 87 ff
- Verzugszinsen *siehe* Zinsen

Vollstreckung 6 58

Waren, unbestellte *siehe* Leistung, unbestellte

Warnfunktion 3 31

Werbung 3 32 f, 38 ff
- irreführende 3 116
- vergleichende 3 116

Wert, hypothetischer 6 73

Wertersatz 6 42, 68, 83

Wertpapiergeschäfte 3 43

Wertverlust 3 162, 165, 6 28, 83

Widerruf 1 32, 36, 48, 50, 2 17 f, 3 3, 6, 8, 48, 58, 85, 96, 101 ff, 111 f, 142 ff, 6 91, 7 2, 6
- Akzessorische Verträge 3 146, 167 f
- Ausnahmetatbestände 3 156
- außerhalb von Geschäftsräumen geschlossene Verträge 3 143, 146, 154 ff
- Ausübung 3 145, 152, 157 ff
- Belehrung 2 30, 107, 3 30
- Dauer 3 146
- Dienstleistungsvertrag 3 166
- Erklärung 2 28, 3 151, 157 f
- Frist 2 69, 3 59, 101, 147, 151, 157 ff, 7 1
- Informationen 3 117, 159 ff
- Maximalfrist 3 160
- Muster-Widerrufsformular 3 157 f, 159
- Nutzung der Ware 3 165
- Rechtsfolgen 3 161 ff
- Rechtsnatur 3 147 ff
- Rückabwicklung 2 127, 3 160, 161, 6 91
- Wirkung 3 146, 149 f, 161 ff

Willensbildung 2 17, 3 5, 35, 55, 105, 4 45

Willenserklärung 2 17, 22, 26, 3 6, 27, 115, 121, 6 2 ff

Willensmangel 3 5, 102, 105 ff, 112 f, 118, 121, 124 f, 138, 140, 154
- alternatives Willensmängelrecht 3 107
- Heilung 3 125
- Teilnichtigkeit 3 121
- traditionelles Willensmängelrecht 3 106, 108, 117

Wirksamkeit, schwebende *siehe* Schwebezustand

Wucher 3 140 f, 149

Zahlung 3 164, 6 38, 68 f, 90
- Fälligkeit 5 20
- verspätete 6 87 ff
- Zahlungsfrist 2 90, 4 7, 32, 6 87, 90
- Zahlungsort 5 17, 6 73
- Zahlungsverzug *siehe* Verzug
- Zahlungsweise 5 16 f, 6 73

Zahlungsdienste 1 32, 40, 5 16, 6 87

Stichwortverzeichnis

Zahlungsverlangen, unberechtigtes **3** 45
Zinsen **6** 6 ff, 75, 87 ff
- Anspruch **7** 8
- Verzugszinsen **1** 2, **4** 32, **6** 69 f, 87 ff
- Zinssatz **4** 32, **6** 89 f
Zugang **3** 24, 158
Zugangsprinzip **2** 25, 27, **3** 158

Zugangstheorie *siehe* Zugangsprinzip
Zug-um-Zug **6** 51
Zurückbehaltungsrecht **5** 24, **6** 29, 50 ff, 53 ff
Zustimmung **2** 9, 120, **3** 20, 23, 31, 49

Zivilrecht ist schwierig – kann aber auch richtig Spaß machen

Schuldrecht
Vertragliche Schuldverhältnisse
Von Prof. Dr. Klaus Tonner
3. Auflage 2013, 298 S., brosch., 24,– €
ISBN 978-3-8487-0275-6
www.nomos-shop.de/20610

Das Lehrbuch enthält eine vollständige Darstellung der im Schuldrecht des BGB geregelten Vertragstypen. Dabei werden auf der einen Seite die Bezüge zum Allgemeinen Teil des BGB und zum allgemeinen Schuldrecht hergestellt. Auf der anderen Seite zieht sich die Europäisierung des Vertragsrechts wie ein roter Faden durch das Buch, weil das Vertragsrecht des BGB ohne die zahlreichen Richtlinien des Unionsrechts nicht mehr zu verstehen ist.

Im Mittelpunkt steht das Kaufrecht, bei dem die Verschränkung mit dem Allgemeinen Teil des Schuldrechts besonders wichtig ist. Auch das Mietrecht und das Dienst- und Werkvertragsrecht werden ausführlich behandelt. Dabei konnten die jüngsten Änderungen, nämlich die Mietrechtsreform 2013 und das Patientenrechtegesetz 2013 bereits berücksichtigt werden.

Zahlreiche Beispiele und Kontrollfragen erleichtern das Lernen. Jedem Paragrafen des Buches ist ein Fall vorangestellt, zu dem sich am Ende eine Lösungsskizze findet. Der Inhalt des Buches kann dadurch wiederholend selbständig durchgearbeitet werden.

Bestellen Sie jetzt telefonisch unter 07221/2104-37.
Portofreie Buch-Bestellungen unter www.nomos-shop.de
Alle Preise inkl. Mehrwertsteuer

Nomos